初中国语课

第五册

叶圣陶 顾颉刚 主编
商金林 李淑英 校注

开明出版社

图书在版编目（CIP）数据

初中国语课. 第五册 / 叶圣陶，顾颉刚主编. -- 北京 : 开明出版社，2024.9

ISBN 978-7-5131-8907-1

Ⅰ. ①初… Ⅱ. ①叶… ②顾… Ⅲ. ①中学语文课-初中-教材 Ⅳ. ①G634.301

中国国家版本馆 CIP 数据核字（2024）第 060647 号

出 版 人：陈滨滨
责任编辑：卓　玥　程　刚

初中国语课（全六册）
CHUZHONGGUOYUKE（QUANLIUCE）

作　　者：叶圣陶　顾颉刚　主编
　　　　　商金林　李淑英　校注
出　　版：开明出版社
　　　　　（北京海淀区西三环北路 25 号　邮编 100089）
印　　刷：三河市荣展印务有限公司
开　　本：710mm×1000mm　1/16
成品尺寸：170mm×240mm
印　　张：76.25
字　　数：926 千字
版　　次：2024 年 9 月第 1 版
印　　次：2024 年 9 月第 1 次印刷
定　　价：268.00 元（全六册）

印刷、装订质量问题，出版社负责调换。联系电话：（010）88817647

校注说明

这部《新学制初级中学国语教科书》是1923年出版的，难度较大，我们在审订时作了必要的校注，现说明如下：

1. 课文原有的注均为“①②③……”的页下注，一律保留，有误错的予以订正；校注时增补的注均为加“[1][2][3]……”的尾注；

2. 原有的“作者略述”一律照录，需要补充的加“（　）”标出；“作（译）者略述”空缺的，由校注者补写，改称为“作（译）者简介”，以示区别；

3. 课文中缺漏的文字和标点，均加“［　］”标出；

4. 为了方便读者的学习和阅读，增设“延伸阅读”一项，对课文作相应的提示或介绍。

商金林　李淑英

2024年6月20日

编辑大意

本书第一册曾载凡例数条，今续补如下：

（一）本书选择宗旨，以具有真见解、真感情及真艺术者，不违反现代精神者为限，不规规于前人成例。

（二）本书既为初中读本，故务求适合于学生诵读，不恪守原书形式：凡有不适宜于读本性质者及过冗长者删节之。删节处加“……”号，以期醒目。

（三）本书所取诸篇，虽多删节，惟力求免去增字。若遇有非增字不能明了者，则加〔　〕号以存真相。

（四）第一册编辑时，拟定标号在时间方面者用“——”，在空间方面者用“══”。今仍照原例标出。惟遇有必不能适用者亦略有变动。

（五）古书解释，说多不同。本书既为读本性质，不必涉及考证范围，故只由编辑者择取其一。如欲求详，有原书在。

（六）古今字体异同甚多，凡非必存之古字，都改从今字。

（七）本书于各篇作者均附撰略述，列入注文，俾读者略明时代、环境与文学之关系。惟今代作者，颇为时人所熟知；又其行诣正在发展途中，未便概述：所以从略。外国作者，则吾人比较为生疏，虽尚生存，亦为简单之介绍。前一、二、三、四册，亦将汇刊一“作者略述”，于再版时附入。

（八）本书编纂，颇为创格。编辑者心余力拙，讹误必多。乞读者教正！

目 录

一　孟子富岁等三章①

一

孟子曰："富岁子弟多赖[1]；凶岁子弟多暴。非天之降才尔殊也，其所以陷溺其心[2]者然也。今夫麰[3]麦，播种而耰[4]之，其地同，树[5]之时又同，浡然而生，至于日至[6]之时皆熟矣。虽有不同，则地有肥硗[7]，雨露之养、人事之不齐也。

"故凡同类者举相似也。何独至于人而疑之？圣人与我同类者！

"故龙子曰：'不知足而为屦，我知其不为蒉[8]也。'屦之相似，天下之足同也。

"口之于味，有同耆也。易牙②，先得我口之所耆[9]者也。如使口之于味也其性与人殊，若犬马之与我不同类也，则天下何耆皆从易牙之于味也？至于味，天下期[10]于易牙，是天下之口相似也。惟耳亦然。至于声，天下期于

① 此三章皆发明性近、习远，明善、复初之旨。在《告子篇》上。

② 易牙，春秋时人，以滋味悦齐桓公。

师旷①，是天下之耳相似也。惟目亦然。至于子都②，天下莫不知其姣也。不知子都之姣者，无目者也。

“故曰：口之于味也有同耆焉，耳之于声也有同听焉，目之于色也有同美焉；至于心，独无所同然乎？心之所同然者何也？谓理也，义也。圣人，先得我心之所同然耳。故理义之悦我心，犹刍豢之悦我口。[11]”

二

孟子曰：“牛山③之木尝[1]美矣。以其郊于大国也，斧斤伐之；可以为美乎！是其日夜之所息，雨露之所润，非无萌蘖[2]之生焉；牛羊又从而牧之：是以若彼濯濯[3]也。人见其濯濯也，以为未尝有材焉，此岂山之性[4]也哉！

“虽存乎人者，岂无仁义之心哉！其所以放其良心者，亦犹斧斤之于木也；旦旦而伐之，可以为美乎！其日夜之所息，平旦[5]之气，其好恶与人相近也者几希，则其旦昼[6]之所为有梏亡[7]之矣。梏之反覆[8]，则其夜气不足以存；夜气不足以存，则其违禽兽不远矣。人见其禽兽也，而以为未尝有才[9]焉者，是岂人之情也哉！

“故苟得其养，无物不长；苟失其养，无物不消。孔子曰：‘操则存，舍则亡[10]；出入无时，莫知其乡[11]’，惟心之谓与？”

三

孟子曰：“无或④乎王之不知也！虽有天下易生之物也，一日暴之，十日

---

① 师旷，周时乐师。

② 子都，古时美男子。

③ 牛山在今山东临淄县南。

④ 或，同“惑”。

寒之，未有能生者也。吾见亦罕[1]矣，吾退而寒之者[2]至矣，吾如有萌[3]焉何哉！今夫弈之为数[4]，小数也；不专心致志则不得也。弈秋①，通国之善弈者也。使弈秋诲二人弈：其一人专心致志，惟弈秋之为听；一人虽听之，一心以为有鸿鹄[5]将至，思援弓缴[6]而射之，虽与之俱学，弗若之矣。为是其智弗若舆？曰：非然也。"

作者简介

孟子（约前372—前289年），名轲，字子舆，战国中期邹国（今山东济宁邹城）人，相传是鲁国贵族孟孙氏的后裔。战国时期著名哲学家、思想家、政治家、教育家，儒家学派的代表人物之一，地位仅次于孔子，与孔子并称"孔孟"。

延伸阅读

《孟子》一书，属语录体散文集，是孟子的言论汇编，由孟子的弟子共同编写完成。《孟子》倡导"以仁为本"，"民为贵，社稷次之，君为轻"的民本主义思想是孟子思想的精华所在。

一

本章强调"口之于味也有同耆""耳之于声也有同听""目之于色也有同美"，"心"也应该有同"理"和同"义"。圣人之所以能成为"圣人"，就在于他们比我们先懂得做人的"理"和"义"。

① 弈秋，古时善弈者。

［1］赖：同“懒”。

［2］心：内心。

［3］麰（móu）：大麦。亦泛指麦类谷物。

［4］耰（yōu）：本意是古代的一种农具，弄碎土块，平整田地用，亦指覆种、播种之意。

［5］树：栽种。

［6］日至：夏至。

［7］硗（qiāo）：土地贫瘠。

［8］蒉（kuì）：盛土的筐子。

［9］耆：同“嗜”（shì），爱好。

［10］期：期望。

［11］理义之悦我心，犹刍豢（huàn）之悦我口：道理和行为方式使我们内心得到喜悦，就好比牛羊猪狗的肉使我们的口腹得到喜悦一样。刍豢，泛指牛羊猪狗等牲畜。

二

本章说明人性虽然本来善良，但如果不加以滋养，放任良心失去，那就会像用斧头天天去砍伐树木一样，即便再茂盛的森林也会被砍成光秃秃的。而一旦某人失去良心，别人还会以为他原本就不存在良心。进而强调关键是自我把持，自我滋养，把内心的善发扬光大，而不要到身外去寻求。

［1］尝：曾经。

［2］萌蘖（niè）：萌发的新芽。

［3］濯濯（zhuó）：光秃秃。

［4］性：本性。

［5］平旦：天刚亮时。

［6］旦昼：第二日白天。

［7］梏（gù）亡：受束缚而消亡。

［8］梏之反覆：反复束缚。

［9］才：天生的资质。

［10］操则存，舍则亡：把握住就存在，放弃就失去。

［11］乡：同“向”。

三

本章说明学习要专心致志，不能一曝十寒。同学二人，同是师出名门，可技艺却大相径庭，原因何在？并非智力的差异，而是用心程度不一，下的功夫不同。可见，专心致志方能成功。

［1］罕：太少。

［2］寒之者：佞幸小人。

［3］有萌：有，动词词头；萌，草木发芽，发端。

［4］弈之为数：弈，围棋；数，技也。

［5］鸿鹄：天鹅。

［6］缴：生丝绳，用来系在箭上，因此也把系着丝线的箭叫作“缴”。

二　率性篇

王　充①

论人之性[1]，定有善有恶。其善者固自善矣，其恶者故可教告率勉[2]，使之为善。……善则养育劝率，无令近恶；近恶则辅保禁防[3]，令渐于善。善渐于恶，恶化于善，成为性[4]行。

召公戒成王曰："今王初服厥命，於戏，若生子，罔不在厥初生!"②[5]

生子[6]谓十五。子初生意于善，终以善；初生意于恶，终以恶。《诗》曰："彼姝者子，何以与之?③[7]"《传》④言"譬犹练丝，染之蓝则青，染之丹则赤。"十五之子，其犹丝也；其有所渐化为善恶，犹蓝、丹之染练丝使之为青、赤也。青、赤一成，真色无异。是故杨子哭歧道[8]，墨子哭练丝也[9]：盖伤离本[10]不可复变也。人之性，善可变为恶，恶可变为善，犹此类也。

蓬生麻间，不扶自直。白纱入缁[11]，不练自黑。彼蓬之性不直，纱之质不黑；麻扶、缁染，使之直、黑。夫人之性犹蓬、纱也，在所渐染而善恶变矣……

---

① 王充（公元27年—约97年）字仲任，年约七十余。作《论衡》八十篇，以正传说之误，成一家之言。《后汉书》有传可参考。

② 见《周书·召诰》。

③ 见《墉风·干旄》篇。

④ 《传》是《鲁诗传》，今亡。

闻伯夷[12]之风者，贪夫廉而懦夫有立志。闻柳下惠[13]之风者，薄夫敦而鄙夫宽[14]。徒闻风名，犹或变节，况亲接形面相敦告乎！

孔门弟子七十之徒，皆……被服圣教，文才雕琢，知能十倍：教训之功而渐渍之力也。未入孔子之门时，闾巷常庸无奇。其尤甚不率者[15]，唯子路也。世称子路，无恒之庸人，未入孔门时，戴鸡佩豚，勇猛无礼。……孔子引而教之，渐渍磨砺[16]，阖导牖进[17]，猛气消损，骄节屈折[18]；卒能政事，序在四科[19]。斯盖变性使恶为善之明效也。

夫肥沃、硗埆[20]，土地之本性也。肥而沃者性美，树稼丰茂。硗而埆者性恶；深耕细锄，厚加粪壤，勉致人功以助地力，其树[21]稼与彼肥沃者相似类也。

地之高下亦如此焉。以钁锸凿地，以埤增下[22]，则其下与高者齐。如复增钁锸，则夫下者不徒齐高者也，反更为高，而其高者反为下。使人之性有善有恶，彼地有高有下，勉致其教令之善，则将善者同之矣。善以化渥酿其教令，变更为善，善则且更宜反过于往善；犹下地增加钁锸，更崇于高地也。……

世称利剑有千金之价。棠溪、鱼肠之属，龙泉、太阿之辈①，其本铤，山中之恒铁也；冶工锻炼，成为铦利。岂利剑之锻与炼乃异质哉！工良师巧，炼一数至也。试取直一金之剑，更熟锻炼，足其火，齐其铦，犹千金之剑也。夫铁石天然，尚为锻炼者变易故质，况人，……奚患性之不善哉！……

西门豹②急，佩韦以自缓[23]。董安于③缓，带弦以自促。急之与缓俱失中

---

① 棠溪、鱼肠、龙泉、太阿都是古时的名剑。

② 西门豹，战国魏文侯时为邺令。

③ 董安于，春秋时晋国赵孟之臣。

和，然而韦弦附身，成为完具之人[24]。能纳韦弦之教，补接不足，则豹、安于之名可得参也。……

魏之行田百亩；邺独二百。① 西门豹灌以漳水，成为膏腴，则亩收一钟。夫人之质犹邺田，道教[25]犹漳水也：患不能化，不患人性之难率也。洛阳城中之道无水；水工激上洛中之水，日夜驰流[26]，水工之功也。由此言之，迫近君子而仁义之道数加于身，孟母之徙宅盖得其验。

人间之水污浊；在野外者清洁。俱为一水，源从天涯，或浊或清，所在之势使之然也。南越王赵佗②，本汉贤人也，化南夷之俗，背畔王制，椎髻箕坐[27]，好之若性。陆贾说以汉德，惧以圣威，蹶然起坐，心觉改悔，奉制称蕃；其于椎髻箕坐也，恶之若性。前则若彼，后则若此，由此言之，亦在于教，不在于性也。

作者简介

王充（27—约 97 年），字仲任，会稽上虞（今属浙江）人，他的祖先从魏郡元城迁徙到会稽。王充以道家的自然无为为立论宗旨，以“天”为天道观的最高范畴。以“气”为核心范畴，由元气、精气、和气等自然气化构成了庞大的宇宙生成模式，与天人感应论形成对立之势。其在主张生死自然、力倡薄葬，以及反叛神化儒学等方面彰显了道家的特质。他以事实验证言论，弥补了道家空说无着的缺陷，是汉代道家思想的重要传承者与发展者。《论衡》是王充的代表

① 这是说魏国赋田之法一夫百亩，而邺地独一夫二百亩。

② 赵佗，秦时为南海龙川令。及秦灭，自立为南越武王。汉高帝定天下，遣陆贾立佗为南越王。高后时，自尊为帝，侵攻边邑。文帝立，复使陆贾让佗。佗便上书，仍臣服于汉。《史记》有《南越尉佗列传》，《汉书》有《南粤王列传》，均可参考。

作品，也是中国历史上一部不朽的无神论著作。

延伸阅读

本篇着重论述人的本性是可以通过引导改变的。王充认为，人性是人承受了具有仁、勇和恒的气质形成的，“论人之性，定有善有恶”。进而强调人的善恶本性是可以转变的，“善可变为恶，恶可变为善”，实现这种转变的关键在于“教（教育）告（劝告）率（引导）勉（勉励）”，并借用铁矿经过千锤百炼成了锋利的宝剑等事例，说明转变的路径及其意义。至于先进人物的表率作用也是不能忽视的，“闻伯夷之风者，贪夫廉而懦夫有立志。闻柳下惠之风者，薄夫敦而鄙夫宽。”环境的影响也值得注意，“蓬生麻间，不扶自直。白纱入缁，不练自黑。”

［1］性：这里指人先天具有的道德属性。王充认为，人性禀气而成，有的天生性善，有的天生性恶。

［2］教告率勉：教育、劝告、引导、勉励。

［3］辅保禁防：教育、安抚、制止、防范。

［4］性：本性，天性。这里是天生的意思。

［5］厥初生：在其刚开始的时候。

［6］生子：十五岁的人。

［7］彼姝者子，何以与之：“那个美好的人，拿什么赠送他？”

［8］杨子哭歧道：杨子在岔路口怕走错路而哭泣。

［9］墨子哭练丝也：墨子怕丝染错颜色而哭泣。

［10］本：正道或本色。

［11］缁（zī）：黑色。

［12］伯夷：名允，商末孤竹国（今河北卢龙）人，商纣王末期孤竹国第八任君主亚微的长子，弟亚凭、叔齐。是殷商时期契的后代。初，孤竹君欲以三子叔齐为继承人，至父死，叔齐让位于伯夷。伯夷以父命为尊，遂逃之，而叔齐亦不肯立，亦逃之。伯夷叔齐同往西岐，恰遇周武王讨伐纣王，伯夷和叔齐不畏强暴，叩马谏伐曰："父死不葬，爰及干戈，可谓孝乎？以臣弑君，可谓仁乎？"左右欲兵之，姜子牙曰："此二人义人也，扶而去之。"后天下宗周，伯夷、叔齐耻食周粟，饿死首阳山。

［13］柳下惠：姓展，名获，字禽。春秋时鲁国大夫，食邑在柳下，谥号惠。以善于讲究贵族礼节著称。

［14］薄夫敦而鄙夫宽：刻薄的人也厚道起来了，胸襟狭小的人也宽容起来了。

［15］尤甚不率：最不顺服。

［16］渐渍磨砺：感化、磨炼。

［17］阖导牖进："阖"有误，应为"闿"。闿，开。牖，通"诱"，诱导。

［18］骄节屈折：节，事。屈，屈服。折，折服。

［19］序在四科："序"，排定秩序。四科，孔子把他的得意学生，按其特长，分为"德行""言语""政事""文学"四类。以后儒家评论人物均按此分类，称为四科。序在四科，指子路被列入"政事"之中。

［20］硗（qiāo）埆（què）："硗"，地瘠薄。埆，地不平而贫瘠。

［21］树：种植。

［22］以埤（pì）增下：把高处的土填到低的地方。

［23］佩韦以自缓：韦，皮带。身佩熟牛皮以提醒自己要像熟牛皮那样软韧。比喻警惕自己的缺点、错误，避免重新出现。

［24］完具之人：性情完美的人。

［25］道教：仁义之道。

［26］驰流：奔流。

［27］椎髻（jì）箕坐：椎髻，椎髻又称椎结或魁结，是一种椎形的发髻。椎髻的特征是一束头发结成髻，形若锥，耸于头顶。箕坐，是一种不拘礼节的坐法，两腿张开坐着，形如簸箕。

三　邴原别传①

原十一而丧父；家贫。……邻有书舍，原过其旁而泣。师问曰："童子何悲?"原曰："孤者易伤；贫者易感。夫书者②必皆具有父兄者：一则羡其不孤，二则羡其得学，心中恻然而为涕零也。"师亦哀原之言而为之泣，曰："欲书可耳。"答曰："无钱资。"师曰："童子苟有志，我从相教，不求资也。"于是遂就书。一冬之间，诵《孝经》《论语》。

自在童龀之中，嶷然有异。及长，金玉其行。欲远游学，诣安丘③孙崧。崧辞[1]曰："君乡里郑君④，君知之乎?"原答曰："然。"崧曰："郑君学览古今，博闻强识，……诚学者之师模也。君乃舍之，蹑屣千里……者何?"原曰："先生之说诚[2]可谓苦药良针矣，然犹未达仆之微趣[3]也。人各有志，所规[4]不同，故乃有登山而采玉者，有入海而采珠者。岂可谓登山者不知海之深，入海者不知山之高哉!"……崧辞谢[5]焉；又曰："兖、豫⑤之士吾多所识，未有若君者；当以书相分。"原重其意，难辞之，持书[6]而别。

---

① 见《三国志·邴原传》引。邴原，汉末北海人。

② "书者"，犹言"就此读书者"。

③ 安丘，当时县名，今仍名安丘县，属山东胶东道。

④ 郑君，郑玄。

⑤ 兖、豫是当时十二州里边的两州，兖州大部是今山东南部地，豫州大部是今河南地。

原心以为求师启学，志高者通，非若交游待分而成也，书何为[7]哉，乃藏书于家而行。原旧能饮酒；自行之后，八九年间酒不向口[8]。单步[9]负笈，苦身持力，至陈留[10]则师韩子助，颍川则宗陈仲弓，汝南则交[11]范孟博，涿郡则亲[12]卢子干①。临别，师友以原不饮酒，会米肉送原。原曰："本能饮酒，但以荒思废业故断之耳。今当远别，因见贶饯[13]，可一饮燕。"于是共坐饮酒，终日不醉。……

是时汉朝陵迟，政以贿成，原乃将家人入郁洲②山中。郡举有道，融③修书喻原曰："修性保真，清虚守高，危邦不入；久潜乐土。王室多难，西迁镐京。④ ……实望根矩⑤，仁为己任；授手援溺，振民于难。乃或晏晏居息，莫我肯顾。谓之君子，固如此乎？根矩，根矩，可以来矣！"原遂到辽东。……

原尝行而得遗钱，拾以系树枝。此钱既不见取，而系钱者愈多。问其故，答者谓之神树。原恶其由己而成淫祀，乃辩之。于是里中遂敛其钱以为社供。……

自反国土，原于是讲述礼乐，吟咏《诗》《书》；门徒数百，服道数十。时郑玄以博学洽闻，注解典籍，故儒雅之士集焉。原亦以高远清白，颐志澹泊，口无择言，身无择行，故英伟之士向焉。是时海内清议云："青州有邴郑之学。"……

---

① 陈留，当时郡名，郡治今为河南陈留县；颍川，当时郡名，郡治为河南禹县；汝南，当时郡名，郡治在今河南汝南县东南；涿郡，郡治今为京兆涿县。韩子助名卓，陈仲弓名寔，范孟博名滂，卢子干名植，后三人《后汉书》都有传可参考。

② 郁洲在今江苏灌云县东北海中。

③ 融，孔融。时孔融为北海相。

④ 此指董卓迁都长安。

⑤ 根矩，邴原字。

作者简介

陈寿（233—297年），字承祚，西晋巴西郡安汉县（今南充市）人。泰始十年（274年），寿编成《诸葛亮集》二十四篇上奏朝廷，升著作郎，仍兼本郡中正。晋灭吴后，寿撰成《魏书》《蜀书》《吴书》（即《三国志》）六十五篇。晋惠帝元康七年（297年），寿始被起用为太子中庶子，未上任，即病卒，年六十五岁。

延伸阅读

邴原（生卒年不详），字根矩，东汉末年官吏。北海郡朱虚县郚城亭（今安丘市凌河镇红沙沟一带）人。邴原幼年家贫，父母早亡。由于贫不丧志，立志学习，成就一则“泣学”的历史佳话。邴原少年时聪慧异常，道德品质优秀。经北海相孔融荐举步入政界。从辽东返乡后，被曹操聘为司空掾，署东阁祭酒职务。建安十五年（210年），邴原任丞相征事，后来，随曹操征讨东吴，途中不幸病死，归葬故乡汶河南岸柴埠山上。崔琰评价邴原：“秉德纯懿，志行忠方，清净足以厉俗，贞固足以干事”。

［1］辞：推辞。

［2］诚：真是。

［3］微趣：志向。

［4］规：打算。

［5］辞谢：致歉。

［6］书：引荐信。

［7］何为：有什么用。

［8］向口：沾口。

［9］单步：独自徒步。

［10］陈留：古地名，今河南境内。

［11］交：结交。

［12］亲：亲近。

［13］贶（kuàng）饯：置酒送别。

四　故乡

鲁　迅

我冒了严寒，回到相隔二千余里、别了二十余年的故乡去。

时候既然是深冬；渐近故乡时，天气又阴晦了，冷风吹进船舱中，呜呜的响，从蓬隙向外一望，苍黄的天底下，远近横着几个萧索的荒村，没有一些活气。我的心禁不住悲凉起来了。

阿！这不是我二十年来时时记得的故乡？

我所记得的故乡全不如此。我的故乡好得多了。但要我记起他的美丽、说出他的佳处来，却又没有影像、没有言辞了。仿佛也就如此。于是我自己解释说：故乡本也如此，——虽然没有进步，也未必有如我所感的悲凉，这只是我自己心情的改变罢了，因为我这次回乡，本没有什么好心绪。

我这次是专为了别他而来的。我们多年聚族而居的老屋，已经公同卖给别姓了，交屋的期限只在本年，所以必须赶在正月初一以前，永别了熟识的老屋，而且远离了熟识的故乡，搬家到我在谋食的异地去。

第二日清早晨我到了我家的门口了。瓦楞上几枝枯草的断茎当风抖着，正在说明这老屋难免易主的原因。几房的本家大约已经搬走了，所以很寂静。我到了自家的房外，我的母亲早已迎着出来了，接着便飞出了八岁的侄儿宏儿。

我的母亲很高兴，但也藏着许多凄凉的神情，教我坐下，歇息，喝茶，且不谈搬家的事。宏儿没有见过我，远远的对面站着只是看。

但我们终于谈到搬家的事。我说外间的寓所已经租定了，又买了几件家具，此外须将家里所有的木器卖去，再去增添。母亲也说好，而且行李也略已齐集，木器不便搬运的，也小半卖去了，只是收不起钱来。

“你休息一两天，去拜望亲戚本家一回，我们便可以走了。”母亲说。

“是的。”

“还有闰土，他每到我家来时，总问起你，很想见你一回面。我已经将你到家的大约日期通知他，他也许就要来了。”

这时候，我的脑里忽然闪出一幅神异的图画来：深蓝的天空中挂着一轮金黄的圆月，下面是海边的沙地，都种着一望无际的碧绿的西瓜，其间有一个十一二岁的少年，项带银圈，手捏一柄钢叉，向一匹猹①[1]尽力的刺去，那猹却将身一扭，反从他的胯下逃走了。

这少年便是闰土。我认识他时，也不过十多岁，离现在将有三十年了；那时我的父亲还在世，家景也好，我正是一个少爷。那一年，我家是一件大祭祀[2]的值年。这祭祀，说是三十多年才能轮到一回，所以很郑重；正月里供祖像，供品很多，祭器很讲究，拜的人也很多，祭器也很要防偷去。我家只有一个忙月（我们这里给人做工的分三种：整年给一定人家做工的叫长年；按日给人做工的叫短工；自己也种地，只在过年过节以及收租时候来给一定人家做工的称忙月），忙不过来，他便对父亲说，可以叫他的儿子闰土来管祭器的。

① 猹是作者新造字。大约系獾鼠一类。

我的父亲允许了；我也很高兴，因为我早听到闰土这名字，而且知道他和我仿佛年纪，闰月生的，五行缺土[3]，所以他的父亲叫他闰土。他是能装弶捉小鸟雀的。

我于是日日盼望新年，新年到，闰土也就到了。好容易到了年末，有一日，母亲告诉我，闰土来了，我便飞跑的去看，他正在厨房里，紫色的圆脸，头戴一顶小毡帽，颈上套一个明晃晃的银项圈，这可见他的父亲十分爱他，怕他死去，所以在神佛面前许下愿心，用圈子将他套住了。他见人很怕羞，只是不怕我，没有旁人的时候，便和我说话，于是不到半日，我们便熟识了。

我们那时候不知道谈些什么，只记得闰土很高兴，说是上城之后见了许多没有见过的东西。

第二日，我便要他捕鸟。他说："这不能。须大雪下了才好。我们沙地上，下了雪，我扫出一块空地来，用短棒支起一个大竹匾，撒下秕谷，看鸟雀来吃时，我远远地将缚在棒上的绳子只一拉，那鸟雀就罩在竹匾下了。什么都有：稻鸡，角鸡，鹁鸪，蓝背……"

我于是又很盼望下雪。

闰土又对我说："现在太冷，你夏天到我们这里来。我们日里到海边捡贝壳去，红的绿的都有，鬼见怕也有，观音手也有[4]。晚上我和爹管西瓜去，你也去。"

"管贼么?"

"不是。走路的人口渴了摘一个瓜吃，我们这里是不算偷的。要管的是獾猪、刺猬、猹。月亮底下，你听，啦啦的响了，猹在咬瓜了。你便捏了胡叉，轻轻地走去……"

我那时并不知道这所谓猹的是怎么一件东西——便是现在也没有知

道——只是无端的觉得状如小狗而很凶猛。

“他不咬人么?”

“有胡叉呢。走到了，看见猹了，你便刺。这畜生很伶俐，倒向你奔来，反从胯下窜了，他的皮毛是油一般的滑。……”

我素不知道天下有这许多新鲜事：海边有如许五色的贝壳；西瓜有这样危险的经历，我先前单知道他在水果店里出卖罢了。

“我们沙地里，潮汛要来的时候，就有许多跳鱼儿只是跳，都有青蛙似的两个脚……”

阿！闰土的心里有无穷无尽的稀奇的事，都是我往常的朋友所不知道的。他们不知道一些事，闰土在海边时，他们都和我一样只看见院子里高墙上的四角的天空。

可惜正月过去了，闰土须回家里去，我急得大哭，他也躲到厨房里，哭着不肯出门，但终于被他父亲带走了。他后来还托他的父亲带给我一包贝壳和几支很好看的鸟毛，我也曾送他一两次东西，但从此没有再见面。

现在我的母亲提起了他，我这儿时的记忆，忽而全都闪电似的苏生过来，似乎看到了我的美丽的故乡了。我应声说：“这好极！他，——怎样？……”

“他？……他景况也很不如意……”母亲说着，便向房外看，“这些人又来了。说是买木器，顺手也就随便拿走的，我得去看看。”

母亲站起身，出去了。门外有几个女人的声音。我便招宏儿走近面前，和他闲话：问他可会写字，可愿意出门。

“我们坐火车去么?”

“我们坐火车去。”

“船呢?”

“先坐船，……”

此后又有近处的本家和亲戚来访问我。我一面应酬，偷空便收拾些行李，这样的过了三四天。

一日是天气很冷的午后，我吃过午饭，坐着喝茶，觉得外面有人进来了，便回头去看。我看时，不由的非常出惊，慌忙站起身，迎着走去。

这来的便是闰土。虽然我一见便知道是闰土，但又不是我这记忆上的闰土了。他身材增加了一倍；先前的紫色的圆脸，已经变作灰黄，而且加上了很深的皱纹；眼睛也像他父亲一样，周围都肿得通红，这我知道，在海边种地的人，终日吹着海风，大抵都如此的。他头上是一顶破毡帽，身上只一件极薄的棉衣，浑身瑟索着；手里提着一个纸包和一支长烟管，那手也不是我所记得的红活圆实的手，却又粗又笨而且开裂，像是松树皮了。

我这时很兴奋，但不知道怎么说才好，只是说：“阿！闰土哥，——你来了？……”

我接着便有许多话，想要连珠一般涌出：角鸡，跳鱼儿，贝壳，猹，……但又总觉得被什么挡着似的，单在脑里面回旋，吐不出口外去。

他站住了，脸上现出欢喜和凄凉的神情；动着嘴唇，却没有作声。他的态度终于恭敬起来了，分明的叫道：“老爷！……”

我似乎打了一个寒噤；我就知道，我们之间已经隔了一层可悲的厚障壁了。我也说不出话。

他回过头去说，“水生，给老爷磕头。”便拖出躲在背后的孩子来，这正是一个廿年前的闰土，只是黄瘦些，颈子上没有银圈罢了。“这是第五个孩子，没有见过世面，躲躲闪闪……”

母亲和宏儿下楼来了，他们大约也听到了声音。

“老太太。信是早收到了。我实在喜欢的了不得，知道老爷回来……”闰土说。

“阿，你怎的这样客气起来。你们先前不是哥弟称呼么？还是照旧：迅哥儿。”母亲高兴的说。

“阿呀，老太太真是……这成什么规矩。那时是孩子，不懂事……”闰土说着，又叫水生上来打拱，那孩子却害羞，紧紧的只贴在背后。

“他就是水生？第五个？都是生人，怕生也难怪的；还是宏儿和他去走走。”母亲说。

宏儿听得这话，便来招水生，水生却松松爽爽同他一路出去了。母亲叫闰土坐，他迟疑了一回，终于就了坐，将长烟管靠在桌旁，递过纸包来，说：“冬天没有什么东西了。这一点干青豆倒是自家晒在那里的，请老爷……”

我问问他的景况。他只是摇头。

“非常难。第六个孩子也会帮忙了，却总是吃不够……又不太平……什么地方都要钱，没有定规……收成又坏。种出东西来，挑去卖，总要捐几回，折了本；不去卖，又只能烂掉……”

他只是摇头；脸上虽然刻着许多皱纹，却全然不动，仿佛石像一般。他大约只是觉得苦，却又形容不出，沉默了片时，便拿起烟管来默默的吸烟了。

母亲问他，知道他的家里事务忙，明天便得回去；又没有吃过午饭，便叫他自己到厨下炒饭吃去。

他出去了；母亲和我都叹息他的景况：多子，饥荒，苛税，兵，匪，官，绅，都苦得他像一个木偶人了。母亲对我说，凡是不必搬走的东西，尽可以送他，可以听他自己去拣择。

下午，他拣好了几件东西：两条长桌，四个椅子，一副香炉和烛台，一杆抬秤。他又要所有的草灰（我们这里煮饭是烧稻草的，那灰，可以做沙地的肥料），待我们启程的时候，他用船来载去。

夜间，我们又谈些闲天，都是无关紧要的话；第二天早晨，他就领了水生回去了。

又过了九日，是我们启程的日期。闰土早晨便到了，水生没有同来，却只带着一个五岁的女儿管船只。我们终日很忙碌，再没有谈天的工夫。来客也不少，有送行的，有拿东西的，有送行兼拿东西的。待到傍晚我们上船的时候，这老屋里的所有破旧大小粗细东西，已经一扫而空了。

我们的船向前走，两岸的青山在黄昏中都装成了深黛颜色，连着退向船后梢去。

宏儿和我靠着船窗，同看外面模糊的风景，他忽然问道："大伯！我们什么时候回来？"

"回来？你怎么还没有走就想回来了。"

"可是，水生约我到他家玩去咧……"他睁着大的黑眼睛，痴痴的想。

我和母亲也都有些惘然，于是又提起闰土来。母亲说，那"豆腐西施①[5]"的杨二嫂，自从我家收拾行李以来，本是每日必到的，前天伊在灰堆里，掏出十多个碗碟来，议论之后，便定说是闰土埋着的，他可以在运灰的时候，一齐搬回家里去。杨二嫂发见了这件事，自己很以为功，便拿了那狗气杀（这是我们这里养鸡的器具，木盘上面有着栅栏，内盛食料，鸡可以伸进颈子去啄，狗却不能，只能看着气死），飞也似的跑了，亏伊装着这么高底的小脚，竟跑得这样快。

---

① 豆腐店中的女人，有一点美名的。此江浙间俗语。

老屋离我愈远了；故乡的山水也都渐渐远离了我，但我却并不感到怎样的留恋。我只觉得我四面有看不见的高墙，将我隔成孤身，使我非常气闷；那西瓜地上的银项圈的小英雄的影像，我本来十分清楚，现在却忽地模糊了，又使我非常的悲哀。

母亲和宏儿都睡着了。

我躺着，听船底潺潺的水声，知道我在走我的路。我想：我竟与闰土隔绝到这地步了，但我们的后辈还是一气，宏儿不是正在想念水生么？我希望他们不再像我，又大家隔膜起来……然而我又不愿意他们因为要一气，都如我的辛苦辗转而生活，也不愿意他们都如闰土的辛苦麻木而生活，也不愿意都如别人的辛苦恣睢而生活。他们应该有新的生活，为我们所未经生活过的。

我想到希望，忽然害怕起来了。闰土要香炉和烛台的时候，我暗地里笑他，以为他总是崇拜偶像，什么时候都不忘却。现在我所谓希望，不也是我自己手制的偶像么？只是他的愿望切近，我的愿望茫远罢了。

我在朦胧中，眼前展开一片海边碧绿的沙地来，上面深蓝的天空中挂着一轮金黄的圆月。我想：希望本是无所谓有，无所谓无的。这正如地上的路，其实地上本没有路，走的人多了，也便成了路。

作者简介

鲁迅（1881—1936 年），本名周樟寿，后改名周树人，初字豫山，后改豫才，浙江绍兴人。曾留学日本仙台医科专门学校（肄业）。“鲁迅”是他 1918 年发表《狂人日记》时所用的笔名，也是他影响最为广泛的笔名。著名文学家、思想家，新文化的先驱，中国现代文学的奠基人，在文学创作、文学批评、思想研究、文学史研究、翻译、美术理论引进、基础科学介绍和古籍校勘与研究等多个领域具有重大贡献。小说集有《呐喊》《彷徨》《故事新编》；散文集有《朝花夕拾》；文学论著有《中国小说史略》；散文诗集有《野草》；杂文集有《坟》《热风》《华盖集》《华盖集续编》《南腔北调集》《三闲集》《二心集》《而已集》《花边文学》《伪自由书》《准风月谈》《且介亭杂文集》《且介亭杂文二集》《且介亭杂文末编》等。他对于五四运动以后的中国社会思想文化发展具有重大影响，蜚声世界文坛。毛泽东曾评价："鲁迅的方向，就是中华民族新文化的方向。"

延伸阅读

《故乡》写于1921年1月，发表于1921年5月《新青年》杂志第9卷第1号，后收入《呐喊》。小说采用第一人称手法叙述的形式，以1919年返回故乡迁家北上的经历为素材，描写见到故乡那种苍凉萧索的景色时所产生的悲凉心绪，以及闰土和杨二嫂的变化带来的苦闷和悲哀。作者在对记忆中故乡的怀念与现实故乡的凋敝的失望中否定了现实，又从现实中宏儿与水生的关系中看到希望，进而展望未来的"我们所未经生活过的"新生活，使作品的笔调顿时变得明朗起来。（收入课本时删了杨二嫂出场的文字，即"'哈！这模样了！胡子这么长了！'……顺便将我母亲的一副手套塞在裤腰里，出去了。"）

［1］猹：作者在1929年5月4日致舒新城的信中说："'猹'字是我据乡下人所说的声音，生造出来的，读如'查'"，"现在想起来，也许是獾罢"。

［2］大祭祀：是指祭祀祖先的隆重典礼。这典礼由族中各家轮流主持，轮到的那一家叫"值年"。

［3］五行缺土：旧时迷信的说法，人的生命里含有“五行”（金、木、水、火、土），可以根据各人出生的年、月、日、时推算出来。“五行”齐全的算是好命，缺一“行”或两“行”就差了。补救的办法是，缺哪一“行”就用那一“行”的字或用那一“行”的字作偏旁的字取名（如一个姓王的人的命里缺“金”，就取名叫“王阿金”或“王钧”）。

［4］鬼见怕、观音手：都是小贝壳的名称。

［5］豆腐西施：西施是中国古代一个著名的美女。“豆腐西施”意思就是卖豆腐的美人（这是开玩笑的话）。

五　别通篇

王　充

富人之宅以一丈之地为内[1]，内中所有柙匮[2]，所赢缣[3]布丝帛也。贫人之宅亦以一丈为内，内中空虚，徒四壁立，故名曰贫。夫通人[4]犹富人，不通者犹贫人也。俱以七尺为形：通人胸中怀百家之言；不通者空腹，无一牒之诵。……世人慕富、不荣通[5]，羞[6]贫、不贱不贤[7]，不推类以况之也[8]。

夫富人可慕者，货财多则饶裕，故人慕之。夫富人不如儒生，儒生不如通人。通人积文十箧以上，圣人之言，贤者之语，……治国肥家[9]之术，刺世讥俗之言，备矣。使人通明博见，其为可荣，非徒缣布丝帛也。萧何入秦[10]，收拾文书；汉所以能制九州者，文书之力也。以文书御[11]天下，天下之富孰与家人之财?

人目不见青黄[12]曰盲；耳不闻宫商[13]曰聋；鼻不知香臭曰痈[14]。痈、聋与盲，不成人者也。人不博览者，不闻古今，不见事类，不知然否，犹目盲、耳聋、鼻痈者也。儒生不览，犹为闭暗[15]，况庸人无篇章之业，不知是非，其为闭暗甚矣。此则土木之人，耳目俱足，无闻见也。

涉浅水者见虾；其颇深者察鱼鳖；其尤甚者观蛟龙；足行迹殊，故所见之物异也。入道浅深，其犹此也。浅者则见传记谐文；深者入圣室[16]、观秘书[17]。故入道弥深，所见弥大。人之游也，必欲入都，都多奇观也。入都必欲见市，市多异货也。百家之言，古今行事，其为奇异[18]，非徒都邑大市也。游[19]于都邑者心厌[20]，观于大市者意饱，况游于道艺之际哉！

大川旱不枯者，多所疏[21]也。潢污[22]兼日不雨，泥辄见者，无所通也。是故大川相间，小川相属，东流归海，故海大也。海不通于百川，安得巨大之名！夫人含[23]百家之言，犹海怀百川之流也。……

开户纳日之光[24]，日光不能照幽。凿窗、启牖，以助户明也。……百家之言[25]，令人晓明，非徒窗牖之开，日光之照也。……闭户幽坐，向冥冥之内[26]，穿圹穴卧，造黄泉之际，人之所恶也。夫闭心塞意，不高瞻览者[27]，死人之徒也哉！……

作者简介

见第 8 页。

延伸阅读

本篇选自《别通篇》的前四个自然段。题为“别通”，旨在如何识别“通人”。王充认为，知识是财富。知识越多，财富就越多。所以“富人不如儒生，儒生不如通人。”通人知识渊博，胸怀古今之事，百家之言，懂得治国治家的方法，而且能讥刺和批判世上庸俗鄙陋的风气和言论。通人“海怀百川”，充满阳光；“闭心塞意，不高瞻览者”就是死人之类！强调人应该勤奋好学。

[1] 内：内室。这里指贮藏室。

[2] 柙：通“匣”。匮：同“柜”。

[3] 嬴：充满。缣（jiān）：细绢。

[4] 通人：学识渊博、博览古今者为通人，即文儒，鸿儒。

[5] 不荣通：不以通人为荣耀。

[6] 羞：这里是看不起的意思。

[7] 不贱不贤：不以不贤之人为低贱。

[8] 不推类以况之：不懂得用类推的方法来比较。

[9] 肥家：治家。《礼记·礼运》载：“父子笃，兄弟睦，夫妇和，家之肥也。”

[10] 秦：秦都咸阳。

[11] 御：统治。

[12] 青黄：指青色与黄色。这里泛指颜色。

[13] 宫商：古代以宫、商、角、徵、羽为五音，这里泛指声音。

[14] 痈：毒疮。这里指失去嗅觉的鼻病。

[15] 闭暗：闭塞不明了。

[16] 入圣室：到圣人的室内。这里比喻对经书了解得很精深。

［17］观秘书：读罕见的书籍。这里比喻博通古今。

［18］奇异：这里是非同一般的意思。

［19］游：游览，考察。

［20］厌：满足。

［21］疏：（干流与它）相通。

［22］潢污：浅水坑。

［23］含：胸怀。

［24］开户纳日之光：开门让阳光进屋。

［25］言：学说。

［26］冥冥之内：黑暗深处。

［27］高瞻览者：高瞻远瞩。

六　庄子逍遥游①

北冥②有鱼，其名为鲲；鲲之大不知其几千里也。化而为鸟，其名为鹏；鹏之背不知其几千里也。怒[1]而飞，其翼若[2]垂天之云。

是鸟也，海运[3]则将徙于南冥；——南冥者，天池也。齐谐③者，志[4]怪者也。谐之言曰：鹏之徙于南冥也，水击④三千里，抟[5]扶摇⑤而上者九万里；去以六月息者也[6]。野马⑥也，尘埃也，生物之以息相吹也[7]。天之苍苍，其正色[8]邪？其远而无所至极邪？其视下也，亦若是则已矣⑦。且夫[9]水之积也不厚，则负[10]大舟也无力。覆杯水于坳堂[11]之上，则芥[12]为之舟，置杯焉则胶[13]，水浅而舟大也。风之积也不厚，则其负大翼也无力，故九万

---

① 郭象注谓："夫大小虽殊，而放于自得之场，则物任其性，事称其能，各当其分，逍遥一也。岂容胜负于其间哉？"然此篇亦可见"入道弥深，所见弥大"之意。观点不同，涉想更异。

② 北冥即北海。

③ 《齐谐》，古时杂记怪异的书。亦有人说是人姓名。

④ 水击是将飞之先，举翼击水。

⑤ 扶摇，自下而上的大风。抟扶摇是乘风回翔而上。

⑥ 野马是游气。

⑦ 此言鹏不自计升高几许，只望下面，所见与自下望上相似，便止而图南。

里则风斯[14]在下矣，而后乃今培风。①[15]背负青天而莫之夭阏②者，而后乃今将图[16]南。

蜩与学鸠③笑之[17]曰："我决起而飞，枪④榆枋而止，时则不至，而控[18]于地而已矣。奚以之九万里而南为？"适[19]莽苍⑤者三餐而反[20]，腹犹果然；适百里者，宿舂粮；适千里者，三月聚粮。之二虫又何知？

小知[21]不及大知；小年不及大年。奚以知其然也？朝菌不知晦朔，[22]惠蛄不知春秋，此小年也。楚之南有冥灵⑥者，以五百岁为春，五百岁为秋。上古有大椿者，以八千岁为春，八千岁为秋，此大年也。而彭祖[23]乃今以久特闻，众人匹之，不亦悲乎！[24]……

惠子⑦[25]谓庄子曰："魏王[26]贻我大瓠[27]之种，我树[28]之成而实五石[29]。以盛水浆，其坚⑧不能自举也。剖之以为瓢，则瓠落⑨无所容。非不呺然[30]大也，吾为其无用而掊[31]之。"庄子曰："夫子固拙于用大[32]矣！宋人有善为不龟手⑩之药者，世世以洴澼絖⑪[33]为事。客闻之，请买其方百金。聚族而谋曰：'我世世为洴澼絖，不过数金；今一朝而鬻技百金，请与之。'客得之，以说[34]吴王。越有难，吴王使之将[35]，冬与越人水战；大败越人。裂

---

① 培风谓以翼加于风上。
② 夭阏是挫折阻挡的意思。
③ 蜩是蝉。学鸠是斑鸠。
④ 枪是抵的意思。
⑤ 莽苍是近野，取野间草色苍然的意思。
⑥ 冥灵，木名。
⑦ 惠子是惠施。
⑧ 坚是重。
⑨ 瓠落是廓落宽大。
⑩ 不龟手言冻不皲瘃。
⑪ 絖是絮。洴澼絖言漂絮于水上。

地而封之[36]。能不龟手，一也[37]；或以封，或不免于洴澼絖，则所用之异也[38]。今子有五石之瓠，何不虑[39]以为大樽①[40]而浮乎江湖，而忧其瓠落无所容？则夫子犹有蓬之心②[41]也夫！”……

作者简介

庄子（约前369—约前286年），名周，战国时蒙（在今河南商丘）人。据《史记》记载，他曾为蒙漆园吏，是个下层的小官，生活比较贫苦。

延伸阅读

《庄子》现存三十三篇：《内篇》七，《外篇》十五，《杂篇》十一。经后人考证，一般认为《内篇》出于庄子手笔，《外篇》《杂篇》是庄子的学生或同派学者记述庄子言行和发挥庄子思想的著作以及其他作品。《逍遥游》是《庄子·内篇》的首篇，全篇几乎全由寓言和比喻构成，精比巧喻，连环而下；行文挥洒自如，奇幻莫测，最足以显示庄子其人的思想和他文章所特有的风格。鲁迅在《汉文学史纲要》中评论庄子时说：“著书十余万言，大抵寓言，人物土地，皆空言无事实，而其文则汪洋辟阖，仪态万方，晚周诸子之作，莫能先也。”

本文是节选，文字仅为原文的三分之一。所谓“逍遥游”，是庄子自己所幻想的一种绝对自由的境界。作者认为，世界万物，就其形体而言，大至鹏鸟，小至尘埃；就其寿命而言，长若冥灵、大椿，短若朝菌、蟪蛄，它们在自己的活动范围内，似

① 大樽言浮于水面，同于舟之作用。

② 蓬生曲而不畅，蓬之心犹言拘曲之心。

乎能各任其性、逍遥自由，不过仍然受到时间、空间等各种因素的限制。人只有脱弃掉一切物质条件、物质欲望，才能取得真正的自由。

［1］怒：奋发。

［2］若：好像。

［3］海运：海水汹涌。

［4］志：记载。

［5］抟：盘旋着往上飞。

［6］去以六月息者也：凭借着六月的大风才能离开。去，离开。以，用、凭借。息，气息，这里指风。

［7］生物之以息相吹也：生物用气息相互吹拂的结果。

［8］正色：正，真正的。真正的颜色。

［9］且夫：况且。

［10］负：承载。

［11］坳堂：堂内凹地。

［12］芥：小草。

［13］胶：胶住。

［14］斯：就。

［15］而后乃今培风：乃，就。培，凭、乘。然后才能乘风。

［16］图：图谋，计划。

［17］笑之：之，鹏。

［18］控：落。

［19］适：前往。

［20］三餐：只带当天吃的三餐粮食。

［21］知：同“智”。

［22］朝菌：一种一见太阳就死的低等植物。晦，日暮，夜。朔，初始，旦。

［23］彭祖：传说中古代活了八百岁的人。

［24］不亦悲乎：岂不可悲吗？

［25］惠子：惠施，曾做魏国国相。

［26］魏王：魏惠王。

［27］大瓠（gū）：即大葫芦。

［28］树：种植。

［29］实五石：果实足有五石。

［30］呺（xiāo）然：空空的样子。

［31］掊（pōu）：砸碎。

［32］拙于用大：不善于利用大东西。

［33］洴（píng）澼（pì）：漂洗。絖（kuàng）：丝绵。

［34］说：游说。

［35］将：统帅军队。

［36］裂地而封之：划分出土地来封赏他。

［37］一也：一样的。

［38］“或以封”三句，意为：同样是不龟手之药，但不同的人利用它，结果却不一样，或因此而得到封赏，或仍然不免终身从事漂絮。

［39］虑：考虑。

［40］大樽：像大酒器的渡河用具。

［41］蓬：草本植物，蓬心狭窄弯曲。有蓬之心：是庄子借以比喻惠子的见解迂曲、狭隘。

七 庐山草堂记

白居易①

匡庐[1]奇秀，甲天下山。山北峰曰香炉，峰北寺曰遗爱堂：介[2]峰寺间其境胜绝，又甲庐山。元和十一年[3]秋，太原人白乐天见而爱之，若远行客过故乡，恋恋不能去；因面峰、腋寺[4]作为草堂。

明年[5]春，草堂成。三间两柱，二室四牖[6]；广袤丰杀[7]一称心力[8]。洞北户，来阴风，防徂暑[9]也。敞南甍[10]，纳阳日，虞祁寒[11]也。木斫而已，不加丹。墙圬而已，不加白。碱阶[12]用石。幂[13]窗用纸。竹帘、纻帏[14]率称是焉。堂中设木榻四，素屏二，漆琴一张。……

乐天既来为主，仰观山，俯听泉，旁睨[15]竹树云石，自辰至酉应接不暇。俄而物诱气随，外适内和。一宿体宁；再宿心恬；三宿后颓然嗒然[16]，不知其然而然。

自问其故。答曰：是居也，前有平地，轮广[17]十丈；中有平台，半平地；台南有方池，倍平台。环[18]池多山竹，野卉；池中生白莲、白鱼。又南抵石涧。夹涧有古松、老杉，大仅十人围，高不知几百尺；修柯戛云[19]，低枝拂潭，如幢[20]竖，如盖张，如龙蛇走。松下多灌丛，萝茑叶蔓骈织[21]承

① 白居易（公元772年—846年）字乐天，于唐元和二年（807年）入翰林为学士。后对殿中，论执强鲠，出为江州司马。《唐书》《旧唐书》俱有传可参考。此篇即在江州时作。

翳，日月光不到地，盛夏风气如八九月时。下铺白石，为出入道。堂北五步，据层崖、积石，嵌空垤堄[22]，杂木异草盖覆其上。绿阴蒙蒙，朱实离离，不识其名；四时一色。又有飞泉，植茗[23]就以烹燀[24]，好事者见，可以永日。堂东有瀑布，水悬三尺，泻阶隅[25]，落石渠，昏晓如练色，夜中如环珮琴筑[26]声。堂西倚北崖右趾[27]，以剖竹架空引崖上泉，脉分线悬，自檐注砌，累累如贯珠，霏微[28]如雨露，滴沥飘洒，随风远去。其四旁耳目杖履[29]可及者，春有锦绣谷花，夏有石门涧云，秋有虎溪月，冬有炉峰雪。阴晴显晦[30]，昏旦含吐[31]，千变万状，不可殚[32]纪，覼缕[33]而言，故云甲庐山者。噫，凡人丰一屋、华一箦[34]而起居其间，尚不免有骄矜[35]之态，今我为是物主，物……各以类至，又安得不外适内和，体宁心恬哉！……

予自思从幼迨老，若白屋[36]，若朱门，凡所止虽一日二日，辄覆篑[37]土为台，聚拳石为山，环斗水为池，其喜山水病癖如此。一旦蹇剥[38]，来佐江郡[39]，郡守以优容[40]抚我，庐山以灵胜待我，是天与我时，地与我所，卒获所好，又何求焉！尚以冗员[41]所羁，余累未尽，或往或来，未遑宁处[42]。待予异时弟妹婚嫁毕，司马岁秩[43]满，出处行止得以自遂，则必左手引妻子，右手抱琴书，终老于斯，以成就我平生之志。清泉白石，实闻此言！

时三月二十七日始居新堂；四月九日与……二十有二人具斋、施茶果以落之。因为《草堂记》。

延伸阅读

《草堂记》是白居易元和十年（815 年）贬谪江州后写的。此时，白居易逃避现实的思想有所上升，因此情感多寄寓于泉石云林之间，他营造草堂之举也是将情感寄托于自然的具体表现。课文删节有三处：

一是第二节：“漆琴一张”后删“儒、道、佛书各三两卷。”

二是第四节：“今我为是物主，物……各以类至，又安得不外适内和，体宁心恬哉！……”原文是“今我为是物主，物至致知，各以类至，又安得不外适内和，体宁心恬哉？昔永、远、宗、雷辈十八人，同入此山，老死不返；去我千载，我知其心以是哉！”

三是最后一节：“四月九日与……二十有二人具斋、施茶果以落之。因为《草堂记》。”原文是“四月九日与河南元集虚、范阳张允中、南阳张深之、东西二林寺长老凑、朗、满、晦、坚等凡二十有二人具斋、施茶果以落之，因为《草堂记》”

文章写景色写人心均为上乘，“匡庐奇秀甲天下山”已成为庐山最好的宣传语。

[1] 匡庐：指江西的庐山。相传殷周之际有匡俗兄弟七人结庐于此，故称。

[2] 介：处于两者之中。

[3] 元和十一年：816 年。

[4] 面峰、腋寺：对山傍寺。腋，两腋在人身旁，故引申为“傍”。

[5] 明年：第二年。

[6] 牖（yǒu）：窗户。

[7] 广袤：土地的长和宽。这里指面积大小。丰杀：增减。

[8] 一称心力：全与自己的愿望和财力相称。

[9] 阴风：北风。徂（cú）暑：盛暑

[10] 敞南甍（méng）：屋南面很高敞。甍，屋脊。

[11] 虞：防范。祁寒：严寒。

[12] 碱（qì）：通“砌”，台阶。

[13] 幂：覆盖。

[14] 竹帘、纻（zhù）帏：竹子做的帘子，麻布做的帐幕。

[15] 睨：斜看。

[16] 嗒然：物我两忘貌。

[17] 轮广：纵横。南北为轮，东西为广。

[18] 环：环绕。

[19] 修柯戛（jiá）云：长枝条上摩云霄。

[20] 幢：古代作仪仗用的一种旗帜。

[21] 骈织：密集交织。

[22] 垤（dié）堄（nì）：积土成堆。

[23] 植茗：种植茶树。

[24] 燀（chǎn）：烧煮。

[25] 泻阶隅：冲到台阶的角落里。

[26] 筑：古代打击的弦乐器。

[27] 趾：这里指山脚。

[28] 霏微：细雨飘散的样子。

[29] 杖屦（jù）：扶杖步行。

[30] 显晦：明亮和昏暗。

[31] 含吐：出现和隐没。

[32] 殚：尽。

[33] 縩（luó）缕：细说，这里指“概括”。

[34] 华一箦（zé）：置备一张华美的竹席。

[35] 骄矜：骄傲自得。

[36] 白屋：指贫苦人家的屋子。

[37] 篑：土筐。

[38] 蹇剥（jiǎn bō）：均为《易经》卦名，有时运不济之意，此指遭受挫折。

[39] 来佐江郡：指任江州司马。

[40] 优容：宽容，宽待。

[41] 冗员：闲散多余的官员。

[42] 未遑宁处：没有闲暇安稳地居住。

[43] 岁秩：规定的任职年限，犹任期。

八　度风篁岭至龙井[①]

夏锡祚[②]

不知何年代，人家犹太古。丛篁高百尺，深密掩村坞；寂寥绝人声，浓绿滴环堵。径转下坡陀，丁丁响樵斧。道旁万松树，落落清可数。

叩门堕山翠，竹里开僧户。呼童汲新泉，——泉自石穴吐；烹以瀹茗芽，——炒焙初出釜。客言香色绝，僧意不自诩。

乍与佳胜辞，回顾失维宇。树密天常阴；泉吼声带雨。忽闻远村鸡，有路出前浦。

作者简介

夏锡祚，明末清初长洲（今江苏苏州）人。字玄宠，号书岩，自号积书岩下野人。明崇祯时补昆山县学生。入清以遗民终。精茶事。曾游杭州，度风篁岭考察宋时老龙井。好学问，抄录几于等身。诗长于五古。著有《雪鸿堂诗草》。

① 风篁岭在浙江杭县西湖的南面，很高峻，多修竹。龙井便在岭下，附近所产茶极有名。

② 夏锡祚，时地生卒未详。诗见《西湖志》。

延伸阅读

本诗作者来到龙井的一座寺庙，老僧呼童子汲泉烹茶，茶是刚刚炒焙好的，作者饮完以后，觉得茶的香色均极好，但是老僧并不自夸。该诗提到了龙井茶的加工法，即用锅子（釜）炒焙。龙井茶是中国传统名茶，著名绿茶之一，产于浙江杭州西湖龙井村一带，已有一千二百余年历史。这里的“龙井”很可能是“龙井村”，因盛产顶级西湖龙井茶而闻名于世，东临西子湖，西依五云山，南靠滔滔东去的钱塘江水，北抵插入云端的北高峰，四周群山叠翠，云雾环绕，就如一颗镶嵌在西子湖畔的翡翠宝石。明代，西湖龙井茶名扬天下，出现了大量吟咏龙井茶的诗篇和专著，有吴宽的《谢朱懋恭同年寄龙井茶》、徐渭的《谢钟君惠石埭茶》、陈继儒的《试茶》、袁宏道的《龙井》、童汉臣的《龙井试茶》、于若瀛的《龙井茶》、屠隆的《龙井茶》、王稚登的《西湖竹枝词》、孙一元的《饮龙井》和高应宽的《龙井试茶》等诗篇，夏锡祚的《度风篁岭至龙井》也是其中著名的一首。

九　陈情表[1]

李　密①

臣密言：臣以险衅，夙遭闵凶。生孩六月，慈父见背；行年四岁，舅夺母志[2]。祖母刘愍[3]臣孤弱，躬亲抚养。臣少多疾病，九岁不行；零丁孤苦，至于成立[4]。既无伯叔，终鲜兄弟；门衰祚薄[5]，晚有儿息[6]；外无期功[7]强近之亲[8]，内无应门[9]五尺之童[10]：茕茕孑立，形影相吊。而刘夙婴[11]疾病，常在床蓐[12]；臣侍汤药，未尝废离。

逮奉圣朝[13]，沐浴清化[14]。前太守臣逵察[15]臣孝廉[16]，后刺史臣荣举臣秀才[17]，臣以供养无主，辞不赴命[18]。明诏特下，拜[19]臣郎中[20]。寻[21]蒙国恩，除[22]臣洗马[23]。猥[24]以微贱[25]，当侍东宫[26]，非臣陨首[27]所能上报。臣具以表闻，辞不就职。诏书切峻[28]，责臣逋慢[29]。郡县逼迫，催臣上道，州司临门，急于星火[30]。臣欲奉诏奔驰，则刘病日笃[31]；欲苟[32]顺私情，则告诉不许[33]：臣之进退，实为狼狈！

伏惟[34]圣朝以孝治天下，凡在故老[35]，犹蒙[36]矜育[37]，况臣孤苦，特为尤甚。且臣少事伪朝[38]，历职[39]郎署[40]，本图[41]宦达[42]，不矜[43]名节。今臣亡国贱俘，至微至陋，过蒙拔擢[44]，宠命[45]优渥[46]，岂敢盘桓[47]有所

① 李密，晋人，字令伯。父早死，母改嫁。育于祖母刘氏。宋武帝征为太子洗马，诏书屡下，密遂作此表。后听其终养。《晋书》有传可参考。

希冀[48]！但以刘日薄西山[49]，气息奄奄，人命危浅[50]，朝不虑夕；臣无祖母，无以至今日，祖母无臣，无以终余年，母孙二人更相为命：是以[51]区区[52]不能废远[53]。

臣密今年四十有四，祖母刘今年九十有六，是臣尽节于陛下之日长，报刘之日短也。乌鸟私情[54]，愿乞终养[55]！

臣之辛苦[56]，非独蜀之人士及二州[57]牧伯[58]所见明知，皇天后土[59]实所共鉴[60]。愿陛下矜愍[61]愚诚，听[62]臣微志，庶[63]刘侥幸，保卒[64]余年。臣生当陨首，死当结草①。臣不胜[65]犬马怖惧之情，谨拜表以闻。

作者简介

李密（224—287年），字令伯，武阳（今四川彭山）人。曾仕蜀汉，为尚书郎，并曾多次出使东吴，颇有辩才。蜀汉亡后，晋武帝征他为太子洗马，他以供养祖母为理由，辞不就职。祖母死后才到晋朝做官，官至汉中太守，后因怀怨遭免，老死家中。

---

① 春秋晋魏颗嫁其父之遗妾，不以为殉。后与秦人杜回战，见老人结草以抗回。遂获之。夜梦老人相告，谓即所嫁妇人之父。故相传以结草为感恩之词。

延伸阅读

《陈情表》是李密写给晋武帝的，说明“辞不就职”的理由。第一段先写自己与祖母刘氏的特殊关系和特殊命运，抒发对祖母的孝情，“臣侍汤药，未尝废离。”第二段表白自己感恩戴德，很想走马上任，“奉诏奔驰”，则为“刘病日笃”，才有“实为狼狈”的处境。第三段转写自己“不矜名节”，并非“有所希冀”，是因为“祖母无臣，无以终余年”。第四段写在陛下面前尽忠尽节的日子还很长，而在祖母刘氏面前尽孝尽心的日子很短。最后恳求陛下能怜悯其诚心，满足其微不足道的心愿，使祖母能够侥幸地保全她的余生。说其活着应当杀身报效朝廷，死了也要结草衔环来报答陛下的恩情，怀着像犬马一样不胜恐惧的心情，恭敬地呈上此表来使陛下知道这件事。李密作为蜀汉旧臣，面对晋武帝司马炎的征召，是留在家尽孝还是赴任尽忠，是很难处理的问题，他抓住了晋朝“以孝治天下”的政策，比较完美地解决了这个难题。

［1］“表”是一种文体，是古代奏章的一种，是臣下对君王指陈时事、直言规劝抑或使之改正错误的文体。

［2］舅夺母志：舅舅强行改变母亲想要守节的志愿。这是母亲改嫁的委婉说法。

［3］愍（mǐn）：怜悯。

［4］成立：成人自立。

［5］门衰祚（zuò）薄：家门衰微，福分浅薄。祚，福分。

［6］儿息：子嗣。息，亲生子女。

［7］期功：古代丧服的名称。期，服丧一年。功，按关系亲疏分大功和小功，大功服丧九月，小功服丧五月。

［8］强近之亲：勉强算是亲近的。

［9］应门：照应门户。

［10］五尺之童：五尺高的小孩。

［11］婴：缠绕，这里指疾病缠身。

［12］蓐：草垫子、草席。

［13］圣朝：指晋朝。

［14］沐浴清化：蒙受清平的政治教化。

［15］察：考察和推举。

［16］孝廉：汉代开始选拔人才的一种察举科目，即每年由地方官考察当地的人物，向朝廷推荐孝顺父母、品行廉洁的人出来做官。

［17］秀才：优秀人才。这也是汉代开始的举荐人才的科目。

［18］赴命：接受任命。

［19］拜：授予官职。

［20］郎中：官名。

［21］寻：不久。

［22］除：任命官职。

［23］洗马：太子的侍从官。

［24］猥：自谦之词，犹“鄙”。

［25］微贱：卑微低贱。

［26］东宫：指太子，因太子居住在东宫，这里是借代。

［27］陨首：头落地，指不惜性命。陨，落。

［28］切峻：急切而严厉。

［29］逋（bū）慢：有意回避，怠慢上命。逋，逃脱。慢，怠慢，轻慢。

［30］急于星火：于，比。星火，流星。比流星的坠落还要急。指催逼得十分紧迫。

［31］笃：病重。

［32］苟：姑且。

［33］告诉不许：申诉不被允许。告诉，申诉（苦衷）。

［34］伏惟：俯身思量。古时下级对上级表示恭敬的词语，奏疏和书信里常用。

［35］故老：年老而德高的旧臣。

［36］蒙：受。

［37］矜育：怜惜养育。

［38］伪朝：蔑称，指被灭亡的蜀朝。

［39］历职：连续任职。

［40］郎署：郎官的衙署。李密在蜀国曾任郎中和尚书郎。署，官署，衙门。

［41］图：希图。

［42］宦达：官职显达。宦，做官。达，显贵。

［43］不矜：不看重。矜，自夸。

［44］拔擢：提拔。

［45］宠命：恩命。

［46］优渥：优厚。

［47］盘桓：犹疑不决的样子，指拖延不就职。

［48］希冀：企盼，这里指非分的愿望。

［49］日薄西山：太阳接近西山，喻人的寿命即将终了。薄，迫近。

［50］危浅：指生命垂危。危，微弱。浅，指不长。

［51］是以：因此。

［52］区区：自己的真挚之情。

［53］废远：废止远离。

［54］乌鸟私情：乌鸦反哺之情，比喻人的孝心。

［55］终养：养老至终。

［56］辛苦：辛酸悲苦，这里指辛酸苦楚的处境。

［57］二州：指梁州（在今陕西省汉中地区）、益州（在今四川省）。

［58］牧伯：州郡长官。

［59］皇天后土：文中指天地神明。

［60］鉴：审察，识别。

［61］矜愍：怜恤。

［62］听：准许、成全。

［63］庶：庶几，或许，表示希望或推测。

［64］保：安。卒：终。

［65］不胜：禁不住。胜，承受，承担。

十　邮亭题壁诗

宋　氏[1]

邮亭咫尺堪投宿，手握亲姑憩茅屋。抱薪就地旋铺摊，支颐相向吞声哭。

旁人问我是何方，俯首哀哀诉衷曲：

“妾家祖居金华府[2]；祖父曾为上千户：举艘运粟大都[3]回，金牌敕赐双飞虎。弟兄晦迹隐山林，甘学崇文不崇武。方今玉堂宋学士，[4] 亦与妾家同一谱。

笄年嫁向衢州[5]城；夫婿好学明《诗经》。《离骚》子史遍搜揽，意欲出仕苏苍生。前年郡邑忽交辟，辞亲笑傲趋神京。万言长策献阊阖；[6] 驰书归报泥金名。承恩拜除阆州[7]守，飘然画舫西南行。

到官搜贤访遗老，要把奸顽尽除扫。日则升堂剖公务，夜则挑灯理文稿。

---

① 此诗系云南永昌邮亭题壁诗。从诗中“方今玉堂宋学士，亦与妾家同一谱”语看，可知作者姓宋，系洪武（公元1368年—1398年）间人。嘉靖十六年（1537年），御史阴汝登祠而祀之。御史黄中刻诗于石。今从桂馥《札朴》卷十录出。

② 金华府今为浙江金华县。

③ 大都，元之国都，即今北京。

④ 宋学士系宋濂，明初仕至翰林学士承旨。

⑤ 衢州府今为浙江衢县。

⑥ 阊阖，古时以为是天门。因而宫门的正门也称阊阖。

⑦ 阆州今为四川阆中县。

守廉不使纤尘污；执法应教僚佐怒。府推获罪苦相扳；察院来提谁与诉！临行囊橐无锱铢，惟有旧日将去书。牵衣父老泣相送，遮留赤子争号呼。

彼时征赃动盈万，妾夫自料无从办。竟晨拷打不成招；暗属家人莫送饭。嗟乎饿死囹圄中，旗军原籍来抄封。当时指望耀门户，岂期一旦翻成空！

亲邻怜妾贫如洗，敛钱殷勤馈行李。伶仃三口到京师，奉旨边方戍金齿[①]。阿弟远饯龙江[②]边，临歧抱头哭向天。姊南弟北两相恸，别来再会知何年！

开船未几子病倒，求医问卜皆难保。武昌[③]城外野坡前，白骨谁怜葬青草？初尚有子相依傍，身安且不忧家荡；而今子死姑年高，纵到云南有谁望？

八月官船渡常德[④]，促装登程戒行色。空林日暮鹧鸪啼，声声叫到‘行不得！’上山险如登天梯，百户发放来取齐；雨晴泥滑把姑手，一步一仆身沾泥。晚来走向营中宿，情思昏昏倦无力。五更睡重起身迟，饭还未熟旗头逼。

翻思昔日深闺内，远行不出中门外：融融日影上阑干，花落庭前鸟声碎。宝髻斜簪金凤翘，翠云蝉鬓蛾眉娇，绣床新刺双蝴蝶，久坐尚觉春风饶。谁知今日夫亡后，天末遐荒要亲走；半途日午姑云饥，欲丐奉姑羞举口！……

妾心汪汪淡如水，宁受饥寒不受耻。几回欲葬江鱼腹，姑存未敢先求死。前途姑身少康健，辛苦奉姑终不怨。姑亡妾亦随姑亡，地下何惭见夫面？”

说到伤心泪如雨，咽咽低头不能语。道旁闻者总悽酸，隔岸猿啼叫何许？

---

① 金齿，本是在西南面的一种蛮人的名称。明置金齿卫，后改为永昌军民府。就是今云南永昌县地方。

② 此龙江不可考。

③ 武昌府今为湖北武昌县。

④ 常德今为湖南常德县。

延伸阅读

题壁诗是一种题在墙壁的诗，是古代诗歌中的瑰宝，是一种值得研究的文化现象。题壁诗有多种类型。就载体而言，题壁诗虽然都是题在墙壁上，但墙壁又有寺壁、石壁、邮亭壁、殿壁、楼壁之分。就内容而言，题壁诗皆有感而作，是有所寄托的。大致可分如下类型：第一，抒写政治抱负。这类诗大多对现实不满，不平则鸣。第二，诉说生活艰难，乞求得到社会赞助，题诗于壁，广而告之。有的甚至带有商品性质，题诗者据以牟利。第三，宣讲志趣爱好。有些诗颇富哲理，堪称警句。

本诗为明洪武年间阆中守某妻宋氏所写，嘉靖十六年，御史阴汝登祠而祀之，御史黄中刻诗于石。词意率直，音节悲凉，有乐府之风。

“半途日午姑云饥，欲丐奉姑羞举口”后删去了十二行诗，补录于下：

同来一妇天台人，情怀薄似秋空云。

丧夫未经二十日，画眉重嫁盐商君。

血色红裙绣罗袄，骑驴远涉长安道。

稳坐不知行路难，扬鞭笑指青山小。

取欢但感新人心，那忆旧夫恩爱深。

吁嗟风俗日颓败，纲常废尽趋黄金。

（下接“妾心汪汪淡如水，宁受饥寒不受耻。”）

十一 父亲在亚美利加

［芬兰］亚勒吉阿（Arkio）① 著

鲁 迅[1] 译

跋垒司拉谛密珂也像许多别的农夫和流寓的人们一样，忽然想起来了，到“亚美利加”去。这思想不绝地烦劳他，于是他一冬天，即如正二月时节，全不能将它抛开了。现在这已经不只是时时挂在心上的想头了，却成了一种苦恼的真心的热望。他的思想已经流连于亚美利加的希望之山，而在那地方访求着他时时刻刻所访求的幸福之石了。

他当初全不过自己秘密的想。但有一回，当他的女人悲伤地诉说，说是“穷苦总不会完”的时候，密珂便忍不住说了出来：

“这总有一个完，倘我春天到亚美利加去！”

“你！”女人叫着说，伊的眼便异样地发了光，这是欢喜呢还是惊愕呢？

这一日伊不再诉苦了。伊待遇伊丈夫，只是用了一种较深的敬畏和较大的留神，过于从前了。

---

① 译者跋本篇后云：……亚勒吉阿是他的假名，本名菲兰兑尔（Alexander Filander），是一处小地方的商人，没有受过学校教育，但他用了自修工夫，竟达到很高的程度，在本乡很受尊重，而且是极有功于青年教育的。他的小说，于性格及心理描写都很妙。这却只是一篇小品，是从勃劳绥惠德尔所编的《在他的诗和他的诗人的影像里的芬兰》中译出的。编者批评说：亚勒吉阿尤有一种优美的讥讽的诙谐，用了深沉的微笑盖在物事上，而在这光中，自然能理会出悲惨来，如小说《父亲在亚美利加》所证明的便是。

这出行实在定在春天。密珂从他田庄的抵押，筹到了旅费。

出行的日期愈逼近，那女人也愈忧虑了。但如男人问道："你有什么不舒服呢?"伊也不说出特别的缘由来。

出行的日期正到了。女人从早晨便哭，——至于使伊那有病的眼睛再没有法子好。

"不要这样哭。"过了一会之后，男人说。"倘若上帝给我幸福，我们不至于长久分离的!"

"不是……，但……"

"什么但……"

这在男人，似乎觉得其中藏着一种的疑惑。但当告别的瞬间以前，女人凄楚地哭着，倒在他怀里，并且吃吃地说：

"不要忘却我，父亲，……要想到孩子们。"

"忘却！你想到哪里去了？……你用了你的猜疑，使我直到心的最里面也痛了!"

"不，爱的密珂，我不是这意思！但世界是这样坏，……而我一人和三个小的孩子们留在这里，……田庄是为了你的旅费抵押出去了，……不要生气，父亲，但我的心是这样的塞满了!"

密珂对于这话，几乎要给一句强硬的回答；但在他女人还只是拥抱着的时候，他的心柔软了。于是他将孩子抱在臂上，吻着他们，——挨次地个个接了吻，此后便是那母亲……

是的，上帝知道，密珂全没有想到，撇下他们竟有这样的艰难。——只要有人肯来要他工作，他便不再出门去了——不，决不的。

然而现在他必须出门去!

女人哭了整两日。这是极凄楚的恐慌，是各样忧惧的想象的一个结果，这其间便要发现的。但伊的眼泪为了“道罗[①]”这一个思想，也渐渐地干燥起来。孩子们也想着他，而且在村里说：“父亲寄亚美利加道罗给我们，我们便可以买点什么好东西了！”

最初，密珂屡次地写信。他也时时寄一点钱。他常说：后来要寄一宗大款，这只是一点小零用。

年月过去了。书信的间隔愈加久长，银信的间隔也愈加不可靠。时候坏，他不能不换他的工作而且又生病了，他这样写。但其他盼望将来的嘱咐是不绝的。

母亲的面容永是显得忧愁，而面包也永是紧缩起来了。

密珂已经去了五年。从三年多以来，他便没有写一封信给家里。

春天到了。

燕子又从南方回来了，造伊的巢在跋垒司拉谛的低矮的屋脊下。伊每日对着孩子们，让那丰饶的南方的土地，那里是葡萄已熟，圆的美丽的无花果弯曲了树上倔强的枝条。燕子讲些什么，孩子们没有懂；然而他们领会得，这是一点快乐的事，即此一点，人就可以欢喜而且拍起他们那瘦的小手来。

“或者这燕子见过父亲？”有一天，中间的孩子质问说，是一个女儿。

“是的，倘能够知道这个。”最大的说。那最小的一个，是因此才引起他想到父亲，而于此却全不能记起的，问道：

“父亲强壮么？”

“是的，的确。”最大的保证说。

---

① 道罗是 Dollar 的音译，意为银币。

“如果父亲回家来。”那中间的又说。

然而人还是永远听不到父亲的事。

野草在茅屋周围渐渐地发绿了，土埂上的小果树丛也着起花来。母亲掘开了石质的屋旁的田地，栽下马铃薯去，孩子们都热心地帮伊。夏天将他们青白的两颊染得微红了，……单是空气里有滋养料的！母亲也觉得心里轻松些；夏季用了轻妙的画笔，在他色彩装饰上描出将来的希望，较为光明一点了。

伊晒出密珂的皮衣、皮帽和衣裳来，都挂在马铃薯田的篱柱上，——“倘他回来，他看见，我们并没有忘了他，也不使他的衣裳给虫子蛀坏呢。”

正是这瞬间来了那农人，是借给密珂旅费的：“哪，人还没有听到你们的密珂么?”

那女人不安起来了。否认的回答，不是好主意，而承认也一样的危险：“近时他没有，……”

“这是一个坏人！倘是他那里不寄钱来，我就得卖了这草舍和一点田地。这快要不够了。”

这在女人，似乎心脏都停顿了，而且伊也全不知道，应该怎样的回答。当那农人许可，还等到明年春天的时候，伊才能够再嘘出一口气来。

秋天到了。

母亲哭的愈多了。伊的按捺的语气，往往当对待孩子的时候，在忍不住的愤激的话里，发表出来。于是他们便自己蹲在炉灶后面的昏黑的角里，而其中的一个偷偷地说道：“倘若父亲永不回到家里来，……”

别一个便说：“回家！一定！倘若他有了别的女人……”

孩子们不很懂，这是什么意思，倘遇见人们说着这事，说那父亲在外面有了别的女人了，但他们倘看见他们的母亲，泪在眼里永没有干，他们便直觉地感得，父亲是很不好很不好，母亲是很艰难，而且他们是很饥饿。……

然而人还永没有听到父亲的事！

作者简介

见第 23—24 页。

延伸阅读

［1］本文译者原署周作人，有误，应为鲁迅。

本文选自《现代小说译丛（第一集）》。《现代小说译丛（第一集）》1922 年 5 月由上海商务印书馆出版，为《世界丛书》之一，包括短篇小说三十篇，内鲁迅译九篇，周作人译十八篇，周建人译三篇，署周作人名。鲁迅译的九篇是：《黯澹的烟霭里》（俄国安特来夫）、《书籍》（俄国安特来夫）、《连翘》（俄国契里珂夫）、《省会》（俄国契里珂夫）、《幸福》（俄国阿尔志跋绥夫）、《医生》（俄国阿尔志跋绥夫）、《战争中的威尔珂》（勃尔格利亚、跋佐夫）、《疯姑娘》（芬兰明那·亢德）、《父亲在亚美利加》（芬兰亚勒吉阿）。

《父亲在亚美利加》译者跋开篇写道："芬兰和我们向来很疏远；但他自从脱离俄国和瑞典的势力之后，却是一个安静而进步的国家，文学和艺术也很发达。他们的文学家，有用瑞典语著作的，有用芬兰语著作的，近来多属于后者了，这亚勒吉阿（Arkio）便是其一。"这一节文字在本文《译者跋本篇后云》中被省略了。

十二　民意的故事二则

一、《周语》厉王监谤①

厉王[1]虐，国人谤[2]王。召公[3]告曰："民不堪[4]命[5]矣！"王怒，得卫巫[6]，使监[7]谤者。以告[8]，则杀之。国人莫敢言，道路以目[9]。王喜，告召公曰："吾能弭[10]谤矣，乃不敢言！"

召公曰："是障[11]之也！防民之口，甚于防川。川壅[12]而溃[13]，伤人必多，民亦如之。是故，为川者[14]决之使导[15]；为民者宣[16]之使言。故天子听政[17]，使公卿[18]至于列士[19]献诗[20]，瞽[21]献曲[22]，史[23]献书[24]，师箴[25]，瞍赋[26]，蒙诵[27]，百工[28]谏，庶人传语，近臣[29]尽规[30]，亲戚补察[31]，瞽史教诲，耆艾修之[32]，而后王斟酌焉，是以事行而不悖[33]。

"民之有口，犹土之有山川也，财用于是乎出；犹其原隰之有衍沃[34]也，衣食于是乎生[35]。口之宣言也，善败于是乎兴[36]。行善而备[37]败，其所以[38]阜[39]财用衣食者也。

"夫民，虑之于心，而宣之于口，成[40]而行[41]之；胡[42]可壅也！若壅其

① 此事发生于厉王三十三年，当公元前846年。

口，其与能几何①？”

王不听。于是国莫敢出言。三年，乃流[43]王于彘②。

二、《左传》郑人游乡校③

郑人游[1]于乡校[2]以论执政[3]。然明④谓子产[4]曰：“毁乡校何如？[5]”子产曰：“何为[6]！夫人朝夕退[7]而游焉，以议[8]执政之善否。其所善者吾则行之，其所恶者吾则改之，是吾师也。若之何毁之！

“吾闻忠善以损怨[9]；不闻作威以防[10]怨。岂不遽止[11]？然犹防川[12]，大决所犯[13]，伤人必多，吾不克救也；不如小决是道[14]。不如吾闻而药之也[15]。”

然明曰：“蔑也，今而后知吾子之信可事[16]也！小人[17]实不才。若果行此，其郑国实赖[18]之，岂唯二三臣[19]！”

仲尼[20]闻是语也，曰：“以是观之，人谓子产不仁，吾不信也！”

---

① 与是语助辞。能几何是说不能长久。

② 彘是今山西霍县。

③ 见襄公三十一年传，其时当公元前542年。

④ 然明是郑大夫鬷蔑的字。

延伸阅读

《周语》选自《国语》。《国语》，又名《春秋外传》或《左氏外传》。相传为春秋末鲁国的左丘明所撰，但现代有的学者从内容判断，认为是战国或汉后的学者托名春秋时期各国史官记录的原始材料整理编辑而成的。《国语》是中国最早的一部国别体史书，凡二十一卷（篇），分周、鲁、齐、晋、郑、楚、吴、越八国记事，包括各国贵族间朝聘、宴飨、讽谏、辩说、应对之辞以及部分历史事件与传说。记事时间，起自西周中期，下迄春秋战国之交，前后约五百年，与《左传》之多为记事者不同，但两者内容又往往重复。

［1］厉王：周厉王，姬姓，名胡，夷王的儿子。在位三十七年（前877—前841年），极其残暴，深为人民所痛恨。公元前841年，人民起来反抗，他逃到彘（今山西霍县），十四年后死于彘。

［2］谤：诽也，在背后批评或议论别人的短处。

［3］召公：召穆公，名虎，西周宗室召康公的后代，周厉王的卿士。

［4］堪：能忍受。

［5］命：指厉王暴虐的政令。

［6］卫巫：卫国的巫者。巫，古代谓能与鬼神交通的人。

［7］监：监视。

［8］以告：以“谤者”告，即把“诽谤国王的人”报告给“国王”。

［9］以目：以目相眄而已，用眼神示意。

［10］弭：阻止，消除。

［11］障：防也。

［12］壅：阻塞。

［13］溃：水冲破堤防。

［14］为川者：治水的人。

［15］导：疏通。

［16］宣：放。引申为“开导”“引导”。

［17］听政：天子上朝听取群臣报告，并决定政事。

［18］公卿：指三公九卿。

［19］列士：士分上士（元士）、中士、下士三个等级。

［20］献诗：进献反映民情的诗歌。

［21］瞽：盲人。这里指乐宫太师。古代乐官多用盲人充任。

［22］曲：乐曲、乐典。陈其邪正。

［23］史：指外史之官。

［24］书：指三皇五帝之书，有关政体。

［25］师箴：少师，次子太师的乐宫。箴，一种规谏的文体，多为四字一句的韵文，以正得失。

［26］瞍赋：瞍，没有眸子的人。赋，不歌而诵，犹今之朗诵。

［27］蒙诵：蒙，有眸子而看不见的人。诵，朗读。以上均指诵典书箴刺之语。

［28］百工：指从事各种工艺的工匠。

［29］近臣：国君左右亲近的大臣。

［30］规：劝谏。

［31］亲戚补察：亲戚，指同天子有亲属关系的人。补察，补救和监察天子在政治上的过失。

［32］耆艾：古代六十岁的人叫耆，五十岁的人叫艾，耆艾，指年高有德的人。修之：修治之。

［33］悖：违背。不悖：合于情理。

［34］原隰、衍沃：原，宽阔而平坦的土地。隰，低下而潮湿的土地。衍，低下而平坦的土地。沃，有河流灌溉的土地。

［35］生：有。

［36］兴：起。

［37］备：防范。

［38］所以：用来。

［39］阜：增多，丰富。

［40］成：成熟。

［41］行：表达。

［42］胡：怎么。表示疑问语气。

［43］流：流放。

《郑人游乡校》选自《左传·襄公三十一年》。《左传》是我国战国时代一部编年体的历史著作，是儒家经典之一，与《公羊传》《穀梁传》合称“《春秋》三传”。相传为鲁人左丘明所作。由于《左传》记事简明扼要，刻画人物生动形象，描叙战争有条不紊，它又具有较高的文学价值。梁启超曾说：“《左传》文章优美，其记事文对于极复杂之事项——如五大战役等，纲领提挈得极严谨而分明，情节叙述得极委曲而简洁，可谓极技术之能事。其记言文渊懿美茂而生气勃勃，后此亦殆未有其比。”

子产是春秋时期郑国的大夫，子产当政之时，正是春秋末期社会矛盾不断加剧的时代。子产执政期间，以其雄辩的口才、渊博的学识、敏捷的应变能力，为人称道。从“不毁乡校”的论述可以看出他的政治智慧。

［1］游：走到。

［2］乡校：乡间的公共场所。既是学校，又是乡人聚会议事的地方。

［3］执政：掌管国家政事。

［4］子产：郑国大夫，名公孙侨，字子产，执政二十余年，使处在晋、楚双重压迫下的弱小郑国获得安定，并受到各国尊重。

［5］何如：如何，等于说怎么样。

［6］何为：干什么。

［7］夫：句首语气词，引起议论。退，指工作完毕回来。

［8］议：谈论。

［9］忠善，忠于为善。损怨，减少怨恨。

［10］防：堵住。

［11］岂不遽止：难道不能很快地制止？遽，迅速。

［12］然犹防川：但是就像堵大川一样。川，河流。

［13］大决所犯：大决所造成的灾害。决，堤防溃决。

［14］不如小决是道：不如开个小口子让川畅通。道，同“导”。

［15］不如吾闻而药之也：不如我听取（他们的议论）并且把它当作良药。之，指郑人的议论。

［16］今而后：从今以后。信：诚然，的确。可事：可以成事。

［17］小人：然明自谦之称。

［18］赖：依靠。

［19］岂唯二三臣：岂只是我们这些做官的（赖之）。二三，泛指复数。

［20］仲尼：孔子的字。

十三　子产不毁乡校颂

韩　愈①

我思古人，伊[1]郑之侨②。以礼[2]相国，人未安其教，游于乡之校，众口嚣嚣[3]。

或谓子产："毁乡校则止。"

曰："何患焉！可以成美。夫岂多言，亦各其志[4]。善也吾行；不善吾避。维善维否[5]，我于此视。川不可防；言不可弭[6]。下塞上聋，邦其倾矣！"

既乡校不毁而郑国以理[7]。

在周之兴，养老乞言[8]。及其已衰，谤者使监[9]。成败之迹，昭哉可观！惟是子产，执政之式[10]！惟其不遇，化止一国！[11]诚率是道，相天下君，交畅旁达，施及无垠。

於乎[12]，四海所以不理，有君无臣[13]：谁其嗣之？

我思古人！

---

① 韩愈（公元768年—824年），唐邓州南阳人，字退之。操行坚正。由进士累官吏部侍郎。德宗时上疏极论宫市，宪宗时谏迎佛骨，皆坐贬。《唐书》《旧唐书》俱有传可参考。

② 侨是子产之名。

作者简介

韩愈（768—824年），唐文学家。字退之，自谓郡望昌黎，世称韩昌黎。幼年家贫，由嫂抚养，刻苦读书。唐德宗贞元时中进士，年二十五岁。曾任监察御史，因谏阻唐宪宗迎佛骨，被贬为潮州刺史。后官至吏部侍郎。卒谥"文"，世称韩文公。与柳宗元同为古文运动倡导者，主张散体，反对骈偶文风。旧时列为"唐宋八大家"之首。有《昌黎先生集》。

延伸阅读

这篇文章的体式是颂。颂是古代文章的一种体裁，但就其四言体式来说，实处于诗文之间，它往往与赞体同称为"颂赞"。韩愈所颂的是春秋时代郑国的子产。子产是历史上有名的贤臣，其政治行为中有一则"不毁乡校"，一直是中国封建社会中初步的民主观念的经典范例。本文韩愈通过颂扬子产，借古仿今。

［1］伊：句首语气词。

［2］礼：指治国的礼法纲纪。

［3］嚣嚣：喧哗的声音。

［4］亦各其志：这是各言其志的意思。

［5］维：语气词。否：恶。

［6］弭：止。

［7］理：治理，平治。

［8］养老乞言：周朝兴盛的时候，曾奉养一些年老而有声望的人，让他们提意见，帮助把国家治理好。

［9］谤者：指批评国政的人。谤者使监：《国语·周语》载，周厉王暴虐无道，国人批评他，他派卫巫监视批评他的人。最后国人忍无可忍，把周厉王放逐出国。

［10］式：法式，榜样。

［11］惟其不遇，化止一国：这两句是说只因子产没有遇到圣君，他的教化就只限于一个郑国。

［12］於乎：同“呜呼”。

［13］四海所以不理，有君无臣：天下之所以治不好，是因为只有君，没有称职的人臣。

十四　吕氏春秋别类篇

知不知，上[1]矣。过者之患，不知而自以为知。

物多类[2]然而不然，故亡国僇[3]民无已。夫草有莘有藟[4]，独食之则杀人，合而食之则益寿。万堇不杀①。漆淖水淖，合两淖则为蹇，湿之则为干[5]。金柔锡柔，合两柔则为刚，燔之则为淖。或湿而干，或燔而淖，类固不必可推知也[6]。小方，大方之类也；小马，大马之类也；小智，非大智之类也[7]。

鲁人有公孙绰者，告人曰："我能起死人。"人问其故。对曰："我固能治偏枯②；今我倍所以为偏枯之药，则可以起死人矣。"物固有可以为小，不可以为大；可以为半，不可以为全者也[8]。

相剑者曰："白，所以为坚也；黄，所以为牣也。黄白杂，则坚且牣，良剑也。"难者曰："白，所以为不牣也；黄，所以为不坚也。黄白杂，则不坚且不牣也。又，柔则锩[9]；坚则折。剑折且锩，焉得为利剑！"剑之情未革[10]，而或以为良，或以为恶，说使之也[11]。

故有以聪明听说[12]，则妄者止；无以聪明听说，则尧、桀无别矣[13]。此忠臣之所患[14]也，贤者之所以废[15]也。

---

① 汉高诱注：堇，乌头也，毒药，能杀人。万堇则不能杀，未详。

② 偏枯是半身不遂之病。

义，小为之则小有福，大为之则大有福。于祸则不然：小有之，不若其亡也。射招①者欲其中小也；射兽者欲其中大也。物固不必，安可推也[16]！

高阳应[17]将为室，家匠对曰：“未可也。木尚生[18]，加涂其上，必将挠[19]。以生为室，今虽善，后将必败。”高阳应曰：“缘[20]子之言，则室不败也。木益枯则劲；涂益干则轻。以益劲任益轻，则不败。”匠人无辞以对，受令而为之。室之始成也善；其后果败[21]。高阳应好小察，而不通乎大理也。

骥、骜、绿耳②背日而西走；至乎夕，则日在其前矣。目固有不见也，智固有不知也，数固有不及也。不知其说所以然而然，圣人因而兴制，不事心焉[22]。

延伸阅读

《吕氏春秋》，又称《吕览》，是在秦国相国吕不韦的主持下，集合门客们编撰的一部杂家名著。成书于秦始皇统一中国前夕。此书以道家学说为主干，以名家、法家、儒家、墨家、农家、兵家、阴阳家思想学说为素材，熔诸子百家学说于一炉。吕不韦想以此作为大秦统一天下后的意识形态。但后来执政的秦始皇却选择了法家思想，使包括儒家在内的诸子百家全部受挫。《吕氏春秋》集先秦诸子百家之大成，是战国末期杂家的代表作，全书共分二十六卷，一百六十篇，二十余万字。

［1］上：高明。

［2］类：类似。

---

① 招是射之的。

② 骥、骜、绿耳都是骏马。

［3］僇：杀戮。

［4］莘、藿：均药草名。

［5］漆淖水淖，合两淖则为蹇，湿之则为干：漆与水是流体，相遇却会凝固，二者使对方潮湿反而干得越快。

［6］类固不必可推知也：物类本来就不是固定不变的，怎么能够推知呢？

［7］小智，非大智之类也：小聪明跟大聪明却不是同类的。

［8］物固有可以为小，不可以为大；可以为半，不可以为全者也：有的事物本来就只能在小处起作用却不能在大处起作用，只能对局部起作用却不能对全局起作用。

［9］锩：指刀剑的刃卷曲。

［10］剑之情未革：剑的实质没有变化。

［11］说使之也：议论造成的。

［12］以聪明听说：凭耳聪目明来听取议论。

［13］尧、桀无别矣：是尧是桀也分辨不清了。

［14］患：忧虑。

［15］废：被废弃。

［16］物固不必，安可推也：事物本来就不是固定不变的，怎么能够推知呢？

［17］高阳应：宋人，姓高阳，名应。

［18］生：指木材湿。

［19］挠：被压弯。

［20］缘：按照。

［21］败：坏，这里指倒坍。

［22］因而兴制，不事心焉：顺应自然创制制度，不在一时不懂的地方主观判断。

十五　吕氏春秋察传篇

夫得言不可以不察。数传而白为黑，黑为白。故狗似玃①，玃似母猴[1]，母猴似人，人之与狗则远矣[2]。此愚者之所以大过也。

闻而审，则为福矣；闻而不审，不若无闻矣。齐桓公闻管子于鲍叔[3]，楚庄闻孙叔敖于沈尹筮[4]，审之也；故国霸诸侯也[5]。吴王闻越王勾践于太宰嚭[6]，智伯闻赵襄子于张武[7]，不审也；故国亡身死也。

凡闻言必熟论[8]；其于人必验之以理。

鲁哀公问于孔子曰："乐正夔[9]一足，信乎?"孔子曰："昔者舜欲以乐传教于天下，乃令重黎举夔于草莽[10]之中而进之，舜以为乐正。夔于是正六律[11]，和五声[12]，以通八风，而天下大服[13]。重黎又欲益求人。舜曰：'夫乐，天地之精也，得失之节也，故唯圣人为能和乐之本也。夔能和之以平天下，若夔者一而足矣。'故曰'夔一，足'[14]，非一'足'也。"宋之丁氏，家无井而出溉[15]汲，常一人居外。及其家穿井，告人曰："吾穿井得一人。"有闻而传之者，曰："丁氏穿井得一人。"国人道之；闻之于宋君。宋君令人问之于丁氏，丁氏对曰："得一人之使，非得一人于井中也。"求能②之若此，

---

① 玃是一种大猴。

② 能字疑是闻字之误。

不若无闻也。

子夏之晋[16]，过卫，有读史记[17]者曰：“晋师三豕涉河。”子夏曰：“非也，是‘己亥’也。夫己与三相近，豕与亥相似。”至于晋而问之，则曰“晋师己亥涉河”[18]也。

辞多类非而是，多类是而非。是非之经[19]，不可不分：此圣人之所慎[20]也。然则何以慎？缘物之情及人之情以为所闻[21]，则得之矣。

延伸阅读

本文选自《吕氏春秋·慎行论》。察，审察；传，传闻。文章用生动的事例说明不要轻信传闻，而应该对传闻慎重审察，查明事实真相，切忌以讹传讹。这种态度对今天的人们仍有重要意义。

[1] 母猴：就是猕猴。

[2] 人之与狗则远矣：人和狗的差别就很远了。

[3] 齐桓公闻管子于鲍叔：齐桓公（？—前 643 年），姜姓，吕氏，名小白。姜姓齐国第十六位国君（前 685—前 643 年在位），春秋五霸之首，姜太公吕尚的第十二代孙，齐僖公第三子，母为卫姬。

管子即管仲（？—前 645 年），姬姓，管氏，名夷吾，字仲，春秋时期法家代表人物，齐桓公元年（前 685 年），得到鲍叔牙推荐，担任国相，辅佐齐桓公成为春秋五霸之首。齐桓公四十一年（前 645 年）病逝。后人尊称为“管子”。

鲍叔是鲍叔牙的别称。春秋时齐国大夫。以知人并笃于友谊称于世。后常以“鲍叔”代称知己好友。

［4］楚庄闻孙叔敖于沈尹筮：楚庄即楚庄王（？—前591年），楚穆王之子，春秋时期楚国国君，公元前613—公元前591年在位，春秋五霸之一，称霸中原，威名远扬。

孙叔敖，芈姓，蔿氏，名敖，字孙叔，楚国期思邑（今河南信阳市淮滨县）人。春秋时期楚国令尹。历史治水名人。

沈尹筮，不同文献中又称为沈筮、沈尹巫、沈尹竺，或简称沈尹，他推荐孙叔敖帮助楚庄王成就霸业。

［5］故国霸诸侯也：因此国家称霸于诸侯。

［6］吴王闻越王勾践于太宰嚭（pǐ）：吴王夫差战胜越王勾践，围困勾践在会稽。勾践叫大夫文种贿赂吴国太宰嚭。太宰嚭劝说吴王夫差和越王勾践议和，释放勾践。夫差听信了太宰嚭，与越王勾践和，后来勾践灭了吴国，夫差自杀。

太宰嚭，本名伯嚭，系春秋时楚伯州犁之孙。楚诛伯嚭之父，伯嚭奔吴，吴以为大夫，后任太宰，故称太宰嚭。

［7］智伯闻赵襄子于张武：智伯，名瑶，是春秋末期主持晋国国政的权臣。当时，智氏与赵氏、魏氏、韩氏四大家族把持着晋国国政，尤以智氏实力最强。智伯听了张武的谋划，攻打赵襄子。赵襄子联合韩、魏两国击退智伯，杀了智伯，灭了智伯一族。

赵襄子（？—公元前425年），嬴姓，赵氏，名无恤。春秋末叶晋国大夫，赵氏家族首领，战国时期的赵国的奠基人。谥号为“襄子”，故史称“赵襄子”。

［8］熟论：深透审察。

［9］乐正夔：乐正，官名，是主管音乐的官。夔，人名。

［10］草莽：民间。

［11］六律：古代音律，阳律六，阴律六。

［12］五声：宫、商、角、徵、羽。

［13］大服：归顺。

［14］夔一，足：一个夔就足够了。

［15］溉：灌，浇水。

［16］子夏之晋：子夏，卜子夏，姓卜，名商，字子夏。春秋时晋国人，孔子的学生，“孔门十哲”之一，“七十二贤”之一。之，到。

［17］史记：古代的史书，不是指司马迁的《史记》。

［18］晋师己亥涉河：晋国军队在己亥那天渡过黄河。

［19］经：界线。

［20］慎：慎重对待。

［21］缘物之情及人之情以为所闻：遵循着事物的规律和人的情理，用这种方法来审察所听到的传闻。

十六　艺①增篇

王　充

世俗所患[1]，患言事增其实。著文垂辞[2]，辞出溢其真：称美过其善，进恶没其罪[3]。何则？俗人好奇，不奇，言不用[4]也。故誉人不增其美，则闻者不快其意；毁人不益其恶，则听者不惬于心。闻一增以为十，见百益以为千，使夫纯朴之事十剖百判[5]，审然之语千反万畔[6]。墨子哭于练丝[7]，杨子哭于歧道[8]，盖伤失本，悲离其实也[9]。

蜚流之言，百传之语，出小人之口，驰闾巷之间，其犹是也。诸子之文，笔墨之疏[10]，人贤[11]所著，妙思所集，宜如其实；犹或增之。傥经艺之言[12]，如其实乎？言审[13]莫过圣人，经艺万世不易，犹或出溢，增过其实；增过其实，皆有事为[14]，不妄乱误，以少为多也。然而必论之者，方言经艺之增与传语异也[15]。经增非一，略举较著[16]，令恍惑[17]之人观览采择，得以开心通意，晓解觉悟。

《尚书》“协和万国②”[18]，是美尧德致太平之化，化诸夏[19]并及夷狄[20]也。言协和方外[21]，可也；言万国，增之也。夫唐之与周，俱治五千里内。周时诸侯千七百九十三国，荒服、戎服[22]、要服及四海之外，……并合其

---

① 艺指六艺。

② 见《尧典》。

数，不能三千。天之所覆，地之所载，尽于三千之中矣。而《尚书》云“万国”，褒增过实，以美尧也。……

《诗》曰：“维周黎民，靡有孑遗。”①[23]是谓周宣王之时遭大旱之灾也。诗人伤旱之甚，民被其害，言无有孑遗一人不愁痛者。天旱甚，则有之矣；言无孑遗一人，增[24]之也。夫周之民，犹今之民也。使今之民也，遭大旱之灾，贫羸[25]无蓄积，扣心[26]思雨。若其富人谷食饶足者，廪囷不空，口腹不饥，何愁之有？天之旱也，山林之间不枯；犹地之水，丘陵之上不湛[27]也。山林之间，富贵之人，必有遗脱者矣。而言“靡有孑遗”，增益其文，欲言旱甚也。……

《尚书》曰：“祖伊谏纣[28]曰：‘今我民罔不欲丧。’”② 罔，无也；我天下民无不欲王亡者。夫言欲王之亡，可也；言无不，增之也。纣虽恶，民臣蒙恩者非一；而祖伊增语[29]，欲以惧纣也[30]。故曰：“语不益，心不惕[31]；心不惕，行不易[32]。”增其语，欲以惧之，冀其警悟也。苏秦说齐王曰[33]：“临淄[34]之中，车毂击[35]，人肩磨[36]，举袖成幕，连衽成帷[37]，挥汗成雨。”齐虽炽[38]盛，不能如此。苏秦增语，激齐王[39]也。祖伊之谏纣，犹苏秦之说齐王也。

贤圣增文，外有所为，内未必然[40]。何以明之？夫《武成》[41]之篇，言“武王伐纣，血流浮杵”。助战者多，故至血流如此。皆欲纣之亡也，土崩、瓦解[42]，安肯战乎？……案[43]武王伐纣于牧③之野，河北地高，壤靡不干燥；兵顿血流，辄燥入土[44]，安得杵浮？且周殷士卒皆赍盛粮[45]，……无杵

① 见《大雅·云汉》篇。

② 见《商书·西伯戡黎》篇。

③ 牧在今河南淇县南。

臼之事，安得杵而浮之？……

光武皇帝[46]之时，郎中汝南贲光[47]上书，言“孝文皇帝[48]时，居明光宫，天下断狱[49]三人。”颂美文帝，陈其效实[50]。光武皇帝曰：“孝文时不居明光宫；断狱不三人。”积善修德，美名流之。是以君子恶居下流[51]。

夫贲光上书于汉，汉为今世，增益功美犹过其实；况上世帝王久远，贤人从后褒述，失实离本，独已多矣！不遭光武论[52]，千世之后，孝文之事载在经艺之上，人不知其增，“居明光宫，断狱三人”，而遂为实事也。

作者简介

见第 8 页。

延伸阅读

本文节选于王充的《艺增》。王充所说的“艺增”，其实是“语增”。王充指出“增”的现象很普遍，既有“出小人之口”的“蜚流之言”，也有出自“人贤所著”的“诸子之文”，其原因则因世人好奇，总是“闻一增以为十，见百益以为千，使夫纯朴之事十剖百判，审然之语千反万畔。”王充强调“真实”，并定下了“增”不能“失其本”“离其实”的原则，这是正确的，但一味地强调“疾虚妄”，忽视了经史著作中的带有文学性的“增”，反倒会影响到文学作品的真实、生动和想象力，后来刘勰提出“夸而有饰，饰而不诬”的主张，是王充这一思想的进一步发展。

[1] 患：厌恶。

［2］垂辞：留传言辞。

［3］进恶没其罪：进，进谏。这里是批评的意思。没，漫过，超过的意思。

［4］用：采用。

［5］纯朴之事十剖百判：纯朴，纯正而朴实。这里是简单的意思。剖，分开。判，辨别、判断。

［6］畔：通“叛”，背离。

［7］墨子哭于练丝：《淮南子·说林训》：“墨子见练丝而泣之，为其可以黄可以黑。”

［8］杨子哭于歧道：杨朱见到分歧的道路就哭泣。因为歧路可以向东，也可以向西，使人无所适从，难于抉择。

［9］盖伤失本，悲离其实也：大概伤心其失去根本，悲痛其远离真实。

［10］笔墨之疏：指对经书的解释。疏，疏通，解释。

［11］人贤：贤人。

［12］傥经艺之言：傥，同“倘”。经艺：指儒家经书。

［13］言审：说话慎重。

［14］事为：目的。

［15］经艺之增与传语异也：经书上的夸大跟传说的夸张是不一样的。

［16］著：明显。

［17］恍惑：模糊、迷惑。

［18］《尚书》“协和万国”：《尚书·尧典》上说“尧能使万国和睦相处”。

［19］诸夏：中原各族。

［20］夷狄：边远民族。

［21］方外：指中原地方以外较边远的地区。

［22］戎服：《尚书·禹贡》记载五服是甸服、侯服、绥服、要服、荒服，不见

戎服，其他古文献中亦无记载，疑王充误记。

［23］维周黎民，靡有孑遗：周的百姓，没有一个人留下。

［24］增：夸大。

［25］贫羸：贫穷瘦弱。

［26］扣心：捶胸。

［27］湛：淹没。

［28］祖伊谏纣：祖伊，商纣王臣。谏，进谏。

［29］增语：夸张的话。

［30］欲以惧纣：让纣王有所畏惧。

［31］惕：提心吊胆。

［32］易：改变。

［33］苏秦说齐王：苏秦（？—前 284 年），洛阳人。战国时期著名的纵横家、外交家和谋略家。齐王，指齐宣王。

［34］临淄：齐国国都，在今山东省淄博市东北。

［35］毂：车轮中心的圆木，中有圆孔可以插轴，泛指车轮。击：接触，相碰。

［36］磨：相摩擦。

［37］连衽成帷：衽，衣襟。帷，围帐。挂在上面的叫幕，把四周围起来的称帷。

［38］炽：强盛。

［39］激齐王：据《战国策·齐策》记载，苏秦在齐宣王面前极力称赞齐国国富民强，想激励他与秦国抗衡。

［40］外有所为，内未必然：对外有目的，内心未必这样认为。

［41］《武成》：《尚书·武成》。

［42］土崩、瓦解：军队会土崩瓦解。

［43］案：考察。

［44］辄燥入土：渗入干燥的土里。

［45］赍盛粮：赍，携带。盛，充足。

［46］光武皇帝：指汉光武帝刘秀。

［47］郎中汝南贲光：郎中，宫廷侍卫官。汝南，郡名。汉高祖四年（公元前203年）置。辖境相当今河南省颍河、淮河之间、京广铁路西侧一线以东，安徽省茨河、西肥河以西、淮河以北地区。贲光，人名，事迹难考。

［48］孝文皇帝：指汉文帝。明光宫：汉代宫殿名。汉武帝置。

［49］断狱：审理和判决罪案。

［50］效实：这里指功绩。

［51］君子恶居下流：君子讨厌处在众人所指的地位。

［52］不遭光武论：遭，遭到。论，驳斥。

十七　书虚篇

王　充

世信虚妄之书，以为载于竹帛[1]上者皆贤圣所传，无不然之事，故信而是之，讽而读之。……夫世间传书，诸子[2]之语，多欲立奇造异，作惊目之论以骇世俗之人，为谲诡[3]之书以著殊异之名。……

传书或言“颜渊与孔子俱上鲁太山，孔子东南望吴阊门[4]外有系白马，引颜渊指以示之，曰：‘若见吴阊门乎?’颜渊曰：‘见之。’孔子曰：‘门外何有?’曰：‘有如系练之状。’孔子抚其目而正之，因与俱下；下而颜渊发白齿落，遂以病死。盖以精神不能若孔子，强力自极，精华竭尽，故早夭死。”世俗闻之，皆以为然。如实论之，殆虚言[5]也。

案《论语》[6]之文不见此言；考六经之传[7]亦无此语。夫颜渊能见千里之外，与圣人同，孔门诸子何讳不言？盖人目之所见不过十里；过此不见，非所明察，远也。……案鲁去吴千有余里，使离朱①[8]望之，终不能见，况使颜渊，何能审之！……人目之视也，物大者易察，小者难审。使颜渊处阊门之外，望太山之形，终不能见。况从太山之上，察白马之色，色不能见明矣。非颜渊不能见，孔子亦不能见也。……

① 离朱即离娄，相传是古时的明目者。

传书言“吴王夫差杀伍子胥，煮之于镬[9]，乃以鸱夷橐①[10]投之于江。子胥恚[11]恨，驱水为涛，以溺杀人。今时会稽丹徒大江[12]、钱塘[13]浙江皆立子胥之庙。盖欲慰其恨心，止其猛涛也。”夫言吴王杀子胥，投之于江，实也；言其恨恚驱水为涛者，虚也。

屈原怀恨，自投湘江[14]，湘江不为涛。申徒狄[15]蹈河而死，② 河水不为涛。世人必曰屈原、申徒狄不能勇猛，力怒不如子胥。夫卫菹子路而汉烹彭越[16]，……然二士不能发怒于鼎镬之中，以烹汤菹汁湔溅旁人[17]；子胥亦自先入镬，乃入江，在镬中之时其神安居？岂怯于镬汤，勇于江水哉？何其怒气前后不相副也？

且投于江中，何江也？有丹徒大江，有钱唐浙江，有吴通陵③江。或言投于丹徒大江；无涛。欲言投于钱唐浙江；浙江、山阴江[18]、上虞江[19]皆有涛。三江有涛，岂分橐中之体散置三江中乎？人若恨恚也，仇雠未死，子孙遗在，可也；今吴国已灭，夫差无类，吴为会稽，立置太守，子胥之神复何怨苦？为涛不止，欲何求索？吴越在时，分会稽郡：越治山阴，吴都今吴；余暨以南属越，钱唐以北属吴。钱唐之江，两国界也。山阴、上虞在越界中。子胥入吴之江为涛，当自上吴界中，何为入越之地？怨恚吴王，发怒越江，违失道理，无神之验也。且夫水难驱而人易从也，生任筋力，死用精魂：子胥之生不能从生人营卫其身，自令身死，筋力消绝，精魂飞散，安能为涛？使子胥之类数百千人乘船渡江，不能越水；一子胥之身，煮汤镬之中，骨肉

① 鸱夷橐是革囊。

② 申徒狄，商时人。汤授以天下，耻而蹈河死。

③ 通陵，疑广陵之误。

糜烂，成为羹菹，何能有害也？……俗语不实，成为丹青①；丹青之文，贤圣惑焉。

夫地之有百川也，犹人之有血脉也。血脉流行泛扬，动静自有节度。百川亦然。其朝夕[20]往来，犹人之呼吸气出入也。……其发海中之时，漾驰[21]而已。入三江[22]之中，殆小浅狭，水激沸起，故腾为涛。广陵曲江[23]有涛，文人赋[24]之。大江浩洋[25]，曲江有涛，竟以隘狭也。……溪谷之深，流者安洋；浅多沙石，激扬为濑[26]。夫涛、濑，一也：谓子胥为涛，谁居溪谷为濑者乎？……涛之起也，随月盛衰，小大满损不齐同。如子胥为涛，子胥之怒以月为节也！[27]……

传书称“魏公子[28]之德，仁惠下士[29]，兼及鸟兽。方与客饮，有鹯[30]击鸠。鸠走，巡于公子案下[31]，鹯追击，杀于公子之前。公子耻之，即使人多设罗，得鹯数十枚，责让以击鸠之罪。击鸠之鹯低头不敢仰视，公子乃杀之。”世称之曰：“魏公子为鸠报仇。”此虚言也。

夫鹯，物也，情心不同，音语不通。圣人不能使鸟兽为义理之行，公子何人，能使鹯低头自责？鸟为鹯者以千万数，向击鸠飞去，安可复得？……世俗之语失物类之实也。或时公子实捕鹯，鹯得，人持其头，变折其颈，疾痛低垂，不能仰视；缘公子惠义之人，则因褒称，言鹯服过。盖言语之次空生虚妄之美；功名之下常有非实之加。……

传书之言多失其实，世俗之人不能定也。

---

① 丹青系当时书字墨汁。

作者简介

见第 8 页。

延伸阅读

本文节录于王充《书虚篇》。《书虚篇》举出解释儒家经书的著作中十二个失实的例子，批判“传书之言多失其实”。课文中只节选了颜渊精神不如孔子，伍子胥死后为发泄自己的愤恨“驱水为涛”，“击鸠之鹯低头不敢仰视”等三个失实的例子，让读者认识到一些汉儒为标榜和突出自己名声编造出来“传书”，是吓唬世俗之人的“谲诡之书”，不可随意轻信。

［1］竹帛：古代把要记载的东西，写在竹简和丝织品上。

［2］诸子：指先秦到汉代各派学者及其著作。

［3］谲（jué）诡：怪异。

［4］吴阊门：吴，指春秋时吴国的都城，在今江苏省苏州市。阊门，即昌门，吴都的西门。

［5］虚言：假话。

［6］《论语》：儒家经典之一。是孔子弟子及再传弟子关于孔子言行的记录。内容有孔子谈话、答弟子问及弟子之间相互的谈话。

［7］六经之传（zhuàn）：六经，指儒家经典书籍《周易》《诗经》《礼记》《尚书》《乐经》《春秋》。六经之传，解释六经的书籍。

［8］离朱：又称离娄。传说是黄帝时人，能百步之外看清秋天鸟身上长的细毛。

［9］镬（huò）：古时称无足的鼎。按现在的说法称大锅。

［10］鸱（chī）夷橐（tuó）：鸱夷，皮革做成的口袋，可以盛酒，也可以装人。橐，口袋。这里是装的意思。

［11］恚（huì）：愤怒。

［12］丹徒大江：丹徒，县名，在今江苏省镇江市。大江，这里指流经丹徒一带的长江。

［13］钱塘：钱塘江。

［14］湘江：河名。发源于广西，主流流经湖南省东部，是湖南省最大河流。屈原自投汨罗，汨罗系湘江支流。

［15］申徒狄：殷末人。根据《庄子・盗跖》和《淮南子・说山训》的记载，他因谏纣王没有被采纳，抱石投河而死。

［16］卫菹（zū）子路而汉烹彭越：卫，指春秋时卫国。菹，把人剁成肉酱。汉，汉高祖。卫国把子路剁成肉酱，汉高祖把彭越煮成肉汤。

［17］以烹汤菹汁渖（shěn）漎（cóng）旁人：用煮成的沸汤或肉汁溅击旁边的人。漎，疑为“摐”。

［18］山阴江：河名。今浙江省浦阳江下游。

［19］上虞江：河名。今浙江曹娥江的支流。

［20］朝夕：即潮汐，早潮与晚潮。

［21］漾驰：漾，这里是水面宽阔的意思；驰，延缓、平缓。

［22］三江：由于水经的地区不同而名称各异，因此历来关于三江的解释很多。这里可能是指北江、南江、中江，即指长江的中下游。

［23］广陵：古县名。在今江苏省扬州市。曲江：即北江。流经今江苏省扬州市南的一段长江。古代因水流曲折而得名。

［24］赋：汉代形成的一种文体，讲究文采，韵节，兼具诗歌与散文的性质。这里是作赋的意思。

［25］洋：水大的样子。

［26］濑：从沙石上急流而过的水。

［27］以月为节：因月亮的圆缺变化而成为他的节度。

［28］魏公子：即魏无忌（？—前243年），战国时魏国贵族。封于信陵（在今河南省宁陵县），号信陵君。门下有食客三千。

［29］下士：降低身份以谦恭的态度去对待地位低下的人。

［30］鹯（zhān）：鸟名。一种似鹞的猛禽。

［31］巡于公子案下：巡，转来转去。案，几桌。

十八　说合理的意思

任鸿隽

“合理的”三个字，是现今新发明的形容词，我们看书、阅报和有点学问的人讲话的时候，常常遇见的。因为它的字面，没有什么新奇出色的地方，所以注意的人很少。但是它的意思，却很重要，要是大家果然明白了它的真意，处处去求一个“合理的”，也就是思想的进步了。

……就心理学一方面说，推理就是反感和判断的一种连续作用。这反感和判断，都含有前识在内，所以推理结果的善恶，也就不能一定。……单就推理，来决定行为思想的合不合，也是靠不住的。

推理的结果，虽然不能拿来作善恶的判断，但是推理这个机能，到底是人类特有的。有了这个机能，造出来的东西是好是坏，那全看它所用的原料和运用的方法罢了。所以我说“合理的”未必就是合于推理的意思。“合理的”意思，是说合于推理所得的一定方式。换一句话说，“合理的”并不是合于推理的主观观念，乃是合于推理的客观的结果。这客观的结果，又是个什么东西呢？

客观的结果，为推理所寻求，最重要而且有价值的，只有一件，就是天地间事物的关系。或这件事有时为那件事的原因，那件事有时为这件事的结果，我们也可以说是原因和结果的关系。明白事物的关系，何以就是“合理的？”等我举几个例来讲一讲。比如现在东北几省正闹疫症，一般的人不去从清洁卫生和防止传染的方法讲求，却成日的拜佛、求神、打醮、驱鬼，要想防止疫症的流行，这个事情，我叫它不合理。又如信风水的，把他祖先的骸骨当作小菜种子一样，想找一块好土栽下，以求后嗣的发达，这个事情，我们也说是不合理。又如信相命的人，有一天去找一个瞎人，摸一摸他的骨头，说道你这块骨头生得好，将来可望做总统，那块骨头差一点，后日只有督军、省长的希望，这个事情，我们也说它是不合理的。我们说这些不合理，有什么理由？要说它是迷信么？这个话不足以服迷信的人。因为我们说它是迷信，他们却有许多理由，许多不正确的理由。若是我们拿事物关系的话来说，他们就无言可答了。

世间有一个普通的定理，无论什么人都得承认的，就是凡事皆有一个历史的关系，断不是突如其来的。既承认了这种关系，我们就可以试验前举诸例的合理不合理所在了。疫症是由微菌发生的，和鬼神的关系在哪里？祖宗的骸骨，又不会生根发芽，怎么会和后嗣的荣枯有关？你身上的骨头，大一点，小一点，除了于你身体的重量略有关系之外，和你后日的行事还有甚么影响？总而言之，这几件事情的结果和那根据的原因是没有关系的。既是没有关系，我们就叫它不合理。

我们再掉转来，举几个正面的例，这“合理的”就是明白关系的意思越容易领会了。比如做农夫的，要想他种植的繁盛，五谷的丰收，他第一要晓得植物所须的养料是些什么物质。第二要考察他的田地地壤，所含的是些什么物质，所缺的又是些什么物质。第三方才决定种何种谷类，须加何种肥料。这种办法，我们叫它做合理的农业。为什么呢？因为我们明明的晓得，这下在土中的肥料，经过空中的氧化或土中的微菌作用，就变成一种可溶性的盐类。这种物质溶在水中，被植物吸收，加以它的生理作用，就渐渐变成枝叶果实了。我们明白了这种关系，才去用那个方法，故所以叫作“合理的”。又如讲教育的，他们先研究了儿童的心理，晓得人类智慧的发达，要经过许多阶级，又审察社会的大势，知道以后的趋势，应该走个甚么方面。还要研究教育的方法，以何种为最有效。方才起了一个教育的统系，定一个学校的课程表。这种办法，我们叫作合理的教育。因为这样的教育，是把教育与社会的关系以及教者和受教者与社会的关系弄清楚了，才去着手进行，与那些莫知其然而然的教育是不同的。再说我们的饮食，平常人只是喜欢吃什么就吃什么。那“合理的”食谱，是把人身的生理作用，考察得清清楚楚，知道一人一天须若干蛋白质去变血化肉，若干脂肪淀粉糖类去发热生力，几多水，几多盐，都是一个人营养上所不可缺的。倘若有人说辟谷食肉，用酒代饭，可以长生不老，我们简直可以骂他“不合理”，因为他们于食物和生理的关系完全是糊涂的。

上面说了许多话，我希望这“合理的”就是明白关系的意思，可以大略了然了。但是这“合理的”意思，还有几个紧要的界限，等我提出来，请大家注意。

（一）“合理的”和迷信反对。迷信就是不合理的信仰，这话我在前已经说过了。再进一步说，迷信的事，就是不明原因结果的关系生出来的。比如我前面说的鬼神、风水、相命种种迷信都是于本来没有关系的事物，由心中想象成一种关系，至于这种关系在事实上成立与否，他们就不深问了。这“合理的”意思，却要事实上明明白白寻出一个关系所在，所以“合理的”态度，和迷信是不并立的。

（二）“合理的”不盲从古说。有许多人对于古人传下来的言语思想，都奉为天经地义，从来不敢起一点疑问，这也是和“合理的”意思相背的。这个道理很容易明白，因为人心进化，时势变迁，古人所见为“合理的”，未必现今还是合理。我们若是凡事仰承古人的遗传，不自己打量一番，何以见得古人所说一定不错呢？所以“合理的”态度，对于古说是不盲从的。

（三）“合理的”不任用感情。人类的感情和理性，本来是两种机能，各不相蒙的。有时感情激烈的时候，遂不免将理性抹煞，所以任用感情的人，每每看不清事情的前因后果，他的所作所为，便都成了不合理的了。这个毛病，号称为文人的，最易犯着。所以我们和人家辩论的时候，最当提防，不要为感情所动，犯了不合理的弊病。

照这样看来，……“合理的”意思完全属于客观的结果，明白事物的关系。……果然事事求一个“合理的”，那种侥幸、糊涂、盲从、妄冀的意念，都可一扫而空，岂非思想的进步么？至于这事物的关系要如何才能明白，则有科学方法在。

作者简介

任鸿隽（1886—1961 年），字叔永，四川垫江人，年幼即入家馆受学，不久就转入新式师范学堂。毕业后在家乡的小学、中学教书，后来到上海吴淞中国公学重新求学。1908 年东渡日本，进东京高等工业学校应用化学预科研习制造炸药。辛亥革命爆发后回国，在孙中山任总统的总统府秘书处工作。1912 年怀着寻求救国之方的理想赴美留学，进入康奈尔大学文理学院。在康奈尔大学获得学士学位后，又相继在麻省理工学院、哈佛大学学习，最后在哥伦比亚大学读化学硕士。1918 年秋回国，先后担任北京大学教授、教育部专门教育司司长、东南大学副校长、四川大学校长、中央研究院化学所所长、中央研究院总干事等职。1949 年 9 月，以特邀代表身份参加了第一届中国人民政治协商会议，以后当选为第二、第三届全国政协委员，上海图书馆馆长，上海市科学技术协会副主席，1961 年去世。

延伸阅读

本文阐释什么才叫作“合理的”，指出“合理的”的“真意”就是寻求“天地间事物的关系”。而“事事求一个‘合理的’”，就要反对“迷信”，“不盲从古说”，“不任用感情”，将“那种侥幸、糊涂、盲从、妄冀的意念”，都一扫而空。

十九　峨眉山行记（节录）

范成大①

峨眉有三山，为一列，曰大峨、中峨、小峨。中峨、小峨昔传有游者，今不复有路。……

癸巳[1]，自县②出南门，登山。涧谷春淙；林樾雄深。至双溪桥，乱山如屏簇。有两山相对，各有一溪出，并流至桥下。石堑深数十丈，窈然沉碧。飞湍喷雪奔出桥外，则入岑蔚中可数十步，两溪合以投大壑渊。……

乙未[2]，大霁[3]，遂登上峰。自此登峰顶光相寺、七宝岩，其高六十里，大略去县中平地不下百里；又无复蹊蹬，斫木作长梯，钉岩壁，缘之而上：意天下登山险峻无此比者。出白水寺侧门，便登点心坡，——言峻甚，足膝点于胸云。过骆驼岭簇店，——凡言店者，当道板屋一间，将有登山客，则寺僧先遣人煮汤于店，以俟蒸炊。又过雷洞坪，——凡言坪者，差可以托足之处也。

雷洞者，路左深崖，万仞蹬道，缺处则下瞰沉黑，若洞然。相传下有渊水，神龙所居。凡七十二洞；岁旱则祷于第三洞，初投香币，不应则投死彘

① 范成大（1126—1193 年），字致能，宋绍兴进士。尝使金，秉节尽忠。《宋史》有传可参考。

② 县是峨眉县。

及妇人衣履之类以振触之，往往雷风暴发。峰顶光明岩上所谓“兜罗绵云”亦多出于此洞。

过新店、八十四盘、桫椤坪[4]。桫椤者，其木叶如海桐[5]，又似杨梅[6]；花红白色，春夏间开：惟[7]此山有之。初登山半，即见；至此，满山皆是。大抵[8]大峨之上，凡草木禽虫悉非世间所有。余来以季夏[9]；数日前，雪大降，木叶犹有雪渍斑斓之迹。草木之异，有如牵牛[10]而大数倍，有如蓼[11]而浅青。闻春时异花犹多；但是时山寒，人鲜[12]能识[13]之。草叶之异者亦不可胜数。山高多风，木不能长，枝悉下垂。古苔如乱发，鬖鬖①挂木上，垂至地，长数丈。又有塔松，状似杉而叶圆细，亦不能高；重重偃蹇[14]，似浮图[15]；至山顶犹多。又断无[16]鸟雀，盖山高，飞不能上。

自桫椤坪过思佛亭、软草坪、洗脚溪，遂极[17]峰顶。光相寺[18]亦板屋，无人居。以卯初[19]登山，至此未申后[20]。初衣暑绤[21]，渐高渐寒。到八十四盘，则最寒。比及[22]山顶，亟挟纩两重[23]，又加毳衲驼茸之裘[24]，尽衣笥[25]中所藏，系重巾[26]，蹑[27]毡靴，犹懔栗不自持[28]，则炽炭拥炉，危坐[29]。山顶有泉，煮米不成饭，但碎如砂粒。万古冰雪之汁，不能熟物，余前知之；自山下携水一缶[30]至，才自足[31]也。

移顷[32]，冒寒登天仙桥，至光明岩，炷[33]香小殿上，木皮盖之。王瞻叔参政尝易[34]以瓦；为雪霜所薄，一年辄碎。后复以木皮易之，翻可支[35]二三年。

人云“佛现[36]悉以午”，今已申后。逡巡[37]，忽云出岩下傍谷中，即雷洞山也。云行勃勃如队仗[38]；即当岩则稍驻[39]。云头现大圆光，杂色之

---

① 鬖鬖是附着的意思。

晕[40]数重。荼顷[41]，光没，而其傍复现一光如前。有顷[42]，亦没云中。复有金光两道横射岩腹，人亦谓之“小现”。日暮，云雾皆散，四山寂然。夜寒甚，不可久立。

丙申[43]，复登岩[44]眺望。岩后岷山万重，稍北则瓦屋山，在雅州[45]；稍南则大瓦屋，近南诏①：形状宛然瓦屋一间也。小瓦屋亦有光相[46]，谓之“辟支佛现”[47]。此诸山之后即西域雪山，崔嵬刻削[48]，凡数十百峰；初日[49]照之，雪色洞明[50]，如烂银晃耀[51]曙光中：此雪自古至今未尝消也。山绵亘入天竺诸番[52]，相去[53]不知几千里，望之但如在几案间[54]。瑰奇胜绝之观[55]直冠平生矣。

俄氛雾[56]四起，混然一白[57]。僧云：“银色世界也。”有顷，大雨倾注[58]，氛雾辟易[59]。僧云：“洗岩雨也；佛将大现。”兜罗绵云[60]复布岩下，纷郁[61]而上；将至岩，数丈辄止。云平如玉地。时雨点犹余飞，俯视岩腹，有大圆光，偃卧[62]平云之上；外晕三重，每重有青黄红紫之色。光之正中虚明凝湛[63]，观者各自见其形现于虚明之处，毫厘无隐，一如对镜；举手投足，影皆随形，而不见傍人。僧云：“摄[64]身光也。”此光既没，前山风起，云驰；风云之间复出大圆相光，横亘数山，尽诸异色，合集成采，峰峦草木皆鲜妍绚蒨[65]，不可正视。云雾既散而此光独明，人谓之“清现”。凡佛光欲现，必先布云，所谓“兜罗绵世界光相”依云而出；其不依云，则谓之清现，最难得。

食顷[66]，光渐移，过山而西。左顾雷洞祠山，复出一光，如前而差小[67]。须臾，亦飞行过山外，至山野间。转徙[68]，得[69]与岩正相值[70]，色

① 南诏，唐时国名，其地今为云南大理县。

状俱变，遂为金桥。大略如吴江垂虹①，而两旁各有紫云捧之。凡自午未云物净，谓之收岩[71]；独金桥现至酉后始没。

丁酉，下山。午至白水寺，则绤絺[72]如故。闻昨暮寺中大雷雨，峰顶夕阳快晴，元不知也。

作者简介

范成大（1126—1193年），（南）宋吴县（现在的江苏苏州）人，字致能，号石湖居士，绍兴进士。隆兴中使金，秉节尽忠。累官参知政事。其诗清婉，极能描写自然界之美。

延伸阅读

这篇游记选自宋范成大的《吴船录》上卷，题目为编者所加。淳熙四年（1177年），范成大从四川置制使任上奉诏回临安，自成都至平江数千里，沿途寻幽探胜，饱览长江的佳山胜水，写下了一万七千余言的日记体游记《吴船录》。“吴船录”取自杜甫诗《绝句四首》“门泊东吴万里船”的句意。书中对沿途名胜古迹如青城山、都江堰、峨眉山、乐山大佛、长江三峡、洞庭湖、赤壁、黄州、庐山等记载尤详，且时有考证。本文只节录了描写游历峨眉山的一段文字，时间是从农历六月二十五到七月初一共六天。在这六天的记游里，作者以细腻的笔触，精美的语言，具体地描摹了峨眉山的奇景，为我们留下了一份瑰丽多彩的长幅画卷。

① 垂虹，桥名，在江苏吴江县城东。

［1］癸巳：宋孝宗淳熙四年（1177 年）六月二十五日。

［2］乙未：宋孝宗淳熙四年（1177 年）六月二十七日。

［3］大霁：这里指雪后大晴。

［4］桫椤坪：桫椤，俗称“树蕨”，是仅存的木本蕨类植物，极其珍贵。坪，山中平地。

［5］海桐：一种常绿灌木。

［6］杨梅：一种常绿乔木。

［7］惟：只。

［8］大抵：大概，大致。

［9］季夏：农历六月。

［10］牵牛：一年生草本植物，花冠喇叭形，所以也叫喇叭花。

［11］蓼：一年生或多年生草本植物，叶披针形，花小，白色，略带红晕，生长在河边与水中。

［12］鲜：少。

［13］识：这里是看到的意思。

［14］偃蹇：高耸，这里有稳立之意。

［15］浮图：塔。

［16］断无：绝对没有。

［17］极：至，达到最高处。

［18］光相寺：唐宋前叫光普殿，在大峨山顶上。

［19］卯初：即早上五点。

［20］申后：下午五点以后。

［21］衣暑绤（xì）：衣，穿的意思。绤，粗葛布，这里指夏布衣服。

［22］比及：到达。

［23］亟挟纩两重：亟，急。挟，穿。纩，丝绵，这里指能防冷保暖的丝绵衣服。

［24］毳衲驼茸之裘：毳，鸟兽的细毛。衲，僧衣，这里指宽大的袍子。驼茸，骆驼的细毛绒。裘，皮衣，这里指能御寒的衣服。

［25］衣笥（sì）：装衣物的方形竹器。

［26］系重巾：头上包两层头巾。

［27］蹑：脚穿。

［28］懔栗不自持：凛栗，冷得发抖。不自持，自己克制不住。

［29］炽炭拥炉，危坐：炽炭，烧旺炭火。拥，指靠近。危坐，端坐。

［30］缶：腹大口小的瓦器。

［31］自足：够自己用。

［32］移顷：移时，不久。

［33］炷：烧。

［34］王瞻叔：名之望，宋高宗绍兴年间进士，孝宗时官至参知政事。参政：参知政事的简称。易：换。

［35］翻：反倒。支：保持。

［36］佛现：又叫佛光或峨眉宝光。它是太阳光相射处的云层或雾层上围绕人影的一种彩色光环。人背向太阳站着，光线通过云雾区小水滴，经衍射作用，便产生了这种光环。峨眉山是佛寺聚集的地方，人们见到这种奇特的景象，联想到佛，于是称它为佛现。

［37］逡巡：因为有所顾虑而徘徊不前。

［38］勃勃：旺盛的样子。队仗：仪仗队。

［39］当：靠。稍驻：暂时停留。

［40］晕：指圆形的光圈。

［41］茶顷：喝一杯茶的工夫。

［42］有顷：不久。

［43］丙申：指宋孝宗淳熙四年（1177 年）六月二十八日。

［44］岩：指光明岩。

［45］雅州：今四川省雅安县。

［46］光相：与下文“相光”义同，即佛光。

［47］辟支佛：辟支迦佛陀的简称，意译为“缘觉”或“独觉”，指并无师承而独自悟道的佛。它是一种通称，不是人名。现：指光相出现。

［48］崔嵬：高大不平。刻削：如用刀子削成的，形容山势陡峭。

［49］初日：初升的太阳。

［50］洞明：透明。

［51］烂银：灿烂的银子。晃耀：闪耀。

［52］天竺：我国古代对印度的称呼。蕃：我国古代对各少数民族和外国的称呼。

［53］相去：相距。

［54］但：只。几案：泛指桌子。几，小桌子。案，长桌子。

［55］瑰奇胜绝：瑰丽奇特超越一切。观：景象。

［56］俄：不久。氛雾：雾气。

［57］混然一白：茫茫然一片白色。

［58］倾注：形容雨大。倾，倒出。注，灌注。

［59］辟易：退却。

［60］兜罗绵云：像兜罗绵一般的云。兜罗，也写作“妬罗”，树名，梵语。它所生的絮叫兜罗绵。下文“兜罗绵世界”，意为“云海”。

［61］纷郁：盛多的样子。

［62］偃卧：仰面卧倒。

［63］虚明凝湛：虚明，清澈明亮。凝湛，深湛澄清。

［64］摄：摄取。

［65］鲜妍绚蒨：鲜明绚丽。

［66］食顷：一顿饭的工夫。

［67］差小：略小。

［68］转徙：转移。

［69］得：恰恰。

［70］相值：相遇。

［71］收岩：指峰岩间云雾消散。

［72］绤絺（xì chī）：葛布的统称。葛之细者曰絺，粗者曰绤。引申为葛服。

二十　雁荡山[1]游记（节录）

李孝光①

石梁洞

予家距雁山五里，岁率[2]三四至山中。每一至，常如遇故人万里外。

泰定元年②冬，予与客张子约、陈叔夏复来。从两家僮，持衾裯[3]杖履。冬日妍燠[4]，黄叶布地。客行，望见山北口立石，宛然如浮屠氏[5]，腰隆起，若世之游方僧自襆被者，客輾然[6]而笑。

时落日正射东南山，山气尽紫；鸟相呼，如归人。入宿石梁。石梁拔起地上，如大梯倚屋檐端。檐下入空洞中，可容千人。地上石脚空嵌[7]，类腐木根。檐端有小树，长尺许，倒挂绝壁上；叶着霜正红，始见谓踯躅花，绝可爱。梁下有寺，寺僧具煮茶醅酒，客至俱醉。

月已没，白云西来如流水。风吹橡栗，堕瓦上；转射岩下小屋；从瓴中出，击地上积叶，铿镗[8]、宛转，殆非世间金石音。灯下相顾，苍然无语。

灵岩

出灵峰院，偶坐涧水南，客有言“雁山信多奇，然岂复[9]有过于此者?”

---

① 李孝光（公元1285年—1350年，字季和，号五峰），元（温州）乐清人。隐居雁荡山五峰下。四方之士远来受学。有《五峰集》。《元史》有传可参考。

② 泰定，元泰定帝年号，元年当公元1324年。

予为言“山之峭刻瑰诡[10]莫若灵峰；雄壮浑庞莫[11]若灵岩。峰言锐；岩言大也。”予适小疲，倚大树坐，甚恬，客闻灵岩，亟欲往，即起促，不得休。

前是，一日行五里辄止舍，是日会已暮，顷刻驰十里。到寺，天正曛黑[12]。及阶，举头见巨石孤立如人俯，月出正悬东南角，星象累累下垂四旁。客胁息[13]不可上，如游鱼噞喁[14]。以身为浮游在灏气[15]上也。

入坐佛宫南阶上，正视见其面；进升堂倚，石夹室[16]，则旁睨[17]其胁。夜分[18]又数数[19]开南牖视之，月欲堕，夜色如霜雪，诸峰相向立，俨然三四老翁衣冠而偶语[20]；独西南一柱[21]，白而长身者也。

大龙湫[22]

大德七年①秋八月，予尝[23]从南山公来观大龙湫；苦雨[24]，是日[25]大风起西北，始见日出。湫水方大，入谷未到五里余，闻大声转[26]出谷中。望见西北立石，作人俯势，又如大楹[27]。行过二百步，乃见更作两股[28]相倚立。更进百数步，又如树大屏风[29]；而其颠谽谺[30]，犹蟹两螯[31]，时一动摇。行者兀兀，[32]不可入。转缘南山趾，[33]稍北，回视如树圭[34]。又折而入东嶂[35]，则仰见大水从天上堕地，不挂著四壁；或盘桓[36]久不下，忽迸落如震霆[37]。

东崖趾[38]有诺讵那庵[39]。相去[40]五六步，山风横射，水飞著[41]人。走入庵避之。余沫迸入屋，犹如暴雨至。水下捣[42]大潭，轰然万人鼓[43]也。人相持语[44]，但见口张，不闻作声，则相顾[45]大笑。公曰：“壮哉！我行，天下未见如此瀑布也！”

是后，[46]予岁一至，常以九月。[47]十月，则皆水缩[48]，不能如向所

---

① 大德，元成宗年号，七年当公元1303年。

见[49]。今年冬，又大旱。客入到庵外石矼[50]上，渐闻有水声；乃缘石矼下，出乱石间，始见瀑布垂，勃勃[51]如苍烟，乍小乍大。鸣[52]渐壮，急水落潭上洼[53]石；石被激射，反红如丹砂[54]。石间无秋毫[55]土气。产木宜瘠黑[56]，反碧滑如翠羽凫毛[57]。潭中有斑鱼[58]廿余头，闻转石声，洋洋[59]远去。

家童[60]方置大瓶石旁，仰接瀑水，水忽舞向人，又益[61]壮，不可复得瓶。乃解衣脱帽著石上，相持扼拿[62]，欲争取之。因大呼笑。西南石壁上黄猿数十，闻人呼声，皆自惊扰，挽[63]崖端偃木[64]牵连下，窥人[65]而啼。纵观久之。

行出瑞鹿院[66]，日已入。苍林积叶，前行，人迷不得路；独见明月，宛宛[67]如故人。

雁荡

客问“山何以雁名也?”予为言长老相传绝顶上有大湖，雁过南海①，常栖止其中，居人因以为名。湖水堕入涧，流谷口，为大龙湫。湖旁有塔寺，一夕沉湖中，至今五百余岁；然犹余遗地败址，棠梨花数百十株，皆俨然成行列。土绝膏肥，种蹲鸱②大如斗。长老又言湖渐淤为葑田。

十年前有僧来言：“吾近于雁湖旁依大树缚屋，种莱菔、蹲鸱为糇粮；愿乞金钱作屋。”予问“道路何从入?”僧具言“从灵云寺南入山，时时过绝险，挽牵悬藤偃木以过。日初出上山，至午仅可到山巅。望见永嘉城下大江如牵一线白；东面海气苍苍如夜色。山上无膏烛，烧木叶苇竹为明。山鼠来与人相向坐，如狐狸大。”

予爱其言，久欲登之。尝一至灵云寺，观所从入路；因往至梅雨潭。潭

① 此南海即普陀。

② 蹲鸱是大芋。

上瀑水悬空数十丈；谷中风起，水吹著人，常蒙蒙如四五月间雾雨，亦一奇也。

延伸阅读

本文选自元末李孝光所撰《雁山十记》中的“四记”。《石梁洞》原名《始入雁山观石梁记》；《灵岩》原名《暮入灵岩记》；《大龙湫》原名《大龙湫记》；《雁荡》原名《雁名山记》，所选的这“四记”文字上亦有改动。其余的“六记”是《游灵峰洞记》《灵岩二奇记》《访钦禅师过马鞍岭记》《宿能仁东庵记》《游惠上人开西谷记》和《秋游雁荡记》。《雁山十记》是继柳宗元《永州八记》后的又一组著名的山水游记名篇，它成功借鉴了《永州八记》的笔法，而又独具艺术风格。摹景状物，形态毕肖；民间风物中夹叙人情世态；情景交融，充满诗情画意。

［1］雁荡山：大部分在浙江省乐清，是中国东南风景区。

［2］率：大概。

［3］衾（qīn）裯（dāo）：指被褥床帐等卧具。

［4］燠（yù）：暖。

［5］浮屠氏：和尚。

［6］辴（chǎn）然：笑貌。

［7］空嵌：孔窍玲珑剔透之状。

［8］铿镗：钟等的声音。

［9］复：还有。

［10］峭刻瑰诡：峭刻，陡峭。瑰诡，奇异。

［11］浑庞：浑然庞大。

[12] 曛（xūn）黑：日暮天黑。

[13] 胁息：敛缩气息。

[14] 噞（yǎn）喁：鱼口开合貌。

[15] 灏气：弥漫在天地间之气。

[16] 夹室：古代宗庙内堂东西厢的后部，藏五世祖以上远祖神主的地方。

[17] 旁睨：详察；遍览。

[18] 夜分：半夜。

[19] 数数：犹汲汲。迫切貌。

[20] 偶语：相聚议论或窃窃私语。

[21] 柱：山峰。

[22] 大龙湫：瀑布，瀑高190米，状若长龙，为雁荡三绝之一。

[23] 尝：曾经。

[24] 苦雨：久下成灾的雨。

[25] 是日：这一天。

[26] 转：震动。

[27] 楹：柱子。

[28] 股：大腿。倚：靠着。

[29] 又如树大屏风：又像树立的巨大屏风。

[30] 颠谽（hān）谺（xiā）：颠，顶。谽谺，山谷空旷的样子。

[31] 两螯：指蟹的第一对脚，末端开合如钳。此处比喻巨石。

[32] 兀兀：心情紧张而小心翼翼的样子。

[33] 缘南山趾：缘，沿，循。山趾，山脚下。

[34] 树圭：立珪。树，立。圭，同“珪”，古玉器名，上尖下方。

[35] 东崦（yān）：东山坡。

［36］盘桓：徘徊，逗留。

［37］震霆：响雷。

［38］东崖趾：东崖下。

［39］诺讵那庵：罗汉庵。诺讵那，为十六尊罗汉之一。庵，寺庙。

［40］相去：相距。

［41］著：着。

［42］捣：冲击，击撞。

［43］万人鼓：万人击鼓。

［44］人相持语：指彼此握着手讲话。相持，相握，相执。

［45］顾：视，看。

［46］是后：此后。

［47］常以九月：常常在九月。

［48］水缩：指瀑水减少。缩，减缩。

［49］不能如向所见：不能像以前所见到的那样。向，从前，往昔。

［50］石矼：石桥。

［51］勃勃：喷溢四散的样子。

［52］鸣：发出声音，指水声。

［53］洼：低凹。

［54］反红如丹砂：反映出来的红光像丹砂的颜色。反，同“返”。

［55］秋毫：鸟兽在秋天新长出来的细毛，比喻极细小的事物。

［56］产木宜瘠黑：长出来的树本该干瘦。瘠，瘦。

［57］反碧滑如翠羽凫毛：反而碧绿光滑如同翠鸟的羽和野鸭的毛。翠，翠鸟。凫，野鸭子。

［58］斑鱼：身上有斑点花纹的鱼。

［59］洋洋：舒缓的样子。

［60］家童：僮仆。

［61］益：更加。

［62］相持扼拿：指与家僮共同持瓶取水，把瓶用力掐牢，以免被瀑布冲走。扼，用力掐住。

［63］挽：牵引，拉。

［64］偃木：横卧着的树木。

［65］窥人：偷着看人。

［66］瑞鹿院：雁荡山中的一座寺院。

［67］宛宛：宛然，真切可见貌。

二十一　寒食雨中游天竺[①]（十六首之十二）

杨万里[②]

笋舆冲雨复冲泥，一径深深只觉迟。
孤塔忽从云外出，寺门渐近报侬知。（之二）
住山何敢望他僧，只是游山也不曾。
可惜一条杉桧路，都将湿丁不教行。（之三）
破雨游山也莫嫌，却缘山色雨中添。
人家屋里生松树，穿出茅檐却覆檐。（之四）
小溪曲曲乱山中，嫩水溅溅一线通。
两岸桃花总无力，斜红相倚卧春风。（之五）
三峰小石一方池，下有机泉仰面飞。
坐看跳珠复抛玉，忽然一喷与山齐。（之七）
清远溪中小闸头，遮拦溪水不教流。
山僧为我放一板，溅雪奔雷怒未休。（之八）
禅房寂寂水潺潺，涧草岩花点缀间。

① 天竺在浙江杭县灵隐山南。三面阻山，中路直辟，夹道多松杉。
② 杨万里（公元1124年—1206年），字廷秀。宋绍兴进士。《宋史》有传可参考。

忽有仙禽发奇响，伽陵来自补陀山[①]。（之十一）

雨里匆匆怨出郊，晴时不出却谁教？

西湖北畔名园里，无数桃花只见梢。（之十二）

户户游春不放春，只愁春去不愁贫。

今朝道是游人少，处处园亭处处人。（之十三）

若道寻春被雨催，如何随处两三杯？

晚晴晓雨如翻手，有底[②]亏侬不好来？（之十四）

万顷湖光一片春，何须割破损天真？

却将葑草来分界，葑外垂杨属别人。（之十五）

轿顶花枝尽闹装，游人未暮已心忙。

无端更被千枝柳，展取苏堤[③]分外长。（之十六）

作者简介

杨万里（1127—1206年），字廷秀，号诚斋，江西吉水（今属江西省吉安市）人，是南宋著名的诗人，与陆游、范成大，尤袤齐名，四人被称为南宋“中兴四大诗人”。杨万里作诗，主张师法自然，善于捕捉稍纵即逝的景物或事物的一瞬间，以生动流转的笔触，将事物生动形象地再现出来。钱锺书先生说：“诚斋（杨万里的号）擅写生，……如摄影之快镜；兔起鹘落，鸢飞鱼跃，稍纵即逝而及其未逝，转瞬即改而当其未改；眼明手捷，踪矢蹑风：此诚斋之所独

① 伽陵，鸟名，是佛经中的音译，义为妙音鸟。补陀即普陀，在浙江定海县东海中。

② 底是“何”的意思。

③ 苏堤在西湖中。

也。”（《谈艺录》）他的诗自成一家，时称“诚斋体”。

延伸阅读

此诗收在《朝天集》中。《朝天集》收录从淳熙十一年（1184 年）至淳熙十五年（1188 年），杨万里所作的诗。

二十二　汉书郊祀志

……武帝初即位，尤敬鬼神之祀。……是时李少君亦以祠灶[1]谷道、①却老方[2]见上。……少君者，故深泽侯[3]人，主方。② 匿其年及所生长，常自谓七十，能使物③、却老[4]。其游，以方遍诸侯。无妻子。人闻其能使物及不死，更馈遗之。常余金钱、衣食，人皆以为不治产业而饶给，又不知其何所人，愈信，争事之。少君资好方[5]，善为巧发奇中。常从武安侯[6]宴，坐中有年九十余老人，少君乃言与其大父游射处。老人为儿从其大父[7]，识其处；一坐尽惊。……

少君言上祠灶，皆可致物[8]；致物而丹沙可化为黄金；黄金成，以为饮食器，则益寿；益寿而海中蓬莱仙者乃可见之。……“臣尝游海上，见安期生[9]；安期生食臣枣，大如瓜。安期生仙者，通蓬莱中，合④则见人，不合则隐。”于是天子始亲祠灶，遣方士入海求蓬莱安期生之属，而事化丹沙诸药剂为黄金矣。

久之，少君病死。天子以为化[10]去，不死也，使黄锤、史宽舒[11]受其

---

① 谷道是辟谷不食之道。

② 谓深泽侯家主方药的人。

③ 物谓鬼物。

④ 合谓道相合。

方。而海上燕、齐怪迂之方士多更来言神事矣。……

齐人少翁以方见上。上有所幸李夫人[12]，夫人卒，少翁以方盖夜致夫人及灶鬼之貌云，天子自帷中望见焉。乃拜少翁为文成将军；赏赐甚多；以客礼礼之。

文成言上即欲[13]与神通，宫室被服非象神，神物不至；乃作画云气车。及各以胜日①驾车辟恶鬼。又作甘泉宫，中为台室，画天、地、泰一诸鬼神，而置祭具以致天神。

居岁余，其方益衰，神不至。乃帛书以饭牛[14]；阳[15]不知，言此牛腹中有奇书。杀视得书，书言甚怪。天子识其手②；问之，果为［伪］书。于是诛文成将军；隐之。……

栾大，胶东宫[16]人，故尝与文成将军同师，已而为胶东王尚方[17]。……康后③闻文成死，而欲自媚于上，乃遣栾大人。……天子既诛文成，后悔其方不尽；及见栾大，大悦。大为人长美，言多方略，而敢为大言，处之不疑。大言曰："臣常往来海中，见安期羡门之属；顾以臣为贱，不信臣；又以为康王诸侯耳，不足与方。臣数以言康王，康王又不用臣。臣之师曰：'黄金可成而河决[18]可塞，不死之药可得，仙人可致也。'然臣恐效文成，则方士皆掩口，恶敢言方哉！"上曰："文成食马肝死耳。子诚能修其方，我何爱[19]乎！"大曰："臣师非有求人，人者求之。陛下必欲致之，则贵其使者，令为亲属，以客礼待之，勿卑，使各佩其信印，乃可使通言于神人。神人尚肯邪，否邪，尊其使，然后可致也。"

---

① 胜日，不吉利之日，如火胜金，则用丙丁，不用庚辛。

② 其手谓是文成的手迹。

③ 康后，胶东王后。

于是上使验小方，斗棋[20]，棋自相触击[21]。是时上方忧河决而黄金不就[22]，乃拜大为五利将军。居月余，得四印，得天士将军、地士将军、大通将军印。制诏御史："昔禹疏九河，决四渎。间者河溢皋陆，堤徭不息[23]。朕临天下二十有八年，天若遗朕士[24]而大通焉。……其以二千户封地士将军大为乐通侯。"赐列侯甲第，童千人；乘舆斥车、马[25]、帷、帐、器物以充其家。又以卫长公主[26]妻之，赍金十万斤，更名其邑曰当利公主。天子亲如五利之第。使者存问共给，相属于道。自大主[27]将相以下，皆置酒其家，献遗之。天子又刻玉印曰天道将军，使使衣羽衣，夜立白茅上，五利将军亦衣羽衣，立白茅上受印，以视不臣也；而佩天道者，且为天子道天神[28]也。

于是五利常夜祠其家，欲以下神。后装治行，东入海，求其师云。大见数月，佩六印，贵震天下，而海上燕、齐之间莫不扼腕[29]而自言有禁方、能神仙矣。

其夏[30]六月，汾阴①巫锦为民祠魏脽[31]后土营旁，见地如钩状，掊视[32]得鼎。鼎大，异于众鼎；文镂无款识[33]。怪之，言吏；吏告河东太守胜；胜以闻。天子使验问巫得鼎无奸诈，乃以礼祠，迎鼎至甘泉。……

齐人公孙卿曰："今年得宝鼎，其冬辛巳朔旦冬至[34]，与黄帝时等。"卿有札书[35]，曰："黄帝得宝鼎冕候，问于鬼臾区[36]，鬼臾区对曰：'黄帝得宝鼎神策[37]，是岁己酉朔旦冬至，得天之纪，终而复始。'[38]于是黄帝迎日推策[39]。后率二十岁复朔旦冬至。凡二十推，三百八十年，黄帝仙登于天。"……卿因嬖人[40]奏之；上大悦。乃召问卿，对曰："受此书申公；申公已死。"上曰："申公何人也?"卿曰："齐人，与安期生通受黄帝言，无书，

① 汾阴，当时县名，在今山西荣河县北。

独有此鼎书。曰：'汉兴复当黄帝之时'。曰：'汉之圣者，在高祖之孙，且曾孙也。'……

申公曰：'……黄帝采首山①铜，铸鼎于荆山②下。鼎既成，有龙垂胡髯[41]下迎黄帝。黄帝上骑，群臣后宫从上龙七十余人，龙乃去。余小臣不得上，乃悉持龙髯。龙髯拔堕，堕黄帝之弓。百姓印望黄帝既上天，乃抱其弓与龙髯号[42]。故后世名其处曰鼎湖，其弓曰乌号。'"

于是天子曰："嗟乎，诚得如黄帝，吾视去妻子如脱屣[43]耳!"拜卿为郎，使东候神于太室。……

五利将军使不敢入海，之泰山祠。上使人随验，实无所见。五利妄言见其师；其方尽，多不雠[44]。上乃诛五利。

其冬，公孙卿候神河南，言见仙人迹缑氏③城上，有物如雉往来城上。天子亲幸缑氏视迹，问卿"得毋效文成、五利乎?"卿曰："仙者非有求人主，人主者求之。其道非少宽暇，神不来。言神事如迂诞；积以岁，乃可致。"于是郡国各除道[45]，缮治宫馆名山神祠所，以望幸矣。……

其来年冬，上……北巡朔方④，勒[46]兵十余万骑。还祭黄帝冢桥山⑤[47]，释兵凉如[48]。上曰："吾闻黄帝不死。有冢，何也?"或对曰："黄帝以仙上天，群臣葬其衣冠。……"

上东巡海上，……齐人之上疏言神怪奇方者以万数。乃益发船，令言海中神山者数千人求蓬莱神人。公孙卿持节，常先行，候[49]名山。至东莱，言

---

① 首山在今河南襄城县南。

② 荆山在今河南阌乡县南。

③ 缑氏，当时县名，在今河南偃师县南。

④ 朔方，当时郡名，即今内蒙古鄂尔多斯。

⑤ 桥山在今陕西中部县西北。

夜见大人长数丈，就之则不见；见其迹甚大，类禽兽云。群臣有言见一老父牵狗，言“吾欲见巨公”[50]；已忽不见。上既见大迹，未信；及群臣又言见老父，则大以为仙人也。……

方士之候神入海求蓬莱者终无验。公孙卿犹以大人之迹为解。天子犹羁縻不绝，几①遇其真。……

作者简介

班固（32—92年），字孟坚，扶风安陵（今陕西咸阳东北）人，东汉著名史学家、文学家。班固出身儒学世家，其父班彪、伯父班嗣，皆为当时著名学者。在父祖的熏陶下，班固九岁即能属文，诵诗赋，十六岁入太学，博览群书，于儒家经典及历史无不精通。

建武三十年（54年），班彪过世，班固从京城洛阳迁回老家居住，开始在班彪《史记后传》的基础上，撰写《汉书》，前后历时二十余年，于建初中基本修成。汉和帝永元元年（89年），大将军窦宪率军北伐匈奴，班固随军出征，任中护军，参议军机大事。窦宪大败北单于后班固撰下著名的《封燕然山铭》。后窦宪因擅权被杀，班固受株连，死于狱中，时年六十一岁。

班固一生著述颇丰。作为史学家，其《汉书》是继《史记》之后中国古代又一部重要史书，与《史记》《后汉书》《三国志》并称为“前四史”。作为辞赋家，班固与司马相如、扬雄、张衡并称为“汉赋四大家”。《两都赋》开创了京都赋的范例，列入《文选》第一篇；同时，班固还是经学理论家，他编辑撰成的《白虎通义》，集当时经学之大成，使谶纬神学理论化、法典化。

---

① 几，通冀。

延伸阅读

《汉书郊祀志》节录于《汉书·郊祀志》，篇幅仅为原文的十分之一，因而使得主题更加鲜明。开篇说：“汉武初即位，尤敬鬼神之祀。”结束说：“方士之候神入海求蓬莱者终无验”，“天子犹羁縻不绝，几遇其真”，对武帝迷信鬼神和神仙的荒唐行为作了无情的揭露和深刻的批判。

刘彻（前156—前87年），是景帝刘启的儿子，高帝刘邦的曾孙，是西汉强盛时期一位有雄才大略，又建立了卓越文治武功的皇帝。他在位期间，在内外政策上有许多新的变革。如尊儒学，兴学校，选用各种人才；兴修水利，发展经济；打击匈奴，扩大版图。为夸耀其功绩，曾亲登泰山，举行封禅礼。但他生活腐朽，追求长生不老，崇信神仙，接近许多神巫和方士，如方士李少君、齐人少翁、栾大、公孙卿，听信他们的谎言到各处巡游，举行郊祀礼、明堂礼、封禅礼，以表示自己是上承天意，受命为王，使皇权神圣化，并幻想求仙不老。

［1］祠灶：敬灶神。

［2］却老方：避老方，即长生不老之术。

［3］深泽侯：姓赵，汉武帝时绝封。

［4］却老：避免衰老。

［5］资好方：凭借好的方术。

［6］武安侯：武帝舅田蚡。

［7］大父：祖父。

［8］致物：招致鬼神。

［9］安期生：琅琊人，卖药东海边，时人以为仙，皆言其千岁。

［10］化：仙化，即成仙。

［11］黄锤、史宽舒：二人姓名，皆方士。

［12］李夫人：汉武帝宠姬。

［13］即欲：即使想。

［14］饭牛：让牛吞下。

［15］阳，通“佯”。

［16］胶东宫人：指栾大为胶东康王刘寄手下的官员。

［17］尚方：掌管方药。

［18］河决：黄河决口。

［19］爱：吝惜。此句意思说，我怎么会不重用你呢！

［20］斗棋：使棋子相斗。

［21］棋自相触击：棋子互相碰击。

［22］黄金不就：指方士用丹砂铅锡炼黄金不成。

［23］“间者”二句：从前河水泛溢，淹没了河岸及岸边陆地，为筑河堤而征发的繇役不止。

［24］遗朕士：送我士（栾大）。

［25］乘舆斥车、马：从乘舆中拿出车、马。乘舆，泛指皇帝专用的车马器物。斥，排除。

［26］卫长公主：卫皇后的长女。

［27］大主：大长公主，此指汉武帝之姑，窦太后之女。

［28］道天神：引荐天神。道，通“导”。

［29］扼掔：握持手腕，表示奋激。

［30］其夏：指元鼎五年（前112年）夏。

［31］魏脽：即汾阴脽丘，古属魏地，故名。

［32］掊视：扒开泥土察看。

［33］文镂无款识：鼎上只有刻纹，没有款识。镂，刻。鼎上文字，阴文曰款，阳文曰识。

［34］其冬辛已朔旦冬至：这年冬天辛巳日初一为冬至。

［35］札书：薄小的木简书。

［36］冕候，问于鬼臾区：冕侯，不详。《史记·封禅书》作“宛朐”，则是汉县名，在今山东荷泽县西南。鬼臾区，黄帝时人。

［37］神策：卜筮所用之蓍草。

［38］“是岁”三句：这年是己酉日初一为冬至，得到上天赐给的纪年方法，周而复始。

［39］迎日推策：用蓍草预推日历。迎日，预推日月的朔望。策，占卜用的蓍草。

［40］嬖人：（皇帝）宠幸的人。

［41］胡髯：这里指龙项下垂肉上的龙须。胡，这里指龙项下垂肉。髯，须。

［42］号：呼叫。

［43］屣：鞋。

［44］多不雠：指方术多不应验。

［45］除道：修路。

［46］勒：统率。

［47］桥山：在今陕西黄陵县西北，山上有黄帝冢。

［48］凉如：地名。

［49］候：探察。

［50］巨公：指汉武帝。

二十三　登高丘而望远海

李　白①

登高丘，望远海，六鳌②骨已霜，三山③流安在？扶桑④半摧折，白日沈光彩。

银台、金阙如梦中，秦皇、汉武空相待![1]

精卫⑤费木石，鼋鼍无所凭。[2]

君不见骊山、茂陵⑥尽灰灭，牧羊之子来攀登？盗贼[3]劫宝玉，精灵[4]竟何能？

穷兵黩武今如此[5]，鼎湖飞龙安可乘[6]？

---

① 李白（公元699年—762年），字太白。唐玄宗时供奉翰林。《唐书》《旧唐书》俱有传可参考。他的诗高旷绝俗，富于浪漫性。后世言唐代诗人，并称李、杜。

② 《列子》上有个故事说：渤海里有许多山，不相连着，随波浮荡。天帝恐怕流到西极去，使巨鳌十五头用头把那些山顶着。有龙伯国里的大人，一钓连得六鳌，一起背了回去。

③ 古代传说：蓬莱、方丈、瀛洲是三神山，在渤海中，上边有仙人及不死药。

④ 扶桑，古代传说是日出的地方，在极东。

⑤ 精卫，海边小鸟。传说此种鸟常衔西山木石以填东海。

⑥ 骊山，秦皇陵；茂陵，汉武陵，在今陕西兴平县东北。

作者简介

李白（701—762 年），字太白，号青莲居士。祖籍陇西成纪（今甘肃秦安、庄浪、通渭一带），其先人流寓西域碎叶，（今吉尔吉斯斯坦托克马克附近）。李白幼时随父由西域迁至绵州昌隆（今四川江油）。二十五岁出蜀，漫游各地，天宝初待诏翰林，至德年间为永王幕僚，后坐罪流夜郎，遇赦而还，病死当涂。他是唐代著名的大诗人，诗风雄奇豪放，是古代浪漫主义诗歌的高峰，被称为“诗仙”。有《李太白集》。

延伸阅读

此诗当作于唐玄宗天宝十年（751 年），李白南游吴越之时。那时唐玄宗溺于佛道，好神仙，求长生，多穷兵黩武、荒淫误国之事。

［1］“银台”二句：出自《史记·封禅书》，“（齐）威、（齐）宣、燕昭使人入海求蓬莱、方丈、瀛洲。此三神山者，其传在渤海中。……盖尝有至者，诸仙人及不死之药皆在焉。其物禽兽尽白，而黄金银为宫阙。未至，望之如云。及到，三神山反居水下。临之，风辄引去，终莫能至云。世主莫不甘心焉。及至秦始皇并天下，至海上，则方士言之不可胜数。始皇自以为至海上而恐不及矣。使人乃赍童男女入海求之。船交海中，皆以风为解，曰未能至，望见之焉。”《封禅书》又记“今天子（汉武帝）初即位，尤敬鬼神之祀……遣方士入海中求蓬莱安期生之属”。“银台金阙”犹如梦中烟云，秦皇汉武寻求的长生药亦如幻影。

［2］“精卫”二句：精卫填海，徒劳无功；鼋（yuán）鼍（tuó）为梁，不足为凭。鼋鼍，中国神话传说中是指巨鳖和猪婆龙（扬子鳄）。

［3］盗贼：盗贼是作者沿用统治者对农民起义军的称呼。据《晋书·索靖传》记载，赤眉起义军曾取走汉武帝陵园中的一部分金银财宝。

［4］精灵：指秦始皇、汉武帝的神灵。

［5］“穷兵”句：昔日穷兵黩武，威加四方，何等霸气，如今仍落得个如此下场。

［6］“鼎湖”句：古代传说黄帝在鼎湖乘龙升天。《史记·封禅书》记载，齐人公孙卿欺骗汉武帝，说古之黄帝与神通，且战且学仙，铸鼎于荆山，有龙下迎。武帝对此深信不疑。

二十四 西门豹治邺

褚少孙①

魏文侯[1]时，西门豹为邺令[2]。豹往到邺，会长老[3]，问之[4]民所疾苦。长老曰："苦为河伯[5]娶妇，以故贫。"

豹问其故。对曰："邺三老、廷掾②[6]常岁赋敛[7]百姓，收取其钱，得数百万：用其二三十万为河伯娶妇；与祝巫[8]共分其余钱持归。当其时，巫行视人家女好者，云：'是当为河伯妇。'即娉取[9]洗沐之，为治新缯绮縠衣[10]。闲居斋戒[11]，为治斋宫河上，张缇绛帷[12]，女居其中。为具牛酒[13]、饭食。行十余日，共粉饰[14]之。如嫁女床席，令女居其上；浮之河中。始浮；行数十里，乃没。

"其人家有好女者，恐大巫祝为河伯取之，以故多持女远逃亡。以故城中益空无人，又困贫，所从来久远矣。民人俗语曰：'即[15]不为河伯娶妇，水来漂没，溺其人民③'云。"

西门豹曰："至为河伯娶妇时，愿三老、巫祝、父老送女河上，幸[16]来告语之！吾亦往送女。"皆曰："诺。"

---

① 褚少孙，汉沛人，元成间博士。补《史记》十篇。此篇见其所补《滑稽列传》。其事附见《汉书·王式传》。

② 三老是乡官之名，掌教化；廷掾是公吏。

③ 时邺地患水，故此种谬说得以成立，且使民人坚信。

至其时，西门豹往会之河上。三老、官属、豪长者[17]、里父老皆会。人民往观之者三二千人。其巫，老女子也，已年七十。从弟子女十人所[18]，皆衣缯单衣，立大巫后。

西门豹曰："呼河伯妇来，视其好丑！"即将女出帷中，来至前。豹视之，顾谓三老、巫祝、父老曰："是女子不好。烦大巫妪为入报河伯，得更求好女，后日送之！"即使吏卒共抱大巫妪投之河中。

有顷，曰："巫妪何久也？弟子趣[19]之！"复以弟子一人投河中。有顷，曰："弟子何久也？复使一人趣之！"复投一弟子河中。凡投三弟子。

西门豹曰："巫妪弟子，是女子也，不能白事[20]。烦三老为入白之！"复投三老河中。西门豹簪笔磬折，①[21]向河立待良久。长老、吏、旁观者皆惊恐。

西门豹曰："巫妪、三老不来还，奈之何？[22]"欲复使廷掾与豪长者一人入趣之。皆叩头；叩头且破，额血流地，色如死灰。西门豹曰："诺！且留！待之须臾！"

须臾，豹曰："廷掾起矣！状河伯留客之久，若皆罢去[23]，归矣！"邺吏民大惊恐；从是以后，不敢复言为河伯娶妇。

西门豹即发民凿十二渠，引河水灌民田；田皆溉。当其时，民治渠少烦苦，不欲也。豹曰："民可以乐成[24]，不可与虑始[25]。今父老子弟虽患苦我，然百岁后期[26]令父老子孙思我言！"至今皆得水利，民人[27]以给[28]足富。

十二渠经绝驰道。到汉之立，而长吏以为十二渠桥绝驰道，相比近，不可；欲合渠水，且至驰道，合三渠为一桥。邺民人父老不肯听长吏，以为西

① 古人插笔于首，有事则书于笏。磬折是身偻折如磬之背。此处都是形容西门豹郑重其事，并不以滑稽态度出之的意思。

门君所为也，贤君之法式不可更也。长吏终听置之。……

作者简介

褚少孙，西汉史学家。颍川（今河南禹县）人，居沛（今属江苏）。西汉元帝、成帝时（一说宣帝时）博士。后以文学为侍郎，好观览《太史公书》（即《史记》）列传，曾补其缺篇。明人辑有《褚先生集》。

延伸阅读

西门豹深入民间调查，揭露为“河伯娶妇”的大骗局，向封建迷信及贪官污吏、地方豪强发起猛攻，为根治漳河扫除了障碍。“西门豹即发民凿十二渠，引河水灌民田；田皆溉”。通篇紧紧围绕“治”字，铺展情节，充分表现了西门豹的足智多谋，果断勇敢。司马迁云：“故西门豹为邺令，名闻天下，泽流后世，无绝已时，几可谓非贤大夫哉!”（《史记·滑稽列传》）对西门豹的政绩作了中肯评价。

［1］魏文侯：名斯，战国时魏国的君主。

［2］西门豹：复姓西门，名豹。邺：今河北省临漳县。令：这里指地方长官。

［3］会：召集。长老：地方上年老而有影响的人。

［4］之：代长老。

［5］河伯：河神。

［6］廷掾：古代辅佐县令的官。

［7］赋敛：征收捐税。

［8］祝巫：替人告神求福的人。

［9］娉取：订婚。娉，同“聘”。取，同“娶”。

［10］治新缯（zēng）绮縠（hú）衣：治，做。缯，丝织品。绮，有花纹的织物。縠，有皱纹的纱。

［11］闲居：独住，与别人隔离。斋戒：包括沐浴、更衣、素食、独居等，表示对神的恭敬。

［12］缇：橘红色的织物。绛：深红色。张：张挂。

［13］牛酒：牛肉和酒。

［14］粉饰：装饰。

［15］即：如果。

［16］幸：希望。

［17］豪长者：地方上的豪绅。

［18］所：表示大约的意思。

［19］趣：催促。

［20］白事：禀报事情。

［21］簪（zān）笔：用毛装饰簪头，插在帽前，叫作笔。古代行礼之前要在帽子前插上簪笔。磬折：弯着腰象磬的形状，表示恭敬。磬，古代石或玉制乐器。其形中曲垂两头。

［22］奈……何：对……怎么办?

［23］状：这里表示揣测的意思。若：这里指你们。罢：散。

［24］乐成：共享成功的快乐。

［25］不可与虑始：不可和他们商讨创业。

［26］期：必。

［27］民人：老百姓。

［28］给：富裕充足。

二十五　论死篇

王　充

世谓死人[1]为鬼、有知、能害人。试以物类验之，死人不为鬼、无知、不能害人。何以验之？验之以物。人，物也，物，亦物也，物死不为鬼，人死何故独能为鬼？……

人之所以生者，精气也；死而精气[2]灭。能为精气者血脉也，人死血脉竭，竭而精气灭，灭而形体朽，朽而成灰土，何用为鬼？人无耳目则无所知，故聋盲之人比于草木。夫精气去人，岂徒与无耳目同哉！……

天地开辟，……随寿而死若中年夭亡以亿万数计。今人之数不若死者多。如人死辄为鬼，则道路之上一步一鬼也。人且死见鬼，宜见数百千万，满堂、盈廷[3]、填塞巷路，不宜徒见一两人也。……

天地之性，能更生火，不能使火复燃；能更生人，不能令死人复见。能使灭灰更为燃火，吾乃颇疑死人能复为形。案火灭不能复燃以况之，死人不能复为鬼明矣。

夫为鬼者，人谓死人之精神。如审鬼者死人之精神，则人见之宜徒见裸袒之形，无为见衣带被服也。何则？衣服无精神，人死与形体俱朽，何以得贯穿之乎？精神本以血气为主，血气常附形体，形体虽朽，精神尚在，能为鬼，可也；今衣服，丝絮布帛也，生时血气不附着，……安能自若为衣服之形？由此言之，见鬼衣服象之，则形体亦象之矣，象之则知非死人之精神也。……

形须气而成；气须形而知。天下无独燃之火，世间安得有无体独知之精？……人言谈、有所作于卧人之旁，卧人不能知；犹对死人之棺，为善恶之事，死人不能复知也。夫卧，精气尚在，形体尚全，犹无所知。况死人精神消亡，形体朽败乎？

人为人所殴[4]伤，诣吏告苦、以语人，有知之故也。或为人所杀，则不知何人杀也或家不知其尸所在。使死人有知，必恚[5]人之杀己也，当能言于吏旁，告以贼主名，若能归语其家，告以尸之所在。今[6]则不能，无知之效也。……

人之未死也，智慧精神定矣。病则惛乱，精神扰也。夫死，病之甚者也；病，死之微，犹惛乱，况其甚乎！精神扰自无所知，况其散也！人之死，犹火之灭也。火灭而耀不照，人死而知不慧，二者宜同一实。论者犹谓死有知，惑也。人病且死，与火之且灭何以异？火灭光消而烛在；人死精亡而形存。谓人死有知，是谓火灭复有光也！……

人死不为鬼，……则不能害人矣。何以验之？……人之所以勇猛能害人者，以饮食也。饮食饱足则强壮勇猛；强壮勇猛则能害人矣。人病不能饮食，则身羸弱，羸弱[7]困甚，故至于死。病困之时，仇在其旁，不能咄叱[8]；人盗其物，不能禁夺：羸弱困劣之故也。夫死，羸弱困劣之甚者也，何能害人？……人梦杀伤人，若为人所复杀，明日，视彼之身，察己之体，无兵刃创伤之验。夫梦用精神，……梦之精神不能害人，死之精神安能为害？……

作者简介

见第8页。

延伸阅读

《论死篇》是王充无神论思想的代表作，尖锐地批驳了人死灵魂不死的谬论。王充在《论衡·对作篇》中说明他写《论死篇》的目的在于“使俗薄丧葬也”，即为反对厚葬、祭祀等迷信活动提供理论依据。又说：“今著《论死》及《死伪》之篇，明人死无知，不能为鬼。冀观览者将一晓解约葬，更为节俭。”本文是《论死篇》的节选，篇幅仅为原文的四分之一。

［1］死人：即“人死”。

［2］精气：构成生命和维持生命的基本物质和功能体现。王充认为，精气在自然界中是无知的，构成人的精神后才是有知的，人死后，精气离开人体，仍旧回到无知的自然界之中。

［3］廷：通“庭”。院子。

［4］殴：捶击物也（《说文》）。

［5］恚（huì）：怨恨。

［6］今：当作“令”，形近而误。

［7］羸（léi）：瘦弱，虚弱。

［8］咄（duō）叱（chì）：呵责。

二十六　订鬼篇

王　充

凡天地之间有鬼，非人死精神为之也，皆人思念存想之所致也。致之何由？由于疾病。人病则忧惧，忧惧见鬼出。凡人不病则不畏惧；故得病寝衽[1]，畏惧鬼至，畏惧则存想，存想则目虚见[2]。

何以效之[3]？传[4]曰："伯乐学相马，顾玩所见，无非马者[5]。宋之庖丁学解牛，三年不见生牛，所见皆死牛也[6]。"二者用精至矣，思念存想，自见异物也。人病见鬼，犹伯乐之见马，庖丁之见牛也。伯乐、庖丁所见非马与牛，则亦知夫[7]病者所见非鬼也。

病者困剧身体痛，则谓鬼持棰杖殴击之，若见鬼把椎锁绳纆[8]立守其旁，病痛恐惧妄见之也。初疾畏惊，见鬼之来；疾困恐死，见鬼之怒；身自疾痛，见鬼之击；皆存想虚致，未必有其实也。

夫[9]精念存想，或泄[10]于目，或泄于口，或泄于耳。泄于目，目见其形；泄于耳，耳闻其声；泄于口，口言其事。昼日则鬼见；暮卧则梦闻。独卧空室之中，若有所畏惧，则梦见夫人据案其身哭矣。觉见卧闻，俱用精神；畏惧存想，同一实也[11]。……

人之昼也，气倦精尽，夜则欲卧；卧而目光反[12]，反而精神见人物之象矣。人病亦气倦精尽，目虽不卧，光已乱于卧也，故亦见人物象。病者之见也，若卧若否，与梦相似。当其见也，其人①能自知觉与梦，故其见物不能知其鬼与人：精尽气倦之效也。何以验之？以狂者见鬼也。狂痴独语，不与善人相得者，病困精乱也。夫病且死之时，亦与狂等。卧、病及狂三者皆精衰倦[13]，目光反照，故皆独见人物之象焉。……

作者简介

见第 8 页。

延伸阅读

“订鬼”中的“订”，是评说的意思。自古以来，鬼神迷信是剥削阶级赖以维持统治的精神支柱，严重地毒害着人们的心灵。作为一名无神论者，王充继承了先秦“天人相分”的唯物主义思想，在《订鬼》一文，首先提出“鬼”产生于人的畏惧心理，并非人死后精神变鬼，然后举出实例进行分析和归纳，有力驳斥和否定了“人死为鬼”的谬论，表现了王充在意识形态领域里敢于反正统思想的战斗精神。这里摘取的文章的前三个自然段，篇幅约为原文的六分之一。

[1] 寝衽（rèn）：睡在床上。衽，卧席。

[2] 目虚见：眼睛发生错觉，模模糊糊地看见（鬼）。

[3] 何以效之：用什么来证明它呢？效，验证。

[4] 传曰：古书记载里这么说。这里所引的是《吕氏春秋·精通》里的一些话。

---

① “其人”之下当增一“不”字。

原文是："伯乐学相马，所见无非马者，诚乎马也。宋之庖丁好解牛，所见无非死牛者，三年而不见生牛，用刀十九年，刃若新磨研，顺其理，诚乎牛也。"

［5］伯乐学相马，顾玩所见，无非马者：伯乐学习鉴别马的好坏，他专心在看马，因此习惯于把别的东西也看成马。伯乐，古时候善于相马的人。顾玩，仔细端详。

［6］"宋之庖丁学解牛"这一句是说：宋国的厨师学习宰牛，他在三年里没有见过活牛，看到的全是分解了的死牛。

［7］夫：语助词。

［8］绳纆：绳索。

［9］夫：语助词。

［10］泄：这里是表现、显露的意思。

［11］同一实也：出于同样的情况。

［12］反：反照。意思是闭上眼睛后目光不是向外而是向里。

［13］"衰"字前疑脱"气"字。似应为"精气衰倦"。

二十七 国策赵武灵王胡服骑射①

武灵王平昼闲居，肥义侍坐，曰："王虑世事之变，权甲兵之用[1]，念简、襄②之迹，计胡、狄之利乎[2]？"王曰："……夫有高世之功者，必负遗俗之累[3]；有独知之虑者，必被庶人之恐[4]。今吾将胡服骑射[5]以教百姓，而世必议[6]寡人矣。"

肥义曰："臣闻之，疑事无功，疑行无名[7]。今王即定负遗俗之虑，殆无顾天下之议矣！夫论至德者不和于俗；成大功者不谋于众[8]。昔舜舞有苗而禹袒入裸国[9]，③ 非以养欲而乐志也，欲以论德而要功也。愚者暗于成事；智者见于未萌[10]。王其遂行之！"王曰："寡人非疑胡服也；吾恐天下笑之。狂夫之乐，知者哀焉；愚者之笑，贤者戚焉[11]。世有顺我者，则胡服之功未可知也。虽驱世以笑我，胡地、中山④，吾必有之。"王遂胡服。

使王孙緤告公子成曰："寡人胡服，且将以朝，亦欲叔[12]之服之也。家听于亲，国听于君，古今之公行也。子不反亲，臣不逆主，先王之通谊也。今寡人作教易服，而叔不服，吾恐天下议之也。夫制国有常[13]而利民为本，

① 此事在公元前 307 年。

② 简、襄是赵简子、赵襄子，赵之先世。

③ 相传有裸国，其人不穿衣服。禹从其俗，亦裸而入其国。

④ 中山，国名，今为直隶定县。

从政有经[14]而令行为上：故明德在于论贱，行政在于信贵[15]。今胡服之意，非以养欲而乐志也；事有所出，功有所止，事成功立，然后德且见也。今寡人恐叔逆从政之经，以辅公叔之议[16]。且寡人闻之，事利国者行无邪，因贵戚者名不累。故寡人愿慕公叔之义[17]，以成胡服之功，使緤谒[18]之；叔请服焉！"

公子成再拜曰："臣固闻王之胡服也。不佞寝疾，不能趋走，是以不先进[19]。王今命之，臣固敢竭其愚忠。臣闻之，中国者，聪明睿知之所居也，万物财用之所聚也，贤圣之所教也，仁义之所施也，诗书礼乐之所用也，异敏技艺之所试也，远方之所观赴也，蛮夷之所义行①也。今王释此而袭远方之服，变古之教，易古之道，逆人之心，畔学者，离中国[20]；臣愿大王图[21]之。"

使者报王，王曰："吾固闻叔之病[22]也。"即至公叔成家自请[23]之，曰："夫服者所以便用也，礼者所以便事也，是以圣人观其乡而顺宜，因其事而制礼，所以利其民而厚其国也。被发、文身、错臂②、左衽[24]，瓯越③之民也。黑齿、雕题、鳀冠、秫缝，④ 大吴之国也。礼服[25]不同，其便一也。是以乡异而用变，事异而礼易。是故圣人苟可以利其民，不一其用[26]；果可以便其事，不同其礼。儒者一师而礼异，中国同俗而教离[27]，又况山谷之便乎！故去就之变，知者不能一；远近之服，贤圣不能同。穷乡多异；曲学多辨[28]。不知而不疑，异于己而不非者[29]，公于求善也。今卿之所言者俗也，吾之所

① 义即仪，义行谓取以为仪则而行事。

② 错臂亦文身之类，谓以彩色错画其臂。

③ 瓯越，今浙江温州一带地。

④ 黑齿是以草汁涂齿使黑。雕题是刺肌肤而染以丹青。鳀是大鲇，以其皮为冠。秫缝是以秫缝缀，言工之粗拙。

言者所以制俗[30]也。

“今吾国东有河[31]、薄洛①之水，与齐、中山同之，而无舟楫之用[32]。自常山以至代[33]、上党②，东有燕、东胡之境，西有楼烦③、秦、韩之边，而无骑射之备[34]。故寡人且聚舟楫之用，求[35]水居之民，以守河、薄洛之水；变服骑射，以备其参胡、楼烦、秦、韩之边。且昔者简主不塞晋阳④，以及上党[36]，而襄王兼戎取代以攘诸胡[37]，此愚知[38]之所明也。先时中山负齐之强兵[39]，侵掠吾地，系累吾民，引水围鄗⑤；非社稷之神灵[40]，即鄗几不守。先王忿之，其怨未能报也。今骑射之服，近可以备[41]上党之形，远可以报中山之怨；而叔也顺[42]中国之俗以逆[43]简、襄之意，恶变服之名而忘国事之耻，非寡人所望于子！”公子成再拜稽首曰：“臣愚不达[44]于王之议，敢道世俗之闻[45]。今欲继简、襄之意以顺先王之志，臣敢不听令。”再拜；乃赐胡服。

赵文进谏曰：“……臣无隐忠，君无蔽言[46]，国之禄[47]也。臣虽愚，愿竭其忠！”王曰：“……忠无过罪[48]，子其言乎！”赵文曰：“当世辅俗[49]，古之道也；衣服有常[50]，礼之制也；修法无愆[51]，民之职也：三者[52]先圣之所以教。今君释此而袭远方之服，变古之教，易古之道[53]，故臣愿王之图[54]之！”

王曰：“子言世俗之间⑥[55]。常民[56]溺于习俗；学者[57]沉于所闻：此两

---

① 薄洛即漳水。

② 常山，即恒山，今直隶西北及山西东北部地。代地今直隶口北道及山西雁门道地。上党今山西冀宁道南部地。

③ 楼烦，古国名，今山西保德、宁武、岢岚等县地。

④ 晋阳，今山西太原县治。

⑤ 鄗，今直隶柏乡县地。

⑥ 依上文此间字宜作“闻”。

者所以成官而顺政[58]也，非所以观远而论始[59]也。且夫三代不同服而王；五伯不同教而政[60]。知者作教而愚者制焉[61]；贤者议俗，不肖者拘焉[62]。夫制于服之民不足与论心；拘于俗之众不足与致意[63]。故势与俗化而礼与变俱，圣人之道也；承教而动，循法无私，民之职也[64]。知学之人，能与闻迁；达礼之变，能与时化[65]。故为己者不待人；制今者不法古[66]。子其释[67]之！”

赵造谏曰：“隐忠不竭，奸之属也；以私诬国，贼之类也[68]。犯奸者身死；贱国者族宗[69]：此两者先圣之明刑，臣下之大罪也[70]。臣虽愚，愿尽其忠，无遁其死[71]！”王曰：“竭意不讳[72]，忠也；上无蔽言，明也[73]。忠不辟危，明不距人[74]，子其言乎[75]！”赵造曰：“臣闻之。圣人不易民而教；知者不变俗而动[76]。因民而教者不劳而成功；据俗而动者虑径而易见也[77]。今王易初不循俗[78]，胡服不顾世[79]，非所以教民而成礼也[80]。且服奇者志淫，俗辟者乱民[81]：是以莅国者[82]不袭奇辟之服，中国不近蛮夷之行，所以教民而成礼者也[83]。且循法无过；修礼无邪[84]。臣愿王之图之！”

王曰：“古今不同俗，何古之法？帝王不相袭，何礼之循？……三王观时而制法[85]，因事而制礼，法度制令各顺其宜，衣服器械各便其用[86]。故理世不必一其道[87]；便国不必法古[88]。圣人之兴也，不相袭而王[89]；夏殷之衰也，不易礼而灭：然则反古未可非而循礼未足多也[90]。且服奇而志淫，是邹、鲁无奇行也[91]；俗辟而民易，是吴、越无俊民也[92]。是以圣人利身之谓服，便事之谓教，进退之谓节。衣服之制，所以齐常民，非所以论贤者也[93]。故圣与俗流；贤与变俱[94]。谚曰：‘以书为御者，不尽于马之情；以古制今者，不达于事之变。[95]’故循法之功不足以高世；法古之学不足以制今[96]。子其勿反也！”

延伸阅读

《赵武灵王胡服骑射》选自《战国策·赵策二》，主要介绍了赵武灵王为了国家的强大，进行“胡服骑射”改革的故事。全文主要围绕赵武灵王与保守势力之间的争论展开，通过两个方面的言论表现赵武灵王注重实用、勇于改革的形象。“胡服骑射”，揭开了我国古代战争史上由车战转变为“骑射”的重要一页，体现了古代各民族之间的交流与融合，同时也是古代思想文化方面的一场改革。

《战国策》相传为西汉刘向所编，基本上以记言为主，记事为辅，为国别体史书。所涉史实，上自三家分晋，下至秦灭六国，凡二百四十余年。但全书并无贯穿始终的完整线索，多数年代模糊，少数篇章残缺不全，属于资料汇编性质。

[1] 权甲兵之用：权衡兵力的合理使用。

[2] 计胡、狄之利：盘算如何从胡、狄那里得到好处。

[3] 遗俗之累：旧习俗的拖累。

[4] 庶人之恐：平民百姓的畏惧。

[5] 胡服骑射：穿着胡服练习骑马射箭。

[6] 议：非议指责。

[7] 疑事无功，疑行无名：做事情犹豫不决就不可能成功，行动在即还顾虑重重就决不会成名。

[8] 论至德者不和于俗；成大功者不谋于众：追求最高道德的人不去附和俗人的意见；成就伟大功业的人都不会去与众人商议。

[9] 舜舞有苗而禹袒入裸国：从前舜跳有苗（上古南方部族）的舞蹈，禹光着身子进入不知穿衣服的部落。

［10］愚者暗于成事；智者见于未萌：愚蠢的人在事情发生以后还看不明白，而聪明的人却能在事情未发生之前就有所察觉。

［11］狂夫之乐，知者哀焉；愚者之笑，贤者戚焉：狂狷的人觉得高兴的事，有理智的人会为此感到悲哀；愚蠢的人高兴的事，贤明者却对此担忧。

［12］叔：王叔。

［13］制国有常：治理国家要有一定的原则。

［14］从政有经：处理政事有一定的法则。

［15］明德在于论贱，行政在于信贵：修明朝廷的德政，必须考虑普通民众的利益，要想执掌国家的政权首先要使贵族接受君命。

［16］以辅公叔之议：助长贵族们对我的非议。

［17］慕公叔之义：仰仗王叔的正确行动。

［18］谒：禀告。

［19］不先进：没能尽快去（拜见大王）。

［20］易古之道，逆人之心，畔学者，离中国：更新古代的道德准则，违背众人的心意，从而使学习的人背离了先王之道，抛弃了中原的先进文化。

［21］图：慎重地考虑。

［22］病：生病。

［23］自请：亲自向他阐述自己的观点。

［24］错臂、左衽：两臂绘图案，衣襟向左掩。

［25］礼服：礼制和服饰。

［26］不一其用：并不统一他们的器物用度。

［27］中国同俗而教离：中原地区风俗相同，但各国的政教不同。

［28］穷乡多异；曲学多辨：偏僻的地方人们少见而多怪，孤陋寡闻的人喜欢争辩。

［29］不知而不疑，异于己而不非者：不熟悉的事情不要轻易怀疑，对和自己不同的意见不非议。

［30］制俗：改变旧的传统。俗，世俗观点。

［31］河：黄河。

［32］与齐、中山同之，而无舟楫之用：和齐国、中山共同拥有的边境，却没有战船守御它。

［33］代：代郡。

［34］骑射之备：预备骑兵部队防守。

［35］求：招募。

［36］且昔者简主不塞晋阳，以及上党：从前简子不把自己限于晋阳和上党两个地方。

［37］襄王兼戎取代以攘诸胡：襄子兼并了戎族和代郡，以抵御胡人。

［38］愚知：愚笨之人、聪明之人。

［39］中山负齐之强兵：中山国依仗齐国强大的军队的支持。

［40］社稷之神灵：祖宗神灵的保佑。

［41］备：扼守。

［42］顺：因袭。

［43］逆：违背。

［44］达：体会到。

［45］世俗之闻：世俗的偏见。

［46］臣无隐忠，君无蔽言：做臣子的不隐瞒自己的意见，做君王的不阻塞言路。

［47］国之禄也：国家的福分。

［48］忠无过罪：对竭尽忠心的人不能指责他的错误。

［49］辅俗：顺从民俗。

［50］有常：有固定的样式。

［51］愆（qiān）：过失。

［52］三者：这三个方面。

［53］变古之教，易古之道：改变古代的教化、规矩。

［54］图：考虑。

［55］世俗之间：世俗的见解。

［56］常民：普通民众。

［57］学者：书生。

［58］成官而顺政：谨守职责，遵守法令。

［59］观远而论始：谋长远的事业，建立开创之功。

［60］三代不同服而王；五伯不同教而政：夏、商、周三个朝代虽然服装不同但却能统一天下；春秋五霸政教各异却能治理好国家。

［61］知者作教而愚者制焉：聪明人制订法令，愚蠢的人被法令制约。

［62］贤者议俗，不肖者拘焉：贤达的人改革习俗，而愚笨的人却拘泥于旧风陋俗。

［63］制于服之民不足与论心；拘于俗之众不足与致意：那些受世俗礼法制约的人，没有必要和他们交流思想；那些拘泥于旧风陋俗的人，没有必要向他们说明你的意图。

［64］承教而动，循法无私，民之职也：接到国家的政令就马上行动，遵守法制而抛弃个人私念，这是老百姓的天职。

［65］知学之人，能与闻迁；达礼之变，能与时化：真正有学问的人能听从意见而改变观点，真正通晓礼法的人能跟着时代的变化而变化。

［66］为己者不待人；制今者不法古：为自己进步着想的人不会等待他人，处理

当今的问题就不能完全效法古代。

［67］释：放弃旧思想。

［68］隐忠不竭，奸之属也；以私诬国，贼之类也：不竭尽忠心，知而不言，这是奸臣一样的行为；为了私利去欺骗君主，这是有损于国家的做法。

［69］犯奸者身死；贱国者族宗：对犯了奸佞罪的人处以死刑，对危害国家的人诛灭宗族。

［70］臣下之大罪也：是作臣子的人所犯的最重的罪。

［71］无遁其死：绝不逃避死亡。

［72］竭意不讳：毫无保留地说出自己的想法而不加任何隐讳。

［73］上无蔽言，明也：不阻塞言路，这就叫明主。

［74］明不距人：明主不拒绝别人（提意见）。

［75］子其言乎：你坦然地说吧。

［76］圣人不易民而教；知者不变俗而动：圣贤之人不去变更民众的习俗而去教化他们，聪明的人不改变习俗而治理国家。

［77］因民而教者不劳而成功；据俗而动者虑径而易见也：根据民意进行教化，不费多大力气就能收到成效；根据不同的习俗治理国家，考虑问题简捷方便，做起来容易见到效果。

［78］易初不循俗：改变原来的服饰而不遵循习俗。

［79］胡服不顾世：改穿胡服而不顾世人的议论。

［80］非所以教民而成礼也：这不是按照礼仪法则教化民众的方式。

［81］俗辟者乱民：习俗怪僻会扰乱民心。

［82］莅国者：做国君的人。

［83］所以教民而成礼者也：所以能教导人民遵守礼制。

［84］修礼无邪：按照旧有的礼节行事就不会生出邪念。

［85］三王观时而制法：夏、商、周三代圣王时，就观察当时的形势来建立法制。

［86］衣服器械各便其用：衣服器用都方便使用。

［87］理世不必一其道：治理国家不一定要走同一条路。

［88］便国不必法古：只要对国家有利，不一定要效法古代。

［89］不相袭而王：不是因为承袭前代才统治天下的。

［90］反古未可非而循礼未足多：不沿袭古法，不一定就要斥责，谨守旧礼陋俗也未必值得称赞。

［91］且服奇而志淫，是邹、鲁无奇行也：如果服饰奇异就会使人心思不正的话，那么最遵守礼法的邹国和鲁国就不会有行为怪僻的人了。

［92］俗辟而民易，是吴、越无俊民也：如果习俗怪僻就会使民众变坏的话，那么吴、越地区就不会出现出类拔萃的人才了。

［93］衣服之制，所以齐常民，非所以论贤者也：服饰上的规定，只是用来让普通百姓取得一致，而不是用来衡量贤明与否的。

［94］圣与俗流；贤与变俱：圣明的人能适应任何习俗，有才能的人能紧随时势的变化。

［95］以书为御者，不尽于马之情；以古制今者，不达于事之变：按照书本来驾车的人，就不能充分发挥马的实际能力；采用古代的礼法来治理当今的国家，就不能符合当今社会的实际。

［96］循法之功不足以高世；法古之学不足以制今：遵循现成的制度建立的功业不可能超过当世，效法古人的作法，就不能够管理好现在的国家。

二十八　左传韩原之战①

晋郤芮[1]使夷吾②重赂秦以求入，……从之。齐隰朋[2]帅师会秦师，纳晋惠公。③ ……

晋荐饥[3]，使乞籴[4]于秦。秦伯谓子桑[5]："与诸[6]乎？"对曰："重施而报，君将何求？重施而不报，其民必携[7]。携而讨焉[8]，无众必败。"谓百里："与诸乎？"对曰："天灾流行，国家代有。救灾恤邻，道也。行道有福。"

丕郑④之子豹在秦，请伐晋。秦伯曰："其君是恶，其民何罪？"

秦于是输粟于晋。自雍及绛⑤相继。命之曰"泛舟之役"[9]。⑥

（明年）冬，秦饥，使乞籴于晋。晋人弗与。庆郑[10]曰："背施无亲；幸灾不仁；贪爱不祥；怒邻不义。四德皆失，何以守国？"虢射[11]曰："皮之不

---

① 韩原，据江永考定，在今山西河津、万泉两县之间。韩原之战时在公元前645年。

② 夷吾是晋惠公，献公的第三子。献公欲立少子奚齐，故夷吾出亡在外。是年献公死，里克杀夷齐，故夷吾藉齐、秦之力求入国。

③ 以上见僖公九年传。

④ 丕郑为晋惠公所杀。

⑤ 雍是秦都，今陕西凤翔县地。绛是晋都，今山西绛县。

⑥ 以上见僖十三年传。

存，毛将安傅？①”庆郑曰：“弃信背邻，患孰恤之？无信患作，失援必毙，是则然矣！”虢射曰：“无损于怨，而厚于寇，不如弗与。”庆郑曰：“背施幸灾，民所弃也。近犹仇之，况怨敌乎？”弗听。退曰：“君其悔是哉？”②

晋侯之入也[12]，……赂秦伯以河外列城五，东尽虢略③，南及华山，内及解梁城④；既而不与。晋饥，秦输之粟；秦饥，晋闭之籴。故秦伯伐晋。……

九月，晋侯逆[13]秦师；使韩简视师[14]。复曰：“师少于我，斗士倍我。”公曰：“何故？”对曰：“出因其资[15]，入用其宠[16]，饥食其粟，三施而无报，是以来也。今又击之，我怠秦奋，倍犹未也。[17]”公曰：“一夫不可狃[18]，况国乎！”遂使请战，曰：“寡人不佞[19]，能合其众而不能离[20]也；君若不还，无所逃命！”秦伯使公孙枝[21]对曰：“君之未入，寡人惧之。入而未定列[22]，犹吾忧也。苟列定矣，敢不承命！”韩简退曰：“吾幸而得囚！”

壬戌[23]，战于韩原。晋戎马还泞而止[24]。……秦获晋侯以归。……

十月，晋阴饴甥会秦伯盟于王城[25]。秦伯曰：“晋国和[26]乎？”对曰：“不和。小人耻失其君而悼丧其亲，不惮[27]征缮以立圉⑤也，曰：‘必报仇，宁事戎狄！’君子爱其君而知其罪，不惮征缮以待秦命，曰：‘必报德，有死无二[28]。’以此不和。”秦伯曰：“国谓君何？”对曰：“小人戚，谓之不免；君子恕，以为必归。小人曰：‘我毒秦，秦岂归君！’君子曰：‘我知罪矣，

---

① 虢射语意，谓晋惠公入国时许秦之赂先已背约，如已无皮；所有输粟之毛，亦无从附着。

② 以上见僖十四年传。

③ 虢略即虢界，当时之虢今山西平陆县地。

④ 解梁城今为山西之解、临晋、虞乡三县。

⑤ 圉，惠公子。

秦必归君。贰而执之[29]，服而舍之[30]，德莫厚焉，刑莫威焉！服者怀德，贰者畏刑，此一役也，秦可以霸。纳而不定，废而不立，以德为怨，秦不其然！’”秦伯曰：“是吾心也！”改馆晋侯[31]，馈七牢焉[32]。……十一月，晋侯归。……

是岁，晋又饥。秦伯又饩[33]之粟，曰：“吾怨其君而矜[34]其民。”① ……

作者简介

左丘明，生卒年不详，春秋末期鲁国都君庄（今山东省肥城市石横镇衡鱼村）人，史学家、文学家。

左丘明曾任鲁国史官，据传为解析《春秋》而作《左传》，又作《国语》，这两部书记录了不少西周、春秋的重要史事，保存了具有很高价值的原始资料。左丘明因而被誉为“百家文字之宗、万世古文之祖”，是中国传统史学的创始人、中国史学的开山鼻祖。

延伸阅读

《左传》，亦称《春秋左氏传》，或《左氏春秋》，相传为春秋时左丘明所作，此说尚有争议。所记历史起于鲁隐公元年（前722年），终于鲁悼公四年（前464年），书中保存了大量史料，文字优美，记事翔实，是我国古代一部内容丰富的史书，同时也是我国史学名著，是我国古代一部有名的富于文学价值的历史散文著作。

本文写的是“韩原之战”发生的经过。春秋中期，秦国和晋国的交往十分频繁，

① 以上见僖十五年传。

两国之间有好几代都是姻亲关系，所以即使是到了现在还在用“秦晋之好”这个成语来祝贺新婚夫妻。然而亲家也经常是冤家，故此秦、晋之间互相攻伐也是时有发生的事。晋惠公得到秦穆公的鼎力相助才有机会回国登上王位，然而登基后他立马就过河拆桥、背信弃义，遭秦国出兵攻击，爆发“韩原之战”，结果一败涂地，不仅丢失了黄河西岸的大片土地，晋惠公还成了秦国的俘虏。后因穆姬夫人和晋国诸大夫的努力，秦答应同晋讲和，放回了晋惠公。

［1］郤芮：晋国大臣。

［2］隰（xí）朋（？—前645年），姜姓，出身于齐国公族。春秋时期著名的齐国大夫，朋氏鼻祖。他是齐庄公曾孙。与管仲、鲍叔牙等共同辅佐齐桓公，使齐国大治。隰朋曾率军会合秦军安定晋国的内乱，拥立晋惠公。

［3］荐饥：再次发生饥荒。

［4］乞籴：求购。

［5］秦伯：秦穆公。子桑：公孙枝。

［6］诸：他们。

［7］携：离心。

［8］讨焉：讨伐。

［9］泛舟之役：秦国把粟米运送到晋国，运粮船队从雍城到绛城接连不断，故称为“泛舟之役”。

［10］庆郑：是春秋时期晋国大夫。

［11］虢（guó）射：晋国的大夫。

［12］晋侯之入也：指晋惠公由秦入晋。晋国无君。夷吾便厚赂秦穆公，由秦国送他回国即位，是为惠公。

［13］逆：迎战。

[14] 韩简：晋大夫。视师：探视秦国兵力的强弱。

[15] 出：指晋惠公出亡秦国。资：资助。

[16] 入：指晋惠公回国即君位。宠：厚爱。

[17] 倍犹未也：言秦国士兵的斗志比晋多一倍还不止。

[18] 狃（niǔ）：狎，轻慢。

[19] 佞（nìng）：有才智。

[20] 合：聚合。离：分散。

[21] 公孙枝：秦大夫。

[22] 定列：安定于君位。

[23] 壬戌：这里是九月十四。

[24] 还泞而止：还，同“旋”；泞，泥泞。言马陷于泥泞之中，盘旋而不得出。

[25] 王城：秦国王城雍城。

[26] 和：指意见一致。

[27] 不惮：不怕。

[28] 无二：无二心。

[29] 贰而执之：晋侯对秦有二心，秦就把他捉住了。

[30] 服而舍之：晋侯既已认错服罪，秦就会把他放了。

[31] 改馆晋侯：改变对晋侯的待遇，让他住在宾馆里。

[32] 馈：馈赠。牢：一牛、一羊、一猪为一牢，七牢指牛、羊、猪各七头。

[33] 饩（xì）：赠送（食物）。

[34] 矜：怜悯。

二十九　战事诗二首

杜　甫①

石壕②吏

暮投石壕村，有吏[1]夜捉人。老翁逾墙走；老妇出门看。吏呼一何[2]怒！妇啼一何苦？

听妇前[3]致词：“三男邺城戍[4]：一男附书[5]至，二男新战死。存者且偷生，死者长已矣！室中更无人，惟有乳下孙。有孙母未去，出入无完裙。老妪力虽衰，请从吏夜归[6]；急应河阳③役，犹得备晨炊[7]。”

夜久语声绝，如闻泣幽咽。天明登前途[8]，独与老翁别。

无家别

寂寞天宝后，园庐但蒿藜[9]。我里百余家，世乱各东西。

存者无消息；死者为尘泥。贱子因阵败[10]，归来寻旧蹊。

① 杜甫（公元712年—770年），字子美。唐玄宗时以献赋得待制集贤院。肃宗时为右拾遗，后为工部员外郎。《唐书》《旧唐书》俱有传可参考。他情感丰富，有诗人的天才。适值乱离时代，遭历不同平常。故所为诗是多方面的；且都从生活里边倾注出来，感人极为深切。

② 石壕村在今河南陕县东南。

③ 河阳是今河南孟县地。

久行见空巷，日瘦[11]气惨凄。但对狐与狸，竖毛怒我啼。[12]

四邻何所有？一二老寡妻。

宿鸟恋本枝[13]，安辞且穷栖！方春独荷锄；日暮还灌畦。县吏知我至，召令习鼓鞞。虽从本州役[14]，内顾无所携[15]。近行止一身；远去终转迷[16]。家乡既荡尽，远近理亦齐！[17]

永痛长病母，五年委沟溪[18]。生我不得力，终身两酸嘶[19]。人生无家别，何以为烝黎[20]！

作者简介

杜甫（712—770 年），唐襄阳人，字子美（别号少陵，河南巩县人）。玄宗时以献赋得待制集贤院。肃宗时为右拾遗，后为工部员外郎。甫情感丰富，有诗人之天才。适值乱离时代，遭历不同平常。故所为诗方面至多，且自实生活倾注而出，感人极为深切。有《杜工部集》，注释者甚多。

延伸阅读

唐肃宗乾元元年（758 年）冬，郭子仪等九节度使率大军包围叛臣安庆绪于邺城，由于指挥不统一，被史思明（安史之乱的元凶之一）援兵打得全军溃败。唐王朝为补充兵力，第二年春便在洛阳以西至潼关一带，强行抓人当兵，人民苦不堪言。这时，杜甫正由洛阳经过潼关，赶回华州任所。途中就其所见所闻，写成了“三吏”（《新安吏》《石壕吏》《潼关吏》）、“三别”（《新婚别》《无家别》《垂老别》）。

《石壕吏》是“三吏”中的一篇。全诗的主题是通过对“有吏夜捉人”的形象描绘，揭露官吏的横暴，反映人民的苦难：三男戍，二男死，孙方乳，媳无裙，翁逾墙，妇被捉，对人民残酷至极，统治者的宝座也就岌岌可危了。

《无家别》和“三别”中的其他两篇不同，叙事诗的“叙述人”不是作者，而是诗中的主人公。这个主人公是又一次被征去当兵的独身汉，既无人为他送别，又无人可以告别，然而在踏上征途之际，依然情不自禁地自言自语，独自诉说他无家可别的悲哀。“何以为烝黎?”可作“三吏”“三别”总结。把百姓逼到没法做百姓的境地，这百姓该怎么做呢？对统治者的残暴腐朽进行了有力的鞭挞。

[1] 吏：官吏，低级官员，这里指抓壮丁的差役。

[2] 一何：何其、多么。

[3] 前：上前。

[4] 邺城：即相州，在今河南安阳。戍（shù）：防守，这里指服役。

[5] 附书至：捎信回来。书，书信。

[6] 请从吏夜归：请让我和你晚上一起回去。

[7] 犹得：还能够。备：准备。晨炊：早饭。

[8] 登前途：踏上前行的路。

[9] 寂寞天宝后，园庐但蒿藜：天宝后，指安史之乱以后；庐，即居住的房屋。但，只有；蒿藜，野草。

[10] 贱子：这位无家者的自谓。阵败：指邺城之败。

[11] 日瘦：日光淡薄。

[12] 怒我啼：对我发怒且啼叫。写乡村久已荒芜，野兽猖獗出没。

[13]“宿鸟”句，以“宿鸟”自比，言人皆恋故土。

[14] 役：是说他又要被征去打仗。

[15] 携：离。无所携，是说家里没有可以告别的人。

［16］终转迷：终究是前途迷茫，生死凶吉难料。

［17］齐：齐同。是说家乡已经一无所有，在本州当兵和在外县当兵都是一样。

［18］五年：从天宝十四年（755 年）安禄山作乱到这一年正是五年。委沟溪：指母亲葬在山谷里。

［19］两酸嘶：是说母子两个人都饮恨。酸嘶，失声痛哭。

［20］烝黎：指劳动人民。

三十　他来了么

[保加利亚] 跛佐夫 (Ivan Vazoff)[①]　著

沈雁冰　译

这一天的浓雾是凡忒伦交秋以来不常见的！天融化为冷的水汽，把村里的矮屋全都罩没了。泥泞的街道里满是喧嚣和纷扰。疲马拖着的轿车，装着军火的牛车，牲畜，御者——全都挤在一处，把介在那两家酒店中间的街道封锁得密密的没有一些空儿。而那些新召集的后备兵夹在这乱堆里快跑，也有穿军衣的，也有穿羊皮马甲的，但他们大都戴着被毡做帽子。许多排的枪弹从他们的肩头挂到腰间，闪闪地发光；他们的来复枪口装饰着细木条，他们的背包挑在枪刺上。

被浓雾浸着的、疲劳而且泥汗的他们一遍一遍地唱那……“快乐的配乞甘尼”，这是他们的称号。

酒店的门前，有一群吃惊的农夫和旅客，瞪着眼，看这一批拖泥带水的英雄。在那大酒店的前面，攒聚着一大堆的妇女和小孩子，皮肤都冻得红红的。他们聚在这里，又是来送凡忒伦的兵开到所非（保加利亚的京城）去抵御塞尔维亚人。

“喂，支凡柯呵！那边是乔治夫的儿子呢！”

---

① 跛佐夫（公元 1850 年—1921 年）是保加利亚最有名的散文作者。著短篇小说及戏曲多种，使巴尔干半岛的美丽、朴野都涌现于读者之眼前。

“你看，那个是蓝格尔啊！”

“唉，伊凡，你的母亲在这里！”

许多花球儿急掷到这些走过的兵士们手里，伴着泪珠和半呜咽的几声珍重。

“妈妈，这就是哥哥了！”一个白面红唇的女孩高声地喊。

“司托音哥哥呵！”一个八岁大的男孩子也喊了，他站在女郎旁边，伸手指着那些兵。

“宋南[①]呵！宋南呵！”那母亲哽咽地叫着。

一个健壮的黑眼睛的少年从进行的队伍里跳出来了。他抓住母亲的手吻了一下，亲了妹妹和弟弟的前额，从近旁一个女郎的手里接过两枝花球来，一枝向怀中一藏，一枝捎在左耳朵上，——便又风快般跑开，追上他的同伴，唱着歌向前去了。

“再见，我的儿呵”，那母亲喊叫。

“司托音”，那女郎喊着，几乎不成声了。

他们的呼声被周围的纷扰声盖住。司托音早混在大队中看不见，而那大队也消失在灰尘的云里了。司托音的母亲站着直望大军去的方向，他的妹妹将衣角蒙住了脸儿。

那含泪的母亲回到家里了。她开了旧木箱，从一堆汗衫和单衣底下取出一枝蜡烛来，她点着这枝烛，供在圣像前。她跪在像前许久许久。

那晚上她得了一个梦。

她看见一片极大的云，有一支兵马正在进这云里去，而这一支兵里，就

---

① 宋南是司托音的小名。

有她的司托音。忽然云里放出雷声来了，天吼了，地震动了。司托音陷入云阵中，不见了。母亲采娜从梦里惊醒来，房里黑而阴惨，房外有北风的哀鸣声。那就是战役的声音呵！“我的上帝，保佑他哟！圣母呵，保佑我的司托音哟！”

她再也睡不着了，然而天还没有亮呢。

第二天清早，她找到彼得老爹问道：“彼得老爹，做梦看见云头，主什么？”

“采娜呀，云有两种，一是变成雨的，一是消散了的。你梦见的是哪一种？”

她把梦里见的事都告诉他。老彼得沉吟了半晌。他明明记得，他的详梦书里没有这样的云，但是他看见采娜满脸惊惶，两眼死钉住他，所以他柔声答道：“不用着急，采娜。这是个好梦。这片云主你将接到司托音的来信。”那老妇人立刻喜气满面了。

六天后，她接到一封信，是押送塞尔维亚俘虏来的一个兵士带来的。这封信正是司托音写的，她急急赶到牧师家里，请他念给她听。

那信上写的是：

母亲：

我写这封信，报告我平安无事，并且我们已经打败塞尔维亚人了。光荣呀，保加利亚万岁呀！我身体很好，蓝格尔也好，迪谋得叔父也很好。他亦有信给他母亲了。

我把我的腰带忘记在支凡坦诺尾的家里了，恐怕被那些孩子们弄坏，请你替我去拿回来罢。明天我们要在特拉古麦夹道邀击那些塞尔维亚人，将来我回家时，可以送一件尼西的土物给克娜。寄上利弗（币名）一个，备你的零用。告诉拉度尔旭，我回家后，教他吹哨成放枪声的法子。祝你安好。

你的恭顺的儿子司托音

代我向彼得老爹请安。我要送他一支塞尔维亚的来复枪，可是没有便人带给他。塞尔维亚枪火力极足，放得远，可是瞄头不准。母亲，再替我向司托扬卡问好。

采娜快活到说不出话来，她带了那封信跑到司托扬卡家里。但最快活的却是听得他哥哥预先允许教他吹哨方法的拉度尔旭。

当采娜急急地从街上奔回家时，她看见一队新来的俘虏，有一个保加利亚兵在后押送。她乍见时以为这个兵就是她的儿子司托音。

然而不对。她正想走过去问这个兵可曾带了她儿子的什么消息来，但是那些塞尔维亚俘虏引动了她的注意，她看见塞尔维亚人，这是第一次呢。

她低声儿对自己说道："呵，上帝，这些就是塞尔维亚人么！怎的，他们看来像是些良善的人呀……他们的不幸的母亲们……请等一等，孩子们。"

她跑进家里，随又出来，手里拿着一瓶威斯忌酒。押送俘虏的兵士和善地微笑，唤他们立停。

"妈妈，谢谢你，"困顿的俘虏们说，烈性的酒使他们暖和一些了。

"而且也还剩一点给我呢。好运气，老妈妈呀"，那个保加利亚兵喜得大叫，当他喝了瓶里最后的一滴。

"都是上帝的信徒呀……那么他们为什么要厮打呢?"老妈妈采娜目送这一队人再走他们的路程，心里这么想。

休战条约签字了。

耶稣圣诞节近在眼前，出征的兵士都准备回家来度这些休假日。已有一批回到凡忒伦了。但司托音不在他们中间，并且没有消息讲到他的近状。焦虑和不乐充满着母亲采娜的心。她守在门口，眼看着长的白昼一个一个滚过去。为什么没有人来叩门呢?蓝格尔早已回来了，迪诺夫的儿子彼得也已回来了，司他麦托夫家的两个孩子也都在家里了，但是他们都不知道司托音的踪迹。他们曾经见过他一面，可是以后就不知道他的去向了。采娜心里闷闷的，觉得不妙。她在家里做她的工作，呆呆地提不起兴致。

"母亲，提梅特表哥来了"，克娜在门首唤她母亲。母亲出去和他道喜。

"欢迎你回家来了，提梅特。你知道司托音在哪里么?"

然而提梅特也一无所知。

"恐怕是派他到尾亭去了罢"，提梅特宽慰似的猜度着，因为他见老采娜忧得什么似的。"恐怕他是打从别条路回来了。"

"唉，上帝，我可怜的孩子落荒在哪里了呵!"母亲叹口气说。

她从自己家里出来，走到司托扬卡那里。她的心不住地跳。她料来司托扬卡一定会告诉她，说已经得了司托音的消息，说他正在路上，要赶到家过圣诞节。但是司托扬卡竟默默地没有话，并且她的两眼都已经红肿了。

第一联队凯旋了。村里人全都兴奋起来。街道中央，正对老采娜的家，人们竖起了两根木柱，相对的立着，一条微弯作弓形的木板横架在两柱顶尖，把两柱连结牢。人们从山上采了许多松枝，捆在那两根柱上；而在那横木板上，他们钉着一块特地到柏柴迪克去买来的横匾，大书着:"欢迎勇敢的英雄们。”于是又装上许多三色的国旗。这就居然像一座凯旋门。

得胜回来的军队就从这门下长驱而过了。

“也许他还要过几天才得回来罢；恐怕他是扣定日子要在圣诞节前夜到家罢。他为什么肯在异乡过这大节呢。还有兵士来呢；还不曾到尽头呢。他知道家里有多少人忍着心痛等他咧。”

第二天清早，采娜到教堂里去。她把司托音寄给她的那个利弗兑成零钱，买了些蜡烛，在每个神像前点一枝。她回家时脸上带着喜气了。

“明天方是圣诞节前夜呢……还有一天的时光哩”，她自己安慰的说。“圣母，带他来，使我快活呀。”

克娜跑进来报告，又有一个邻人回来了。

“你总是把别人的消息来报告我”，采娜厉色地责备她，“去迎接你自己的哥哥，照别人的样子。”

“我亦要去呢”，拉度尔旭喊着。于是这两个孩子直奔铺满了雪的街上去，并且沿着大路走到山脚下。

采娜站在门口等候。

一阵冰风吹过山腰，使得山上山下白成了一片。黑的鹰和老鸦掠地而飞，或停在光秃的树枝顶上。到伊乞底麦斯的大路的两旁，攒聚着一堆一堆的男人女人和小孩子，都等着欢迎回来的兵士们。因为直到此时，陆续还有兵士回来，单身的或是结伴的，走个不住。克娜和拉度尔旭挨上前去，赶过他们的头。他们俩要想比众人先看见司托音，先向他欢迎。虽然雪风吹得他们的眼盲，他若来时，他们准能立刻认识他。

他们俩走到山顶，那里的风大得可怕。两个浑身是雪的兵士，远远地闪出在山坳边了。却不是他。

克娜问道："还有兵上这条路来么？"

"我们不知道；你等候谁呢？"

"等候哥哥"，拉度尔旭回答。

那两个过客自去了。

克娜定着眼睛向兵士们来的方向看住。天气冷，他们俩都发抖；但是他们的哥哥正要来呢，他们一定要在这里等着，因为如果不等，母亲就会骂他们，而且如果不等着哥哥同回去，母亲就要哭了。

几小时的时间过去了。这两个孩子站在那里，定定地一动也不动。风更加劲了，雪遮满他们，但是他们不肯移动一步。忽然克娜心跳起来了。一队马兵在山坳里看见了。他们有这样多。她的哥哥一定也在内了。她屏着气等他们。马队渐渐近来，喧嚣地爬上山来，很快地走过去了。克娜叫着押队的两个骑马的兵官抖着声音问道："老总，哥哥就在来么？"

那两兵官勒住了马，诧异地看着她。

"谁是你的哥哥？"他们中间有一个问。

"司托音，哥哥司托音"，拉度尔旭不耐烦地喊着，他听这两个打扮齐整的兵官说不认识司托音，觉得出奇，而且觉得是受辱了。

"哪个司托音？"兵官又说一遍。

"凡忒伦的司托音"，克娜急接口说。

兵官和他的同伴交换了几句话，问道："你的哥哥是骑兵么？"

"他——他——"可怜的女孩子不知道怎样回答。

"他不是和我们在一处的，我的孩子。"

"你不如回村里去，在这里，你要冻死了"，别一个兵官加进来说。

于是他们催马赶上那大队去了。

克娜眼眶里涨满了泪珠，拉度尔旭也是如此，他们开始哭了。他们的手和脚早已麻木，他们的嘴唇冻得发青了。此时这条大路上，直到村口为止，已经没有一个人影儿。先前那些来欢迎回家兵士的人们，早已回去，因为风势实在太凶。只有刚过去的兵士们的歌声，还时时有一二句吹到这两个孩子的耳边。克娜和拉度尔旭于是慢慢地下山要回村去。

天是黑下来了。克娜和拉度尔旭在路边走，不说一句话，想着他们的母亲这时还在门口等候罢。

三匹马拖着的一辆马车隆隆地从后面赶上来。

“还有兵来么?”

但马车在面前掠过，而且在黑暗中不见了。

只是风雪的阵头愈来愈大，似乎是回答克娜和拉度尔旭的问话。这风雪的阵头是从西方来的，从那战场来的，在那里，在毕洛特附近葡萄园里，司托音的坟上，雪已经积成了堆了。

延伸阅读

《他来了么?》，保加利亚伊凡·伐佐夫著。译文原刊于 1923 年 2 月 1 日《妇女杂志》第 9 卷第 2 号，署雁冰译，文后附作者小传。后收在 1928 年开明书店出版的《雪人》里。小说描写保加利亚军队与塞尔维亚人交战，村民们含泪送亲人上前线，司托音的母亲送别司托音后，寝食不安。休战条约签字了，亲人们陆续从前线归来，却不见司托音，母亲和弟妹苦苦等候，原来司托音已战死在异乡。小说从一个侧面反映战争给人民带来的灾难与痛苦。

译者沈雁冰（1896—1981 年），本名德鸿，字雁冰，笔名有茅盾、玄珠、方璧、沈余等，是中国新文学史上杰出的小说家、散文家、翻译家、文论家、诗人、出版家、书法家和思想家、革命家，是中国现代社会革命和新文化运动的先驱者之一。创作了《子夜》《蚀》《春蚕》《林家铺子》《清明前后》以及《鲁迅论》《冰心论》《徐志摩论》等举世公认的优秀作品和文论。

三十一　碣石篇四首

曹　操①

东临碣石[1]，以观沧海。水何澹澹[2]，山岛竦峙[3]。树木丛生，百草丰茂。秋风萧瑟，洪[4]波涌起。日月之行，若出其中；星汉[5]灿烂，若出其里。幸甚至哉[6]！歌以咏志。

孟冬[7]十月，北风徘徊[8]。天气肃清[9]，繁霜[10]霏霏。鹍鸡②晨鸣；鸿雁南飞。鸷鸟潜藏[11]；熊罴窟栖[12]。钱鎛③停置，农收积场[13]。逆旅整设[14]，以通贾商[15]。幸甚至哉！歌以咏志。

乡土不同，河朔[16]隆寒。流澌[17]浮漂，舟船行难。锥不入地，蘴籁[18]深奥。水竭不流，冰坚可蹈[19]。士隐者贫；勇侠轻非[20]。心常叹怨，戚戚[21]多悲。幸甚至哉！歌以咏志。

神龟[22]虽寿，犹有竟[23]时。腾蛇[24]乘雾，终为土灰。老骥伏枥[25]，志在千里。烈士暮年[26]，壮心不已[27]。盈缩[28]之期，不但[29]在天。养怡[30]之福，可得永年[31]。幸甚至哉！歌以咏志。

---

① 曹操（公元155年—220年），字孟德。汉献帝时，起兵讨董卓，迎献帝都许。后进位丞相，封魏王。《三国志》有纪可参考。操颇有文学的天才，所为诗多悲壮高旷之趣。

② 鹍鸡形似鹤，黄白色，长颈赤喙。

③ 钱、鎛是农器，钱是铁铲，鎛是铡草的东西。

作者简介

曹操（155—220年），字孟德，沛国谯（今安徽亳州）人，汉族。东汉末年杰出的政治家、军事家、文学家、书法家。三国中曹魏政权的缔造者。其子曹丕称帝后，追尊他为武皇帝，庙号太祖。曹操的诗歌，抒发自己的政治抱负，并反映汉末人民的苦难生活，气魄雄伟，慷慨悲凉；散文亦清峻整洁，开启并繁荣了建安文学，给后人留下了宝贵的精神财富，鲁迅评价其为“改造文章的祖师”。

延伸阅读

《碣石篇四首》选自曹操乐府诗《步出夏门行》。曹操这诗共有前奏曲《艳》一章，歌四章：《观沧海》《冬十月》《土不同》《龟虽寿》，是建安十二年（207年）北征乌桓时所作。《观沧海》是我国现存第一首完整的山水诗，淡淡几笔，就准确生动地勾勒出大海的形象。《龟虽寿》的中心是抒发了一种老当益壮、积极进取的精神风貌。这种风貌从一个侧面反映了当时的时代精神和我们中华民族的文化传统的一个特点。

[1] 碣石：海畔山名。据说即指今河北省昌黎县的碣石山。

[2] 澹（dàn）澹：水波摇荡貌。

[3] 竦（sǒng）峙（zhì）：耸立。

[4] 洪：大。

[5] 星汉：银河。

[6] 幸甚至哉：幸，幸运；至，极。最后两句每章都有，应为合乐时的套语，

与正文内容没有直接关系。

［7］孟冬：冬季的第一个月，农历十月。

［8］徘徊：往返回旋；来回吹动。

［9］肃清：形容天气明朗高爽。

［10］繁霜：浓重的霜。

［11］鸷（zhì）鸟：凶猛的鸟。如鹰、雕、枭等。潜藏：潜伏隐藏。

［12］熊罴（pí）：熊和罴。皆为猛兽。罴，棕熊，又叫马熊，毛棕褐色，能爬树，会游泳。窟栖：窟穴里栖止。

［13］农收：农作物收获终了。积场：囤积在场院。

［14］逆旅：客舍；旅馆。整设：整理设置。

［15］贾商：贾，坐商，开店做买卖的人。商，行商，行走在外的商人。

［16］河朔（shuò）：古代泛指黄河以北的地区。

［17］流澌（sī）：江河解冻时流动的冰块。

［18］蘴（fēng）藾（lài）：蘴，古同“葑”，芜菁。藾，蒿类植物。

［19］蹈（dǎo）：踩。

［20］轻非：随意犯法。

［21］戚戚（qī）：忧愁，悲哀。

［22］神龟：传说中的通灵之龟，能活几千岁。寿，长寿。

［23］竟：终结，这里指死亡。

［24］腾蛇：传说中似龙的神蛇，能乘云雾升天。

［25］骥：良马，千里马。伏：趴，卧。枥：马槽。

［26］烈士：有强烈壮志的人，这里是作者自指。这时作者已五十三岁，所以说“暮年”。

［27］已：停止。

［28］盈缩：长短之意，这里指人寿的长短。

［29］但：仅，只。

［30］养怡：指乐观的修养。

［31］永年：长寿。

三十二　日出入行

李　白

日出东方隈[1]，似从地底来。历天又复入西海，六龙所舍安在哉！其始与终古不息，人非元气[2]，安得与之久徘徊[3]！

草不谢荣于春风，木不怨落于秋天。谁挥鞭策驱四运[4]，万物兴歇皆自然。

羲和[5]，羲和，汝奚汩没于荒淫之波[6]！鲁阳[7]何德，驻景挥戈！逆道违天，矫诬实多。

吾将囊括大块[8]，浩然与溟涬同科[9]。

作者简介

见第 116 页。

延伸阅读

《乐府诗集·汉郊祀歌》中有《日出入》篇，诗曰："日出入安穷？时世不与人同。故春非我春，夏非我夏，秋非我秋，冬非我冬。泊如四海之地，遍观是邪谓何？

吾知所乐，独乐六龙，六龙之调，使我心若。訾黄其何不徕下！”它咏叹的是太阳出入无穷，而人生短暂，因而希望骑上六龙成仙上天。李白的这首拟作一反其意，认为日出日落、四时变化，都是自然规律的表现，而人是不能违背和超脱自然规律的，只有委顺它、适应它，同自然融为一体，这才符合天理人情，表现出一种朴素的唯物主义思想。

［1］隈（wēi）：山弯曲的地方。

［2］元气：我国古代哲学家常用的术语，指天地未分时的混沌之气。

［3］“安得”句：人怎能与日出日落一样的长久呢？之：指前文所说的日出日落。

［4］四运：指春、夏、秋、冬四季。

［5］羲和：传说中为日神驾车的人。

［6］汩没：隐没。荒淫之波：指大海。荒淫：浩瀚无际貌。

［7］鲁阳：《淮南子·览冥训》说鲁阳公与韩酣战，时已黄昏，鲁援戈一挥，太阳退三舍（一舍三十里）。

［8］大块：自然天地。《庄子·齐物论》：“夫大块噫气，其名为风。”成玄英疏：“大块者，造物之名，自然之称也。”

［9］溟（míng）涬（xìng）：元气。同科：同类。

三十三　通鉴谢玄肥水破秦之战①

晋太元八年，七月，秦王坚[1]下诏大举入寇[2]：“民每十丁遣一兵；其良家子[3]年二十已下有材勇者，皆拜羽林郎[4]。”又曰：“其以司马昌明②为尚书左仆射，谢安为吏部尚书，桓冲为侍中。势还不远③，可先为起第[5]。”良家子至者三万余骑，拜秦州[6]主簿赵盛之为少年都统。

是时朝臣皆不欲坚行[7]，独慕容垂、姚苌及良家子劝之[8]。阳平公融[9]言于坚曰：“鲜卑羌虏[10]，我之仇雠④，常思风尘之变，以逞[11]其志。所陈策画，何可从也？良家少年，皆富饶子弟，不闲[12]军旅，苟为谄谀[13]之言，以会[14]陛下之意。今陛下信而用之，轻举大事。臣恐功既不成，仍有后患，悔无及也。”坚不听。

八月，戊午，坚遣阳平公融督[15]张蚝、慕容垂等步骑二十五万为前锋；以兖州刺史姚苌为龙骧将军，督益、梁州⑤诸军事。坚谓苌曰：“昔朕以龙骧

---

① 秦本氐酋，至苻坚统一北方，便欲南下灭晋，以图独尊。晋将谢玄等迎敌，遇于今安徽北部的淝河上。因给秦退却决斗，遂获全胜。

② 司马昌明名曜，即东晋孝武帝。

③ 此谓以势言之，克晋至易，还师期不远。

④ 慕容垂，鲜卑人，姚苌，羌人，其国皆为秦所灭，虽曰臣服，其实仇雠。

⑤ 当时之益州，今为四川省地；梁州，今为陕西汉中道地。

建业①，未尝轻以授人[16]，卿其勉之！”左将军窦冲曰：“王者无戏言，此不祥之征[17]也。”坚默然。慕容楷、慕容绍言于慕容垂曰：“主上骄矜已甚，叔父建中兴之业，在此行也。”垂曰：“然，非汝，谁与成之。”

甲子，坚发长安，戎卒[18]六十余万，骑二十七万，旗鼓相望，前后千里。九月，坚至项城②。凉州③之兵始达咸阳[19]，蜀汉之兵方顺流而下，幽、冀④[20]之兵至于彭城⑤；东西万里，水陆齐进，运漕万艘。阳平公融等兵三十万，先至颍口。⑥ 诏以尚书仆射谢石为征虏将军、征讨大都督，以徐、兖二州刺史谢玄为前锋都督，与辅国将军谢琰、西中郎将桓伊等众共八万拒之。使龙骧将军胡彬以水军五千援寿阳⑦。琰，安之子也。

是时秦兵既盛，都下震恐。谢玄入，问计于谢安。安夷然[21]答曰：“已别有旨。”既而寂然。玄不敢复言。乃令张玄重请。安遂命驾出游山墅；亲朋毕集，与玄围棋赌墅[22]。安棋常劣于玄，是日玄惧，便为敌手，而又不胜。安遂游陟[23]，至夜乃还。

桓冲深以根本为忧，遣精锐三千人卫京师。谢安固却之曰：“朝廷处分[24]已定，兵甲无阙；西藩宜留以为防。”冲对佐吏叹曰：“谢安石有庙堂之量[25]，不闲将略[26]。今大敌垂至，方游谈不暇，遣诸不经事少年拒之；众又寡弱，天下事已可知。吾其左衽[27]矣！⑧”

---

① 坚以龙骧将军杀苻生得秦国。

② 项城，今属河南开封道。

③ 当时之凉州，今为甘肃省地。

④ 当时之幽、冀二州，今为直隶省一带地。

⑤ 彭城今为江苏铜山县。

⑥ 颍口，今安徽颍上县东南之正阳关。

⑦ 寿阳今安徽寿县。

⑧ 言将沦于他族。

冬十月，秦阳平公融等攻寿阳。癸酉，克之，执[28]平虏将军徐元喜等。融以其参军河南郭褒为淮南太守[29]。慕容垂拔郧城①。胡彬闻寿阳陷，退保硖石②。融进攻之。秦卫将军[30]梁成等帅众五万屯[31]于洛涧③，栅淮以遏东兵[32]。谢石、谢玄等去洛涧二十五里而军，惮成不敢进。胡彬粮尽，潜遣使告石等曰："今贼盛粮尽，恐不复见大军。"秦人获之，送于阳平公融。融驰使白秦王坚曰："贼少易擒，但恐逃去，宜速赴之。"坚乃留大军于项城，引轻骑八千，兼道[33]就融于寿阳。遣尚书朱序来说谢石等，以为强弱异势，不如速降。序私谓石等曰："若秦百万之众尽至，诚难与为敌。今乘诸军未集，宜速击之。若败其前锋，则彼已夺气，可遂破也。"石闻坚在寿阳，甚惧，欲不战以老[34]秦师。谢琰劝石从序言。

十一月，谢玄遣广陵相刘牢之[35]帅精兵五千趣[36]洛涧。未至十里，梁成阻涧为陈以待之。牢之直前渡水击成，大破之，斩成及弋阳太守[37]王咏，又分兵断其归津[38]。秦步骑崩溃，争赴淮水，士卒死者万五千人。执秦扬州刺史王显等，尽收其器械军实[39]。于是谢石等诸军水陆继进。

秦王坚与阳平公融登寿阳城望之，见晋兵部阵严整；又望八公山④上草木，皆以为晋兵。顾谓融曰："此亦劲敌，何谓弱也？"怃然[40]始有惧色。

秦兵逼肥水而陈，晋兵不得渡。谢玄遣使谓阳平公融曰："君悬军深入，而置陈[41]逼水，此乃持久之计，非欲速战者也。若移陈少却，使晋兵得渡以决胜负，不亦善乎？"秦诸将皆曰："我众彼寡，不如遏之使不得上，可以万全。"坚曰："但引兵少却，使之半渡，我以铁骑蹙[42]而杀之，蔑[43]不胜

---

① 郧城在今湖北安陆县境。

② 硖石山在今安徽凤台县西北。

③ 洛涧在今安徽定远县西，入于淮。

④ 八公山在今安徽凤台县西北，淝水之北，淮水之南。

矣。”融亦以为然，遂麾[44]兵使却。秦兵遂退，不可复止。谢玄、谢琰、桓伊等引兵渡水击之。融驰骑略陈[45]，欲以帅退者。马倒，为晋兵所杀。秦兵遂溃。玄等乘胜追击，至于青冈①[46]。秦兵大败，自相蹈藉[47]而死者，蔽野塞川。其走者闻风声鹤唳[48]，皆以为晋兵且至，昼夜不敢息。草行露宿，重以饥冻，死者什七八。

初[49]，秦兵少却，朱序在陈后呼曰：“秦兵败矣！”众遂大奔。序因与张天锡、徐元喜皆来奔，获秦王坚所乘云母车[50]。复取寿阳，执其淮南太守郭褒。坚中流矢，单骑走至淮北，饥甚。民有进壶飧豚髀[51]者，坚食之，赐帛十匹，绵十斤。辞曰：“陛下厌苦安乐，自取危困。臣为陛下子，陛下为臣父，安有子饲其父而求报乎？”弗顾而去。坚谓张夫人曰：“我今复何面目治天下乎！”潸然流涕[52]。

是时诸军皆溃，惟慕容垂所将三万人独全。坚以千余骑赴之。世子宝言于垂曰：“家国倾覆，天命、人心皆归至尊，但时运未至，故晦迹自藏耳。今秦主兵败，委身于我，是天借之便，以复燕祚[53]，此时不可失也。愿不以意气微恩，忘社稷之重。”垂曰：“汝言是也。然彼以赤心投命于我，若之何害之？天苟弃之，不患不亡。不若保护其危以报德，徐俟其衅而图之：既不负宿心，且可以义取天下。”奋威将军慕容德曰：“秦强而并燕，秦弱而图之，此为报仇雪耻，非负宿心也。兄奈何得而不取，释数万之众以授人乎？”垂曰：“吾昔为太傅②所不容，置身无所，逃死于秦。秦主以国士遇我，恩礼备至。后复为王猛③所卖，无以自明，秦主独能明之。此恩何可忘也？若氐运必

① 青冈，去寿阳三十里地。

② 太傅为慕容评。

③ 王猛为秦相。

穷，吾当怀集关东，以复先业耳。关西会非吾有也。”冠军行参军赵秋曰：“明公当绍复燕祚，著于图谶。今天时已至，尚复何待？若杀秦主，据邺都，鼓行[54]而西，三秦亦非苻氏之有也。”垂亲党多劝垂杀坚，垂皆不从；悉以兵授坚。平南将军慕容暐屯郧城，闻坚败，弃其众遁去，至荥阳①。慕容德复说暐起兵以复燕祚，暐不从。

谢安得驿书，知秦兵已败。时方与客围棋，摄书置床上，了无喜色，围棋如故。客问之，徐答曰：“小儿辈遂已破贼。”既罢，还内过户限，不觉屐齿之折。丁亥[55]，谢石等归[56]建康。得秦乐工，能习旧声，于是宗庙始备金石之乐②。乙未[57]，以张天锡为散骑常侍，朱序为琅邪内史。

作者简介

司马光（1019—1086 年），字君实，号迂叟，陕州夏县涑水乡（今属山西省夏县）人，世称为涑水先生。北宋政治家、史学家、文学家，宋仁宗宝元初（1038 年）进士，历仕仁宗、英宗、神宗、哲宗四朝，官至尚书左仆射兼门下侍郎。元祐元年（1086 年）去世，追赠太师、温国公，谥号文正。所著编年体通史《资治通鉴》，内容宏富，体大思精，为中国空前未有之编年史。

---

① 荥阳今属河南开封道。

② 五胡乱华，晋室东迁，伶官、乐器皆陷没。后渐事增补，至此而备金石，遂复其旧。

延伸阅读

此篇选自《资治通鉴》第一百〇五卷。东晋孝武帝太元八年（383年），前秦苻坚初步统一北方后，强征八十余万兵力，大举南下，企图一举灭东晋。东晋宰相谢安派谢玄等率兵八万迎敌。谢玄率军与秦兵前锋隔淝水对峙，谢玄请苻坚率军稍稍后退，以便渡河决战。苻坚想待晋军半渡时猛攻，于是指挥军队稍退，由于秦军中各族士兵不愿作战，一退即不可止。晋军乘机渡河追杀，秦军溃败，风声鹤唳都以为是追兵，苻坚负伤而逃。这一战，东晋保住半壁江山，前秦从此一蹶不振，鲜卑族、羌族等乘机欲颠覆前秦政权。淝水之战是我国历史上以少胜多、以弱胜强的著名战役之一。

［1］秦王坚：前秦王苻坚，氐族人，十六国时期前秦的皇帝。早期很有作为，曾统一中国北方，国力一度超过东晋数倍，很有机会统一全国，但是在淝水之战中惨败。鲜卑、羌等部族相继叛变，西燕慕容冲攻入长安，苻坚出逃被杀。

［2］入寇：侵入东晋。

［3］良家子：良民。

［4］羽林郎：官名，汉代所置，皇家禁卫军军官。

［5］起第：修建府第。

［6］秦州：今甘肃天水。

［7］不欲坚行：不希望苻坚采取这样的行动。

［8］劝之：支持。

［9］阳平公融：阳平公苻融。

［10］鲜卑羌虏：鲜卑指慕容垂，羌虏指姚苌。

［11］逞：实现。

[12] 闲：同“娴”，熟悉，精通。

[13] 谄（chǎn）谀：奉承拍马。

[14] 会：迎合。

[15] 督：统领。

[16] 未尝轻以授人：不轻易把这个职位授给别人。

[17] 征：征兆。

[18] 戎卒：兵士。

[19] 咸阳：今陕西咸阳。

[20] 幽、冀：今河北地区。

[21] 夷然：神色平静。

[22] 赌墅：用别墅作赌注。

[23] 游陟：游览。

[24] 处分：谋划。

[25] 量：才能和度量。

[26] 不闲将略：不懂得用兵的韬略。

[27] 左衽（rèn）：古代北方游牧民族都披发左衽，而中原华夏民族则束发右衽。桓冲意指东晋将会战败。

[28] 执：活捉。平虏将军：东晋武官名。

[29] 淮南太守：治所在安徽寿县，今安徽淮河以南地区的地方长官。

[30] 卫将军：官名。

[31] 屯：驻扎。

[32] 栅淮以遏东兵：在淮水上设立栅栏以阻挡东晋军队。栅，动词，用竹、木、铁条等做成的阻拦或防卫物。遏，阻拦，阻挡。

[33] 兼道：加倍赶路。

［34］老：使得对方衰竭，疲惫。

［35］刘牢之：东晋名将。

［36］趣（qū）：趋赴，奔向。

［37］弋（yì）阳太守：弋阳（今河南潢川一带）的地方官。

［38］归津：退路。

［39］器械军实：军用器械和粮饷。

［40］怃（wǔ）然：怅然失意的样子。

［41］陈：同“阵”，布阵。

［42］蹙（cù）：逼近，逼迫。

［43］蔑：没有。

［44］麾（huī）：指挥。

［45］驰骑略陈：骑着马来回奔驰，想要压住阵脚。

［46］青冈：今安徽凤台西北。

［47］蹈藉（jí）：践踏。

［48］风声鹤唳（lì）：形容惊慌失措，或自相惊扰。唳，鹤、雁等鸟叫声。

［49］初：刚开始。

［50］云母车：以云母为饰的车。

［51］壶飧（sūn）：一壶水泡饭。飧，晚饭，饭食。豚（tún）髀（bì）：猪腿。

［52］潸（shān）然流涕：伤心流泪的样子。

［53］燕祚（zuò）：燕国的国运。

［54］鼓行：击鼓进军。

［55］丁亥：丁亥日。

［56］归：返回。

［57］乙未：乙未日。

三十四　贯高①

……四年夏，立耳[1]为赵王。五年秋，耳薨，谥曰景王。子敖嗣立为王；尚[2]高祖长女鲁元公主为王后。

七年，高祖从平城②过赵。赵王旦暮自上食，体甚卑，有子婿礼。高祖箕踞骂詈[3]，甚慢之。

赵相贯高、赵午，年六十余，故耳客也[4]，怒曰："吾王，孱王也！"说敖曰："天下豪杰并起，能者先立。今王事皇帝甚恭，皇帝遇王无礼，请为王杀之！"敖啮其指出血，曰："君何言之误！且先王[5]亡国，赖皇帝得复国，德流子孙，秋毫皆帝力也。愿君无复出口！"

贯高等十余人相谓曰："吾等非也。吾王长者，不背德。且吾等义不辱，今帝辱我王，故欲杀之，何乃污王为！事成归王，事败独身坐耳！"

八年，上[6]从东垣③过。贯高等乃壁人柏人④要之，置厕[7]。上过欲宿，心动，问曰："县名为何？"曰："柏人。""柏人者，迫于人！"不宿，去。

九年，贯高怨家[8]知其谋，告之，于是上逮捕赵王、诸反者。赵午等十

① 自《汉书·张耳陈余传》节录。

② 当时县名，在今山西大同县东。

③ 东垣，今直隶正定县。

④ 柏人，当时县名，今直隶唐山县西。

余人皆争自刭。贯高独怒骂曰："谁令公等为之！今王实无谋，而并捕王，公等死，谁当白[9]王不反者?"乃槛车与王诣长安。

高对狱曰："独吾属为之，王不知也!"吏榜笞数千，刺爇[10]身无完者，终不复言。

吕后[11]数言张王以鲁元故不宜有此，上怒曰："使张敖据天下，岂少乃女乎!"廷尉[12]以贯高辞闻，上曰："壮士！谁知者？——以私问之。"中大夫泄公曰："臣素知之，此固赵国立名义、不侵为然诺者也[13]。"

上使泄公持节问之；箯舆[14]前仰视泄公，劳苦如平生欢。与语，问："张王果有谋否?"高曰："人情岂不各爱其父母妻子哉！今吾三族皆以论死，岂以王易吾亲哉！顾为王实[15]不反，独吾等为之。"具道本根所以、王不知状。于是泄公具以报上；上乃赦赵王。

上贤高能自立然诺[16]，使泄公赦之。告曰："张王已出；上多[17]足下，故赦足下。"高曰："所以不死，白张王不反耳。今王已出，吾责塞矣！且人臣有篡弑之名，岂有面目复事上哉!"乃仰绝[18]亢①而死。

作者简介

见第 111 页。

---

① 亢是颈间脉管。

延伸阅读

贯高（？—前198年），汉初赵国相国。高祖七年（公元前200年），汉高祖刘邦从平城过赵，赵王张敖礼甚恭，而高祖箕踞骂詈。贯高积愤图谋报复。阴谋破露后，被收监受刑，但他大义凛然，揽罪于己，保护赵王。高祖被其感动，赦免贯高和赵王。贯高自以救助赵王的使命已经完成，就断颈自杀了。

［1］耳：张耳。

［2］尚：娶帝王之女。

［3］箕踞骂詈（mà lì）：箕踞，两腿伸开而坐；骂詈，斥骂。

［4］故耳客也：本是张耳过去的门客。

［5］先王：张敖的父亲张耳。

［6］上：高祖。

［7］置厕：隐藏在夹壁中。

［8］怨家：仇人。

［9］白：说明。

［10］刺爇（ruò）：用烧红的铁去刺灼。

［11］吕后：吕雉（前241—前180年），字娥姁，通称吕后，或称汉高后、吕太后等等。单父（今山东单县）人。汉高祖刘邦的皇后。

［12］廷尉：最高司法机构长官。

［13］不侵为然诺者也：不背弃自己诺言的人。

［14］箯（biān）舆：竹轿。

［15］实：确实。

［16］上贤高能自立然诺：高祖赏识贯高能敢做敢当守信用。

［17］多：赏识。

［18］绝：割断。

三十五　李陵与苏武诗三首①

良时不再至，离别在须臾！屏营②衢路侧，执手野踟蹰[1]。仰视浮云驰，奄忽互相逾[2]。风波[3]一失所，各在天一隅。

长当从此别，且复立斯须[4]。欲因晨风[5]发，送子以贱躯[6]。

携手上河梁[7]，游子暮何之[8]！徘徊蹊路侧[9]，悢悢不能辞[10]。行人难久留，各言[11]长相思。

——安知非日月[12]，弦望自有时[13]？努力崇明德[14]，皓首[15]以为期。

嘉会难再遇，三载为千秋！临河濯长缨[16]，念子怅悠悠。

远望悲风至，对酒不能酬。行人怀往路，何以慰我愁！独有盈觞酒[17]，与子结绸缪[18]。

---

① 李陵，汉人，字少卿。武帝天汉二年（公元前99年），将兵击匈奴，兵败，遂降。匈奴妻以女，立为右校王。昭帝时，遣人招回。陵不肯，在匈奴二十余年死。（死于公元前74年）《汉书》有传可参考。苏武，字子卿，《汉书》亦有传。武使匈奴，被留。匈奴欲武降，以李陵与武交厚，即令游说。武不肯从。在匈奴十九年，得归。年八十余（死于公元前60年）。

② 屏营是彷徨的意思。

作者简介

东汉无名氏诗人，假托“李陵”所作的三首抒情诗。诗虽属假托，情却抒写得极为真挚。这三首融离别之情于“衢路”“浮云”“河梁”“日月”；在“且复立斯须”“对酒不能酬”“悢悢不能辞”的情景描摹中，传达好友送别之伤、游子辞乡之哀，情意缠绵，思致凄婉，具有强烈的感染力。

延伸阅读

[1] 踯躅：心中犹豫，要走不走的样子。

[2] 逾：越过。

[3] 风波：指云因风而波荡。

[4] 斯须：片刻，一会儿。

[5] 晨风：清晨的风。

[6] 贱躯：对自身的谦称。

[7] 河梁：河桥。

[8] 何之：何往。

[9] 蹊路侧：路旁。

[10] 悢（liàng）悢不能辞：悢悢，惆怅貌。不能辞，说不出话来。

[11] 各言：互相倾诉。

[12] 日月：时光。

[13] 弦：月半时叫“弦”，阴历每月初七、八为上弦，二十二、二十三为下弦。望：月满叫“望”，阴历大月十五，小月十六为望。这两句是说，月有缺时也有圆时，我们也应后会有期。这是安慰的话。

［14］崇明德：崇，提高；明德，完美的德行。

［15］皓首：白首，借喻老年。意为终生努力。

［16］长缨：系帽的长带子。

［17］盈觞（shāng）酒：盈，斟满；觞，酒杯。

［18］绸缪：指缠绵难解的情意。

三十六 楚辞卜居

屈原既放[1]，三年不得复见[2]，竭知尽忠而蔽障于谗[3]，心烦虑乱，不知所从，乃往见太卜[4]郑詹尹曰：“余有所疑，愿因[5]先生决之！”

詹尹乃端策拂龟[6]，曰：“君将何以教之？”

屈原曰：“吾宁悃悃款款[7]，朴以忠乎？将送往劳来[8]，斯无穷乎？宁诛锄草茅以力耕乎？将游大人[9]以成名乎？宁正言不讳以危身乎？将从俗富贵以偷生[10]乎？宁超然高举以保真[11]乎？将呢訾、栗斯、喔咿、嚅唲①以事妇人乎[12]？宁廉洁正直以自清乎？将突梯②、滑稽、如脂、如韦以洁楹乎③[13]？宁昂昂[14]若千里之驹乎？将泛泛若水中之凫[15]，与波上下、偷以全吾躯乎？宁与骐骥亢轭[16]乎？将随驽马之迹[17]乎？宁与黄鹄[18]比翼乎？将与鸡鹜[19]争食乎？此孰吉，孰凶？何去、何从？

“世溷浊[20]而不清：蝉翼为重，千钧[21]为轻；黄钟[22]毁弃，瓦釜[23]雷鸣；谗人高张[24]，贤士无名。吁嗟默默兮，谁知吾之廉贞！”

詹尹乃释策而谢[25]曰：“夫尺有所短，寸有所长，物有所不足，智有所

---

① 呢訾是以言求媚，栗斯是恐惧依人，喔咿、嚅唲是强笑。

② 无隅角者谓之突梯。

③ 洁楹是圆滑的意思。

不明，数有所不逮[26]，神有所不通。用君之心，行君之意。龟策诚不能知此事!”

作者简介

屈原（约前340—约前278年），战国时期楚国诗人、贵族。约公元前340年出生于楚国丹阳（今湖北秭归），楚武王熊通之子屈瑕的后代。屈原是中国历史上第一位伟大的爱国诗人，他的不朽之作——《离骚》，是我国诗歌史以至世界诗史上最为激动人心而具有“永久的魅力”的篇章。

延伸阅读

《卜居》是《楚辞》中的一篇。全文为对话体，所问皆为诗人的现实遭际，显示了诗人身处黑暗世道的坚定选择和高洁志向。

[1] 既放：被流放。

[2] 复见：指再见到楚王。

[3] 蔽障：遮蔽、阻挠。谗：谗言。

[4] 太卜：掌管卜筮的官。

[5] 因：凭借。

[6] 端策拂龟：摆正蓍草拂净龟壳上的灰尘。

[7] 悃（kǔn）悃款款：诚实勤恳的样子。

[8] 送往劳来：送往迎来。劳，慰劳。

[9] 游大人：游说于达官贵人。

［10］偷生：贪生。

［11］超然：高超的样子。高举：远离俗世。保真：保全真实的本性。

［12］以事妇人：事，巴结；妇人，指楚怀王的宠姬郑袖，她与朝中重臣上官大夫等人联合排挤馋毁屈原。

［13］突梯：圆滑。滑稽：善于应付、迎合别人。如脂：像油脂一样光滑。如韦：像熟牛皮一样柔软，善于应付环境。洁楹：形容处世的圆滑随俗。

［14］昂昂：昂首挺胸、堂堂正正的样子。

［15］泛泛：漂浮不定的样子。凫（fú）：水鸟，即野鸭。

［16］亢轭（kàng è）：并驾而行。亢，同“伉”，并也；轭，车辕前端的横木。

［17］驽（nú）马之迹：劣马的足迹。

［18］黄鹄（hú）：天鹅。

［19］鹜：鸭子。

［20］溷（hùn）浊：肮脏、污浊。

［21］千钧：代表非常重的东西。古制三十斤为一钧。

［22］黄钟：古乐中十二律之一，是最响最宏大的声调。这里指声调合于黄钟律的大钟。

［23］瓦釜：陶制的锅。这里代表鄙俗音乐。

［24］谗人高张：指坏人气焰嚣张，趾高气扬。

［25］谢：辞谢，拒绝。

［26］数：卦数。逮：及。

三十七　社会的不朽论[①]

胡　适

社会的生命，无论是看纵剖面，是看横截面，都像一种有机的组织。从纵剖面看来，社会的历史是不断的；前人影响后人，后人又影响更后人；没有我们的祖宗和那无数的古人，又哪里有今日的我和你？没有今日的我和你，又哪里有将来的后人？没有那无量数的个人，便没有历史，但是没有历史，那无数的个人也决不是那个样子的个人：总而言之，个人造成历史，历史造成个人。从横截面看来，社会的生活是交互影响的：个人造成社会，社会造成个人；社会的生活全靠个人分工合作的生活，但个人的生活，无论如何不同，都脱不了社会的影响；若没有那样这样的社会，决不会有这样那样的我和你；若没有无数的我和你，社会也决不是这个样子。来勃尼慈[②]说得好：

"这个世界乃是一片大充实，其中一切物质都是接连着的。一个大充实里面有一点变动，全部的物质都要受影响，影响的程度与物体距离的远近成正比例。世界也是如此。每一个人不但直接受他身边亲近的人的影响，并且间接又间接地受距离很远的人的影响。所以世间的交互影响，无论距离远近，

① 此是《不朽篇》之一部分。作成于公元 1919 年，改定于 1921 年。全篇见《胡适文存》卷四。

② 来勃尼慈（Leibnitz，公元 1646 年—1716 年），德国哲学家。

都受得着的。所以世界上的人，每人受着全世界一切动作的影响。如果他有周知万物的智慧，他可以在每人的身上看出世间一切施为，无论过去未来都可看得出，在这一个现在里面便有无穷时间空间的影子。”①

从这个交互影响的社会观和世界观上面，便生出我所说的“社会的不朽论”来。我这“社会的不朽论”的大旨是：

我这个“小我”不是独立存在的，是和无量数小我有直接或间接的交互关系的；是和社会的全体和世界的全体都有互为影响的关系的；是和社会世界的过去和未来都有因果关系的。种种从前的因，种种现在无数“小我”和无数他种势力所造成的因，都成了我这个“小我”的一部分。我这个“小我”，加上了种种从前的因，又加上了种种现在的因，传递下去，又要造成无数将来的“小我”。这种种过去的“小我”，和种种现在的“小我”，和种种将来无穷的“小我”，一代传一代，一点加一滴；一线相传，连绵不断；一水奔流，滔滔不绝：——这便是一个“大我”。“小我”是会消灭的，“大我”是永远不灭的。“小我”是有死的，“大我”是永远不死、永远不朽的。“小我”虽然会死，但是每一个“小我”的一切作为，一切功德罪恶，一切语言行事，无论大小，无论是非，无论善恶，一一都永远留存在那个“大我”之中。那个“大我”，便是古往今来一切“小我”的纪功碑、彰善祠、罪状判决书、孝子慈孙百世不能更改的恶谥法。这个“大我”是永远不朽的，故一切“小我”的事业、人格、一举、一动、一言、一笑、一个念头、一场功劳、一桩罪过，也都永远不朽。这便是社会的不朽，“大我”的不朽。

① 本篇作者注：见 *Monadology* 第六十一节。

那边“一座低低的土墙，遮着一个弹三弦的人”①。那三弦的声浪，在空间起了无数波澜，那被冲动的空气质点，直接间接冲动无数旁的空气质点，这种波澜，由近而远，至于无穷空间；由现在而将来，由此刹那以至于无量刹那，至于无穷时间：——这已是不灭不朽了。那时间，那“低低的土墙”外边来了一位诗人，听见那三弦的声音，忽然起了一个念头；由这一个念头，就成了一首好诗；这首好诗传诵了许多；人人读了这诗，各起种种念头；由这种种念头，更发生无量数的念头，更发生无数的动作，以至于无穷。然而那“低低的土墙”里面那个弹三弦的人又如何知道他所发生的影响呢？

一个生肺病的人在路上偶然吐了一口痰。那口痰被太阳晒干了，化为微尘，被风吹起空中，东西飘散，渐吹渐远，至于无穷时间，至于无穷空间。偶然一部分的病菌被体弱的人呼吸进去，便发生肺病，由他一身传染一家，更由一家传染无数人家。如此展转传染，至于无穷空间，至于无穷时间。然而那先前吐痰的人的骨头早已腐烂了，他又如何知道他所种的恶果呢？

一千五六百年前有一个人叫做范缜②说了几句话道：“神之于形，犹利之于刀；未闻刀没而利存，岂容形亡而神在？”这几句话在当时受了无数人的攻击。到了宋朝有个司马光把这几句话记在他的《资治通鉴》里。一千五六百年之后，有一个十一岁的小孩子——就是我——看《通鉴》到这几句话，心里受了一大感动，后来便影响了他半生的思想行事。然而那说话的范缜早已

---

① 这是沈尹默的诗意。其诗曰《三弦》，现在录其全首如下：中午时候，火一样的太阳，没法去遮拦，让他直晒着长街上。静悄悄少人行路；只有悠悠风来，吹动路旁杨树。谁家破大门里，半院子绿茸茸细草，都浮着闪闪的金光。旁边有一段低低土墙，挡住了个弹三弦的人，却不能隔断那三弦鼓荡的声浪。门外坐着一个穿破衣裳的老年人，双手抱着头，他不声不响。

② 范缜，齐、梁时人，字子真。

死了一千五百年了！

二千六七百年前，在印度地方有一个穷人病死了，没人收尸，尸首暴露在路上，已腐烂了。那边来了一辆车，车上坐着一个王太子，看见了这个腐烂发臭的死人，心中起了一念；由这一念，展转发生无数念。后来那位王太子把王位也抛了，富贵也抛了，父母妻子也抛了，独自去寻思一个解脱生老病死的方法。① 后来这位王子便成了一个教主，创了一种哲学的宗教，感化了无数人。他的影响势力至今还在；将来即使他的宗教全灭了，他的影响势力终久还存在，以至于无穷。这可是那腐烂发臭的路毙所曾想到的吗？

以上不过是略举几件事说明上文说的“社会的不朽”，“大我的不朽”。这种不朽论，总而言之，只是说个人的一切功德罪恶，一切言语行事，无论大小好坏，一一都留下一些影响在那个“大我”之中，一一都与这永远不朽的“大我”一同永远不朽。

作者简介

胡适（1891—1962 年），曾用名嗣穈，字希疆，学名洪骍，后改名适，字适之。思想家、文学家、哲学家。安徽绩溪人，以倡导“白话文”、领导新文化运动闻名于世。幼年就读于家乡私塾，1910 年考取清华庚子赔款留美官费生，进康奈耳大学农学院读书，1912 年放弃农科，改习文科。1915 年 9 月入哥伦比亚大学，师从哲学家约翰·杜威。1917 年夏回国，受聘为北京大学教授。1918 年加入《新青年》编辑部，大力提倡白话文，宣扬个性解放、思想自由，与陈独秀同为新文化运动领袖。他的文章从创作理论的角度阐述新旧文学的区别，提倡

① 此言释迦牟尼发心出家的事。

新文学创作，翻译法国都德、莫泊桑，挪威易卜生的部分作品，又率先从事白话文学的创作。他于1917年发表的白话诗是现代文学史上第一批新诗。主要著作有《中国哲学史大纲》《尝试集》《中国白话文学史》和《胡适文存》（四集）等。

延伸阅读

本文节选自胡适1919年2月25日在《新青年》第六卷第二号发表的《不朽——我的宗教》，表述了胡适的人生观："社会的不朽论"，并说："这种'社会的不朽'观念很可以做我的宗教"。胡适在1931年发表《我的信仰》（载美国《论坛报》1931年第1、2号）一文中，对"社会不朽"说作了进一步发挥。其中说："这个社会不朽的概念之所以比中国古代三不朽学说更为满意，就在于包括英雄圣贤，也包括贱者微者，包括美德，也包括恶德，包括功绩，也包括罪孽。就是这项承认善的不朽，也承认恶的不朽，才构成这种学说道德上许可。一个死尸的腐烂可以创立一个宗教，但也可以为患全个大陆。一个酒店侍女偶发一个议论，可以使一个波斯僧侣豁然大悟，但是一个错误的政治或社会改造议论，都可以引起几百年的杀人流血。发现一个极微的杆菌，可以福利几千百万人，但是一个害痨病的人吐出的一小点痰涎，也可以害死大批的人，害死几世几代。"

三十八　一文钱

［俄国］斯谛普虐克（Stepniak）[①]　著

周作人　译

唉，小子，汝曹未知俄国前此未有地主、长老、肥贾时，民生乐康，至自由也。惟据古父老言，其时乃不久存。以魑魅弗欢，妒乡农晏安，福且逾已。尔时人人宁处，世间不闻窃盗诳诈之事。魅乃默计，将何恼人，使入困苦。湛思七年，不食，不饮，亦不晏息，于是造作长老。又七年，造作巴林。[②] 又七年，造作商贾。魅喜而狂笑，林间木叶皆振坠地。随遣三害，往祟乡农。而彼愚民非特不除去之，反衣之，食之，使骑于颈。

自是以后，农遂无复安时，长老、巴林、商人共撕裂之。三害殃农，非操刀兵，相伤衄仅以一文铜钱耳。日出，农即思曰："吾将何以得一文钱乎？"日入，又思曰："吾将何以得一文钱乎？"既而无计，祷于地母曰："呜呼，地母幸教我以处，得一文钱！"地喃喃答曰："财源即在我耳。"农乃取铲掘地，自昼达夜，以至次日、三日，成一深坎，而终无钱。土尽达沙，沙尽有泥泞。逮掘复下，继之以水，终见黄壤。铲已败坏，终无有钱。农乃以手力掘，久久干壤已尽，下有石层，不能更掘。

---

① 斯谛普虐克（公元 1852 年—1897 年），本名克拉夫靖斯基（S. Kravtshinski），此其别字。

② 译者原注：华言土田主，畜农奴者。

农仆坎中，痛诉地母，胡尔作剧。忽乃见土块之下有一铜钱，蒸润既久，绿华斑驳，状与土同。农疾攫之，唼以吻，郑重包裹，置之胸次。攀援出坎，复至日光之下。随怀钱而归。

途中有赤杨，发蓬蓬然，迎与问讯；且曰："乡人，乡人，汝衣裳胡以如鱼网耶?"农曰："吾得一文钱矣!"杨树摇其首曰："此钱之值贵哉!"行益前，有山鸟问曰："乡人，乡人，汝胡全身甲错，且疱肿如橡树皮耶?"农曰："吾得一文钱矣!"鸟长啸飞去，自语曰："吾窃自幸非乡农也。"已而行近小川，鱼复问曰："乡人，乡人，汝胡瘦之甚，如青鱼耶?"农曰："吾得一文钱矣!"鱼无言，惟掉其尾，疾没入水底，冀离人世，惧己亦化为农夫也。

农又前，乃遇长老。即去帽为礼。长老见农方自工作归家，意必有一文钱，思夺而有之。乃前诣乡人，命之曰："启汝口!"农如言。又命曰："出汝舌!"农吐其舌。长老探袋中出麦屑，以少许撒农人舌上，余屑还纳之，留为后用。已遂曰："然则与我钱。"农与之，白手返舍。妻询曰："得一文钱乎?"农曰："然"。妻曰："钱今安在?"农曰："吾敬捐诸神甫矣。"妻曰："谢上帝！今盍来共飧乎。"二人祷已就食，有松皮与雨水。食已，农又谢上帝赐福之恩，随卧地偃息。

长老返家，思将此钱何用。思之久久，忽曰："吾知之矣。"乃召波诺摩尔。① 波诺摩尔司歌圣曲，亦善贸易，闻召遂至。长老曰："长鬣[1]来，汝知我今日斋期[2]，乃无肉吃。今以此钱赐汝，可炙汝雏猪来。第记之，勿妄语人。如饶舌者，直拔尽汝发。惟处置若善，当赐汝猪尾舐之。"波诺摩尔去而

① 译者原注：此云撞钟人。

自计曰："大腹汉，复次奈何！否，否，汝可自舐猪尾。吾将养小猪使肥，自售之阿尔海黎[①]耳。"

波诺摩尔取钱赴村店，语商人曰："估来，今以一钱与汝，可将猪子一上神甫。更媵蜂蜜一房，用酬吾劳。"商大笑，顾仍受钱；自思曰："吾可取之农夫耳。"

商人趣农家，示以一钱曰："汝见此钱乎？汝出猪一口，蜜一房，狼皮裘料一领，钱便归汝。"农曰："诺，吾休息已足矣。"农有一猪，本畜以度佳节者，即举以与商人。自语曰："无妨，待摇筐中小儿长大，再过佳节未晚也。"随取树皮饼一片，插刀靴中，径入深林，且行且嗅，审有蜜否。否，不也。行益远，饼已啖尽，掇草根苧实为食，而蜜终无有。久之，始远闻蜜味。趁香行，直至一大菩提树次，有蜜蜂群飞。第近之则见巨熊立穴旁，方举掌将探之。农惊呼曰："唉，彼殆欲夺我蜜耶！"即抽刀奔之。熊却立迎敌。农折杨枝一束揉之，绕左手如盾；右手持刀。熊前击以掌。农出左手挥之去，而右手挺刃刺其胸，没刃至于柄次。农骤跃退，纠结树间，竟为熊得。乃徒搏：熊力挟农，骨几碎折；农亦力挟熊，血自创孔四溢，旋仆地死。农自拂其身曰："天意慈悲，虽农夫犹不见弃。使不遣熊来，吾又当别猎一狼，安有期日！今有熊革，若以代狼，想商或不介意也。"遂褫皮、取蜜房而返。商人见熊皮，乃摇其首曰："熊革可代狼革耶？汝必有以相补。"农曰："吾有何物可补？吾裈何如？"商曰："可。"农去裈授之；已则受钱，将往巴林家偿去岁饮牛之税。盖川有水流，俾乡人得饮其牛者，非巴林祷吁之力，必不能至也。

---

① 译者原注：此言主教。

农行次，自视手中之钱，钱数经人手，锈涩已去，不复如前此初上神甫时矣。是本同此一钱，而农不识，惟曰："钱甚佳，较吾旧钱加洁，今以上巴林，庶不致伤主人贵手矣。"

已而至庄，去帽立门次。而事偏乖戾[3]，时巴林那①适凭窗外眺，察有无少年官吏来。见乡人无裈，乃啼曰："唉，唉，吾其死矣！"目上转，仆于罽[4]毯之上，振足数四而绝。侍仆见状，疾走告巴林，云巴林那惠视一无裈之乡人，喜而垂死矣。巴林奔出，以足踢农夫，且厉声叱咤。既而知为纳税来者，气乃立平，蔼然受钱。随书一纸付之曰："汉子，可为我持此纸致之斯多诺跋②"。农夫如旨。斯多诺跋握拳切齿，暴怒而喘，大哮曰："汝安敢，畜产，汝安敢陵辱夫人者！"乡人欲自解，而卒不可得。吏怒因益烈，叱曰："何者，汝狗，犹欲抗赖耶！吾将流汝鲜卑，将生剥汝皮！"如是云云，又力扑乡人，如将执而投之，或跃入其口中者。

乡人妻闻信，急奉一公鸡至斯多诺跋前，跽[5]而请曰："小父，今以一鸡献汝，幸纳之。惟勿杀吾夫，否则吾与小儿皆将馁死。"斯多诺跋怒几绝，大呼曰："一鸡！汝何敢以一鸡上我？吾事天神皇帝，为官二十年，未尝受辱如是。可立捉汝老羖来！不尔，吾当发汝茅舍！"乡人急上其羊，官怒渐息，仅命赐乡人以鞭，即释之。农归，命其妻为制新裈，以彼尚当赴巴林园中工作，惧巴林那再见之也。

巴林徐步庄中，思量处置此钱之法。久而得计，命复召乡人，语之曰："吾友，吾闻汝需柴，今园中有枯枝一，可取之。惟当为我一行，诣吾友萨弗伦孤时密支家，距此仅五百里耳。为我致意，候其起居，且请过我。"乡人

---

① 译者原注：此云女主人。

② 译者原注：此云警吏。

曰："诺"。遂出就道。行久之，终达其地，传巴林之命。孤时密支立至，彼盖巴林良友，少时曾同事皇帝者。巴林款客，即共博，置此钱为注。孤时密支胜而得之，欣然驱车归，高歌道中。而巴林则大恚[6]，因往召琐支克①，令收乡人之税。琐支克造农家，坐而索租。乡人曰："然则吾安从得钱者？"吏曰："汝自谋之。第必有钱乃可。设不然，巴林将更遣斯多诺跛来矣！"

乡人搔首，不知所为。惟事必得钱始已，遂外出，将谋工作。游行皆遍，卒无工可得。终乃至前此赢钱绅士家，踵门乞工。绅士呼家臣问之曰："此间有工事乎？"家臣曰："唯，水堰方圮，须急补之。特其事滋险，工人每卷于水，不复能出，且又适在水磨轮下。今若使乡下治之，极称，凡乡人皆不惜躬蹈水火以求一钱也。"主人曰："善"。家臣出语乡人曰："汝可修补潭堤，且为我筑一小舍。惟我助汝，始得工作。汝当得值一钱，第宜先筑我室。吾辈命皆在天，汝倘溺死，则不能更践夙约矣。"农应曰："诺。"即负斧入山，斫木数株，曳之至庭中，筑一舍。家臣出而视之，赞曰："好！"遂取一杯令嗅之，杯盖二日以前曾用以饮伏特伽酒者。乡人曰："多谢多谢，洵[7]非常之惠也！"

乡人入修潭堤，水旋动如沸。修缮既竟，将出，而水卷之去，直入轮下。家臣曰："嘻，彼了矣！所赚一文钱，正好遗以与我。"而乡人力泅，竟安然出水。家臣不得已，与之。乡人怀钱而归，自忖曰："上帝宜谢，今七日中，巴林当可不来索税。吾得乘间少治私事，且略休息，备一年劳碌也。"

乡人径至巴林家，见庭中满撒社松，人皆黑衣，牖明双烛。因问曰："今何事耶？"众告之曰："巴林死矣！"乡人泣下，叹曰："上帝安其魂魄！彼好

① 译者原注：此云催租吏。

主人也。”遂请巴林那出受钱，然不得见。巴林那方以巴林之死，伤心万状，有一少年官吏慰其忧，故禁人入。乡人归，掘地作小坎，埋钱其中，俾不失坠。

越数日，乡人外出而归，途中闻泣声。惊而四顾，则见女婴坐道周[8]，泣甚哀。乃就询之曰：“孺子胡哭为?”女郎遂言其父病革[9]，当召长老，使染指油罂[10]中，以涂病者之口，而长老不肯枵腹[11]来，其家又无物为报。乡人出粗手，按小儿顶，为理其发，且曰：“痴儿勿哭，吾当为汝偿神甫耳。”女郎致谢，即奔而招长老。乡人返舍，掘钱出，就日光中谛视之，忽拱其手，彼识此钱矣！此盖即往时几经辛苦、掘自地心之故物，今埋地中，又已绿华斑驳如前此矣。乡人忧忿且泣，知凡有勤苦，皆归虚空。心力劳瘁，所得仅此一钱，而此钱实往时所本有。今又当入长老之手，且复游行世界一周，后来落何人手中，其人便可骑其颈上。即偶尔复归茅舍，亦不长留，不久必仍归之巴林或长老耳！

乡人遂决意曰：“吾不更以此钱与人矣！”随白手往邻家，见病人之唇已涂油泽。长老屹立室中，方收集各物，如饼饵、鸡卵、麻线之属，又复狼顾，审更有何物可取。比见百物已空，始返语乡人曰：“今可与我钱矣！”乡人曰：“唉，小父，小父，勿劫夺正教之民!”长老呼曰：“无赖子，汝胡敢以此语语汝神甫者!”乡人曰：“小父，小父，吾言从良心而发，请弗掠夺正教之民！小父试思，汝究何所为者?”长老攫小儿摇筐奔乡人，且呼曰：“第与我钱！吾听汝谰言已足矣。”乡人持其手曰：“否，小父可去，神当偕君，吾终不与君钱。若以与君，足长君恶，此吾罪也。”

长老提其法衣之裾，疾奔至巴林庄。入室，见巴林那与一官同坐，官方极乐，盖适乞巴林那为妻，已得允也。见长老笑曰：“小父，何事皇遽？宁夫人挞君耶?”长老曰:“若在细君,事不关大,吾侪会即和解。第今有巨变,乡人反叛矣。”遂述农所言。官曰:“善夫,君乃自命为长老,君发固长,而智则短,乃不能治一乡人耶?”

新巴林顾其仆曰:“为我捉乡人来!无待我与言,第以目视之,行见彼驯不复动矣。”仆往拘乡人,巴林自捋其须,将当长老及巴林那前一示威武。未几仆返,偕乡人立门外。巴林曰:“挈之前!吾将视之。”言次目左右视,忽睨长老,继视夫人。仆推乡人上,巴林立室中,左手叉腰,右手纳衣袋中,伸其颈,切齿作态,目轮转不止。乡人见之而惊,呼曰:“小父,汝殆病矣,可怜!可怜!且少待,吾当取清水相沃也。”言已,不俟返答,即趋出庭中,脱垢帽就桶挹水,奉之进巴林曰:“嘆,小父饮之!”而巴林不言,退坐椅中,惟睐其目,盖当夫人、长老前,殊自愧其不武也。巴林那突起仆乡人,几拔去其须,且呼曰:“汝胡敢以汝垢帽进巴林水者!”乡人倾水窗外,问巴林曰:“主人胡乃召我?”巴林意定,乃仰倚,插手两袋中曰:“吾友,汝胡叛也?”乡人曰:“叛耶?吾惟言长老掠民,是为罪过,若长其恶,亦罪过耳。”巴林曰:“吾友,汝言何也?长老乃汝神甫,汝岂欲彼自食其力、不待汝养耶?吾意汝且复言,吾亦当舍汝供奉、自为养矣!”乡人曰:“汝虽巴林,顾非白痴人,自当早见及此。吾果将不复赋汝。”巴林跃起,直趋乡人索钱,然终无济,盖乡人不肯以钱与人矣。

农返舍后,巴林、长老、巴林那共坐议策,久思不决。终乃得计,命致书斯多诺跋,云乡人反叛,不肯出钱,有司当往理之。斯多诺跋发书读毕,颜色惨白,自思曰:“天乎!吾末路至,乡人会杀我矣!”虽然,官有职守,势在必往,因取短统四支悬腰带间,跨马而行。逮距农家百步,乃骤马过茅屋前,如暴风雨,狂呼曰:“钱来!钱来!贼如不出钱,吾将分裂汝躯,拂之去地球之上！”便力策其马。时舍中嘈杂万状，农虽外出，而斯多诺踆大呼，牛闻之惊，牟牟然鸣，羊豕皆叫，犬突篱而出，狂吠逐马后。斯多诺踆曰：“吾无幸矣！”落其缰，力握马鬃，闭其目。马逸而奔，陡触大石。斯多诺踆倒坠地上，卧而思曰：“吾今死矣！上帝幸安我魂！”

犬趋前，嗅地上卧人一周，即摇尾自返茅舍。斯多诺踆偃卧，靖以待死，顾久待而死终不至。乃渐启一目，继复启其一，徐举首四顾，马亦旁卧，折其一足。斯多诺踆又自忖曰：“唉，吾将奈何？乡人行必捉我为俘虏耳。”恐怖几死，顾终鼓勇力奔，屡起屡踣，时投丛莽，时入泥泽，衣履破碎，血出如缕，几无人状。已而至署，即坐起草，作文申之总督。言乡农反叛，不肯出钱，下官斯多诺踆往论，乡人不听，且咆哮如野兽。又纵怪犬一种，嗾之逐人，犬盖乡人特畜为用者，状至怖人，其大如犊，疾飞如风。乡人又撮巨石掷之，大如牯牛，致断其马之前蹄。总督览文牍已，曰：“斯多诺踆壮勇，宜旌以圣乔治十字勋章！”①

总督乃命集官军一旅往讨乡人。次日黎明，总督偕斯多诺踆将兵出，薄暮抵乡人所居林外，士卒支穹庐而卧。官长悉赴中军，与总督商略擒敌之计，佥[12]谓夜战滋险，请至明晨，乡人当出林，就此泉洗涤，然后围而捕之。次日，兵围泉次，先匿丛薄中，俾弗能见。未几，乡人果来，方俯而掬水，伏兵皆起，鼓角怒号。乡人拭目曰：“何事？”而斯多诺踆作气奔而前，挥剑令士卒曰：“儿郎壮汝胆，吾侪当为教宗及皇帝陛下拼死战也！”言次，又攫一旗，呼曰：“荷荷，随我前矣！”兵皆大呼，进缚乡人。乡人欲自卫而不可得，旋为众所获，反接其手，致之总督帐下。乡人虽败，顾已摧兵士火器数

---

① 译者原注：圣乔治十字勋章为俄国最贵之章，非战功不能得。

支，啮断刃尖二枚。总督怒哮曰：“咄，钱来！”乡人曰：“否，我不与也！”遂下之狱，鞫[13]之。定谳以反抗固执之罪，当鞭二万五千，复置故处，又遣兵一旅宿其家，须乡人食之，逮出钱始已，又以所啮刃尖及斯多诺跛敝军衣责其偿。

狱决，乡人归省其家，而士卒亦踵至，坐而待饭。乡人为宰一羊，众食已，呼曰：“不够！”又杀一猪，士卒复曰：“不够！不够！”又杀一牛，士卒曰：“吾侪饿益甚，逾于未食矣。”乡人自念，如是，必啖我始已乎。因答曰：“火伴请少待，吾将往蜂舍为君求蜜。”众曰：“可。”乡人取帽出门，自语曰：“汝曹且坐，啮柱木当蜜可耳。使不乐是，可啮砖为代。我则不复供养汝矣。”

乡人走入深林，行三昼三夜不止。及第三日之夕，至一荒地，亘古无人迹。登小山而坐，又复四顾，举左足，就其下取钱出，此即前此自累之一文钱也。乡人视之曰：“吾钱，吾为汝久担愁苦。自汝之入吾怀，肉攫之鸟即相因而至。吾知无汝，当更无欢，然吾宁挖双睛，终胜见吾辛苦所得之钱往事仇敌也。”随掘一穴，埋钱其中，自偃卧钱垅之上，愀然苦思曰：“如汝无钱，可卧棺中。如有一钱，溺汝水中。”已复长叹，伏地祷曰：“嗟夫，地母教我，以吾不知当如何而行，乃能无忧，即在吾生，亦得有好日度也。”言已，遂入沉睡。

人在黎明，智慧故胜于夜分也。诘朝，乡人觉，深思久之，起折树枝，以利石治成铲状，用造一土室。上覆杂树，益以青苔，凡有罅隙，亦无不以苔苴之，闭户支以石，遂居其中。久之，田野草原，百物皆具，俨然一家。乡人居之，惟在乐康中度其岁月也。

小子何言，使凡良民能少加智慧、各知自卫、能有为者，则世界人人皆可平安丰富，终其一世，更无须飘忽潜遁，匿迹山林矣。念之哉！

作者简介

斯谛普虐克（Stepniak）本名克拉夫靖斯基（Sergei Kravtshinski），生于1852年，卒于1897年，为民粹派革命家，后因沙皇政府迫害而逃亡英国，著作多反映农奴制度下人民的疾苦忧患。

延伸阅读

周作人翻译的俄国斯谛普虐克的《一文钱》，曾刊登在《民报》第21号（1908年6月10日），署译者名三叶，后收入《域外小说集》第二集，1909年7月27日由东京神田印刷所印刷。1917年刊《叒社丛刊》第4期，署名周作人。《一文钱》即《一个戈比的故事》，以夸张的漫画手法，揭露地主、牧师、官吏、兵痞之流榨取农民，鱼肉乡里的情状。周作人1936年11月7日写的《关于鲁迅之二》中说："斯谛普虐克的《一文钱》（这篇小品我至今还是很喜欢）曾登在《民报》上，请太炎先生看过"（《瓜豆集》），这在当时，明显带有反清的革命色彩。

［1］长鬣：多髭须之人。

［2］斋期：某些宗教规定的禁止吃肉的日子。

［3］乖戾：怪异。

［4］罽（jì）：兽毛织品。

［5］跽（jì）：长跪。

［6］恚（huì）：怨恨，愤怒。

［7］洵（xún）：实在；确实。

［8］道周：道路旁边。

［9］病革：病危。

［10］油罂：盛油的陶器。

［11］枵腹：空腹。

［12］佥：众人。

［13］鞫（jū）：审问。

三十九　罗本舅舅

［瑞典］拉绮洛孚（Selma Lagerlöf）[①]　著

沈雁冰　译

从前，大约八十年前，有一个小孩子在街口玩陀螺。这孩子的名儿叫作罗本。他还不过三岁大，但是他扯掷他的小绳和旁人一样的勇敢，使那陀螺旋得很好看。

那一天，就是八十年前的那一天，正是一个美好的春天。这是三月里，市镇分作了两个世界：一个白而暖和，太阳照着；其他的一个冷而黑暗，是在阴影里的。全个市街都在太阳光里，只有沿着一排民房的一条狭边是例外。

现在凑巧这位如此其勇敢的小孩子玩陀螺玩厌了，想找个地方歇一回。地方不是难找的。板凳和坐椅自然没有，但是每个人家房屋门前有的是石阶沿，小罗本想起来，这石阶沿就是再好不过的座位了。

他是一个懂事的小友。他模模糊糊地觉得，他母亲是不愿意他坐在别人家的阶沿上的。所以他就走到自家阶沿上坐了，因为他家也是沿街的房屋。

---

① 拉绮洛孚（公元1858年—1940年）瑞典人，是现代的女文学家。伊代表瑞典由写实主义转入新浪漫主义的倾向；伊的著作，大都带点神秘的及象征的色彩，虽1910年发表的《玛希可洛来的女》即可称是纯然的自然主义作品，然就大体而言，仍应派伊是新浪漫主义者。

那街沿坐落在阴影里，而且很冷。这位小朋友把头靠在门槛上，缩起一双脚，躺得很舒泰。他看着太阳光在街心里跳舞，孩子们飞跑而且旋陀螺，一会儿——一会儿他闭上眼，就睡着了。

他睡了足有一个钟头。当他醒来的时候，他觉得不如睡时那样的舒服了；觉得件件事都是可怕的不安适。他走进去到母亲面前，而且哭，他母亲见他是生病了，把他放在床里。两天之后，这孩子竟死了。

但是他的故事却不能就此完结。他母亲从心底发出历久不磨的悲哀来悲悼他。母亲尚有几个孩子，需得许多时间和思想去照顾他们，但是伊的心里常常留起一角来给罗本静静地住着。伊时常活灵活现地看见他。当伊见一群小孩子在街口游玩，也见罗本在里头跑，当伊走到门首的时候，伊相信，决定的而且充分的，那个小孩子（罗本）仍旧坐在那些危险的石阶沿上，并且睡着了。伊的其余的几个活孩子自然不及这个死的常常在伊心上。

罗本死后数年，母亲又生了个女儿，当这女孩子也到了罗本那样大的年纪并且能跑到街头去旋陀螺了，凑巧伊也坐在那块石阶沿上休息一下。但是母亲在屋里立刻心惊起来，好像有人扯伊的汗衫似的。伊走出来，一把拖起那位小妹妹来，下手如此其粗重，以至伊一直到死时还记得这一拖。

而且伊又永不曾忘记伊母亲那时的脸色怎样的难看，伊的声音怎样的发抖，当伊说："你不知道，从前你有一个小哥哥，名叫罗本，他就是因为坐在这石阶沿上受了凉死的么？培达，你不要死，离开你的娘罢！"

这位罗本哥哥立刻在他的姊妹兄弟间活起来，和他在母亲那里一样了。母亲能使他们以伊的眼去看，他们立刻也看见他（罗本）坐在门外的石阶沿上了。自后他们当然决不再坐在那边了。哦，甚至他们无论看见什么人坐在一块石阶沿，或是石级，或是路旁的石头上，他们总觉得心里一跳，而且就想着罗本哥哥了。

不但如此，罗本哥哥又常是小孩子们自伙中谈论时被抬得极高的。因为他们都知道，他们在一家中是讨厌而且疲软的分子，只能费母亲的手脚，使伊不安罢了。他们不相信伊要十分悲伤的，如果他们中有谁死了。但因伊竟常常悲悼罗本哥哥，这一定是他比他们要好多了。

他们常常想："呵，怎的能像罗本哥哥那样使母亲大快活，这就好哪!"可是他们中间没有一个人能多晓得一些关于罗本的事，除却知道他是曾经玩陀螺而且坐在石阶沿上受了凉的。但既然他母亲这样爱他，想来他一定是有些比众不同的了。

他实是比众不同的；别人都不及他能使母亲欢喜。父亲早死，母亲操作很苦而且用度也颇拮据。但是孩子们都确信母亲悲悼那位三岁大的死哥哥很深，他们都这样相信，如果他尚在，母亲的忧愁总可稍减；每逢母亲哭，他们都想，这是因为罗本哥哥死了，或是因为他们都不及罗本哥哥。他们立刻起了个有增无减的愿望，想在母亲心中和罗本争胜。没有一件事，他们不替伊去做，如果伊也念着他们和念着罗本一样。罗本哥哥胜过别的孩子的地方，以我想来，恐怕就是因为他能使他们起这愿望。

当最大的孩子因为引一个生客渡过河而得到第一个钱的时候，他立刻跑回家把钱都给了母亲，一个也不隐匿！于是母亲似乎很欢喜，所以他亦骄傲得身体涨大了，竟忍不住说出他是存着怎样的不自量的野心了。

"母亲，而今我不是也和罗本哥哥一样了么?"他的母亲疑问似的看着他。似乎伊正把他的新鲜而发光的脸和门外石阶沿上的小而灰色的脸细细比较。而且伊也应该答应一个是字，如果伊能答应，但是伊竟不这样回答。

"我很欢喜你，伊文，但是你总不能像罗本一样。"

这不是他们的能力所及了；孩子们都明白这一层，但他们却忍不住总要试试。

他们长成强健而且有能力；他们造成他们的路向富裕和令名，而罗本哥哥只不过木然坐在他的石阶沿上罢了。但是他仍旧比他们先一步；他们是追不过的。

经过了每一次的成功，每一次的进步，于是他们能奉他们母亲以好的住宅和安逸了，母亲方始给他们足够的报酬，说一句："呵，倘然我的小罗本能看见而今这光景，多少好呀!"

罗本哥哥跟着他母亲过了一生，直跟伊到临死。这是他，替伊抚摩死的痛苦的钻刺，因为伊知道死可以带伊到他那边去。当伊临死痛苦最大的时候，想起此去就可以看见小罗本，便不禁微微笑了。

这也就是集中全身的爱在一个可怜的三岁大的孩子的那个人死了。

但是小罗本的故事不是就此完了。他成了一切兄弟们姊妹们生活的努力的象征，成了他们对母亲的爱的象征，和他们的历年奋斗失败的教训纪念的象征了。每逢说到他，他们的口音里总挟着一些热烈富饶的神气。

所以他又镶入了他兄弟们姊妹们的子女的生活里了。他母亲对于他的爱，把他抬高成为伟大，而这伟大的影响，一代一代地接下去。

妹妹培达有一个儿子，他就是常和舅舅罗本相关的。

他坐在水沟旁的石栏上，朝沟里看的那一天，正是四岁。水沟里满泛着雨水。小木条，稻草梗，被水冲卷着，急急地滚下。这小孩子坐着看，怡然自得，就像人们自己站在安稳地位看别人的冒险争存一样。

但是他的安静的冥想被他母亲打断了，伊一眼瞧见他，就立刻想到母家的石阶沿和伊的哥哥罗本了。

“呵，我心爱的小乖乖”，伊说，“不要坐在那边！你晓得么？你母亲有过一个小哥哥名叫罗本，他也是四岁，正和你一样。他因为坐在和这一样的石栏上受了凉，就死了。”

这小孩子实在不愿别人来打断他的有趣的思想。他仍旧坐着出神，他的黄色鬈发垂下来覆在眼上。

若是因为别人的缘故，培达也不这样做了，但是因为是伊的好哥哥的缘故，伊就抓起伊的小孩子，态度很是粗暴。于是他知道尊敬舅舅罗本了。

又有一次，这位黄头发的小朋友跌倒在冰上；他是被一个顽皮的大孩子的全然恶意的一下推倒了的，他坐在冰上，而且哭，表示他是怎样的被欺负了，尤其是因为他的母亲即在近处，不会听不到。

但是他竟忘记，他母亲自始至终是舅舅罗本的妹子。当伊一眼瞧见亚克尔坐在冰上，伊并不带了什么安慰和抚爱来，却只带了那永无断头的话来：

“不要这样坐着，我的小孩子！想想你的舅舅罗本，他五岁时死了的，正和你现在一样年纪，就因为他坐在一堆雪上着了凉。”

这孩子一听伊说到舅舅罗本，立刻站了起来，但他心里却觉得不高兴。怎么母亲还只管是讲舅舅罗本呢，当伊的孩子在这样的窘苦地位！亚克尔并非对于他的坐在任何心喜的地方而死，有什么反对，但现在倒好像他是愿意离开他自己的妈妈了，这却是亚克尔所不能忍受的。于是他知道怨恨舅舅罗本了。

亚克尔家里楼梯顶有一道石做的低栏，光滑滑的，很可以坐的。下面就是厅里的石板，谁高高地跨坐在这石栏上，总要梦想到自己是在地狱的洞门口。亚克尔叫这石栏为骏马格兰纳。在石栏背上，他立起几片烧过的木板为界，呼为迷宫。他坐在那里，骄傲而且勇敢，摇动他的长鬈发，效圣乔治戮毒龙的样子[①]。而且这未必也是舅舅罗本要骑的地方。

但是舅舅罗本自然也来了。正当那毒龙拼命想逃死而挣扎，而亚克尔正在胜利的极得意的时候，他听得乳母喊道："小亚克尔，不要坐在那边！想想舅舅罗本，他死的时候八岁，正和你现在一样年纪，因为他骑在石栏上。你决不可再坐在那里了。"

这样讨厌的老土头的舅舅罗本呀！亚克尔实在忍不住了，当然的，因为他正在杀毒龙，救那公主呢。倘然他简直不顾虑，他自然可以得到胜利。但如果他跳到石板上，掼出脑浆来，那他就觉得自己投进影里，反而帮助那个大谎作证据了。

可怜的舅舅罗本！可怜的好小子，会在太阳照着的街口玩陀螺的！如今他该知道什么是可以做成个大人物了。

这是在伊文舅舅的乡里。一群的表兄弟聚在美丽的花园内。亚克尔也在那里，满怀着他的对于舅舅罗本的怨恨。他巴巴地想要知道自己的苦楚别人也有否，但又有些怕，不敢问。好像他想做的事是要犯亵渎神圣罪似的。

终于只留着孩子们了。大人一个也不在面前了。于是亚克尔问他们可曾听人说起过舅舅罗本么。

---

① 此为中世传说之著名者，西洋儿童读物中大都选之。据英国 Percy 的 Reliques（古圣的遗物）内所收的一首俗歌，圣乔治（Saint George）是 Coventry 的爵爷（Lord） Albert 的儿子。他的母亲因产而死，林中女妖乃窃此新生的婴孩而抚育之，及长，教以武艺。圣乔治身有三处斑纹：在胸前者如龙，在腿上者如武士勋章，臂上者则色赤而形如十字架。乔治既长，周游各地，后至 Libya 城。城中有大湖，方为毒龙所据。毒龙所喷之毒气能杀数城之人，其皮非刀兵所能伤。以此横行于 Libya，逼城人每日献一美貌处女，膏其馋吻。乔治至此城时，适国王之女 Sabra 当供毒龙食，已缚置湖边；乔治急至湖边，救 Sabra，毒龙自湖中出，张口将吞乔治，乔治乘势举矛掷毒龙口中，遂杀之。

他看见一切的眼都怎样地闪动，而且许多小拳头紧紧地捏起，但是看来似乎这些小嘴却都是被教成尊敬罗本舅舅的。“别出声！”全伙的孩子齐声说。

“不！”亚克尔说，“我要晓得还有别人受他的磨折否，因为我想来他是一切舅舅中最讨厌的一个。”

这一句勇敢的话，决破了壅塞住那些受苦的孩子们的愤恨的堤。一大堆的怨语和忿呼喷涌出来了。一群虚无党反对专制魔王的时候，必定也是如此情形。

这位可怜的伟人的罪案是记不清的。舅舅罗本曾磨折他兄弟姊妹所生的一切的孩子。舅舅罗本的死，要怎样说就是怎样。舅舅罗本总是和他所要干涉的那个孩子一样年纪。

然而他们不得不对他表示尊敬，虽然他明明白白是个说谎的大人。他们很可以在心的最深处恨他，但是面子上做出不理他或不敬重他的样子，不能，那就不许。

那些老人们说到他（罗本）时的神气呀！他真个做过什么可惊的事么？坐着而且死了，算不得可以诧异的事。而且不论他曾经做过什么大事，他现在的举动一定是滥用威权。他，这个老草人①，任情地反对孩子们的各种事情。他赶他们，从草间的午时的小睡。他发见他们在公园内的最好的藏身处，禁止他们走到那里去。他最后的事务是骑在光背马上在干草堆里赶人。

他们大家都的确知道这个可怜的东西永不会大过三岁。而今他却降附在

① 田中草人，用以吓鸟者；此言其实非人而居然吓人。

十四岁的大孩子，定要说他是和他们一样年纪。这是最使人忿忿不平的。

至于他做的事，简直是完全不足信的。他曾在堤上钓鱼；他曾坐在小的平底船里荡桨；他曾攀登临水的柳树；是的，甚至他曾在火药桶上睡过。

但是他们都的确知道没法可逃出他的专制范围。说说只能吐口气而已，不是补救。他们不能反抗舅舅罗本。

也许你决不相信，但事实上，这些孩子们长大后自己有了子女的时候，他们立刻就利用舅舅罗本了，正像他们父母在他们面前做过的一样。

而他们的子女，这一批年青人而今也长大了，又已学会这功课，而且教自己的子女，教得这样好，竟有一年夏天，祖母倍达坐在村外石阶沿上等候邮车的时候，伊的五岁大的孩子也会说：

“祖母从前有过一个哥哥，他名叫罗本。”

“你说的很对，我的小孩子”，祖母说，而且立刻站了起来。

这神气给孩子们看的，就好像是看见一位老臣对查礼王上的遗像鞠躬[①]。这使他们知道舅舅罗本一定常常是伟大，虽然他不免用错了他的地位；而所以他能如此，不过因为他是这样的非常被爱而已。

在现时，一切伟大的都被细细考验了，舅舅罗本被用时，也已经是大大修改订正过，和从前的不同了。他的年龄的限度也缩得低些了；树，船，和火药桶，也可以不忌他了，但石头做的东西可以坐的，却仍是没有一件能逃过他的注意。

而这些孩子们，现在的孩子们，对待他的态度，也迥然和他们的父母不同。他们公然毫不顾虑地批评他。他们的父母竟不再能知道怎样方可使他们

① 按此处之查礼王上殆指瑞典之查礼十二（Charles XII）而言，在瑞典诸王中，查礼十二之武功震耀一世。

盲目地可怕地服从了。女学校内的小小女孩子竟讨论舅舅罗本，疑心他不过是一段荒唐的神话。一个六岁的孩子竟提出他的意见，说他能够用经验证明，坐在石阶沿上受了致命的凉，是不可能的事。

但那些只是一个风波而已。实际上，这一时代的内心的对于舅舅罗本的信仰正和前一时代丝毫无二，而且服从罗本也和前一时代丝毫无二。

或者竟会有一天，那些嘲笑者将向后退走到他们祖宗的住宅，试想寻着那块旧石阶，而且在上面立一块大招牌刻着金字呢。

他们嘲笑舅舅罗本约有五六年，但当他们长大而有自己的孩子了，便立刻变成一个利用这伟人（罗本）的信徒了。

“呵，我的小孩子，不要坐在那些石阶沿上呀！你母亲的母亲有一个叔父，他名叫罗本。他死时正和你一样年纪，因为他坐在这些石阶沿上休息了。”

恐怕将要永久如此下去，直到世界末日为止。

作者简介

拉绮洛孚，今译拉格洛夫，瑞典女作家。生于瑞典韦姆兰省的莫尔巴卡，父亲是陆军中尉。她从 3 岁起髋骨关节变形，终生行走不便。在养病期间，她博览群书，对文学产生了浓厚兴趣。1885 年毕业于斯德哥尔摩女子师范学院，后在瑞典南部小镇朗德斯克鲁纳任教 10 年，并开始创作，代表作有长篇小说《古斯泰·贝林的故事》《假基督的奇迹》和《耶路撒冷》。另有长篇童话故事《骑鹅旅行记》，通过一个调皮的男孩变成小人骑鹅周游瑞典的故事，对瑞典情况作了全面介绍，富有艺术性、知识性、科学性，是世界儿童文学宝库中的明珠，使她在北欧与安徒生齐名。

拉格洛夫于1909年获得诺贝尔文学奖。1914年成为瑞典文学院第一名女院士。她的作品中的情节有童话与现实生活的反映；神与人、想象与真实融合在一起，充满着仁慈和母爱，语言流畅，格调优美，富有诗意。

延伸阅读

《罗本舅舅》，刊《教育杂志》第十四卷第三号，1922年3月出版。

四十　文学的方法[①]

胡　适

大凡文学的方法可分三类：

（一）集收材料的方法。中国的文学，大病在于缺少材料。那些古文家，除了墓志、寿序、家传之外，几乎没有一毫材料。至于近人的诗词，更没有什么材料可说了。近人的小说材料，只有三种：一种是官场，一种是妓女，一种是不官而官、非妓而妓的中等社会，除此以外，别无材料。最下流的，竟至登告白征求这种材料。作小说竟须登告白征求材料，便是宣告文学家破产的铁证。我以为将来的文学家收集材料的方法约如下：

（甲）推广材料的区域。官场、妓院与龌龊社会三个区域决不够采用。即如今日的贫民社会，如工厂之男女工人、人力车夫、内地农家、各处大负贩及小店铺，一切痛苦情形，都不曾在文学上占一位置。并且今日新旧文明相接触，一切家庭惨变、婚姻苦痛、女子之位置、教育之不适宜……种种问题，都可供文学的材料。

（乙）注重实地的观察和个人的经验。现今文人的材料大都是关了门虚造出来的，或是间接又间接的得来的，因此我们读这种

① 此是《建设的文学革命论》之一部分，作于公元1918年4月。全篇见《胡适文存》卷一。

小说，总觉得浮泛敷衍、不痛不痒的，没有一毫精彩。真正文学家的材料大概都有“实地的观察和个人自己的经验”做根底。不能作实地的观察，便不能做文学家；全没有个人的经验，也不能做文学家。

（丙）要用周密的理想作观察经验的补助。实地的观察和个人的经验固是极重要，但是也不能全靠这两件。例如施耐庵①[1]若单靠观察和经验，决不能作出一部《水浒传》。个人所观察的、所经验的究竟有限。所以必须有活泼、精细的理想，把观察经验的材料，一一地体会出来，一一地整理如式，一一地组织完全：从已知的推到未知的，从经验过的推想到不曾经验过的，从可观察的推想到不可观察的。这才是文学家的本领。

（二）结构的方法。有了材料，第二步须要讲究结构。结构是个总名词，内中所包甚广，简单说来，可分剪裁和布局两步：

（甲）剪裁。有了材料，先要剪裁。譬如做衣服，先要看哪块料可做袍子，哪块料可做背心。估计定了，方可下剪。文学家的材料也要如此办理。先须看这些材料该用作小诗呢，还是作长歌呢？该用作章回小说呢，还是作短篇小说呢？该用作小说呢，还是作戏本呢？筹画定了，方才可以剪下那些可用的材料，去掉那些不中用的材料；方才可以决定作什么体裁的文字。

（乙）布局。体裁定了，再可讲布局。有剪裁，方可决定“作什么”；有布局，方可决定“怎样作”。材料剪定了须要筹算怎样做

① 据本篇作者考定：施耐庵是明朝中叶一个文学家的假名。详见《水浒传考证》（《胡适文存》卷三）

去始能把这材料用得最得当又最有效力。例如唐朝天宝时代的兵祸，百姓的痛苦，都是材料。这些材料，到了杜甫的手里，便成了诗料。如今且举他的《石壕吏》一篇，作布局的例。这首诗只写一个过路的客人一晚上在一个人家内偷听得的事情；只用一百二十个字，却不但把那一家祖孙三代的历史都写出来，并且把那时代兵祸之惨，壮丁死亡之多，差役之横行，小民之苦痛，都写得逼真活现，使人读了生无限的感慨。这是上品的布局工夫。又如古诗“上山采蘼芜，下山逢故夫”[2]一篇①写一家夫妇的惨剧，却不从“某人娶妻甚贤，后别有所欢，遂出妻再娶”说起，只挑出那前妻山上下来遇着故夫的时候下笔，却也能把那一家的家庭情形写得充分满意。这也是上品的布局工夫。——近来的文人全不讲求布局：只顾凑足多少字可卖几块钱；全不问材料用的得当不得当，动人不动人。他们今日作上回的文章，还不知道下一回的材料在何处！这样的文人怎样造得出有价值的新文学呢！

（三）描写的方法。局已布定了，方才可讲描写的方法。描写的方法，千头万绪，大要不出四条：

（甲）写人

（乙）写境

（丙）写事

（丁）写情

① 此篇全文，今录如下：——上山采蘼芜，下山逢故夫。长跪问故夫，“新人复何如?”“新人虽言好，未若故人姝。颜色类相似，手爪不相如。新人从门入，故人从阁去。新人工织缣，故人工织素；织缣日一匹，织素五丈余。将缣来比素，新人不如故。”

写人要举动、口气、身份、才性……都要有个性的区别。……写境要一喧、一静、一石、一山、一云、一鸟……也都要有个性的区别。……写事要线索分明，头绪清楚，近情近理，亦正亦奇。写情要真，要精，要细腻婉转，要淋漓尽致。——有时须用境写人，用情写人，用事写人；有时须用人写境，用事写境，用情写境；——这里面的千变万化，一言难尽。

作者简介

见第 183—184 页。

延伸阅读

1918 年 4 月 15 日在《新青年》第四卷第四号，发表《建设的文学革命论》。文中说："我的'建设新文学论'的唯一宗旨只有十个大字：'国语的文学，文学的国语'。我们所提倡的文学革命，只是要替中国创造一种国语的文学。有了国语的文学，方才可有文学的国语。有了文学的国语，我们的国语才可算得真正国语。国语没有文学，便没有生命，便没有价值；便不能成立。便不能发达。"他"以为创造新文学的进行次序，约有三步：（一）工具，（二）方法，（三）创造。前两步是预备，第三步才是实行创造新文学"。本文节选的是创造新文学进行次序中的第二步：方法。

《建设的文学革命论》原文将近 12 000 字，节录的这篇《文学的方法》不足 2 000字，篇幅仅为原文的六分之一。

［1］施耐庵（约 1296—约 1370 年），名耳，又名肇瑞、彦端，字子安，号耐庵，

或称“钱塘施耐庵”。江苏兴化人，祖籍苏州，元末明初文学家，是中国古代四大名著之一《水浒传》的作者。

［2］上山采蘼芜（mí wú）：蘼芜，一种香草，叶子风干可以做香料。古人相信蘼芜可使妇人多子。

初中国语课

第六册

叶圣陶 顾颉刚 主编
商金林 李淑英 校注

开明出版社

图书在版编目（CIP）数据

初中国语课. 第六册 / 叶圣陶，顾颉刚主编. -- 北京：开明出版社，2024. 9

ISBN 978-7-5131-8907-1

Ⅰ. ①初… Ⅱ. ①叶… ②顾… Ⅲ. ①中学语文课-初中-教材 Ⅳ. ①G634.301

中国国家版本馆 CIP 数据核字（2024）第 060832 号

出 版 人：陈滨滨
责任编辑：卓 玥 程 刚

初中国语课（全六册）
CHUZHONGGUOYUKE（QUANLIUCE）

作　　者：叶圣陶　顾颉刚　主编
　　　　　商金林　李淑英　校注
出　　版：开明出版社
　　　　　（北京海淀区西三环北路 25 号　邮编 100089）
印　　刷：三河市荣展印务有限公司
开　　本：710mm×1000mm　1/16
成品尺寸：170mm×240mm
印　　张：76. 25
字　　数：926 千字
版　　次：2024 年 9 月第 1 版
印　　次：2024 年 9 月第 1 次印刷
定　　价：268. 00 元（全六册）

校注说明

这部《新学制初级中学国语教科书》是1923年出版的，难度较大，我们在审订时作了必要的校注，现说明如下：

1. 课文原有的注均为“①②③……”的页下注，一律保留，有误错的予以订正；校注时增补的注均为加“[1][2][3]……”的尾注；

2. 原有的“作者略述”一律照录，需要补充的加“（　）”标出；“作（译）者略述”空缺的，由校注者补写，改称为“作（译）者简介”，以示区别；

3. 课文中缺漏的文字和标点，均加“［　］”标出；

4. 为了方便读者的学习和阅读，增设“延伸阅读”一项，对课文作相应的提示或介绍。

商金林　李淑英

2024年6月20日

目录

一　墨子兼爱篇①

圣人以治天下为事者也，必知乱之所自起[1]，焉②能治之；不知乱之所自起，则不能治。譬之如医[2]之攻[3]人之疾者然[4]：必知疾之所自起，焉能攻之；不知疾之所自起，则弗能攻……

圣人以治天下为事者也，不可不察乱之所自起。当[5]察乱何自起，起不相爱[6]。

臣子之不孝君父，所谓乱也。子自爱不爱父，故亏[7]父而自利。弟自爱不爱兄，故亏兄而自利。臣自爱不爱君，故亏君而自利。此所谓乱也。

虽父之不慈子，兄之不慈弟，君之不慈臣，此亦天下之所谓乱也。父自爱也不爱子，故亏子而自利。兄自爱也不爱弟，故亏弟而自利。君自爱也不爱臣，故亏臣而自利。是何也？皆起不相爱。

虽至天下之为盗贼者亦然。盗[8]爱其室，不爱其异室，故窃异室以利其

---

① 墨子生于春秋之末，战国之初，目睹诸侯相攻，贵族豪侈，人民处于虐政之下不胜其痛苦，因以救世自任，提倡兼爱、非攻、尚贤、节用诸恉。书中自《尚贤》至《非命》每题皆有三篇。俞樾谓墨家分为相里、相夫、邓陵三派，后人集合此三派之书而成，故篇分为三而言论无殊。此语颇可信。此篇系《兼爱篇》的上篇。《墨子》书以孙诒让《墨子间诂》为最善，可参考。

② “焉”训为“乃”。下同。

室。贼爱其身，不爱人，故贼人[9]以利其身。此何也？皆起不相爱。

虽至大夫之相乱家，诸侯之相攻国者亦然。大夫各爱其家[10]，不爱异家[11]，故乱异家以利其家。诸侯各爱其国，不爱异国，故攻异国以利其国——天下之乱物[12]，具此而已矣[13]。察此何自起，皆起不相爱。

若使天下兼相爱[14]，爱人若爱其身[15]，犹[16]有不孝者乎？视[17]父兄与君若其身，恶施不孝[18]！犹有不慈者乎？视弟子与臣若其身，恶施不慈！故不孝不慈亡有。犹有盗贼乎？视人室若其室，谁窃！视人身若其身，谁贼！故盗贼亡有。犹有大夫之相乱家，诸侯之相攻国乎？视人家若其家，谁乱！视人国若其国，谁攻！故大夫之相乱家，诸侯之相攻国者亡有。

若使天下兼相爱，国与国不相攻，家与家不相乱，盗贼无有，君臣父子皆能孝慈，若此则天下治。故圣人以治天下为事者，恶得不禁恶而劝爱！故天下兼相爱则治，交相恶[19]则乱。故子墨子曰："不可以不劝爱人者，此也。"

作者简介

墨子，名翟，一说其为宋国人，一说为鲁国人。生卒年亦不可考，大概生活在公元前468至前376年之间。今存《墨子》一书，53章，为墨翟及其后学的著作汇编。

延伸阅读

"兼爱"是墨家学派最有代表性的理论之一。兼爱的本质是要求人们爱人如己，彼此之间不要存在血缘与等级差别的观念。墨子认为，不相爱是当时社会混乱最大的原因，只有通过“兼相爱，交相利”才能达到社会安定的状态。这种理论具有反抗贵族等级观念的进步意义，也带有强烈的理想主义色彩。

［1］所自起：从哪里产生。

［2］医：医师。

［3］攻：治。

［4］然：那样。

［5］当：同“尝”，尝试。

［6］起不相爱：起源于互不相爱。

［7］亏：损害。

［8］盗：窃贼。

［9］贼人：抢劫他人。贼，作动词。

［10］其家：自己的家。

［11］异家：别人的家。

［12］乱物：乱事。

［13］具此而已矣：都具备在这里了。

［14］兼相爱：互相关爱。

［15］若爱其身：如同爱护自己身体一样。

［16］犹：还、仍然。

［17］视：看待。

［18］恶施不孝：从何去行不孝。恶，同“何”。

［19］交相恶：互相憎恨。

二 墨子非攻篇①

今有一人入人园圃，窃其桃李，众闻则非之，上为政者[1]得则罚之。此何也？以亏人自利也。至攘人犬豕鸡豚[2]者，其不义[3]又甚入人园圃窃桃李。是何故也？以亏人愈多，其不仁兹[4]甚，罪益厚[5]。至入人栏厩，取人马牛者，其不仁义又甚攘人犬豕鸡豚。此何故也？以其亏人愈多。苟亏人愈多，其不仁兹甚，罪益厚。至杀不辜[6]人也，扡②其衣裘，取戈剑者，其不义又甚入人栏厩[7]，取人马牛。此何故也？以其亏人愈多。苟亏人愈多，其不仁兹甚矣，罪益厚。当此[8]，天下[9]之君子皆知而非之，谓之不义。今至大为（不义）攻国，则弗知非，从而誉之，谓之义。此可谓知义与不义之别乎？

杀一人谓之不义，必有一死罪矣。若以此说往[10]，杀十人，十重不义，必有十死罪矣；杀百人，百重不义，必有百死罪矣。当此，天下之君子皆知而非之，谓之不义。今至大为不义攻国，则弗知非，从而誉之，谓之义。情③[11]不知其不义也，故书其言[12]以遗后世④。若知其不义也，夫奚说[13]书其不义以遗后世哉？

---

① 此《非攻》上篇。

② 扡即拖异文；拖，褫夺也。

③ 情，“诚”通用。

④ 此语谓天下之君子实不知攻国之为不义，故肯把攻国的事记载出来给后世人看。

今有人于此，少见黑曰黑，多见黑曰白，则（必）以此人（为）不知白黑之辩[14]矣。少尝苦曰苦，多尝苦曰甘，则必以此人为不知甘苦之辩矣。今小为非，则知而非之；大为非攻国，则不知非，从而誉之，谓之义，此可谓知义与不义之辩乎？

是以知天下之君子也①，辩义与不义之乱也[15]。

作者简介

见第 2 页。

延伸阅读

本文为《墨子·非攻》上篇，用比喻的手法很自然地提出“非攻”的主张。“非攻”是墨子的重要思想主张，从“兼爱”出发，极力反对战争。实际上，墨子生活的时代正是诸侯之间战争愈演愈烈之际，战乱频仍，生灵涂炭，有感于此，墨子倡导“非攻”。

[1] 上为政者：上面执政的人。

[2] 攘人犬豕鸡豚者：偷窃别人的狗猪鸡的人。攘，偷盗。豕，猪。豚，小猪。

[3] 不义：不正当。

[4] 兹：同“滋”，更加。

[5] 益厚：更严重。益，更。厚，重。

① “也”字疑衍。

[6] 不辜：无罪。

[7] 栏厩：养家畜的地方。

[8] 当此：遇到这种情形。

[9] 天下：古人称周朝统治的地区（包括各诸侯国）为天下。

[10] 若以此说往：如果用这个说法类推下去。

[11] 情：实在。

[12] 其言：指君子的错误言论。

[13] 奚说：怎么解说，有什么理由。

[14] 辩：同“辨”，分别。

[15] 辩义与不义之乱也：在分辨“义”与“不义”上，思想是混乱的。

三　墨子公输篇

公输盘①[1]为楚造云梯[2]之械②，成，将以攻宋。子墨子[3]闻之，起于齐[4]，行十日十夜而至于郢③[5]，见公输盘。公输盘曰："夫子何命焉为?"子墨子曰："北方有侮臣（者），愿借子杀之。"公输盘不说[6]。子墨子曰："请献十金。"公输盘曰："吾义固不杀人。"子墨子起，再拜[7]曰："请说之。吾从北方闻子为梯，将以攻宋。宋何罪之有？荆国有余于地，而不足于民，杀所不足，而争所有余[8]，不可谓智。宋无罪而攻之，不可谓仁。知而不争[9]，不可谓忠。争而不得，不可谓强。义不杀少而杀众，不可谓知类。"公输盘服。

子墨子曰："然，胡④不已乎?"公输盘曰："不可，吾既已言之王矣。"子墨子曰："胡不见我于王?"公输盘曰："诺。"

子墨子见王，曰："今有人于此，舍其文轩⑤[10]，邻有敝轝⑥[11]而欲窃

① 公输盘是当时的巧匠。盘，一作般。《吕氏春秋》高诱注："公输，鲁般之号。"今匠人祀鲁班，即鲁般也。

② 云梯，高长上与云齐，所以瞰敌者。械，器也。

③ 郢，楚都，在今湖北江陵县北。

④ 胡，旧本误作"乎"，今依《太平御览》改。

⑤ 文轩是有采饰的车子。

⑥ 轝即舆。

之；舍其锦绣，邻有短褐[12]而欲窃之；舍其粱肉[13]，邻有糠糟而欲窃之：此为何若人?”王曰：“必为（有）窃疾矣。”子墨子曰：“荆之地方五千里，宋之地方五百里，此犹文轩之与敝舉也[14]。荆有云梦①[15]，犀[16]、兕[17]、麋、鹿满之，江汉之鱼、鳖、鼋、鼍为天下富，宋所谓②无雉、兔、鲋鱼③者也，此犹粱肉之与糠糟也。荆有长松、文梓、楩[18]、楠、豫章④[19]，宋无长木[20]，此犹锦绣之与短褐也。臣以三事⑤之攻宋也，为与此同类。臣见大王之必伤义而不得。”王曰：“善哉！虽然，公输盘为我为云梯，必取宋。”

于是见公输盘。子墨子解带为城，以牒⑥[21]为械，公输盘九设攻城之机变，子墨子九距[22]之。公输盘之攻械⑦尽，子墨子之守圉[23]有余。

公输盘诎[24]，而曰：“吾知所以距子矣，吾不言!”子墨子亦曰：“吾知子之所以距我（者），吾不言。”楚王问其故，子墨子曰：“公输子之意，不过欲杀臣——杀臣，宋莫能守，可攻也。然臣之弟子禽滑厘[25]等三百人，已持臣守圉之器，在宋城上而待楚寇矣。虽杀臣，不能绝也。[26]”楚王曰：“善哉！吾请无攻宋矣!”

---

① 云梦，楚之大薮，在今湖北安陆县南。本二泽，梦在江南，云在江北，方八九百里。后悉为邑居聚落。

② 谓，旧本作“为”，依《宋策》改。

③ 鲋鱼，旧本作“狐狸”。按雉兔对犀兕麋鹿而言，狐狸则与鱼鳖鼋鼍不相应。今依《尸子》《国策》改。

④ 这些都是大木。楩，一作梗。梗，杞也。

⑤ 三事，孙诒让谓是“三吏”之误。三吏，《逸国书》孔晁注云：“三卿也。”

⑥ 牒，依俞樾说，系“楪”之假字。楪，郑玄《礼记》注云：“犹箸也。”陈琳为曹洪与文帝书曰：“墨子之守，萦带为垣，折箸为械。”

⑦ 攻械，《史记索隐》云：“谓飞梯、撞车、飞石、车弩之具。”

作者简介

见第 2 页。

延伸阅读

本文为《墨子·公输》节选，删掉了最后一段。春秋战国时期，各诸侯国之间战争频繁，社会混乱，墨子为此提出“非攻”主张，反对战争。本文记载墨子自齐至楚劝阻公输盘和楚王停止攻打宋国的故事，是“非攻”精神的具体实践。现将被删掉的最后一段抄录于下：“子墨子归，过宋。天雨，庇其闾中，守闾者不内也。故曰：治于神者，众人不知其功。争于明者，众人知之。”

[1] 公输盘：春秋末期或战国初期鲁国人，古代著名建筑工匠，公输是姓，盘是名，也写作“公输班”。因其为鲁国人，也被称为“鲁班”。

[2] 云梯：古代战争中攻城用的器械，因其高而称为云梯。

[3] 子墨子：指墨翟（dí）。前一个“子”是夫子（即先生、老师）的意思，学生对墨子的尊称。后一个“子”是当时对男子的称呼。

[4] 起于齐：起，起身，出发。于，从。

[5] 至于郢：至于，到达。郢，春秋战国时楚国国都，在今天的湖北江陵。

[6] 说：通“悦”，高兴，愉快。

[7] 再拜：先后拜两次，表示郑重的礼节。再，第二次。

[8] 杀所不足，而争所有余：损失不足的而争夺有余的，意思是牺牲百姓的生命去争夺土地。而，表转折，却。

[9] 知而不争：知道这道理却不对楚王进行劝谏。

[10] 文轩：装饰华美的车。文，彩饰。轩，有篷的车。

[11] 敝舆（yú）：破车。

[12] 褐：粗布衣服。

[13] 粱肉：好饭好菜。

[14] 犹文轩之与敝舆也：犹……之与……也，意为“好像……同……相比”。

[15] 云梦：楚国的大泽，跨长江南北。

[16] 犀：犀牛。

[17] 兕（sì）：雌性的犀牛。

[18] 楩（pián）：古书上说的一种树，称“黄楩木”。

[19] 豫章：枕木与樟木的并称。

[20] 长木：高大的树木。

[21] 牒（dié）：木片。

[22] 距：通“拒”，抵御。

[23] 守圉：守卫。圉，通“御”，抵挡。

[24] 诎：通“屈”，意思是理屈，（办法）穷尽。

[25] 禽滑厘：人名，魏国人。墨子学生。

[26] 虽杀臣，不能绝也：即使杀了我，也不能（杀）尽（宋的守御者）。虽，即使。绝，尽。

四　左传殽之战①[1]

晋文公卒[2]……杞子②自郑使告于秦曰："郑人使我掌其北门之管③，若潜师以来[3]，国可得也。"穆公访诸蹇叔④。蹇叔曰："劳师以袭远[4]，非所闻⑤也。师劳力竭，远主备之，无乃不可乎？师之所为，郑必知之；勤而无所[5]，必有悖心⑥[6]。且行千里，其谁不知？"公辞[7]焉。召孟明、西乞、白乙⑦[8]，使出师于东门之外。

蹇叔哭之，曰："孟子！吾见师之出而不见其入也！"公使谓之曰："尔何知！中寿[9]，尔墓之木拱⑧[10]矣！"

蹇叔之子与师[11]，哭而送之曰："晋人御师[12]必于郩⑨——郩有二

---

① 见僖公三十二年至三十三年传。

② 杞子，秦大夫，使戍郑者。

③ 掌北门管，谓司郑国北门之锁钥。

④ 蹇叔，秦大夫。

⑤ 非所闻，谓谋必泄。

⑥ 此谓我师劳而无所得，必有悖惑之举。

⑦ 孟明，百里奚子，名视；西乞，名术；白乙，名丙；皆秦大夫。

⑧ 中寿，七十岁（《淮南子》说）。此因蹇叔年甚老，谓其若止中寿，墓木且拱，此次出兵之事亦不及见矣。

⑨ 殽在今河南永宁县，一作崤。

陵①[13]焉：其南陵，夏后皋②[14]之墓也；其北陵，文王之所辟[15]风雨也——必死是间[16]，余收尔骨焉。”

秦师遂东。

秦师过周北门[17]，左右[18]免胄[19]而下[20]，超乘③[21]者三百人。王孙满④[22]尚幼，观之，言于王曰：“秦师轻[23]而无礼，必败。轻则寡谋，无礼则脱[24]：入险而脱，又不能谋，能无败乎？”

及滑⑤[25]。郑商人弦高将市于周[26]，遇之，以乘韦先，⑥[27]牛十二犒师[28]，曰：“寡君闻吾子将步师[29]出于敝邑[30]，敢犒从者⑦。不腆[31]敝邑，为从者之淹[32]，居[33]则具一日之积[34]，行则备一夕之卫[35]。”且使遽⑧[36]告于郑。

郑穆公[37]使视客馆，则束载、厉兵、秣马[38]矣。使皇武子[39]辞[40]焉，曰：“吾子淹久于敝邑，惟是脯资饩牵⑨[41]竭矣。为吾子之将行也，郑之有原

---

① 陵谓大阜。南陵亦曰西崤，北陵亦曰东崤，道出二陵之间，颇险曲。

② 夏后皋，桀祖父。

③ 遇王城，免胄而下，礼也；超乘则轻而失军礼。

④ 王孙满，周之贵族，定王时为大夫。

⑤ 滑国，今河南偃师县南。离郑尚五百余里。

⑥ 弦高以牛十二犒师，以四韦先之。韦，皮革之制成而软柔者。乘，一车四马，故谓四数曰乘。

⑦ 伪以郑君命犒师，示若先知秦谋者。从者，侍从之人。不敢斥言对手方，因以从者为代名词。陛下，足下，均同此例。

⑧ 遽，传车也。

⑨ 资，粮也。饩牵，谓牛羊豕等。

圃①[42]，犹秦之有具囿[43]也，吾子取其麋[44]鹿，以闲敝邑，若何？”② 杞子奔齐，逢孙、扬孙③奔宋。

孟明曰：“郑有备矣，不可冀也。攻之不克，围之不继，吾其还也。”灭滑而还。

晋原轸④[45]曰：“秦违蹇叔而以贪勤民[46]，天奉我也。奉不可失，敌不可纵。纵敌患生[47]，违天不祥。必伐秦师！”栾枝⑤曰：“未报秦施[48]而伐其师，其为死君⑥[49]乎？”先轸曰：“秦不哀吾丧而伐吾同姓⑦[50]，秦则无礼，何施之为[51]？吾闻之：‘一日纵敌，数世之患也。’谋及子孙[52]，可谓死君乎！”遂发命，遽兴姜戎⑧[53]。子墨衰绖⑨[54]，梁弘御戎[55]，莱驹为右[56]。

夏四月，辛巳，败秦师于郩，获百里孟明视、西乞术、白乙丙以归。遂墨以葬文公⑩。晋于是始墨。[57]

文嬴⑪请三帅[58]，曰：“彼实构[59]吾二君，寡君[60]若得而食之，不厌[61]；君何辱讨焉[62]？使归就戮于秦，以逞[63]寡君之志，若何？”公许之。

---

① 原圃在今河南中牟县。

② 此数语，言其久劳于外，资用已尽；今倘欲行，可将此严备猎于原圃而归，虽在客戍，不异猎于秦之具囿；在郑亦可闲暇无患。

③ 逢孙、扬孙均秦大夫，与杞子于僖公三十年同戍郑者。

④ 原轸，即先轸，晋大夫，封于原。

⑤ 栾枝，晋大夫，将下军。卒谥贞子。

⑥ 死君谓晋文公卒而遂忘秦晋之好。

⑦ 滑与晋同姬姓。

⑧ 姜戎，姜姓之戎，居晋南鄙。

⑨ 子，文公子襄公也。文公未葬，襄公即戎，故墨其衰绖而称子。

⑩ 以墨服得胜，即以墨服临葬。

⑪ 文嬴，秦穆公女，晋文公夫人。

先轸朝，问秦囚。公曰：“夫人请之，吾舍之矣。”先轸怒曰：“武夫力而拘诸原，妇人暂而免诸国，堕军实[64]而长寇仇[65]，亡无日矣[66]！”不顾而唾[67]。

公使阳处父[68]追之，及诸河，则在舟中矣。释左骖①，以公命赠孟明②。孟明稽首曰：“君之惠，不以累臣衅鼓[69]，使归就戮于秦，寡君之以为戮，死且不朽！若从君惠而免之，三年将拜君赐③。”

秦伯素服郊次[70]，乡师[71]而哭，曰：“孤违蹇叔，以辱二三子，孤之罪也。”不替④孟明[72]，孤之过也，大夫何罪？且吾不以一眚⑤掩大德。”

作者简介

左丘明，生卒年不详，春秋末期鲁国都君庄（今山东省肥城市石横镇衡鱼村）人，史学家、文学家。

左丘明曾任鲁国史官，据传为解析《春秋》而作《左传》，又作《国语》，这两部书记录了不少西周、春秋的重要史事，保存了具有很高价值的原始资料。左丘明因而被誉为“百家文字之宗、万世古文之祖”，是中国传统史学的创始人、中国史学的开山鼻祖。

---

① 左骖者，古车制一辕，二服两骖，因谓两旁之马曰骖。
② 阳处父解左骖，以公命赠，欲因孟明之还拜而执之。
③ 孟明语意，谓当三年养息，兴师至晋，以报仇为拜赐。
④ 替，废也，言不废止孟明出师之命。
⑤ 一眚谓一事之过。

延伸阅读

本文按照战争的起因、发展和结局的顺序记录了著名的秦晋殽之战。第一部分写战争的酝酿阶段，具体写了杞子密报、蹇叔哭师等情节；第二部分主要写秦军的骄纵无礼及袭郑未遂的情况，包括王孙满观师、弦高犒师、皇武子辞客三个情节；第三部分主要写崤之战的爆发和结局，包括先轸论战、秦军败师崤山、文嬴请三帅、先轸怒唾于朝、孟明谢赐、穆公悔过等情节。这篇文章善于通过对话和行动塑造鲜明生动的人物形象，外交辞令也写得委婉含蓄，表面上谦恭有礼，实则暗寓讥讽，意在言外。

［1］殽在今河南洛宁西北，西连陕西，东接渑池。殽，一作崤。秦晋崤之战是春秋时期发生晋秦争霸战争中的一场重要战役。秦穆公趁晋丧而派兵偷袭郑国，后因郑有备而退回。晋襄公率军在晋国崤山隘道设伏全歼回师的秦军，俘虏秦军三帅。

［2］时为鲁僖公三十二年冬。《左传》按鲁国二十多个国君在位先后编年记事，每个历史事件先交代哪个国君在位的第几年。

［3］潜师以来：秘密派军队前来。

［4］劳师以袭远：辛苦地调动自己的军队去袭击远方的国家。

［5］勤而无所：劳苦而无所得。

［6］悖心：背离之心，此处指秦军将士将产生悖心。

［7］辞：拒绝不听。

［8］孟明、西乞、白乙：皆秦国的将领。孟明，秦贤臣百里奚之子，名“视”，“孟明”是字。下文中提到的孟子即孟明。西乞，名术。白乙，名丙。

［9］中寿：指六七十岁，在古代说法不一。从文义推测，蹇叔当时有七八十岁，已超过中寿。

［10］拱：两手合围。

［11］与师：参加了这次出征的军队。

［12］御师：指晋设伏兵拦击秦军。

［13］二陵：指崤之二峰。陵，犹言“山头”。

［14］夏后皋：夏代的君主，名皋，是夏桀的祖父。

［15］辟：躲避。

［16］是间：指“二陵”之间。

［17］周北门：周王都城洛邑的北门。

［18］左右：指战车上的武士。古代战车的御者在中间，武士在左右两边。

［19］胄：头盔。

［20］下：下车步行。这种行为表示对周王朝的敬意。

［21］超乘：一跃而登车。脱了头盔而下车步行是有礼貌的表示，但马上又一跃上车则是轻狂无礼的举动。

［22］王孙满：周王的后人，名满。

［23］轻：轻狂放肆。

［24］脱：疏忽、忽略，言粗心大意。

［25］滑：原为姬姓小国，鲁僖公三十三年被秦所灭，后因秦不能守其地，终为晋所得，改为县邑。其地在今河南滑县。

［26］将市于周：将到周王的都城做买卖。

［27］以乘韦先：以四张熟牛皮作为先行送至的礼物。古代送礼往往先轻后重。韦，熟牛皮。

［28］犒师：慰劳军队。

［29］步师：犹言“行军”。

［30］出于敝邑：经过敝国。

［31］不腆：不富厚。这里是谦称。

［32］淹：逗留。

［33］居：留居郑地。

［34］一日之积：供给人畜一日所用的柴米草料等。

［35］一夕之卫：承担一夜的保卫工作。

［36］遽（jù）：驿车，每过一驿站就换一次马。

［37］郑穆公：郑国的君主。

［38］客馆：接待外宾的住所。杞子、逢孙、扬孙三人戍郑，就住在客馆中。束载、厉兵、秣马：捆好行装，磨砺兵器，喂饱马匹。

［39］皇武子：郑大夫。

［40］辞：辞谢，告诉戍郑的秦大夫，要他们离开。

［41］脯资饩（xì）牵：干肉、粮食、已经宰杀的牲畜、尚未宰杀的牲畜。

［42］原圃：郑国的猎苑，在今河南中牟西北。

［43］具囿：秦国的猎苑，在今陕西凤翔境内。

［44］麋：与鹿相似，但体形比鹿大。

［45］原轸：即先轸，封地在原（今河南济源），又称原轸。

［46］以贪勤民：因为贪于得郑而使人民劳累。

［47］纵敌患生：放走了敌人就会生出后患。

［48］秦施：指秦曾资助晋文公的事。施，给予恩惠。

［49］其为死君乎：意为这岂不是忘记了先君文公吗？死君，指晋文公。

［50］伐吾同姓：指秦灭滑，郑和滑都是姬姓国。

［51］何施之为：还讲什么要报答秦恩呢？

［52］谋及子孙：替后世子孙打算。

［53］遽兴姜戎：用驿车传令急速发动姜戎的军队。姜戎本是秦晋之间的一个部

族，与晋国关系较好。

［54］子墨衰绖（dié）：子，指晋文公之子晋襄公，此时文公未葬，故称“子”。晋襄公把白色的孝服染成黑色。衰，麻衣。绖，麻制的腰带。均为白色，行军时穿白色不吉利，故用墨染黑。

［55］梁弘御戎：梁弘，晋大夫。御戎，驾战车。

［56］莱驹为右：莱驹，晋大夫。为右，为车右武士。

［57］晋于是始墨：晋国从此以后穿黑色孝服，形成习俗。

［58］文嬴请三帅：文嬴为孟明等三帅求情。文嬴，晋文公夫人，襄公嫡母，秦穆公之女。

［59］构：挑拨双方之间的关系。

［60］寡君：文嬴称秦穆公。

［61］不厌：不满足。

［62］君何辱讨焉：何必委屈你去惩罚他们呢？

［63］逞：满足。

［64］军实：战果，战绩，指虏获敌人。

［65］长寇仇：助长了敌人的气焰。

［66］亡无日矣：亡国不需要多时了。

［67］不顾而唾：不顾襄公在面前而向地上吐唾。是一种愤怒而失礼的表现。

［68］阳处父：晋大夫。

［69］累臣衅（xìn）鼓：累臣，犹言“囚臣”，孟明自称。衅鼓，以血涂鼓。

［70］郊次：到郊外等待着。

［71］乡师：面对军队。“乡”，同“向”。

［72］不替孟明：不废除孟明的职务。替，作“废”解。

五　史记项羽本纪

……项王[1]军壁[2]垓下①，兵少食尽。汉军及诸侯兵围之数重[3]。夜闻汉军四面皆楚歌[4]，项王乃大惊曰："汉皆已得楚乎？是何楚人之多也！"

项王则夜起饮帐中。有美人名虞，常幸从[5]；骏马名骓[6]，常骑之；于是项王乃悲歌慷慨，自为诗曰：

力拔山兮气盖世；
时不利兮骓不逝[7]！
骓不逝兮可奈何？
虞兮虞兮奈若何？

歌数阕[8]；美人和之。项王泣数行下；左右皆泣，莫能仰视。于是项王乃上马骑[9]，麾下[10]壮士骑从者八百余人，直夜[11]溃围南出驰走。

平明[12]，汉军乃觉之，令骑将灌婴以五千骑追之。

项王渡淮，骑能属者[13]百余人耳。项王至阴陵②，迷失道，问一田父。

---

① 垓下，在今安徽灵璧县东南。
② 阴陵，秦县名，故城在安徽定远县西北。

田父绐[14]曰“左”。左，乃陷大泽中。以故汉追及之。

项王乃复引兵而东，至东城①，乃有二十八骑。汉骑追者数千人。项王自度[15]不得脱，谓其骑曰：“吾起兵至今八岁矣，身[16]七十余战，所当[17]者破，所击者服，未尝败北，遂霸有天下。然今卒[18]困于此，此天之亡我，非战之罪也！今日固决死，原为诸君快战，必三胜之，为诸君溃围、斩将、刈旗[19]：令诸君知天亡我，非战之罪也！”乃分其骑以为四队，四向[20]。

汉军围之数重。项王谓其骑曰：“吾为公取彼一将！”令四面骑驰下，期山东为三处[21]。于是项王大呼驰下，汉军皆披靡，遂斩汉一将。是时，赤泉侯②为骑将，追项王；项王瞋目而叱之，赤泉侯人马俱惊，辟易③数里。与其骑会为三处。汉军不知项王所在，乃分军为三，复围之。项王乃驰，复斩汉一都尉④，杀数十百人；复聚其骑，亡其两骑耳。乃谓其骑曰：“何如?”骑皆伏[22]，曰：“如大王言!”

于是项王乃欲东渡乌江⑤。乌江亭长⑥檥船⑦待，谓项王曰：“江东⑧虽小，地方千里，众数十万人，亦足王也！愿大王急渡！今独臣有船，汉军至，无以渡。”项王笑曰：“天之亡我，我何渡为[23]！且籍与江东子弟八千人渡江而西[24]，今无一人还，纵江东父老怜而王我[25]，我何面目[26]见之！纵彼不言，籍独不愧于心乎！”乃谓亭长曰：“吾知公长者，吾骑此马五岁，所当无

---

① 东城，秦县名，故城在安徽定远县东南。

② 赤泉侯即杨喜。以项王自刎后夺得一体，封侯。

③ 辟易，退避也。辟，即避。易，易其旧处。

④ 都尉，侍从的武官。

⑤ 乌江，在安徽和县东北四十里。

⑥ 亭长，秦制，每十里一亭，亭有长，掌捕劾盗贼。

⑦ 整船向岸曰檥。

⑧ 江东，长江以东，实即江南。

敌，尝一日行千里，不忍杀之，以赐公。”乃令骑皆下马步行，持短兵[27]接战。独籍所杀汉军数百人。

项王身亦被十余创[28]，顾见汉骑司马①吕马童曰：“若非吾故人[29]乎？”马童面之，指王翳曰：“此项王也！”项王乃曰：“吾闻汉购[30]我头千金，邑万户。吾为若德！”乃自刎而死。王翳取其头；余骑相蹂践争项王[31]，相杀者数十人。……

作者简介

司马迁（前145—前87年），字子长，夏阳（今陕西韩城）人，西汉时期的史学家、文学家、思想家，被后世尊称为“太史公”。司马迁幼年在家忙农事，十岁就读长安，二十岁开始漫游，足迹几遍全国。后任郎中官，随武帝巡行各地，曾奉使安抚西南夷，参与塞河工作与封禅典礼。前108年，即其父司马谈去世的第二年，他继承父志，做太史令，博览皇家图书典籍，历时五年，至武帝太初元年（前104年）开始写作《史记》。天汉二年（前99年）因李陵事件被捕入狱，翌年被处宫刑。出狱后，发愤著书，于公元前91年完成《史记》的著作。

延伸阅读

本文选自司马迁《史记·项羽本纪》。通过霸王别姬、东城快战、乌江自刎三段具体生动的情节，描写了项羽兵败身亡的经过和英雄末路的情状。三个场面揭示了项羽性格的不同侧面：“霸王别姬”表现了英雄末路的多情与无奈；“东城快战”展

① 司马，军官名。春秋时，晋作三军，每军别置司马，盖将军之佐也。

示了项羽的勇猛无比；“乌江自刎”则是他个性中知耻重义的表露。作者注重语言、行动、细节描写及侧面烘托，使人物性格突出、形象丰满。

[1] 项王：即项羽，名籍，自立为西楚霸王。

[2] 壁：营垒，这里用作动词，即扎营、驻扎。

[3] 重（chóng）：层。

[4] 楚歌：用楚地声调唱的歌曲。

[5] 幸从：受宠爱跟在身边。幸，宠幸、宠爱。

[6] 骓（zhuī）：又称乌骓，毛色黑白相间的马。

[7] 逝：奔驰。

[8] 阕：乐曲演唱一遍叫一阕。

[9] 骑（jì）：单乘叫骑，即一人骑一匹马。

[10] 麾（huī）下：部下。麾，古代军中用的旗子。

[11] 直夜：当夜。

[12] 平明：天亮时。

[13] 骑能属者：能跟从而来的骑兵。属，随从。

[14] 绐（dài）：欺骗。

[15] 自度：自料，自己估计。

[16] 身：动词，指亲自参加。

[17] 当：敌对。

[18] 卒：最终。

[19] 刈（yì）旗：砍倒敌人的军旗。

[20] 四向：朝四个方向。

[21] 期山东为三处：相约在山的东面三个地方会合。期，约定。

［22］伏：通“服”；一说为伏身，表示敬佩的样子。

［23］我何渡为：我还渡乌江干什么呢?

［24］西：名词作动词，向西征战。

［25］王我：立我为王。

［26］面目：颜面、脸面，

［27］短兵：短小轻便的武器。

［28］创：创伤。

［29］故人：老朋友。

［30］购：悬赏。

［31］相蹂践争项王：互相践踏争抢项王的躯体。

六 楚辞国殇①

操[1]吴戈[2]兮②被犀甲[3]，车错毂[4]兮短兵[5]接。③ 旌蔽日兮敌若云[6]，矢交坠兮士争先[7]。凌[8]余阵兮躐余行[9]；左骖殪兮右刃伤[10]。霾④两轮兮絷四马[11]；援玉枹⑤兮击鸣鼓。天时怼兮威灵怒[12]，严杀尽兮弃原野。⑥

出不入兮往不反[13]，平原忽[14]兮路超远。⑦ 带长剑兮挟[15]秦弓[16]；首虽离兮心不惩。⑧[17]诚既勇兮又以武[18]，终[19]刚强兮不可凌。身既死兮神以灵[20]，魂魄毅兮为鬼雄[21]！

---

① 此为《九歌》中之一篇。《九歌》皆祀神诗。此篇祀死于国事者。殇，无主之鬼也。

② 戈，戟也。或曰，吴戈，一作吾科，楯名也。

③ 此言戎车相迫，轮毂交错，长兵不施，用刀剑以相接击。

④ 霾，同埋，埋于土中，示决死也。

⑤ 枹，音 fú，击鼓杖也。

⑥ 严杀，犹言鏖战痛杀。弃原野，骸骨弃于原野。此语谓战事剧烈，天灵为之怼怒。

⑦ 此言身弃平原，神欲归而去家远也。

⑧ 惩，悔也。此言虽死而心不悔，带剑挟弓，犹不舍武也。

作者简介

屈原（约前340—约前278年），战国时期楚国诗人、贵族。约公元前340年出生于楚国丹阳（今湖北秭归），楚武王熊通之子屈瑕的后代。屈原是中国历史上第一位伟大的爱国诗人，他的不朽之作——《离骚》，是我国诗歌史以至世界诗史上最为激动人心而具有“永久的魅力”的篇章。

延伸阅读

《国殇》选自《九歌》，是《九歌》的第十篇。《国殇》是祭奠为国牺牲的阵亡将士而写的诗篇。戴震曰：“殇之义二：男女未冠（二十岁）笄（十五岁）而死者，谓之殇；在外而死者，谓之殇。殇之言伤也。国殇，死国事，则所以别于二者之殇也。歌此以吊之，通篇直赋其事。”篇中歌颂了战争中英雄们的崇高品质，坚强斗志。这种热烈的礼赞，慷慨的歌声，所形成的刚健朴质的风格，在《九歌》中独树一帜。

［1］操：拿着。

［2］吴戈：战国时吴国所产的一种戈，以锋利著名。

［3］被犀甲：被，通“披”。犀甲，犀牛皮制作的铠甲。

［4］车错毂（gǔ）：指两国双方激烈交战，兵车来往交错，毂是车轮中心插轴的地方。

［5］短兵：指刀剑一类的短兵器。

［6］旌（jīng）蔽日兮敌若云：旌旗遮蔽了太阳，敌兵像云一样聚集在一起。旌，用羽毛装饰的旗子。

［7］矢交坠兮士争先：是说双方激战，流箭交错，纷纷坠落，战士却奋勇争先杀敌。矢，箭。

［8］凌：侵犯。

［9］躐（liè）：践踏。行：行列。

［10］左骖（cān）殪（yì）兮右刃伤：左骖，古代战车用四匹马拉，中间的两匹马叫“服”，左右的两匹叫“骖”。殪，倒地而死。右刃伤，右骖为兵刃所伤。

［11］霾两轮兮絷（zhí）四马：意思是（战车）两轮陷在土中，马头上的缰绳也解不开。霾，通“埋”。絷，绊住。

［12］天时怼兮威灵怒：天时，天象。怼，恨。威灵怒，神灵震怒。

［13］出不入兮往不反：是说战士抱着义无反顾的必死决心。

［14］忽：指原野宽广无际。

［15］挟：携，拿。

［16］秦弓：战国秦地所造的弓，因射程较远而著名。

［17］首虽离：头和身子虽然分离，指战死。惩：恐惧，悔恨。

［18］诚：果然是，诚然。武：战斗能力强大。

［19］终：始终。

［20］神以灵：指精神永存。

［21］毅：威武不屈。鬼雄：鬼中雄杰。

七　梦招降诸城①

陆　游②

杀气昏昏横塞上，东并黄河开玉帐[1]。昼飞羽檄③下列城；夜脱貂裘抚降将[2]。将军枥上马汗血；猛士腰间虎文韔④[3]。阶前白刃明如霜；门外长戟森相向。

朔风卷地吹急雪，转盼玉花深一丈。谁言铁衣冷彻骨！感义怀恩如挟纩。⑤[4]

羌胡⑥窟穴一洗空；太行⑦北岳⑧元无恙[5]。更呼斗酒作长歌，要遣天山⑨

① 宋高宗南渡后，黄河以北尽为金国的属地。陆游是一个爱国诗人，天天不忘恢复，所以他会有驻军河外，遣使招降诸城的梦。

② 陆游，字务观，自号放翁，南宋初山阴人。父宰，祖佃，并以经学名。游早有文名，后知夔严二州，皆有建白。才气超逸，尤长于诗。以爱蜀道风土，题其集曰《剑南诗稿》。其诗清新刻露而出以圆润，能自辟一宗，故宋以后有剑南一派。

③ 古时传递紧急的檄文，就把鸡羽插在上边，意思是要它急行如飞。

④ 虎文韔，是有虎皮文的弓袋。

⑤ 纩，即是棉花。挟纩是穿着棉衣。

⑥ 羌，西方种族名；胡，北方种族名。此泛言外族。

⑦ 太行山，连亘河南河北道，山西冀宁道及直隶界，山以百数，随地异名，实皆古太行也。

⑧ 北岳，恒山也。恒山亘直隶旧保定府西境及山西旧大同府东境。太行与恒山均为北方最大之山，故以为北方之代表。

⑨ 天山一名雪山，在今新疆境内，横分新疆为南北二路。此语意谓不但要规复故土，并将降服别国。

健儿唱!

延伸阅读

这首诗原题为《九月十六日夜梦驻军河外遣使招降诸城觉而有作》。1173 年夏,陆游任职嘉州。入秋主持嘉州大阅,内心从戎的意识又一次被激发起来。同年九月十六日,写下这首著名的记梦诗。诗人开篇用“杀气昏昏”来渲染战斗气氛,以咆哮的黄河作为战场背景。塞北的战场气候恶劣变化无常,转眼之间,狂风呼啸,积雪蔽野,奇冷无比。面对着这样恶劣的外部环境,梦境中的将士却毫不畏惧。诗人梦中的王师之所以能在昼夜之间所向披靡,战无不胜,无非帅贤兵勇,上下齐心。这是诗人理想中军队的形象,寄托着他对南宋军队深切的期望。陆游纵有“报国欲死”的一腔热血,但在妥协主和的大环境下,最终不可能实现人生理想,只能把收复失土的热望托付给梦境。因而,尽管这首诗写得境界开阔,气势非凡,底色却是悲凉。

[1] 东并黄河开玉帐:东边依靠着黄河有很多营帐。

[2] 夜脱貂裘抚降将:晚上脱下貂裘,亲自安抚那些降将。

[3] 马汗血:即汗血马。虎文韔(chàng):画有虎的弓袋。

[4] 如挟纩(kuàng):如披着棉衣,比喻受人抚慰而感到温暖。

[5] 元无恙:从此太平无事。

八　南高峰[1]看日出

胡　适

时候似乎已很晚了，
我们等的不耐烦了！
东方还只是一线暗淡的红云，
还只是一颗微茫的晨星，
还指不定哪一点是日出的所在！

晨星渐渐淡下去了，
红云上面似乎有一处特别光亮了。
山后的月光仍旧照耀着，
海上的日出仍旧没有消息！
我们很疑心这回又要失望了！
忽然我们一齐站起来了：
“起来了！”“现在真起来了！”
先只像深夜远山上的一线野烧，

① 南高峰在浙江杭县西湖之南，登其上，可瞰钱塘江。

立刻就变成半个灿烂的月华了！
一个和平温柔的初日冉冉地全出来了！

我们不禁喊道：
“这样平淡无奇的日出！”
但我们失望的喊声立刻就咽住了：
那白光的日轮里，
忽然涌出无数青莲色的光轮，
神速地射向人间来，
神速地飞向天空中去：
一霎时，满空中都是青莲色的光轮了，
一霎时，山前的树上、草上都停着青莲色的光轮了！

我们再抬起头时，
日轮里又射出金碧色的光轮来了，
一样神速地散向天空去，
一样神速地飞到人间来，
一样奇妙地飞集在山前的树叶上和草叶上！

日轮里的奇景又幻变了：
金碧的光轮过去了，
艳黄的光轮接着飞射出来；
艳黄的光轮飞尽了，

玫瑰红的光轮又接着涌出来；
一样神速地散向天空去，
一样神速地飞到人间来，
一样奇妙地飞集在树叶、草叶上和我们的白衣裳上！

玫瑰红的光轮涌射的最长久——
满空中正飞着红轮时，
忽然那白光的日轮里什么都没有了，
那和平温柔的朝日忽然变严厉了！
威积的光针辐射出来，
我们不自由地低下头去，
只见一江的江水都变成灿烂的金波了——
朝日已升的很高了！

作者简介

胡适（1891—1962年），曾用名嗣穈，字希疆，学名洪骍，后改名适，字适之。思想家、文学家、哲学家。安徽绩溪人，以倡导“白话文”、领导新文化运动闻名于世。幼年就读于家乡私塾，1910年考取清华庚子赔款留美官费生，进康奈耳大学农学院读书，1912年放弃农科，改习文科。1915年9月入哥伦比亚大学，师从哲学家约翰·杜威。1917年夏回国，受聘为北京大学教授。1918年加入《新青年》编辑部，大力提倡白话文，宣扬个性解放、思想自由，与陈独秀同为新文化运动领袖。他的文章从创作理论的角度阐述新旧文学的区别，提倡新文学创作，翻译法国都德、莫泊桑，挪威易卜生的部分作品，又率先从事白话文学的创作。他于1917年发表的白话诗是现代文学史上第一批新诗。主要著作有《中国哲学史大纲》《尝试集》《中国白话文学史》和《胡适文存》（四集）等。

延伸阅读

本诗原载1923年8月12日《努力周报》第65号。1923年6月，胡适到杭州烟霞洞养病。“七月二十九日晨与任白涛先生曹佩声女士在西湖南高峰看日出。后二日，奇景壮观犹在心目，遂写成此篇。”（《南高峰看日出〉附记》）记录了日出从“暗淡的红云”“微茫的晨星”到“威积的光针”“灿烂的金波”的全过程，把大自然的景观描写得细致入微。

九 泰山日出

徐志摩

我们在泰山顶上看出太阳。在航过海的人，看太阳从地平线下爬上来，本不是奇事；而且我个人是曾饱饫过江海与印度洋无比的日彩的。但在高山顶上看日出，尤其在泰山顶上，我们无餍的好奇心，当然盼望一种特异的境界，与平原或海上不同的。果然，我们初起时，天还是暗沉沉的，西方是一片的铁青，东方些微有些白意，宇宙只是——如用旧词形容——一体莽莽苍苍的。但这是我一面感觉劲烈的晓寒，一面睡眼不曾十分醒豁时约略的印象。等到留心回览时，我不由得大声地狂叫——因为眼前只是一个见所未见的境界。原来昨夜整夜暴风的工程，却砌成了一座普遍的云海。除了日观峰与我们所在的玉皇顶以外，东西南北只是平铺着弥漫的云气，在朝旭未露前，宛似无量数厚毳长绒的绵羊，交颈接背的眠着，卷耳与弯角都依稀辨认得出。那时候在这茫茫的云海中，我独自站在雾霭溟蒙的小岛上，发生了奇异的幻想——

我躯体无限地长大，脚下的山峦比例我的身量只是一块拳石；这巨人披着散发，长发在风里像一面墨色的大旗，飒飒地在飘荡。这巨人竖立在大地的顶尖上，仰面向着东方，平拓着一双长臂，在盼望，在迎接，在催促，在默默地叫唤；在崇拜，在祈祷，在流泪——在流久慕未见而将见悲喜交互的热泪……

这泪不是空流的，这默祷不是不生显应的。

巨人的手指向着东方——

东方有的，在展露的，是什么？

东方有的是瑰丽荣华的色彩，东方有的是伟大普照的光明——出现了，到了，在这里了……

玫瑰汁、葡萄浆、紫荆液、玛瑙精、霜枫叶——大量的染工，在层累的云底工作；无数蜿蜒的鱼龙，爬进了苍白色的云堆。

一方的异彩，揭去了满天的睡意，唤醒了四隅的明霞——光明的神驹在热奋地驰骋……

云海也活了；眠熟了兽形的涛澜，又回复了伟大的呼啸，昂头摇尾地向着我们朝露染青馒形的小岛冲洗，激起了四岸的水沫浪花，震荡着这生命的浮礁，似在报告光明与欢欣之临在……

再看东方——海勾力士[①]已经扫荡了他的阻碍，雀屏似的金霞，从无垠的肩上产生，展开在大地的边沿。起……起……用力，用力，纯焰的圆颅，一探再探地跃出了地平，翻登了云背，临照在天空……

歌唱呀，赞美呀，这是东方之复活，这是光明的胜利……

散发祷祝的巨人，他的身影横亘在无边的云海上，已经渐渐地消翳在普

① 海勾力士（Hercules），希腊神话中之大力士。

遍的欢欣里；现在他雄浑的颂美的歌声，也已在霞彩变幻中，普彻了四方八隅……

听呀，这普彻的欢声；看呀，这普照的光明！

作者简介

徐志摩（1897—1931 年），名章垿，字槱森，后改字志摩，浙江海宁人。现代著名诗人，“新月派”重要代表，对新诗的发展有重要影响。1931 年因飞机失事去世。著有诗歌、散文、小说作品。

延伸阅读

这篇散文诗，是诗人应郑振铎之约，为欢迎泰戈尔来华而创作的，刊登于 1923 年 9 月 10 日出版的《小说月报》第 14 卷第 9 号“泰戈尔号”。诗前有“序”云：“振铎来信要我在《小说月报》的泰戈尔号上说几句话。我也曾答应了，但这一时游济南游泰山游孔陵，太乐了，一时竟拉不拢心思来做整篇的文字，一直挨到现在期限快到，只得勉强坐下来，把我想得到的话不整齐的写出。”诗的最后一小节写道：“这是我此时回忆泰山日出时的幻想，亦是我想望泰戈尔来华的颂词。”很显然，诗人之所以选择泰山日出作为祝贺文章，带有特定的象征寓意：即把泰戈尔的来华访问比作泰山日出，说它将给混乱、落后的中国带来光明，带来希望，指出一条新生的路。因为是给泰戈尔的颂词，文中许多虚幻的景象都有实指，例如：

这巨人披着散发，长发在风里像一面墨色的大旗，飒飒地在飘荡。这巨人竖立在大地的顶尖上，仰面向着东方，平拓着一双长臂，在盼望，在迎接，在催促，在默默地叫唤；在崇拜，在祈祷，在流泪——在流久慕未见而将见悲喜交互的热泪……

这泪不是空流的，这默祷不是不生显应的。

巨人的手指向着东方——

东方有的，在展露的，是什么？

东方有的是瑰丽荣华的色彩，东方有的是伟大普照的光明……

这里的披发巨人指的是大诗人泰戈尔，这里的东方，指的就是中国，这里的“在崇拜，在祈祷，在流泪——在流久慕未见而将见悲喜交互的热泪”，既指泰戈尔即将到来时的预想景况，也指泰戈尔久已对中国的向往与崇拜。出现在本文中的热情的赞美、尽情的歌颂，除去一部分描写实际日出的场景外，其余的都有双关意味。选入本教科书时，叶圣陶和顾颉刚删去了前面的“序”和最后一小节，也就抽掉了这首诗的象征意义，遮蔽了美化泰戈尔的用意，引导读者纯粹地当作一篇散文诗来阅读和欣赏。

十 七发①（录观涛一节）

枚 乘②

客[1]曰："将以八月之望，与诸侯远方交游兄弟并往观涛乎广陵[2]之曲江③。至则未见涛之形也，徒观水力之所到，则恤然④足以骇矣。观其所驾轶[3]者，所擢拔[4]者，所扬汩[5]者，所温汾[6]者，所涤汔[7]者⑤，虽有心略[8]辞给[9]，固未能缕形[10]其所由然也。

"怳兮忽兮[11]，聊兮栗兮[12]，混汩汩[13]兮。忽兮慌兮，俶兮傥兮[14]，浩瀇瀁[15]兮，慌旷旷[16]兮。秉意乎南山[17]；通望[18]乎东海。虹洞⑥[19]兮苍

---

① 此文假托楚国的太子有疾而吴国的游客去谒他，对他说，"你的病可以不用药石治疗，只要用'要言妙道'来把它说开好了。"于是叙述了许多声色、饮食、游览之乐；说了六事，太子都以"仆病未能"回答。到了第七事——论天下之精微，理万物之是非——于是太子立得起了，出了一身汗，病就好了。这里选的是第六发，文中多不可强解处，读者体会其意可耳。此文是"赋"体，赋是主于铺张和描写的。赋体始于战国，极盛于汉魏六朝。起初的时候很能描写物状，后来给一班没有文学天才的人做了，就只是填塞典故了。

② 枚乘，字叔，汉景帝时为吴王濞郎中，吴王谋逆，乘谏不纳，去之梁，梁王尊为上客。武帝即位，以安车蒲轮征，道卒。

③ 广陵，汉县名，今为江苏江都县。曲江，北江也。今地势已变，涛已无此壮观。

④ 恤（xù）然，惊恐貌。

⑤ 驾轶，冲突也。擢拔，抽提也。扬汩（gǔ），激乱也。温汾（fén），转动也。涤汔（qì），摩荡也。

⑥ 虹洞，相连貌也。

天；极虑乎崖涘[20]。流揽[21]无穷，归神日母①[22]。汩②乘流而下降[23]兮，或不知其所止。或纷纭其流折兮，忽缪[24]往而不来。临朱汜③而远逝兮，中虚烦而益怠[25]。莫离散而发曙④兮，内存心而自持。[26]

“于是澡概⑤胸中，洒练⑥五藏[27]，澹澉⑦手足，頮濯⑧发齿。揄弃恬怠[28]，输写淟浊⑨[29]，分决[30]狐疑，发皇耳目[31]。当是之时，虽有淹病滞疾[32]，犹将伸伛[33]起躄[34]，发瞽[35]披聋[36]而观望之也，况直[37]眇小烦懑，酲醲[38]病酒之徒哉！故曰：发蒙解惑[39]，不足以言[40]也。”

太子曰：“善！然则涛何气[41]哉？”

客曰：“不记[42]也。然闻于师曰，似神而非[43]者三：疾雷闻百里[44]；江水逆流，海水上潮[45]；山出内[46]云，日夜不止。衍溢漂疾⑩[47]，波涌而涛起。其始起也，洪淋淋焉[48]，若白鹭之下翔。其少进也，浩浩溰溰[49]，如素车白马帷盖之张。其波涌而云乱[50]，扰扰焉[51]如三军之腾装[52]。其旁作[53]而奔起也，飘飘焉如轻车之勒兵[54]。六驾蛟龙，附从太白[55]；⑪ 纯驰浩蜺⑫[56]，

---

① 言周流观览而穷，然后归神至日所出也。纬书谓“日者阳德之母”。

② 汩，疾速貌。

③ 朱汜，盖地名，未详。

④ 莫，即暮。暮夜离散，天明而发。

⑤ 概与溉同，洗涤也。

⑥ 练，犹汰，亦是洗涤。

⑦ 澹（dàn）澉（gǎn），亦是洗涤。

⑧ 頮（huì），洗面也。

⑨ 淟（tiǎn），垢浊也。输，脱也。写，即泻。

⑩ 衍，散也。漂，浮也。

⑪ 太白，河伯也。河伯视蛟龙若马而驾之，其数六也。

⑫ 浩蜺，素蜺也。波涛之势若素蜺而驰，言其长也。纯，专也。

前后络绎；颙颙卬卬[57]、椐椐强强[58]、莘莘将将[59]，① 壁垒重坚，沓杂似军行；[60]訇隐匈磕，轧盘涌裔，②[61]原不可当[62]。观其两旁，则滂渤怫郁[63]，暗漠感突[64]，上击下律[65]，有似勇壮之卒：突怒而无畏；蹈壁冲津[66]，穷曲随隈[67]；逾岸出追[68]，遇者死，当者坏[69]。

初发乎或围③之津涯，荄轸谷分[70]，④ 回翔[71]青篾，⑤ 衔枚[72]檀桓。⑥ 弭节伍子之山，⑦ 通厉骨母之场[73]⑧。凌赤岸⑨，篲扶桑，⑩ 横奔似雷行[74]。诚奋厥武，如振如怒[75]。沌沌浑浑[76]，状如奔马。混混庉庉[77]，声如雷鼓。发怒庢沓；清升逾跇。⑪ 侯波⑫奋振，合战于藉藉⑬之口：鸟不及飞，鱼不及回，兽不及走[78]。纷纷翼翼[79]，波涌云乱。荡取南山[80]，背击[81]北岸；覆

---

① 颙颙（yōng）、卬卬（áng）、将将，高出之貌。椐椐（jū）、强强，相随之貌。莘莘（shēn），丰多之貌。

② 轧（yà），无边貌。盘，盘礴，广大貌。涌裔，行动貌。

③ 或围，盖地名，未详。

④ 荄，根也。轸（zhěn），转也。言其初发时根似转而谷似裂也。

⑤ 青篾，盖地名。回翔，盘旋也，喻水流转。

⑥ 檀桓，盖亦地名。衔枚，兵卒口中衔了枚（如箸，横衔之）而走，可以没有喧嚣的声音，不为敌人所知。这里喻水之无声。

⑦ 弭节，犹言驻节，停留也。伍子之山，吴王杀伍子胥，投之于江，吴人立祠于江上，因名胥母山。

⑧ 涉深水曰厉，通厉犹言通过。骨母，疑即胥母字讹。

⑨ 赤岸，地名。《南徐州记》曰，“京江（今镇江）……春秋分朔辄有大涛至江，乘北激赤岸。”是赤岸在广陵。李善谓详枚乘文势，似赤岸在远方，非广陵也。按，此不必拘。

⑩ 扶桑为日出之地，出于古时神话。篲，扫竹也，此谓江涛冲至扶桑之势如扫。

⑪ 庢（zhì），碍止也。沓（tà），釜沸出也。跇（yì），超逾也。此言初发怒碍止而涌沸，少选，清者上升，递相超逾也。

⑫ 侯波，大波也。

⑬ 藉藉，盖地名。

亏[82]丘陵，平夷[83]西畔。① 险险戏戏[84]，崩坏陂池；决胜乃罢。瀄汩潺湲，② 披扬流洒[85]。横暴之极，鱼鳖失势，颠倒偃侧[86]：沋沋湲湲，③ 蒲伏连延。④ 神物怪疑，不可胜言。直使人踣[87]焉，洄暗[88]凄怆焉。

“此天下怪异诡观也，太子能强起观之乎？”

太子曰：“仆病未能也！”

作者简介

枚乘（？~前140），字叔，西汉辞赋家。汉族，秦建治时古淮阴人。枚乘因在七国叛乱前后两次上谏吴王而显名。初为吴王濞郎中，曾上书劝濞勿谋反，不听，遂去吴至梁，为梁孝王客。吴楚七国反时，再上书劝濞罢兵，又不听。后景帝召为弘农都尉，以病去官。武帝即位后，以安车蒲轮征入京，年迈死于途中。善辞赋，《汉书·艺文志》著录枚乘赋九篇。近人辑有《枚叔集》。

延伸阅读

本文为枚乘《七发》节选。《七发》是一篇讽喻性作品。赋中假设楚太子有病，吴客前去探望，通过互相问答，构成七大段文字。吴客认为楚太子的病因在于贪欲过度，享乐无时，不是一般的用药和针灸可以治愈的，只能“以要言妙道说而去

---

① 此言水势既荡南山，又击北岸，丘陵为之颠覆，然后再打西面也。

② 瀄（zhì），泌瀄，波相楔也。汩，密汩，水流疾也。潺（chán）湲（yuán），水流貌也。

③ 沋沋（yóu）、湲湲，鱼龟颠倒貌也。

④ 蒲伏，即匍匐。连延，相续貌。

也”，于是分别描述音乐、饮食、乘车、游宴、田猎、观涛等六件事的乐趣，一步步诱导太子改变生活方式；最后要向太子引见“方术之士”，“论天下之精微，理万物之是非”，太子因而病愈。作品的主旨在于劝诫贵族子弟不要过分沉溺于安逸享乐，委婉地表达了作者对贵族集团腐朽纵欲的不满。

［1］客：指吴客。

［2］广陵：扬州。按：《七发》所记之潮是古代著名的广陵潮。《乐府诗集·长干曲》：“逆浪故相邀，菱舟不怕摇。妾家扬子住，便弄广陵潮。”

［3］驾轶：超越，此指一浪高过一浪。

［4］擢拔：指浪头高耸拔起。

［5］扬汩：指波涛速度快，与《离骚》“汩余若将不及兮”之“汩”同。

［6］温汾：指水流结聚回转。

［7］涤汔：洗荡，冲刷。

［8］心略：心智谋略。

［9］辞给：敏捷的言辞。

［10］缕形：详细描述。

［11］恍兮忽兮：恍忽，同“恍惚”，形容江涛浩荡无际，令人看不真切。

［12］聊兮栗兮：聊栗，惊恐战栗的样子。

［13］混汩汩：混，水势浩大。汩汩，水流声。

［14］俶兮傥兮：卓异独特的样子。

［15］瀇（wǎng）瀁：水热浩大无边的样子，义近“汪洋”。

［16］慌旷旷：形容江涛茫茫一片。慌，义同“恍惚”。旷旷，空阔的样子。

［17］秉意：执意，指集中注意力。南山：指南山之下江涛壮观处。

［18］通望：一直望到。

［19］虹洞：这里指水势汹涌，上与天连接。

［20］极虑乎崖涘：指观涛者竭尽思虑，想流览潮水的尽头。崖涘，水的边际。

［21］流揽：同“流览”。

［22］日母：指太阳。

［23］汩乘流而下降：指江涛迅速地顺水向下游流去。

［24］缪（liǎo）：纠结在一起。

［25］中虚烦而益怠：这句是说，观涛者见波涛远去心中空虚烦闷而精神也有些倦怠。

［26］“莫离”二句：大意是说，观涛以后，夜里心神散乱一直到天亮，自己才把心收起来保持安定情绪。莫，通“暮”。离散，指观涛者观涛之后心神散乱。发曙，天发亮。

［27］五藏：指的五脏。

［28］揄弃恬怠：揄弃，抛弃，扬弃。恬怠，安逸懒惰。

［29］输写淟浊：输写，排除。写，通“泻”。淟（tiǎn）浊，污垢。

［30］分决：分辨决断。

［31］发皇耳目：使耳聪目明。皇，明。

［32］淹病滞疾：指延挨日久的疾病。

［33］伸伛（yǔ）：使伛偻者伸直腰板。

［34］起躄（bì）：使跛足者起立行走。

［35］发瞽：使盲人重见光明。

［36］披聋：使聋子恢复听觉。

［37］直：只。

［38］醒醲：指酒醉后的烦闷之感。

［39］发蒙解惑：启发愚蒙，解除迷惑。

［40］不足以言：不值得说。

［41］气：气象，景象。

［42］不记：没有记载。

［43］似神而非：江涛似有神助，其实并非神力所致的。

［44］疾雷闻百里：涛声似疾雷，闻于百里之远。

［45］上潮：涨潮。

［46］出内：通“出纳”，指云气在山谷中出入。

［47］衍溢漂疾：指江水涨满，流速很快。

［48］洪淋淋焉：洪水倾泻的样子。洪，洪水。

［49］浩浩溰溰（ái）：形容波涛在空中白茫茫一片。

［50］云乱：云气翻滚。

［51］扰扰焉：纷乱的样子。

［52］腾装：整理行装。

［53］旁作：指波涛向两旁涌起。

［54］轻车：一种兵车。这里指将帅所乘的指挥车。勒兵：统率军队。

［55］太白：据《文选》李善注，即《淮南子》里的“冯迟、太白”，就是河伯即河神。六驾蛟龙，是说河伯出行以六蛟龙像马那样驾车。

［56］纯驰浩蜺：纯，专也。浩蜺：素蜺。蜺，同“霓”，就是虹。这句是说波涛腾驾若白虹一般。

［57］颙颙卬卬：浪头很高的样子。

［58］椐椐强强：形容江涛前后相随的样子。

［59］莘莘将将：形容波涛互相激荡的样子。

［60］“壁垒”二句：江涛重重叠叠如军营的坚壁，沓杂众多如军队的行列。

［61］訇（hōng）隐匈磕（kē）：形容江涛发出的巨大轰鸣声。轧盘涌裔：形容

波涛翻滚奔腾的样子。轧：排挤。盘：盘礴，广大貌。涌裔：流动。

［62］原：本。当：抵挡。

［63］滂渤：同“磅礴”，形容气势大。怫郁：形容激怒。

［64］暗漠感突：形容江涛汪洋一片，左冲右突。感，通“撼”。

［65］上击下律：向高空冲击，向下坠落。律，当作“硉”（lù），从高处击下。

［66］蹈壁冲津：指波涛拍打江岸，冲击渡口。

［67］穷曲随隈（wēi）：指波涛冲向所有江岸弯曲之处。曲、隈，均指江水弯曲的地方。

［68］出追：超出沙滩。追：古“堆”字。

［69］坏：崩坏。

［70］荄（gāi）轸谷分：草根被冲动，山谷被冲开。荄，据《说文》为草根。轸，转动。

［71］回翔：指江水回旋。

［72］衔枚：古代行军时，士兵口中衔枚以免喧哗，这里形容波涛初起时无声前进。按：水势浩大而初起时无声，有似海啸之初起。

［73］通厉：远行。骨母之场：祭祀伍子胥的祠庙，“骨”为“胥”之误，胥母，山名，在今江苏省。《论衡·书虚篇》载，吴王杀伍子胥，投于江中，子胥恚恨，驱水为滔，以溺杀人。一些地方立子胥庙，慰其恨心，以止怒涛。按：过去江浙一带多有伍祠，广陵潮到此稍作停顿，因为伍子胥也。

［74］雷行：如疾雷般迅行。

［75］诚奋厥武：确实发挥了它的威武。振：通“震”，盛怒的意思。

［76］沌沌（dùn）浑浑：波涛相逐的样子。

［77］混混庉庉（tún）：波涛相逐。

［78］“鸟不”三句：从侧面显示波涛的迅猛异常。回，回转。

［79］纷纷翼翼：繁多的样子。

［80］荡取南山：向南冲荡。取，通“趋”，趋向。

［81］背击：回击。

［82］覆亏：倾覆亏蚀。

［83］夷：平，指荡平。畔：边界。

［84］险险戏戏：危险的样子。

［85］披扬流洒：形容江水汹涌，浪花四溅。

［86］偃侧：犹言东倒西歪。偃，仰躺。侧，歪斜。

［87］踣：跌倒。

［88］洄暗：神志不清的样子。

十一　吟雪[①]

施绍莘[②]

【南[③]·南吕[④]·梁州序[⑤]】

尖风一夜，彤云千里，池面琉璃轻脆。六花腾舞，先春已夺花魁[⑥]。只见穿帘似燕，入幕如宾[⑦]，洒脱无拘泥。钗头袂上也有情痴；就飞到炉烟心未

① 这是曲子中的套数。曲子是由“词”变成的，戏剧即是用许多曲子和说白动作拼成功的。单是一支曲子，名“小令”。集合几支曲子，加上“尾声”，名“套数”。这两种都是歌而不演的。

② 施绍莘，字子野，明嘉靖隆庆间人。家在松江泖湖上。著有《秋水庵花影集》，内套数及小令四卷，词一卷。

③ 南，南曲也。曲有南曲、北曲之分。今北曲已失传，南曲变为昆曲，亦已失传。它们的异同已不可考。

④ 南吕，宫名也。宫名如黄钟、大吕、仙吕、中吕等，都是声音上的区别。

⑤ 梁州序是曲牌名。曲牌，曲调之各种名色。盖曲之音节，古皆以牌书之，犹今五线谱之属。曲为词之变，故曲牌有与词牌同名者。

⑥ 此间“魁”与“脆”通押，盖曲韵如此。词韵、曲韵与诗韵均不同。诗韵自宋以来所通用者，盖并合《集韵》之二百六部为一百六部而成；在此一百六部中，四声分列，不能通押。词韵虽源于诗韵，但并《集韵》之二百六部为十九部，其中四部为入声，余十五部均各自分列平仄二声。仄声包括上、去，故在词韵中仅分平、仄、入三声。而各部之归并亦与通常之诗韵不同，如“元”“魂”“痕”三韵，诗韵统摄于“元”韵下，词韵则以“元”归“寒”“删”，以“魂”“痕”归“真”“文”。曲韵亦根据《集韵》，但归纳其二百六部为二十一部。其特色在平、上、去三声之通押而无入声（入声附于平上去三声之内）。

⑦ 晋郗超为桓温参军，谢安、王坦之诣温，温令超卧帐中，听其言。风动帐开，安笑曰：“郗生可谓入幕之宾！”这段故事见于刘宋刘义庆做的《世说新语》。此间借用。

灰。销金帐，笙歌沸，纤纤玉手羊羔美：正开宴，艳罗绮。

【前腔】

开帘疑月，开门无地，一幅米颠[①]山水。江天钓艇，蒙蒙几个蓑衣。只见危桥驴瘦，老树鸦寒，小犬柴门吠。梅边竹上也故依依；更逗入松梢伴鹤栖。茅屋下，明窗里，初煨榾柮[②]青烟细；商茗事，尽幽致。

【前腔】

乍飞来，草榻无毡；更飘洒，牛衣[③]无被。问村荒店远，酒沽来未？只见微晴漏日，忽暗藏天，恍惚寒山翠。谁家妆阁也火初围？想脉脉心情上客衣。庭霰积，琼瑶碎，狻猊装捏儿童戏：成忽败，小兴废。

【前腔】

太轻盈，似柳絮颠狂；争缟素，要梅花回避。见穷途古栈，一人一骑。可有高朋夜棹[④]，上客梁园[⑤]，拾句[⑥]苍茫里？诗成笑傲也兴尤痴；待捶破前山白玉堆。填溪壑，满阶砌。红尘打灭浑无际，炎忽冷，笑人世！

---

① 米颠，即米芾。宋襄阳人，字元章。妙于翰墨，画山水人物自成一家。好泼墨作画，故其画每有雨意。好蓄奇石，常拜其下。人以其放浪不羁，呼为米颠。

② 榾柮（gǔ duò），断木头也，俗用之以代炭。

③ 牛衣，《汉书·王章传》云，“初，章为诸生，学长安，独与妻居。章疾病，无被，卧牛衣中，与妻决，涕泣。其妻呵怒之。”注，“牛衣，编乱麻为之。”

④ “高朋夜棹”系用晋王徽之访戴逵故事。《世说新语·任诞类》云：王子猷居山阴，夜大雪，眠觉开室，命酌酒。四望皎然，因起彷徨咏左思《招隐诗》（左诗曰：“杖策招隐士，荒途横古今。岩穴无结构，丘中有鸣琴。白雪停阴冈，丹葩曜阳林。”）。忽忆戴安道。时戴在剡，即便夜乘小船就之。经宿，方至。造门不前而返。人问其故，王曰：“吾本乘兴而行，兴尽而返，何必见戴！”

⑤ 汉时梁孝王好营宫室苑囿之乐，以通宾客。后世因谓宾客所在为梁园。

⑥ 拾句，寻诗句也。

【节节高】

风灯动夜帏，更飞飞，窗敲碎玉声偏细。寒酸味，煨芋魁[1]，烘绵被，天明一觉呵呵睡。人间尚有鹑衣[2]碎；几处绳床赤脚眠，于中不要丰年瑞！

【前腔】

空庖恰早炊，爨烟迟，琼霙乱洒晨光碎。敲冰箸，瀹茗旗[3]，园蔬脆，一杯麦饭粗欢喜。人间尚有瓶[4]无米；几处诗人得句时，贫家何限凄凉泪。

【尾文】

愿凭一瓣[5]风吹起，递入绮罗筵里，好带却阳和一线回！

作者简介

施绍莘（1588—1640年）字子野，号峰泖浪仙。松江华亭（今上海松江区）人。明代人。少负俊才，跌宕不羁。时陈继儒卜居东佘，与之为近，管弦书画，来往嬉游，故自号浪仙。妙精音律，惟以词曲知名。慕宋张先作词有“张三影”之雅号，乃以“花影”名其词集。有词与散曲合集《秋水庵花影集》。

---

① 芋魁，芋之大者。

② 鹑衣，补缀之敝衣也。鹑尾特秃，若衣之短结，故名。

③ 茗旗，茶叶也。茶叶为旗，其嫩茎为枪。最细之茶仅一旗一枪。

④ 瓶，炊器也，甑釜之属。

⑤ 一瓣，一瓣香也。此为祷祝之辞，故焚香为之。

延伸阅读

本篇从各个角度吟雪，写尽荒冷之境，表达了作者的隐闲、悠然、自适之情，也不时让人体悟到一种哀伤、孤寂、委曲的心声。郑振铎称赞“寒酸味，煨芋魁，烘棉被，天明一觉呵呵睡。人间尚有鹑衣碎；几处绳床赤脚眠，于中不要丰年瑞”等句，“极自然高迈”。

十二　词四首

丹阳湖[①]（西江月）

张孝祥[②]

问讯湖边春色，重来又是三年！春风吹我过湖船，杨柳丝丝拂面。

世事如今已惯，此心到处悠然。寒光亭下水连天，飞起沙鸥一片。

归自越中[③]（虞美人）

项廷纪[④]

画船打桨催将去，愁听乌篷雨。越王台[⑤]上梦迢迢，人在乱莺声里过花朝。

归来重见东风面，杨柳青如线。碧桃还有几分留，为我一春湖上不曾游！

---

① 丹阳湖在江苏高淳县西，接安徽当涂县界。

② 张孝祥，宋乌江人，字安国，号于湖，所著有《于湖词》一卷。

③ 此越中指南越，即广东。

④ 项廷纪，清钱塘人，字莲生，著有《忆云词》甲乙丙丁四稿。

⑤ 越王台在今广东越秀山上。赵佗因山筑台，故名。

暮春见花（踏莎行）

杨　基[1]

白皱沾苔，红轻惹絮，落花堆积无层数。当时开拆赖东风，飘零还是东风妒。

宿雨初晴，低烟欲暮，绵绵芳草迢迢路。绿阴深处听啼莺，莺声更在深深处。

燕（玉楼春）

宋征舆[2]

雕梁画栋原无数，不问主人随意住。红襟惹尽百花香；翠尾扫开三月雨。

半年别我归何处？相见如将离恨诉。海棠枝上立多时，飞向小桥西畔去。

作者简介

张孝祥（1132—1170年），字安国，生于鄞县（今浙江宁波），移居历阳（今安徽和县）。宋高宗绍兴二十四年（1154年）举进士第一。孝宗朝，历任中书舍人、直学士院。在建康留守任内，因力主张浚北伐而罢职。又因上疏言岳飞之冤而下狱。诗文均有名于当世，谢尧仁为其《于湖居士文集》作序说："自渡

---

① 杨基，明初吴县人，字孟载，号眉庵。与高启、张羽、徐贲号四杰，有《眉庵集》。

② 宋征舆，清初华亭人，字直方，一字辕文。与陈子龙、李雯等倡几社，以古学相砥砺。有《林屋诗文稿》。

江以来，将近百年，唯先生文章翰墨，为当代独步。”在词坛上与张元幹并称，其《于湖词》中有长调《六州歌头》（长淮望断）、《水调歌头》（雪洗虏尘净）等爱国名篇。然风格亦多样，陈应行说：“读之泠然洒然，真非烟火食人辞语。予虽不及识荆，然其萧散出尘之姿，自在如神之笔，迈往凌云之气，犹可以想见也。”（见《于湖词序》）其词上追苏东坡，下开辛稼轩，是一位承上启下的豪放派词人。

项廷纪（1798—1835 年），原名鸿祚，字莲生，清浙江钱塘（今杭州）人。道光十二年（1832 年）举人。

杨基（1326—约 1378 年），号眉庵，原籍嘉州（今四川乐山），生长于吴县（今苏州）。元末入张士诚幕府，明洪武初累官至山西按察使。与高启、张羽、徐贲并称“吴中四杰”。工书画，诗风清润峭拔，时人称其为“五言射雕手”。有《眉庵集》。

宋征舆（1618—1667 年），字辕文，一字直方。松江华亭（今上海松江）人。清顺治四年（1647 年）进士及第，官至都察院副都御史。著有《海闾香词》《林屋诗文稿》。

延伸阅读

张孝祥《丹阳湖》

这首词是张孝祥题在江苏溧阳县三塔湖三塔寺寒光亭柱上的。三年前作者曾游三塔寺，有《过三塔寺》诗，有句云“耳边芦苇战寒风”，可见时在深秋。此词上片则写三年后重来，所见的是满湖春色。起首二句以拟人化手法，并以问讯的语气表现了对湖边春色的热爱。三、四两句写在湖上泛舟，充满了轻松愉快的心情。下片一转，调子变得低沉。“此心到处悠然”，看似旷达，实则沉痛。结尾二句以景结情，寓沉郁之情于悠然闲散之中，静中写动，景中见情，给人以寥廓飞动的感觉，所以元人陆辅之《词旨》把它列为警句。在抒写感情时，全词极有层次：由热烈到轻松，再由轻松到深沉，到飘逸，起伏跌宕，感人至深。

项廷纪《归自越中》

羁旅之愁是古典诗词一常见题材，古今屡有雷同。或以情胜，或以景长。情胜者，主宣泄，而往往伤之直露，露则无韵致；景长者，主渲染，而常常累于幽涩，涩则少清畅。二者兼擅者，方为佳构，项作堪列其中。

杨基《暮春见花》

本词写风吹花落、雨后花尽的暮春风光。颇有伤春情怀。

宋征舆《燕》

此词咏物抒情，委婉细腻。燕子秋去春来，喜寻旧巢，使人有春燕怀恋主人之想。故进而猜想，在三月的轻风细雨中，燕子带着花香归来，立在海棠枝上，似乎要向主人诉说半年来的离愁别恨。作者以移情法写燕，神情奇妙，颇见新巧。

十三　文心雕龙①物色篇

刘　勰②

春秋代序，阴阳惨舒[1]，物色之动，心亦摇焉[2]。盖阳气萌而玄驹步③，阴律凝而丹鸟羞④[3]，微虫犹或入感，四时之动物深矣。若夫珪璋挺其惠心⑤，英华秀其清气，物色相召，人谁获安[4]？是以献岁发春⑥，悦豫之情畅[5]；滔滔孟夏⑦，郁陶⑧之心凝[6]；天高气清⑨，阴沉之志远[7]；霰雪无垠⑩[8]，矜

---

① 此书论文章之体制及其工拙，为系统的叙述与批评，凡五十篇，为中国论文章的第一部大著作。

② 刘勰，六朝齐梁间莒人，字彦和。早孤，笃志好学，家贫不婚娶，依沙门居处。积十余年，遂博通经论。天监中，以东宫通事舍人迁步兵校尉。昭明太子好文学，深爱接之。后与慧震撰经于定林寺，启求出家，改名慧地。未几，卒。

③ 玄驹，蚁也。《大戴礼·夏小正》篇云："十有二月玄驹贲。"贲，走于地中也。十二月，阳气生。

④ 丹鸟，萤也。《夏小正》云："八月丹鸟羞白鸟。"注："白鸟，谓蚊蚋也。羞，进也，不尽食也。"八月，阴气盛。

⑤ 珪璋为玉器之美者，故以喻人品之高贵。惠，通慧。

⑥ 《楚辞·招魂》云："献岁发春兮，汩吾南征。"献，进也。言岁始来进，春气奋扬，万物皆感气而生发也。此借用，但言"当春"耳。下同。

⑦ 《楚辞·九章》云："滔滔孟夏兮，草木莽莽。"滔滔，盛阳貌也。

⑧ 郁陶，闷郁思念也。

⑨ 《楚辞·九辩》云："泬寥兮天高而气清。"谓秋天高朗，体清明也。

⑩ 《楚辞·九章》云："霰雪纷其无垠兮，云霏霏而承宇。"霰，雨雪杂也。垠音银，畔岸也。

肃[9]之虑深。岁有其物，物有其容，情以物迁，辞以情发[10]。一叶且或迎意①[11]，虫声有足引心[12]，况清风与明月同夜，白日与春林共朝哉[13]！

是以诗人感物，联类不穷。流连万象之际，沉吟视听之区：写气、图貌，既随物以宛转；属采、附声，亦与心而徘徊[14]。故“灼灼”[15]状桃花之鲜②，“依依”[16]尽杨柳之貌③，“杲杲”[17]为出日之容④，“瀌瀌”[18]拟雨雪之状⑤，“喈喈”[19]逐黄鸟之声⑥，“喓喓”[20]学草虫之韵⑦。“皎日⑧”“嘒星⑨”一言[21]穷理，“参差⑩”“沃若⑪[22]”两字穷形：并以少总多，情貌无遗矣[23]。虽复思经千载，将何易夺[24]！及《离骚》⑫代兴，触类而长[25]；物貌难尽，故重沓舒状[26]：于是嵯峨之类聚，葳蕤⑬之群积矣[27]。及长卿⑭之徒，诡势瑰声，模山范水，字必鱼贯[28]：所谓“诗人丽则而约言，辞人丽淫而繁

① 《淮南子》云：“见一叶落而知岁之将暮。”刘勰语取义于此。

② 《诗·周南·桃夭》篇曰：“桃之夭夭，灼灼其华。”

③ 《诗·小雅·采薇》篇曰：“昔我往矣，杨柳依依；今我来思，雨雪霏霏。”

④ 《诗·卫风·伯兮》篇曰：“其雨其雨，杲杲出日。”

⑤ 《诗·小雅·角弓》篇曰：“雨雪瀌瀌，见晛曰消。”

⑥ 《诗·周南·葛覃》篇曰：“黄鸟于飞，集于灌木，其鸣喈喈。”

⑦ 《诗·召南·草虫》篇曰：“喓喓草虫，趯趯阜螽。”

⑧ 《诗·王风·大车》篇曰：“谓予不信，有如皎日。”皎，同皦。

⑨ 《诗·召南·小星》篇曰：“嘒彼小星，三五在东。”嘒，微貌。

⑩ 《诗·周南·关雎》篇曰：“参差荇菜，左右流之。”

⑪ 《诗·卫风·氓》篇曰：“桑之未落，其叶沃若。”

⑫ 《离骚》，即《楚辞》。《楚辞》中有《离骚经》，屈原著。骚，忧也。后人因即以《离骚》代表《楚辞》。

⑬ 葳蕤，草名。此草根长多须，如冠缨下垂之緌，而有威仪，故以名之。假以称各种披垂纷蔓而艳丽者之状。

⑭ 长卿，司马相如字。相如，汉成都人。他的辞赋，文采极好，可为西汉文人之代表。

句”①[29]也。

至如《雅》咏棠华，或黄或白②；《骚》述秋兰，绿叶紫茎③[30]；凡摛表五色，贵在时见[31]；若青黄屡出，则繁而不珍。

自近代[32]以来，文贵形似：窥情风景之上，钻貌草木之中，吟咏所发，志惟深远，体物为妙[33]，功在密附[34]——故巧言切状，如印之印泥，不加雕削，而曲写毫芥——故能瞻言而见貌，即字而知时也[35]。然物有恒姿，而思无定检[36]：或率尔造极，或精思愈疏[37]。且《诗》《骚》所标，并据要害，故后进锐笔，怯于争锋[38]；莫不因方以借巧，即势以会奇[39]，善于适要，则虽旧弥新矣[40]。是以四序纷回而入兴贵闲，物色虽繁而析辞尚简，使味飘飘而轻举，情晔晔而更新[41]。古来辞人，异代接武，莫不参伍以相变，因革以为功[42]；物色尽而情有余者，晓会通也[43]。若乃由林皋壤④，实文思之奥府：略语则阙，详说则繁[44]。然屈平所以能洞监《风》《骚》之情者，抑亦江山之助乎[45]？

赞曰：山沓水匝，树杂云合，目既往还，心亦吐纳。春日迟迟，秋风飒飒，情往似赠，兴来如答[46]。

延伸阅读

《文心雕龙物色篇》阐释了自然景物对创作者及其创作的影响，所谓“情以物

---

① 扬雄《法言》云：“诗人之赋丽以则，辞人之赋丽以淫。”诗指《诗三百篇》，辞指《楚辞》，意谓诗语有则，辞语无度。

② 《诗·小雅·裳裳者华》篇曰：“裳裳者华，或黄或白。”

③ 《楚辞·九歌》曰：“秋兰兮青青，绿叶兮紫茎。”

④ 由林，疑山林之误文。皋壤，肥沃之平原也。

迁，辞以情发”。刘勰总结了《诗》《骚》乃至汉赋创作的经验，提出了描写物色的基本原则，是古典文学理论中对心物关系论述极为精辟的一篇文字。“心物”关系是一个中国古代文论中的重要议题，陆机就曾说过：“遵四时以叹逝，瞻万物而思纷，悲落叶于劲秋，喜柔条于芳春”（《文赋》）。《文心雕龙》丰富了《文赋》的理论，在《神思》中提出了“神与物游”的观念，而此篇《物色》的论述也都围绕“心物”轴线展开，如“物色相召，人谁获安”；“写气、图貌，既随物以宛转；属采、附声，亦与心而徘徊”；“情往似赠，兴来如答”等，都在阐释心物交流而产生艺术创作的道理。《物色》对文学表现的特点也多有涉及，如“以少总多，情貌无遗”；“物色虽繁而析辞尚简”；“物色尽而情有余”，都在中国文论史上产生过深远的影响。

［1］春秋代序：代，更替。序，次序，指四季的次序。屈原《离骚》“春与秋其代序。”阴阳惨舒：即阴惨阳舒。阴，秋冬寒冷的时候。惨，不愉快。阳，春夏温暖的时候。舒，舒畅。张衡《西京赋》“夫人在阳时则舒，在阴时则惨。”

［2］物色之动，心亦摇焉：物色，即言景物。摇，指心情受到外物的影响而波动。李善注《文选》赋有物色类曰“有物有文曰色”，此言物心之间感应。《文心雕龙·明诗》有“人禀七情，应物斯感”之说。钟嵘《诗品序》有“气之动物，物之感人，故摇荡性情，形诸舞咏”。

［3］盖阳气萌而玄驹步，阴律凝而丹鸟羞：萌，开始。玄驹，蚂蚁。阳气动则蚂蚁出土走动。阴律，指某几种乐律，代表秋天，这里用来指阴冷的季节。丹鸟，萤火虫。羞，进食。

［4］“若夫珪璋挺其惠心”四句：珪璋，泛指美玉。挺，突出。惠，即慧。英华，美好的花。此以美玉、奇花比喻人类的心气，言微虫尚且感于时节物色，何况“性灵所钟”“天地之心”的人，怎能不感荡心灵。人谁获安：安，安静。指没有受到感动。

［5］献岁发春：献岁，新的一年。献，进。发春，春气奋扬。悦豫：快乐。

［6］滔滔孟夏：滔滔，阳气盛发的样子。孟夏，初夏。郁陶，忧闷。凝，凝结。

［7］阴沉之志远：阴沉，深沉。秋日天高气清，引起人们阴沉的遥远之思。

［8］垠：边界。

［9］矜肃：庄敬严肃。冬天霰雪无边，往往使人的思虑严肃而深沉。

［10］情以物迁，辞以情发：《文心雕龙·明诗》篇中“应物斯感，感物吟志”和这两句同旨。

［11］一叶且或迎意：迎，接，引申为感触。

［12］虫声有足引心：几声虫鸣便可勾引心思。

［13］况清风与明月同夜，白日与春林共朝哉：何况是清风明月的秋夜，丽日芳树的春晨呢？

［14］“属采、附声”二句：辞采音节的安排，与内心的“徘徊”（构思活动）密切联系。

［15］灼灼：花盛开的样子。

［16］依依：枝条轻柔的样子。

［17］杲（gǎo）杲：光明的样子。

［18］瀌（biāo）瀌：雪多的样子。

［19］喈（jiē）喈：众鸟和鸣的声音。

［20］喓（yāo）喓：虫叫的声音。

［21］皎：洁白明亮。嘒（huì）：微光。一言：一字。

［22］参差：不齐的样子。沃若：美盛的样子。两字穷形：穷形，指完全表现出来。

［23］并以少总多，情貌无遗矣：总，概括。情貌，精神状貌。无遗，完全表现出来。以少的文字概括丰富的情态，完全表现出其神其貌。

［24］虽复思经千载，将何易夺：易，更改。夺，删改。即使再反复考虑它千百年，能有更恰当的字来替换么？

［25］及《离骚》代兴，触类而长：《离骚》，屈原杰作，这里借以代指《楚辞》。长，指事物的引申、发展。及至《楚辞》继《诗经》而起，所写事物触类旁通而有所发展。

［26］重沓舒状：重沓，多的意思。舒，伸展，即描写。词汇便复杂繁富。

［27］嵯峨：山峰高险的样子。葳蕤：草木叶垂的样子。描摹山川险峻的“嵯峨”和草木茂盛的“葳蕤”等，便大量出现。

［28］“长卿”句：长卿，西汉作家司马相如的字。诡，不平常。势，文章的气势。瑰，奇特。其文章体势、声调都奇诡不凡。“模山范水，字必鱼贯”：模、范，均指依照物象描绘。鱼贯，所用词藻如鱼之成行，指罗列堆砌的毛病。

［29］诗人丽则而约言，辞人丽淫而繁句：诗人，指《诗经》的作者，也泛指有影响的作家。约，简洁。辞人，辞赋家。淫，过分。诗人写的东西虽华丽，但恰如其分，文字也比较简约；辞赋家写的东西，就过于华丽，辞句也过于繁多。

［30］“至如《雅》咏棠华”句：棠华，即裳华，是花盛的意思。《骚》，泛指《楚辞》。

［31］“凡摛（chī）表五色”句：摛，发布，引申为描写。时见，适时出现。铺写五采（描绘各种色彩的字），贵在恰当，而不在繁杂。

［32］自近代以来：指晋宋以来。

［33］“文贵形似”五句：形似，形貌逼真。窥，探究。志，作者的情志。体，描写。

［34］功在密附：密附，指准确地描绘事物。

［35］“如印之印泥”五句：就像在信封上盖印一样，用不着过多的雕琢，而事物的本来面目便可完全无遗地描绘出来。曲，细致。芥，小草。瞻，看。时，时节。

［36］思无定检：检，法式。构思却没有一定的法式。

［37］或率尔造极，或精思愈疏：率尔，随便的样子。造极，达到理想的境地。有的好像随便的样子就能把景物写得很好，有的却仔细思索还和所描写的景物相差很远。

［38］“《诗》《骚》所标”句：《诗经》和《楚辞》中突出的特点。标，显出。要害，指事物的主要特色。锐笔，指精于写作的人。怯，懦弱、害怕。

［39］“莫不因方以借巧”句：方，方法，指以往的写作手法。却无不依照这种方法，学其技巧，随着文章的气势而显示出奇特来。

［40］善于适要，则虽旧弥新矣：只要作者善于抓住事物的要点，就能把本来不新鲜的景物也描绘得极其新颖了。适要，抓住要点。旧，常见的；前人多次写过的事物。弥，更加。新，指同一事物能从新的角度或深度表现出新的特色。

［41］“是以四序纷回而入兴贵闲”句：一年四季的景色虽然多变，写作时感发兴会当以虚静为贵。四序，四季。纷回，复杂多变。回，运转。兴，写作的兴致。闲，法度。析，分解。晔晔，光盛的样子。

［42］“异代接武”句：历代作家，前后相继，在写作上都是错综复杂地演变着，在一面继承一面改革中取得新的成就。接武，步履相接。参伍，错杂。因，沿袭。革，变革。

［43］物色尽而情有余者，晓会通也：尽而有余，晋代作家张华赞左思的作品“使读之者尽而有余，久而更新。”（《晋书·左思传》）会通，指对传统精神的融会贯通。要使文章写得景物有限而情味无穷，就必须把《诗经》《楚辞》以来的优良传统融会贯通起来。

［44］“实文思之奥府”句：奥，深。府，藏聚财物之所。山林皋壤实在是文思的深厚府库；描写它的文字过简就会显得不够完备，过详又显得烦冗。

［45］“然屈平所以能洞监《风》《骚》之情者”句：屈平，屈原名平。洞，深。

监，察。《风》《骚》，泛指诗赋作品。抑，语首助词。屈原之所以能深得吟诗作赋的要领，不就是得到楚地山川景物的帮助吗?

［46］“春日迟迟”句：写心物之交流。春光舒畅柔和，秋风萧瑟愁人；作者以情待物，而景物又触发作者创作的灵感。春日迟迟，见《诗经·豳风·七月》；秋风飒飒，见《楚辞·九歌·山鬼》“风飒飒兮木萧萧”。

十四　徐霞客传①

王思任②

徐霞客者，名弘祖，江阴③梧塍里人也。高祖经，与唐寅④同举，除名。寅尝以倪云林⑤画卷偿博进⑥[1]三千，手迹犹在其家。霞客生里社[2]，寄情郁然，玄[3]对山水，力耕奉母，践更[4]徭役，蹩蹩如笼鸟之触隅，每思扬去。年三十，母遣之出游。每岁三时[5]出游，秋冬觐省[6]，以为常。东南佳山水，

---

① 见《虞初新志》卷一。

② 王思任，明浙江山阴人，字季重，万历进士。鲁王监国时，历礼部右侍郎。郡城失守，遂隐居不仕。

③ 江阴，县名，今属江苏苏常道。

④ 唐寅，明吴县人，字伯虎，一字子畏，号六如。弘治中乡试第一。以科场案传言其为徐经作抢替，俱除名。画入神品。诗文初尚修饰，晚年好作语体。年五十四卒。有《六如居士集》及《画谱》。

⑤ 倪瓒，元无锡人，字元镇，自号云林居士。善画山水，以天真幽淡为宗。家富，四方名士日至其门。所居有清閟阁，多藏法书、名画、秘籍，四时卉木萦绕其外。卒年七十四。

⑥ 博进，谓赌博胜后所进之款也。

如东西洞庭①，阳羡②、京口③、金陵④、吴兴⑤、武林⑥，浙西径山⑦、天目⑧，浙东五泄⑨、四明⑩、天台⑪、雁宕、南海、落迦⑫，皆几案衣带间物耳。有再三至，有数至，无仅一至者。

其行也，从一奴或一僧，一杖，一襆被，不治装，不裹粮；能忍饥数日，能遇食即饱，能徒步走数百里；凌绝壁，冒丛箐，攀援下上，悬度绠汲[7]，捷如青猿，健如黄犊；以砦岩为床席，以溪涧为饮沐，以山魅、木客、王孙、玃父⑬[8]为伴侣。僒僒粥粥，口不能道词[9]；与之论山经，辨水脉，搜讨形胜，则划然心开。居平未尝鞶帨[10]为古文辞，行游约数百里，就破壁枯树，燃松拾穗，走笔为记，如甲乙之簿，如丹青之画，虽才笔之士无以加也[11]。

---

① 洞庭山在江苏太湖中，属吴县。东洞庭山即古莫厘山；西洞庭山即古包山。

② 阳羡，县名，汉置。故城在今江苏宜兴县南五里。

③ 京口，京江之口也，即今镇江（江苏丹徒县治）。吴孙权徙镇于此，筑京城，号曰京镇。

④ 金陵，即今南京（江苏江宁县治）。以战国时楚置金陵邑得名。

⑤ 吴兴，今县名，属浙江钱塘道。

⑥ 武林山即灵隐山，在浙江杭县西十五里。此泛称杭州。

⑦ 径山在余杭县西北五十里，乃天目之东北峰。以山径通天目而名。有东西二径，盘折而上，各高十里许。

⑧ 天目山在浙江临安县西北五十里，与於潜县及安吉县接界。山有两峰，峰顶各一池，左右相对，故曰天目。

⑨ 五泄山在浙江诸暨县西五十里。泄，瀑布也。此山凡有五泄，泄悬三十余丈，广十丈，中二泄不可得至，登山远望，乃得见之。

⑩ 四明山在浙江鄞县西南一百五十里。凡二百八十峰。四面形胜，各有区分。群峰之中，有分水岭。石窗四面玲珑，中通日月星辰之光，亦名四窗，故曰四明。

⑪ 天台山在浙江天台县北，是仙霞岭脉的东支，形势高大，西南接着括苍山、雁荡山，西北接着四明山、金华山。

⑫ 落迦山在浙江定海县东一百五十里海中。梵名“补陀落迦”，华言“小白华”也。亦曰普陀山。

⑬ 山魅、木客、王孙、玃父皆山中野兽。

游台、宕还，过陈木叔小寒山①[12]。木叔问曾造雁山绝顶否，霞客唯唯。质明[13]，已失其所在。十日而返，曰："吾取间道，扪萝上龙湫三十里，有宕焉，雁所家也。攀绝磴上十数里，正德[14]间白云、云外两僧团瓢[15]尚在。复上二十余里，其颠罡风逼人，有麋鹿数百群，围绕而宿，三宿而始下。"其与人争奇逐胜，欲赌身命，皆此类也。

已而[16]游黄山、白岳②、九华③、匡庐；入闽，登武夷④，泛九鲤湖⑤；入楚，谒玄岳⑥，北游齐鲁燕冀嵩洛⑦，上华山，下青柯坪，心动，趣归[17]，则其母正属疾，啮指相望[18]也。母丧服阕，益放志远游。访黄石斋⑧于闽，穷闽山之胜，皆非闽人所知。登罗浮⑨，谒曹溪⑩，归而追石斋于黄山[19]，往

---

① 小寒山当是陈木叔所居山名，待考。陈木叔名函煇。

② 白岳山在安徽休宁县西四十里。高二百仞，周三十五里。奇峰四起，石壁五彩，状如楼台。

③ 九华山在安徽青阳县西南四十里。上有九峰，如莲花削成。

④ 武夷山在福建崇安县南三十里，仙霞山脉之起顶也。相传昔有神人武夷君居此，故名。绵亘百二十里，有三十六峰，三十七岩，溪流缭绕其间，分为九曲。山中产茶，有武夷茶之名。红茶中最佳之乌龙，即武夷山所产也。

⑤ 九鲤湖在福建仙游县东北。相传汉元狩间何氏兄弟九人炼丹于此，炼成，各乘一鲤仙去，因名。今湖上有九仙宫。

⑥ 玄岳，即武当山，在湖北均县南一百里。其前峰曰参岭，高出云表。

⑦ 齐鲁指山东，燕冀指直隶，嵩洛指河南。

⑧ 黄石斋，名道周，明漳浦人。天启进士。崇祯初，官右中允，疏救钱龙锡，降调。遘疾求去，濒行上疏，语刺大学士周延儒、温体仁，斥为民。道周工书善画，以文章风节高天下，严冷方刚，不谐流俗，公卿多畏而忌之。复起为少詹事。帝用杨嗣昌等，道周劾之，谪戍广西。福王时，官礼部尚书。南都覆，唐王以为武英殿大学士。率师至婺源，与清师遇，兵败，不屈死。谥忠烈。

⑨ 罗浮山在广东增城县，东接博罗县界，袤直五百里，峰峦四百余，瑰奇灵秀，为粤中名山。

⑩ 曹溪在广东曲江县东南。唐释慧能传五祖衣钵，归曹溪，大兴佛法。柳宗元有《曹溪第六祖赐谥碑文》。

复万里如步武耳[20]。由终南①背走峨眉，从野人采药；栖宿岩穴中，八日不火食。抵峨眉，属奢酋阻兵②，乃返。只身戴釜[21]，访恒山于塞外③，尽历九边[22]阨塞。归，过予山中，剧谈四游④、四极⑤[23]、九州⑥、九府⑦[24]、经纬分合，历历如指掌。谓昔人志星官舆地[25]，多承袭傅会，江河二经[26]，山川两戒⑧[27]，自纪载来，多囿于中国一隅，欲为昆仑⑨海外之游，穷流沙⑩而后返。小舟如叶，大雨淋湿，要之登陆，不肯，曰："譬如涧泉暴注，撞击肩背，良足快耳!"

丙子[28]九月，辞家西迈。僧静闻愿登鸡足⑪，礼迦叶⑫[29]，请从焉。遇盗于湘江，闻被创死，函其骨，负之以行。泛洞庭，上衡岳，穷七十二峰。

---

① 终南山即秦岭，今自甘肃通过陕西至河南陕县以南诸山皆是。

② 奢酋指奢崇明。其先本猓猡种，世居永宁，为宣抚司。传至崇明，与其子寅均好乱。熹宗时，募川兵援辽，崇明等遂反，进围成都，国号大梁。贵族安邦彦起兵应之。自称罗甸大王。朱燮元讨平之。

③ 明人定山西浑源之玄岳为恒山，故此云"访于塞外"。

④ 四游，《尔雅疏》云："二十八宿之外，上下东西，各有万五千里，是谓四游。"

⑤ 四极，谓四方极远之处。《尔雅》云："东至于泰远，西至于邠国，南至于濮铅，北至于祝栗，谓之四极。"

⑥ 九州。《尔雅》谓是冀、豫、徐、雍、荆、扬、幽、兖、营。与《禹贡》《周礼》均不同。

⑦ 九府，谓九方之宝藏。《尔雅》云："东方之美者，有医无闾之玗琪焉。东南之美者，有会稽之竹箭焉。南方之美者，有梁山之犀象焉。西南之美者，有华山之金石焉。西方之美者，有霍山之珠玉焉。西北之美者，有昆仑虚之璆琳琅玕焉。北方之美者，有幽都之筋角焉。东北之美者，有斥山之文皮焉。中有岱岳，与其五谷鱼盐生焉。"

⑧ 戒，与界同。《唐书》云："江河与南北两戒。"

⑨ 昆仑，亚洲最大山脉之一。起自帕米尔东境之葱岭，沿西藏新疆之境，东走入内地。全脉分西、中、东三部。我国古史所谓昆仑山，专指中昆仑之南部在甘肃新疆之间者也。

⑩ 流沙，沙漠之古称。

⑪ 鸡足山，在云南宾川县西北一百里，一顶而三足，故名。

⑫ 迦叶，印度人，释迦大弟子也。释迦没后，为佛教之长老。鸡足山顶有迦叶石门洞天，相传是迦叶守佛衣以俟弥勒处。

再登峨眉，北抵岷山，极于松潘①。又南过大渡河②，至黎雅③，登瓦屋晒经诸山。复寻金沙江，极于牦牛徼④外。由金沙南泛澜沧⑤，由澜沧北寻盘江⑥，大约在西南诸夷境，而贵竹⑦、滇南之观，亦几尽矣。过丽江⑧，憩点苍⑨、鸡足，瘗静闻骨于迦叶道场，从宿愿也。由鸡足而西，出玉门关⑩数千里，至昆仑山，穷星宿海⑪，去中夏三万四千三百里。登半山，风吹衣欲堕，望见外方黄金宝塔。又数千里，至西番，参大宝法王⑫。鸣沙⑬以外，咸称夷国，如述卢⑭、阿耨⑮诸名由旬⑯不能悉。《西域志》称沙河阻远，望人马积骨为标

---

① 松潘，四川县名，古氐羌地。

② 大渡河，源出自四川西北边境之大雪山。上游为大金川。南流至懋功县，合小金川。又南经泸定县，至越巂县北；折东流，至峨眉县，合于岷江。

③ 黎雅，今四川雅州兼有唐黎州地。

④ 牦牛徼外，泛指川边一带。汉时西南夷产牦牛，因于今四川汉源县地置旄牛县。

⑤ 澜沧，江名。上源曰鄂穆楚，出西藏喀木部察木多西北之格尔吉山。隔云岭山脉，与金沙江并行。南流经云南西境，入暹罗老挝境，曰湄公河。经交趾支那，注于南海。

⑥ 盘江，广西黔江之上游也。有南北二源。南盘江出云南霑益之乌蒙山脉中，北盘江出贵州威宁县山中，至广西凌云县西北而合流。

⑦ 贵竹，即贵筑，县名。今改名息烽县，属贵州黔中道。此泛言贵州。

⑧ 丽江，长江在丽江县（属云南腾越道）境内者之称。

⑨ 点苍山在云南大理县西，盘亘三百余里。有峰十九，苍翠如玉。山中之石，白质青章，其文作山川云物之状，可琢片为屏，即所谓“大理石”也。

⑩ 玉门关在今甘肃敦煌县西一百五十里阳关之西北，古为通西域要道。

⑪ 星宿海在青海境，为黄河之源。

⑫ 元世祖尊番僧八思巴为大宝法王西天佛子。明代因之，西藏封法王者三人：曰大宝法王，曰大乘法王，曰大慈法王，皆红教喇嘛也。

⑬ 鸣沙，隋县名。故城在今甘肃中卫县东。人马行沙上有声，异于余沙，故名。

⑭ 述卢，疑即喜马拉雅之异译。

⑮ 阿耨，即阿耨达山，亦即冈底斯山，在西藏阿里部，为恒沙之所自出。

⑯ 由旬，里数之名，见佛经。此语谓里数多不可悉。

识，鬼魅热风，无得免者。玄奘法师①受诸魔折，具载本传。霞客信宿[30]往返，如适莽苍②[31]，还至峨眉山下，托估客附所得奇树虬根以归。并以《溯江纪源》一篇寓予，言《禹贡》③ 岷山导江，乃泛滥中国之始，非发源也。中国入河之水为省五，入江之水为省十一④；计其吐纳，江倍于河；按其发源，河自昆仑之北，江亦自昆仑之南，非江源短而河源长也。又辨三龙⑤[32]大势，北龙夹河之北，南龙抱江之南，中龙中界之，特短。北龙只南向半支入中国，惟南龙磅礴半宇内，其脉亦发于昆仑，与金沙江相并南下，环滇池⑥以达于五岭⑦。龙长则源脉亦长，江之所以大于河也。其书数万言，皆订补《桑经》[33]《郦注》⑧[34]及汉宋诸儒疏解《禹贡》所未及，予撮其大略如此。

霞客还滇南，足不良行，修《鸡足山志》，三月而毕。丽江木太守[35]

---

① 玄奘，唐偃师人，姓陈，早岁出家。独游印度，在道中历尽诸险难。居十余年返国，带还经论六百五十余部。有《慈恩三藏法师传》可参考。流传之《西游记》小说，出以装点，不可信。

② 莽苍是近野，取野间草色苍然的意思。

③ 《禹贡》，为最早之地理书，相传为禹平水土、定九州时所作，实不可信。书在《尚书·虞夏书》内。

④ 明时，甘肃、陕西、山西、河南、南直隶五省之水俱入河，由今江苏东北部入海。入江之水则跨及云南、四川、河南、陕西、甘肃、贵州、广西、湖南、湖北、江西、直隶十一省。由今言之，则上游有川边，下游又为安徽江苏两省，合为十三省区矣。

⑤ 三龙之说即昆仑北、中、南三大干脉，又称三条。

⑥ 滇池，湖名，亦曰昆明池，在云南省城南。池周三百里，昆明、呈贡、昆阳、晋宁四县环之。

⑦ 五岭为南条昆仑（即南岭）的主干，从广西界上蜿蜒到江西界上，蟠及两粤湘赣四省，有越城、都庞、萌诸、骑田、大庾等五处名岭，便合称五岭。

⑧ 《水经》，旧题汉桑钦撰，然证以书中地理，实三国时人。其注，则后魏郦道元作。今有订正本。

俯[36]备糇粮、具笋舆以归。病甚，语问疾者曰："汉张骞①凿空②，未睹昆仑；唐玄奘③、元耶律楚材④衔人主之命，乃得西游。吾以老布衣，孤筇双屦，穷河沙，上昆仑，历西域，题名绝国，与三人而为四，死不恨矣。"

予之识霞客也，因漳人刘履丁。履丁为予言：霞客西归，气息支缀[37]；闻石斋下诏狱，遣其长子间关[38]往视。三月而返，具述石斋讼系[39]状。据床浩叹，不食而卒。其为人若此。

梧下先生[40]曰：昔柳公权⑤记三峰⑥事，有王玄冲者，访南坡僧义海，约登莲花峰⑦；某日届山趾，计五十仞，为一旬之程；既上，熇烟为信。海如期宿桃林；平晓，岳色清明，伫立数息，有白烟一道，起三峰之顶。归二旬而玄冲至，取玉井莲落叶数瓣及池边铁船⑧寸许遗海，负笈而去。玄冲初至，海渭之曰："兹山削成，自非驭风冯云，无有去理。"玄冲曰："贤人勿谓天不可登，但虑无其志尔耳。"霞客不欲以张骞诸人自命，以玄冲拟之，并为三清⑨之奇士，殆庶几乎？霞客纪游之书，高可隐几，余属其从兄仲昭雠勘而存

---

① 张骞，汉汉中人。建元中，为郎，应募使月氏。经匈奴，被留十余岁。亡走大宛，抵康居，传到大月氏。还，复为匈奴所得。亡归，拜大中大夫，从大将军击匈奴，封博望侯。后又至乌孙，分遣副使至大宛、康居、大夏。西北国始通于汉。

② 凿空，开通道路也。张骞始开西域道，故谓之凿空。

③ 玄奘至印度，高昌国王遣人护送之。

④ 耶律楚材，本辽裔，为元臣。元太祖定燕召见，处之左右。凡蒙古陋风，悉为改革。元之立国规模，皆楚材所定。曾奉使西行。

⑤ 柳公权，唐华原人，字诚悬，元和进士。官至太子太保。其书法结体遒劲，自成一家。

⑥ 三峰，华山三峰，芙蓉、明星、玉女也。

⑦ 莲花峰，华岳顶之中峰。

⑧ 铁船，待考。

⑨ 道家以玉清、上清、太清为三清，皆仙人所居之府，故多以为宫观之名。按此间语意，似指天人三界。

之，当为古今游记之最[①]。霞客死时，年五十有六，西游归，以庚辰[②]六月卒；以辛巳正月，葬江阴之马湾。亦履丁云。

作者简介

王思任（1574—1646 年），字季重，号遂东，又号谑庵，山阴（今浙江绍兴）人。万历二十三年（1595 年）进士，历兴平、当涂、青浦三县知县，迁袁州推官，擢刑部主事，转工部，出为江西佥事。鲁王监国，授礼部侍郎，清兵陷绍兴，绝食而死。思任擅长游记，有《王季重集》。

延伸阅读

清人张潮编的《虞初新志》将这篇文章作者误定为王思任。实际应为钱谦益所作。

本文选自《牧斋初学集》。钱谦益（1582—1664 年），明末清初文学家。字受之，号牧斋，晚号蒙叟。江苏常熟人，明万历进士。崇祯初官礼部侍郎，因与温体仁争权失败被革职。明亡后，马士英、阮大铖在南京拥立福王，建立南明弘光政权，钱谦益依附之，为礼部尚书。清兵南下，率先迎降，以礼部侍郎管秘书院事。其后又参与反清活动。博览群籍，诗文在当时负有盛名。著有《初学集》《有学集》《投笔集》等。编选有《列朝诗集》。

---

① 《徐霞客游记》，刻本凡十册。第一册为天台、雁荡、白岳、黄山、嵩山、太华、闽中、五台等。第二册为浙、楚、江右。第三、四册为粤西、黔中。第五至第十册均为《滇游日记》。

② 庚辰为公元 1640 年，其生年为 1585 年。

徐霞客（1586—1641 年），名弘祖，字振之，别号霞客，是我国著名的地理学家和旅行家，一生旅行将近三十年，几乎走遍了全中国。他经常出入危崖绝壑，走过许多没有人到过的荒远处，即使冒生命危险也在所不辞。每到一地，都写游览日记，对经过的山川，辨其原委脉络，后汇编成《徐霞客游记》，因其对我国地理学有很大的贡献，被誉为千古奇书，他本人也被誉为千古奇人。这篇传记扼要地写了徐霞客的生平和他一生游历的地区。在叙述徐霞客的游踪时，连带写他的性格和为人，以及见解和议论，因而显得生动而有变化。

［1］博进：赌博所输的钱。《汉书·陈遵传》："官尊禄厚，可以偿博进矣。"颜师古注："进者，会礼之财也，谓博所赌也。"

［2］里社：乡里。

［3］玄：默，意为十分喜欢。

［4］践更：受钱代人服徭役。

［5］三时：指春、夏、秋三季。

［6］觐省：拜望父母。

［7］悬度绠汲：以悬索度山谷，攀绳登山，像拿绳索打水一样。

［8］木客：传说中的山中怪兽，形体似人，爪长如鸟，巢于高树。王孙：猴子的别称。玃（jué）父：马猴。

［9］儚儚（méng）粥粥，口不能道词：昏昧柔弱的样子，好像不怎么会说话。

［10］鞶（pán）帨（shuì）：意思是腰带和佩巾，比喻雕饰华丽的辞采。扬雄《法言·寡见》："今之学者，非独为之华藻也，又从而绣其鞶帨。"

［11］虽才笔之士无以加也：即使是很会写文章的人也没法超过他。

［12］陈木叔：陈函煇，原名炜，字木叔。崇祯进士，授靖江知县。陈木叔也是一名旅行家，与徐霞客志趣相投，相互倾慕。小寒山：陈函煇所居之地，其自号小

寒山子。

［13］质明：天刚亮。

［14］正德：明武宗年号（1506—1521 年）。

［15］团瓢：圆形草屋。

［16］已而：不久。

［17］心动，趣归：心中惊动想着回家。

［18］啮指相望：《搜神记》载，曾子从仲尼在楚而心动，辞归问母，母曰“思尔啮指。”后用以表达母亲对儿子的渴念。

［19］追石斋于黄山：在黄山追访黄石斋。

［20］如步武耳：好像是在近处漫步

［21］釜：古炊具。

［22］九边：明代北方的九处要镇，即包括辽东、宣府、大同、延绥、宁夏、甘肃、蓟州、山西、固原。

［23］四游：《太平御览》卷三六引纬书《尚书考灵异（曜）》“地有四游，冬至地上，北而西三万里；夏至地下，南至东复三万里；春秋分，则其中矣。”四极：四方极远之地。《尔雅・释地》“东至于泰远，西至于邠国，南至于濮铅，北至于祝栗，谓之四极。”按泰远至祝栗皆为古代传说中极远处国名。

［24］九州：《尔雅・释地》列举翼、豫、雍、荆、扬、兖、徐、幽、营等州为九州。九府：谓九方的宝藏和特产。《尔雅・释地》列举东方、东南、南方、西南、西方、西北、北方、东北及中央出产之美者，是为九府。

［25］星官：星宿天象的总称，指天文。舆地：地理。

［26］江河二经：长江、黄河两条干流。徐霞客《溯江纪源》：“江、河为南北二经流，以其特达于海也。”

［27］两戒：戒，同“界”。唐代一行和尚提出的我国地理现象特征。北戒相当

于今青海、陕北、山西、河北、辽宁一线。南戒相当于四川、陕南、河南、湖北、湖南、江西、福建一线。

［28］丙子：崇祯九年（1636年）。

［29］迦叶：摩诃迦叶，华言饮光胜尊。本事外道，后归佛教，释迦死后，传正法眼藏，为佛教长老。尝持僧伽梨衣入鸡足山。

［30］信宿：再宿。

［31］莽苍：空旷貌，此指郊野。语出《庄子·逍遥游》，“适莽苍者三餐而返，腹犹果然。”

［32］龙：旧时指山形地势曲折似龙，故谓山脉曰龙。三龙之说，见徐霞客《溯江纪源》。

［33］《桑经》：相传《水经》为汉代桑钦所撰，故称。

［34］《郦注》：指郦道元所作《水经注》。

［35］木太守：明云南丽江府知府。洪武十六年，以木德为知府。木德从征有功，子孙世袭此职。

［36］偫（zhì）：储备。

［37］气息支缀：呼吸困难。

［38］间关：辗转跋涉。

［39］讼系：监禁。

［40］梧下先生：作者自称。

十五　梦游天姥①吟[1]

李　白

海客谈瀛洲②，烟涛微茫信难求[2]，越③人语天姥，云霓明灭或可睹。

天姥连天向天横[3]，势拔五岳④掩赤城⑤[4]；天台四万八千丈，对此欲倒东南倾。[5]

我欲因之梦吴越[6]，一夜飞度镜湖⑥月。湖月照我影，送我到剡溪⑦。[7]

谢公⑧宿处今尚在，渌[8]水荡漾清猿啼。脚著谢公屐[9]，身登青云梯。半壁见海日，空中闻天鸡[10]。千岩万转路不定，迷花倚石忽已暝[11]。熊咆龙吟殷岩泉，栗深林兮惊层巅[12]；云青青兮欲雨，水澹澹[13]兮生烟。列缺霹雳⑨，丘峦崩摧；洞天石扉，訇然中开[14]；青冥浩荡不见底，日月照耀金银

---

① 天姥峰在浙江天台县，下临嵊县。仰望如在天表。

② 古代神话，东海中有三神山，叫作蓬莱、方丈、瀛州。

③ 越，古国名。今称浙江省曰越。

④ 五岳，中岳嵩山，东岳泰山，西岳华山，南岳衡山，北岳恒山。

⑤ 赤城，山名，在浙江天台县北六里。土色皆赤，状似云霞，望之如雉堞，故名。往天台者必经此。

⑥ 镜湖在今浙江绍兴县南，一名鉴湖，又名长湖。

⑦ 剡溪在浙江省，是曹娥江的上游。

⑧ 谢公是谢灵运，南北朝宋时人，善为诗文。他做永嘉太守，远近山水，遨游殆遍。登山时，穿着木屐，上山则去掉前齿，下山则去掉后齿，世称为“谢公屐”。

⑨ 霹雳，雷也。列缺，闪隙也。

台[15]。霓为衣兮风为马，云之君①兮纷纷而来下；虎鼓瑟兮鸾回车[16]，仙之人兮列如麻。

忽魂悸以魄动，恍惊起而长嗟[17]。惟觉时之枕席，失向来之烟霞[18]！……

作者简介

李白（701—762年），字太白，号青莲居士。祖籍陇西成纪（今甘肃秦安、庄浪、通渭一带），其先人流寓西域碎叶，（今吉尔吉斯斯坦托克马克附近）。李白幼时随父由西域迁至绵州昌隆（今四川江油）。二十五岁出蜀，漫游各地，天宝初待诏翰林，至德年间为永王幕僚，后坐罪流夜郎，遇赦而还，病死当涂。他是唐代著名的大诗人，诗风雄奇豪放，是古代浪漫主义诗歌的高峰，被称为“诗仙”。有《李太白集》。

延伸阅读

唐玄宗天宝三年（744年），李白在长安受到权贵的排挤，被“赐金放还”。之后他在紫极宫接受道箓，成了在籍的道士，躬自实践，炼丹烧药，然而心中仍不平静。大病一场后欲南游越中。《梦游天姥吟》（也题作《梦游天姥吟留别》）便是出发前的留别之作。诗歌以浪漫主义手法，通过梦游，表现了对山水的向往和对权贵的蔑视；也反映了作者政治上幻灭的悲哀，流露出人生若梦的虚无思想。内容上，入梦出梦，往复驰骋，想象瑰丽奇绝。原诗结尾被删去，删去的诗句为：

---

① 云中君，神名。《楚辞·九歌》中有之。此间借用。

世间行乐亦如此，古来万事东流水。

别君去兮何时还，且放白鹿青崖间，须行即骑访名山。

安能摧眉折腰事权贵，使我不得开心颜！

［1］吟：歌行体的一种。

［2］烟涛：波涛渺茫，远看像烟雾笼罩的样子。微茫：景象模糊不清。信：确实、实在。

［3］向天横：遮住天空。横：遮蔽。

［4］拔：超出。掩：掩蔽。

［5］对此欲倒东南倾：对着（天姥）这座山，（天台山）就好像要拜倒在它的东南面一样。意思是天台山和天姥山相比，就显得低了。

［6］因：凭借。吴越：偏义复词，偏越。

［7］剡（shàn）溪：在剡县（今浙江嵊州）。

［8］渌（lù）：清。

［9］谢公屐：谢灵运创制的登山木屐。据《宋书·谢灵运传》，谢灵运游山，必到幽深高峻的地方，他备有一种特制的木屐，前后齿可装卸，上山时去掉前齿。下山时去掉后齿，以保证身体平衡。

［10］天鸡：古代传说，东南有桃都山，山上有大树叫“桃都”，树上栖有天鸡。每当太阳初升照到树上，天鸡就会鸣叫，天下的鸡都会跟着它叫起来。

［11］暝：天暗。

［12］殷：震动。栗、惊：使战栗惊恐。

［13］水澹（dàn）澹：波浪起伏或流水迂回。

［14］列缺：闪电。列，同“裂”。霹雳：雷声。洞天：道教称神仙居住之所。石扉：石门。訇然：形容声音很大。

[15] 青冥：青色的天空。金银台：神仙所居宫阙。

[16] 鼓瑟：奏瑟。鸾回车：鸾鸟拉车回转。鸾，传说中的神鸟。

[17] 悸：因惊惧而心跳。恍：猛然惊醒的样子。嗟：叹。

[18] 向来：以往，指梦中。烟霞：指前面所写的仙境。

十六 灯台守

［波兰］显克微支（Henryk Sienkiewicz）[①] 著

周作人 译

一

一日，巴奈马[②]左近亚斯宾华尔[③]灯台守者忽失踪迹，时方暴风雨，因疑行小岛水次，为浪所卷也。及次日，山隈所系小舟亦杳，说乃益信。守者之职遂阙，当急补之。盖地方交通与航船之自纽约趣巴奈马者，咸恃灯台；而蚊子湾复多沙碛礁石，白日行舟，犹惧不易，逮入暮，则地处热带，海水为烈日所蒸，恒起浓雾，几不能行，尔时为舟作向导者，惟此灯台而已。是事当由巴奈马之美国领事招人承其乏，顾为事滋难，一当在十二时内得其人，次则人必诚信，不能率尔受之，终则后继者殊鲜其人也。台上生涯，殊不易度，为南方之民喜慵惰而乐游放者所不愿居。其为状殆如囚人，非礼拜日不能去荒岛一步；每日有小舟自亚斯宾华尔来，致粮食清水，已复遄返。全岛大可数亩，上无居人，守者即住灯台中治其事，昼悬五色之旗以示天候，夜

---

① 显克微支（公元 1846 年—1916 年）生于奥属波兰，力图独立，亡命美洲，后至瑞士。其所为长篇小说，均有名于世，而杰作尤在其小品。《灯台守》为 1890 年顷游美洲后所作，本于实事。从此篇中，可以见波兰人爱其故乡及宗教之深。

② 巴奈马（Panama），南美洲与北美洲间之土腰。通译巴拿马。

③ 亚斯宾华尔（Aspinwall），巴拿马之港口，今已改名为考龙（Colon）。

则燃灯。顾尤难者，为至台颠必攀石级四百，皆至险峻，一日中或数往返焉。综言之，此盖为比丘①生活；抑更有进，则非隐逸之士不能任也。故领事伊萨法庚勃列奇深以得人为忧。已忽闻有人自荐，云愿承其事，乃大喜。其人已老，年逾七十，而颜色壮健，举止如武士，毛发皓白，色微黑如克罗尔人②，特二目深碧，因知非南方产，颜色哀惨，而状至诚信。领事一见悦之，惟当问其身世。遂曰："汝何自来？"老人曰："余波兰人也。"曰："尔来焉在？且治何事？"老人曰："东西莫有定止。"曰："第灯台守者需常住耳。"老人曰："余固需休止也。"曰："汝曾仕耶？宁有券契否？"老人探胸前，出褪色绢片，状若旧旗，展之曰："此吾券契也。一千八百三十年受此十字勋章；次为西班牙物，得诸查理党之战③；第三得之法国；第四得之匈加利。尔后复在美国与南军④战，顾是役无勋章。"领事取纸诵之，曰："思凯闻斯奇，君名耶？短兵相接，获旗二旒，汝勇士也。"老人曰："余今能为灯台良守。"曰："第每日燃灯，当数上下，汝足健耶？"老人曰："余方徒步过平原来。⑤"曰："汝习海事乎？"老人曰："余曾居捕鲸船者三年。"曰："君乃遍尝职事？"老人曰："所未知者，独宁静耳。"曰："何也？"老人胁肩曰："命也。"曰："然君为灯台守者，惧太老矣。"老人神情激越，大声言曰："明公，余久于飘泊，已不胜倦，遍尝世事，如公所知也。今日之事，实亦毕生志愿之一。余老矣，欲得休止，心自语曰，汝当留此，此汝安泊之地矣。今此事可否，

---

① 比丘是僧人。

② 克罗尔人（Creole），美洲人称法国土著之语。

③ 查理党之战（Carlist War），西班牙皇飞蝶南七世（Ferdinand VII）死后，其弟查理（Carlos de Bourbon）争王位，国人有助之者，称查理党。遂启内争，互有胜负，兵连数年不解。至1839年，查理党败，查理逃避于法国。

④ 南军，指美国南北之战中之南军。

⑤ 作者原注：人称美洲东部与加厘福尼间草碛曰平原。

惟在明公。倘待异日，当无如是机缘，而余又适在巴奈马，岂非幸耶？今敢请明公，……余如孤舟，苟不得泊，行且沦没；明公倘怜老人，贶之安乐，……吾当誓之，用明诚信。……且吾荡摇转徙亦已久矣。”时碧眼湛然，情见于色。领事亦善人，甚感其言，乃曰：“善，吾纳君，君为灯台守者矣。”老人色大喜，曰：“敬谢明公。”领事曰：“君今日能赴灯台乎？”老人曰：“能之。”曰：“然则属君珍重。第犹有一言奉白，即倘有差忒，君当解职也。”老人应曰：“诺。”

是日之夕，太阳入地，阳光立隐，无复余明，台上灯光灿然，照临水面，人知守者已就其职矣。中夜寂靖，如热带景色，空间雾气弥漫，绕月作大环，状若虹霓，海水微动，盖潮生也。思凯闻斯奇立回廊之上，望之仅如黑子，方欲集其思虑，纳此新生，而胸臆中万感交集，凌乱无绪，尔时心情，惟似困兽突围，得山穴自匿，人迹所不能及也。今者宁静之期竟至，魂魄皆安，索居小岛，回念前此漂流忧患，直可付之一笑。盖老人一生，有如漂舟，帆樯組索，悉为迅风所折，沉于海底，洪涛撼舷，浪华喷薄，而扁舟犹曲折前进，得其湾港。顾自今而后，则瞻望前路，平安万里，昔日风暴虽恶，亦瞥然径过，不复为念矣。老人见领事时，虽约略自述往事，顾此他犹有千百牢愁未为人语也。盖身世飘零，所知不遇，苟至一地，支穹庐，设炉火，将谋永住，则有天风拔帐，吹炬灭之，使入灭亡之区。今立台上，俯瞰海波，旧迹陈尘悉上其臆。少时转战四方，又当流荡，遍执百业，以其精勤诚信，数积金资，顾得辄复失，虽百方慎备，卒无所救。昔在澳州为金山矿工，次掘宝石于斐州，次复居西印度，受佣为走卒，又尝在加厘福尼[①]立一牧场，而旱

① 加厘福尼（California），美国州名，亦城名。

干无水草，遂败。又与巴西土人贸易，而载货之筏沦于亚摩宋①，仅以身免，衣履破碎，手无寸兵，旁皇荒林中月余，拾木实为食，几死于猛兽之口者屡矣。尔后复在亚堪萨斯省②之海伦那③立冶厂一，顾未几大火，全镇皆烬，厂亦毁焉。既而在落机山④为印第安人⑤所囚，幸遇加奈陀⑥猎人，始得脱。次复为商船水手，往来巴希亚⑦与波尔陀⑧间。次入刺鲸船为渔师，而两舟悉坏。又在哈伐那⑨立烟草厂，中疫卧病，其资悉为同人所夺。终乃至亚斯宾华尔：流转之事其将毕乎？今以孤身居荒岛，孰则更来相扰耶？水火与人皆不能及矣。然思凯闻斯奇一生亦未尝受人殊苦，盖以曩所邂逅虽有恶者，而尚多善人也。

思凯闻斯奇自思，乃似无形之中，天地四大悉其仇对。凡故旧相识，无不言老人命蹇，且执此推解万事；老人亦偏守此见，深信冥冥中若有巨手日见迫逐，不能逭遁；顾平日不乐言此，惟有人问以此手何来，则指北斗而答曰："自此来也。"计其平生，失意事多可惊异。使常人遇此，将不能堪，久且死矣，顾思凯闻斯奇禀性坚忍如印第安人，且意志刚强，力善抗距。尝在匈加利，以不肯援人马鞍及卑词乞宥，而甘受锋刃，今遘忧患，亦不为屈。如登高山，攫援而上，有若蝼蚁，虽颠越及百次，犹复前进，为一百一次之

① 亚摩宋（Amazon），河名，在南美洲，为世界最大之河。
② 亚堪萨斯（Arkansas），美国省名。
③ 海伦那（Helena），城名。
④ 落机山（Rocky Mountains），在美国西部。
⑤ 印第安人（Indians），美洲土人。
⑥ 加奈陀（Canada），在北美洲北部，今为自治国，受英国保护，通译加那达。
⑦ 巴希亚（Bahia），巴西国内一镇名，属于巴希亚省，地临众神湾（Bay of All Saints）。
⑧ 波尔陀（Bordeaux），法国城名，亦重要港口，距海七十英里。
⑨ 哈伐那（Havana），古巴国之首都，以产良美之烟草著名。

举也。是人具此毅力，为世稀有，顾生遭患难，锻炼椎冶，不知经数十次，而老兵之心尚如婴儿。古巴①大疫时，自藏金鸡纳霜②甚多，则尽以与人，不留一粒，而己亦因之病矣。

且此他犹有特性，则为几经失意，犹复深信将来，不遽绝望也。冬时，意气渐盛，预言将来大事，辄翘企以待其至；怀念不忘，经彼长夏。顾寒冬一去，继以他年，思凯闻斯奇一事无成，而首已白矣。既而年渐老，意气亦衰，昔日坚忍之性日益转为颓唐，且多怀感，于是百炼之老兵，至今日亦触景伤情，无端涕泣矣。且或偶有感触，辄怀故园，人亦为之憔悴，如见归燕及褐色小雀，山椒积雪，或闻哀歌，皆生是感。终则惟一念据其心，即休止之望是已。老人怀之甚挚，尽夺他念。游子无家，漂流既久，因念得片隅休息，静以待尽，则天下已无他物珍重可念逾于此事者矣。且又为命运所驱，奔驰大地，不遑呼吸，则遂谓世人福祉，惟在获其休止，不复漂流已耳。顾以实言，此区区之福，天或无所靳于老人，而彼习于失意，则心冀安居，正如常人大愿，事出非分，不敢望也。今不意在十二时中，得其栖息，似有人就世间百业中故选此以相处者。故是日之夕，燃灯既已，乃茫然凝视，盖方自问岂所见洵诚，而心未敢遽应曰是也，第事实昭然，不容疑二，时光渐过，而老人尚立台上，注视久久，乃自信矣。下瞰海水，有若初觌，灯光荧荧，映波黎下射水面，作三角形，其外窅然深黑，目力所不能入，森森然莫测其极。顾空冥似自远而近，波涛汹汹，出于暗中，直奔台趾，澎湃作声，浪华已见，映灯光作红色。风水渐长，沙礁皆没。时闻海上有声，渐益朗彻，初如铳器陡鸣，或如飘风振木，或作微响，如人遥语，已而都寂。老人听之，

① 古巴（Cuba），南美洲一小国名。

② 金鸡纳霜（Quinine），药名，常用以治疟，又可治疫。

疑闻太息，呜咽继之，于是轰然复作，如怒号也。未几风起，薄雾皆散，有黑云片片，止于天半，明月为隐。又少顷，西风渐烈，海波屹立，进击岩足，泡沫上飞，空中遥闻呼声，风暴将作。海上隐约见碧色光，盖行舟樯上灯火也，火光上下不定，或左右倾侧。思凯闻斯奇入室，风暴已起，舟中人方与昏夜洪涛争命，而崇台寂寥，即风波之音，且不能穿重垣而入，惟有壁上悬钟，轮声轧轧，送老人渐入沉睡而已。

二

积时成日，积日成旬，岁月逝矣。如老于航海者言，值风暴时，中夜暗黑，恒闻海上有声，呼人姓名。使大海能言，来相呼唤，则人当垂老，冥冥中犹有他声，神秘幽玄，来见召也。若其人既倦人间，乃闻此呼声，怡悦尤至，顾必先入静定，始能闻之。且人在暮年，多乐韬晦，如预期其窀穸者，今思凯闻斯奇索居灯台，已不啻半入丘墓，遍察人间，殆无枯寂生涯，更过灯台守者矣。使少年任此，不日且逃，故守者大抵老人，又阴郁避世，有时去岛，更入人丛，辄茫然独步，如睡初觉。人事繁赜，感触所及，善能化人，令与世适合，而台上无是也。凡其所见，皆浩然浑然，不存圭角，水天二大，覆载上下，人处其间，茕茕孤立，尔时心中动作，独有覃思，更无外物能破其寂，即每日执事，亦不为扰。生涯日日相似，如数珠在串，惟天气阴晴，少为之变化而已。顾思凯闻斯奇悦之，其福为未曾有。黎明而起，饭后，拭灯侧波黎洁之，随坐台上，远眺海景，虽每日见此而亦不厌。海水碧色，上有白帆数群，受风满张，映以朝日，其光的然，至目睛为夺。亦有估舟乘贸易风而前，一一相尾，如鸥鸟群飞水面，浮标赤色，随微波上下。及午后，则有苍烟一缕，状如鸟羽，起于帆影间，此纽约航船，载过客行货至亚斯宾华尔者也。舟后泡沫沸腾，成一鸟道。思凯闻斯奇转身西望，则见亚斯宾华尔全市，步头帆樯林立，有木架皮舟，历历如在掌上，而台颠高绝，下视人家，大才如鸥鸟之巢，舟如甲虫，人行白石道上，状如黑子。侵晨，东风微起，直送阛阓人声，至于海上，间以汽笛。已而入夕，岸上动作渐止，海鸥匿身岩穴，水波渐弱如小倦。水滨海面及台灯中，一时皆寂。波退，沙滩复露，点点作黄金色，崇台耸立，上衬碧空，瞭然可见，夕照斜注，笼罩海面及沙滩崖石之上。时老人微惫，其意至愉，觉今兹所得安息，美绝无伦，第使此乐能长，则百事皆足，无遗憾矣。

老人身受此福，心为之醉，凡人涉境佳，其情辄与俱化，故尔时信仰希望，亦渐来归，思世多建夏屋以庇病夫，则天帝亦岂不怜游子而收之乎？历时既久，信亦益深，且安于孤独，与明灯岩礁，咸相稔习，而鸥鸟轩翥，巢于石穴，薄暮则会台顶，老人亦识之矣。饭有余馂，便以饲鸥。鸥日驯扰，每分食，白羽纷然竞下，围绕老人。老人与鸥友善，犹牧者之于羊群也。逮潮水下，便至沙碛掇拾蛤蚌，其味甚旨，亦有珠贝乘潮而至，留置沙上者。夜中，或乘月明就台下捕鱼，鱼聚石岸曲处，数以万计。久之，遂挚爱其小岛。岛上无乔木，惟小树丛生，树脂外泄。顾地虽荒芜，而远景滋美，足补其阙。卓午而后，颢气澄彻，则见地茎草木茂密，椰树芭蕉之属，槎枒相交，灿如锦绣，映亚斯宾华尔之背，望之如名园。其后更有大林，介亚斯宾华尔、巴奈马间，卉木之气，蒸为红色薄雾，朝夕不散。地积死水，林中藤蔓交加，巨兰棕榈铁树乳木胶树，丰茂其间，时作潮音，盖热带森林之特景也。

老人出远镜眺望，乃非特见林中树木与芭蕉阔叶，且睹猿狖鹳鹤，亦有鹦鹉群飞，其状若虹霓。思凯闻斯奇善知森林情状，盖亚摩宋覆舟后，旁皇林莽间者数旬，故知此林虽美，而中涵杀机。前此野宿时，尝闻猿狖哀鸣，黑虎怒号，声在耳畔。又见巴蛇缠树上如藤蔓，又知是地湖水凄寂，箭鱼巨鳄游行水次。荒林未辟，一叶之大，过于十人。巨蚊木蛭蜘蛛有毒，所在蔓衍。而人处其中，为状何如，则尝涉历其境，目击而身尝之。今得据高望远，尝其物色而不及于祸，乐又奚极。老人居灯台中，万物莫能至，惟礼拜日始一去此，被守者蓝色长衣，上著银结，胸前悬十字章。入圣寺时，克罗尔人辄相私语曰："吾侪得灯台守者，彼虽扬奇①，而非外道②也。"老人闻之喜，举其皓首。顾弥撒方终，即返故岛，盖犹未敢信大陆也。礼拜日入市购西班牙报章，或诣领事假纽约通报，归而读之，索欧洲消息，虽东西间隔，独处灯台，而心乃日日念其故乡。又或遇约翰孙为致粮食，便下与言谈。顾未几，忽渐避人，不复入市读报，亦不就约翰孙共谈政事。如是者可数旬，弗睹其人，惟食物置岸次，至次日而空，薄暮灯光即见，如朝日上山，未尝或爽，因知守者尚生而已。当是时，老人之心，已渐谢此世，第亦非怀归之故，盖即眷怀故国之情，且转为听天任命，入于颓唐。其居岛上，则自有天地与之始终，心常念虑，非没世不去此岛矣。此他外物，咸不相知，而宗信乃入神秘。碧瞳湛然，瞠视如婴儿。四周景物，皆宏大单纯，人与之对，亦至自失，似非更在人间，以与外境合体，若问此地何有，则嗒然无复会解，惟无意中有所感觉而已。既而仿佛若水天、岩石、灯台、金色沙滩、风帆、海鸥与潮水上下，合为一心，灵秘莫测，已身即沦陷其中。心自有生，还入酣睡。老人随之湛沕，妪煦就眠，终至自忘，身世浑茫，恍忽罔觉，乃于是中得其安息，幸福无疆，有若半死也。

---

① 扬奇（Yankee），美国人诨名。此岛居民以克罗兰人为多，彼辈认思凯闻斯奇为美国人，故有此语。

② 外道，外教也。思凯闻斯奇亦奉旧教，故云。

三

虽然，寤觉之期，乃终至矣。

一日，小舟来，为送食物清水。越一时，老人降台，乃见旁有包裹，上黏美国邮券，粗布裹之，书曰："呈思凯闻斯奇遏斯奎尔。"愕然剖视，则书也。略展其一，旋置之，而两手已颤，随掩其目，疑在梦寐。其书皆波兰文，则何故耶？又孰寄此者耶？盖老人已忘前事矣。曩者初至灯台，每自领事假得报章，归而披读，见有波兰人结社于纽约，因赠以月俸之半，以自居孤岛，无所用也。社受金，报以书籍，事本极常，而老人思不及此，则索居亚斯宾华尔灯台而得波兰文典册，事乃至奇，近于神异，正如舟人在深夜中，闻声呼其名氏，其声至亲至爱，而相忘又已久也。遂闭目枯坐，良久不动，似自信更一启目，则梦幻或当去矣。包裹既剖，赫然在前，目光的的照其上，有书半启，老人伸手欲更取之，万有寂寥，自闻心跃。视其书，乃诗集也。卷面大书书目，端题撰者，其名见之至稔，盖波兰大诗人[①]之名耳。一千八百三十年流寓巴黎，曾读其著作，尔后从军亚尔格勒及西班牙，闻国人传说，声名益盛，惟身在戎行，不遑吟诵。迨一千八百四十九年至美洲，历受诸难，未尝一遇国人，波兰书籍，更无论矣。老人随郑重启书，心动益剧，似在庄严法事将起于荒岩。时适大寂，亚斯宾华尔之钟方报五时。长空绝无云气，惟鸥鸟三五，飞度中天，大海静定如眠，水波则切切作私语，徐上沙碛。遥见亚斯宾华尔白色人家及棕榈之林，皆莞尔而笑。尔时崇高靖肃，莫可方物，天地寥寂，而忽闻老人颤声高吟，如使自闻其诗，俾善解意旨者。曰："余故

① 译者原注：案此指密克微支（Mickiewicz），生于 1798 年，时当波兰分析，作诗皆怀故乡，1855 年卒。

园烈忒跛[①]兮，猗尔其若康豫也。彼康豫之为嘉祥兮，顾非疾病者不之悟也。览汝美又何无伦比兮，繁饰纷其备具也。托毫素而陈词兮，惟余心之汝慕也。”

诵至此，声忽中绝。似文字皆腾掷而前，胸中有物若破，又渐上涌，类乎波涛，扼其喉，声为之塞。少顷，乃略自镇，更诵曰：“神后具能智兮，骞多跛[②]赖以允臧。曜大明于阿思托罗波罗摩[③]兮，猗赫赫其晖光。相下民之贞信兮，守诺革洛兑[④]之旧疆。昔余母陨涕其淋浪兮，余则环枯目以视昊天，感大神之重竺以生兮，仰帝阍而趋前。惟尔昔既归余以康豫兮——又胡不垂威灵以返我于故乡也?”

是时心事波起，不能自制，遂啜泣自投于地，白发皓然，与黄沙相杂。心念离别故园，几四十祀，且不闻方言者亦不知几何年矣。今乃自来相就，超大海而得诸天涯独处之中，美哉可念哉故国之言文也！然老人虽泣失声，而不因于苦痛，惟旧爱重生，重逾万有，因至是耳。时则呜咽陈情，乞宥于所爱。思前此非敢相忘，特以年垂大耋，又托体荒岩，习于孤独，即怀慕之心，且渐消磨矣，不图今日乃忽来归，若见灵异也。而其心房搏动，于是亦突突不能止。

光景逝矣，顾老人卧未起。白鸥飞鸣台颠，似深为老友惊疑者。且分食之时亦至矣，则有数鸥翔集其侧，已而益多，皆盘舞顶上，且鼓其翼。老人闻声而觉，号泣既足，颜色极庄，惟目光睒然有异，取食尽以饲鸥，鸥大叫

---

① 烈忒跛（Litva）即立莎尾亚（Lithuana），在欧洲东部。11 世纪时为大公国。14 世纪时，并入波兰版图。后为俄所割据。此次大战后，复建为独立国。

② 骞多跛（Chenstohova），疑为波兰地名。

③ 阿思托罗波罗摩（Ostrobrama），疑为波兰地名。

④ 诺革洛兑（Novgrodek），波兰地名。

争食。老人则复取书，时斜日已至巴奈马林间，渐渐入地，惟额的阑[①]海上光明未消，室外尚能辨物。遂更诵曰："傍林皋而依绿野兮，导神魂以翱翔也！"

已而暮色陡下，疾如转瞬，文字不可见矣。老人枕首石上，阖其目，诗中神后则已致其心魂于故园，禾黍油油，野色无边也。天半犹有彩云，色作絑绛，或如黄金，老人之心乃正乘此云而归故国。耳际闻松林摇动有声，流水淙淙，如人私语，旧乡风物，一一如前，似咸来问讯曰："汝记之乎？"然，彼记之也。甫田旷远，间以村落，树林历历如见。时已黄昏，台上灯光当照海面，而守者已在故乡矣！老人垂首至胸，渐入梦幻，境地迷离，倏过其目。彼不见其老屋，已毁于燹火矣。亦不见其父母，已诀于儿时矣。惟村落依然，宛如乍别耳。茅舍栉比，窗隙皆漏灯光。有小阜水磨及二池塘，左右相对，池中蛙蛤和鸣，彻夜不歇。昔尝夜作斥候于村中，旧日情景，朦胧复见。时则仍为骑兵，职司守望，遥睹酒家，老人启倦眼视之，且闻室内歌呼如雷，间以胡琴、箜篌，与夜色混合。骑兵马蹄，击石生火，老人据鞍危坐，肢体甚倦。已而夜渐阑，窗内灯光皆灭，空中起薄蔼，不复辨物。少顷，雾气作于野间，包围大地，状如白云。人或言此景甚类大海，然实田野耳。未几将闻秧鸡叫暗中，芦苇丛里，白鹭亦唳，夜气静而凉，盖波兰之夜也。远处松林，无风自响，声如波涛，曙色已至，东方将白矣。时闻篱后鸡啼，茅舍鸡声，遂一一相应，天半偶有鸣鹳，骑兵心神爽然，或有言明日之战者，此则呐喊摇旗而前耳，少年热血，虽为夜气所凉，犹潮涌如战角也。时已黎明，夜色渐淡，林木、丛莽、茅庐、水磨及白杨数树，依稀皆见，井轮辘辘作声。可爱哉故国！在绛色朝暾中，其美何极，可爱哉此故国也！百物寂静，

① 额的阑（Atlantic），通称大西洋。

老人遂闻足音橐橐然，此无他，必代为斥候者耳。顾俄乃有声作于头上曰：“翁趣起，汝何事耶?”老人张目，惊视来者，梦迹迷离未去。已而爽然，则见守港者约翰孙立其前，且问之曰：“何如，病耶?”老人曰：“否。”约翰孙曰：“昨乃未燃灯火，当去此矣。有舟来自圣该罗诺[①]已搁滩上。惟幸无死者，否则翁当听鞫矣。今且偕我下舟，余事会得之领事馆耳。”老人失色，昨夜盖信未燃灯火也。

越二三日，有航船自亚斯宾华尔赴纽约，思凯闻斯奇在焉。今者已失其业，且复上漂流之道矣。秋风振箨，送之沉浮。遍历大地，将逮快意而后止耳。此数日间，老人颜色顿衰，腰胁亦曲，而目光炯然。今登长途，百无所有，惟怀中尚留一书，时拊以手，似恐即此一物，亦或见夺而不能长保也。

作者简介

亨利克·显克微支（1846—1916 年），波兰作家。代表作品有中短篇小说《炭笔素描》《小音乐家扬科》《天使》，反映了被压迫民族和人民的苦难命运，另有长篇历史小说《火与剑》《洪流》《伏洛窦耶夫斯基先生》《你往何处去》等，显克微支是波兰深受欢迎和有较深远影响的作家，其作品人物形象丰满生动，情节扣人心弦，语言优美畅达。

① 圣该罗诺（St Geromo），地名。

延伸阅读

18 世纪下半期，波兰被列强瓜分，显克微支作为一名爱国者，他的作品或取材于历史，讴歌波兰人民爱国主义的传统；或取材于现实，痛陈时弊，深得周氏兄弟的推崇。鲁迅在《我怎么做起小说来》曾提到："记得当时最爱看的作者，是俄国的果戈理和波兰的显克微支。"

十七　苦寒行[①]二首

一

曹　操

北上太行山，艰哉何巍巍[1]！羊肠坂[②]诘屈，车轮为之摧[2]。树木何萧瑟，北风声正悲。熊罴[3]对我蹲；虎豹夹路啼。溪谷少人民[4]；雪落何霏霏[5]！延颈[6]长叹息，远行多所怀[7]。我心何怫郁[8]，思欲一东归[9]。水深桥梁绝，中路[10]正徘徊。迷惑失故路，薄暮无宿栖。行行日已远，人马同时

① 《苦寒行》，乐府清调曲名。曹操此诗，本名《北上篇》，晋时入乐府，改题此名。乐府者，本汉武帝所立乐署之名，后假以称一切入乐之诗歌。汉魏六朝之乐府，与汉以前之诗、骚，唐以后之词、曲，其实一也。本书前数册所选之《饮马长城窟行》《日出入行》等，均为乐府。

② 羊肠坂，在今山西交城县东南，以其径小而曲，如羊肠然，故名。战国时，为赵之要塞。

饥。担囊行取薪[11]，斧冰持作糜[12]。悲彼《东山》诗①[13]，悠悠[14]使我哀！

二

陆 机②

北游幽朔③城，凉野多险难。俯入穹谷底；仰陟[15]高山盘。凝冰结重涧；积雪被长峦；阴风兴岩侧；悲风鸣树端。不睹白日景，但闻寒鸟喧，猛虎凭林啸，玄猿临岸叹。夕宿乔木下，惨怆恒鲜欢。渴饮坚冰浆；饥待零露餐。离思固已久，寤寐莫与言。剧哉行役人，慊慊[16]恒苦寒！

① 《东山》，军士归家之诗，在《诗经·豳风》内。诗曰：我徂东山，慆慆不归。我来自东，零雨其濛。我东曰归，我心西悲。制彼裳衣，勿士行枚。蜎蜎者蠋，烝在桑野。敦彼独宿，亦在车下。（以上第一章）我徂东山，慆慆不归。我来自东，零雨其濛。果裸之实，亦施于宇。伊威在室，蠨蛸在户。町畽鹿场，熠燿宵行。亦可畏也，伊可怀也。（以上第二章）我徂东山，慆慆不归。我来自东，零雨其濛。鹳鸣于垤；妇叹于室。洒扫穹窒，我征聿至。有敦瓜苦，蒸在粟薪，自我不见，于今三年。（以上第三章）我徂东山，慆慆不归。我来自东，零雨其濛。仓庚于飞，熠耀其羽。之子于归，皇驳其马，亲结其缡，九十其仪。其新孔嘉，其旧如之何？（以上第四章）

② 陆机，晋吴人，逊孙，字士衡。少有异才，文章冠世。慨吴之亡，乃著《辨亡论》二篇。后事晋成都王颖，表为平原内史。太安初，颖起兵讨长沙王乂，假机后将军、河北大都督。及军败，孟玖等谮机有异志，遂遇害。

③ 幽是幽州，朔是朔方，此假为北方之统称。

延伸阅读

《苦寒行》在《乐府诗集》中属《相和歌·清调曲》。《乐府解题》说："晋乐奏魏武帝《北上篇》，备言冰雪溪谷之苦。其后或谓之《北上行》，盖因武帝辞而拟之也。"原辞为曹操所作，是建安十一年（206 年）正月北征高干时所写，描写了战争中环境的困难、士兵的艰苦和作者自己的悲壮情怀。陆机的《苦寒行》是对曹操原辞的模拟。全诗的主题是刻画"行役人"，即北征战士在寒冷季节忍饥受冻、餐风露宿的凄苦景况。

[1] 太行山：绵延于山西、河北、河南三省交界处的大山脉。何：多么。巍巍：高耸貌。

[2] 诘屈：曲折盘旋。摧：折断，毁坏。

[3] 罴（pí）：熊的一种，又叫马熊或人熊。

[4] 溪谷：山中低洼有水处。山中居民往往聚居溪谷，此处说"少人民"，言山中人烟稀少。

[5] 霏霏：雪下得很盛的样子。

[6] 延颈：伸长脖子（远眺）。

[7] 怀：怀恋，心事。

[8] 拂（fú）郁：愁闷不安。

[9] 东归：指归故乡谯郡。作者谯（今安徽亳州）人，谯郡在太行之东，故云"一东归"。

[10] 中路：中途。

[11] 担囊：挑着行李。行取薪：边走边拾柴。

[12] 斧冰：以斧凿冰取水。糜（mí）：稀粥。

［13］东山：《诗经·豳风》中的一篇，写远征军人凯旋还乡。旧说是周公作的。这里提到这篇诗，一是对照当前行军的艰苦，希望早日凯旋，二是以周初大政治家周公自比。

［14］悠悠：忧思绵长的样子。

［15］陟（zhì）：登高。

［16］慊（qiàn）慊：不满足的样子。

十八　汉书苏武传[①]

……汉连伐胡，数通使[1]相窥观。匈奴留汉使郭吉[2]、路充国[3]等前后十余辈[4]；匈奴使来，汉亦留之，以相当[5]。

天汉②元年，且鞮侯单于③初立，恐汉袭之，乃曰："汉天子，我丈人行④也。"尽归汉使路充国等。武帝嘉其义，乃遣武以中郎将⑤使[6]，持节[7]送匈奴使留在汉者；因厚赂⑥单于，答其善意。

武与副中郎将张胜及假吏⑦常惠等募士斥候⑧百余人俱[8]。既至匈奴，置币遗[9]单于；单于益骄，非汉所望也。方欲发使送武等，会[10]缑王[11]与长水⑨虞常等谋反匈奴中——缑王者，昆邪王⑩[12]姊子也，与昆邪王俱降汉，后

---

① 见《汉书》第五十四卷苏建（武之父）传下。
② 天汉，汉武帝年号，当公元前一〇〇—公元前九七年。
③ 且音 jū，鞮音 dī。且鞮侯单于为句黎湖单于之弟，继兄立。
④ 丈人，家长之称。丈人行，即长辈之义。
⑤ 中郎将，官名，位亚于将军。
⑥ 赂，赠遗也。
⑦ 假吏犹云权吏；权为其事，非其本职。
⑧ 募人以充士卒及在道为斥候者。斥候，侦探也。
⑨ 长水在陕西蓝田县西北，流经长安东南。唐宋以来谓之浐水。
⑩ 昆邪，匈奴之属部，在今甘肃一带。邪音 yé。

随浞野侯①没胡中——及卫律②所将降者，阴相与谋劫单于母阏氏③归汉。会武等至匈奴，虞常在汉时素与副张胜相知，私候[13]胜曰：“闻汉天子甚怨卫律，常能为汉伏弩射杀之。吾母与弟在汉，幸蒙其赏赐。”张胜许之，以货物与常。后月余，单于出猎，独阏氏[14]子弟在，虞常等七十余人欲发[15]，其一人夜亡告之，单于子弟发兵与战，缑王等皆死，虞常生得[16]。单于使卫律治其事。张胜闻之，恐前语发，以状语武；武曰：“事如此，此必及我；见犯乃死，重负国[17]！”欲自杀。胜惠共止之。

虞常果引[18]张胜。单于怒，召诸贵人议，欲杀汉使者。左伊秩訾④曰：“即谋单于，何以复加⑤？宜皆降之。”单于使卫律召武受辞[19]。武谓惠等：“屈节辱命，虽生，何面目以归汉！”引佩刀自刺。卫律惊，自抱持武；驰召医，凿地为坎，置煴⑥火[20]，覆武其上，蹈其背以出血[21]。武气绝半日复息⑦。惠等哭，舆[22]归营。单于壮其节，朝夕遣人候问武，而收系[23]张胜。

武益愈，单于使使晓武——会论[24]虞常，欲因此时降武。剑斩虞常已，律曰：“汉使张胜谋杀单于近臣，当死。单于募降者赦罪⑧。”举剑欲击之，胜请降。律谓武曰：“副有罪，当相坐[25]⑨。”武曰：“本无谋，又非亲属，

---

① 浞野侯，赵破奴也。破奴，九原人，以击虏楼兰王封浞野侯。寻将二万骑入匈奴，生为所得。居匈奴中十岁，复与其太子安国亡入汉。后坐巫蛊族诛。

② 卫律，父本长水胡人，生长于汉。与协律都尉李延年善，以延年荐，使匈奴。还，会延年家被诛，律惧，亡归匈奴。匈奴受之，以为丁灵王。

③ 阏氏，读若燕支。汉时匈奴王后之称。

④ 左伊秩訾为胡官之号。一云，王号也。

⑤ 此言谋卫律若处死刑，倘谋单于，将何如乎？谓不当杀汉使。

⑥ 《说文》云：“煴，郁烟也。”

⑦ 息，出气也。

⑧ 募，招也。谓张胜若能应单于之招而降，可赦罪。

⑨ 坐，加罪也。

何谓相坐!”复举剑拟之，武不动。

律曰：“苏君！律前负汉归匈奴，幸蒙大恩，赐号称王，拥众数万[26]，马畜弥山[27]，富贵如此。苏君今日降，明日复然。空以身膏草野[28]，谁复知之?”武不应。律曰：“君因我降，与君为兄弟。今不听吾计，后虽欲复见我，尚可得乎!”武骂律曰：“汝为人臣子，不顾恩义，畔主背亲，为降虏于蛮夷，何以汝为见①！且单于信汝，使决人死生，不平心持正，反欲斗两主[29]，观祸败。南越[30]杀汉使者，屠为九郡②。宛王杀汉使者，头县北阙③[31]。朝鲜杀汉使者，即时诛灭④。独匈奴未耳。若知我不降明⑤，欲令两国相攻，匈奴之祸从我始矣!”

律知武终不可胁，白单于。单于愈益欲降之，乃幽武，置大窖中，绝不(与)饮食。天雨雪，武卧啮雪与旃[32]毛并咽之。数日，不死。匈奴以为神，乃徙武北海⑥上无人处，使牧羝；羝乳，乃得归⑦[33]。别其官属常惠等，各置他所。武既至海上，廪食不至，掘野鼠、去⑧草实而食之。仗汉节牧羊，卧起

---

① “何以汝为见”即“何以见汝为”，文字颠倒。

② 南越王赵兴，王太后樛氏欲内附，其相吕嘉不欲，与其弟将卒攻杀太后王，尽杀汉使者。元鼎五年秋，汉发兵讨灭之。以其地为儋耳、珠崖、南海、苍梧、郁林、合浦、交阯、九真、日南九郡。

③ 大宛，汉西域国名。宛产善马，武帝时，遣使者持千金，以请宛善马。宛王以汉绝远，大兵不能至，爱其宝马，不肯与。汉使詈辱之，宛遂攻杀汉使，取其财物。于是武帝遣李广利等前后十余万人伐宛，连四年。宛人斩其王毋寡首，献马三千匹，汉军乃还。

④ 元封元年，汉使涉何刺杀朝鲜裨王长，朝鲜发兵袭杀何。汉发兵攻之。至三年夏，朝鲜人杀王来降。遂定朝鲜为真番、临屯、乐浪、玄菟四郡。

⑤ 若，汝也。言汝知我不肯降甚明。

⑥ 北海为匈奴北界，其外即丁令也。即今西伯利亚之贝加尔湖。

⑦ 羝，牡羊也。羝不当产乳，故设此言，示绝其事。

⑧ 去即弆字，谓藏之也。

操持，节旄尽落。积五六年，单于弟於靬①王弋射海上，武能（结）网纺缴②，檠③弓弩，於靬王爱之，给其衣食。三岁余，王病；赐武马畜、服匿④、穹庐⑤。王死后，人众徙去。其冬，丁令⑥盗武牛羊，武复穷厄。

初，武与李陵俱为侍中⑦。武使匈奴，明年，陵降，不敢求[34]武。久之，单于使陵至海上，为武置酒设乐，因谓武曰："单于闻陵与子卿⑧素厚，故使陵来说足下，虚心欲相待。终不得归汉，空自苦亡人之地，信义安所见乎？……来时，太夫人已不幸，陵送葬至阳陵。子卿妇年少，闻已更嫁矣。独有女弟二人，两女一男；今复十余年，存亡不可知。人生如朝露，何久自苦如此？陵始降时，忽忽如狂，自痛负汉，加以老母系保宫⑨。子卿不愿降，何以过陵？且陛下春秋高，法令亡常，大臣亡罪夷灭者数十家，安危不可知，子卿尚复谁为乎？愿听陵计，勿复有云！"武曰："武父子亡功德，皆为陛下所成就，位列将，爵通侯，兄弟亲近，常愿肝脑涂地。今得杀身自效，虽蒙斧钺汤镬[35]，诚甘乐之。臣事君，犹子事父也，子为父死无所恨。愿勿复再言！"

陵与武饮数日，复曰："子卿壹听[36]陵言！"武曰："自分已死久矣。

---

① 靬音 qián。
② 缴音 zhuó，生丝缕也，可以弋射。
③ 檠，谓辅正弓弩也。
④ 服匿，如罂，小口、大腹、方底，用受酒酪。
⑤ 穹庐，毡帐也。
⑥ 丁令，匈奴属国，所居在今西伯利亚叶尼塞河上游至贝加尔湖南地方。
⑦ 侍中，掌皇帝乘舆服物之官。
⑧ 子卿，苏武字。
⑨ 保宫，官吏之狱名。

王①必欲降武，请毕今日之欢，效死于前!”陵见其至诚，喟然叹曰：“嗟呼义士，陵与卫律之罪上通于天!”因泣下沾衿，与武决②去。……

昭帝即位，数年，匈奴与汉和亲。汉求武等，匈奴诡言武死。后汉使复至匈奴，常惠请其守者与俱，得夜见汉使，具自陈道；教使者谓单于，言天子射上林③中，得雁，足有系帛书，言武等在某泽中。使者大喜，如惠语，以让单于。单于视左右而惊，谢汉使曰：“武等实在。”

于是李陵置酒贺武曰：“今足下还归，扬名于匈奴，功显于汉室，虽古竹帛所载，丹青所画，何以过子卿！陵虽驽怯，令汉且贳陵罪，全其老母，使得奋大辱之积志，庶几乎曹柯之盟④，此陵宿昔之所不忘也。收族陵家，为世大戮，复何顾乎！已矣，令子卿知吾心耳！异域之人，一别长绝!”陵起舞，歌曰：“径万里兮度沙幕⑤，为君将兮奋匈奴。路穷绝兮矢刃摧，士众灭兮名已隤[37]！老母已死，虽欲报恩将安归!”陵泣下数行，因与武决。……

武留匈奴，凡十九岁。始以强壮出；及还，须发尽白。……

---

① 王，指李陵，匈奴封李陵为右校王，故称之。

② 决，别也。

③ 上林，秦旧宛，汉武帝更增广之。周袤三百里，离宫七十所。故址在今陕西长安县西。

④ 曹沫，鲁人，以勇力事鲁庄公，为鲁将。与齐战，三战三北。庄公惧，乃显遂邑之地以和；犹复以为将。齐桓公许与鲁会于柯，桓公与庄公既盟于坛上，曹沫执匕首劫齐桓公。桓公问曰：“子将何欲?”曹沫曰：“齐强鲁弱，而大国侵鲁，亦已甚矣。今鲁城坏，压境，君其图之!”桓公乃许尽还鲁之侵地。

⑤ 沙幕，即沙漠之异文。

作者简介

班固（32—92年），字孟坚，扶风安陵（今陕西咸阳东北）人，东汉著名史学家、文学家。班固出身儒学世家，其父班彪、伯父班嗣，皆为当时著名学者。在父祖的熏陶下，班固九岁即能属文，诵诗赋，十六岁入太学，博览群书，于儒家经典及历史无不精通。

建武三十年（54年），班彪过世，班固从京城洛阳迁回老家居住，开始在班彪《史记后传》的基础上，撰写《汉书》，前后历时二十余年，于建初中基本修成。汉和帝永元元年（89年），大将军窦宪率军北伐匈奴，班固随军出征，任中护军，参议军机大事。窦宪大败北单于后班固撰下著名的《封燕然山铭》。后窦宪因擅权被杀，班固受株连，死于狱中，时年六十一岁。

班固一生著述颇丰。作为史学家，其《汉书》是继《史记》之后中国古代又一部重要史书，与《史记》《后汉书》《三国志》并称为“前四史”。作为辞赋家，班固与司马相如、扬雄、张衡并称为“汉赋四大家”。《两都赋》开创了京都赋的范例，列入《文选》第一篇；同时，班固还是经学理论家，他编辑撰成的《白虎通义》，集当时经学之大成，使谶纬神学理论化、法典化。

延伸阅读

《苏武传》是《汉书》中最出色的篇章之一，它记述了苏武出使匈奴，面对威胁利诱坚守节操，历尽艰辛而不辱使命的事迹，“一入匈奴十九年，节旄尽落犹思汉”，生动刻画了一个“富贵不能淫，威武不能屈”的爱国志士的光辉形象。

［1］通使：互相派遣使者。

［2］郭吉：元封元年（前 110 年），汉武帝亲统大军十八万到北地，派郭吉到匈奴，晓谕单于归顺，单于大怒，扣留了郭吉。

［3］路充国：元封四年（前 107 年），匈奴派遣使者至汉，病故。汉派路充国送丧到匈奴，单于以为是被汉杀死，扣留了路充国。事见《史记·匈奴列传》《汉书·匈奴传》。

［4］辈：批。

［5］相当：相抵。

［6］遣武以中郎将使：派遣苏武以中郎将的身份出使。中郎将：皇帝的侍卫长。

［7］节：使臣所持信物，以竹为杆，柄长八尺，栓上牦牛尾，共三层，故又称"旄节"。

［8］俱：一同前往。

［9］遗（wèi）：赠送。

［10］会：适逢。

［11］缑王：匈奴的一个亲王。

［12］昆（hún）邪（yé）王：一般指浑邪王，匈奴一个部落的王，其地在河西（今甘肃省西北部）。昆邪王于汉武帝元狩二年（前 121 年）降汉。

［13］候：拜访。

［14］阏（yān）氏（zhī）：匈奴王后封号。

［15］欲发：策划起事。

［16］生得：被活捉。

［17］见犯乃死，重负国：受到侮辱才去死，更对不起国家。

［18］果引：果然供出。

［19］受辞：受审讯。

［20］煴火：无焰的微火。

［21］蹈其背以出血：轻轻地敲打他的背部，让瘀血流出来。

［22］舆：轿子。此用作动词，犹“抬”。

［23］收系：逮捕监禁。

［24］会论：会同审处。

［25］相坐：连带治罪。古代法律规定，凡犯谋反等大罪者，其亲属也要跟着治罪，叫作连坐，或相坐。

［26］拥众数万：拥有奴隶数万。

［27］弥山：满山。

［28］空以身膏草野：白白地用身体给草地做肥料。膏：滋润，此用作动词。

［29］反欲斗两主：反而想要使汉皇帝和匈奴单于二主相斗。斗，用为使动词。

［30］南越：国名，今广东、广西南部一带。屠：平定。《史记·南越列传》载，武帝元鼎五年（前112年），南越王相吕嘉杀其国王及汉使者，叛汉。武帝发兵讨伐，活捉吕嘉，因将其地改为珠崖、南海等九郡。

［31］宛王：指大宛国王毋寡。北阙：宫殿的北门。《史记·大宛列传》载，汉武帝太初元年（前104年），宛王毋寡派人杀前来求良马的汉使。武帝即命李广利讨伐大宛，大宛诸贵族乃杀毋寡而降汉。

［32］旃（zhān）：通“毡”，毛毡。

［33］羝（dī）：公羊。乳：用作动词，生育，指生小羊。公羊不可能生小羊，故此句是说苏武永远没有归汉的希望。

［34］求：访求。

［35］虽蒙斧钺汤镬：即使受到斧钺和汤镬这样的极刑。

［36］壹听：一定要听。

［37］隤（tuí）：坠落，指名声败坏。

十九　牧羊记[①]·望乡[②]

（生[③]上）

【引[④]】凝望眼，极目关山遥远。思想君亲肠断。怎消忠孝怨！回首羝羊散乱，与两个野人为伴。试把节毛来一看，表我君亲面！

海水无边无际；沙场无极无垠。无亲无眷又无邻，况又无家可奔！日里无衣无食，夜间无被无衾。又无历日记时辰：不知春夏来，哪识秋冬尽[⑤]！

【忒忒令】我只得告天，天苦怜！望天，天与人做个方便！怎把我英雄来困？倒不如那楚屈原[⑥]，他抱忠魂，葬鱼腹，也落得个话传！哟，哟，哟，

① 《牧羊记》是将苏武陷在匈奴的事编成的传奇。传奇是戏曲之一种。戏曲短的，唤做杂剧；戏剧长的，唤做传奇。传奇二字本不过是一个形容词，谓所传之奇事耳，所以小说也可称传奇。后来这个名词渐渐地专用到戏曲上了。这一本《牧羊记》是明朝人做的，作者名姓无考。书在明末毛晋刻的六十种曲内。

② 《望乡》是这本戏中的一出。

③ “生”系剧中角色之名。角色大别有下列数种：(1) 生，是饰正经人的。(2) 净，是饰凶恶人或勇毅人的。(3) 丑，是饰滑稽人或奸人丑人的。以上三种都是男子。(4) 旦，是饰女子的。四种中尚有文、武、老、小的不同。

④ 引是上场时的引子。

⑤ 上面一节是唱的，这一节是念的。下凡大字为唱句，小字为念白。

⑥ 屈原，名平，楚怀王时，为三闾大夫，王甚任之。上官大夫害其能，因谗之。王怒疏原，原忧愁幽思而作《离骚》。顷襄王立，复用谗谪原于江滨，原于是作《渔父》诸篇以见志。遂于五月五日，怀石投汨罗江而死。

呸，我又差了！那楚屈原因谏楚怀王不从，自投汨罗江而死，我苏武受汉朝三世厚恩，言听计从，没来由，比他则甚！且住。前日有一渔父来说，有汉将李陵为我而来，也被胡人拿住；后来单于又招他为婿。未知真否？唉，岂有此理！那李将军为人最贤，怎肯与外国为姻眷？我想这节事非为别人之故，咗，多因是卫律那逆贼哄他为不善！且住。若是李陵在此，也该来看我才是，为何不来呢？是了，是了，莫不是害羞惭，为降胡，难相见，因此上不来到海边？

（内喊介[①]）

【沉醉东风】我见见一簇人马闹喧。吓，是了，莫不是卫律又来相劝[②]？他若来时，呵，我拼一命丧黄泉，誓无他怨！早难道意回心转；为君守节，为亲保全，何曾为一身上苟延！

（四小军引小生上）

【前腔】苏子卿别来数年，受尽了艰辛万千。遥望草庐边，见一人寒贱，免不得上前相见。（合）为君守节，为亲保全，何曾为一身上苟延！回避了。（众下。小生）哥哥在哪里？（生）兄弟在哪里？

【哭相思】怎知今日重相见，这冤苦向谁分辨！

（生）兄弟，你这般打扮，莫非走差了路头么？（小生）哥哥，一言难尽！（生）坐了讲。（小生）哥哥听禀！（生）唔。（小生）

【园林好】从别后朝廷与兵五千，……（生）与你五千人马做什么？（小生）到沙漠与哥哥报冤。（生）生受你。（小生）不想道一身落殿。（生）如此说，你输了吓？（小生）羞惭脸，怎生言？说将起，泪涟涟！（生）那单于

① “介”是戏中的动作，亦作“科”。

② 《牧羊记》中有《小逼》一出，是写卫律劝苏武投降的事。

怎么样待你？（小生）

【前腔】那单于惜才重贤，……（生）惜才重贤，敢是封了你什么官职了？（小生）赐咱[1]官委托将权。（生）看待如何？（小生）每日里开筵设宴。（生）闻得招你为婿，可有此事否？（小生）将花艳女绾良缘；因此上被利名牵。

（生）呀呸，你在此享荣华，受富贵，竟不想朝廷了么？（小生）哥哥吓！

【江儿水】不想朝廷怒，将咱祖冢迁。（生）你的儿女也不顾了？（小生）满门儿女遭刑宪。（生）你竟不想回去了么？（小生）望巴巴有眼无由见；哭啼啼血泪空如霰。（生）哭也无用。（小生）教我如何回转？（生）你平昔孝义忠心哪里去了？（小生）把孝义忠心因此上将刀割断！

（生）今日到此何干？

【前腔】闻说哥哥在，李陵常挂牵。（生）既然牵挂，何不早来见我？（小生）几回要见无由见。（生）要见何难？（小生）雁门关[2]阻隔平生愿。（生）今日来做什么？（小生）请哥哥到望乡台聊叙别离叹。（生）去做什么？（小生）到那里畅饮，何妨消遣。（生）我不去。（小生）休得推辞，看李陵平昔交情之面！

（生）这是我断然不去的。（小生）

【川拨棹】休执恋，请前行，莫久延！论兴衰贵贱由天，论兴衰贵贱由天，叹沧海与桑田几番变迁，把离愁且放宽！（生）这离愁怎放宽？我身似

---

① 俗称自己为咱，读若者平声，与喒同。

② 雁门关在今山西代县东北，自古为戍守重地。与宁武、偏头为“山西三关”，所谓“外三关”也。关城傍山就险，屹为巨防。

秋霜难苟延；我的忠心铁石样坚。（小生）请哥哥放下节旄[1]！（生）李陵，若要我折节延年，若要我折节延年，也罢，拼一命死在眼前！（合）把离愁且放宽！这离愁怎放宽？

【尾声】（生）形孤影只谁为伴？忍饿耽饥北海边。（小生）谁与我兄解倒悬？

哥哥，小弟此来非为别事，只为受降城外新筑一台，名曰望乡台，请哥哥到彼望南一拜，以表哥哥忠臣孝子之心。（生）既然如此，何不早说！若教我干别的事，我断然不去；若叫我拜望家乡，怎么不去！（小生）如此，哥哥请！（生）客邸思乡切，家乡未得归。（小生）欲穷千里目，更上一层台。看酒。（丑持酒上。小生）

【画眉序】同上望乡台，翠幙高张玳筵[2]开。幸相逢知己，共倒金罍。台下列珠履瑶簪；座间拥姣娥粉黛。（合）这杯满饮休辞醉，何妨暂展愁眉？

【前腔】（生）鲰生愧不才，历尽艰辛受狼狈，对樽前欢笑，自觉含哀。吓，李陵，你叫我拜望家乡，但不知在哪一带？（小生）望南一带就是。（生）吓，望南一带就是么？（小生）正是。（生）呀，你看云山满目，烟树模糊，这一带就是我的家乡了！阿呀！我那圣上吓！念圣主……唔，李陵，你在那里做什么？（小生）随哥哥拜望家乡。（生）吓，你既降顺在此，那一搭就不是你的家乡了！谁要你拜！……我那圣上吓，念圣主阊阖①忧怀！呵哟，我那亲娘吓，叹慈母倚门凝待！（合）这杯满饮休辞醉，何妨暂展愁眉？……

（小生）哥哥，小弟有言告禀。（生）讲！（小生）怀忠守节，虽义士之

① 阊阖，天门也，故皇宫之正门亦称阊阖。

纲常；应变随机，乃达人之权度。哥哥何必胶柱鼓瑟[3]？（生）背义忘恩，实人臣之共耻；去顺效逆，岂义士之所为！我苏武受汉朝三世厚恩，岂肯食胡地一粒之粟！我宁甘饿死，决不贪生！（小生）陵闻臣与君以义合，子与亲以孝先。汉天子春秋高迈，臣或无罪而见杀。太夫人光景暮矣，卿妇必易志而他归。独有汝弟，存亡未可审也。今哥哥空死穷荒之地，朝廷怎知义士之心？请自思之，无遗后悔！（生）朝廷未通音信，老母未知生死，忠孝实难全忘！（小生）哥哥，此非小弟之故，单于闻陵与哥哥交厚，故使来说，不想哥哥①

【铧锹儿】受尽了千磨百灭，一点丹心似铁！我欲待劝哥哥降顺，教我有口难说！思量起，恁②忠洁，好一似严霜皓月！这等看来李陵与卫律之罪上通于天，不可容也！我自叹嗟，徒意切；这羞惭满面，悄地偷弹泪血！【前腔】（生）李陵，为人臣子，当为君亲守节。我若是见义忘恩，肯与那盗贼无别！李陵，你教我去顺他邦，我宁甘殒绝！我的意已决，和你从此别！李陵，我和你相交半世，不晓得我的性儿么？我若贪图荣贵，怎肯餐毡啮雪！

（小生）小弟告别了，哥哥请自保重！你铁石心肠不改操，含悲洒泪枉嗟吁！（生）一片赤心难尽说，那空中惟有天知！李陵，你今后休来看我！（生下。小生）咳！羞死我也！（下）

---

① 此间接下面唱句，并不停顿。

② 恁，这般也。

延伸阅读

《牧羊记》同样是苏武的故事：苏武出使匈奴，被拘不降，牧羊于北海边，餐毡啮雪，艰苦卓绝。名将李广之后李陵，领兵五千来战，败于匈奴。汉帝杀陵一家，毁其祖宗坟墓。匈奴单于乘机诱降了李陵。陵往见苏武，一同拜望家乡。武大义凛然，责陵降敌；陵羞惭而去。武在匈奴十九年，不屈不挠，其后终于归汉。此剧老生、小生并重，通过唱功，塑造两个正反不同的人物形象，以伸张民族气节，批判投降行为。

[1] 节旄（máo）：旄节上所缀的牦牛尾饰物，指旄节。

[2] 玳筵：玳瑁筵。

[3] 胶柱鼓瑟：原义为胶住瑟上的弦柱，就不能调节音的高低，比喻固执拘泥，不知变通。

二十　李陵答苏武书①

子卿足下：

勤宣令德，策名清时，荣问休畅，幸甚幸甚！[1]远托异国，昔人所悲；望风怀想，能不依依！

昔者不遗，远辱[2]还答。慰诲勤勤，有逾骨肉。陵虽不敏，能不慨然！自从初降，以至今日，身之穷困，独坐愁苦。终日无睹，但见异类[3]。韦鞲毳幕，以御风雨；羶肉[4]酪浆，以充饥渴②。举目言笑，谁与为欢？胡地玄冰[5]，边土惨裂；但闻悲风萧条之声。凉秋九月，塞外草衰；夜不能寐，侧耳远听，胡笳③[6]互动，牧马悲鸣，吟啸成群，边声四起；晨坐听之，不觉泪下。嗟乎子卿，陵独何心，能不悲哉！

与子别后，益复无聊。上念老母，临年被戮；妻子无辜，并为鲸鲵④[7]。身负国恩，为世所悲。子归受荣，我留受辱，命也如何！身出礼义之乡，而

---

① 此篇甚似六朝文字，恐六朝时有南人被留于北者借李陵以舒感慨，非真李陵所作。读之者与《牧羊记》等视可耳。文见《文选》卷四十一。

② 鞲，臂衣也。毳幕，毡帐也。酪，冻牛乳。

③ 笳，胡乐，胡人卷芦叶为之，吹声甚悲。

④ 《左传》曰：“古者明王伐不敬，取其鲸鲵而封之以为大戮。”以鲸鲵喻不义人。此以鲸鲵为受戮者。

入无知之俗；违弃君亲之恩，长为蛮夷之域，伤已！令先君①之嗣更成夷狄之俗，又自悲矣。功大罪小，不蒙明察，孤负陵心。区区之意[8]，每一念至，忽然忘生。陵不难刺心以自明，刎颈以见志，顾国家于我已矣；杀身无益，适足增羞。故每攘臂忍辱[9]，辄复苟活。左右之人见陵如此，以不入耳之欢来相劝勉；异方之乐只令人悲，增忉怛[10]耳。

嗟乎子卿，人之相知，贵相知心，前书仓卒，未尽所怀，故复略而言之。昔先帝②授陵步卒五千，出征绝域。五将③失道，陵独遇战。而裹万里之粮，帅徒步之师，出天汉④之外，入强胡之域，以五千之众，对十万之军，策疲乏之兵，当新羁之马；然犹斩将搴旗，追奔逐北⑤，灭迹扫尘，斩其枭帅⑥[11]，使三军之士视死如归。陵也不才，希当大任，意谓此时功难堪矣[12]。匈奴既败，举国兴师；更练[13]精兵，强逾十万；单于临阵，亲自合围。客主之形既不相如，步马之势又甚悬绝，疲兵再战，一以当千；然犹扶乘创痛，决命争首⑦[14]。死伤积野，余不满百，而皆扶病不任干戈[15]；然陵振臂一呼，创病皆起，举刃指虏，胡马奔走。兵尽矢穷，人无尺铁，犹复徒首⑧奋呼，争为先登。当此时也，天地为陵震怒，战士为陵饮血[16]，单于谓陵不可复得，便欲

---

① 先君谓其先人，李陵祖曰广，为汉名将。父曰当户，早卒。

② 先帝指汉武帝。

③ 《汉书·武帝纪》云：“天汉二年，将军李广利出酒泉，公孙敖出西河，骑都尉李陵将步卒五千出居延。”并无五将之事。未知是否《武帝纪》失载，抑此文有误。

④ 天汉，汉人自称其国之美名。

⑤ 师败曰北。

⑥ 枭帅，骁勇之将帅。

⑦ 《汉书》曰：“陵与单于连战，士卒矢伤三创者载辇，两创者将军，一创者持兵。”

⑧ 徒，空也。空首，言无复甲胄。

引还；而贼臣①教之[17]，遂使复战，故陵不得免耳。

昔高皇帝[18]以三十万众困于平城。当此之时，猛将如云，谋臣如雨，然犹七日不食，仅乃得免②。况当陵者，岂易为力哉[19]！而执事者③云云，苟[20]怨陵以不死。然陵不死，罪也；子卿视陵，岂偷生之士而惜死之人哉？宁有背君亲，捐妻子而反为利者乎[21]！然陵不死，有所为也，故欲如前书之言，报恩于国主耳。诚以虚死不如立节，灭名不如报德也[22]。昔范蠡不殉会稽之耻，曹沫不死三败之辱[23]，卒复勾践之仇，报鲁国之羞④。区区之心，窃慕此耳。何图志未立而怨已成，计未从而骨肉受刑，此陵所以仰天椎心而泣血也[24]！

足下又云："汉与功臣不薄。"子为汉臣，安得不云尔乎！昔萧樊囚絷⑤，

---

① 贼臣，谓管敢也。《李陵传》曰："军候管敢为军旅候，被校尉笞之五十，亡入匈奴。于时匈奴与陵战，至塞，恐汉有伏兵，欲引还，敢曰：'汉无伏兵。'匈奴因大进新兵。陵战兰于山，汉军败，弓矢并尽，陵于是遂降。"

② 《史记》曰："高祖自将击韩王信，遂至平城。为匈奴所围，七日不得食。用陈平秘计，始得免。"

③ 执事者，谓汉朝执事之人。

④ 《史记》曰："吴王发精卒击越，败之。越王乃以余兵五千人保栖于会稽。勾践令大夫种行成于吴王，王赦越。勾践自会稽七年抚循其士民。吴王北会诸侯于黄池，范蠡曰：'可矣！'乃发兵伐吴，吴师败，乃请成于越。后四年，越复伐吴，吴师败，吴王遂自杀。"曹沫事见上篇注。

⑤ 《史记》曰："相国萧何为民请曰：'长安地狭，上林中多空弃地，愿令民得食田收稿，无为兽食。'上大怒曰：'相国多受贾人财物，乃请吾苑！'遂下廷尉械击之。"又曰："高祖病，有人恶樊哙党吕氏，即曰：'上一日宫事晏驾，则哙欲以兵尽诛戚氏赵王如意之属。'高祖大怒，乃使陈平载绛侯代将，而即军中斩哙。陈平畏吕氏，执哙诣长安。"

韩彭菹醢①，晁错受戮②，周魏见辜③[25]；其余佐命立功之士，贾谊④亚夫⑤[26]之徒，皆信命世之才，抱将相之具，而受小人之谗，并受祸败之辱，卒使怀才受谤，能不得展。彼二子⑥之遐举[27]，谁不为之痛心哉！陵先将军功略盖天地，义勇冠三军，徒失贵臣之意，到身绝域之表⑦，此功臣义士所以负戟[28]而长叹者也，何谓不薄哉！

且足下昔以单车之使，适万乘之虏，遭时不遇，至于伏剑不顾，流离辛苦，几死塞北之野[29]。丁年⑧奉使，皓首而归[30]。老母终堂；生妻去帷[31]。

---

① 《史记》曰："陈豨反，韩信在长安欲应之，事觉，吕后使武士缚信，斩于长安钟室。"又曰："彭越反，高祖赦之，迁处蜀道，着青衣。行至郑，逢吕后从长安来，泣曰：'愿处故昌邑！'后许诺。既至，白上曰：'彭越，壮士也，今徙蜀，自遗患，不如诛之。'令其舍人告越反，遂夷三族。"菹醢，斩为肉酱也。

② 晁错，汉景帝时为御史大夫，请削诸侯枝郡。吴楚七国，反以诛错为名。袁盎进说，衣朝衣斩东市。

③ 周为周勃；魏为窦婴。《汉书》曰："周勃为丞相，十余月，上乃免丞相就国。每河东尉守行县至绛，绛侯勃自畏恐诛，常被甲令家人持兵以自卫。其后有人上书告勃欲反，下廷尉捕治之。"又曰："窦婴，景帝时吴楚反，拜婴为大将军。七国破，封婴为魏其侯。坐灌夫骂丞相田蚡，不敬，遂论婴弃市。"

④ 贾谊，汉文帝时为博士。岁中，迁至太中大夫。谊请改正朔，易服色，制法度，兴礼乐；绛灌等毁之，出为长沙王太傅。帝后思谊，召见宣室，乃问鬼神事。拜梁王太傅。上《治安策》，论者以为通达国体。梁王坠马死，谊自伤为傅无状，哭泣岁余亦死，年三十三。

⑤ 周亚夫，勃子。景帝时吴楚反，拜太尉，击吴楚，大破之，拜丞相。后以子为父买尚方甲楯五百，被召诣廷尉，责问曰："君侯欲反乎？"亚夫曰："所买乃葬器也，何谓反乎！"吏侵之益急，遂入廷尉，不食五日，呕血而死。

⑥ 二子，谓范蠡曹沫也。言诸有才能者被囚戮，不如二子之能雪耻报功也。

⑦ 先将军，谓李广也。贵臣，谓卫青也。《汉书》曰："元狩四年，大将军卫青击匈奴，广为前将军。出塞捕虏，知单于所居处，乃自部精兵而令广出东道。东道迴远，广辞曰：'臣结发而与匈奴战，愿居前！'大将军不听。广色意愠怒，引兵出东道。惑失道，后大将军。大将军因问失道状，欲上书报天子。广来对，大将军长史急责广。广谓其麾下曰：'结发与匈奴大小十余战，今幸从大将军出接单于兵，而大将军令广部行迴远，又迷失道，岂非天哉！且广年六十余，终不复对刀笔之吏！'遂引刀自刭。"

⑧ 丁年，丁壮之年也。

此天下所希闻，古今所未有也。蛮貊[32]之人尚犹嘉子之节，况为天下之主乎！陵谓足下当享茅土①之荐，受千乘②之赏[33]。闻子之归，赐不过二百万，位不过典属国③，无尺土之封加子之勤；而妨功害能之臣尽为万户侯[34]，亲戚贪佞之类悉为廊庙宰[35]。子尚如此，陵复何望哉！

且汉厚诛陵以不死，薄赏子以守节，欲使远听之臣望风驰命，此实难矣。所以每顾而不悔者也。陵虽孤恩，汉亦负德[36]。昔人有言："虽忠不烈，视死如归。"陵诚能安[37]，而主岂复能眷眷乎！男儿生已不成名，死则葬蛮夷中，谁复能屈身稽颡，还向北阙，使刀笔之吏④弄其文墨耶[38]！愿足下勿复望陵！

嗟乎子卿，夫复何言！相去万里，人绝路殊，生为别世之人，死为异域之鬼，长与足下生死辞矣！幸谢故人，勉事圣君[39]！足下胤子⑤[40]无恙，勿以为念！努力自爱！时因北风，复惠德音！

李陵顿首[41]。

作者简介

李陵（？—前74年），字少卿。西汉陇西成纪（今甘肃秦安县）人，汉武帝时将军，名将李广之孙。深入大漠与匈奴作战，战败投降。李陵善骑射，爱士卒，颇得美名，被认为是五言诗创始者之一。

---

① 茅土，天子封诸侯时，各取方土，苴以白茅，以为诸侯之社。
② 千乘，诸侯之大者，可以出车千乘也。
③ 典属国，管理蛮夷降者之官。
④ 古简牍用竹木，以刀代笔，故曰刀笔。因以书吏之掌案牍者称为刀笔之吏。
⑤ 胤子，武在匈奴时，曾纳胡妇生子，名通国。后以金帛赎之归。

延伸阅读

李陵为汉将李广之孙，英勇善战，立有战功，率步卒五千，深入匈奴作战，兵败投降。这封信的主旨是在为自己的投降行为开脱的同时写自己对故土依依难舍的苦恋之情。汉武帝由于他的投降而杀了他的全家，使得他与汉朝恩断义绝，但自认为“功大罪小”，他不该受到如此严厉的处置。苏武的来信没有保留下来，但从李陵的回信推测，其主要内容应是劝李陵归汉。李陵最后给了苏武斩钉截铁的回答：“愿足下勿复望陵”。

［1］子卿：苏武字。足下：古代用以称上级或同辈的敬词。令德：美德。令，美好的。策名：臣子的姓名书写在国君的简策上。这里指做官。清时：政治清明的时世。荣问：好名声。问通“闻”。休畅：吉祥顺利。休，美。畅，通。

［2］异国：此指匈奴。望风怀想：此处指怀念对象的风采。辱：承蒙，书信中常用的谦词。

［3］异类：古代对少数民族的贬称。此处指匈奴。

［4］韦鞲（gōu）：皮革制的长袖套，用以束衣袖，以便射箭或其他操作。毳（cuì）幕：毛毡制成的帐篷。羶（shān）肉：带有腥臭气味的羊肉。

［5］玄冰：厚冰。冰结得厚实，极言天气寒冷。

［6］胡笳：古代我国北方民族的管乐器，其音悲凉。此处指胡笳吹奏的音乐。

［7］临年：达到一定的年龄。此处指已至暮年。鲸鲵（ní）：鲸鱼雄的叫“鲸”，雌的叫“鲵”。原指凶恶之人，此处借指被牵连诛戮的人。

［8］先君：古人对自己已故父亲的尊称，此处指李当户。当户早亡，李陵为其遗腹子。嗣：后代，子孙。夷狄：古代对少数民族的贬称，与前面“蛮夷”均指匈

奴。蒙：受到。明察：指切实公正的了解。孤负：亏负。后世多写作“辜负”。区区：小，少。此处作诚恳解。

［9］刺心：自刺心脏，意指自杀。攘臂：捋起袖口，露出手臂，形容受辱后激愤的样子。

［10］忉（dāo）怛（dá）：悲痛。

［11］绝域：极远的地域。此处指匈奴居住地区。当：挡。这里指抵御。搴（qiān）：拔取。奔：逃跑的。灭迹扫尘：喻肃清残敌。枭帅：骁勇的将帅。

［12］希：少，与“稀”通。难堪：难以相比。

［13］练：同“拣”，挑选。

［14］相如：相同。悬绝：相差极远。扶：支持，支撑。乘：凌驾，此处有不顾的意思。决命争首：拼命争先。

［15］干戈：此处指兵器。

［16］饮血：指饮泣。形容极度悲愤。《文选》李善注：“血即泪也。”

［17］引还：退兵返回。引，后退。贼臣：指叛投匈奴的军候管敢。

［18］高皇帝：即汉高祖刘邦。

［19］当：如，像。为力：用力，用兵。

［20］苟：轻率。

［21］宁：难道，反诘副词。捐妻子：舍弃妻子和儿女。

［22］虚死：指无谓而死。灭名：使名声泯灭。这里“灭名”与“虚死”对应，是取身无谓而死、名也随之俱灭之意。

［23］昔范蠡不殉会稽之耻：吴越相争时，越王勾践曾兵败，率五千人被围在会稽山，向吴王夫差求和，范蠡作为人质前往吴国，并未因求和之耻自杀殉国。曹沫不死三败之辱：曹沫为春秋时鲁国人，曾与齐国作战，三战三败，并不因屡次受辱而自杀身死。鲁庄公请和，与齐桓公会盟于柯，曹沫以匕首劫持桓公，迫使他全部

归还战争中侵占的鲁国土地。

［24］卒复勾践之仇：指勾践灭吴，夫差自杀。报鲁国之羞：此句指曹沫追回齐国侵占之地。椎心、泣血：形容极度悲伤。

［25］萧：萧何，沛（今江苏省徐州市）人，辅助刘邦建立基业，论功第一，封酂侯。他曾因为请求上林苑（专供皇族畋猎的场所）向老百姓开放而遭囚禁。樊：樊哙，沛人。从刘邦起兵，屡建功勋，封舞阳侯。曾因被人诬告与吕后家族结党而被囚拘。韩：韩信，淮阴（今江苏省淮安市）人，初随项羽，后归刘邦，拜大将，屡建奇功，封楚王，后贬为淮阴侯。他因要响应陈豨起兵造反，被吕氏斩首。彭：彭越，昌邑（今山东省金乡县西北）人，秦末聚众起兵，后归刘邦，多建军功，封梁王。他因造反被囚，高祖予以赦免，迁至蜀道，但吕后仍将他处死，并夷三族。菹（zū）醢（hǎi）：剁成肉酱，是古代一种残酷的死刑。晁错：颍川（今河南省禹州市）人。汉景帝时时任御史大夫，建议削各诸侯国封地。后吴楚等七国诸侯反，有人认为是削地所致，晁错因而被杀。周：周勃，沛人，从刘邦起事，以军功为将军，拜绛侯。吕氏死，周勃与陈平共诛诸吕，立汉文帝。周勃曾被诬告欲造反而下狱。魏：魏其侯窦婴，字王孙，观津（今河北省衡水市）人，窦太后侄。汉景帝时，平定吴楚七国之乱有功，封魏其侯。与灌夫为至交。汉武帝时，灌夫因与丞相田蚡结仇下狱，窦婴力图相救，受牵连而被诛。见：受。辜：罪。

［26］佐命：辅助帝王治理国事。贾谊：洛阳（今河南省洛阳市）人，自幼博学，汉文帝召为博士，迁太中大夫。积极参与政事，并勇于针砭时弊。后被权贵排斥出朝廷，郁郁而死。亚夫：即周亚夫，周勃之子，封条侯，曾屯军细柳（今陕西省咸阳市西南），以军令严整闻名。汉景帝时，任太尉，率师平定七国叛乱。后被诬谋反，绝食而死。

［27］遐举：原指远行，此处指死亡。

［28］陵先将军：指李广。冠：在……之中居第一位。作动词用。贵臣：指卫青。卫青为大将军伐匈奴，李广为前将军，被遣出东道，因东道远而难行，迷惑失路，被卫青追问原因，含愤自杀。戟：古兵器。

［29］万乘：一万辆兵车。虏：古代对少数民族的贬称。此指匈奴。伏剑：以剑自杀。此句是说，苏武在卫律逼降时，引佩刀自刺的事。

［30］丁年：成丁的年龄，即成年。这里强调苏武出使时正处壮年。皓首：年老白头。皓，光亮、洁白

［31］终堂：死在家里。终，死。去帷：改嫁。去，离开。

［32］蛮貊（mò）：泛指少数民族。这里指匈奴。貊，古代对居于东北方民族的称呼。

［33］茅土之荐：指赐土地、封诸侯。古代帝王社祭之坛共有五色土，分封诸侯则按封地方向取坛上一色土，以茅包之，称茅土，给所封诸侯在国内立社坛。千乘之赏：也指封诸侯之位。

［34］典属国：官名。掌管民族交往事务。加：施。这里有奖赏之意。万户侯：食邑万户之侯。文中指受重赏、居高位者。

［35］廊庙：殿四周的廊和太庙，是帝王与大臣议论政事的地方，因此称朝廷为廊庙。廊庙宰，指朝廷中掌权的人。

［36］厚诛：严重地惩罚。孤恩：辜负恩情。恩，此指上对下的好处。下句“负德”之“德”偏指下对上的功绩。

［37］安：安于死，即视死如归之意。

［38］稽颡（sǎng）：叩首，以额触地。颡，额。北阙：原指宫殿北面的门楼，是臣子等候朝见之处，后借指朝廷。刀笔之吏：主办文案的官吏，他们往往通过文辞左右案情的轻重。

［39］夫：发语词，无义。幸：希望。谢：问候。故人：老朋友。此处指任立

政、霍光、上官桀等人。圣君：指汉昭帝刘弗陵。

［40］胤子：儿子。苏武曾娶匈奴女为妻，生子名叫苏通国，苏武回国时他仍留在匈奴，汉宣帝时才回到汉朝。

［41］顿首：叩头，书信结尾常用作谦辞。

二十一　报任少卿书①

司马迁②

太史公③，牛马走④，司马迁再拜言少卿足下：曩者辱赐书，教以顺于接物[1]，推贤进士为务；意气勤勤恳恳，若望[2]仆不相师，而用流俗人之言。仆非敢如此也。仆虽罢驽[3]，亦尝侧闻长者之遗风矣。顾自以为身残处秽⑤，动而见尤[4]，欲益反损，是以独郁悒而谁与语。谚曰："谁为为之！孰令听之！⑥"盖钟子期死，伯牙终不复鼓琴⑦[5]。何则？士为知己者用，女为悦[6]

---

① 此文见《汉书》卷六十二及《文选》卷四十一。任少卿，名安，汉荥阳人，为益州刺史。以太子事下吏诛死。

② 司马迁，汉夏阳人，太史令谈之子，字子长。生龙门，年十岁诵古文，二十而南游江淮，上会稽，探禹穴，窥九疑，浮沅湘，北涉汶泗，讲学齐鲁之邦，过梁楚以归。仕为郎中。奉使巴蜀。还为太史令。李陵降匈奴，武帝怒甚。迁极言陵忠，下腐刑（即宫刑）。乃紬石室金匮之书，作《史记》百三十篇。至今称为良史。

③ 太史公，以太史令掌天文及国史，其职尊贵，与三公等，故称。

④ 走，犹仆也。牛马走言为人掌牛马之仆，自谦之辞也。

⑤ 身残指腐刑。下腐刑则与宦寺同伍，故曰处秽。

⑥ 谁为，犹为谁也。言己假欲为善，将为谁人为之乎，复欲谁人听之乎？

⑦ 钟子期与伯牙皆楚国人。伯牙鼓琴，意在大山，钟子期曰："善哉，巍巍若泰山！"俄而志在流水，子期曰："善哉，荡荡乎若流水！"子期死，伯牙破琴绝弦，终身不复鼓琴，以为世无赏音者。事见《吕氏春秋》。

己者容①。若仆大质已亏缺矣，虽才怀随、和②，行若由、夷③，终不可以为荣，适足以见笑而自点耳[7]。书辞宜答，会东从上来，又迫贱事，相见日浅，卒卒无须臾之闲得竭志意[8]。今少卿抱不测之罪，涉旬月，迫季冬④，仆又薄从上上雍⑤，恐卒然不可为讳[9]，是仆终已不得舒愤懑以晓左右，则长逝者魂魄，私恨无穷，请略陈固陋。阙然久不报，幸勿为过。

仆闻之，修身者，智之符[10]也；爱施者，仁之端也；取与者，义之表也；耻辱者，勇之决也；立名者，行之极也。士有此五者，然后可以托于世而列于君子之林矣。故祸莫憯于欲利，悲莫痛于伤心，行莫丑于辱先，诟莫大于宫刑[11]。刑余之人，无所比数，非一世也，所从来远矣。昔卫灵公与雍渠同载，孔子适陈⑥；商鞅因景监见，赵良寒心⑦；同子参乘，袁丝变色⑧：自古而耻之[12]。夫以中才之人，事有关于宦竖[13]，莫不伤气，而况于慷慨之士乎！如今朝廷虽乏人，奈何令刀锯之余，荐天下豪俊哉！仆赖先人绪业[14]，得待罪辇毂⑨下[15]，二十余年矣。所以自惟，上之，不能纳忠效信，

---

① 容，装饰也。

② 随，随侯珠也。和，和氏璧也。皆宝物。

③ 由，许由也。夷，伯夷也。皆高士。

④ 谓少卿将于季冬就刑。

⑤ 薄，迫也。薄从，迫切从行也。上，指武帝。上雍，至雍祭祀。

⑥ 孔子居卫月余，灵公与夫人同车出，令宦者雍渠参乘，使孔子为次乘，游过市。孔子耻之，遂去卫。见《孔子家语》。

⑦ 商鞅谓赵良曰："我化秦孰与五羖大夫'百里奚'贤？"赵良曰："五羖大夫，荆之鄙人也，缪公知其贤，举之牛口之下，加之百姓之上。今君之见秦王也，因嬖人景监以为主，非所以为名也。"见《史记》。

⑧ 同子，赵谈也。与迁父同名，故曰同子。汉文帝朝东宫，赵谈参乘。袁丝伏车前曰："臣闻天子所与共六尺舆者，皆天下豪英。今汉虽乏人，陛下独奈何与刀锯余同载！"于是上笑下赵谈。见《汉书》。

⑨ 辇毂，天子车舆。言己为侍从车舆之臣。

有奇策才力之誉，自结明主；次之，又不能拾遗补阙，招贤进能，显岩穴之士；外之，又不能备行伍，攻城野战，有斩将搴旗之功[16]；下之，不能积日累劳，取尊官厚禄，以为宗族交游光宠。四者无一遂，苟合取容，无所短长之效，可见如此矣。向者，仆亦尝厕下大夫①之列，陪外廷末议，不以此时引纲维，尽思虑，今已亏刑为扫除之隶，在阘茸②[17]之中，乃欲仰首伸眉，论列是非，不亦轻朝廷，羞当世之士邪！嗟乎，嗟乎，如仆尚何言哉！尚何言哉！

且事本末未易明也。仆少负不羁之行，长无乡曲之誉，主上幸以先人之故，使得奏薄伎，出入周卫③之中。仆以为戴盆何以望天④[18]，故绝宾客之知，忘室家之业，日夜思竭其不肖之才力，务一心营职，以求亲媚于主上。而事乃有大谬不然者！夫仆与李陵，俱居门下⑤，素非能相善也，趣舍异路，未尝衔杯酒[19]，接殷勤之余欢。然仆观其为人，自守奇士，事亲孝，与士信，临财廉，取与义，分别有让，恭俭下人[20]；常思奋不顾身以徇国家之急，其素所蓄积也⑥。仆以为有国士⑦之风。夫人臣出万死不顾一生之计，赴公家之难，斯已奇矣。今举事一不当，而全躯保妻子之臣随而媒孽[21]其短，仆诚私心痛之。且李陵提步卒不满五千，深践戎马之地，足历王庭⑧，垂饵虎

① 太史令俸米千石，故为下大夫。

② 阘茸，猥鄙之人，异于豪杰者。

③ 周卫，周密之宿卫也。此犹言禁近。

④ 言人戴盆则不得望天，望天则不得戴盆，事不可兼施，喻己方一心营职，不暇修人事也。

⑤ 门下，即侍中。

⑥ 言其意中旧所蓄积者，为奋不顾身以徇国家之急。

⑦ 国士，一国之中共推为才士者。

⑧ 单于所居之处号曰王庭。

口，横挑强胡，仰亿万之师，与单于连战十有余日，所杀过半当[22]。虏救死扶伤不给，旃裘之君长①咸震怖，乃悉征其左右贤王②，举引弓之人，一国共攻而围之。转斗千里，矢尽道穷，救兵不至，士卒死伤如积。然陵一呼劳，军士无不起，躬自流涕，沫血③饮泣，更张空拳［卷］[23]，冒白刃，北向争死敌者。陵未没时，使有来报，汉公卿王侯皆奉觞上寿[24]。后数日，陵败，书闻，主上食不甘味、听朝不怡，大臣忧惧、不知所出。仆窃不自料其卑贱，见主上惨怆怛悼[25]，诚欲效其款款④之愚，以为李陵素与士大夫绝甘分少⑤[26]，能得人死力，虽古之名将不能过也。身虽陷败，彼观其意，且欲得其当而报于汉；事已无可奈何，其所摧败，功亦足以暴于天下矣。仆怀欲陈之，而未有路。适会召问，即以此指，推言陵之功，欲以广主上之意，塞睚眦⑥之辞。未能尽明，明主不晓，以为仆沮贰师⑦，而为李陵游说⑧，遂下于理⑨[27]。拳拳之忠终不能自列。因为诬上，卒从吏议。家贫，货赂不足以自赎；交游莫救；左右亲近不为 言。身非木石，独与法吏为伍，深幽囹圄之中，谁可告诉者？此真少卿所亲见，仆行事岂不然乎！李陵既生降，隤其家

① 旃，即毡。毡裘，匈奴人所服，故谓匈奴之君长为旃裘之君长。

② 左贤王、右贤王，匈奴贵族封号，为单于以下最高之爵。

③ 沫，即颒，洗面也。沫血，言流血被面如盥洗也。

④ 款款，忠实貌。

⑤ 绝甘分少，好的东西自己不要，少的东西分与他人。言自奉薄而与人厚。

⑥ 睚眦，张目忤视也。此指群臣谗言。

⑦ 贰师，本大宛国地名；汉武帝命李广利为贰师将军，以征贰师城，取善马，故以为号。

⑧ 《汉书》曰：“初，上遣李广利出，今陵为助兵。及陵与单于相值而广利少功。”故武帝疑司马迁诬罔，欲归过李广利而为李陵游说。

⑨ 理，治狱官也。

声，而仆又佴①之蚕室②[28]，重为天下观笑，悲夫，悲夫，事未易一二为俗人言也！

仆之先人，非有剖符丹书之功③，文史、星历④[29]，近乎卜、祝⑤之间，固主上所戏弄，倡优所畜，流俗之所轻也。假令仆伏法受诛，若九牛亡一毛，与蝼蚁何以异；而世又不能与死节者比次，特以为智穷罪极，不能自免，卒就死耳。何也？素所自树立使然也。人固有一死，或重于泰山，或轻于鸿毛，用之所趋异也。太上⑥不辱先；其次，不辱身；其次，不辱理色⑦；其次，不辱辞令；其次，诎体⑧受辱；其次，易服⑨受辱；其次，关木索被棰楚⑩受辱；其次，剔毛发、婴金铁⑪受辱；其次，毁肌肤、断肢体⑫受辱；最下，腐刑⑬[30]极矣！传曰："刑不上大夫⑭[31]"，此言士节不可不勉励也。猛虎在深山，百兽震恐，及在槛阱[32]之中，摇尾而求食，积威约之渐也⑮。故士有画

---

① 佴，系也。

② 蚕室，初腐刑时所居温密之室也。

③ 剖符，剖一符为二，君上与臣子各执其一以为信。丹书，帝室簿册也。汉书曰："汉初功臣剖符世爵。"又曰："论功而定封讫，于是申以丹书之信，重以白马之盟。"

④ 当时史官兼掌星历。

⑤ 卜、祝均官名。卜掌占卜；祝掌祭祀。

⑥ 太上，犹言最上。

⑦ 理，道理；色，颜色。

⑧ 诎体，谓被缧系。

⑨ 易服，谓著赭衣。

⑩ 关木索，谓加上三木铁索的刑具。被棰楚，谓受敲打。

⑪ 剔毛发谓髡；婴金铁谓钳。髡，剃发；钳，以铁束颈也。

⑫ 毁肌肤，断肢体谓黥面之墨刑，断足之剕刑，割鼻之劓刑等。

⑬ 宫刑腐臭，故曰腐刑。

⑭ 见《礼记》。

⑮ 积威约之渐，言为人所威迫所制约，积渐而至于此。

地为牢，势不可入，削木为吏，议不可对，定计于鲜也①[33]。今交手足，受木索，暴肌肤，受榜棰，幽于圜墙②之中，当此之时，见狱吏则头抢地，视徒隶则心惕息[34]。何者？积威约之势也。及已至是，言不辱者，所谓强颜耳，曷足贵乎！且西伯③，伯也，拘于羑里④；李斯，相也，具于五刑⑤，淮阴，王也，受械于陈⑥；彭越张敖，南面称孤，系狱抵罪⑦；绛侯诛诸吕，权倾五伯，囚于请室⑧；魏其，大将也，衣赭衣，关三木⑨；季布为朱家钳奴⑩；灌夫受辱于居室⑪[35]：此人皆身至王侯将相，声闻邻国，及罪至罔加[36]，不能

---

① 以吏刻暴，义不受辱，虽画地之牢，刻木之吏，亦且不入不对。故宁于未受刑时即自杀为鲜明也。

② 圜墙，狱也。

③ 西伯，文王也。九州之长曰伯，文王起于西方，故曰西伯。

④ 《史记》曰："崇侯虎谮西伯于殷纣曰，'西伯积善德，诸侯皆向之，将不利于帝。'纣乃囚西伯于羑里。"

⑤ 李斯，秦丞相。二世立，赵高用事，诬斯子由与盗通，腰斩咸阳市，夷三族。

⑥ 《汉书》曰："韩信为楚王，人有上变告信欲反，上闻患之，用陈平谋，伪游云梦。信谒上于陈，高祖令武士缚信载后车。赦以为淮阴侯。"

⑦ 《史记》曰："高祖立彭越为梁王。梁王称疾，上使使掩捕梁王，囚之洛阳。"张敖事见本书第五册一四二页。

⑧ 绛侯，周勃也。与陈平谋诛诸吕而立孝文。勃被囚事已见《李陵答苏武书》注。请室，请罪之室也。

⑨ 魏其侯，窦婴也。事已见《李陵答苏武书》注。三木，桎梏之加于项及手足者也。赭衣，犯人所衣之红衣。

⑩ 《汉书》曰："季布，楚人也，为任侠有名。项籍使将兵，数窘汉王。项籍灭，高祖购求布千金，敢舍匿者罪三族。布匿于濮阳周氏。周氏曰：'汉求将军急，臣敢进计。'布许之，乃髡钳布，衣褐，置广柳车中，与其家僮数十人之鲁朱家卖之。朱家心知季布也，买置田舍。乃之洛阳，见汝阴滕公说曰，'季布何罪，臣各为其主耳。君何不从容为上言之？'滕公许诺。上乃赦布，召见，拜郎中。"

⑪ 灌夫，汉颍阴人，字仲儒。景帝时七国反，夫从战有功，名闻天下。武帝时拜淮阳太守，入为太仆，徙燕相，坐法免归。为人刚直使酒，好任侠，重然诺。魏其侯既失势，得夫与游，欢甚。酒后屡忤武安侯田蚡，为蚡所恶，劾夫使酒骂坐不敬，族诛。居室，即保宫也。

引决自裁，在尘埃之中，古今一体，安在其不辱也！由此言之，勇怯，势也，强弱，形也，审矣，何足怪乎！夫人不能早自裁绳墨之外，已稍陵迟，至于鞭棰之间，乃欲引节[37]，斯不亦远乎！古人所以重施刑于大夫者，殆为此也。夫人情莫不贪生恶死，念父母，顾妻子；至激于义理者不然，乃有所不得已也。今仆不幸，早失父母，无兄弟之亲，孤身独立，少卿视仆于妻子何如哉？且勇者不必死节；怯夫慕义，何处不勉焉。仆虽怯懦，欲苟活，亦颇识去就之分矣，何至自沉溺缧绁[38]之辱哉！且夫臧获[39]婢妾，犹能引决，况若仆之不得已乎！所以隐忍苟活，幽于粪土之中而不辞者，恨私心有所不尽，鄙没世而文采不表于后世也。

古者富贵而名磨灭，不可胜记，唯倜傥[40]非常之人称焉。盖文王拘而演《周易》①，仲尼厄而作《春秋》②，屈原放逐，乃赋《离骚》，左丘失明，厥有《国语》③，孙子膑脚，《兵法》修列④，不韦迁蜀，世传《吕览》⑤，韩非

---

① 《易·系辞》曰：“易之兴也，……当文王与纣之事耶?”说《易》者遂谓《周易》系文王拘于羑里时所作。实不可信。

② 《史记》“孔子曰：‘吾道不行矣，何以自见于后世哉?’乃约鲁史而作《春秋》。”此语不见《论语》，疑不可信。

③ 《国语》，相传与《左传》同出于左丘明的手笔，但无确据。左丘失明事，未详。

④ 《史记》曰：“孙膑与庞涓俱学兵法。涓事魏惠王，自以为能不及膑，乃阴使人召膑，膑至，则以法刑断其两足而黥之。”《孙子兵法》，今有传本；但是否为孙膑所作，抑系春秋时孙武所作，亦未能明。

⑤ 吕不韦，秦之大贾人也。始皇初立，尊为相国。不韦以秦之强大，受其厚遇，乃致食客三千人，使其客八人著所闻集论为八览、十二纪，三十余万言，以为备天下之物，古今之事。号曰《吕氏春秋》，布咸阳市门，悬千金其上，募有人能增损一字者与千金。后始皇以不韦进嫪毐与太后事发，徙处蜀，饮鸩而死。迁蜀与著《吕览》本系两事，此牵言之，一若作于迁蜀后者，非也。

囚秦，《说难》《孤愤》①，《诗》三百篇②，大抵圣贤发愤之所为作也[41]：此人皆意有所郁结，不得通其道，故述往事，思来者。乃如左丘无目，孙子断足，终不可用，退而论书策以舒其愤，思垂空文以自见。仆窃不逊，近自托于无能之辞，网罗天下放失旧闻，略考其行事，综其终始，稽其成败兴坏之纪，上计轩辕③，下至于兹，为十表，本纪十二，书八章，世家三十，列传七十④，凡百三十篇，亦欲以究天人之际[42]，通古今之变，成一家之言。草创未就，会遭此祸，惜其不成，是以就极刑而无愠色。仆诚以著此书，藏诸名山，传之其人，通邑大都，则仆偿前辱之责，虽万被戮，岂有悔哉！然此可为智者道，难为俗人言也。

且负下⑤未易居，下流多谤议，仆以口语，遇此祸，重为乡党所笑，以污辱先人，亦何面目，复上父母之丘墓乎！虽累百世，垢弥甚耳。是以肠一日而九回[43]，居则忽忽若有所亡，出则不知其所往，每念斯耻，汗未尝不发背沾衣也！身直为闺阁⑥之臣[44]，宁得自引深藏于岩穴邪！故且从俗浮沉，与时俯仰，以通其狂惑。今少卿乃教以推贤进士，无乃与仆私心剌谬乎！今虽欲自雕琢曼辞[45]以自饰，无益于俗，不信，秖［祇］足取辱耳。要之，死日

---

① 《史记》曰："韩非者，韩之公子也，见韩稍弱，以书谏王，王不能用。故作《孤愤》《五蠹》《说难》十余万言。秦王见其书曰：'嗟乎，寡人得见此人，与游，死不恨矣！'因急攻韩。韩遣非使秦。秦王悦之，未信用。李斯毁之，下吏治非。李斯使人遗药使自杀。韩非欲自陈，不得见。秦王后悔之，使人赦而非已死矣。"司马迁此语之误，与上文吕不韦语同。

② 《诗》三百篇即《诗经》。《诗经》凡三百五篇。

③ 轩辕，即黄帝。黄帝有轩辕氏之号。

④ 自"上计轩辕"至"列传七十"二十六字，《文选》所有，《汉书》所无。表记年月，本纪记帝王行事，书记文物，世家记邦国诸侯，列传记官吏及平民。

⑤ 负下，压在底下之意。

⑥ 闺阁，宫中小门也。

然后是非乃定。书不能悉意，略陈固陋。谨再拜。

作者简介

见第 21 页。

延伸阅读

本篇是司马迁任中书令时写给友人任安的一封回信，见于《汉书·司马迁传》，后又收入《文选》，两书文字略有出入。《史记·田叔列传》中附有借褚先生之口补记的《任安传》。任安，字少卿，荥阳（今属河南）人，曾任益州刺史、北军使者护军等职，因大将军卫青的举荐入仕，在戾太子事件中，汉武帝认为任安“坐观成败”，“怀诈，有不忠之心”，论罪腰斩。任安曾写信给司马迁，希望他能“推贤进士”。司马迁由于自己的遭遇和处境，感到很为难，所以一直未能复信。任安临刑前，司马迁才写了这封著名的回信。

在这封长达两千多字的信中，司马迁对于老朋友即将被执行死刑看似没有任何安慰、同情之语，但字里行间无比悲愤，体现了他对生命价值的看法和对死亡的态度。

[1] 曩（nǎng）者：从前。接物：待人接物。

[2] 望：怨。

[3] 罢：通“疲”。驽：劣马。疲驽，比喻才能低下。

[4] 侧闻：从旁听说。犹言“伏闻”，自谦之词。身残处秽：指因受宫刑而身体残缺，兼与宦官贱役同伍。见尤：被指责。

［5］钟子期、伯牙：事见《吕氏春秋·本味篇》。

［6］悦：喜欢。

［7］大质：指身体。随、和：随侯之珠和和氏之璧，是战国时的珍贵宝物。由、夷：许由和伯夷，两人都是古代被公认为品德高尚的人。点：玷污。

［8］会东从上来：太始四年（前 93 年）三月，汉武帝东巡泰山，四月，又到海边的不其山，五月间返回长安。司马迁从驾而行。卒卒：同“猝猝”，匆匆忙忙的样子。

［9］季冬：冬季的第三个月，即农历十二月。汉律，每年十二月处决囚犯。薄：同“迫”。雍：地名，在今陕西凤翔县南，设有祭祀五帝的神坛五畤。据《汉书·武帝纪》：“太始四年冬十二月，行幸雍，祠五畤。”本文当即作于是年。卒然：猝然，突然。不可为讳：死的委婉说法。指任安就要被行刑。

［10］符：凭据。

［11］宫刑：一种破坏生殖器的刑罚，也称“腐刑”。

［12］“商鞅”五句：景监，秦孝公宠信的宦官，曾向秦孝公推荐商鞅，商鞅得到秦孝公的支持变法革新。赵良，秦国贤士。同子，指汉文帝的宦官赵谈，因为与司马迁的父亲司马谈同名，避讳而称“同子”。参乘，这里指赵谈与汉文帝同车陪乘。袁丝，袁盎，汉文帝时大臣。有一天，文帝坐车去看他的母亲，宦官陪乘，袁盎伏在车前说，“臣闻天子所与共六尺舆者，皆天下豪英，今汉虽乏人，奈何与刀锯之余共载?”于是文帝只得依言令赵谈下车。事见《汉书·袁盎列传》。

［13］竖：供役使的小臣，后泛指卑贱者。

［14］绪业：遗业。

［15］待罪辇（niǎn）毂（gǔ）下：谦词，指在皇帝身边做官。辇毂，皇帝的车驾。

［16］惟：思考。拾遗补阙：为皇帝补救疏漏、过失。搴：拔取。

［17］厕：参加。下大夫：太史令官位较低，属下大夫。外廷：即外朝。汉武帝以侍中、常侍、给事中等近臣组成内朝，牵制丞相的权力；丞相为首的外朝为法定行政机构。末议：微不足道的意见。“陪外廷末议”是谦词。纲维：国家的法令。阘（tà）茸（róng）：卑贱，低劣。

［18］乡曲：乡里。汉文帝为了询访自己治理天下的得失，诏令各地“举贤良方正能直言切谏者”，亦即有乡曲之誉者，选以授官，二句言司马迁未能由此途径入仕。周卫：周密的护卫，即宫禁。戴盆何以望天：当时谚语。形容忙于职守，识见浅陋，无暇他顾。

［19］李陵：字少卿，西汉名将李广孙，善骑射。武帝时，为骑都尉，率兵出击匈奴贵族，战败投降，封右校王。后病死匈奴。俱居门下：司马迁曾与李陵同在“侍中曹”（官署名）内任职。趣舍：向往和扬弃。趣，同“趋”。衔杯酒：在一起喝酒。指私人交往。

［20］下人：对人谦卑，甘居人下。

［21］媒孽：本意指酿酒的酵母。这里用作动词，夸大的意思。

［22］过半当：超过一半。

［23］左右贤王：左贤王和右贤王，除单于外匈奴封号最高的贵族。张空弮：箭矢用尽，只拿着弓。弮，弩弓。

［24］上寿：这里指祝捷。

［25］惨怆怛（dá）悼（dào）：极其凄楚悲伤。

［26］李陵素与士大夫绝甘分少：士大夫，指李陵的部下将士。绝甘，舍弃甘美的食品。分少，即使所得甚少也分给众人。

［27］沮：毁坏。贰师：贰师将军李广利，汉武帝宠妃李夫人之兄。李陵被围时，李广利并未率主力救援，致使李陵兵败。司马迁为李陵辩解，武帝以为他有意诋毁李广利。理：掌司法之官。

［28］隤（tuí）：败坏。佴之蚕室：初受腐刑的人怕风，须住蚕室。蚕室，温暖密封的房子，像养蚕的房子。

［29］剖符：把竹做的契约一剖为二，皇帝与大臣各执一块，上面写着同样的誓词，说永远不改变立功大臣的爵位。丹书：把誓词用丹砂写在铁制的契券上。凡持有剖符、丹书的大臣，其子孙犯罪可获赦免。文史星历：史籍和天文历法，都属太史令掌管。

［30］易服：换上罪犯的服装。古代罪犯穿赭（深红）色的衣服。木索：木枷和绳索。剔毛发：把头发剃光，即髡刑。婴金铁：颈上带着铁链服苦役，即钳刑。婴，环绕。腐刑：即宫刑。

［31］传：指《礼记》。此句出自《礼记·曲礼上》：“礼不下庶人，刑不上大夫。”

［32］槛：关兽的笼子。阱：捕兽的陷坑。

［33］定计：事先打算。鲜：态度鲜明。即自杀，以示不受辱。

［34］榜棰：鞭打。惕息：胆战心惊。

［35］西伯：即周文王，为西方诸侯之长。伯，通“霸”。羑里：在今河南汤阴县，据说周文王曾被殷纣王囚禁于此。李斯：秦始皇时任为丞相，后因秦二世听信赵高谗言，被施五刑，腰斩于咸阳。五刑：秦汉时五种刑罚，包括墨刑（脸上刺字）、劓刑（割鼻）、膑刑或断足、宫刑、大辟（死刑）。淮阴：指淮阴侯韩信。曾被封为楚王，后刘邦疑其谋反，用陈平之计，在陈（楚地）逮捕了他。械，拘禁手足的木制刑具。彭越：汉高祖的功臣，帮助刘邦打败项羽，封梁王。张敖：刘邦功臣张耳的儿子，袭父爵为赵王。彭越和张敖都因被人诬告谋反，下狱定罪。绛侯：汉初功臣周勃，封绛侯。惠帝和吕后死后，吕后家族中吕产、吕禄等人谋夺汉室，周勃和陈平一起定计诛诸吕，迎立刘邦第四子刘恒为文帝，任右丞相。后被人诬告，一度下狱。五伯：即“五霸”。请室：请罪之室，即囚禁有罪官吏的牢狱。魏其：即

大将军窦婴，汉景帝时被封为魏其侯。武帝时，被人诬告，下狱判处死罪。赭衣：囚衣。三木：加在头、手、脚的刑具。季布为朱家钳奴：季布是楚霸王项羽的大将，曾多次率兵围困刘邦。项羽败死，刘邦出重金缉捕季布。季布改名换姓，受髡刑和钳刑，卖身给鲁人朱家为奴。灌夫受辱于居室：灌夫在汉景帝时为中郎将，武帝时官太仆。因得罪了丞相田蚡，被囚于居室，后受诛。居室：少府所属的官署。为拘禁犯人的处所。

［36］罔：即“网”，法网。

［37］陵迟：同“陵夷”，衰落。引节：守节自杀。

［38］缧（léi）绁（xiè）：捆绑犯人的绳子，引申为捆绑、牢狱。

［39］臧获：古代对奴婢的贱称。奴曰臧，婢曰获。

［40］倜傥：豪迈不受拘束。

［41］文王被拘禁在羑里时推演了《周易》；孔子在困穷的境遇中编写了《春秋》；屈原被流放后创作了《离骚》；左丘明失明后写出了《国语》；孙膑被砍去了膝盖骨，编著了《兵法》；吕不韦被贬放到蜀地，有《吕氏春秋》流传世上；韩非被囚禁在秦国，写下了《说难》《孤愤》；《诗经》三百篇，也大多是圣贤们为抒发郁愤而写出来的。

［42］究天人之际：探究天地自然与人类社会的关系。

［43］九回：九转。形容痛苦之极。

［44］直：同“值”，当。闺阁之臣：指宫廷内的臣仆。

［45］曼辞：美饰之辞。

二十二　后汉书蔡琰传①

陈留②董祀妻者，同郡蔡邕③之女也，名琰，字文姬，博学有才辩，又妙[1]于音律。适[2]河东④卫仲道；夫亡，无子，归宁于家。兴平⑤中，天下丧乱，文姬为胡骑所获，没于南匈奴⑥左贤王。在胡中十二年，生二子。曹操素与邕善，痛其无嗣，乃遣使者以金璧赎之，而重嫁于祀。

祀为屯田都尉⑦，犯法当死。文姬诣曹操请之。时公卿名士及远方使驿[3]坐者满堂，操谓宾客曰："蔡伯喈女在外，今为诸君见之。"及文姬进，蓬首[4]徒行，叩头请罪，音辞清辩[5]，旨甚酸哀；众皆为动容。操曰："诚实相矜[6]，然文状[7]已去，奈何？"文姬曰："明公厩马万匹，虎士成林，何惜[8]疾足一骑而不济垂死之命[9]乎？"操感其言，乃追原祀罪[10]。时且寒，

---

① 此篇从《后汉书》第八十四卷《列女传》内录出。

② 陈留，县名，今属河南开封道。

③ 蔡邕，东汉末年人，字伯喈。灵帝时拜郎中。与杨赐等奏定《六经》文字，立碑太学门外。董卓时辟为祭酒，累迁中郎将。后以卓党死狱中。所著诗赋碑铭书记等凡百四篇。

④ 河东，汉郡名，在今山西境内。

⑤ 兴平，汉献帝年号，公元一九四——一九五年。

⑥ 南匈奴，匈奴之一支。汉之季世，杂居今山西省之北部，为汉藩属。后之五胡乱华，即种因于此。

⑦ 屯田都尉，掌垦植之官。

赐以头巾履袜[11]。……

后感伤乱离，追怀悲愤，作诗[12]二章。其辞曰：——

“汉季失权柄，董卓①乱天常[13]：志欲图篡弑[14]，先害诸贤良[15]；逼迫迁旧邦[16]，拥主以自强。海内兴义师，欲共讨不祥[17]。卓众[18]来东下，金甲耀日光。平土人脆弱，来兵皆胡羌[19]：猎野围城邑，所向悉破亡。斩截无孑遗，尸骸相撑拒[20]。马边悬男头；马后载妇女。长驱西入关[21]，回路险且阻。还顾邈冥冥[22]，肝脾为烂腐。所略有万计，不得合屯聚。或有骨肉俱，欲言不敢语。失意几微间，辄言‘毙降虏[23]！要当以亭刃，我曹不活汝[24]！’岂复惜性命，不堪其詈骂。或便加棰杖，毒痛参并下[25]。旦则号泣行；夜则悲吟坐。欲死不能得；欲生无一可。彼苍者[26]何辜，乃遭此厄祸！

边荒与华异，人俗少义理[27]。处所多霜雪，胡风春夏起：翩翩吹我衣，肃肃入我耳。感时念父母，哀叹无穷已。

“有客从外来，闻之常欢喜。迎问其消息，辄复非乡里！邂逅邀［徼］时愿[28]，骨肉[29]来迎己。己得自解免，当复弃儿子。天属缀人心[30]，念别无会期。存亡永乖隔，不忍与之辞。儿前抱我颈，问我‘欲何之？人言母当去，岂复有还时！阿母常仁恻，今何更不慈？我尚未成人，奈何不顾思？’见此崩五内[31]，恍惚生狂痴[32]。号泣手抚摩，当发复回疑。兼有同时辈，相送告离别：慕我独得归，哀叫声摧裂。马为立踟蹰；车为不转辙。观者皆歔欷；行路亦呜咽。

“去去割情恋，遄征日遐迈[33]。悠悠三千里，何时复交会？念我出腹子，

① 董卓，临洮人，字仲颖。性粗猛有谋。少尝游羌中。尽与豪帅相结。灵帝时，拜前将军。帝崩，将兵入朝，废少帝，立献帝，弑何太后。袁绍等起兵讨卓，卓拥帝入长安，自为太师，凶暴滋甚。司徒王允密诱卓将吕布杀之，尸于市。卓素充肥，守尸吏燃火置卓脐中，光明积日。

匈［胸］臆为摧败。既至家人尽，又复无中外[34]；城郭为山林，庭宇生荆艾；白骨不知谁，从横相覆盖；出门无人声，豺狼号且吠。茕茕对孤景[35]，怛咤[36]糜肝肺。登高远眺望，魂神忽飞逝。奄若寿命尽，旁人相宽大[37]：为复强视息[38]，虽生何聊赖[39]！

“托命于新人[40]，竭心自勖厉[41]。流离成鄙贱，常恐复捐废[42]。人生几何时，怀忧终年岁！”

其二章曰：“嗟薄祜兮遭世患，宗族殄兮门户单，身执略兮入西关，历险阻兮之羌蛮。山谷眇兮路曼曼，眷东顾兮但悲叹。冥当寝兮不能安，饥当食兮不能餐，常流涕兮眦不干，薄志节兮念死难，虽苟活兮无形颜！

“惟彼方兮远阳精①，阴气凝兮雪夏零，沙漠壅兮尘冥冥，有草木兮春不荣。人似禽兮食臭腥，言兜离②兮状窈停。

“岁聿暮兮时迈征，夜悠长兮禁门扃，不能寐兮起屏营，登胡殿兮临广庭：——玄云合兮翳月星，北风厉兮肃泠泠；胡笳动兮边马鸣，孤雁归兮声嘤嘤；乐人兴兮弹琴筝，音相和兮悲且清。心吐思兮胸愤盈，欲舒气兮恐彼惊，含哀咽兮涕沾颈！

“家既迎兮当归宁，临长路兮捐所生：儿呼母兮号失声，我掩耳兮不忍听；追持我兮走茕茕，顿复起兮毁颜形。还顾之兮破人情，心怛绝兮死复生！”

作者简介

范晔（398—446年），字蔚宗，南朝宋顺阳（今河南淅川东）人。官至左卫

① 唐章怀太子注，“北方近阴远阳。”

② 章怀注“兜离，匈奴言语之貌。”

将军，太子詹事。432 年，范晔因为“左迁宣城太守，不得志”，开始撰写《后汉书》，446 年因牵涉谋立彭城王刘义康案被杀，时《后汉书》稿尚未完成。北宋时，有人把晋朝司马彪《续汉书》八志与之合刊，成今天的《后汉书》。章太炎认为，“史、汉之后，首推后汉书”。陈寅恪曾说：“蔚宗之为后汉书，体大思精，信称良史。”《后汉书》与《史记》《汉书》《三国志》合称“四史”。《后汉书》全书主要记述了上起东汉的汉光武帝建武元年（25 年），下至汉献帝建安二十五年（220 年），共 196 年的史事。《后汉书》大部分沿袭《史记》《汉书》的现成体例，但在成书过程中，范晔根据东汉一代历史的具体特点，又有所创新。

延伸阅读

蔡琰，字文姬，陈留圉县（今河南杞县）人，汉代著名文学家蔡邕之女。其博学能文，精通音律。汉末大乱时被虏，归南匈奴左贤王，育有两子。十二年后为曹操赎还，重嫁同郡董祀。蔡文姬才华横溢却人生坎坷，从乱世丧夫到沦居胡地，从再嫁胡人到生育二子，从蒙恩赎身到离子言苦，从再度重嫁到怀愤作诗，一路艰辛，一生酸苦。这千难万苦，造就了其千古名作《悲愤诗》。《悲愤诗》二章，一为五言，一为骚体（又称楚辞体）。五言的一首艺术成就远远超过骚体的一首，在我国诗歌史上，与稍后于它的民间叙事诗《古诗为焦仲卿妻作》，是叙事诗的双璧。

［1］妙：精通。

［2］适：嫁给。

［3］使驿：驿站的信使。

［4］蓬首：形容头发乱如飞蓬。

［5］音辞：声音和言辞。清辩：清晰明辨。

［6］矜：哀怜、可怜。

［7］文状：判决的文卷。

［8］何惜：为什么要吝惜。

［9］济垂死之命：救助一个将死的人。

［10］追原祀罪：追回成命，宽宥、赦免了董祀之罪。

［11］履袜：鞋袜。

［12］诗：指蔡文姬的《悲愤诗》，讲述蔡文姬自身遭遇祸乱的因缘及被胡人掳掠的辛酸和苦楚，还有在胡地的生活经历以及听闻被赎回中原的悲喜交加的故事，最后描述回到家中的所见所感。《悲愤诗》感情充沛，感人至深。

［13］天常：天之常道。乱天常，犹言悖天理。

［14］篡弑：言杀君夺位。

［15］诸贤良：指被董卓杀害的丁原、周珌、伍琼等。

［16］旧邦：指长安。公元190年董卓焚烧洛阳，强迫君臣百姓西迁长安。

［17］兴义师：指起兵讨董卓。初平元年（190年）关东州郡皆起兵讨董，以袁绍为盟主。不祥：指董卓。

［18］卓众：指董卓部下李傕、郭汜等所带的军队。初平三年（192年）李、郭等出兵关东，大掠陈留、颍川诸县。蔡琰于此时被掳。

［19］胡羌：指董卓军中的羌胡。

［20］截：斩断。孑：独。这句是说杀得不剩一个。相撑拒：互相支拄。这句是说尸体众多堆积杂乱。

［21］西入关：指入函谷关。卓众本从关内东下，大掠后还入关。

［22］邈冥冥：渺远迷茫貌。

［23］毙降虏：杀了你这个俘虏。

［24］亭刃：刺杀。亭，通“挦”。我曹：犹我辈，兵士自称。以上四句是说兵

士对于被虏者不满意就说："杀了你这俘虏，让你吃刀子，我们不养活你了。"

［25］毒：恨。参：加入。这句是说毒恨和痛苦交并。

［26］彼苍者：指天。这句是呼天而问，问这些被难者犯了什么罪。

［27］边荒：边远之地，指南匈奴居住的地区。蔡琰如何入南匈奴人之手，此略而不叙，史传也不曾明载。少义理：言其地风俗野蛮。这句隐栝自己被蹂躏被侮辱的种种遭遇。

［28］邂逅：不期而遇。徼：侥幸。这句是说平时所觊望的事情意外地实现了。

［29］骨肉：喻至亲。作者苦念故乡，见使者来迎，如见亲人，所以称之为骨肉。或谓曹操遣使赎蔡琰或许假托其亲属的名义，所以诗中说"骨肉来迎"。

［30］天属：天然的亲属，如父母、子女、兄弟、姐妹。缀：联系。

［31］五内：五脏。

［32］恍惚：精神迷糊。生狂痴：发狂。

［33］遄（chuán）征：疾行。日遐迈：一天一天地走远了。

［34］中外：犹中表，"中"指舅父的子女，"外"指姑母的子女。以上二句是说到家后才知道家属已死尽，又无中表近亲。

［35］茕茕：孤独貌。景：同"影"。

［36］怛（dá）咤（zhà）：惊痛而发声。

［37］宽大：劝别人宽心。

［38］息：喘息。这句是说又勉强活下去。

［39］何聊赖：言无聊赖，就是无依靠，无乐趣。

［40］新人：指作者重嫁的丈夫董祀。

［41］勖（xù）：勉励。

［42］捐废：弃置不顾。以上二句是说自己经过一番流离，成为被人轻视的女人，常常怕被新人抛弃。

二十三　琵琶记[①]吃糠

高　明[②]

（旦上）

【商调[③]过曲[④]】【山坡羊】（旦）乱荒荒不丰稔的年岁！远迢迢不回来的夫婿！急煎煎不耐烦的二亲！软怯怯不济事的孤身己！衣尽典，寸丝不挂体。几番拼死了奴身己；争奈没主，公婆教谁看取？思之，虚飘飘，命怎期？难捱，实丕丕[⑤]，灾共危！

（旦）奴家早上安排些饭与公婆吃，岂不欲买些鲑菜[⑥]，争奈无钱去买。谁想婆婆抵死埋怨，只道奴家背地自吃了什么东西。唉！不知奴家吃的是米膜糠秕；又不敢教她知道。便使她埋怨杀了我，也不敢分说。真个好苦也！

【前腔】（旦）酸溜溜难穷尽的珠泪！乱纷纷难宽解的愁结！骨崖崖难扶

① 此剧是《南曲》，记东汉蔡邕娶妻赵氏，嗣因上京应试，中了状元，牛太师又以其女妻之，蔡邕不敢对牛氏明言，亦不敢通信到自己家里，其父母与其故妻在家，无人供给，至于妻子吃糠，父母双亡，其妻行乞到京，再与蔡邕团聚的事。事本非真，看它流离哀苦的情节好了。

② 高明，字则诚，元末明初人。生永嘉，后避地居鄞。著有《柔克斋集》。

③ 商调之声，悽怆怨慕。见《钦定曲谱》，下同。

④ 过曲者，引子下之曲也。此出无引子，故以过曲起。

⑤ “实丕丕”，犹言“实在的”。

⑥ 鲑菜，古代吴人用为鱼菜之总称。

持的病身！战兢兢难捱过的时和岁！这糠，我待不吃它呵，教奴怎忍饥？待吃它呵，教奴怎生吃？思想起来，不如奴先死，图得不知他亲死时！思之，虚飘飘，命怎期？难捱，实丕丕，灾共危！

（旦吃糠、呕吐介）

【双调[①]过曲】【孝顺儿】（旦）呕得我肝肠痛，珠泪垂，喉咙尚兀自牢嗄住。糠呵！你遭砻、被舂杵，筛你、簸扬你，吃尽控持；好似奴家身狼狈，千辛万苦皆经历。苦人吃着苦味，两苦相逢，可知道欲吞不去！

【前腔】（旦）糠和米，本是同依倚，却遭簸扬作两处飞，一贱与一贵；好似奴家与夫婿，终无见期。丈夫你便是米呵，米在他乡没处寻。奴家便是糠呵，怎的把糠来救得人饥馁！好似儿夫出去，怎的教奴供养得公婆甘旨！

【前腔】（旦）思量我生无益，便死不值甚的，倒不如忍饥死了为怨鬼！只是公婆老年纪，靠奴家相依倚，只得苟活片时！片时苟活虽容易，到底日久也难相聚！漫把糠来相比！这糠尚有人吃，奴家的骨头知他埋在何处！

（外[②]扮蔡公、净[③]扮蔡母潜上）媳妇，你在这里吃什么？（旦）奴家不曾吃什么。（净搜看介）这是什么东西？（旦）呀，婆婆，这东西你吃不得的！

【前腔】（旦）这是谷中膜，米外皮。（外）这是糠，你要他做什么？（旦）将来餺饠[④]堪疗饥。（净）咦！这糠只好喂猪狗，如何自吃？（旦）尝

---

① 双调之声，健捷激袅。

② 外，戏剧脚色之名。于正色外，又加某色充之，谓之外。元以后以“外”专属男子，并讹以为老员外（老封翁）之专名。

③ 元剧中老旦每以净角充之。

④ 餺饠，饼属，中有馅，即今北方之饽饽。

闻古贤书，“狗彘食人食[1]。”那糠虽不中吃，也强如草根树皮！（外、净）这样苦涩的东西，不怕噎坏了你？（旦）啮雪吞毡，苏卿犹健。餐松食柏，倒做得神仙侣。这糠呵，纵然吃些何虑！（净）媳妇，我只不信这糠秕你如何便吃得下？（旦）唉！爹妈休疑，奴须是你孩儿的糟糠妻室[2]！

（外、净哭介）媳妇，你原来背地里如此受苦，我却错埋怨了你，兀的[3]不痛杀我也！（外净同哭倒介）（旦哭叫介）公公、婆婆苏醒！

【正宫[4]过曲】【雁过沙】（旦）你沉沉向冥途，空教我耳边呼。公公，婆婆，我不能尽心相奉事，反教你为我归黄土！教人说你死缘何故。公公，婆婆，你怎生便割舍得抛弃了奴！

（外醒介）（旦）好了，公公醒了！公公、你闒闉[5]些！（外哭介）

【前腔】（外）媳妇，你担饥事舅姑；媳妇，你担饥怎生度？（旦）公公且自宽心，不要烦恼！（外）媳妇，婆婆错埋怨了你，你也不推辞，到如今始信有糟糠妇！媳妇，我多应不久归阴府：也省得为吾死的累你生的受苦！

（旦扶外起科）公公，且请去床上安息，待奴家看婆婆如何。（叫介）婆婆苏醒！呀，不好了！婆婆不应，多管不济事了！（哭介）

【前腔】（旦）婆婆气全无，教奴怎支吾[6]！唉，丈夫呵，我千辛万苦为你相看顾，如今到此，却难回护！我还愁母死难留父：倘凶丧迭至，教我

---

① 见《孟子·梁惠王篇上》。

② 《后汉书》记宋弘语：“贫贱之交不可忘，糟糠之妻不下堂。”谓贫贱时与共糟糠，富贵时不可将她弃去。俗称妻为糟糠，本此。

③ 兀的，元人语词，犹言“怎的”。

④ 正宫之声，惆怅雄壮。

⑤ 闒闉，音挣揣，元人语，勉强振作精神也。

⑥ 支吾，抵拒也。

奈何！

（外）媳妇，婆婆还好么！（旦）婆婆不好了！（外哭介）

【前腔】（外）我当初不寻思，教孩儿往帝都：把媳妇闷得孤又苦，把婆婆又送黄泉路！媳妇，算来是我相耽误！不如吾死，免把你再辜负！

（旦）公公，休说这话，请自将息！（外）媳妇，婆婆死了，衣衾棺椁件件皆无，如何是好？（旦）公公宽心，待奴家自去措处。

（末[①]扮张太公上）“福无双至；祸不单行。[②]”适间听得蔡家老夫妇两个疑惑他媳妇赵五娘背地自己吃了什么东西，及至去看她，却在那里吃糠，两个老的见了，心中痛伤起来，一时都害了病。我不免去探视他一遭。（见旦、呼介）五娘子，你为甚慌慌张张？（旦）太公，奴家的婆婆死了。（末）唉，你婆婆死了，正是“天有不测风云，人有旦夕祸福！”如今你公公在哪里？（旦）在床上睡着。（末）待我看他一看。（见外介）（外）太公休怪，我起来不得了。（末）老员外，不要劳动！（旦）太公，我婆婆死了，后事都未备，如何是好？（末）五娘子，你免愁烦，我自有区处。（旦）怎好又烦累太公！

【仲吕[③]入《双调》】【玉抱肚】（旦）千般生受，教奴家如何措手？终不然，竟把她骸骨，没棺椁送在荒丘！（合）相看到此，不由人不泪珠流。真个“不是冤家不聚头！”

【前腔】（末）五娘子，你不必多忧！资送婆婆，在吾身上有！你只小心承值公公，莫教他又成不救！（合）相看到此，不由人不泪珠流，真个“不

---

① 末，元剧中本是扮男子之主要脚色。后世以主要脚色属生，末遂为打边脚色（辅角）。此剧以赵五娘为主角，外、净、末均辅角。

② 此系谚语，下“天有不测风云”语同。

③ 仲吕宫之声，高下闪烁。

是冤家不聚头!”

【前腔】(外)张公护救,吾媳妇实难启口:孩儿去后,又遇饥荒,把衣衫典卖无留!(合)相看到此,不由人不泪珠流。真个“不是冤家不聚头!”

(末)老员外,你请自将息[①]!少停,待我唤家僮讨个棺木来;殡殓老安人[②],选择吉日,送往南山安葬便了。

(外、旦)如此,多谢太公!

(下场诗)(旦)只为无钱送老娘。(末)须知此事有商量。(合)归家不敢高声哭,只恐猿闻也断肠!

作者简介

高明,字则诚,号菜根道人,后人称为东嘉先生,温州瑞安人。大约生于元大德九年(1305年),卒于明初。性聪敏,从小就以博学称,元代至正五年(1345年)进士。初任处州(丽水)录事,任满时,地方百姓为他立碑,青田刘基曾为文记其事,后又在丞相达识帖睦尔处当过记事员。当方国珍起兵抗元时,元政府因他熟习浙东沿海一带的事,改调浙东阃幕都事,后因与主帅论事不合,转任江南行台记事员,福建行省都事和庆元路推官等职。元亡后,避居现在浙江宁波的栎社镇,以词曲自娱,书法尤精。明太祖即位后,派人邀请他出山,赋以要职,他以年老力衰为由,力辞不从。著作有《柔克斋集》和《琵琶记》。

---

① 将息,养息也。

② 安人,妇人封赠之号。宋政和中定命妇阶级,朝奉郎以上封安人。此借为妇人尊称。

延伸阅读

《吃糠》节选自《琵琶记》，是描写赵五娘形象最重要的一出戏。这出戏着力铺排哀怨、悲凉的曲词，叙写了五娘吃糠度日、蔡公病倒、蔡婆死去的悲惨遭遇。通过角色的言行细节，深入展示了剧中人物人格的朴素的美与他们在灾难当头时的无奈和坚强。整出戏剧情激荡人心，唱词凄怆感人，给观众以强烈的情感冲击。

二十四 黄昏

[波兰] 什朗斯奇(Stefan Zeromski)[①] 著

周作人 译

太阳溜到光辉的铜色的薄雾中去了；这雾便染成了奇异的斑纹，仿佛透明的尘土一般，笼罩着远方的地面。太阳落下，到那开拓地边界被留下的几株浓密的赤松，与放在山边腐烂着的黑色树株的后面去了。他的光线仍旧照着草舍的角，将他镀金又染作红色了；这光线又穿过灰色云的层叠，闪闪地射在水上。

前日的一阵风雨，将池塘般的平野与新开垦的山地都浸在水里了。在已经收获的稻田的泥沟与秋耕的新田里，积水变成赤色；虹光的水面，看去仿佛是熔化的玻璃；迷魂眩目的紫色的影，落在灰色的坍倒的土块上：沙山都转为黄色，生在两岸的野草与田塍边的灌木，也都借到一种异常的暂时的色彩。

在一个深谷里，被疏朗朗不多树木的小山围住，一条小溪，东西南三面地流着，又泛滥过去，造成许多湾与沙滩、池塘与河。溪边生着缠络的水草，细长的苇芦、香蒲，柳树的丛林。静止的赤色的水，在大的荷叶与粗的水草

① 什朗斯奇是波兰现代小说家，其事迹不深悉。本篇译者说：霍勒温斯奇著的《波兰文学史略》第五章，将他归在印象的主观主义派下。“什朗斯奇是个伟大的才人，他能吸收传奇的英雄主义与实验派的信仰，并在一处。他的著作里，寄托着他一代的一切苦痛的声音。在他的敏锐的感情上看来，恶是世界的实体，魔是胜利者，义务的本能是英雄主义。”

底下，映出许多浅绿的不整齐的小块。

一群野鸭，伸长脖子，在上面飞过：他的肃肃的翼声，打破了当时的沉寂。此外一切都是寂静。便是那玻璃般绿的蜻蜓，从前不住地在芦苇周围撑开薄纱的翅子飞翔的，此刻也不见了。只有不倦的水蝇，远留在池塘水面上，伸着高跷一般的脚。……那里却有两个人，正在工作。

这沼地是属于庄院里的。从前那个少年地主，带了他的小狗，在这中间徘徊，猎取野鸭与翠鸟，——这些鸟类在他未将树木砍去之前，本来很多的。他将他的一半田地荒废了；以后不久花尽了他的产业，不能存活了，只好到首都华骚①去，现今摆了一个摊，卖苏打水度日。

精明的新地主来了。他出去检查田地，手里捏着一枝行杖，时常立在沼地中间，摩擦他的鼻子。他伸手在池塘里摸索，掘了孔，用尺量了，向空中齅气，——到后来他发明了一件奇事。他命令管家雇了工人来掘烂泥，用独轮车运到田里，一直开掘下去，等到这洼很大了，可以造一个池。他预定要筑一座堰，又拣略低的地方造第二个池，这样下去一总要造十三个；于是掘濠沟，将水放了，筑起许多水门：便在池里养起鱼来。

跛来克葛巴拉是一个短工，自己没有一点田地，只在邻村劳动，赚点工钱度日；他便被雇了搬运泥土。他先前是旧地主的马夫，但新主人来了，他也留不住了。第一层，新地主与新管家将工钱及食料减少了；第二层，他们又查到被窃的一切东西了。在旧地主的时代，每个马夫只用半斗雀麦喂马，余下的都在晚间拿到柏林酒店去换烟草或一滴的烧酒。但新管家到来的时候，这件生意就完了；他又很正当地将这罪统归到跛来克身上，打了他的几个巴

① 华骚（Warsaw），波兰首都。

掌，将他赶出了。

自此以后，跛来克和他的妻子只靠在村里每日挣钱过活，因为他不能寻得地方；而且他也难望寻到，那个管家已经将他的信用完全取消了。在收获的时候，他们还可以在各处从农家赚到几文钱；但冬天与春初，他们饿得十分厉害，不可言状。男的是长身粗骨，铁一般的筋肉，瘦到同木板一样，淡灰脸色，圆曲的肩背，饿得完全衰弱了。女的正同平常女人一般，靠了伊的邻人，能够自己支持；伊卖香菌蛇莓草莓给庄院里，或卖给犹太人——总之，伊可以赚到一块白面包吃了。但没有饱饭吃，伊在打稻这件工作上，终不是男人的对手。当管家发出命令叫人掘地的时候，他们两人的眼睛都发光了。管家亲自答应，掘两立方码①可以得三十个戈贝②。

跛来克使他的妻每日从早到晚地掘地。伊掘了，装满独轮车，使他推着过了沼上所架的跳板，运到田里。他们有两辆大而且深的独轮车，在跛来克还未将空的推回之先，第二车已经满了；于是他将带套在肩上，推了车上山坡去。铁轮吱吱的很厉害地叫。独轮车在跳板上斜着行走的时候，那流质黑而且臭的粘泥，夹杂着池塘里的水草，漫溢出来，流到他裸露的膝头；这烂泥盖满了他颈项与肩背，将他的小衫染出许多黑色恶臭的花条。他的两臂在肘关节上都作痛了，两脚因为长久踏在烂泥里，也疼痛而且木强了，但——做了一天苦工，他们掘了四立方码：他知道，他有了六十个戈贝在他的腰包里了。

他们很有希望，因为挨到秋末，他们赚到三十卢布③了。他们付过租银，

① 立方码（Square yard）约合中国五十二立方尺。

② 戈贝（Kopeck）约合中国银一分许。

③ 卢布（Rouble）约合中国银七钱至九钱。

买一桶咸菜，五斗马铃薯，一件衣服，几双靴，几条围巾与女人的土布衣服，做小衫的布。这样，他们可以支持到春天，到那时他们能够往别人家里去打稻织布，再赚钱了。

管家忽然想到，两立方码给三十戈贝，价太贵了。他知道，决没有人愿意从早到晚在泥塘里走，倘不是真因为快要受饿了；若是这样的人，便无论怎样也情愿做，不再迟疑了。他便说，“二十个戈贝已经够了。倘不肯，——那么，去罢。”

在这时候，没有什么钱可赚，庄院里已经有了许多人手，尽够打稻和管机器了；——要随意挑选，在此刻是不行的了。这命令发表之后，跛来克走到酒店去，喝了一个烂醉。第二天，他将他的妻打了一顿，拖伊出去，替他作工。

自此以后，他们每日从清早起手，一直到夜，不住地工作，掘成了六立方码。

现在却是昏夜真从远方渐渐近来了。远的浅蓝色的树林，渐变暗黑，融化到灰色的阴暗里去了。水上的光也消灭了。朝北立着的红松的巨影，沿着新开拓地，落在山顶上。只有树干与石块，处处还现出红色；小的散逸的光线反射在上面，又落在半黑暗里的荒凉景物的中间，这光屈折了，略略颤动，便接续地消失了。树同灌木，都失了它们的凸面与光泽，他们自然的色彩与灰色的空间相混，看去只像是平面的完全黑色的东西，带着奇异的轮廓。

浓雾已在低地聚集，使作工的人全身冷透了。黑暗也如不可见的波浪一般，匍匐而来，沿着山脚，将割过的稻田，水流，山洞与岩石的一切荒凉的颜色，都收到了他的里面去了。

当雾的波浪会合的时候，别有一路雾气，——白而且透明，几乎不能看见，——从泥塘里一缕缕起来；环绕着灌木，滚成圆球，抖抖地在水面上旋转。湿冷的风赶这雾往山谷底走去。一直等到完全摊平了，像画布上的一个面貌。

“雾露来了”，跛尔珂跛喃喃地说。这正是黄昏时候，一切物象都显然地渐渐化为尘土与虚无，灰色的空虚布满了地面，注视着人，迫压人心，引起无端的悲戚。跛尔珂跛突然感到恐怖。伊的毛发直竖起来，全身打一个寒噤。这雾像一个活物，向伊偷偷走来；他从后面来到，又退去了，伏着等候，又更加凶猛地追上前来。伊的两手，因为湿冷，已经粘而且滑；冷气渗透皮肤，澈了骨里，伊的咽喉与胸口都作痒了。这时候伊忽然记起伊的孩子，——从中午以后，伊还没有见他。那时他正睡着，——锁在一间十分冷静的房里，——睡在菩提树的摇篮里，用赤杨的细条挂在梁上。他现在怕正在叫喊，——噎了，——或哭着呢？母亲听到那叫声，悲痛可怜，宛然是荒野中孤鸟的叫。这声音长在伊耳边响，特别戟刺伊的神经，撕碎了伊的心了。伊整天没有想到他，因为伊的苦工将伊的思想打散了。实在将伊的思想力都完全灭绝了；但现在因为那黄昏时候所引起的想象，伊又将思想集中，把伊的全心连系在那人类的一个小小的分子的身上去了。

跛来克将独轮车推到的时候，伊便小心地问道：“跛来克，我可以回草舍去把那马铃薯刨完么？”

跛来克不答应，仿佛没有听到模样。他拿起独轮车经自去了。他回来的时候，女人又求告说：“跛来克，我可以去么？”

他轻忽地答道：“什么？”

伊知道他的发怒是怎样的；知道他能够抓着人的肋下，撮起整把的皮肤，又将他摇了两三次，便像石块一般地摔在芦苇的中间。伊知道他能扯去伊头上的手巾，将头发缠在手上，恶狠狠地拖伊在路上走；或者一时发怔，他会赶快地从泥塘里拔起铁铲，当头劈来，也不管劈着没有。

然而忍不住地忧虑兴奋起来，几乎到了苦痛的程度，也就超过了对于刑罚的恐惧了。伊几次想到逃走，这只要逃下山谷，跳过小河，以后一直穿过稻田树林走去便好了。伊屈着身子，装满土车时，伊的心早已在逃了；像貂鼠一样奔跳，赤着脚在满生着荆棘与木莓的田里走，也几乎不觉得痛。那尖利的土块，不但刺了伊的脚，又刺到伊的心了。伊将跑到草舍前面，用木的铁匙开了栓；屋里的热气与密闭的空气扑着伊的脸；伊就去抱住那摇篮。……跛来克回到草舍的时候，他会杀伊，将伊打死，——但这又算什么呢？后来总是……

但跛来克从雾里出现的时候，伊又从新怕起他的拳头来了。伊又很谦卑地求恳他，虽然明知他决不放伊去的。伊说：“或者孩子已经死在那里了。”

他并不回答，只从肩上摔下了独轮车的带，走近他的妻的面前，将头略略一动，指点那木桩给伊看：他们今天应该掘到什么地方。他于是拿起铁铲，赶快将烂泥装进车去。他毫无思虑地很快地作工，尽他呼吸的限量，尽力地快掘。他装满一车，便推着飞跑；临走时对伊说：“你也推你的，你这懒畜生，……”

伊受了他这对于孩子的让步，这恶狠狠的好意，这冷酷的言动，仿佛是一种爱抚。因为倘若他们两人同去搬运，这工作或者可以赶早完功了。伊急忙模仿他的举动，像是一个猴子，铲起烂泥有先前四倍的快；伊此刻作工，已经不是靠着伊的筋肉力，只靠着神经力了。伊的胸口格格地响了；眼前现出种种眩目的彩色，伊觉得将要昏晕了；大的热泪，——没人理会的苦痛的泪，从伊眼里流出，落在冰冷恶臭的秽土上。伊每回将铲掘下地去，便仰起头来，看那木桩还有多少远。车已装满，伊立刻套上索子，跟着男人全力地飞跑。

雾气升得很高了；他漫过芦苇，罩在赤杨的项上，造成一座不动的墙。树木在雾里朦胧现出，看去只是许多无定的色彩的块与非常巨大却不整齐的形，排列在深谷里，宛然是奇异可怕的怪物似的。

他们的头向前俯着；他们的手一样地动作；他们的身子弯着，几乎到地面。……

独轮车的轮，轧轧地叫喊。雾的波浪，像注在水里的牛乳一般，在渐渐暗黑的山中，动荡不歇。

长庚星低低地出在天上，抖抖地将它的微光射到黑暗上面。

延伸阅读

波兰作家什朗斯奇（Stefan Zeromski）的短篇小说《黄昏》，译于 1919 年 12 月 20 日，刊《新青年》第 7 卷第 3 号（1920 年 2 月 1 日）。什朗斯奇为波兰印象主义作家。在他看来，“恶是世界的实体，魔是胜利者”。《黄昏》中将地主的“精明”写得入木三分，展示了其给短工跋来克夫妇带来的深重的苦难。

二十五　古诗为焦仲卿妻作①[1]

孔雀东南飞，五里一徘徊[2]。“十三能织素[3]；十四学裁衣；十五弹箜篌②[4]；十六诵诗书[5]。十七为君妇，心中常苦悲：君既为府吏，守节情不移[6]；贱妾留空房，相见常日稀。鸡鸣入机织，夜夜不得息。三日断五匹[7]，大人③故嫌迟[8]；——非为织作迟，君家妇难为！妾不堪[9]驱使，徒留无所施[10]；便可白公姥[11]，及时相遣归。”

府吏得闻之，堂上启阿母：“儿已薄禄相[12]，幸复得此妇。结发同枕席；黄泉共为友[13]。共事二三年，始尔未为久[14]。女意［行］无偏斜，何意致不厚?[15]”

阿母谓府吏：“何乃太区区[16]？此妇无礼节，举动自专由[17]。吾意久怀

---

① 此诗作者名氏无考。《玉台新咏》云，“汉末建安中，庐江府小吏焦仲卿妻刘氏为仲卿母所遣，自誓不嫁。其家逼之，乃没水而死。仲卿闻之，亦自缢于庭树。时人伤之，为诗云尔。”则此诗系汉末人所作。全篇凡一千七百四十五字，称为古今第一首长诗。

② 箜篌，古乐器，一名坎篌。《风俗通》云：“武帝令乐人侯调依琴作坎侯，言其坎坎应节也。或曰箜篌，取其空中。”

③ 大人，对于长辈尊敬之称，此指姑。

忿，汝岂得自由！东家有贤女，自名秦罗敷①，可怜体[18]无比；阿母为汝求。便可速遣之，遣去慎莫留！"

府吏长跪告："伏惟[19]启阿母：今若遣此妇，终老不复取[20]！"阿母得闻之，槌床[21]便大怒："小子无所畏，何敢助妇语！吾已失恩义，会不相从许[22]！"

府吏默无声，再拜还入户，举言谓新妇[23]，哽咽不能语："我自不驱卿，逼迫有阿母。卿但暂还家；吾今且报府[24]，不久当归还，还必相迎取。以此下心意[25]，慎勿违吾语。"新妇谓府吏："勿复重纷纭[26]！往昔初阳岁[27]，谢家来贵门[28]，奉事循公姥，进止[29]敢自专？昼夜勤作息，伶俜萦苦辛[30]。谓言[31]无罪过，供养卒大恩[32]。仍更被驱遣，何言复来还！妾有绣腰襦[33]，葳蕤[34]自生光；红罗复斗帐②，四角垂香囊[35]；箱帘[36]六七十，绿碧青丝绳[37]；物物各自异，种种在其中。人贱物亦鄙，不足迎后人[38]。留待作遗施；于今无会因[39]。时时为安慰；久久莫相忘[40]！"

鸡鸣外欲曙，新妇起严妆[41]。著我绣夹裙，事事四五通[42]。足下蹑丝履[43]；头上玳瑁[44]光；腰若流纨素[45]；耳著明月珰[46]；指如削葱根；口如含朱丹。纤纤作细步，精妙世无双。上堂拜阿母；阿母怒不止。"昔作女儿时，生小出野里，本自无教训，兼愧贵家子。受母钱帛多，不堪母驱使。今日还家去，念母劳家里。"却与小姑别，泪落连珠子："新妇初来时，小姑始

---

① 古乐府《日出东南隅行》："日出东南隅，照我秦氏楼。秦氏有好女，自名为罗敷。……使君从南来，五马立踟蹰，使君遣吏往，问此谁家姝。……使君谢罗敷，'宁可共载不？'罗敷前致辞，'使君一何愚！使君自有妇；罗敷自有夫。……"盖汉代曾有此故事，此诗因以"秦罗敷"为好女之代名词。

② 《释名》曰："小帐曰斗，形如覆斗。"按，复或是覆字之讹。

扶床；今日被驱遣，小姑如我长！勤心养公姥，好自相扶将！初七及下九①，嬉戏莫相忘[47]。”出门登车去，涕落百余行。

府吏马在前，新妇车在后，隐隐[48]何甸甸，俱会大道口。下马入车中，低头共耳语：“誓不相隔[49]卿，且暂还家去。吾今且赴府；不久当还归。誓天不相负！”新妇谓府吏：“感君区区[50]怀！君既若见录[51]，不久望君来。君当作磐石，妾当作蒲苇，——蒲苇纫如丝，磐石无转移！我有亲父兄[52]，性行暴如雷，恐不任我意，逆以煎我怀[53]。”举手长劳劳，二情同依依[54]。

入门上家堂，进退无颜仪[55]。阿母大拊掌：“不图子自归[56]！十三教汝织；十四能裁衣；十五弹箜篌；十六知礼仪：十七遣汝嫁，谓言无誓违[57]。汝今何罪过，不迎而自归?”兰芝惭阿母：“儿实无罪过！”阿母大悲摧②[58]。

还家十余日，县令遣媒来，云有第三郎，窈窕[59]世无双，年始十八九，便言多令才[60]。阿母谓阿女：“汝可去应之！”阿女含泪答：“兰芝初还时，府吏见丁宁[61]：结誓不别离。今日违情义，恐此事非奇[62]。自可断来信，徐徐更谓之[63]。”阿母白媒人：“贫贱有此女，始适还家门。不堪[64]吏人妇，岂合令郎君！幸可广问讯；不得便相许！”

媒人去数日③，……主簿通语言[65]，直说“太守家，有此令郎君，既欲结大义[66]，故遣来贵门。”阿母谢媒人：“女子先有誓，老姥岂敢言！”阿兄得闻之，怅然心中烦，举言谓阿妹：“作计何不量[67]！先嫁得府吏，后嫁得

① 下九，《采兰杂志》云：“九为阳数。古人以二十九日为上九，初九日为中九，十九日为下九。每月下九，置酒为妇女之欢，名曰‘阳会’。盖女子，阴也，待阳以成。故女子于是夜为藏钩诸戏以待月明，有忘寝而达曙者。”初七，未详，当亦古时女子游戏之日。

② 摧，疑榷之误。榷，伤也，忧也。

③ 此下本有“寻遣丞请还，说有兰家女，承籍有宦官，云有第五郎，娇逸未有婚，遣丞为媒人”六句，以意义不明，恐有脱讹，故节去。

郎君，——否泰①如天地[68]，——足以荣汝身。不嫁义郎[69]体，其往欲何云[70]？”兰芝仰头答：“理实如兄言！谢家事夫婿，中道还兄门：处分适兄意，那得自任专！虽与府吏要②[71]，渠会永无缘[72]！登即相许和[73]，便可作婚姻。”

媒人下床去，诺诺复尔尔[74]。还部白府君[75]，“下官奉使命，言谈大有缘[76]。”府君得闻之，心中大欢喜；视历复开书，“便利此月内。六合③[77]正相应，良吉三十日[78]。今已二十七，卿可去成婚。”交语速装束[79]，络绎如浮云[80]：青雀白鹄舫[81]；四角龙子幡[82]，婀娜随风转[83]。金车玉作轮；踯躅青骢马[84]，流苏④金镂鞍[85]。赍钱三百万[86]，皆用青丝穿。杂彩[87]三百匹，交广⑤市鲑珍[88]。从人四五百，郁郁登郡门[89]。

阿母谓阿女：“适得府君书，明日来迎汝。何不作衣裳？莫令事不举[90]！”阿女默无声，手巾掩口啼，泪落便如泻。移我琉璃⑥榻[91]，出置前窗下：左手持刀尺，右手执绫罗。朝成绣夹裙；晚成单罗衫。晻晻日欲暝，愁思[92]出门啼。

府吏闻此变，因求假[93]暂归。未至二三里，摧藏[94]马悲哀。新妇识马声，蹑履相逢迎。怅然遥相望，知是故人来。举手拍马鞍，嗟叹使心伤：“自君别我后，人事不可量[95]！果不如先愿，又非君所详。我有亲父母，逼迫兼

---

① 《否泰》，《易经》上二卦名，《否》极坏，《泰》极好。此语如云“高下如天地。”

② 要，要约也。

③ 地支十二，每二支相合，（如寅与亥合，卯与戌合），凡有六合。此择日之法。

④ 流苏，缉鸟尾垂之，若旒然。以其蕊下垂，故曰苏。

⑤ 汉之交州，今广东、广西及安南地。后汉交州刺史治广信，即今广西苍梧县地。交广之称或以此。

⑥ 琉璃，仿石质造成之器具，施以采色，莹然如琉璃者。

弟兄，以我应[96]他人，君还何所望！”

府吏谓新妇：“贺卿得高迁[97]！磐石方且厚，可以卒千年；蒲苇一时纫，便作旦夕间[98]！卿当日胜贵[99]；吾独向黄泉！”新妇谓府吏：“何意出此言！同是被逼迫，君尔妾亦然！黄泉下相见，勿违今日言！”

执手分道去，各各还家门。生人作死别，恨恨[100]哪可论！念与世间辞，千万不复全[101]！

府吏还家去，上堂拜阿母：“今日大风寒，寒风摧树木，严霜结庭兰。儿今日冥冥[102]，令母在后单[103]。故作不良计，勿复怨鬼神[104]！命如南山石[105]，四体康且直！”阿母得闻之，零泪[106]应声落：“汝是大家子，仕宦于台阁[107]。慎勿为妇死，贵贱情何薄[108]！东家有贤女，窈窕艳城郭[109]；阿母为汝求，便应在旦夕[110]。”府吏再拜还，长叹空房中，作计乃尔立[111]。转头向户里，渐见愁煎迫[112]。

其日牛马嘶，新妇入青庐①[113]。奄奄[114]黄昏后，寂寂人定初，“我命绝今日，魂去尸长留，”揽[115]裙脱丝履，举身[116]赴清池。府吏闻此事，心知长别离，徘徊庭树下，自挂东南枝。

两家求合葬，合葬华山[117]傍。东西植松柏，左右种梧桐：枝枝相覆盖，叶叶相交通[118]。中有双飞鸟，自名为鸳鸯。仰头相向鸣，夜夜达五更。行人驻足听；寡妇起彷徨。多谢[119]后世人，戒之慎勿忘！

---

① 《酉阳杂俎》云：“北朝婚礼，用青布幔为屋，在门内外，谓之青庐。”

延伸阅读

《孔雀东南飞》被称为我国文学史上的古今第一长诗，作者的姓名已经无从查考。在现存书籍中，这首诗最早见于南朝徐陵编的《玉台新咏》，题目是《古诗为焦仲卿妻作》，写汉末一件家庭婚姻悲剧，焦仲卿夫妇因殉情而死，有力地揭露了封建礼教的罪恶，通过富有个性的人物对话塑造了刘兰芝、焦仲卿、焦母等鲜明的人物形象。清代批评家沈德潜评《孔雀东南飞》："古今第一长诗也。淋淋漓漓，反反复复，杂述十数人口中语，而各肖其声音面目，岂非化工之笔！长篇诗若平平叙去，恐无色泽，中间须点染华缛，五色陆离，使读者心目俱炫。"（《古诗源》）

[1]《玉台新咏》诗前有序文说"汉末建安中，庐江府小吏焦仲卿妻刘氏为仲卿母所遣……为诗云尔"。建安：东汉献帝刘协的年号。庐江：汉代郡名，郡城在今安徽潜山一带。遣：女子出嫁后被夫家休弃回娘家。云尔：句末语气词，如此而已。

[2]"孔雀"二句：汉代乐府中描写夫妇离散往往借鸟飞起兴。孔雀，鸟名。徘徊（pái huái）：来回走动。

[3]"十三"句：从这句到"及时相遣归"都是兰芝诉苦的话。十三，指兰芝十三岁。下文都和这相仿。素，白绢。

[4]箜篌（kōng hóu）：古代的一种弦乐器。

[5]诗书：原指《诗经》和《尚书》，这里泛指儒家的经书。

[6]君：焦仲卿。守节：遵守府里的规则。"君既"二句是说焦仲卿忠于职守，常宿府中，不为夫妇感情所移。

[7]入机：走上织布机。断：（织成一匹）截下来。

[8]大人故嫌迟：婆婆故意嫌我织得慢。

[9]不堪：不能胜任。

［10］徒留无所施：徒然留在这儿也没有用。

［11］白公姥（mǔ）：禀告婆婆。白，告诉，禀告。公姥，公公婆婆，这里是偏义复词，专指婆婆。

［12］薄禄相：从相貌上已注定是命小福薄的人。

［13］“结发”二句：意思说愿与妻子同生共死。古时男子二十岁束发加冠，女子十五岁束发加笄，表示成年，叫“结发”。黄泉，地下。

［14］“共事”二句：同在一起不过两三年，开始过这样的生活到如今并不很久。共事，共同生活。尔，这样，指夫妇的恩爱生活。

［15］偏斜：不正。何意：为何。致不厚：招致（母亲）不爱（她）。厚，厚爱、厚待的意思。

［16］太区区：太认真，太固执。

［17］自专由：与下句“汝岂得自由”中的“自由”都是自作主张的意思。专，独断专行。由，随意，任性而为。

［18］贤：这里指聪明贤惠。可怜：可爱。体：体态。

［19］伏惟：伏，伏在地下。惟，思考。古人常用“伏惟”作为表示谦卑的发语词。

［20］取：通“娶”，娶妻。

［21］槌：击。床：古代的一种坐具。

［22］“吾已”二句：说对儿媳已恩义断绝，决不答应仲卿不送归兰芝的要求。

［23］举言：发言，开口讲话。新妇：古代对媳妇的通称，不专指新嫁娘。

［24］报：同“赴”。报府：上衙门。

［25］“以此”句：为了这个缘故你先安心忍耐吧。下心意：低心下意，受些委屈。

［26］勿复重（chóng）纷纭：不必再添麻烦。也就是说，不必再提接她回来的

话了。

［27］初阳岁：冬末春初的季节。

［28］谢家：离了娘家。来贵门：嫁到你们这里。

［29］奉事：侍奉。循：顺着。进止：进退。

［30］伶俜（pīng）萦（yíng）苦辛：孤孤单单，受尽辛苦折磨。伶俜，孤单的样子。萦，缠绕。

［31］谓言：说起来。

［32］供养，孝敬的意思。卒大恩：完全报答公婆的恩德。

［33］绣腰襦（rú）：绣花的齐腰短袄。

［34］葳蕤（wēi ruí）：草木繁盛的样子，这里形容短袄上刺绣的花叶繁多而美丽。

［35］“红罗”二句：是说在红罗做的双层床帐的四角垂着装有香料的袋子。复，双层的。斗帐，上狭下宽，像覆斗的样子。

［36］箱帘：箱，衣箱。帘，通“奁”，古代妇女梳妆用的镜匣。

［37］“绿碧”句：是说箱子上结扎着各色丝绳。

［38］“不足”句：不配留给后来的人使用。迎，接待的意思。后人，指仲卿日后再娶的妻。

［39］“留待”二句：是说把这些东西留在这里随便送谁都可以，反正从今以后再没有重逢的机会了。遗（wèi）施，赠送，施与。会因，会面的机会。

［40］“时时”二句：是说所以把这些东西留给你，为的是使你时时得到安慰，长久不忘记我。

［41］严妆：整妆，郑重地梳妆打扮。

［42］“事事”句：指穿衣、戴首饰，每一事都反复四五次。通，次，遍。

［43］蹑（niè）：踩，踏，这里指穿。丝履，丝织品制的鞋。

［44］玳瑁（dài mào）：用一种同龟相似的爬行动物的甲壳制作的装饰品，应为玳瑁簪。

［45］流：像水流晃动。纨素：精致的白绢。

［46］珰（dāng）：耳坠。明月珰：用明月珠做的耳珰。

［47］初七及下九：七月七日和每月的十九日。初七，指农历七月七日，旧时妇女在这天晚上在院子里陈设瓜果，向织女星祈祷，祈求提高刺绣缝纫技巧，称为“乞巧”。下九，古人以每月的二十九为上九，初九为中九，十九为下九。在汉朝时候，每月十九日是妇女欢聚的日子。莫相忘：不要忘记我。

［48］隐隐：和下面的“甸甸”都是象声词，指车声。

［49］隔：断绝。

［50］区区：这里是专一的意思，与上面“何乃太区区”中的“区区”意思不同。

［51］“君既”句：既然蒙你永远记得我。见，蒙，被。录，记得。

［52］磐石：大石，比喻意志坚定不移。蒲苇：香蒲和芦苇，比喻虽柔弱而坚韧。纫：通“韧”，柔韧牢固。亲父兄：即同胞兄。

［53］“逆以”句：一想到这种情形心里就像油煎一样。逆，预计。

［54］“举手”二句：长劳劳，忧伤不已。依依，恋恋不舍。写兰芝离开夫家，夫妇相誓决不负心。

［55］颜仪：脸面，面子。

［56］“阿母”二句：拊（fǔ）掌，拍手，这里表示惊异。不图，没想到。自归，你自己回来。这二句意思是，兰芝的母亲感到十分惊讶，没料到女儿竟被驱遣回家。古代女子出嫁以后，一定要娘家的同意，派人迎接，才能回娘家。下文“不迎而自归”，也是按这种规矩说的责备的话。

［57］无誓违：不会有什么过失。誓，似应作“諐”。諐，古“愆（qiān）”

字。愆违，过失。

［58］悲摧：悲痛，伤心。

［59］窈窕（yǎo tiǎo）：容貌体态美好的样子。

［60］便（pián）言多令才：口才很好，又多才能。

［61］“府吏”句：是说焦仲卿一再叮嘱。丁宁，嘱咐，后写作“叮咛”。

［62］非奇：不宜，不妥。

［63］断来信：回绝来做媒的人。断，回绝。信，使者，指媒人。更谓之：再谈它。之，指再嫁之事。

［64］始适还家门：刚回家不久。不堪：这里是“不能做”的意思。

［65］主簿：掌管档案文书的官吏。通语言：表达应有的辞令，即下文“既欲结大义”等语。

［66］结大义：指结亲。

［67］“作计”句：是说考虑问题怎么不盘算盘算。作计，拿主意，打算。量（liáng），考虑。

［68］“否（pǐ）泰”句：是说两次结亲好坏有天地之别。“否”“泰”都是《易经》中的卦名。这里指运气的好坏。否，坏运气。泰，好运气。

［69］义郎：男子的美称，这里指太守的儿子。

［70］其往：长此以往。欲何云：又该怎么办呢。

［71］府吏：指仲卿。要：订盟约。

［72］“渠（qú）会”句：同他相会恐怕是永无机缘了。渠，他，指仲卿。

［73］登：登时，立刻。许和：答应。

［74］“诺诺”句：好，好，就这样，就这样。诺，答应声。尔尔，如此如此，等于说“就这样，就这样”。

［75］白：禀报。府君：对太守的尊称。

［76］下官：主簿自称。大有缘：十分投机。

［77］“视历”句：翻看历书。六合：古时候的人迷信，结婚要选好日子，要年月日的干支合起来都相适合，这叫“六合”。

［78］“良吉”句：三十日那一天是好日子。

［79］交语：传话给手下的人。装束：指筹办婚礼。

［80］络绎：连续不绝。浮云：比喻人多。

［81］青雀白鹄舫：上面画有青雀、白鹄的船。

［82］“四角”句：船舱的四角都挂着绣有小龙的旗子。

［83］婀娜（ē nuó）：形容旗幡随风招展。转：摆动。

［84］踯躅（zhí zhú）：徘徊，形容马走得慢。青骢（cōng）马：青白色毛的马。

［85］流苏：用彩色的毛做的穗子，垂在马身上作为装饰。金镂鞍：用金属雕花以为装饰的马鞍。

［86］“赍钱”句：是说太守送给女家三百万钱的聘礼。赍（jī），赠送。

［87］杂彩：各种颜色的绸缎。

［88］交广：交州、广州，古代郡名，这里泛指今广东、广西一带。市：买。鲑（xié）：这里是鱼类菜肴的总称。

［89］郁郁：繁盛的样子。登郡门：齐集在郡衙伺候。

［90］不举：措办不及。

［91］琉璃榻：镶嵌琉璃的榻。榻：比床矮的坐具。

［92］晻晻（yǎn yǎn）：形容日色昏暗。日欲暝：天要黑下来了。愁思：指兰芝满腹哀愁。

［93］府吏：焦仲卿。求假：请假。

［94］摧藏（zàng）：摧折心肝。藏，脏腑。

［95］人事不可量：人间的事不能预料。

［96］应：许给。

［97］得高迁：等于说爬上高枝。

［98］厚：坚实的意思。卒千年：过一千年。一时纫：只坚韧了一段短时间。纫，通“韧”。

［99］日胜贵：一天比一天高贵。

［100］恨恨：抱恨不已，这里指极度无奈。

［101］“千万”句：纵有千思万虑，也不想再保全自己了。

［102］日冥冥：原意是日暮，这里用太阳下山来比喻来说自己日暮途穷，生命即将结束。

［103］“令母”句：意思说自己先死，使母亲孤单地留在世上。

［104］“故作”二句：这是我有意寻短见，不要怨恨鬼神。

［105］“命如”句：是祝福的话，即寿比南山的意思。

［106］零泪：断断续续的眼泪。

［107］“汝是”二句：是说仲卿是大家出身，将来会在台阁为官。台阁：原指尚书台。这里泛指大的官府。

［108］“贵贱“句：意思说仲卿和兰芝身份既已悬殊，而她既再嫁，则对仲卿也够薄情的了。

［109］艳城郭：全城中最美丽的人。

［110］“便应”句：只在早晚间就可以办到。

［111］作计：指自杀的主意。乃尔：就这样。立：决定。

［112］“渐见”句：逐渐被心中的忧愁所煎熬逼迫。

［113］青庐：用青布搭成的帐棚，即喜棚，举行婚礼的地方。

［114］奄奄：通“晻晻”，日色昏暗无光的样子。黄昏：古时计算时间按十二地

支将一日分为十二个时辰，黄昏是戌时（相当于现代的晚上七时至九时）。下句的“人定”是亥时（相当于夜间九时至十一时）。

［115］揽：撩起。

［116］举身：纵身。

［117］华山：可能是安徽舒城县南的华盖山。

［118］交通：交接，交错，这里指挨在一起。

［119］多谢：等于说再三嘱告。

二十六　沙漠间的三个梦

［南非］Olive Schreiner　著

周作人　译

我旅行过亚非利加大野的时候，太阳很热地照着。于是我将马牵在米母撒[①]树下，我除了鞍，听他到枯干的丛莽里去吃食。左边右边，一切全是黄苍苍的土。我坐在树下；因为热得利害，沿着地平线的空气都突突地跳动。过了一回，觉得非常渴睡，我将头靠着鞍，便睡着了。在睡眠中，我见了一个异梦。

我觉得立在大荒野的边界，到处都是飞沙。我看见两个东西，像是沙漠的运输动物：一个伏在沙上，伸长了颈子，一个立在旁边。我看那伏着的，很觉奇异；因为伊的背上有一个重担，上面积着很厚的沙，似乎已经积了几百年了。

我很诧异地看伊。一个人在我的近旁，也立着观望。于是我问他说："这卧在沙上的大动物是什么呢?"

他说："这是女人；就是伊，在伊身内养育人类的。"

我说："伊为什么卧在此地，四面都堆着沙，动也不动呢?"

---

① 米母撒（Mimosa）为豆科植物之一种。

他答说，听着，我告诉你。一直从前，伊便卧在此地，风在伊的上面吹过。最古最古的生人，没有见伊动过；最古最古的书都说伊从前卧着，正同现在一样，周围被沙绕着。可是比最古的书，比最古的人类的记忆更古的“言语的岩石①”上，在现今已经破碎的“古俗的硬泥②”上，却曾经发见过伊的足迹，和站在伊旁边的那个生物相并而行。你可知道，现在伊卧在这里，从前却曾经同他在岩石间自由游行过的呢。

我说：“伊现在何以卧着呢?”

他说：“待我说来，一直从前，‘腕力时代’遇见了伊，看伊弯身下去哺乳的时候，背膊很宽，所以他的负担便阁在伊的背上，又用‘不可免的必然’的阔带束住了。伊向天看，又向地看，知道没有希望了；所以伊带了这摆脱不下的担，便卧在沙上。从此以后伊便卧在此地。许多岁月来了又去，但‘不可免的必然’的带终于没有割断。”

我看时，见几世纪以来的忍耐都藏在伊的眼里；地面全被眼泪湿了，从伊的鼻孔喷起沙土。

我说：“伊没有想动么?”

他说：“有时候，一肢也略略振动；但伊很聪明，知道背了重担，起立不得。”

我说：“站在伊的身旁的人，为什么不离开伊，独自前进呢?”

他说：“他不能。你看——”

我见地上有一条阔带，从这边伸到那边，将他们两个系在一起。

---

① 言语的岩石，是古代的言语现在已不通行的，它已脱离了人类的记忆，但还留在岩石（岩石犹言僵石，化石，是死物的意思）上。

② 古俗的硬泥，与言语的岩石同义，是古代的习惯现在已不通行的，但在古代留下的硬泥（死物）上还存着它的遗迹。

他说："伊卧在这里的时候，他也应站在旁边，望着沙漠。"

我说："他知道自己为什么不能动么?"

他说："他不知道。"

我听到一个破裂的声响；我看时，见缚在伊的背上的重担的索子已经裂断了，负担落在地上。

我说："这是什么事?"

他说："'腕力时代'已经死了，'脑力时代'用他手中的刀将他杀了。他悄悄地暗暗地走向那个女人，用'人工创造'的刀，将缚着负担的索子割断。那个'不可免的必然'破了，伊可以起立了。"

但我见伊仍然卧在地上没有动，只是张着眼，伸长了颈子。伊仿佛向着荒野的极边寻求一样东西，但他总没有来的日子。我很诧异，不知伊是醒着，还是睡着。我正看着，伊的身体发抖了，眼睛里闪出光来，正像一道日光射进了黑暗的屋里。

我说："这是什么事?"

他轻轻地说："不要响！伊现在正想着：我可以起来么?"

我又看。伊将头从沙面抬起，我看见沙上的洼，这许多年来放伊颈子的地方。伊向地看，又向天看，又向着站在旁边的看；但他仍然向着荒野看。

我见伊身体发抖；伊用前足踏着地，血管条条绽起；我叫道："伊将站起来了！"

但单是伊的腰胁抖了几下，依然卧在从前的地方。

但伊的头已经抬起；伊不再将它放下了。站在我的旁边的人说："伊还很衰弱。你看，伊的腿压了这许多年了。"

我见伊竭力挣扎：身上都渗出汗粒。

我说："想来那站在伊身旁的，一定可以帮助伊罢？"

在我旁边的人答道，他不能帮助伊：伊应该自助。任伊挣扎着，等到自强的时候。

我喊道："他总不至于妨碍伊罢！你看，他站远了一点，将中间的带拉紧，又将伊拖倒了！"

他答说："他现在还没有知道呢。伊一动，便将系住伊们的带牵动了，使他觉得不安，所以他站开了一点。将来终有一日，他能明白事理，知道伊所做的事情的意义。且听伊再跪着挣扎。那时他便会站近了，很同情地眼对眼地看着伊了。"

伊伸长颈子，汗粒从身上落下。伊从地面站起了一寸，却又倒了。

我喊道："阿，伊还太衰弱，伊不能走！这许多年已将伊的力气耗尽了。伊将永远不能动么？"

他答说："你看伊眼里的光！"

慢慢地伊跪着挣扎，起来了。

我醒了；从东到西，都摊着荒凉的土，生着枯槁的丛莽；蚂蚁在红沙中上下乱走；日光很热地照着。我从稀疏的树枝中间仰望头上的青天。我卧着，回想刚才所见的梦。我又睡着了，将头枕着马鞍。在这恶热中，我又见了一个梦。

我见一块沙漠，我见一个女人走来。伊到了暗黑的河岸①上；岸上一个白胡须的老人前来迎接伊；他手里拿一支曲杖，上面写着"理智"一个字。

① 作者原注：亚非利加的河岸常常有一百尺高，两边都是流沙，水在中间流过，久而久之，河床也愈深了。

他问伊来做什么；伊答道：“我是女人；我正在寻求那自由的国土。”

他说：“这便在你的面前。”

伊说：“我的面前只有黑暗的一条流水，又险又高的河岸，几处裂缝，中间满着沙土；此外不见有什么了。”

他说：“那边呢？”

伊说：“我看不见；但我用手遮着眼望去，仿佛见那边有山有树，太阳明晃晃地照在上面！”

他说：“那便是自由的国土。”

伊说：“我怎么能到那边去呢？”

他说：“这里有一条路，是唯一的路。向‘劳工的岸’走去，经过‘苦难的河’。此外没有第二条路了。”

伊说：“没有桥么？”

他说：“没有。”

伊说：“这河深么？”

他说：“深。”

伊说：“河床坏了没有？”

他说：“是的。无论何时，都要防失足，一失足你便没有救了。”

伊说：“有人渡过没有？”

他说：“有几个人试过了。”

伊说：“那里有足迹，可以指出徒涉的地方么？”

他说：“曾经有过。”

伊用手遮着眼望去，说道：“我愿去。”

他说：“你应该脱去你在荒野里所穿的衣服；伊们穿了这样衣服入水的

人，都被那衣服拖下水去了。”

伊很欢喜地脱了所穿的“古来定见”的外套；因为这已经都是洞了。伊又从腰间解下长久宝爱的带；蛾蝶飞出，像云一般。他又说：“去了你脚下‘依赖’的鞋子。”

伊站在那里，几乎全然裸体，只留着一件贴身的白衣。

他说：“这衣服你可以穿着。在自由的国土，他们也穿衣服的。这衣在水里是浮的；而且总泛着。”

我见这衣的胸前写着“真理”一个字；这是白色的，太阳不很照过，因为别的衣服常常将他遮住了。他又说：“你拿了这杖，紧紧捏住。这杖从手中脱去的时候，你便没有救了。将这杖放在前面：寻求你的路：它探不到底的地方，你也不要立足下去。”

伊说：“我预备了；让我去罢。”

他说：“不，——且住。这是什么？——在你胸前的？”

伊默着。

他说：“解开，给我看。”

伊将衣解开。靠着胸脯有一件小东西，正在饮乳；额上的黄色卷螺发紧贴了胸前；他的两膝抵着伊的身体；两手捧住了乳房。

“理性”说：“他是谁？他在那里做什么？”

伊说：“看他的小翅子[①]——”

“理性”说：“将他放下了。”

伊说：“他睡着了；他吃奶呢。我想带他到自由的国土去。我带了他很久

① 译者原注：古来传说，爱神状如小儿，有翼，手执弓矢。

很久了，还是一个孩子。到了自由的国土，他会变成人了。我们可以同走，他的大的白翅子可以庇荫我了。他在沙漠中只是切切地对我说一个字道：‘情爱！’我希望到了那边，他或者会懂得说‘友爱’了。”

“理性”说：“将他放下了！”

伊说：“我想带着他，——我用一只手抱着；那一只手可以和水奋斗的。”

他说：“将他放在地上。你到了水里，你会忘记战斗，只想他了。将他放下。”他说：“他不会死的。他见你放了他，他将展开两翼，自己飞了去。他将比你更早，在自由的国土了。将到自由国土的人，见有从岸上伸手来援助伊的，这第一个便是‘爱’了。他那时已是一个成人，不是孩子了。在你胸前，他不会兴旺；放下了他，让他长成。”

伊从他嘴里取出乳头；他便咬伊，血流到地。伊将他放在地上，又包好了伤痕。伊又弯身下去，抚他的翅子。我见伊额上的头发变了雪一般白；伊从少年变成老年了。

伊站在河岸上边。伊说：“我为什么走这样远路，到没有人到过的地方去呢？阿，我很孤独，我真是全然孤独了。”

那“理性”，那老人对伊说：“静！你听到什么？”

伊仔细地听，说道：“我听到足音，千千万万的足音；又都向这面走来！”

他说：“那便是跟着你走来的人的足音。你引导前去，造成到水边的一条足迹！你现在立着的地方，被千万人的脚践踏，不久要成平地了。”他又说：“你见过蝗虫，他们怎样渡河么？第一个走下水边，被水冲去了，于是第二个又来，于是第三个，于是第四个：到后来，他们的死骸堆积起来，成了一座桥，其余的便过去了。”

伊说："那些又怎样了？——他们首先下去，被水冲了去，以后还是一无所闻；他们的尸首连桥也造不成。"

他说："冲去了，以后还是一无所闻——算什么事呢?"

伊说："算什么事——"

"他们造成一条足迹，到水边去"，他说。

"他们造成一条足迹，到水边去——"伊说，"但从这我们的尸首造成的桥上，有谁过去呢?"

他说道："全人类!"

于是那女人紧紧地捏住了那支杖。

我见伊直向着河的暗路走去。

我醒了；在我的周围全是下午的黄的日光了：落日的光照着乳白的丛莽的枝条；我的马站在旁边，静悄悄地吃草。我转过身来，见千万蚂蚁在红沙里奔走。我想现在可以走路，下午稍微凉快了。但我又觉得渴睡；我仰卧着，又睡熟了。

我又见了一个梦。

我梦见一处地方，在山上，有勇敢的女人和勇敢的男人携手同走。他们眼对眼地望着，彼此都不害怕。

我又见女人也都互相搀着手走路。

我便问旁边的人道："这是什么地方?"

他说："这是天上。"

我说："在什么地方?"

他答道："在地上。"

我说："什么时候才实现呢?"

他答道："在将来。"

我醒了；我的周围都是落日的光；太阳落在小山上；愉快的凉气散布在万物之上；蚂蚁慢慢地回家去了。我向马走去，他仍然立着静静地吃草。于是太阳落到山后去了，但我知道他明日又将起来。

延伸阅读

周作人翻译《沙漠间的三个梦》，刊登于《新青年》第6卷第6号（1919年11月1日）。卷首对作者作了介绍：

（须林娜尔女士）O. Schreiner 生于一八五九年，本姓 Cronwright，后嫁 S. C. Schreiner。伊是有名的女权论者，又是小说家。一九一一年作《妇人与劳动》（Women and Labour），竭力主张女子经济的独立，称为女子问题的圣书。法国 F. Lolie'e 著的《比较文学史》上说，"W. D. Howells 与 H. James，都是十九世纪末，二十世纪初，最好的英文小说的作者；我们又加上南非洲有才能的小说家，专为被虐的人民奋斗的选手。Oliver Schreiner，新时代的光荣的人名表，就完全了。（英译本第二九八页）现在译过来的一篇，从小说集《梦》（Dreams，1893）中选出，是伊的代表著作之一。伊的文体很简直，是仿《新约》的，又多是比喻（Allegoria）体，仿佛《天路历程》（Pilgrim's progress）一流。现代读者，或要嫌他陈旧也未可知；但我们所要求的文学，在能解释人生，一切流别，统是枝叶：所以写人生的全体，如 Maupassant 的《一生》（Une Vie：A women's Life）的写实，或 Andrejev 的《人的生活》（Zhizni Tsherovjeka：The Life of Man）的神秘，固无不可。又或如 F. Van Eeden（现代荷兰文人）的《小约翰》（Der kleines Johannes：The Little Johannes）或 Maeterlinck 的《青鸟》（L'oiseau Bleu：The Blue Bird），用象征比喻，也可以的。现代文人对于人生，又多带乐观的倾向，在文艺上理想主义渐占了势力。

Schreiner夫人对于女子问题，回顾过去，近看现在，自然多是黑暗；但远望将来，却抱着无限光明的希望：所以伊的著作的基调，与消极的自然派便自不同。伊一样的根据现实，但并不就此完结；却更以理想，寻求圆满的解决。这积极进行的态度，与古来空想家的梦幻，又有分别；所以这篇比喻，虽说《天路历程》一流，却更加真实。因为写人间生活的历程，在现代人看了，自然觉得尤其深切；俗语说，“旧瓶装新酒”，我们不能认定了外形，便疑到内容的。这本小说集承半农借给我，使我能够翻译这一篇，也应该道谢。（一九一九年四月十二日）

二十七 礼记① 礼运篇（节录）

昔者仲尼②与于蜡宾③[1]，事毕，出游于观④[2]之上，喟然而叹。仲尼之叹，盖叹鲁也。言偃⑤[3]在侧，曰："君子何叹？"孔子曰："大道[4]之行也，与三代之英，丘未之逮也而有志焉⑥。大道之行也，天下为公，选贤与能，讲信修睦[5]。故人不独亲其亲，不独子其子，使老有所终，壮有所用，幼有所长，矜⑦[6]、寡[7]、孤[8]、独[9]、废疾[10]者皆有所养，男有分⑧[11]，女有归[12]。货恶其弃于地也，不必藏于己；力恶其不出于身也，不必为己。是故谋⑨闭而不兴，盗窃乱贼[13]而不作，故外户而不闭。是谓'大同'。

---

① 《礼记》为战国秦汉间儒家所作散篇文字。原名《曲台杂记》，凡二百余篇。汉戴德删其烦重，得八十五篇，谓之《大戴礼记》。其弟圣又删为四十六篇，谓之《小戴礼记》；汉末马融传之，又益《月令》《明堂位》《乐记》三篇，为四十九篇。今通称《小戴礼记》为《礼记》。《礼运》为《礼记》中第九篇。所记孔子之语系出儒者想象，非实事。

② 仲尼，孔子字。

③ 蜡（zhà），祭名。岁十二月，合聚万物而飨之，谓之蜡。宾，助祭者也。

④ 观，门阙也。

⑤ 言偃，孔子弟子子游字。

⑥ 此语谓"上古时大道之行于天下，与夫夏商周三代英贤之臣所以得时行道之盛，我虽未及见，而实有志于此。"

⑦ 矜，即鳏。

⑧ 分，职务也。

⑨ 谋，谓奸邪之阴谋。

“今大道既隐，天下为家①。各亲其亲；各子其子。货力为己。大人世及②以为礼；城郭沟池以为固。礼义以为纪③[14]：以正君臣[15]，以笃[16]父子，以睦兄弟，以和夫妇，以设制度，以立田里[17]。以贤勇知④；以功为己[18]。故谋用是作而兵由此起[19]。禹、汤、文、武、成王、周公，由此其选也[20]。此六君子者，未有不谨于礼者也。以著⑤其义，以考其信，著有过，刑⑥仁，讲让，示民有常⑦。如有不如此者，在执者去，众以为殃⑧。是谓‘小康⑨’。”[21]

言偃复问曰：“如此乎礼之急[22]也？”孔子曰：“夫礼，先王以承天之道，以治人之情，故失之者死，得之者生。《诗》曰：‘相鼠有皮[23]，人而无礼？人而无礼，胡不遄死！’⑩ 是故夫礼，必本于天，殽⑪于地，列⑫于鬼神，达[24]于丧、祭、射[25]、御、冠、昏[26]、朝、聘⑬。故圣人以礼示之，故天下国家可得而正也。”

言偃复问曰：“夫子之极言礼也，可得而闻与[27]？”孔子曰：“我欲观夏

---

① 天下为家，割裂天下以为私家之物也。

② 大人，天子诸侯也。父子相传为世，兄弟相传为及。

③ 此以大同之世只是天下为公，并无礼义之纪，礼义乃是小康之世所立，故云然。

④ 以贤勇知，以勇知为贤也。

⑤ 著，明也。

⑥ 刑，法则也。

⑦ 常，常法也。

⑧ 此语谓如有不行此著义以下五事之君，则民众将以为殃民之主而共废黜之也。

⑨ 康，安也，言仅小安也。

⑩ 见《诗经·鄘风》。相，视也。遄，速也。

⑪ 殽，效也。本于天谓本于天理之节文，殽于地谓效于山泽高卑之势为上下之等。

⑫ 列，排比次第也。

⑬ 此八者皆行礼制度之名。

道[28]，是故之杞①；而不足征也，吾得《夏时》② 焉。我欲观殷道，是故之宋③；而不足征也，吾得《坤乾》④ 焉。《坤乾》之义，《夏时》之等，吾以是观之。⑤ 夫礼之初，始诸饮食，其燔黍⑥捭豚⑦，污尊而抔饮⑧，蒉桴而土鼓⑨，犹若可以致其敬于鬼神。及其死也，升屋而号，告曰："皋某复⑩!"然后饭腥而苴孰⑪。故天望而地藏⑫也——体魄则降，知气在上。故死者北首，生者南乡，皆从其初⑬。

"昔者先王未有宫室，冬则居营窟⑭，夏则居橧巢⑮。未有火化，食草木之实、鸟兽之肉，饮其血，茹其毛⑯。未有麻丝，衣其羽皮。后圣有作，然后

---

① 杞，夏王之后也。故址即今河南杞县。

② 《夏时》，夏代定四时之书也。今《大戴记》中有《夏小正》即依此而作者。

③ 宋，商王之后也。故址即今河南商邱县。

④ 《坤乾》，占卜书也。《易经》为周代占卜书，首《乾卦》次《坤卦》。商代占卜未知如何。或以《礼运》此语说商代卜书先《坤》次《乾》。

⑤ 此语谓《坤乾》之义理，《夏时》之等列，吾但以二书观之而已。言夏商之文献，所存仅此二者，余皆不可知矣。因推论古代之礼如下。

⑥ 燔黍，以黍米加于烧石之上，燔之使熟也。

⑦ 捭（bǎi）豚，擘析豚肉加于烧石之上而熟之也。

⑧ 污尊，掘地为污坎以盛水也。抔饮，以手掬而饮之也。

⑨ 蒉桴，抟土块为击鼓之椎也。土鼓，筑土为鼓也。

⑩ 皋，引声之言也。某，死者之名也。复，归也。所以升屋者，以其魂气之在上也。

⑪ 欲招此魂令其复合于体，如是而不生，乃行死事。饭腥者，用上古未有火化之法，以生稻米为含也。苴孰者，孰即熟，用中古火化之利，包裹熟肉为遣送之奠也。

⑫ 天望，谓始死望天而招魂。地藏，谓以尸体葬藏于地。

⑬ 初，古初也。此言死者之头向北，生者之居向南，及以上送死诸事，非后世创为之，皆是从古初所有之礼。

⑭ 营窟，营累泥土以为窟穴也。地高则穴于地中；地卑则于地上累土为窟。

⑮ 橧（zēng），聚薪也。橧巢，聚薪柴以为巢居。

⑯ 茹，食也。毛非可食，以去毛不能尽而并食之，故云然。

修火之利[29]，范金①、合土②，以为台榭、宫室、牖户。以炮，以燔，以亨，以炙③，以为醴酪④。治其麻丝，以为布帛。以养生送死，以事上帝鬼神，皆从其朔⑤。故玄酒⑥在室，醴盏⑦在户，粢醍⑧在堂，澄酒⑨在下⑩，陈其牺牲，备其鼎俎，列其琴、瑟、管、磬、钟、鼓，修其祝嘏⑪，以降上神与其先祖，[30]以正君臣，以笃父子，以睦兄弟，以齐上下，夫妇有所⑫，是谓“承天之祜”。作其祝号⑬，玄酒以祭，荐⑭其血毛，腥其俎，孰其殽，与其越席、疏布以幂⑮，衣其浣帛⑯，醴盏以献，荐其燔炙。君与夫人交献⑰，以嘉魂魄，

---

① 范金，为形范以铸金属之器。

② 合土，和合泥土为陶器也。

③ 裹而烧之曰炮，加于火上曰燔，煮于镬曰亨（即烹），贯串而置之火上曰炙。

④ 醴，酒也。酪，醋也。

⑤ 朔，初也。谓今世承用之礼皆是取法往圣。

⑥ 玄酒，水也。太古无酒，用水行礼。后王重古，故尊其名为玄酒。

⑦ 醴，酒之一宿者。盏（zhǎn），酒之葱白者。

⑧ 粢（zī）醍（tí），酒成而红赤色也。

⑨ 澄酒，酒成而滓沉也。

⑩ 玄酒，在礼最古，故最尊，设于室内。其余以次递降，味虽渐美，等次愈下。

⑪ 祝，主人告神之辞。嘏尸（生人居神之位，视为神体者）致福于主人之辞。

⑫ 自“以正君臣”至此，皆谓祭时仪式可明人伦。如君迎牲而不迎尸，是可以见正君臣之义；献与馂各有次序，是可以见齐上下之义等。

⑬ 祝号，祝史称物之尊名以告鬼神者也，如祖曰皇祖，牛曰一元大武之类。

⑭ 荐，献也。

⑮ 越席，蒲席也。疏布，粗布也。幂（mì），覆食之巾也。此假为动词，谓用越席与疏布以盖覆之。

⑯ 浣帛，谓祭服以湅染之帛制之者也。

⑰ 特牲礼，主人献尸，宾长以肝从；主妇献尸，宾长以燔从。第一君献，第二夫人献，第三君献，第四夫人献，故云交献。

是谓“合莫”①。然后退而合亨②，体其犬、豕、牛、羊③，实其簠、簋、笾、豆、铏羹④，祝以孝告，嘏以慈告，是谓“大祥”⑤。此礼之大成也。……

“故圣人耐⑥以天下为一家，以中国为一人者，非意⑦之也，必知其情，辟⑧于其义，明于其利，达于其患，然后能为之[31]。何谓人情？喜、怒、哀、惧、爱、恶、欲，七者弗学而能。何谓人义？父慈、子孝、兄良、弟弟⑨、夫义、妇听、长惠、幼顺、君仁、臣忠，十者谓之人义。讲信、修睦，谓之人利。争夺相杀，谓之人患。故圣人之所以治人七情，修十义，讲信修睦，尚辞让，去争夺，舍礼何以治之！饮食、男女，人之大欲存焉。死亡、贫苦，人之大恶存焉。故欲恶者，心之大端也。人藏其心，不可测度也，美恶皆在其心，不见其色也，欲一以穷之⑩，舍礼何以哉！……

“故礼义也者，人之大端也，所以讲信修睦，而固人之肌肤之会、筋骸之束也⑪。所以养生、送死、事鬼神之大端也，所以达天道、修人情之大窦⑫

---

① 莫，冥漠也。合莫，生人与神灵契合于冥漠之中也。

② 亨，即烹。退而合亨，谓先荐者未是熟物，今乃退取先荐者更合而烹煮之，使熟而可食也。

③ 体其犬豕牛羊者，随其牲之大小烹熟，乃体别骨之贵贱，以为豕俎，用供尸及待宾客兄弟等也。

④ 簠，内圆而外方，盛稻粱之器。簋，外圆而内方，盛黍稷之器。笾豆形制同，竹曰笾，木曰豆。铏，如鼎而小，盛和羹之器也。

⑤ 祥，善也。

⑥ 耐，即能。

⑦ 意，臆度也。

⑧ 辟，通也。

⑨ 下弟字即悌。

⑩ 一以穷之，谓一一穷究之。

⑪ 此谓肌肤之总会，筋骸之联束，非不固也，然无体以维饬之，则惰慢倾侧之容见矣，故必礼以固也。

⑫ 窦，孔穴之可出入者。由于礼义则通达，不由于礼义则窒塞，故以窦譬之。

也[32]。故唯圣人为知礼之不可以已也。故坏国、丧家、亡人，必先去其礼。故礼之于人也，犹酒之有糵①也：君子以厚，小人以薄[33]。故圣王修义之柄、礼之序，以治人情。故人情者，圣王之田也：修礼以耕之，陈义以种之，讲学以耨之，本仁以聚之，播乐以安之。故礼也者，义之实也；协诸义而协，则礼虽先王未之有，可以义起②也。义者，艺之分、仁之节也③；协于艺，讲于仁，得之者强。仁者，义之本也，顺④之体也，得之者尊。故治国不以礼，犹无耜而耕也。为礼不本于义，犹耕而弗种也。为义而不讲之以学，犹种而弗耨也。讲之以学而不合之以仁，犹耨而弗获也。合之以仁而不安之以乐，犹获而弗食也。安之以乐而不达于顺，犹食而弗肥也。[34]

“四体既正，肤革充盈，人之肥[35]也。父子笃，兄弟睦，夫妇和，家之肥也。大臣法，小臣廉，官职相序，君臣相正[36]，国之肥也。天子以德为车，以乐为御，诸侯以礼相与，大夫以法相序，士以信相考[37]，百姓以睦相守，天下之肥也。是谓‘大顺’。大顺者，所以养生、送死、事鬼神之常也。故事大积焉而不苑⑤，并行而不缪，细行而不失，深而通，茂而有间，连而不相及也，动而不相害也。此顺之至[38]也。……”

---

① 糵，曲也，所以酿酒者。

② 义起，酌于义而创为之。

③ 艺以事言；仁以心言。事之处于外者，以义为分限之宜；心之发于内者，以义为品节之制。

④ 顺，自然和畅也。

⑤ 苑音 yuàn，胶滞也。此语谓难事之大者积叠在前，亦不至于胶滞。

延伸阅读

《礼记》作为儒家十三经之一，包含了孔子、孟子、荀子等人有关“礼”的论说。作为早期儒家礼学文献汇编，《礼记》的基本内容多系先秦古制，体现了宗法制原则和精神。《礼记》在我国思想史、学术史上均占有重要地位。《礼记》作为儒家经典之一，又称《小戴礼记》或《小戴记》，是西汉戴圣对秦汉以前各种礼仪论著加以辑录、汇编而成，共49篇。

“礼运”的含义是说如果天下都依礼而行，就会天下太平，世界达到大同。全篇是通过子游问、孔子答的形式来展开的，内容繁多，涉及哲学、历史、道德、祭祀、文艺、习俗等诸多方面，还有大量的哲理名言、警句，精辟而深刻，对后人有着重要的借鉴意义。

[1] 蜡：每年十二月合聚万物之神的祭祀仪式，行蜡祭还当聚民于学校以行饮酒礼，行饮酒礼当设宾主，孔子是蜡祭的宾主。

[2] 观：门两旁建高台，台上建可观望之楼，即所谓观，又名门阙。

[3] 言偃，字子游，亦称言游，孔子的学生，春秋末期吴国人。

[4] 大道：此谓五帝时期的治理天下之道。

[5] 讲信修睦：讲究信用，谋求和睦。

[6] 矜，通“鳏”，无妻的男人。

[7] 寡：老而无夫的女人。

[8] 孤：幼而无父的人。

[9] 独：老而无子的人。

[10] 废：身体残损的人。疾：有疾病的人。

[11] 分：职分，指职业、职守。

［12］归：归宿，有自己的丈夫。

［13］闭：杜绝。兴：发生。盗：抢劫。窃：偷取。贼：贼害。

［14］“大人世及”三句：天子诸侯权力世袭成为名正言顺的礼法，修建城郭沟池作为坚固的防守。制定礼仪作为纲纪。

［15］以正君臣：用来确定君臣关系。

［16］笃：纯厚。这里是使动用法，使……纯厚。

［17］田里：指土地和房屋。

［18］“以贤勇知”二句：敬重有勇有谋的人，为自己建功立业。

［19］故谋用是作而兵由此起：诡计悄然而生，战争也因此而爆发。

［20］选：选拔出来。

［21］“未有不谨于礼者也……是谓‘小康’”：没有人是不严格奉行礼制的。他们彰显礼制的内涵，用此来考察人与人之间的诚信，揭露过失，以此来树立礼让的典范，为百姓昭示礼法的仪轨。如果有越轨的反常行为，有权势者也要斥退，百姓也会将其看作祸害。这样的社会就叫小康社会。

［22］急：重要。

［23］皮：形体。

［24］达：贯彻。

［25］射：乡射礼。古代乡饮酒礼之后举行乡射礼。

［26］昏：婚礼。

［27］可得而闻与：可以说得再详细一点吗？

［28］道：礼。

［29］修火之利：懂得火的种种作用。

［30］“玄酒在室”八句：在祭祀时将玄酒摆在室内，在门的旁边摆上醴和盏，堂上摆上粢醍，堂下摆上澄酒，同时要陈列为祭祀而宰杀的牲畜，备齐放置食物的

礼器和割烹的用具，安排各种乐器……精心拟制飨神之词和神佑之词，以此来迎接祖宗和神的到来。

［31］“故圣人耐以天下为一家”七句：因此圣人能够让全天下好像是一家人，全天下的百姓就像是一个人，并不是仅仅只依靠主观臆想，而是凭着了解人情，洞晓人义，明白人利，熟知人患，之后才可以做到。

［32］“故礼义也者，人之大端也”六句：所以说，礼这样的东西，对于做人来说是十分重要的。人们用礼来讲究信用，维持和睦，人与人之间好得就像肌肤之总会，筋骨相连似的。人们把礼作为养生送死和敬事神灵的头等大事，把礼作为遵循天意、理顺人情的重要途径。

［33］“礼之于人也，犹酒之有蘖也”四句：礼对于人来说，就好像是准备要酿酒时用的曲，君子德厚，酿的酒也会甘醇，小人德薄，酿的酒味道就会平淡无味。

［34］“讲之以学而不合之以仁”六句：有了讲解教育而不和仁爱结合，就好比（种庄稼）虽然除草而不去收获；和仁爱结合了而不备乐置酒犒劳农夫，就好比虽然颗粒归仓而不让食用；备乐置酒犒劳农夫了而没有达到自然而然的境界，就好比饭也吃了但身体却不强健。

［35］肥：强壮；富足。

［36］相正：互相匡正。

［37］考：考察交往。

［38］至：至上境界。

二十八 常识与教育[①]（节录）

章炳麟

现在有许多人说：教育的第一步就是使人有常识。我说这句话是最不错。原来精深的学问本来有两路：一路是晓得了可以有用的；一路是晓得了虽没有用，但是应该晓得的。譬如天上的北斗星，我识得了也无益，我不识得也无损。又像甲子、乙丑这种名目，排得下也没有利，排不下，像元朝诏令，称子年作“鼠儿年”，称午年作“马儿年”，也没有害。这个就叫晓得了没有用。但虽是没有用，毕竟应该晓得；若不晓得，就算常识不完全。这是第二路。

第一路是晓得了可以有用，看来总是应该晓得的；但也不能一定。因为事业是各人不同：作这一项事业的人晓得了这件事就有用，作那一项事业的人晓得了这件事却没用。所以常识也难得定准。

且看中国古来，大概分人作士、农、工、商四项。这四件名目，原是管仲[②]分出来的，和《周礼》[③] 也不同，和近日也不很同。管仲所说的士，只是

---

① 此文见《教育今语》杂志。这种杂志是清末中国留日学生编刊的。

② 因此文见于《管子》，故云为管仲所分。然《管子》实非管仲所做。管仲，名夷吾，春秋时人，相齐桓公成霸业。

③ 《周礼》，今十三经中之一种，汉代所出，托为周公居摄时所作，实不可信。内容全是官制，分《天官》《地官》《春官》《夏官》《秋官》《冬官》六篇。

预备作官作书办[①]的材料，今日却是各种读书的人都叫作士；其余农工商大概相同。但《周礼》分人为九职，农人以外要加上二项：一项是种菜种果的人，就叫作园圃；一项是培养木材柴薪的人，就叫作虞衡。这两项人，便统统叫作农人也通得去，不过事业到底不同。还有一项专作畜牧的人，叫作薮牧。更有一项专任纺绩织纴的人，叫作嫔妇。这两项人，应当特别归一类的。其余工人、商人，古今所同。此外《周礼》所说的臣妾，就是奴婢，这一项人近来是渐渐少了。至于预备作官作书办的人，和各种读书的人，依《周礼》看来，不过是一种闲民。大概士、农、工、商、薮牧、嫔妇六种可以概全国的人了。在这六种中间，又还有各项分别，所以各项人所要的常识也就不同。譬如士人不识得五谷的很多，农人却多识得；如果农人不识得五谷，就算不得农人。一国中间原是农人最多，农人的种类又没有工人商人的繁，似乎农人所晓得的别人也该个个晓得；哪里知道分别五谷的常识除了农人只有米商药商还略略备些，其余却多没有。这个也怪不得，就识得五谷，于他的事业上没有用处，所以就不去理会。但有句通融的话：不识得它的实，总须晓得它的名。就像五谷是哪五项，本来正名是什么，现在通名是什么，晓得了这一点儿，就看见五谷的实形不能分别，也就罢了。哪里知道连这五项名目都不晓得的，还是尽多。这个真要算常识不备了！至于工人商人，种类是非常的多，自然这项工人不晓得那项的手法，这项商人不晓得那项的货物。本来不晓得也无害。却有一种人说：不晓得极深的数学并不算常识不备，加、减、乘、除、开方都不懂得，就要算常识不备了。我说这句话颇不对。仿佛寻常买卖的商人，只要晓得加、减、乘、除、四率比例也就够用，连开方法

① 书办，衙门中供抄写之胥吏。

也用不着。至于做工人的，像木匠石匠一流，就只晓得开方法还不够用，到底多少广[①]勾股必要晓得。固然现在的木匠石匠不是真正明白，但指着一件木器石器问他，“这边竖的是几数?”“这边横的是几数?”“你说那条斜弦应该几数?”他对出来的总没有什么大差，就因为这个法子他必定要晓得的。若不晓得，合不成一个器皿，造不成一架房屋。岂不是商人可以不晓得的，工人却必须晓得吗！大凡一国中间少数人特晓得的，可以说不是常识；木匠石匠并不是一国中少数的人，难道算术的常识就到开方止吗！……

大概常识总是从书数起，后来再晓得一点历史，这就是不得不过的关。书并不是要真成就小学家，数并不是要真成就算学家，历史并不是要真成就史学家，不过晓得一个大概。现在的教科书，只有算学还像样，历史真是太陋，小学更是全然不讲：到底总是个空架子。有一班胡乱的人，乱扯[②]几句佛经的话，说“离绝语言文字。”我说果然能够离绝语言，自然可以离绝文字，只问现在能够离绝语言吗？况且离绝语言文字，就该把一切书都不读，为什么还去读别的书？佛经的话，本是说到最高一层，不是可以随便扯来当通俗用。就像庄子说的“得鱼忘筌[③]，得兔忘蹄[④]”，原是说得了鱼兔以后可以不用筌蹄；并不说不用筌蹄可以得到鱼兔。鱼兔既得到了，不要第二回再求鱼兔，筌蹄固然可弃了；若第二回还要再求鱼兔，仍旧不得不用这个筌蹄。语言文字也是这样看：第一回用语言文字去表意见，意见已经明白，固然可以不再加语言文字，但第二回还是要表意见，仍还要用着这个语言文字。要用语言文字去表意见，这个语言文字就不能不讲究；也像要用筌蹄去求鱼兔，

---

① 少广，算法九章之一，为方田法之还原。因其截纵之多以益广之少，故名。

② 扯（chě），割裂也。

③ 筌（quán），鱼笱（取鱼之竹器）也。

④ 蹄（tí），兔罝也。

这个筌蹄就不能不造得精巧。现在第一总要把六书[①]懂得，明了本义本形，再讲音韵。讲了音韵，假借的道理就明白。那么，才得不写别字，不说乱话。孔子说的："必也正名乎[②]!"什么叫正名？古人唤字作名，正名就是讲究六书。只把近人所注的《说文》[③]《尔雅》[④]《方言》[⑤]《广雅》[⑥]和几部讲古韵的书看看，就有眉目。若要编作课本，也是不难。

书数通了，就要讲历史。历史原是繁博的东西，简约地说起来，也有头绪。看历史不是只要记得秦朝、汉朝的名号，也不是只要记得出名的帝王、出名的将相。纪传本是以人为主，评量人物虽不可少，但人物有各种各色，若专去仰慕英雄，就卑鄙得极了。大概历史中间最要的几步，第一是制度的变迁，第二是形势的变迁，第三是生计的变迁，第四是礼俗的变迁，第五是学术的变迁，第六是文辞的变迁——都在志和杂传[⑦]里头。把这几件为纬，历年事迹为经，就不怕纷无头绪。只是编起教科书来，经不过占了四分之一，纬倒要占了四分之三。本来历史最重的是书志，现在也该照这条路编去。此

---

① 六书，造字法及用字法也。《说文·序》云，"一曰指事，视而可识，察而见意，上下是也。二曰象形，画成其物，随体诘诎，日月是也。三曰形声，以事为名，取譬相成，江河是也。四曰会意，比类合谊，以见指㧑，武信是也。五曰转注，建类一首，同意相授，考老是也。六曰假借，本无其字，依声托事，令长是也"。

② 见《论语·子路》篇。

③ 《说文》,《说文解字》之简称，东汉许慎所著。以秦汉篆分五百四十部，推究六书之义。自来言小学者皆宗之。清段玉裁《说文解字注》最称精审。

④ 《尔雅》，今十三经中之一种。凡十九篇，分类以释古今名物。自来说为周公孔子所作，然缀辑汉儒经说甚多，共出于汉儒之手无疑。清郝懿行有《尔雅义疏》，最善。

⑤ 《方言》，释各方言语不同之书。旧说以为扬雄作，然无据，其出于汉人则无疑耳。

⑥ 《广雅》，魏张揖撰。因《尔雅》旧目，博采汉儒笺注以增广之，故曰《广雅》。清王念孙有《广雅疏证》，最精核。

⑦ 原注，什么叫作杂传？像《游侠列传》《货殖列传》《滑稽列传》《儒林列传》《文苑列传》《方术列传》《逸民列传》，都叫作杂传。但最出色的人又另外有传。

外，姓氏有“汉姓”“虏姓[1]”的不同，律历[2]也有各代的差异，这种要专家才得理会，初学没有心思去记他，只得将就说说罢了。我看算学近来颇明，只六书和历史并没有教科书，自然难怪学生常识不备啊！

临了再说一句要紧话：常识不是古今如一，后来人的常识应该胜过古人。但要求一代一代的人常识展转增进，就不可使全国只有常识的人；必要有几十个独到精微的学者，想成一种精致的理，平易透露地说出来——在自己想的非常难，叫后生学的非常易——那么，常识就可以展转增进了。

也不举远的说，就举书、数、历史三项。你看宋朝到明朝七百年间，韵学是非常模糊，今韵尚且难得理会，何况古韵；至于文字训诂，也都衰敝到极处。后来有顾炎武[3]作《音学五书》[4]，段玉裁[5]注《说文解字》。当时两位先生都费几十年的功夫，才得作成；到近来，顾氏段氏的话就变为常识了。《九章》[6] 所说的圆率，径一周三，非常粗疏。后来汉朝的刘歆[7]、张衡[8]，三

---

① 虏姓，外国人之姓。汉族自尊而卑人，故骂四隅种族为虏。

② 律是乐律；历是历法。二者均与算学有关。

③ 顾炎武，清初昆山人，字宁人，号亭林。鲁王时官兵部职方郎中。明亡，周游四方，载书自随。所至辄垦田度地，以备有事。终其身不仕。著有《亭林遗书》。

④ 《音学五书》是（1）《音论》三卷，（2）《诗本音》十卷，（3）《易音》三卷，（4）《唐韵正》二十卷，（5）《古音表》二卷，均阐明古韵之学。

⑤ 段玉裁，清金坛人，字懋堂。师戴震，精小学。著有《说文解字注》及《六书音韵表》等。

⑥ 《九章》，书名，不著撰人名氏，凡九卷。《算经十书》本。

⑦ 刘歆，汉宗室。王莽篡位，歆为国师。后以事自杀。

⑧ 张衡，东汉人，字平子，为太史令。作浑天仪、候风地动仪极精妙。

国的刘徽[①]、王蕃[②]都去自立密率，总有点儿不对。及到宋朝[③]，祖冲之[④]才有一定的圆率。《九章》里面，本有盈朒、方程两法，可以驭得错杂隐没的数，但布算非常繁碎。及到元初，有李冶[⑤]、朱世杰[⑥]几家，想出天元四元的法子来，布算也就简易。当初几位先生不晓得耗多少心血，费多少年月，才想出这种法子出来；到近来，祖氏圆率万国通行，李氏朱氏的天元四元传到印度以西，演为代数，也就变常识了。向来正史是纪传体，要晓得事迹先后，一时却不容易。及到宋朝[⑦]，司马光撰成一部《资治通鉴》[⑧]，不但年月的先后看了瞭然，就是日子的先后也都明白。向来正史虽有书志，也往往有不备的；就是有书志的史还不能记得周详。及到唐朝，杜佑[⑨]再取各数典的书编成一

① 刘徽，三国魏人。著有《海岛算经》，并注《九章算术》。

② 王蕃，三国吴庐江人，字永元，博览多闻，兼通术艺。孙皓时被诛。

③ 原注，上接晋朝的宋朝，不是下接元朝的宋朝。

④ 祖冲之，六朝南齐范阳人，字文远。少稽古，有机思。明历法，造指南车、欹器，巧思入神。宋元嘉中，用何承天所制历，比古十一家为密；冲之以为尚疏，乃更造新法上之。又以诸葛亮造木牛流马，乃作一器，不因风水，不用人力，施机自运。又造千里船，于新亭江试之，日行百余里。永元间卒。著有《九章造缀述》等数十篇。

⑤ 李冶，（实为李治，史文误）元栾城人，字仁卿。在金登进士第。金亡北渡，讲学著书，秘演算术，以文章道德自守。著有《测圆镜海》《益古衍疑》等书。

⑥ 朱世杰，元人，寓燕山。著《四元玉鉴》三卷，总二十八门，凡二百八十八问。有罗士琳校注本。

⑦ 原注，下接元朝的宋朝。

⑧ 《资治通鉴》为中国最大之编年史。上起战国，下终五代，计一千三百六十二年，为书二百九十四卷。又略举事目，年经国纬，以备检阅，为《目录》三十卷。参考异同，俾其意旨，为《考异》三十卷。治平中，司马光奉诏编集，许自辟官属，借以馆阁书籍，在外时听以书局自随。凡十七年而成。助其事者，为刘攽、刘恕、范祖禹等，皆当代通儒。故其书极为完善。

⑨ 杜佑，唐万年人，字君卿。德宪两朝，拜司空，进司徒，封岐国公。性嗜学，虽贵，夜分犹读书。

部《通典》[①]，把前代的典章制度统统明白。当时两位先生也是寝食俱废才得作成这书；到近来，就像案图索骥的容易，也变为常识了。这样说，常识到这步田地就了吗？也还不了。且看诸家以后，补他的罅漏的也还多，再创一种精密的条例的也还有。所以说，必要有几十个独到精微的学者，才得使后生的常识展转增进。若全国只有常识的人，古今就永远只有这等的常识，岂不是成了壅滞不流的样子吗？……

我这两句话，诸位朋友都要记在心里：没有独到精微的学者，就没有增进的常识。没有极好的著作，就没有像样的教科书。

作者简介

章太炎（1869—1936年）初名学乘，字枚叔，后更名绛，号太炎，后又改名炳麟，浙江余杭人。他出身于一个世代书香门第而后又遭败落的家庭，一生经历了戊戌维新改良运动和资产阶级民主革命两个历史时期，走过曲折的道路，是我国近代杰出的资产阶级革命家和著名的学者。辛亥革命后，他退居书斋，钻研学问，粹然成为一代儒宗。在学术上，他涉猎甚广，经学、哲学、文学、语言学、文字学、音韵学、逻辑学等方面都有所建树，著述甚丰，约有400余万字，但文字古奥难解。主要著作由后人编入《章氏丛书》《章氏丛书续编》和《章氏丛书三编》，自1982年起上海人民出版社陆续出版《章太炎全集》，有中国文化百科全书之称。鲁迅在1936年临终前回忆其师章太炎："考其生平，以大勋章作扇坠，临总统府之门，大诟袁世凯包藏祸心者，并世无第二人；七被追捕，三入

① 《通典》凡二百卷，分食货、选举、职官、礼乐、兵刑、州郡、边防八门。上溯黄虞，下暨唐之天宝。

牢狱，而革命之志终不屈挠者，并世亦无第二人。这才是先哲的精神，后生的楷模。”

延伸阅读

《常识与教育》发表与1910年《教育今语杂志》第二册。章太炎认为：“教育的第一步就是使人有常识。”“常识不是古今如一，后来人的常识应该胜过古人。”他对“常识教育”的强调是很有远见的。

二十九　国学丛刊[1]序

罗振玉[2]

间尝闻今之论学者，言稽古之事今难于昔；又谓道莫大于因时，事莫亟于致用，礼教足以改削，诗书不能救衰，古先学术必归淘汰。蒙窃以为不然。

夫自三古[3]以来，人文斯启；东迁以后，百氏踵兴。至秦定挟书之律[4]，汉严中秘之藏[5]，两京师承率资口授，四部群籍咸出手写：成学匪易，往哲所嗟。今则刊本流传，得书至便。加以地不爱宝，山川效灵——雍郊[6]获鼎，

---

① 此为专载国学论文之杂志，发刊于一九一一年（清宣统三年）春间。年余停版。今集为《雪堂丛刊》一书，甚有重要著作。

② 罗先生字叔言，一字叔蕴，浙江上虞人，为当代金石学家，著作极多。他于学术上最大的贡献，是把殷墟出土的甲骨文字考定为商代之物，因而我们知道许多上古的史实。

③ 秦汉间人以伏羲时为上古，周文王时为中古，孔子时为下古。

④ 挟书，藏书也。秦始皇用李斯言，下禁，非博士官所职，藏《诗》、《书》、百家语者，悉诣守尉杂烧之。令下三十日不烧，黥为城旦。此律至汉惠帝时始除。

⑤ 中秘，谓宫禁中秘书，不是常人所得读者。

⑥ 郊，即岐。雍，古九州名。雍郊，指今陕西。

补伏孔之逸篇[①]；洹阳出龟[②]，窥仓沮[③]之遗迹；和阗古简[④]，鸣沙秘藏[⑤]，继鲁壁[⑥]而重开，嗣厘冢[⑦]而再出——古所未有，悉见于今。此今易于古者一也。

古者风化阻于山川，学子劳于负笈。文翁莅蜀，西州方起颂声[⑧]；道真还乡，南域乃兴文教[⑨]。然交友终限于九州，驰观不及于域外。今则声气相应，梯航大通。《长庆》乐府，流入鸡林[⑩]；《尚书》百篇，携来蓬岛[⑪]。将见化瀛海为環流，合区宇为艺府，观摩逮于殊方，交友极于天下。此今易于古者

① 此指虢季子白盘、盂鼎、毛公鼎三器。此三器皆出陕西，文字均多，毛公鼎至四百八十余字，抵得《尚书》一篇，故云。伏生有《尚书大传》，孔安国有《尚书注》（二者俱不可信），故以“伏孔逸篇”代《尚书》。

② 清光绪二十五年，河南省安阳县有龟甲兽骨出土，其上有文字。经罗振玉考定，是商代末年占卜时所刻。著有《殷商贞卜文字考》及《殷虚书契考释》等书以说明之。

③ 仓，仓颉；沮，沮诵。均传说中制文字的人。

④ 清末，英人斯坦因在新疆掘出汉代戍卒所写木简。罗振玉、王国维译著《流沙坠简》一书以说明之。

⑤ 甘肃敦煌县东南有鸣沙山，其麓有三界寺。寺旁石室千余，旧名莫高窟，俗名千佛洞，以四壁皆佛像也。清光绪二十六年，有道士扫除积沙，于复壁破处见一室，内藏书甚富。发之，皆唐及五代人所手写，并有雕本，佛经尤多，盖西夏兵革时保存于此也。英人斯坦因、法人伯希和先后至其地，皆择完好者捆载而去，陈于彼国博物院中。至我国政府更往搜求，精好者已不可得。罗振玉据伯希和摄影本印成《敦煌石室遗书》《鸣沙石室古佚书》二部。

⑥ 汉鲁恭王好治宫室，坏孔子旧宅以广其宫，于其壁中得古文经传。

⑦ 晋太康二年，汲郡人不准盗发魏安厘王冢，得竹书数十车，有《周易》《纪年》《穆天子传》等书。

⑧ 文翁，汉舒人，少好学。景帝末为蜀郡守，修起学宫，兴教化。蜀地文学比于齐鲁。武帝时令郡国皆立学校，自文翁始。颂，诵通。

⑨ 尹珍，字道真，后汉蜀郡徼外西南夷人。自以生于荒裔，不知礼义，乃从汝南许慎应承受经书图纬。学成，还乡里教授。于是南域始有学焉。珍官至荆州刺史。

⑩ 白居易诗流传极广，鸡林（即新罗）贾人每出重金购之。《长庆集》，白氏诗集名，凡七十一卷。

⑪ 《尚书》本百篇，秦以后只存二十八篇。自来相传徐市浮海时曾带得《尚书》全本到日本，实不可信。蓬岛，指日本。古代以为东方有三神山，蓬莱、方丈、瀛洲。

二也。

继事者易为；后来者居上。是以汉末经师，兼综六艺①；唐初《正义》，备采南北②。国朝二百余年，儒风益振，——王郝诂训，上扶五雅之衰③；段桂《说文》，遥夺二徐之席④；焦张之图礼制，陋李聂之前闻⑤；阮吴之释鼎彝，压宣和之御制⑥——謦欬匪遥，流风未沬。此今易于古者三也。

至若先圣遗书，经世大典，固已范天地而不过，揭日月而俱行。即诸子之学说，百家之撰论，文字之训诂，名物之考证，挹其精华，固光焰之常在，存其糟粕，亦史氏所取资。求其义理，则有光大而无沦胥；语其方法，则有变通而无弃置。在昔六籍灰尘，东鲁之弦歌自若⑦；五季俶扰，群经之雕椠方新⑧。今且旁行斜上，尽译遗经；海峤天涯，争开文馆。矧兹宗国，尚有典

① 西汉时儒生各通一经，至东汉而通学之风盛，如郑玄即兼综六经者。艺，经也。汉以前以礼、乐、射、御、书、数为六艺，汉以《易》《书》《诗》《礼》《乐》《春秋》为六艺。

② 南北朝分立时代，经学有南北之分。南学于《周易》主王弼说，《尚书》主伪孔安国说，《左传》主杜预说。北学于《左传》主服虔说，《尚书》《周易》主郑玄说。至《诗》则两派并主毛公，《礼》则两派并主郑玄。至唐太宗时，以儒学多门，章句繁杂，诏孔颖达与诸儒核定《五经义疏》，凡百七十卷，名曰《正义》，兼采南北两派经师之说。

③ 王郝诂训，指王念孙《广雅疏证》、郝懿行《尔雅义疏》。五雅：《尔雅》《释名》《小尔雅》《广雅》《埤雅》也。明郎奎金汇刻五书，谓之《五雅》。以《释名》无雅名，改称为《逸雅》。

④ 段桂《说文》，指段玉裁《说文解字注》、桂馥《说文义证》。二徐：南唐徐铉、徐锴兄弟也。铉刊定《说文》，益以新附字，世称《大徐本》。锴著《说文系传》，世称《小徐本》。

⑤ 焦张之图礼制，指焦循《群经宫室图》、张惠言《仪礼图》。李、聂，指宋李如圭所著之《仪礼释宫》，宋聂崇义所著之《三礼图》。

⑥ 阮吴之释鼎彝，指阮元《积古斋钟鼎款识》，吴荣光《筠清馆金石录》。宣和御制指《宣和博古图》。此书系宋大观中王黼等奉敕撰，纪录宋时御府所藏古器，凡三十卷。其称宣和，因宣和殿，非徽宗年号之宣和也。

⑦ 项羽既死，楚地悉定，独鲁不下。汉王引天下兵欲屠之，至其城下，犹闻弦诵之声。为其守礼义之国，为主守节，乃持项王头以示鲁父兄，鲁乃降。见《通鉴》。

⑧ 刻书始于隋，时仅以雕佛经。五代时始刻《五经》。

型——老成未谢，睹白首之伏生[①]，来者方多，识青睛之徐监[②]——方将广鲁于天下[③]，增路于椎轮[④]，张皇未发之幽潜，开辟无前之涂术[⑤]，信斯文之未坠，伫古学之再昌。杞人之忧[⑥]，斯亦惑矣！

予性不通敏，幼学多岐，屠龙之技[⑦]未成，雕虫[⑧]之心转炽。朝市中隐，闭户自精，朋从往还，稽古相勖，于是乃有《国学丛刊》之约。岁成六编，区以八目：曰经，曰史，曰小学[⑨]，曰地理，曰金石，曰文学，曰目录[⑩]，曰杂识。将以续前修之往绪，助学海以涓流。蚊负[⑪]之身，知非可任；鸿硕之士，幸共图成——跂予望之，毋我遐弃！

---

① 伏生，名胜，汉济南人。秦时曾为博士。文帝时，求能治《尚书》者，伏生年已九十余，使晁错往受之，得二十九篇（书二十八篇，序一篇），即《今文尚书》是也。

② 徐陵，字孝穆，陈东海人，以官秘书监，故称徐监。少聪颖，每讲筵商较，四座莫能与抗。目有青睛，时人以为聪慧之相。

③ “广鲁于天下”见《礼记·明堂位》篇。《明堂位》记鲁国之礼，谓其与天子同，故可以广之于天下。

④ 椎轮，车轮之无辐者。路，车也。《文选·序》曰“椎轮为大辂之始”，故谓事之草创而非完美者曰椎轮。增路于椎轮，即益加功力之意。

⑤ 术，中道也。

⑥ 杞国有人忧天崩坠，身无所寄，因以致疾，见《列子》。今因以喻无益之忧虑。

⑦ 朱坪漫学屠龙于支离益，殚千金之家；三年，技成，而无所用其巧。见《列子》。今因谓技高而无用者曰屠龙之技。

⑧ 扬雄《法言》云：“或问，‘吾子少而好赋。’曰：‘然，童子雕虫篆刻。’俄而曰：‘壮夫不为也。’”后人言作文之字，桓引此语为谦辞。

⑨ 小学，文字学也。文字学之书始于秦时《仓颉篇》《爰历篇》等，而此等书四字一句，如今《千字文》《百家姓》之类，仅以备小学诵读者，故沿其称谓曰小学。

⑩ 目录，图书分类之学也。其旁支为版本之研究。

⑪ 庄子云“使蚊负山”，喻其必不胜。

作者简介

罗振玉（1866—1940 年），祖籍浙江上虞，出生于江苏淮安，字叔言、叔蕴，号雪堂，晚年更号为贞松老人。清末奉召入京，任学部二等谘议官，后补参事官，兼京师大学堂农科监督。辛亥革命后逃亡日本，1919 年春回国。1924 年，应清废帝所召，入值南书房，后曾参与成立伪满洲国活动。书法善篆、隶、楷、行，是创以甲骨文入书者之一。所作小行楷题跋精严工稳。曾搜集和整理甲骨、铜器、简牍、明器、佚书等考古资料，均有专集刊行。编著有《贞松堂历代名人法书》《高昌壁画精华》《殷墟书契》《殷墟书契菁华》《三代吉金文存》等，在敦煌遗书的搜集、整理、研究上也颇有成就。

延伸阅读

《国学丛刊》初创于 1911 年，王国维、罗振玉主编，旨在“续前修之往绪，助学海以涓流”，后因辛亥革命，缓至 1914 年更名《雪堂丛刻》陆续刊布。罗氏此文意在阐释“稽古之事今易于古”，鸿硕之士当“朝市中隐，闭户自精，朋从往还，稽古相勖”。其理由有三：一为文物出土“悉见于今”；二为当今“梯航大通”，“交友极于天下”、“驰观及于域外”；三为“先圣遗书，经世大典”光焰常在，进而表明他的期盼，“信斯文之未坠，伫古学之再昌。”

三十 国学季刊[①]宣言

胡 适

……我们不研究古学则已；如要想提倡古学的研究，应该注意这几点：

（1）扩大研究的范围。

（2）注意系统的整理。

（3）博采参考比较的资料。

怎样“扩大研究的范围”呢？“国学”在我们的心眼里，只是“国故学”的缩写。中国的一切过去的文化历史，都是我们的“国故”；研究这一切过去的历史文化的学问，就是“国故学”，省称为“国学”。“国故”这个名词最为妥当，因为他是一个中立的名词，不含褒贬的意义。“国故”包含“国粹”；但他又包含“国渣”。我们若不了解“国渣”，如何懂得“国粹”？所以我们现在要扩充国学的领域，包括上下三四千年的过去文化，打破一切的门户成见：拿历史的眼光来整统一切，认清了“国故学”的使命是整理中国一切文化历史，便可以把一切狭陋的门户之见都扫空了。例如治经，郑玄、王

① 《国学季刊》是国立北京大学的研究所国学门的出版物，第一期于民国十二年一月出版。

肃在历史上固然占一个位置[①]，王弼、何晏也占一个位置[②]，王安石、朱熹也占一个位置[③]，戴震、惠栋也占一个位置[④]，刘逢禄、康有为也占一个位置[⑤]。段玉裁曾说：

校经[⑥]之法，必以贾[⑦]还贾，以孔[⑧]还孔，以陆[⑨]还陆，以杜[⑩]还杜，以郑[⑪]还郑，各得其底本，而后判其义理之是非。……不先正《注》《疏》《释文》[⑫] 之底本，则多诬古人。不断其立说之是非，则多误今人。……（《经韵楼集·与诸同志书论校书之难》）

我们可借他论校书的话来总论国学，我们也可以说：

---

① 郑玄是东汉晚年大师，他的经注后来影响甚大。王肃是三国时大师，他反对郑玄，颇有魏晋学者思想独立的风气。但他的见解不很高，终不脱两汉经师的窠臼。

② 三国时代，思想大解放。注古书的人，多重见解，而不重琐屑的名物训诂。王弼注《周易》和《老子》，一洗两汉经师的迂腐见解，为古学的研究开一新纪元。何晏注《论语》，也能芟除繁琐，注重义解。

③ 宋人注经，往往能自出新意，亦颇有怀疑态度。北宋以王安石为最重要的代表，南宋以朱熹为集大成的大师。宋人说经，大病在于过重理解，往往以主观见解硬派作古人的意思。(看《论语集注》首章，便是一例。）因此引起后来清代经师的反动。

④ 清代经师不满意于宋儒的主观方法，故他们每立一义，必求客观的证据。他们以为“汉儒去古未远”，其说必多古义，可以依据。因此，他们深信汉儒，故有“汉学家”之称。惠栋一派，专事钩稽古义，尊信汉儒之说，甚至于信奉汉儒最荒谬的《易》学。戴震一派虽尊汉儒，但他们的工力和见解往往远超汉儒之上。

⑤ 清朝的汉学家所尊奉的许慎、郑玄，多是东汉人；清朝中叶以后，又有回到西汉的运动，推翻东汉人信奉的“古文经”，回到“今文经”。刘逢禄和康有为是这个“今文运动”的代表。康有为的《新学伪经考》尤为重要。

⑥ 此论校勘古书应该先把各种底本弄清楚，并须认清各种底本的时代。

⑦ 贾公彦的《周礼义疏》。

⑧ 孔颖达的《正义》。

⑨ 陆德明的《经典释文》。

⑩ 杜预的《春秋左氏经传集解》。

⑪ 郑玄的《三礼注》。

⑫ 即陆德明的《经典释文》，此书记载古书各种本子的异同，在校勘学上最有用。

整治国故，必须以汉还汉，以魏晋还魏晋，以唐还唐，以宋还宋，以明还明，以清还清；以古文①还古文家，以今文②还今文家；以程朱还程朱，以陆王还陆王……各还他一个本来面目，然后评判各代、各家、各人的义理是非。不还他们的本来面目，则多诬古人。不评判他们的是非，则多误今人。但不先弄明白了他们的本来面目，我们决不配评判他们的是非。

这还是专为经学、哲学说法。在文学的方面，也有同样的需要。庙堂的文学固可以研究，但草野的文学也应该研究。在历史的眼光里，今日民间小儿女唱的歌谣，和《诗三百篇》有同等的位置；民间流传的小说，和高文典册有同等的位置；吴敬梓、曹霑③和关汉卿④、马东篱⑤和杜甫、韩愈有同等的位置。

故在文学方面，也应该把《三百篇》还给西周、东周之间的无名诗人，把《古乐府》还给汉、魏、六朝的无名诗人，把唐诗还给唐，把词还给五代、两宋，把小曲、杂剧⑥还给元朝，把明、清的小说还给明、清。每一个时代，还它那个时代的特长的文学，然后评判它们的文学的价值。不认明每一个时代的特殊文学，则多诬古人而多误今人。

---

① “古文”指西汉晚年出来的古文（古代的篆籀书）经典。《易》有费氏，《书》有孔氏，《诗》有毛氏，《春秋》有左氏传，《礼》有《逸礼》三十九篇，又有《周官》。这些书虽是古文的，却比今文诸经晚出。

② “今文”指西汉时立于学官的今文（当时的隶书）经典，比古文诸经早出，今文家只认今文经是古经；他们以为古文诸经是伪造的。

③ 曹霑，字雪芹，死于公元一七六四，著有《红楼梦》小说。

④ 关汉卿是元朝的杂剧大家。

⑤ 马东篱，名致远，也是元朝的杂剧大家。

⑥ 杂剧是一种歌剧，歌与“白”相间；在元时，杂剧每本约分四折，至多不过五折。明清人作杂剧，有短至一折的。元时文学以小曲（即小令与套数之合称）及杂剧为最盛。小曲可看《太平乐府》（《四部丛刊》本），《阳春白雪》（《随庵丛书》本）；杂剧可看《元曲选》（商务印书馆影印本）。

近来颇有人注意戏曲和小说了，但他们的注意仍不能脱离古董家的习气。他们只看得起宋人的小说，而不知道在历史的眼光里，一本石印小字的《平妖传》[1] 和一部精刻的残本《五代史平话》[2] 有同样的价值，正如《道藏》[3]里极荒谬的道教经典和《尚书》《周易》有同等的研究价值。

总之，我们所谓“用历史的眼光来扩大国学研究的范围”，只是要我们大家认清国学是国故学，而国故学包括一切过去的文化历史。历史是多方面的：单记朝代兴亡固不是历史，单有一宗一派也不成历史。过去种种，上自思想学术之大，下至一个字、一只山歌之细，都是历史，都属于国学研究的范围。

怎样才是“注意系统的整理”呢？学问的进步不单靠积聚材料，还须有系统的整理。系统的整理可分三步说：

（甲）索引式的整理。不曾整理的材料，没有条理，不容易检寻，最能消磨学者有用的精神才力，最足阻碍学术的进步。若想学问进步增加速度，我们须想出法子来解放学者的精力，使他们的精力用在最经济的方面。例如一部《说文解字》，是最没有条理系统的；向来的学者差不多全靠记忆的苦工夫，方才能用这部书。但这种苦工夫是最不经济的；如果有人能把《说文》重新编制一番（部首依笔画，每部的字也依笔画），再加上一个检字的索引（略如《说文通检》[4] 或

---

① 《平妖传》记唐赛儿作乱事，相传是罗贯中做的。

② 《五代史平话》是最古的白话小说的一种，有董康精刻本。

③ 佛教有三藏经典；道教仿其法，辑成《道藏》。今明正统《道藏》由商务印书馆影印流传。其中颇保存了不少的古书，可供校勘学的参考。其中纯粹道教的经典虽多出于伪造，但很可考见道教的思想。

④ 《说文通检》，清黎永椿编，依《说文》分部，每字下注明第几。然原书每字上并未标明次第，故检查仍不易。

《说文易检》[1] ），那就可省许多无谓的时间与记忆力了。又如一部《二十四史》，有了一部《史姓韵编》[2]，可以省多少精力与时间？清代的学者也有见到这一层的；如章学诚[3]说：

窃以典籍浩繁，闻见有限；在博雅者且不能悉究无遗，况其下乎？校雠之先，宜尽取四库之藏，中外之籍，择其中之人名、地名、官阶、书目，凡一切有名可治、有数可稽者，略仿《佩文韵府》[4] 之例，悉编为韵；乃于本韵之下，注明原书出处，及先后篇第；自一见、再见，以至数千百，皆详注之；藏之馆中，以为群书之总类。至校书之时，遇有疑似之处，即名而求其编韵，因韵而检其本书，参互错综，即可得其至是。此则渊博之儒穷毕生年力而不可究殚者，今即中才校勘可坐收于几席之间，非校雠之良法欤？（《校雠通义》）

当日的学者如朱筠[5]、戴震等都有这个见解，但这件事不容易做到；直到阮元[6]得势力的时候，方才集合许多学者，合力做成一部空前的《经籍纂诂》[7]，“展一韵而众字毕备，检一字而诸训皆存，寻一训而原书可识”（王引之[8]

---

① 《说文易检》，清史恩绵编，商务印书馆有影印本。此书丁每部之中以楷书笔画为次而录其全文，较《通检》更进一步。

② 《史姓韵编》，清汪辉祖（章学诚的同乡朋友）编。此书依韵编姓，而每姓之下仍依诸史次第，不依笔画。将来应有人重编此书，依笔画编姓，依笔画编名，略如《中国人名大辞典》之例。

③ 章学诚是清代最有史学眼光的人，参看他的《文史通义》与《校雠通义》。

④ 《佩文韵府》是一部文学典故的总汇，全书依韵分部，取每一个典故或引语的末一字分韵。

⑤ 朱筠是《四库全书》的发起人，他是章学诚之师，也许受有章学诚的史学见解的影响。

⑥ 阮元是戴震一派的一个重要学者，他做到督抚宰相，成为当日汉学的护法大神。《清经解》也是他刻的。

⑦ 《经籍纂诂》是古训诂的总辞典。每字依韵分部，详列古辞书及古注中之训诂。

⑧ 王引之也是戴学的大师，他的《经传释词》是用归纳方法做的一部虚字典。

序)；“即字而审其义，依韵而类其字，有本训，有转训，次叙布列，若网在纲”（钱大昕[①]序)。这种书的功用，在于节省学者的功力，使学者不疲于功力之细碎，而省出精力来做更有用的事业。后来这一类的书被科场士子用作夹带的东西，用作抄窃的工具，所以有许多学者竟以用这种书为可耻的事。这是大错的。这一类“索引”式的整理，乃是系统的整理的最低而最不可少的一步；没有这一步的预备，国学止限于有天才而又有闲空的少数人；并且这些少数人也要因功力的拖累而减少他们的成绩。偌大的事业，应该有许多人分担去做的，却落在少数人的肩膀上：这是国学所以不能发达的一个重要原因。所以我们主张，国学的系统的整理的第一步是提倡这种“索引”式的整理，把一切大部的书或不容易检查的书，一概编成索引，使人人能用古书。人人能用古书，是提倡国学的第一步。

（乙）结账式的整理。商人开店，到了年底，总要把这一年的账结算一次，要晓得前一年的盈亏和年底的存货，然后继续进行，做明年的生意。一种学术到了一个时期，也有总结账的必要。学术上结账的用处有两层：一是把这一种学术里已经不成问题的部分整理出来，交给社会；二是把那不能解决的部分特别提出来，引起学者的注意，使学者知道何处有隙可乘，有功可立，有困难可以征服。结账是（一）结束从前的成绩，（二）预备将来努力的新方向。前者是预备普及的，后者是预备继长增高的。古代结账的书，如李鼎祚的《周易集解》[②]，如陆德明的《经典释文》，如唐宋的《十三经注疏》[③]，如朱熹的《四书》《诗集传》《易本义》等，所以都在后世发

---

① 钱大昕也是清代中叶的大师。在经学、古音学、史学上，都有重要的贡献。

② 唐以前的说《易》的许多书，今多不传。此书中保存了不少。

③《十三经注疏》的“注”的部分都是汉晋人的；“疏”的部分是唐宋人做的。疏中先疏经文，次疏古注。

生很大的影响，全是这个道理。三百年来，学者都不肯轻易做这种结账的事业。二千四百多卷的《皇清经解》[①]，除了极少数之外，都只是一堆“流水”烂账，没有条理，没有系统；人人从“粤若稽古”[②]“关关雎鸠”[③]讲起，人人做的都是“杂记”式的稿本！怪不得学者看了要“望洋兴叹”了；怪不得国学有沦亡之忧了。我们试看科举时代投机的书坊肯费整理的工夫来编一部《皇清经解》缩本编目[④]，便可以明白索引式的整理的需要；我们又看那时代的书坊肯费几年的工夫来编一部“《〈皇清经解〉分经汇纂》[⑤]”，便又可以明白结账式的整理的需要了。现在学问的途径多了，学者的时间与精力更有经济的必要了。例如《诗经》，二千年研究的结果究竟到了什么田地，很少人说得出的，只因为二千年的《诗经》烂账至今不曾有一次的总结算。宋人驳了汉人，清人推翻了宋人，自以为回到汉人：至今《诗经》的研究，音韵自音韵，训诂自训诂，异文[⑥]自异文，序说[⑦]自序说，各不相关连。少年的学者想要研究《诗经》的，伸头望一望，只看见一屋子的烂账簿，吓得吐舌缩不进去，只好叹口气，“算了罢！”《诗经》在今日所以渐渐无人过问，是少年人的罪过呢？还是《诗经》的专家的罪过呢？我们以为，我们若想少年学者研究《诗经》，我们应该把《诗经》这笔烂账结算一遍，造成一笔总账。

---

① 《清经解》一千四百十二卷，阮元刻于广州；《续编》一千三百十五卷，王先谦刻于江阴。这两部书保存了清代说经之书不少。

② 《尚书》首句。

③ 《诗经》首句。

④ 此书依经文次第，每句下注明见《经解》某某卷。一见以至百十见，皆列举出来。

⑤ 《经解》原本以著作人分卷。这部《分经汇纂》依经分纂，每一经为一类。

⑥ 异文是比较各本的文字上的差异。《诗经》今本是毛氏一家，与今文齐鲁韩各家往往有不同之处。

⑦ 序说是解释每篇的题旨。现在的《诗序》是东汉卫宏作的，经学家偏说这是子夏毛公合作，以致误解了诗义许多年。

《诗经》的总账里应该包括这四大项：

（A）异文的校勘：总结王应麟[①]以来直到陈乔枞[②]、李富孙[③]等校勘异文的账。

（B）古韵的考究：总结吴棫[④]、朱熹、陈第[⑤]、顾炎武[⑥]以来考证古音的账。

（C）训诂：总结毛公[⑦]、郑玄以来直到胡承珙[⑧]、马瑞辰[⑨]、陈奂[⑩]二千多年训诂的账。

（D）见解（序说）：总结《诗序》、《诗辨妄》[⑪]、《诗集传》、伪《诗传》[⑫]、姚际恒[⑬]、崔述、龚橙[⑭]、方玉润[⑮]等二千年猜迷的账。

有了这一本总账，然后可以使大多数的学子容易踏进“《诗经》研究”之门：这是普及。入门之后，方才可以希望他们之中有些人出来继续研究那总账里未曾解决的悬账：这是提高。《诗经》如此，一切古书古学都是如此。

---

① 王应麟，宋末人，有《诗考》。

② 陈乔枞，清道光时人，有《四家诗异文考》。

③ 李富孙，清嘉庆时人，有《诗经异文释》。

④ 吴棫，宋人，有《诗补音》。

⑤ 陈第，明人，有《毛诗古音考》。

⑥ 顾炎武，有《唐韵正》，《诗古音》。

⑦ 作《毛传》的毛公不可考，也许是汉人假托的。

⑧ 胡承珙，清道光时人，有《毛诗后笺》。

⑨ 马瑞辰有《毛诗传笺通释》。

⑩ 陈奂有《诗毛氏传疏》。

⑪ 《诗辨妄》是南宋郑樵作的，朱熹颇受他的影响。

⑫ 伪《诗传》，假托于子贡申培，实在是明人丰坊伪撰的。此书有意推翻朱熹的《诗集传》，故不得不托古人以自重。

⑬ 姚际恒，清康熙时人，有《诗经通论》。

⑭ 龚橙是龚自珍的儿子，有《诗本谊》。

⑮ 方玉润，清同治时人，有《诗经原始》。

我们试看前清用全力治经学，而经学的书不能流传于社会，倒是那几部用余力做的《墨子闲诂》《荀子集解》[①]《庄子集释》[②] 一类结账式的书流传最广。这不可以使我们觉悟结账式的整理的重要吗？

（丙）专史式的整理。索引式的整理是要使古书人人能用；结账式的整理是要使古书人人能读：这两项都只是提倡国学的设备。但我们在上文曾主张，国学的使命是要使大家懂得中国的过去的文化史；国学的方法是要用历史的眼光来整理一切过去文化的历史。国学的目的是要做成中国文化史。国学的系统的研究，要以此为归宿。一切国学的研究，无论时代古今，无论问题大小，都要朝着这一个大方向走。只有这个目的可以整统一切材料；只有这个任务可以容纳一切努力；只有这种眼光可以破除一切门户畛域。

我们理想中的国学研究，至少有这样的一个系统：

中国文化史：

1. 民族史
2. 语言文字史
3. 经济史
4. 政治史
5. 国际交通史
6. 思想学术史
7. 宗教史
8. 文艺史
9. 风俗史

---

① 《荀子集解》，王先谦辑的。
② 《庄子集释》，郭庆藩辑的。

10. 制度史

这是一个总系统。历史不是一件人人能做的事；历史家须要有两种必不可少的能力：一是精密的功力，一是高远的想象。没有精密的功力，不能做搜求和评判史料的工夫；没有高远的想象力，不能构成历史的系统。况且中国这么大，历史这么长，材料这么多，除了分功合作之外，更无他种方法可以达到这个大目的。但我们又觉得，国故的材料太纷繁了，若不先做一番历史的整理工夫，初学的人实在无从下手，无从入门。后来的材料也无所统属；材料无所统属，是国学纷乱烦碎的重要原因。所以我们主张，应该分这几个步骤：

第一，用现在力所能搜集考定的材料，因陋就简地先做成各种专史，如经济史、文学史、哲学史、数学史、宗教史之类。这是一些大间架，它们的用处只是要使现在和将来的材料有一个附丽的地方。

第二，专史之中自然还可分子目，如经济史可分时代，又可分区域；如文学史、哲学史可分时代，又可分宗派，又可专治一人；如宗教史可分时代，可专治一教，或一宗派，或一派中的一人。这种子目的研究是学问进步必不可少的条件。治国学的人应该各就“性之所近而力之所能勉者”，用历史的方法与眼光去担任一部分的研究。子目的研究是专史修正的唯一源头，也是通史修正的唯一源头。

怎样“博采参考比较的资料”呢？向来的学者误认“国学”的“国”字是国界的表示，所以不承认“比较的研究”的功用。最浅陋的是用“附会”来代替“比较”：他们说基督教是墨教的绪余，墨家的“巨子”[①] 即是“矩子”，而“矩子”即是十字架![②] ……附会是我们应该排斥的，但比较的研究

① “巨子”亦作“钜子”。墨子死后，教中领袖称为“巨子”。

② 此系王闿运《墨子注·自序》中的奇论。

是我们应该提倡的。有许多现象，孤立地说来说去，总说不通，总说不明白；一有了比较，竟不须解释，自然明白了。例如一个“之”字，古人说来说去总不明白；现在我们懂得西洋文法学上的术语，只须说某种“之”字是内动词①（由是而之焉②），某种是介词③（贼夫人之子④），某种是指物形容词（之⑤子于归⑥），某种是代名词的第三身用在目的位⑦（爱之能勿劳乎⑧），就都明白分明了。又如封建制度，向来被那方块头的分封说欺骗了，所以说来说去总不明白；现在我们用欧洲中古的封建制度⑨和日本的封建制度⑩来比较，就容易明白了。音韵学上，比较的研究最有功效。用广东音可以考“侵、覃”各韵的古音，可以考古代入声各韵的区别⑪。近时西洋学者如卡尔格兰⑫，

---

① “之”字作“往”解，是内动词。

② 韩愈《原道》中语。

③ “之”字作“的”解，是介词，介在两个名词之间。

④ 见《论语》。

⑤ “之”字作“这个”解，是指物形容词。

⑥ 见《诗经》。

⑦ 代名词分三身：第一身是说话的人（我，我们）；第二身是对话的人（你，你们）；第三身是话中说到的人（他，他们）。代名词又分三种位：（1）主位。（例如“他教我”的他）。（2）目的位。（例如“我教他”的他）。（3）领位。（例如“他的儿子”的他）。

⑧ 见《论语》。

⑨ 欧洲中古的封建制度虽然过去已久，但材料保存的尚多，学者研究的结果多可供我们的参考。

⑩ 日本的封建制度的废除，不过是几十年中的事。制度和制度所造成的风俗道德，都有极多的材料供我们的参考。

⑪ “侵，覃”各韵的字，古时皆用“m”收声，后来皆变成“n”收声，只有广东音中还保存“m”的收声。入声各韵，古时有收声于“k”的（如“锡、职”）；有收声于“p”的（如“洽、叶”）；有收声“t”的（如“曷、月”）。后来这些收声都渐渐失掉了；只有广东音里还保存着。

⑫ Karlgren，瑞典学者。

如钢和泰男爵[①]，用梵文原本来对照汉文译音的文字，很可以帮助我们解决古音学上的许多困难问题。不但如此：日本语里，朝鲜语里，安南语里，都保存有中国古音可以供我们的参考比较。西藏文自唐朝以来，音读虽变了，而文字的拼法不曾变，更可以供我们的参考比较，也许可以帮助我们发现中国古音里有许多奇怪的复辅音呢[②]。制度史上，这种比较的材料也极重要。懂得了西洋的议会制度史，我们更可以了解中国御史制度的性质与价值[③]；懂得了欧美高等教育制度史，我们更能了解中国近一千年来的书院制度的性质与价值[④]。哲学史上，这种比较的材料已发生很大的助力了。《墨子》里的《经上下》诸篇[⑤]，若没有印度因明学[⑥]和欧洲哲学作参考，恐怕至今还是几篇无人能解的奇书。韩非[⑦]、王莽[⑧]、王安石[⑨]、李贽[⑩]……一班人，若没有西

---

① Baron von Stael-Holstein，俄国学者，现为国立北京大学教授。

② 复辅音如 Bra，Tra 等。

③ 御史制度在当时确含有裁制君权、裁抑权贵、保障人民的意义。虽在极昏乱的时代，谏官还享受一种言论自由的保障。谏官的弹劾权比近世的国会大得多。

④ 书院之制注重自修与指导，实是一种很好的高等教育制度。旧有“书院”与“精舍”之别，“精舍”吸收书院的高才生，颇像大学之有大学院。

⑤ 《经上》，《经下》，《经说上》，《经说下》，《大取》，《小取》，凡六篇。都不易读。

⑥ 印度的论理学名“因明学”。凡立一说，叫作“宗”。既立宗，常言其根据或理由，这叫作“因”。又怕人不明因与宗之关系，故立“喻”以明因。例如：“声音是无常的”。——㊪“何以故？因为声音是造作出来的”。——㊒“凡造作出来的，皆是无常的，喻如瓶”。——(喻)因明只是明因之学。

⑦ 韩非的思想，可参看胡适《中国哲学史大纲》卷上，页三七九至三八四。

⑧ 王莽的政策颇有合于近世所谓“国家社会主义”。参看《读书杂志》第一期胡适论王莽。

⑨ 王安石是中国历史上一个伟大的政治家，不幸受了几百年的儒生的诬蔑。看梁启超《中国六大政治家》中的《王荆公》。

⑩ 李贽生当明嘉靖万历时，承阳明学派的末流，思想解放，行为也颇怪异，遭当道的忌，遂死在狱里（一六〇二年）。他的著作有《焚书》，最著名。

洋思想作比较，恐怕至今还是沉冤莫白。看惯了近世国家注重财政的趋势，自然不觉得李觏[①]、王安石的政治思想的可怪了。懂得了近世社会主义的政策，自然不能不佩服王莽、王安石的见解和魄力了。《易·系辞传》[②] 里“易者，象也[③]”的理论，得柏拉图[④]的“法象论[⑤]”的比较而更明白；荀卿[⑥]书里“类不悖，虽久同理[⑦]”的理论，得亚里士多德[⑧]的“类不变论[⑨]”的参考而更易懂。这都是很明显的例。至于文学史上，小说戏曲近年忽然受学者的看重，民间俗歌近年渐渐引起学者的注意，都是和西洋文学接触比较的功效，更不消说了。此外，如宗教的研究、民俗的研究、美术的研究，也都是不能不利用参考比较的材料的。

---

① 李觏，字泰伯，生一〇〇九，死一〇五九。他的政治思想注重理财，是王安石的前锋。他有《直讲李先生集》（《四部丛刊》本）。参看胡适《李觏的学说》。

② 《易·系辞传》是周易的一种附录，大概出于战国时儒者之手。

③ 看胡适《中国哲学史大纲》卷上，页八〇至八七。

④ plato，希腊人哲学家，死于纪元前三四八。

⑤ “法象论”（Doctrine of ideas）大旨说事物各有所象，如千万的人必是从一个“人的意象”出来的，千万的马必是从一个“马的意象”出来的。个体的事物虽然纷烦复杂，而这个法象却极简单。例如仁爱之事有千万种，而“仁爱”的意象却只有 个，统 的，绝对的，永存的，不变的。哲学的任务即在于求知此种法象的知识。

⑥ 荀况，字卿，战国末年人。今传有《荀子》三十二篇，中多后人杂凑之作。

⑦ 《荀子·非相篇》语。当时有人主张一种“物种演变”的学说，大意说“万物皆种也，以不同形相禅。”荀子却主张物类不变，故说“类不悖，虽久同理”。杨倞注云：“类、种类，谓若牛马也。……言种类不乖悖，虽久而理同。今之牛马与古不殊，何至人而独异哉?”他们不知道古之牛马实在与今之牛马大不相同，他们错在不知道他们所谓“古”实在不古。近世地质学和古生物学进步了，所以能在地底下寻出牛马演变的遗迹。（赫胥黎曾论马的演化，甚详。）

⑧ Aristotle，柏拉图的弟子，死于纪元前三二二。

⑨ 他的“类不变论”，也是误于不懂“古”字的涵义。他的主张在中古的欧洲大受崇信。直到十九世纪达尔文的《物种由来》出版（一八五九），方才把他打倒，科学的“物种演变说”方才完全成立。

以上随便举的例，只是要说明比较参考的重要。我们现在治国学，必须要打破闭关孤立的态度，要存比较研究的虚心。第一，方法上，西洋学者研究古学的方法早已影响日本的学术界了，而我们还在冥行索涂的时期。我们此时正应该虚心采用他们的科学方法，补救我们没有条理系统的习惯。第二，材料上，欧美日本学术界有无数的成绩可以供我们的参考比较，可以给我们开无数新法门，可以给我们添无数借鉴的镜子。学术的大仇敌是孤陋寡闻；孤陋寡闻的唯一良药是博采参考比较的材料。

作者简介

见第 31—32 页。

延伸阅读

《国学季刊》创刊于 1923 年 1 月，胡适任编辑委员会主任，在该刊第一卷第一号发表《〈国学季刊〉发刊宣言》，提出“整理国故”的主张，并对研究“国故学”的原则与方法作了简要的论述。他说：“我们深信，国学的将来，定能远胜国学的过去，过去的成绩虽然未可厚非，但将来的成绩一定还要更好无数倍。”在研究原则和方法上，他提出了三点：第一，用历史的眼光来扩大国学研究的范围。第二，用系统的整理来编制国学研究的资料，破除一切门户畛域。第三，虚心采用西洋学者研究古学的方法（科学方法），来帮助国学的材料的整理与解释。强调“历史家须要有两种必不可少的能力：一是精密的功力，一是高远的想象。没有精密的功力，不能做搜求和评判史料的工夫；没有高远的想象力，不能构成历史的系统”。

三十一　科学与国粹①

吴敬恒

……地球虽称五洲，古世文明之区域东亚实居其大半。今以我华之闭关过固、迎合于世界新学说者至迟，东亚之地藏竟犹深埋于九幽。无论地质学、人种学等等，泰西学者虽据欧美之所获推称全世界之旧迹“必当如是”，然在此片壤之中足以证其“不必如是”“不惟如是”“所以如是”者必悉数而难终。彼中学者之梦寐不忘而无可如何，其情可想。故即区区考古之事，苟吾人不自经画，亦足引起他族之野心，为政争上之教唆。况夫今日之新科学乃世界文明演进时公共之学，动关乎一切人类之福利，吾人亦为学界一分子，而不出吾最贵重之宝藏以完各学之要证，则食报而不互酬，亦必为世界之僇人[1]。

乌乎！我国探地之急要，即矿物之足以疗贫，夫岂不人而知之；然而气力薄弱、事卒无举者，非特行政为之梗，而亦民族之意想犹未闳远。故兴举实业之热望全国嚣如，而于实业之学则卤莽灭裂，但欲以苟偷而无高论者引导国中之学子，使之浅尝中辍、冀得意外之小幸；曾无有扶植子弟，力争科学之上流，以树其导标者。我亦知之：今之操斤削墨、② 亲于其事者，各国亦

① 此为吴敬恒译英国麦克柏《荒古原人史》中按语之一节，今代立此题。

② 斤为斧斤。墨为绳墨。操斤削墨为躬亲于工作之事。

皆为浅学；然而决疑而待问，引起浅学者之勇气，企险直进，隐若得长城之后盾者，厥惟赖有国中一二斧凿不能胜、寒暑手一编之通博文人。故譬若一国而欲工业之盛，其国犹未有工学名家而能工业健举者，未之或有。即其国从事种种之学者俱无高识，而欲求一学突生一名家，亦鲜其例。设中国之人类犹有人不愿其为薄劣之可汰者，则于种种世界之学皆当高瞻远瞩，警策国人，以力争上流。高材多则中材自不可胜用；各学盛则一学亦不至于甚参差。大之为人治，微之为实业，求一寸之进步皆当于根本上之一寸求之；未可以苟偷而得意外之天幸也。

彼夫名理之学皆非应用，各为应用之母。既非应用，则亦无所谓缓急。然其学为科学之一分子，即众学与相期待、与相补助。所以即若史前人类一学，决非泛泛为考古之惊喜。其在哲学，则为唯物哲理①之支流，与天演学②、群学③有密接之关系，因而影响于政学。其在质学④，则为博物学之中干，而理工诸学亦即时时披拂其波澜。其在文学，乃辟史学上列树杳冥之远道，益使鸿词实学纵横上下，瞩天无翳，觇幽无障。

故今日国粹之论嚣嚣于浅学，以二十世纪科学之盛，文学当臻于最高科学之时代，乃仅仅以十五六世纪泰西文学复古之手眼自画于周秦汉魏，无异当时卑卑以希罗⑤之死书当之，挟优劣存亡之远见者窃叹悯焉。而况一二通博之士夫以有所激而不恤将科学极微弱之幼芽盛倡国粹以仆之，其效果，适

---

① 唯物哲理，哲理之基础建筑于物质上者。此派学者惟求证据于生物物理等学之上，而不为玄虚之谈。

② 天演学即进化论（Evolutionism），说明万物进化之途径及所以引起进化之原因。

③ 群学即社会学（Sociology），研究社会之起源、发达、变迁及生活现象。

④ 质学为哲学之对称。哲学为精神科学；质学为物质科学。

⑤ 希，希腊；罗，罗马。其文字已不通行，徒以古书所寄，读古书者不得不研究，故诟之者谓为死书。

令占毕之陋儒、游食之门客托而为左右足之重轻，仍肆其科举时代之毒焰。治西说者半多臧获[2]之才，半为乳臭之子，大都皆浅尝可笑；虽其中亦有特殊之才，崭然见头角，足以大成，然左牵右系，必为种种之波澜所中阻。一入国门，其曾习死书者，亦效向日士人之意态，儒以合于时趋，墨以矜其才调；实则纵己于败行，类皆贪鄙与饮博。其不识宗国“之无”者,① 本无害于善治世界之学，乃又为需材之论，诱以利禄；其人亦明知不见重于时尚，遂相与别树一帜，用其海市贾竖之道移之于宦途。于是时局之现象遂至不驴不马，所谓经术文章、道德行谊之士仍不一得，独使向日横通②迂旧之贱丈夫保其狙公③之位，而使抄胥舌人④之新学客以为之狙，相与纷纷扰扰，醉梦于积薪之上，则又至足悲也！

夫真通博之士夫乃为时势之导标，彼而笃旧则旧习纷互，彼而尚新则新意洋溢，因过渡时代彼实具尊且可征之资格故也。十年以前，桐城吴挚甫先生⑤为侯官⑥严氏移译之《天演论》小册作序。先生所治之学不必果能附益天演学之名理，然西国学理之见重于当时者于焉滥觞,⑦ 严氏差强人意之数译

---

① 白居易始生七月，能展书。姆指“之无”两字，虽试百数不差。见《唐书》本传。今俗讥识字无多者曰“不识之无”，本此。

② 横通，不顺理的通解，即不是真实的智识。

③ 《庄子·齐物论》云，“狙公赋芧，曰‘朝三而暮四’，众狙皆怒。曰，‘然则朝四而暮三，’众狙皆悦。名实未亏而喜怒为用。”狙，猕猴也。狙公，养猕猴者谓狙公知众狙之愚，颠倒其言以戏弄之。

④ 抄胥是钞写的人；舌人是译话的人。

⑤ 吴先生，名汝纶，同治中进士。工古文。光绪时充京师大学堂总教习。游日本，考察教育制度。清末卒。

⑥ 侯官，即今福建闽海道闽侯县。

⑦ 《孔子家语》云，“夫江始于岷山，其源可以滥觞”。言其发源之始仅泛滥一觞之微也。今凡谓建始曰滥觞。

籍亦相继译出；于是人人争有以先秦之文章发挥科学新理之意。不谓自先生其人者之典型沦亡，海内一二巨子专以忮刻为门户之标榜，惟恐己之不得列一席于词林，而謻謻之声音颜色见面而盎背[①]，不及数稔，迫使严氏等躬为先驱者亦彷徨自疑，致遁而为诗歌，与笃旧之士相酬唱，绝西说而不读，若恐为新学小生则将或加之侮。此真中国演进时之大蹉跌，为我有生中之不幸。夫学问文章为世界公器，人而各治其学，不过与尽其力于进化汪洋中之涓滴；其人偶具尊且可征之资格，即如已操能为福利之斧柯：今日引时人之尊重者为旧时朴学之士夫，亦犹他日引重之责又在科学巨子。四时之序功成者退，纵吾学而不为时人所师尚，而吾亦不能不为之助力，此休休[②]之德吴先生有焉。设吴先生之学术因是而不为后人所置谈，如其学理应如是也，则亦何损乎先生在世界千亿年中为一节之伟人！区区小己之位置，何必与世界背驰而后争而得之乎！

复有躁妄小儒杂糅学理于政谈，一若濡体焦发，国粹非救莫存也者。此重之适以小之；其志可悯，其态则可叹。殊不知今日埃及[③]之陵石、巴比伦[④]之砖文出之于地，靡金万镒而弗惜，则所谓禹碑[⑤]、商彝[⑥]之晦昧者，犹将至于华民无孑遗，共摩挲于博物陈列之室；岂况灿然载籍足以考求数千年学理

---

① 謻 yí，通訑。謻謻，自足其智，不嗜善言之貌。盎，盛貌。盎背，盛见于背也。

② 休休，有含容量之貌。

③ 埃及（Egypt），国名，在非洲东北部。其建国在公元前四千年间。追前二千五百年时，其文化已甚发达。现存之金字塔（Pyramid，以石筑成之尖塔）即为其古王之墓。塔每面广七百五十六英尺，高至四百八十八英尺。

④ 巴比伦（Babylonia），在西亚细亚幼发拉的河畔。为古代最大都会。相传系公元前二千二百年间所创立。其文学为楔形文字，上丰而下锐；今犹有存于砖石之遗迹。

⑤ 禹碑即《岣嵝碑》，系明杨慎所伪造，托之于禹，并自为之释文。

⑥ 商彝，商代之鼎彝。今传世古铜器，凡文字奇特者，字句短少者，以甲乙纪其父祖者，皆归之商代，实无确据。

人治与夫一社会之情状者，其宝之于人也必矣。如其文规词律果合于科学之定理，虽万世以降，民品不同，犹必互相师师；故即旧石器[①]末造之画壁亦为谈美术者所不废。达哉张子小浦有言："如其粹也，不保亦存；如其非粹，终于必已。"有若杨墨之言，大儒诟之为禽兽，后王辟之为异端，疑若必毁灭矣，然而至今愈耿若日星。夫以质力相构之人类原不讳言大私，救存一说正赋各人以自竞之力，然所谓救种救群者有之矣，未有救古之可成为理论者。且救存之术正必有所牺牲：同在一种一群，彼此合体，犹有待于牺牲若干分子而后全种与全群因之存立；则夫古世遗传之旧学正可随时取舍，用以为适存于种若群之器物。是犹甲乙二人争存，甲操弓矢，乙操枪炮，不相敌之势既形，甲必弃其弓矢而求所谓枪炮者，此童子之智所知；何独变形为文章道德，其智遂蔽？虽然，吾非推定中国所谓国粹者已一一皆同于弓矢，吾亦同于张子之论："如其粹也，不保亦存"。而又小变其说曰："如其非粹，救之乃惑。"

且吾望今日之学者能多读周秦汉魏之古书，其热切或可过于国粹家：因吾尚望学者搜索地层，能得羲农[②]以上之石文读之，安有不愿其考求灿然之学说。特吾则愿学者平其心，以不自欺之真智识试验国粹、改良国粹、进国粹于科学；不望其自画门户，以为锄治科学而后国粹可以光昌：因虚骄之结果必自促于不适宜，迨淘汰之天行不可避，其祸将被于种与群也。

---

① 旧石器时代，有史以前之时代之名。欧洲史家谓世界有史以前之时代，分旧石器、新石器两时代。旧石器时代，石制兵器之类，略具形状，不加琢磨。新石器时代，则小刀箭等物皆经磨治，并筑石室以居。两时代相距年月甚长，其时人智幼稚，尚不知使用金属也。

② 羲、农，伏羲、神农，传说中最古之帝。

作者简介

吴稚晖（1865—1953年），原名吴眺，后改吴敬恒。江苏武进人。1889年入江阴南菁书院就读，1891年考中举人。1902年赴日本留学，因带领留学生大闹清政府驻日使馆被驱逐回国。在上海与蔡元培、章太炎等组织爱国学社，兼任教员，并在文明书局任职，经常为《苏报》撰文鼓吹反对清王朝统治。1903年《苏报》被封，逃往香港转赴英国。1905年加入中国同盟会，与李石曾、张静江等在法国创办《新世纪》周刊，任主编，鼓吹无政府主义，反对君主立宪，倡导反清革命。1911年辛亥革命后回国，任中华民国政府教育部读音统一会议长，主持国语注音工作。1913年参加反袁“二次革命”，失败后去伦敦。1915年组织世界编辑社。1916年秋回国到上海任《中华新报》主笔。吴稚晖是中国留法勤工俭学运动创始人之一，与蔡元培、吴玉章等发起组织华法教育会。1921年成立法国里昂中法大学，任校长。著有《吴稚晖先生合集》《吴稚晖先生选集》。

延伸阅读

本文为吴稚晖翻译的麦开柏的《荒古原人史》（上海文明书局，1912年）中的按语，此书为当时翻译的西方人类学著作之一。本文从社会进化论的角度阐述了科学与国粹的关系，提出“愿学者平其心，以不自欺之真智识试验国粹，改良国粹，进国粹于科学。”

［1］僇（lù）人：指的是当加刑戮的人，后泛指罪人。

［2］臧获：为古代对奴婢的贱称。

三十二　庄子秋水篇①

秋水时至，百川灌河[1]，泾②[2]流之大，两涘渚崖③之间不辨牛马④。于是焉[3]河伯⑤欣然自喜，以天下之美为尽在已。顺流而东行，至于北海⑥，东面而视[4]，不见水端；于是焉河伯始旋其面目[5]，望洋[6]向若⑦而叹曰："野语[7]有之曰：'闻道百，以为莫己若'者，我之谓也[8]！且夫我尝闻少仲尼之闻而轻伯夷之义⑧者[9]，始吾弗信[10]；今我睹子[11]之难穷也，吾非至于子之门则殆[12]矣，吾长见笑于大方⑨之家[13]！"

北海若曰："井鱼⑩不可以语于海[14]者，拘[15]于虚⑪也。夏虫不可以语于

① 此篇在《庄子·外篇》中。《庄子》中《内篇》为庄子自作，然已有可疑处，如《逍遥游》中之复出等。《外篇》与《杂篇》殆皆其后学者所作，正与儒家之有《礼记》相同。

② 泾，通也。

③ 涘，岸也。渚，水中可居之洲也。两涘渚崖谓两岸与洲边。

④ 此言涯岸旷阔，洲渚迢遥，遂使隔水远看，不能分别牛马。

⑤ 河伯，河神也，传说名冯夷（即枚乘《七发》中之冯迟）。

⑥ 北海，即今黄海。

⑦ 若，海神名。

⑧ 世人皆以仲尼删述六经为多闻博识，伯夷让国清廉，其义可重。而达士则少之轻之。

⑨ 大方，大道也。

⑩ 鱼，原误作蛙，今依王引之校改。井中无大鱼，其见闻亦少。

⑪ 虚，即墟，故所居也。言井鱼拘于所居，故不知海之大也。

冰者，笃[16]于时也。曲士[17]不可以语于道者，束于教也[18]。今尔出于崖涘[19]，观于大海，乃知尔丑，尔将可与语大理矣！天下之水莫大于海：万川归之，不知何时止，而不盈[20]；尾闾①泄之，不知何时已，而不虚[21]。春秋不变；水旱不知。此其过江河之流不可为量数，而我未尝以此自多者[22]，自以比形于天地而受气于阴阳，吾在天地之间犹小石小木之在大山也：方存乎见少，又奚以自多！[23]计四海之在天地之间也，不似礨空②之在大泽乎？计中国之在海内，不似稊米③之在太仓乎？号物之数谓之万，人处一焉；人卒④九州谷食之所生，舟车之所通，人处一焉；此其比万物也，不似豪末之在于马体乎？[24]五帝之所连，三王之所争，仁人之所忧，任士⑤之所劳，尽此矣。伯夷辞之以为名，仲尼语之以为博，此其自多也，不似尔向之自多于水乎？"[25]

河伯曰："然则吾大天地而小豪末，可乎？"

北海若曰："否。夫物，量无穷⑥，时无止⑦，分无常⑧[26]，终始无故⑨。是故大知观于远近，故小而不寡，大而不多[27]，知量无穷⑩。证向今故[28]，

---

① 尾闾，泄海水之所也。传说谓碧海之东，有石阁四万里，厚四万里。居百川之下，故曰尾。闾者，聚也，水聚族之处，故曰闾也。

② 空，即孔。礨（lěi）空，蚁穴也。

③ 稊，草名，似稗，米甚细小。

④ 人卒二字不可通。俞樾谓是"大率"二字形误。大率者，总计之辞，与上文"计四海""计中国"之计字相应。

⑤ 任士，任事之人。

⑥ 物之器量禀分不同，随其所受，各得称适，不当存大小之见。且品类无穷，大又有大，得不到一个最大的可以做大的极限。

⑦ 时间无停顿，永在变易之中。

⑧ 物所禀受之分命随时变易，无常存者。

⑨ 物依时而易新，无故存者，是以物皆终始于无故之中。

⑩ 此语谓大智之人，视于远理，察于近事，所以他虽小而自足，虽大而不夸。这因为他晓得物之器量是无穷的缘故。

故遥而不闷，掇而不跂，知时无止①[29]。察乎盈虚，故得而不喜，失而不忧，知分之无常也②[30]。明乎坦涂，故生而不说，死而不祸，知终始之不可故也③[31]。计人之所知，不若其所不知。其生之时，不若未生之时。以其至小，求穷其至大之域，是故迷乱而不能自得也。由此观之，又何以知豪末之足以定至细之倪④，又何以知天地之足以穷至大之域?"[32]……

公孙龙⑤问于魏牟⑥曰："龙少学先王之道，长而明仁义之行，合同异，离坚白⑦；然不然，可不可⑧，困百家之知，穷众口之辩，吾自以为至达已[33]。今吾闻庄子之言，汒⑨然异之[34]。不知论之不及与？知之弗若与？今吾无所开吾喙；敢问其方！"[35]

公子牟隐机太息[36]，仰天而笑曰："子独不闻夫坎井⑩之蛙乎？谓东海之

---

① 此语谓大智之人既知大小非小大，则证明古今无古今，寿夭无寿夭，所以他寿长而不闷，寿短而不恋。这因为他知道时间无停顿的缘故。向，明也。故，古也。遥，长也。掇，短也。跂，企望也。

② 此语谓大智之人看了天道盈虚之变，懂得得失之理，所以他得了也不喜，失了也不忧。这因为他知道分命不会常存的缘故。

③ 此语谓大智之人懂得坦然平等的大道，所以他活着也不乐，死了也不悲。因为他知道物皆终始于无故之中的缘故。

④ 倪，小物也。

⑤ 公孙龙，战国时赵人，善为坚白同异之辨。今《公孙龙子》一书传说为其所作。

⑥ 魏牟，魏之公子。《荀子·非十二子篇》云，"纵情性，安恣睢，禽兽之行，不足以合文通治，是它嚣魏牟也。"可见魏牟之学是任情性所为而不事礼义的。

⑦ 坚白，当时名学上的问题。譬如一方石，其质坚、其色白，质色即为一物，原是分不开的。公孙龙会说得把它分开。

⑧ 这谓不然的东西说得它然，不可的事情说得它可，甚言其辩。

⑨ 汒，即茫。

⑩ 坎（kǎn）井，坏井也。

鳖曰：‘吾乐与！吾跳梁乎井干①之上[37]，入休乎缺甃②之崖[38]；赴水则接掖持颐，蹶泥则没足灭跗③，还虷蟹与科斗④，莫吾能若也[39]。且夫擅一壑之水，而跨跱坎井之乐⑤，此亦至矣！夫子奚不时来入观乎[40]？’

“东海之鳖左足未入，而右膝已絷⑥矣。于是逡巡而却，告之海曰：‘夫千里之远不足以举其大，千仞之高不足以极其深，禹之时十年九潦而水弗为加益，汤之时八年七旱而崖不为加损。夫不为顷久推移，不以多少进退者，此亦东海之大乐也！’于是坎井之蛙闻之，适适然惊，规规然自失也[41]。

“且夫知不知是非之竟⑦[42]，而犹欲观于庄子之言，是犹使蚊负山商蚷⑧驰河也，必不胜任矣[43]。且夫知不知论极妙之言，而自适一时之利者，是非坎井之蛙与[44]？且彼方跐⑨黄泉而登大皇⑩，无南无北，奭然四解，沦于不测⑪，无西无东⑫，始于玄冥⑬，反于大通，子乃规规然而求之以察，索之以辩，是直用管窥天，用锥指地⑭也，不亦小乎！子往矣！[45]

---

① 干，井阑也。

② 甃（zhòu），井中累砖（井壁）也。

③ 跗，脚背也。

④ 还，顾视也。虷，水中赤虫也。蟹，小螃蟹也。科斗，虾蟆子也。

⑤ 此谓专了一壑之水而兼得到坎井的乐趣。跱，具备也。

⑥ 絷，拘束也。

⑦ 此谓其智力不足以知是非之境。

⑧ 商蚷（jù）虫名，马蚿即马陆也。体长寸许，体如圆筒，暗褐色，有赤色斑纹，多环节，每节有脚二对。栖于温地，食草根及腐败物质，发恶臭。触之则蜷曲，成螺旋状。以有油气，俗称为香油虫。

⑨ 跐（cǐ），履踏也。

⑩ 大皇，天也。

⑪ 沦于不测，谓其智隐没于不可测量之所。

⑫ 原本误作无东无西，与下“通”字不协韵。今依王念孙校改。

⑬ 玄冥，渺茫之貌。

⑭ 天的大小不是一根管子望得出的，地的厚薄不是一个锥子测得出的，故云。

"且子独不闻夫寿陵①余子②之学行于邯郸③与？未得国能，又失其故行矣，直匍匐而归耳。今子不去，将忘子之故，失子之业！"[46]

公孙龙口呿④而不合[47]，舌举而不下，乃逸而走。

作者简介

庄子（约前369—约前286年），名周，战国时蒙（在今河南商丘）人。据《史记》记载，他曾为蒙漆园吏，是个下层的小官，生活比较贫苦。

延伸阅读

《秋水》选自《庄子》外篇，取篇首二字为题，阐述认知与价值判断的相对性。第一部分为河神与海神的对话，从海与河、天地与毫末的相比较中，说明万物的大小、贵贱、死生、是非都是相对的，没有定准的，而且是不断地相互转化的。然后进一步指出：根据这个道理，顺其自然，听天由命，就可以回复到天真的境界了。第二部分"坎井之蛙观于大海"，借公孙龙问于魏牟吹捧庄周学说为他家不可企及外，跟前一部分海神与河神的对话没有任何结构关系上的联系。

[1] 百川灌河：灌，注入。河，黄河。

[2] 泾：直流的水波。

---

① 寿陵，战国燕邑名。

② 余子，弱龄未壮，不任役者。

③ 邯郸，战国赵都。今属直隶大名道。其俗能行，故燕国少年远来学步。

④ 呿（qū），开也。

[3] 焉：乎。

[4] 东面而视：脸朝东望去。

[5] 旋其面目：旋，转变。旋其面目，改变了欣然自喜的面容。

[6] 望洋：眼睛迷茫的样子。

[7] 野语：俗话。

[8] 我之谓也：是说的我呀。

[9] 少仲尼之闻而轻伯夷之义者：少，贬低。对孔子的学识不看在眼内。轻视伯夷的义行。

[10] 弗信：指不相信对仲尼的见识可以小看与对伯夷的节义可以轻视。

[11] 子：您。这里指海。

[12] 殆：危险。

[13] 长见笑于大方之家：长，永远。见，被。方，道。永远被明白大道理的人所讥笑。

[14] 语于海：谈及大海。

[15] 拘：局限。

[16] 笃（dǔ），守，限制。笃于时，受时间所限制。

[17] 曲士：乡曲之士，即孤陋寡闻的人。

[18] 束：束缚。教：所受的教育。

[19] 今尔出于崖涘：尔，你。崖涘，河岸。意谓现在你摆脱了河道的局限。

[20] 盈，满。

[21] 已：止。虚：指水尽。

[22]“此其过江河之流”二句：表明海水的容量超过长江、黄河的容量，不可计数，而海未曾借此自我夸耀。自多，自夸。

[23]“自以比形于天地”四句：自以为列身于天地之间，汲取阴阳之气，我在

天地之间，犹如小石小木在泰山上一样，觉察到自己所见很少，又怎么会自我夸耀呢？大，通“泰”。存，察，看到。见少，显得太少。

［24］“计四海之在天地之间也”十一句：计算一下四海在天地间，不像蚁穴在浩瀚的水泽里吗？计算一下中国在四海之内，不像稗籽一样小的米在储粮的大仓里吗？称呼事物的数量叫作“万”，人类只是占其中的一类。人类遍布天下，谷物所生长的地方，车船所通达的地方都有人，可与万物相比，不像毫毛的末梢在马的身体上吗？

［25］“五帝之所连”九句：三皇五帝、儒墨等所争所辩的全都是在这个渺小的天地里的事情。伯夷以辞让君王位置而博得名声，孔子以谈论天下而显示渊博，他们这样自我夸耀，不正像你刚才自我夸耀河水之多一样吗？连，续，继承。仁人，指儒家者流。任士，指墨家者流。

［26］量：容积。时：指物存在的时间。分：得与失皆为“分”。

［27］“是故大知观于远近”三句：观于远近，既看到远也看到近。小的看来也不小（这是从近看），大的看来也不大（这是从远看）。大知，指得道的人。知，通“智”。寡，小。多，大。

［28］证向今故：证验并明察古往今来的各种情况。向，明。

［29］“故遥而不闷”三句：遥，远。闷，犹昧。跂，通“企”（企及）。以今事证古事，虽遥远而明白。以古事证今事，虽近而有不可企及的。从古今变异、转化不停，就可以知道时间是无止境的。

［30］“察乎盈虚”四句：察，看清楚。盈，满。虚，空。分，指得失的界限。盈与虚、得与失都会相互转化，所以不用高兴、忧心。

［31］坦涂：平坦的大道。说：通“悦”。不祸：不认为是灾祸。故：通“固”，定。

［32］“计人之所知”十句：比较人所知道的事，远远不如他所不知道的东西多。

生存的时间短，不在人世的时间长；用极为有限的智慧去探究没有穷尽的境域，所以内心迷乱而必然不能有所得！由此看来，又怎么知道毫毛的末端就可以判定是最为细小的极限，天与地就可以看作是至大的境域呢?”计，比。倪，界限，边际。

[33]“困百家之知”三句：把百家的才智都难倒。使众人的口才都无法施展，我自以为是最通达了。辩，口才。至达，最通达。

[34]汒：通“茫”。异之：对它感到惊奇。

[35]“不知论之不及与”四句：不知是我的口才比不上他呢，还是我的知识不如他呢？现在我已经没有办法再开口了，冒昧地向你请教其中的道理。

[36]隐机太息：靠着几案深深地叹了口气。

[37]跳梁：跳跃。井干：井栏。

[38]“入休”句：进到井里便在井壁砖块破损之处休息。甃（zhòu），砌井壁用的砖。缺甃，烂砖头。崖，本指高的岸边，这里指井壁。

[39]“赴水”四句：跳入水中井水漫到腋下并且托起我的下巴，踏入泥里泥水就盖住了我的脚背，回过头来看看水中的那些赤虫、小蟹和蝌蚪，没有谁能像我那样。

[40]“且夫擅一壑之水”四句：再说我独占一坑之水、盘踞一口浅井的快乐，这也是极其称心如意的了，你怎么不随时来井里看看呢?。跨跱（zhì），叉开腿立着。夫子：称东海之鳖。

[41]“东海之鳖”十四句：东海之鳖左脚还未能跨入浅井，右膝就已经被绊住。于是迟疑了一阵子之后又把脚退了出来，把大海的情况告诉给井蛙，说：“千里的遥远，不足以称述它的大；千仞的高旷，不足于探究它的深。夏禹时代十年里有九年水涝，而海水不会因此增多；商汤的时代八年里有七年大旱，而岸边的水位不会因此下降。不因为时间的短暂与长久而有所改变，不因为雨量的多少而有所增减，这就是东海最大的快乐。”井蛙听了感到惊惶，茫然不知所措。规规然：局促的样子。

自失：指自己感到不如人。

［42］“且夫”句：再说你公孙龙的才智还不足以知晓是与非的境界。知，通“智”，智力。竟，通“境”，界限。

［43］“而犹欲观”三句：却还想去察悉庄子的言谈，这就像驱使蚊虫去背负大山，驱使马蚿到河水里去游走，必定是不能胜任的。

［44］“且夫知不知论极妙之言”三句：你的才智不足以通晓庄子的高论，竟自得意于一时口舌的胜利，就类似坎井里的青蛙。

［45］“且彼”十三句：彼，指庄子。方，正在。跐（cǐ），踩。黄泉，地下泉水。大皇，天高处。庄子的思想就像正俯极黄泉登临苍天，不论南北，释然四散通达无阻，深幽沉寂不可探测；不论东西，起于幽深玄妙之境，返归广阔通达之域。你竟拘泥浅陋地用察视的办法去探寻它的奥妙，用论辩的言辞去索求它的真谛，这只不过是用竹管去窥视高远的苍天，用锥子去测量浑厚的大地，不是太渺小了吗！你还是走吧！

［46］“且子独不闻夫”七句：而且你就不曾听说过那燕国寿陵的少年到赵国的邯郸去学习走路的事吗？未能学会赵国的本事，又丢掉了他原来行路的本领，最后只能爬着回去了。现在你还不尽快离开我这里，必将忘掉你原有的本领，而且也必将失去你原有的学业。

［47］口呿而不合：惊呆得张口结舌的样子。

三十三　史记高祖本纪（节录）

高祖，沛丰邑①中阳里人，姓刘氏，字季。父曰太公，母曰刘媪②。……高祖为人，隆准而龙颜③，美须髯，左股有七十二黑子。仁而爱人，喜施，意豁如也。常有大度，不事家人生产作业[1]。及壮，试为吏，为泗上④亭长。廷中吏无所不狎侮[2]。好酒及色，常从王媪武负贳酒[3]。……

高祖常繇咸阳⑤，纵观，观秦皇帝，喟然太息曰："嗟乎，大丈夫当如此也！"

单父⑥人吕公善沛令，避仇从之客，因家沛焉。沛中豪杰吏闻令有重客[4]，皆往贺。萧何为主吏⑦，主进⑧，令诸大夫曰："进不满千钱，坐之堂下。"高祖为亭长，素易⑨诸吏，乃绐[5]为谒曰"贺钱万"；——实不持一钱。

---

① 沛，秦县名，故城在今江苏沛县东。丰，秦沛县中之邑名，今为县，属江苏徐海道。
② 太公与刘媪，皆当时里巷间所称，非其本名。
③ 隆，高也。准，頞也，或曰鼻。颜，额也。
④ 泗上，泗水之上。泗水出山东陪尾山，流经沛。
⑤ 咸阳，秦都城，故城在今陕西长安县东。
⑥ 单父，秦县，故城在今山东单县南。
⑦ 主吏，功曹也。
⑧ 主进，是主持收入的事。
⑨ 易，是看轻。

谒入，吕公大惊，起迎之门。吕公者，好相人，见高祖状貌，因重敬之，引入坐。萧何曰："刘季固多大言，少成事！"高祖因狎侮诸客，遂坐上坐，无所诎[6]。

酒阑，吕公因目固留高祖。高祖竟酒后，吕公曰："臣少好相人[7]，相人多矣，无如季相。愿季自爱！臣有息女，愿为季箕帚妾[8]！"酒罢，吕媪怒吕公曰："公始常欲奇此女与贵人——沛令善公，求之不与——何自妄许与刘季！"吕公曰："此非儿女子所知也！"卒与刘季。吕公女，乃吕后也，生孝惠、鲁元公主。……

未央宫成，高祖大召诸侯群臣，置酒未央前殿。高祖奉玉卮，起为太上皇①寿曰："始[9]大人常以臣无赖，不能治产业，不如仲②力。今某之业所就，孰与仲多！"殿上群臣皆呼万岁，大笑为乐。……

淮南王黥布反，……高祖自往击之。……布走，令别将追之。高祖还归过沛，留置酒沛宫，悉召故人父老子弟纵酒。发沛中儿得百二十人，教之歌。酒酣，高祖击筑③，自为歌诗曰：

大风起兮云飞扬！

威加海内兮归故乡！

安得猛士兮守四方！

令儿皆和习之。高祖乃起舞，慷慨伤怀，泣数行下，谓沛父兄曰："游子悲故乡：吾虽都关中④，万岁⑤后吾魂魄犹乐思沛！且朕自沛公，以诛暴逆，遂有

---

① 高祖六年，尊太公为太上皇。

② 仲，高祖兄刘仲。高祖即位后封为代王，后废为合阳侯。

③ 筑，有弦，击之不鼓。

④ 关中，以地居四关（东函谷，南武关，西散关，北萧关）之中得名，亦曰四塞。

⑤ 万岁后，言天子之死。

天下，其①以沛为朕汤沐邑②，复其民，世世无有所与[10]！”沛父兄、诸母、故人日乐饮，极欢，道旧故为笑乐。

十余日，高祖欲去。沛父兄固请留高祖。高祖曰：“吾人众多，父兄不能给。”乃去。

沛中空县皆之邑西献③。高祖复留止。张饮三日。沛父兄皆顿首曰：“沛幸得复；丰未复[11]，唯陛下哀怜之！”高祖曰：“丰，吾所生长，极不忘耳。吾特为其以雍齿④故[12]，反我为魏。”沛父兄固请；乃并复丰比沛。……

作者简介

见第 21 页。

延伸阅读

刘邦（前 256 或前 247—前 195 年），是楚汉相争的最后胜利者。与项羽相比，刘邦善结人心、举贤任能、虚心纳谏，与项羽的残酷暴虐、任人唯亲、刚愎自用形

---

① 《风俗通义》曰：“沛人语初发声皆言‘其’。其者，楚言也。高祖始登帝位，教令言其，后以为常耳。”

② 汤沐邑，邑之所入为国君汤沐之资，休息之地。高祖以沛为汤沐邑，则沛地人民可不纳钱粮，不与徭役。

③ 此语谓沛人都至邑西道旁候高祖献物，县中为之一空。

④ 雍齿，沛人，从沛公（高祖）起兵。秦二世二年，沛公令雍齿守丰，自引兵之薛。魏人周市略地丰沛，使人说降雍齿，雍齿即反，为魏守丰。沛公还，引兵攻丰，拔之。雍齿奔魏。后复归高祖，从战有功。然终为高祖所不快。高祖恐诸将怨望，从张良言，先封雍齿为什邡侯。于是诸将皆喜曰，“雍齿且侯，吾属无患矣！”

成鲜明对比。司马迁在人物的历史评价上体现出过人的洞察力。尤为难得的是，司马迁将刘邦作为一个活生生的人的复杂性立体式地呈现了出来，刘邦的好酒好色、猜忌残忍，以及流氓无赖的习性都被描写得活灵活现。

［1］不事家人生产作业：不跟着家里做生产之事。

［2］狎侮：亲近戏弄。

［3］常从王媪武负贳酒：常常向王媪、武负赊酒喝。贳（shì）：赊欠。

［4］重客：贵客。

［5］绐：欺骗、哄骗。

［6］诎：谦让。

［7］相人：给人相面。

［8］箕帚妾：负责洒扫的妻妾。

［9］始：当初。

［10］无有所与：不必纳税服役。

［11］丰未复：丰邑却没有免除赋税徭役。丰，丰邑。

［12］以雍齿故：因为丰邑人跟着雍齿反叛我。

三十四　汉高祖还乡[①]

睢景臣[②]

【哨遍】

社长排门告示：但有的差使无推故[③]。这差使不寻常，一壁厢纳草也根，一边又要差夫索应付[④]。又言是车驾——都说是銮舆——今日还乡故。王乡老执定瓦台盘，赵忙郎抱着酒胡芦，新刷来的头巾，恰糨来的绸衫[⑤]，畅好是妆么大户[⑥]！

【耍孩儿】

瞎王留引定伙乔男女[⑦]；胡踢蹬吹笛擂鼓。见一彪人马到庄门，匹头里[⑧]几面旗舒：

---

① 见《朝野新声太平乐府》（商务印书馆《四部丛刊》本）套数类中。当时这类的歌词有似现在的大鼓词及弹词开篇之类。这篇是描写一个乡下人看汉高祖还乡之状。

② 睢景臣，元代曲家，事实无考。

③ 这句是说凡是应就差役的人不能推托事故。

④ 这句是说一面要纳税，一面又要服役。一壁厢，一边也。纳草根，即供给粮草。也，语助辞，唱句中之衬字也。

⑤ 此谓刚做好的绸衣服。恰，方才也。糨，缝纫也。

⑥ 此谓很像一个头等的富人。畅好，甚像也。么，顶上也。

⑦ 乔，假饰也。乔男女谓一班打扮好的男女。

⑧ 匹头里，当前也。

一面旗，白胡阑套住个迎霜兔①；

一面旗，红曲连打着毕月乌②；

一面旗，鸡学舞③；

一面旗，狗生双翅④；

一面旗，蛇缠葫芦⑤[1]。

【五煞】

红漆了叉，银铮了斧⑥；

甜瓜、苦瓜黄金镀⑦；

明晃晃马镫，枪尖上挑⑧；

白雪雪鹅毛，扇上铺⑨[2]。——

这几个乔人物，拿着些不曾见的器仗，穿着些大作怪的衣服！

【四煞】

辕条上都是马；套头上不见驴。黄罗伞柄天生曲。车前八个天曹判；车后若干递送夫⑩。更几个多娇女，　般穿着，　样妆梳⑪。

---

① 这是月旗。月旗上　个是大白圈，圈里　个兔子。乡下人不识得月旗，故只知是白胡阑套住迎霜兔而已。下同。

② 这是日旗。日旗上的框子是红色的曲线，故云。

③ 这是飞凤旗。

④ 这是飞虎旗。

⑤ 这是龙旗，葫芦未知是旗上何物。

⑥ 这是说仪仗中之叉斧。铮，看它的文义是镀的意思，但铮无镀义。此或当时的方言，或刻本的误文，均不可知。

⑦ 这是金瓜锤。

⑧ 这是鎏金挡。鎏金挡是长方形而有四小足的东西，很像马镫，故有此误会。

⑨ 这是掌扇。

⑩ 天曹判与递送夫都是护卫的误会。护卫在车后者为后拥队（如豹尾枪队。）

⑪ 这是宫女。

【三煞】

那大汉下的车，众人施礼数。那大汉觑[3]得人如无物。众乡老屈脚舒腰拜，那大汉挪身着手扶。猛可里①抬头觑，觑多时，认得熟，气破我胸脯！

【二煞】

“你须身姓刘？您②妻须姓吕？——把你两家儿根脚从头数。你本身做亭长，耽几盏酒；你丈人教村学，读几卷书。曾在俺庄东住；也曾与我喂牛、切草，拽坝扶锄。

【一煞】

“春采了桑，冬借了俺粟，零支了米麦无重数③[4]。换田契，强秤了麻三秤；还酒债，偷量了豆几斛。有甚胡突处④，明标着册历，见⑤放着文书！

【尾】

“少我的钱，差发内旋拨还；欠我的粟，税粮中私准除。”[5]只道“刘三，谁肯把你揪捽住？白甚么[6]改了姓，更了名，唤做汉高祖⑥！”

作者简介

睢景臣，江苏扬州人，元散曲家，一作舜臣，字景贤或嘉贤，以这篇套曲使其名字列于散曲家之中。钟嗣成《录鬼簿》记载说：“维扬（扬州）诸公，俱作

---

① 猛可里是忽然间的意思。

② 您（nín），是第二身领位的代名词。但现在北方已用作第二身主位与目的位的代名词了。

③ 无重数，次数之多也。

④ 胡突处，模糊的地方也。

⑤ 见，即现。

⑥ 这笑他不必改名赖债。但这是打趣，不能呆看。

高祖还乡套数，公（指睢景臣）《哨遍》制作新奇，诸公皆出其下。”由此可知，这篇套曲在当时便已饮誉曲坛，称雄一方。

延伸阅读

汉高祖刘邦锦衣还乡在《汉书·高祖纪》中有相关记载。汉十二年（公元前195年）十月，高祖刘邦平定淮南王英布后，归途经沛县，遂逗留故里十几天，召集父老聚会，大摆酒宴，喝到尽兴时起舞高歌：“大风起兮云飞扬，威加海内兮归故乡，安得猛士兮守四方”。刘邦认为一统海内，安定乾坤后如不荣归故里则如身披锦衣夜行，于是他“衣锦还乡”，极尽尊荣。散曲《汉高祖还乡》通过一个熟悉刘邦底细的乡民的口吻，来揭露汉高祖这个不可一世的大人物的老底。在刘邦故里的庄稼老人看来，已经成为一统天下的汉高祖刘邦仍旧是从前在家乡做亭长时的无赖。作品堪称一部情节完整、充满夸张幽默的讽刺喜剧。

［1］“一面旗”十句：那些旗子上的图案千奇百怪，有在月形环中画白兔；有红圈中画鸟；有画着一只凤的；有画着飞虎的；有画着蟠龙的。

［2］“红漆了叉”七句：还有用红漆刷过的叉，用银镀过的斧头，连甜瓜苦瓜也镀了金。马镫明晃晃的，扇子铺了一层雪白的鹅毛。

［3］觑（qù）：偷看，当“斜视”讲。

［4］“春采了桑”三句：春天你摘了我的桑叶，冬天你借了我的米，问我借了都不知有多少了。

［5］“少我的钱”四句：过去借的钱要在现在摊派的官差钱里扣除，欠我的粮食你要从粮税里暗地里给我扣出来。

［6］白甚么：凭什么。

三十五　原君①

黄宗羲②

有生之初[1]，人各自私也，人各自利也：天下有公利而莫或兴之，有公害而莫或除之。君人者出，不以一己之利为利而使天下受其利，不以一己之害为害而使天下释其害：此其人之勤劳必千万于天下之人。夫以千万倍之勤劳而己又不享其利，必非天下之人情所欲居也。故古之人君量而不欲入者[2]，许由③务光④是也。入而又去之者，尧舜是也。初不欲入而不得去者，禹是也。岂古之人有所异哉！好逸恶劳，亦犹夫人之情也。

后之为人君者不然。以为天下利害之权皆出于我：我以天下之利尽归于

① 此文自《明夷待访录》中录出。《明夷待访录》是黄宗羲理想中的治天下的几条纲领。

② 黄宗羲，字太冲，号黎洲，明末浙江余姚人。其父黄尊素，是东林党里面的第二等领袖。当时东林、复社以学术团体而作政治活动，大遭魏阉之忌。尊素被诬下狱死。当时黄宗羲不过十余岁，少年倜傥有奇气，痛父无故被冤，袖里藏了铁锥，想报父仇。这时正在明天启末年。及至崇祯二年，知魏阉之奸，诏磔其党于市。宗羲家仇已报，锥无所用，便在刑部对簿时，锥了仇人几锥。后从刘宗周问学十余年。刘是王阳明的一派，所以王学精神宗羲都能得到。福王时，宗羲为阮大铖等倾陷，逃到日本。清兵南下，他回到浙东，联合乡里子弟编为世忠营以抗满洲。其后失败，复奔走海峤，谋复明室。越十余年，永历帝被害，清廷统一中国，乃隐居于家，著书讲学。著书数十种，以《宋元学案》及《明儒学案》最有名。八十余岁，卒。

③ 许由，传说中之上古高士，谓尧以天下授之，不受，隐于箕山。

④ 务光，亦传说中之上古高士，谓汤克桀，以天下让之，不受，负石而自沉于水。

己，以天下之害尽归于人，亦无不可。使天下之人不敢自私，不敢自利：以我之大私为天下之功。始而惭焉，久而安焉[3]，视天下为莫大之产业，传之子孙，受享无穷。汉高帝所谓"某业所就，孰与仲多"[4]者，其逐利之情不觉溢之于辞矣！

此无他，古者以天下为主，君为客，凡君之毕世所经营者，为天下也；今也以君为主，天下为客，凡天下之无地而得安宁者，为君也。是以其未得之也，屠毒天下之肝脑，离散天下之子女，以博我一人之产业，曾不惨然[5]，曰："我固为子孙创业也。"其既得之也，敲剥天下之骨髓，离散天下之子女，以奉我一人之淫乐，视为当然，曰："此我产业之花息也！"

然则为天下之大害者，君而已矣！向使无君，人各得自私也，人各得自利也。呜呼，岂设君之道固如是乎！

古者天下之人爱戴其君，比之如父，拟之如天，诚不为过也。今也天下之人怨视其君，视之如寇仇，名之为独夫，固其所也[6]。而小儒规规焉以君臣之义无所逃于天地之间，至桀纣之暴犹谓汤武不当诛也，而妄传伯夷叔齐无稽之事①[7]：乃兆人万姓崩溃之血肉，曾不异夫鼠首。岂天地之大，于兆人万姓之中，独私[8]其一人一姓乎！

是故，武王，圣人也；孟子之言，圣人之言也②。后世之君欲以"如天

---

① 《史记·伯夷列传》云："武王东伐纣，伯夷叔齐叩马而谏曰：'父死不葬，爰及干戈，可谓孝乎？以臣弑君，可谓仁乎？'左右欲兵之。太公曰：'此义人也'。扶而去之。武王已平殷乱，天下宗周，而伯夷叔齐耻之，义不食周粟，隐于首阳山，采薇而食之。及饿且死，作歌。其辞曰：'登彼西山兮，采其薇矣。以暴易暴兮，不知其非矣。神农、虞、夏，忽焉没兮，我安适归矣？于嗟徂兮，命之衰矣！'遂饿死于首阳山"。

② 《孟子·梁惠王下篇》云："齐宣王问曰：'汤放桀，武王伐纣，有诸？'孟子对曰：'于传有之。'曰：'臣弑其君，可乎？'曰：'贼仁者谓之"贼"；贼义者谓之"残"。残贼之人谓之"一夫"。闻诛一夫纣矣，未闻弑君也！'"

如父”之空名禁人之窥伺者，皆不便于其言，至废孟子而不立[9]，非导源于小儒乎！

虽然，使[10]后之为君者果能保此产业，传之无穷，亦无怪乎其私之也；既以产业视之，人之欲得产业，谁不如我，摄缄縢，固扃镝[11]，一人之智力不能胜天下欲得之者之众，远者数世，近者及身，其血肉之崩溃在其子孙矣！昔人愿世世无生帝王家①[12]，而毅宗②之语公主，亦曰：“若何为生我家！”痛哉斯言[13]，回思创业时其欲得天下之心，有不废然摧沮者乎！

是故，明乎为君之职分，则唐虞之世人人能让，许由务光非绝尘也；不明乎为君之职分，则市井之间人人可欲，许由务光所以旷后世而不闻也。然君之职分难明，以俄顷淫乐不易无穷之悲，虽愚者亦明之矣。

作者简介

黄宗羲（1610—1695 年），浙江余姚人。明清之际思想家、史学家。字太冲，号南雷，学者称梨洲先生，与顾炎武、王夫之同称为明末清初三大思想家。其父黄尊素为著名东林党人，被魏忠贤杀害。十九岁时曾入京为父讼冤。后领导复社成员与宦官权贵斗争。清兵南下，他招募义兵，组织“世忠营”，被南明鲁

① 宋顺帝昇明三年，萧道成自进爵为齐王，令顺帝下诏禅位。顺帝不肯临轩，匿于佛盖下。王敬则勒兵入迎，太后惧，自率阉人索得之。敬则启譬令出，顺帝收泪谓曰：“欲见杀乎?”敬则曰：“迁居别宫耳。官（称天子之辞）先取司马家亦如此。”顺帝泣而弹指曰：“愿后身世世勿复生天王家!”宫中皆哭。既禅位，封顺帝为汝阴王。越一月，杀之，灭其族。事见《资治通鉴》。

② 毅宗，即明庄烈帝。其女长平公主，年十六，帝选周显尚主。将婚，以寇警暂停。城陷，帝入寿宁宫，主牵帝衣哭，帝曰：“汝何故生我家!”以剑挥斫之，断左臂。又斫昭仁公主于昭仁殿。越五日，长平公主复苏。见《明史》卷一二一《公主列传》。

王任为左副都御史。明亡后隐居著述，康熙时举博学鸿儒，荐修《明史》，皆不就。学问渊博，思想深邃，对天文、算术、乐律、经史百家以及释道之书，无不精研。著有《宋元学案》《明儒学案》《明夷待访录》《南雷文案》等。

延伸阅读

《原君》是《明夷待访录》的第一篇。这篇文章是继承《孟子》“民为贵，社稷次之，君为轻”的思想，运用古今对比、借古伐今的手法展开论述，对后世君主专制涂毒生民的行径作了最激烈最犀利的鞭挞，批判的力度比《孟子》对“独夫”的指斥还要深刻得多。《原君》对民主思想（“天下为主君为客”）的阐发，可以说是前无古人，可与他的另一篇《原臣》合看，从中可见黄宗羲在当时条件下对社会政治的深刻剖析和真知灼见。

［1］有生之初：人类社会开始之后。

［2］量而不欲入：考虑后而不愿就位的。

［3］始而惭焉，久而安焉：开始时对此还觉得惭愧，时间久了也就心安理得了。

［4］某业所就，孰与仲多：我的产业所达到的成就，与二哥相比，究竟谁多呢?《史记·高祖本纪》载汉高祖刘邦登帝位后，曾对其父说：“始大人常以臣无赖，不能治产业，不如仲（其兄刘仲）力。今某之业所就，孰与仲多?”

［5］“以博我”二句：以增多自己一个人的产业，对此并不感到悲惨。

［6］固其所也：本来就是他应该得到的结果。

［7］伯夷、叔齐无稽之事：《史记·伯夷列传》载他俩反对武王伐纣，天下归周之后，又耻食周粟，饿死于首阳山。

［8］独私：偏爱。

［9］废孟子不立：《孟子·尽心下》中有“民为贵，社稷次之，君为轻”的话，明太祖朱元璋见而下诏废除祭祀孟子。

［10］使：如果。

［11］摄缄縢，固扃（jiōng）鐍（jué）：用绳捆紧，用锁加固。

［12］“昔人”句：《南史·王敬则传》载南朝宋顺帝刘准被逼出宫，曾发愿“愿后身世世勿复生天王家！”

［13］“而毅宗”三句：毅宗，即明崇祯帝，南明初谥思宗，后改毅宗。李自成军攻入北京后，毅宗叹息公主不该生在帝王家，以剑砍长平公主，断其左臂，然后自缢。

三十六　左传赵盾弑君①

晋灵公不君[1]：厚敛以雕墙②[2]；从台上弹人，而观其辟丸也。宰夫胹熊蹯不熟③，杀之；置诸畚④，使妇人载以过朝。[3]赵盾、士季⑤见其手，问其故而患之，将谏，士季曰："谏而不入，则莫之继也。会请先。不入[4]，则子继之。"三进，及溜[5]而后视之⑥，曰："吾知所过矣，将改之！"稽首而对曰："人谁无过！过而能改，善莫大焉！《诗》曰：'靡不有初，鲜克有终⑦'。夫如是，则能补过者鲜矣。君能有终，则社稷之固也，岂惟群臣赖之！又曰：'衮职有阙[6]，惟仲山甫[7]补之⑧'。能补过也。君能补过，衮不废⑨矣！"

犹不改。宣子骤[8]谏。公患之，使鉏麑⑩贼之[9]。晨往，寝门辟矣，盛

---

① 见宣公二年传。
② 厚敛，在常赋之外更取于民。雕，画也。
③ 胹，煮而熟之也。不熟者，熊蹯难熟。
④ 畚，似筥，络草索为之。
⑤ 赵盾，赵衰子。士季即随会。
⑥ 三进谓三止于庭中，公伪若不见；至檐溜，而后视之。
⑦ 见《诗·大雅·荡篇》。谓人多喜开头而少能终其事者。
⑧ 见《诗·大雅·烝民篇》。仲山甫，周宣王时人。
⑨ 衮不废言君德不废。
⑩ 鉏麑，晋之力士。

服①将朝；尚早，坐而假寐。麑退，叹而言曰："不忘恭敬，民之主也。贼民之主，不忠。弃君之命，不信。有一于此，不如死也！"触槐而死。

秋九月，晋侯饮赵盾酒，伏甲将攻之。其右提弥明②[10]知之，趋登曰："臣侍君宴，过三爵[11]，非礼也！"遂扶以下。公嗾夫獒③焉。明搏而杀之。盾曰："弃人用犬，虽猛何为！"斗且出[12]。提弥明死之。

初，宣子田于首山④，舍于翳桑⑤，见灵辄饿，问其病，曰："不食三日矣！"食之[13]。舍其半。问之，曰："宦⑥三年矣"，未知母之存否。今近焉，请以遗[14]之！"使尽之；而为之箪⑦食与肉，置诸橐⑧以与之[15]。既而与为公介⑨：倒戟以御公徒而免之[16]。问其故，对曰："翳桑之饿人也。"问其名居，不告而退。遂自亡也。

乙丑，赵穿⑩攻灵公于桃园。宣子未出山而复[17]。大史书[18]曰："赵盾弑其君"。以示于朝。宣子曰："不然！"对曰："子为正卿，亡不越境，反不讨贼[19]，非子而谁！"宣子曰："呜呼，'我之怀矣，自诒伊戚⑪[20]，'其我之谓矣！"（孔子曰："董狐，古之良史也，书法不隐。赵宣子，古之良大夫也，

---

① 盛服，言赵盾衣服已毕。

② 提弥明，盾车右也。

③ 獒，尔雅，"狗四尺为獒"。嗾，《说文》，"使犬也。"

④ 首山即首阳山，在今蒲州东南。

⑤ 翳桑，谓首山中之桑林。

⑥ 宦，谓学于外。

⑦ 竹器圆曰箪，方曰笥。

⑧ 橐，囊之无底者。

⑨ 介，谓介胄之士。

⑩ 赵穿，赵盾弟，为赵氏侧室卿。

⑪ 《诗·小雅·小明篇》作"心之忧矣，自诒伊戚。"此所引者或是异文。

为法受恶。惜也，越竟[21]乃免①。”）

宣子使赵穿逆公子黑臀②于周而立之。[22]

作者简介

见第 14 页。

延伸阅读

本文选自《左传》，讲述了暴君晋灵公与权臣赵盾之间的斗争，最终晋灵公被赵穿所杀，赵盾蒙受了弑君的罪名。文章生动地叙述了整个过程，故事跌宕起伏，精彩纷呈。《史记》中也记载了赵盾弑君的故事。

[1] 晋灵公：晋国国君，名夷皋，文公之孙，襄公之子，是中国历史上有名的暴君。不君：不行君道。

[2] 厚敛：加重征收赋税。雕墙：这里指修筑豪华宫室，过着奢侈的生活。

[3] 宰夫：厨子。胹（ér）：煮，炖。熊蹯（fán）：熊掌。置：放。畚（běn）：筐篓一类盛物的器具。载：装车。

[4] 不入：不采纳，不接受。

[5] 三进：始进为入门，再进为入庭，三进为升阶。及：到。溜：屋檐下滴水的地方。

---

① 此孔子言系后人所加，殊不可信。

② 公子黑臀，晋文公子，是为成公。

［6］衮（gǔn）：天子的礼服，借指天子，这里指周宣王。阙：同“缺”，过失。

［7］仲山甫：周宣王的贤臣。

［8］骤：多次。

［9］公：晋灵公。患：感到厌烦。使：派。鉏麑（chú ní）：晋国力士。贼之：刺杀赵盾。

［10］提弥明：晋国勇士，赵盾的车右。车右，亦名骖乘。古制一车乘三人，尊者居左，御车人居中，骖乘居右，以有勇力的人担任。

［11］三爵：相当于三杯。爵，古时的酒器。

［12］斗且出：两人与埋伏的武士边打边退。

［13］“宣子田于首山”六句：赵盾到首阳山打猎，住在翳桑。看见有个叫灵辄的人晕倒了，便去问他的病情。灵辄说：“我已经多日没吃东西了。”赵盾给他东西吃。田，通“畋”，打猎。首山，首阳山。舍，宿。灵辄，人名，晋国人。

［14］舍其半：留下一半。遗（wèi）：送给（母亲）。

［15］“使尽之”三句：赵盾让他把食物吃完，另外给他准备了一篮饭和肉，放在口袋里给他。箪（dān），盛饭的圆筐。橐（tuó），两头有口的口袋，用时以绳扎紧。

［16］“既而与为公介”二句：不久灵辄做了晋灵公的武士。在搏杀中把武器掉过头来抵挡晋灵公手下的人，使赵盾得以脱险。

［17］“赵穿”二句：赵穿在桃园杀了晋灵公。赵盾还没有走出晋国的山界，听到灵公被杀便回来了。赵穿，晋国大夫，赵盾的堂兄弟。

［18］大史：太史，掌纪国家大事的史官。这里指晋国史官董狐。书：写。

［19］贼：弑君的人，指赵穿。

［20］怀：眷恋（祖国）。诒：同“贻”。伊：指示代词那个。戚：忧患。

［21］书法：记事的法则。隐：隐讳。恶：指（因为史官的记事原则而蒙受了）

弑君的恶名。竟：同“境”。

［22］逆：迎。公子黑臀：即晋成公，文公之子，襄公之弟，名黑臀。立：立……为国君。

三十七　公羊传[①]赵盾弑君[②]

赵盾弑君，此其复见何[③]？亲弑君者赵穿也。亲弑君者赵穿，则曷为加之赵盾？不讨贼也。何以谓之不讨贼？晋史书贼曰："晋赵盾弑其君夷獆。"赵盾曰："天乎，无辜，吾不弑君！谁谓吾弑君者乎？"史曰："尔为仁为义，人弑尔君而复国不讨贼，此非弑君而何！"赵盾之复国奈何？

灵公为无道，使诸大夫皆内朝，然后处乎台上，引弹而弹之，已趋而辟丸——是乐而已矣。赵盾已朝而出，与诸大夫立于朝，有人荷畚自闺[④]而出者，赵盾曰："彼何也？夫畚曷为出乎闺？"呼之，不至。曰："子，大夫也，

---

① 《春秋》是东周时鲁国的史，以本国事为主而兼及他国的事，后世儒者说是孔子做的，但没有凭据。《春秋》的文字是很简略的，如"秋，公如齐""冬，楚子伐郑"，若没有说明，便不能知道是什么一回事。所以后人有替它做说明的，这便唤做《春秋传》。《春秋传》有三种，(1)《左氏传》，(2)《公羊传》，(3)《穀梁传》。《左传》记事多，《公羊》《穀梁》说义多，它们要说明这一事为什么要这样记载，试看这篇开首处便知。《公羊》《穀梁》都是作传者的姓；但或云并无其人，或云"穀梁"是"公羊"的音讹，出于冒牌影戤的伎俩，现在也不能断定。

② 此篇见于宣公六年传，所记事与《左传》甚不一致，读此可见史书的不可信任处。

③ 照公羊家的《春秋》义例，凡是弑君的人不能再见于《春秋》经文。但宣公二年经上已见"秋，九月，乙丑，赵盾弑其君夷獆"，而六年经上又见"春，晋赵盾、卫孙免侵陈"，似乎违背了这个义例，所以作传的人加上这一个说明。

④ 宫中之门谓之闱，其小者谓之闺。

欲视之则就而视之。”赵盾就而视之，则赫然死人也！赵盾曰：“是何也?”曰：“膳宰也。熊蹯不熟，公怒，以斗摮①而杀之；支解，将使吾弃之。”赵盾曰：“嘻![1]”趋而入。灵公望见赵盾，愬②而再拜。赵盾逡巡北面再拜稽首，趋而出。灵公心怍焉，欲杀之，于是使勇士某者往杀之。

勇士入其大门，则无人门焉③者。入其闺[2]，则无人闺焉者。上其堂，则无人焉。俯而窥其户，方食鱼飧。勇士曰：“嘻，子诚仁人也！吾入子之大门，则无人焉；入子之闺，则无人焉；是子之易也。子为晋国重卿而食鱼飧，是子之俭也。君将使我杀子，吾不忍杀子也！虽然，吾亦不可复见吾君矣！”遂刎颈而死。

灵公闻之，怒，滋欲杀之甚。众莫可使往者[3]；于是伏甲于宫中，召赵盾而食之。赵盾之车右祁弥明者，国之力士也，仡然④从乎赵盾而入，放乎堂下而立。赵盾已食，灵公谓盾曰：“吾闻子之剑盖利剑也，子以示我，吾将观焉。”赵盾起，将进剑，祁弥明自下呼之曰：“盾，食饱则出，何故拔剑于君所！”赵盾知之，躇⑤阶而走。灵公有周狗⑥谓之獒，呼獒而属之，獒亦躇阶而从之。祁弥明逆而踆⑦之，绝其颔。赵盾顾曰：“君之獒不若臣之獒也！”

然而宫中甲鼓而起[4]。有起于甲中者，抱赵盾而乘之。赵盾顾曰：“吾何以得此于子?”曰：“子某时所食，活我于暴桑⑧下者也。”赵盾曰：“子名为

---

① 摮是旁击头项。
② 愬，惊貌。
③ 焉，于也。“门焉”谓于此守门。
④ 仡然，壮勇貌。
⑤ 躇犹超遽，不暇以次。
⑥ 周狗，可以比周之狗，所指如意。
⑦ 踆（cūn），足逆踏也。
⑧ 暴桑，桑之一种。

谁?”曰:“吾君孰为介①?子之乘②矣[5],何问吾名!”赵盾驱而出,众无留之者[6]。

赵穿缘民众不说,起弑灵公,然后迎赵盾而入,与之立于朝,而立成公黑臀。

延伸阅读

《公羊传》,亦称《春秋公羊传》或《公羊春秋》。儒家经典之一,专门阐释《春秋》与《左传》《穀梁传》,并称《春秋三传》,相传为战国齐人、孔子再传弟子公羊高所作,实际上到西汉景帝时期才整理成书。其体裁与《穀梁传》相近,解释“《春秋》大义”,简略叙述史事,是研究春秋战国、秦、汉间政治思想与学术思想的重要资料。

《公羊传·赵盾弑君》重点对为何称“赵盾弑君”进行解释,简要描述故事过程。与《左传》各有特点。

[1] 嘻:啊(惊叫一声)。

[2] 闺:内院的小门。

[3] 众莫可使往者:众多手下却没有能派去执行这项任务的。

[4] 宫中甲鼓而起:埋伏在宫中的武士击鼓而起。

[5] 子之乘矣:您(赵盾)赶快上车走吧。

[6] 众:武士们。留:拦截。

---

① 介,甲也。此语谓“我晋君为谁与此甲兵?”

② 之乘,上车也。

三十八 后汉书范滂传①

范滂，字孟博，汝南征羌②人也。少厉[1]清节，为州里所服；举孝廉③[2]、光禄四行④[3]。时冀州⑤饥荒，盗贼群起，乃以滂为清诏使案察[4]之。滂登车揽辔，慨然有澄清天下之志。及至州境，守令自知臧污[5]，望风解印绶[6]去。其所举奏，莫不厌塞众议[7]。迁光禄勋⑥主事。

时陈蕃⑦[8]为光禄勋，滂执公仪诣蕃，蕃不止之。滂怀恨，投版⑧弃官而去。郭林宗⑨闻而让蕃曰："若范孟博者，岂宜以公礼格[9]之！今成其去就之

---

① 文见《后汉书》第六十七卷《党锢列传》。

② 汝南，汉郡名。河南旧汝宁陈州二府及安徽旧颍州府皆是。征羌，东汉时侯国，在今河南郾城县东南七十五里。

③ 汉武帝始令郡国岁举孝廉各一人，后沿以为例。

④ 汉元帝时诏令光禄勋岁以四行科第郎从官，故曰光禄四行。四行者，敦厚，质朴，逊让，节俭也。

⑤ 冀州为东汉十三刺史部之一，地当今河南北部和直隶南部。包含三郡六国。

⑥ 光禄勋，掌宫殿掖门户之官，居禁中，汉武帝立。

⑦ 陈蕃，东汉汝南人，字仲举，官至太傅。为人方峻疾恶，高洁之士争归之。汉末士大夫因之皆崇尚气节。灵帝时，宦官曹节王甫等恣横，蕃与大将军窦武密谋诛之，事泄，为宦官所害。

⑧ 版，笏也。

⑨ 郭林宗，名泰，东汉介休人。博通坟典，居家教授，弟子至数千人。尝举有道，不就。善品题天下士，然不为危言核论。故党锢祸起而林宗独免。

名，得无自取不优之议邪?”蕃乃谢焉。

复为太尉①黄琼②所辟[10]。后诏三府掾属举谣言③[11]，滂奏刺史④二千石⑤[12]权豪之党二十余人。尚书⑥责滂所劾猥[13]多，疑有私故。滂对曰：“臣之所举，自非叨秽[14]奸暴，深为民害，岂以污简札[15]哉！间以会日迫促[16]，故先举所急。其未审者，方更参实[17]。臣闻农夫去草，嘉谷必茂；忠臣除奸，王道以清。若臣言有贰，甘受显戮[18]！”吏不能诘。滂睹时方艰，知意不行，因投劾去。

太守宗资⑦先闻其名，请署功曹⑧[19]，委任政事。滂在职严整疾恶，其有行违孝悌、不轨仁义者，皆扫迹斥逐[20]，不与共朝。显荐异节[21]；抽拔幽陋。滂外甥西平⑨李颂，公族子孙，而为乡曲所弃。中常侍⑩唐衡以颂请资，资用为吏。滂以非其人，寝而不召。资迁怒，捶书佐⑪朱零。零仰曰：“范滂清裁，犹以利刃齿腐朽。今日宁受笞死，而滂不可违。”资乃止。郡中中人以下莫不归怨：乃指滂之所用以为范党[22]。

---

① 太尉本秦官，掌武事。汉因之，其尊与丞相等。

② 黄琼，后汉安陆人。永建中公卿交荐，拜议郎。争议朝堂，莫能抗夺。梁冀既诛，拜琼太尉。奏劾贪污，海内翕然望之。

③ 谣言，里巷间的评论讽咏。《汉官仪》曰：“三公听采长史臧否，人所疾苦，还条奏之”。是为举谣言也。

④ 刺史，官名，汉武帝置部刺史，督察郡国。刺者，言刺举不法；史者，使也。

⑤ 二千石，即太守。太守秩二千石，为一郡中之行政长官。

⑥ 尚书，官名。秦时少府遣吏四人，在殿中主发书，谓之尚书。汉光武帝时，以天下之事尽入尚书。

⑦ 宗资，后汉安众人，字叔都，举孝廉，延熹中为汝南太守，政事悉委任范滂。时人谓之谣曰：“汝南太守范孟博，南阳宗资主画诺。”

⑧ 功曹，官名，郡守属吏，掌选署功劳。

⑨ 西平，汉县名，今属河南汝阳道。

⑩ 常侍本骑从之官。以其得出入禁中，故名中常侍。后汉时改用宦官为之。

⑪ 书佐，主文书之吏也。

后牢修诬言钩党①，滂坐系黄门北寺狱②[23]。狱吏谓曰："凡坐系皆祭皋陶③"。滂曰："皋陶贤者，古之直臣：知滂无罪，将理之于帝④。如其有罪，祭之何益!"众人由此亦止[24]。狱吏将加掠考，滂以同囚多婴病，乃请先受格[25]，遂与同郡袁忠⑤争受楚毒[26]。桓帝使中常侍王甫⑥以次辨诘，滂等皆三木、囊头⑦，暴[27]于阶下。余人在前，或对或否[28]；滂忠于后，越次而进。王甫诘曰："君为人臣，不推忠国而共造部党，自相褒举，评论朝廷，虚构无端：诸所谋结，并欲何为？皆以情对[29]，不得隐饰!"滂对曰："臣闻仲尼之言：'见善如不及，见恶如探汤⑧[30]。'欲使善善同其清，恶恶同其污，谓王政之所愿闻[31]，不悟更以为党!"甫曰："卿更相拔举，迭为唇齿，有不合者见则排斥，其意如何?"滂乃慷慨仰天曰："古之循善，自求多福。今之循善，身陷大戮[32]。身死之日，愿埋滂于首阳山⑨侧：上不负皇天，下不愧

---

① 《党锢列传》序曰："时河内张成善说风角，推占当赦，遂教子杀人。李膺为河南尹，督促收捕。既而逢宥获免。膺愈怀愤疾，竟案杀之。初，成以方技交通宦官，帝亦颇谇其占，成弟子牢修因上书诬告膺等养太学游士，交结诸郡生徒，更相驱驰，共为党，诽讪朝廷，疑乱风俗。于是天子震怒，班下郡国逮捕党人，布告天下，使同忿疾。遂收执膺等。其辞所连，及陈寔之徒二百余人。或有逃遁不获，皆悬金构募。使者四出，相望于道。明年，帝意稍解，乃皆赦归田里，禁锢终身。"

② 黄门，宫禁之门黄色，故名。北寺狱，东汉时所设之监狱，主鞫将相大臣；以其属于少府黄门北寺，故名。

③ 皋陶，虞舜时士官，主刑法。后世因以为狱神。但近世又改祭萧何矣。

④ 帝，天也。

⑤ 袁忠，字正甫。初平中为沛相，垂韦车到官，以清亮称。后弃官避地上虞。及孙策破会稽，忠浮海至交趾避之。

⑥ 王甫，宦官，与曹节谋杀陈蕃窦武，又与节诬勃海王悝谋反，杀之。封冠军侯。后司隶校尉奏劾其罪，死狱中。

⑦ 三木，项及手足皆有械。囊头，以物蒙覆其头也。

⑧ 探汤，谕去疾也。见《论语》。

⑨ 首阳山在河南偃师县东北。

夷齐!”甫愍然为之改容[33]。乃得并解桎梏。……

初，滂等系狱，尚书霍谞理之。及得免，到京师，往候谞而不为谢。或有让[34]滂者，对曰：“昔叔向婴罪，祁奚救之，未闻羊舌①有谢恩之辞，祁老有自伐[35]之色②!”竟无所言。

建宁③二年，遂大诛党人。诏下急捕滂等。督邮④吴导至县，抱诏书，闭传⑤舍，伏床而泣。滂闻之，曰：“必为我也!”即自诣狱。县令郭揖大惊，出解印绶，引与俱亡，曰：“天下大矣，子何为在此!”滂曰：“滂死则祸塞[36]，何敢以罪累君，又令老母流离乎!”其母就与之诀。滂曰：“仲博⑥孝敬，足以供养；滂从龙舒君⑦归黄泉：存亡各得其所。惟大人割不可忍之恩，勿增感戚!”母曰：“汝今得与李杜⑧齐名，死亦何恨！既有令名[37]，复求寿考，可兼得乎!”滂跪受教，再拜而辞。顾谓其子曰：“吾欲使汝为恶，则恶不可为；使汝为善，则我不为恶!”行路闻之，莫不流涕。时年三十三。

---

① 叔向姓羊舌，名肸。

② 《左传》，晋讨栾盈之党，杀叔向之弟羊舌虎，并因叔向。于是祁奚闻之，见范宣子曰：“夫谋而鲜过，惠训不倦者，叔向有焉，社稷之固也。犹将十代宥之。今一不免其身，不亦惑乎!”宣子说而免之。祁奚不见叔向而归，叔向亦不告免焉而朝。

③ 建宁，东汉灵帝年号（一六八——七一)。二年当公元一六九年。

④ 督邮，官名，汉置，为郡守佐吏，主督察属县愆尤。邮即尤之借字也。有东西南北中五部，谓之五部督邮。

⑤ 传，驿舍。

⑥ 仲博，滂弟也。

⑦ 龙舒君，滂父也，滂父名显，故龙舒君侯相。

⑧ 李杜，杜密也。李膺，襄城人。汉桓帝时，膺为司隶校尉，以事杀张让弟。诸黄门常侍皆鞠躬屏气，休沐不敢复出宫省。时朝廷日乱，纲纪颓弛，膺独持风裁，以声名自高。士有被其容接者名为“登龙门”。后以党事，免官。灵帝时，复列于朝。与窦武谋诛宦官，未成，被杀。杜密，阳城人，少有厉俗志。为司徒所辟，累迁北海相。宦官子弟为令长有奸恶者，辄案捕之。后去官还家。桓帝时征拜尚书令，转太仆；事免。后复为太仆。坐党事征，自杀。

作者简介

见 133—134 页。

延伸阅读

本篇选自《后汉书·党锢列传》。东汉末年，政治黑暗，宦官与外戚交替专权，垄断仕进之路，甚至公开卖官鬻爵，一批士大夫仗义执言，批评朝政，抨击宦官，遭到宦官弹压，诬陷他们结党对抗朝廷，加以禁锢。汉灵帝建宁二年（169 年），党人李膺、范滂等百余人死于狱中，其他死徙废禁者六七百人，史称“党锢之祸”。本文叙写范滂一生慨言直行，表彰其处污浊险恶而能振拔自立、激世励俗的非凡志节。范滂（137—169 年），东汉时期大臣、名士，与郭林宗、宗慈、巴肃、夏馥、尹勋、蔡衍、羊陟并称为“八顾”（顾，谓能以德行引导他人之意），与刘表、陈翔、孔昱、范康、檀敷、张俭、岑晊并称为“江夏八俊”。

［1］厉：通“砺”，磨炼。

［2］举孝廉：因品行“孝”“廉”而被选拔。孝廉，汉代选拔人才的一种科目。

［3］光禄四行：光禄勋考察人才时所规定的四种品行。光禄，光禄勋，汉时官名，“掌宿卫宫殿门户，典谒署郎，更直执戟，宿卫门户，考其德行而进退之”（《后汉书·百官志》）。

［4］案察：即按察，考察。

［5］臧污：贪污。臧，通“赃”。

［6］绶：拴系官印的丝带。

［7］厌塞众议：使大家心服，提不出不同意见。厌：通“餍”，满足。塞：堵塞。

［8］陈蕃：东汉汝南平舆（今属河南）人，当时士大夫清流中的代表。桓帝时，任太尉；灵帝时，为太傅，谋诛宦官，事败被杀。

［9］若：像。格：规范。

［10］复为太尉黄琼所辟：范滂又被太尉黄琼聘用。

［11］掾（yuàn）属：帮忙的官吏。汉代自三公以至郡县，主官可自己选定掾属。谣言：民间的歌谣。

［12］奏：弹劾。二千石：指俸禄为二千石的官员。

［13］劾（hé）：揭发罪状。猥（wěi）：众多。

［14］叨秽：贪赃。叨，通“饕”，贪婪。秽，指赃贿。

［15］简札：用作书写材料的竹简和木片，亦指功用相同的书写用品。

［16］“间以”句：加以在朝廷聚会陈奏的日子很近。

［17］审：核实。方：将要。更：进一步。参实：参证核实。

［18］显戮：指死刑。

［19］请署功曹：请来委以功曹之任。署，委任。功曹，官名，郡守的属僚。

［20］扫迹：指断绝往来。斥逐：赶跑。

［21］显：表彰。荐：举荐。异节：有非常节操的人。

［22］乃指滂之所用以为范党：把范滂所任用的人诬为“范党”。

［23］“后牢修诬言钩党”二句：后来牢修诬告范滂等人结党营私。范滂获罪，被关押在黄门北寺狱。黄门北寺狱，当时由宦官主管。

［24］众人由此亦止：狱中其他人因此也不祭皋陶了。

［25］受格：受拷打。

［26］楚毒：指酷刑，

［27］以次辨诘：逐个审问犯人。暴：凌辱，此指被辱。

［28］或对或否：正在应对。

［29］皆以情对：从实招来。

［30］见善如不及，见恶如探汤：语出《论语·季氏》。不及，赶快学习照做。探汤，形容避恶或除恶之快。汤，热水。

［31］谓王政之所愿闻：这是清明政治所要求的。

［32］循善：遵循善道，做善事。大戮：死刑。

［33］甫愍然为之改容：王甫脸上改露出哀怜的神色。愍然，哀怜、同情貌。

［34］让：责备。

［35］自伐：自夸。

［36］滂死则祸塞：我范滂一死，大祸也就结束了。

［37］令名：美名。

三十九　鸣凤记写本①

王世贞②

（生上）

【缑山月】天步③有乘除，仕路如反掌[1]。豺狼盈帝里，笔剑须诛攘[2]！（诉衷情④）三年宦兴落风尘，事业晓云轻。昨将旧冠重整，义气满乾坤！悲凄楚，羡温生⑤，笑阳城⑥：万言时事，千古高风，一片丹心！

---

① 《鸣凤记》释见本书第四册第311页。此依据《六十种曲》本及《缀白裘》本钞录。两本略有不同，此从其善者。《写本》一名，《六十种曲》本作《灯前修本》；今从通称。

② 王世贞，明太仓人，字元美，号凤洲，又号弇州山人。嘉靖进士。杨继盛下狱，时进汤药；又代其妻草疏。既死，复棺殓之，严嵩大恨。会其父忬以滦河失事，嵩乃构忬于帝，系狱。世贞与弟世懋伏嵩门请贷，不应。卒论斩。兄弟号泣持丧归。后嵩败，世贞累官至刑部尚书。平生好为诗古文，独主坛坫者二十年。其持论文必西汉，诗必盛唐，而藻饰太甚，晚年始渐造平淡。著有《弇州山人四部稿》等。

③ 天步，天运也。

④ 《诉衷情》为词调，今插入说白，为说白引子。

⑤ 温生，温峤也。峤，东晋初年人。明帝时为中书令，王敦忌之，补丹阳尹。峤还都，奏敦逆谋，先为之备。敦反，加中垒将军，率师讨平之。后苏峻反，峤又与陶侃共破之。

⑥ 阳城，唐北平人。德宗召为谏议大夫。诸谏官纷纷言事细碎，天子益厌苦之，而城方与客日夜痛饮。韩愈作《争臣论》以讥之，城亦不以屑意。及陆贽等贬，帝怒未解，中外惴恐，无敢救者，城帅拾遗王仲舒等上疏论裴延龄奸佞，贽等无罪。帝又欲相延龄，城曰，“延龄为相，城当取白麻坏之”，恸哭于庭。乃迁城为道州刺史。

我杨继盛向为谏阻马市，谪贬万里边城①。今因仇贼奸谋败露，钦升孤臣为兵部武选司员外郎之职。……既已感激天恩，敢不舍身图报！目今蜥蜴虽除，虎狼入室，严嵩父子秉政弄权②；妒贤嫉能，诛戮上干首相；卖官鬻爵，取利下尽锱铢；以刑余为腹心，招奸邪为子弟③：若不早除贼党，必至大害忠良。向日王宗茂④、徐学诗⑤、沈练⑥等虽尝劾奏，不过止言其贪污而已，若其大逆无道，圣明尚在未知。下官目睹其奸，岂容坐视！今晚就此灯下，草成奏章；明早上渎天听。倘蒙见准，朝野肃清在此一本也！唉，这贼臣僭窃多端，正所谓罄南山之竹，书罪无穷；决东海之波，流恶难尽！这一幅有限的奏章，叫我如何写得尽吓！（写介）

【解三醒】恨权臣协谋助党，专朝政颠覆乾纲！我写不出他滔天的深罪样！我写不出他欺罔的暗中肠！他罪恶多端，叫我从哪一头写起吓？有了！我只写他一门六贵⑦同生乱，更兼他四海交通货利场[3]。还思想，毕竟是衷

① 杨继盛，明容城人。嘉靖二十六年进士。鞑靼部长俺答犯京师，咸宁侯仇鸾办寇，中情恇怯，请与俺答开马市于大同，以免战斗。继盛以为仇雠未雪，遽议和示弱，大辱国，乃奏言十不可、五谬。鸾恨之，下继盛狱，贬为狄道（今属甘肃兰山道）典史。已而俺答数败约入寇鸾奸大露，疽发背死，戮其尸。帝思继盛言，累迁为兵部员外郎。

② 严嵩，明分宜人，弘治进士。世宗时累官太子太师，居首辅，构杀夏言，恃宠揽权，凡直陈时政者皆斥戮之。嵩子世蕃为太常寺卿，父子济恶。久之，帝浸厌嵩，御史邹应龙极论嵩父子不法。帝令嵩致仕，下世蕃于理，籍其家。

③ 指其义子赵文华等。

④ 王宗茂，明京山人，嘉靖进士，官南京御史。时先后劾严嵩者皆得祸，中外慑其威。宗茂拜官甫三月，即疏劾嵩负国八罪。谪平阳县丞。

⑤ 徐学诗，明上虞人，嘉靖进士，官刑部郎中。俺答薄京师，诏询制敌策，学诗愤然曰，“大奸柄国，乱之本也”。因疏陈严嵩奸状甚悉。下狱削籍。

⑥ 沈练，明会稽人，嘉靖进士，官锦衣卫经历。俺答犯京师，诏廷臣议，练昌言敌由严嵩父子，上疏劾嵩大罪。帝大怒，杖之数十，谪佃保安。后为人诬告谋乱，遂弃市。

⑦ 指其子孙严世蕃、严效忠、严鹄、严鸿等。

情剀切，面诉君王。

（作手疼介）呀，我这手指向被问官拶折①，终不免有些伤损，才写得数行，就疼痛起来！嗳，莫说疼痛，我杨继盛就死何辞！

【前腔】叹孤臣沟渠誓丧②，只为那元恶猖狂[4]！（又写介）我杨继盛虽非谏官，若我不言，更无人言矣！（叹介）怪当朝无肯攀廷槛③，又谁个敢牵裳④？[5]奇怪！又写得两行，这手指就流血起来！唉，且由他！我一心要展擎天手，管不得十指淋漓血染章！还思想，此本一上，不要说是言言剀切，只须这泪痕血迹，感动君王！

（内作鬼声介）呀，好奇怪！四面绝无人声，是什么响？敢是鬼声？

【太师引】细推详，这是谁作响，我心中自忖量。我晓得了，也不是什么鬼，敢是我祖宗的亡灵，恐我有祸，叫我不要上这本吓！敢是我亡亲垂念？唉，我那祖宗，你只愿子孙做得个忠臣义士，须教你万古称扬！大抵覆宗绝嗣也是一个大数，何虑着宗支沦丧！（鬼又叫介）（生）你不要叫了，纵然你哀鸣千状，我此心断易不转，怎能阻我笔底锋芒！我就拼得一死，也强如李斯夷族赵高亡⑤[6]！

（灯下鬼现形介）（生）呀，不惟闻其声，抑且见其形。

---

① 指以前劾仇鸾下狱时事。

② 此用《孟子·滕文公》下篇“志士不忘在沟壑”语意。志士，守义者也，故常念死无棺椁，没沟壑而不恨也。

③ 汉朱云少轻侠，成帝时为槐里令，上书愿借上方剑，斩佞臣张禹。帝怒，欲斩之。御史将云去，云攀折殿槛呼曰，“臣得从龙逢、比干游地下，足矣！”帝赦之，命勿易槛，以旌直臣。

④ 三国时辛毗为魏侍中，好直谏。文帝欲徙冀州士家十万户实河南，毗谏不听。帝起入内，随而引其裾。帝遂徙其半。

⑤ 赵高，秦二世时丞相。蒙蔽二世，弄权自恣。卒弑二世，立子婴。子婴既立，族诛之。

【前腔】这是幽冥谁劣像?[7]你在此现形呵，似教我封章勿上。你虽然如此，怎当我戆言方壮!（鬼作悲介）（生）你自去罢，休得要在此悽惶！我晓得了，你也不是什么鬼，想是我忠魂游荡？我就死呵，也须做厉鬼颠狂！人生在世，左右一死，生如寄死谁曰难，须知安金藏剖腹屠肠①[8]！

（鬼灭灯，下）（生）可恶那鬼儿竟把这灯儿打灭了！此际已将三更时分，小厮们俱已睡去，（叫介）小丫鬟②点灯来！

【生查子】（旦秉烛上）良人素秉忠，封事频频上。清夜谩劳神，幽闺添悲怆![9]

（生见介）呀，缘何夫人自家秉烛？（旦）此际已将半夜，丫鬟们俱已睡熟；妾闻相公在此喧嚷，故特秉烛而来。（点灯在台介）（生）呀，夫人，好奇怪！下官方才在此写本，忽听得四面潜作鬼声；少顷，灯下现出一鬼，披发赤身，满面流血，似有悲切之状；竟把灯儿打灭去了。（旦）此事奇怪，恐非吉兆。请问相公在此写何奏章？（生）此乃国家大事，你问它怎的？（旦）妾闻皋夔稷契③优游无事，谓之良臣；龙逄④比干⑤因谏而死，谓之忠臣。妾愿相公为良臣，不愿相公为忠臣。（生）夫人，忠良本无二理，顾身之遇不遇耳。皋夔稷契遭逢尧舜，故得吁咈⑥一堂；设使当龙逄比干之时，敢

---

① 安金藏，唐长安人，在太常工籍。时睿宗为皇嗣，有诬皇嗣反者，武后命来俊臣鞫状。金藏曰，“公既不信金藏之言，请剖心以明皇嗣不反。”即引佩刀自剖其胸，肠出而仆。后令舉入宫，傅以药，经宿始苏。后临视太息，即诏停狱。

② 丫鬟，婢女也。梳头为两髻，如丫叉，故名。

③ 皋，皋陶，舜之士官。夔，舜之乐官。稷，即弃，舜之稷官。契，舜之司徒。

④ 关龙逄，夏时人。桀为长夜之饮，龙逄谏，立而不去，桀杀之。

⑤ 比干，商纣之诸父。纣淫乱不止，比干曰，“为人臣者不得不以死争”，乃谏纣三日不去。纣杀而剖其心。

⑥ 吁咈，《尧典》上纪尧舜与其臣问对间欢辞，此借为君臣相得之状。

不竭忠尽谏！（旦）妾问君子见几，达人知命。……况相公职非谏官，事在得已，纵然要做忠臣，养其身以有待，何如？（生）夫人，苟利社稷，死生以之！吕奉先为国而杀董卓①，郑虎臣率民而诛似道②：匹夫尚然有志，臣子岂容无为！我自草茅韦布之时，常恨不能见用。今见用矣，犹曰彼非吾职而不言，是终无可言之日也！况今言路诸臣不过杜钦③谷永④者流，摭拾浮词以塞责耳，若我坐视，元奸大恶岂能剪除！（旦）呀，察言观色，洞见其衷，相公此本莫非要劾严老么？（生）然也。（旦）呀，相公吓！妾闻投鼠必忌其器⑤，毁椟恐伤其珠。严老宠固君心，贿通内监，夏太师⑥且受其殃，曾御史⑦并遭其毒。今上既信他大诈若忠，必罪你居下讪上。倘触犯天颜，恐祸有不测。相公请自思省！（生）夫人，难道你还不知我生平心迹么！贪生害义既非烈丈夫，杀身成仁才是奇男子。今日之本，我非侥幸不死，沽名干誉；

---

① 吕布，后汉九原人，字奉先。事董卓，誓为父子。灵帝崩，董卓多为不道，王允密诱吕布杀之。授布奋威将军，封温侯。

② 郑虎臣，南宋人，为会稽尉。父为贾似道所害。似道以姊为贵妃，累拜大丞相，权倾中外。元兵迫建康，似道单舸奔扬州，谪高州团练副使，循州安置。虎臣自请监押，拉杀之于木绵庵。

③ 杜钦，西汉人。成帝时大将军王凤以外戚辅政，奏请钦为武库令。后征诸大将军幕府，国家政谋，常与计议。

④ 谷永，西汉人，建昭中为太常丞。数上疏言得失。成帝时王氏方盛，五侯兄弟争名，永与楼护俱为五侯上客。永前后所上四十余事，专攻帝与后宫，而已党于王氏。帝知之，亦不甚亲信。

⑤ 鼠近于器，恐伤器，遂不敢投鼠。汉谚云“欲投鼠而忌器。”见《汉书》。

⑥ 夏言，明贵溪人，字公谨，正德进士。世宗时为给事中，以强直开敏结主知。去谏官未浃岁而拜六卿，遂参务，居首辅。严嵩妒之，言渐失帝意。嵩浸用事，日相龃龁。以赞决陕西总督曾诜请复河套事，夺职放归。嵩复为仇鸾草奏讦言受诜金，交通为奸利，卒坐弃市。后嵩败，其家讼冤，复官，追谥文愍。

⑦ 曾诜，明江都人，字子重，嘉靖进士。历总督陕西三边军务，有胆略，善于用兵。立志复河套，条上方略十八事。为严嵩所诬，诛死。隆庆初，追谥襄愍。

多将颈血溅地，感悟君心。倘能剪除逆贼，得与夏曾二公报仇，我杨继盛就丧九泉，亦瞑目矣！夫人何必苦口相劝！（旦）相公坚执如此，恐我夫妇死无葬身之地矣！（旦悲介）

【啄木儿】听哀告，说审详：自古道“从容就死难”，念曾公忠义遭伤，痛夏老元宰受殃，看满朝密张罗雉网！前车已覆须明鉴，相公，你休得要无益轻生绝大纲。

【前腔】（生）夫人，你何须泣，不用伤！论臣道，须当要扶纲植常。我骂贼舌不愧常山①，杀贼鬼何怯睢阳②[10]！事君致身当死难，夫人，你休将儿女情萦绊，我大丈夫在世呵，也须要烈烈轰轰做一场！

【三段子】（生）相公，你此心何壮！矻睁睁铜肝铁肠。我这苦怎当！哭哀哀儿啼女伤。（生）夫人，你譬如杞梁战死沙场上，其妻哀泣长城丧。③[11]却不道千载贤愚总归黄壤！

【归朝欢】（旦）儿夫的、儿夫的节重义刚，顿忘了终身依仰！今朝后、今朝后未卜存亡，是伊家自贻祸灾，倩谁祈禳[12]！

【尾声】（生）我明朝碎首君前抗，夫人，我死之后，将我尸骸暴露休埋葬！（旦）那是为何？（生）古人自以为不能进贤退不肖，既死犹以尸谏，我杨继盛呵，须把我义骨忠魂渎上苍[13]！

赤心为国进忠言。（旦）相公，你休触天威犯御颜！（生）此去好凭三寸

① 唐玄宗时，颜杲卿为常山太守，起兵讨安禄山。为禄山所执，不屈，痛骂之。支解其体，骂犹不辍；割断其舌而死。

② 安禄山反，张巡守睢阳，累战皆克。食尽，杀爱妾以飨士。城陷，为贼所杀。

③ 杞梁，齐庄公时人。齐与莒战，杞梁死焉。《左传》云，“齐侯归，遇杞梁之妻于郊，使吊之。辞曰，‘殖（梁名）之有罪，何辱命焉！若免于罪，犹有先人之敝庐在，下妾不得与郊吊。’齐侯吊诸其室。”《左传》上的话不过如此。后来《孟子》上说她善哭，《列女传》上说她枕杞梁之尸而哭，十日而城为之崩，渐渐地成功了现在的孟姜女故事。

舌，（旦扯介）相公，还是不要上的好！（生）放手！咻，再来不值半文钱！（下）（旦）阿呀！相公吓！

【哭相思】今宵不听妻言语，来朝只恐祸临身！（下）①

作者简介

王世贞（1526—1590年），字元美，号凤洲，又号弇（yǎn）州山人，太仓（今江苏省太仓市）人。明代著名文学家、史学家。嘉靖进士，官至南京刑部尚书。与李攀龙同为明代“后七子”首领。倡导复古摹拟，主张文必秦汉，诗必盛唐。平生好为诗古文，对戏曲也有研究。著有《弇州山人四部稿》等。

延伸阅读

这折戏写出了杨继盛疾恶如仇，誓死与奸佞严嵩斗争到底的坚强决心，以及视死如归，忠君报国的凛然正气。当然，也写出他当时不可避免的历史局限（愚忠）。然鬼魂阻止、夫人哭劝，终未能动摇他“修本”的决心，场面十分感人。曲词较为本色，主人公的性格也很丰满，是明代传奇中以政治斗争为题材的代表作。

［1］天步：指国运、时运。乘除：变化之意。仕路：就是宦途，做官的道路。

---

① 疏入后，下继盛诏狱杖之百。系三载，杀之。年四十。临刑赋诗曰，“浩气还太虚；丹心照千古。生平未报恩，留与后人补！”天下相与流涕传颂之。初，继盛之将杖也，或遗之蚺蛇胆。却之曰，“椒山自有胆，何蚺蛇为！”——椒山，继盛别号也。及入狱，创甚，夜半而苏，碎瓷碗手割腐肉。肉尽，筋挂膜，复手截去。狱卒执灯，颤欲坠。继盛意气自如。后七年，嵩败。穆宗立，恤直谏诸臣，以继盛为首，赠太常少卿，谥忠愍。

反掌：这里是翻手为云覆手为雨的意思。

［2］“豺狼盈帝里”二句：豺狼，指奸臣。帝里，帝都，京都。此二句言京都充斥奸臣，须以笔作剑加以挞伐。

［3］“他一门六贵同生乱”二句：严嵩贵为太师首相，一门有六人升官，共同乱政，使国家成为奸臣们互相勾结、贿赂、收买，争利于市、争名于朝的场所。

［4］“叹孤臣沟渠誓丧”二句：孤臣，失势无援的臣子。沟渠，犹沟壑，转乎沟壑。谓忠臣死而弃尸溪谷，只因为奸臣元恶太猖狂。

［5］“怪当朝无肯攀庭槛”二句：庭槛，庭通“廷”，朝廷。槛，门槛。以汉成帝时朱云攀折殿槛请斩佞臣和三国魏文帝时辛毗拉住文帝衣裳谏净的故事，批评当朝无人能像朱云、辛毗那样向皇帝参本，弹劾严嵩奸党。

［6］“也强如李斯夷族赵高亡”：李斯，秦代丞相，秦始皇死后，与赵高共谋，矫诏杀死太子扶苏，立胡亥为帝，后被赵高诬以谋反罪，处以腰斩。赵高本是宦者，杀了李斯后，自为丞相，独揽大权，后又杀二世胡亥，立子婴为帝，子婴立，乃诛高。杨继盛认为纵然上本会招致杀身之祸，也比奸臣李斯、赵高的灭族和被杀要强得多。

［7］“这是幽冥谁劣像”句：幽冥，就是阴间。劣像，难看的形象。谓阴间这么难看的形象是谁？

［8］剖腹屠肠：剖腹出肠。

［9］良人：就是丈夫。封事：密封的奏章。清夜：深夜。谩，不要。幽阃：阃，古代妇女居住的房子。幽阃，犹幽闺。

［10］“骂贼舌不愧常山”二句：骂贼的舌不愧当年的常山太守颜杲卿，杀奸贼不比睢阳张巡胆怯。

［11］“譬如杞梁战死沙场上”二句：你只当我如范杞梁战死沙场，孟姜女哭断长城。

［12］“是伊家自贻祸灾”二句：这是你自招灾祸，谁能消弭这灾祸呢！伊家，你。贻，给。倩，请。祈禳，祈祷消灾。

［13］须把我义骨忠魂渎上苍：要夫人不要埋葬他的尸体，他要尸谏皇上。上苍，苍天。渎，这里作冒犯讲，是谦词，意为义薄云天，满怀忠义，惟天可表。

四十 太戈尔[①]的印度国歌[②]

郑振铎

太戈尔是一个印度的国家主义的诗人。如果突然的有了一场天灾，把太戈尔所有的哲理深邃的论文、所有的专门的历史的解释、所有的激动心灵的短篇小说、所有的有力的比譬的戏曲、所有的布局谨严的长篇小说、所有的美丽动人的抒情歌谣……一切都毁灭了，而住在印度的人仍然会记起这个大诗人的，因为他的国歌使印度人的口永远不会忘记了它们。他的国歌具有印度生活的不朽的印记，印度的名称存在一天，它们即有一天的影响。

欧洲的史诗与抒情诗是不常深住于群众的心中的；印度则不然，他们的诗歌大概多以口相传的。所以太戈尔的爱国诗歌几乎没有一处不在唱着。清晨的时候，朝阳耀着它的金色的光采，便有许多人在路上唱着这些歌，唤人醒来，加入对于神与祖国的祈祷。午潮满涨的时候，牧童在榕树的绿荫底下游戏，他们也对着他们自己，对着枝上的鸟、田野中的牛唱着这些诗歌。当

① 拉宾特拉那斯·太戈尔（Rabindranath Tagore）是现代印度的一个最伟大的诗人。生于一千八百六十一年五月六日。他的家庭是印度彭加尔（Bengal）著名的望族。他的文章看起来很浅近，实在含意甚多，都有他的哲学思想包孕着。他的著作有《吉檀迦利》（*Gitanjali*）、《采果》、《新月》、《园丁》、《飞鸟》等诗集，《邮局》、《春之循环》、《牺牲》、《齐德拉》（*Chitra*）、《暗室之王》等戏曲，《饿石》、《姨母》、《家庭与世界》等小说，《生之实现》、《人格》、《国家主义》等论文集，又有他的自传《我的回忆》，是描写内心生活的唯一杰作。

② 此篇从《太戈尔传》摘录，原文登《小说月报》第十四卷。

印度的景色浴在落日的淡光中时，船夫向下游驶去，农夫肩锄回家——他们又都在唱着太戈尔的这些国歌。他们在国家的国会与会议中唱着，在王子的宫中、乞丐的口中唱着，在结婚时与祈祷时唱着。

有些批评家以为太戈尔的国歌未免太软弱了，似仅适于印度的现在的应用。这是实在的，他没有火焰一般的热力，没有瀑布一般的涌涛；这也是实在的，他的国歌所能引起的仅是较柔和的情绪，没有刚锐强毅的反抗精神。然而印度的精神原是退让的。当他们唱道："你的祖国在竞斗着，在受苦着，唉！她在饥饿着，仅有肯尽责任的儿子才能解母亲的忧呀！"其影响实较唱"醒来，快起来，战胜，而且把压迫者的暴力冲到地下去！"为更大。太戈尔的国歌即是具有前者的精神的。他把祖国理想化了，他用许多种的方法来说明她，在读者的心中起了许多种的热情。他叙她①的金浪起伏的稻田，她的微笑而芬芳的花朵、歌唱着的鸟、潺湲着的溪流，以及尖耸的山峰、甜蜜的家庭，而笼罩以热情的爱感。他唱道：

"我的祖国，我对你供献了我的身体，我为你牺牲了我的生命；我为你而哭泣；我的音乐也将唱歌着为你而祈祷。

"虽然我的臂腕无助而且无力，而它们仍将为你——仅仅为你——的缘故而去做事；虽然我的刀不庄严的污锈了，而它仍将斩断束缚你的链子的，我的甜蜜的母亲！"

有几任的英国的印度总督想摧残彭加尔的爱国运动的精神，采用了俄国的告密及审判制度。太戈尔的歌鼓励起爱国者的精神。他的歌感发青年人的灵感，使他们为祖国而受苦，而牺牲，而微笑地走上断头台。有一个印度的

---

① 此指祖国。

爱国者，当他受死刑时，他口中还唱太戈尔的下面的歌：

“兄弟，不要灰心，因为上帝并不曾在睡！

绳结愈紧，你的束缚的时期也将愈短。

咆哮之声愈高，你也将愈快地从你的酣睡中醒来。

压迫的打击愈厉，他们的旗帜也将愈快地与地接吻。

“不要灰心，兄弟，因为上帝并不曾在睡！”

当印度的青年爱国者受尽了各方面——他们的朋友、亲戚，甚至于他们自己的父母——的压迫与嫉视时，他们又在太戈尔的“跟随着光明”那首歌里得到了鼓励与感发的甘泉：

“如果没有人响应你的呼声，那末，独自地、独自地走去吧！

如果大家都害怕着，没有人愿意和你说话，那末，你这不幸者呀！且对你自己去诉说你自己的忧愁吧！

如果你在荒野中旅行着，大家都蹂躏你，反对你，不要去理会他们，你尽管踏在荆棘上，以你自己的血来浴你的足，自己走着去！

如果在风雨之夜，你仍旧不能找到一个人为你执灯，而他们仍旧全都闭了门不容你，请不要灰心，颠沛艰苦的爱国者呀！你且从你的胸旁取出一根肋骨，用电的火把它点亮了，然后跟随着那光明！跟随着那光明！”

作者简介

郑振铎（1898—1958年），笔名西谛、郭源新等。福建长乐人，1898年出生于浙江永嘉（今温州市）。北京铁路管理学校毕业。“五四”爱国学生运动领袖之一，是现代著名作家、考古学家、藏书家，卓越的社会活动家、杰出的民主战士。先后担任商务印书馆《小说月报》主编，燕京、清华、复旦、暨南等著名大学教授。建国后，当选第一届全国政协委员、全国人大代表，历任国家文物局局长、文化部副部长等职。1958 年 10 月 18 日在率领我国文化代表团访问阿拉伯联合共和国及阿富汗途中，因飞机失事殉职。

延伸阅读

本篇为郑振铎的《太戈尔传》第九章《国家主义与世界主义》的节选。《太戈尔传》对传主的生平经历、思想主张、文学成就等进行较为生动的描述，原在 1923 年《小说月报》第 14 卷第 9、10 号连载，后单独成书出版。

太戈尔（1861—1941 年），现译泰戈尔，印度著名诗人，社会活动家。出生于加尔各答，曾留学英国，一生出版诗集五十余部，其所作的《人民的意志》后来被定为印度国歌。1913 年，泰戈尔获得了诺贝尔文学奖，他的诗歌对中国的影响很大，陈独秀早在 1915 年《新青年》创刊之始，就翻译刊登了泰戈尔的诗。泰戈尔的诗催促了新诗草创期最重要的诗体“小诗体”的诞生，促进了诗歌从传统到现代的变革。冰心小诗代表作《繁星》《春水》创作的灵感就来自泰戈尔的《飞鸟集》。

四十一　爱尔兰爱国诗人

刘　复

爱尔兰地处英伦之西，相隔一衣带水。初亦独立；自十二世纪中叶为英王显理二世[①]所败，遂属英。世称英吉利三岛[②]，此即一也。

爱尔兰多慷慨悲歌之士。七百年来，革命之军旋起旋灭者几于史不胜载。至欧战开场时，争持尤急。虽历史、报纸莫不斥为叛徒，要其是是非非不能视一朝之成败为定案。欧战既起，爱尔兰自请暂罢内讧，合御外侮；英人许之。遂自组义勇军，揭英吉利国徽，一反往时行动；实则潜蓄势力，以义勇军为将来革命之根基；别组一新芬党[③]指挥其事——新芬者，言自卫也。

本年[④]耶稣降生节前，义勇军起事，自称爱尔兰民主国，举皮亚士[⑤]为总统，而以麦克顿那[⑥]为指挥之长。然厥势极孤，外无援系，鼓声甫起而失败之神已在旁张吻而笑矣。此事结果，义勇军之解散者如干队，首领之受军法裁

---

① 英王显理二世（Henry Ⅱ），通译作亨利第二。

② 英吉利附近小岛甚多，而大岛实止两个。在东的最大，分英格兰（England）威尔斯（Wales）苏格兰（Scotland）三部在西的便是爱尔兰（Ireland）。但苏格兰北部高地因开通运河而分离，遂有三岛之称。

③ 新芬（Sinn Fein），于英语为 Us for Ourselves。组织于一九〇五年。

④ 本年指一九一六年。

⑤ 皮亚士 Patrick Pearse。

⑥ 麦克顿那 Jhomas Macdonagh。

判、于耶稣降生日[①]处决者如干人。中有三人最为世界文人恸悼，一即皮亚士，一为麦克顿那，又其一则为柏伦克德[②]，三人盖均爱尔兰文坛盟主，以善为叶律之诗[③]为世传诵者也。

约瑟柏伦克德为伯伦克德伯爵之子。伯爵亦以革命故，褫爵，放逐于外；柏伦克德一族世世居都柏林[④]，为爱尔兰望族，故爱慕祖国之念最切。约瑟治神道之学，为诗亦以敬天法帝为归，有《火焰诗》[⑤] 七首、《悲天行》[⑥] 三首最佳。《火焰诗》曰：

我昔最惧死，不愿及黄泉。自数血战绩，心冀日当天。日当天，血腥尽散如飞烟。

我昔祷上帝，极口求长生。长生如可得，愿待天色明。天色明，毁桎折梏任我行。

我昔祷上帝，哀哀乞帝怜。帝灵如答我，铁石我心坚。我心坚，我力虽弱，何惧虎狼当我前！

吁嗟往日事，重提大可耻！灵魂当吐神圣焰，奈何趑趄独畏死！我今重呼上帝名，矢身直进死不止！

我何有？有两手。洪水可治之；敌来斩其首。投荒、蹈海我不辞艰难，欲喋我血我不走！

天道欲战，我则操戈。帝心欲战，我剑是磨。我惟顺帝命，不问敌之文

---

① 耶稣降生日系十二月二十五日。

② 柏伦克德 Joseph Plumkett。

③ 叶律之诗，诗之可与音乐相配者之谓，对于普通散曲而言也。

④ 都柏林（Dublin），爱尔兰首都。

⑤ 《火焰诗》The Spark。

⑥ 《悲天行》I see his blood upon the rose。

野如何！异日歼敌，听我凯歌。

帝心如炎火，熊熊万古明。帝火既不灭，何惜自牺牲！即与死神同舟航黑海，我亦含笑而登程！

《悲天行》曰：

帝血沃玫瑰①；帝目耀明星②；帝身喻白雪；帝泪化甘霖。

帝容百花妍；帝声鸟语媚；鸣雷当啸歌；削石为文字。

悲哉帝路坏，帝心海翻澜！树尽十字架；荆棘悉作冠③。

麦克顿那精擅英文，尝教读于皮亚士所创学校；二人相共四年，遂为契友。后为国民大学英文教授。暇辄移译皮亚士诗及爱尔兰诸名家诗为英文，布之于世：以爱尔兰文通行不广，欲令世人尽知爱尔兰人精神所在，不得不以英文为媒介，固未可以英人之故移恨英文也。麦氏亦能自作诗；有《咏爱国诗人》④ 三首，为全集五巨册中最佳者。诗曰：

寥寥数章，矫然千古！瓦釜雷鸣，乱其律谱。

毕生勋业，一言了之。更残人静，歌哭自知！

诗魂震铄，瓦釜失声。夜尽天明，始见精诚！

皮亚士于三人中声望最隆，尝于都柏林近处创圣恩搭圣伊答两学校，躬执教鞭于其中。所长诗而外兼能谱曲，有剧本数种行世。诗已刻者仅一册；身后遗集有无知己为之订刊，现尚不能知之。然此仅其余绪，皮亚士生前自有抱负，殊未暇计及此也。皮亚士尝自为揭橥宗旨之言，谓我所大欲但求义

---

① 译者原注："玫瑰花色香兼备，为百花冠，西人文中恒以喻美人侠士，英国且视为国花，故以玫瑰比帝血。"

② 译者原注："星能发光，光明为幸福之征，故以比帝目。"

③ 译者原注："耶稣受磔刑时，首冠荆棘之冠，身钉十字之架，故末章云然。"

④ 咏爱国诗人 On a Poet Patriot。

侠义之魂复尔爱尔兰耳[①]；故所为诗多性灵激荡之作。集中有《割爱》[②]一首，麦克顿那译，最有名。诗曰：

瞩尔玉体，美中之尤！惧短我气，急闭双眸。

闻尔妙音，美中之美！我惧魂销，乃掩我耳。

接尔双唇，甘美无伦！惧毁我事，强制我心。

既蔽我眸，又掩我耳；终制此心，爱情以死。

历彼幻梦，弃之若遗。回首就道，勇进莫疑！

我今去汝，瞻望前路，见义而为，觅我死处！

受刑之前一夕，皮亚士自作《绝命词》二章，亦激昂慷慨、有虽死犹生之概。诗曰：

守钱吾非虏；荣誉今亦毁；恩爱多酸辛，用随秋草萎。

无钱遗家人；无名传青史；愿帝取我魂，移植后人体！

又有《绝命书》一通，于受刑之晨写寄老母，亦不朽之作。兹译如下：

我至爱之阿母，儿至此时尚思与阿母相见，然恐万难办到。阿母乎，我至爱之阿母乎，从此别矣！

此信之外，另书两纸。一纸述家中经济事；照彼办去，儿虽死，想阿母风烛残年尚不难度日。又一纸言处置儿所遗书籍事；此项书籍乞阿母代为收庋。记得某书中尚有吟草数纸；阿母能为检出，与家中书架上儿手录诗草放置一处否？倘无暇，即不必：世上应做之事甚多，此琐琐屑屑者本不必措意也。

---

① 原语为 My greatest idea is to bring back the soul of chivalry to Ireland。

② 割爱 To His Ideal。

儿今已进圣餐①，自觉甚乐；所悲者与吾母永别耳。然人生百岁终有一死，死法如何，惟上帝主宰之，人不能自择，今上帝以如是之死予我，其福我者已厚至无可言说。盖我之所死，是有血性人之死，是为爱尔兰与自由而死，无量数死法之中此为最优也。儿党作事未错；今日骂我者将来总有誉我之一日。阿母不可戚戚于一时之毁誉，亦万不可以儿死之故自伤其心：当知阿母不生他儿而生我，正惟上帝畀阿母以正当之职任；儿之不敢贪生，愿以一死报爱尔兰，亦正惟谨从上帝之明训，自尽职任以报阿母也。

至爱之阿母乎，别矣！别矣！阿母爱儿，亦爱祖国；以爱儿兼爱祖国之故，精神上所受痛苦多矣。然上帝有知，必福阿母。世界上悲欢离合之事虽多，要惟灵魂快适方能算得上帝特赐之真幸福也！

儿与阿父相见即在目前；与阿母团聚之时想亦不远。此时此刻，儿亦不知何以答谢阿母爱儿之惠；但能输我灵魂，刻刻萦绕母身，直至最后一呼吸而后已！

尔之爱儿派屈立克上。

观此，可知爱尔兰之事未必即此遽了②。说者谓爱尔兰民主国寿命虽仅一日，而其勉示来兹者实无尽期。

作者简介

刘复（1891—1934 年），字半侬，后改字半农，江苏江阴人，《新青年》重

① 圣餐，译者原注：“西俗，重犯行刑时必令进圣餐，且令牧师为作忏悔之事以邀冥福。”

② 爱尔兰事件为英国最难处理的问题。欧战以后，又经了好几次革命，演过了好多回喋血的惨剧，现在居然把爱尔兰自组政府、自设议会的案子，在英国议院中通过承认了。

要撰稿人之一，北京大学预科教授。1920 年赴欧留学，同年 9 月作新诗《教我如何不想她》，后被赵元任谱曲传唱，流传至今。1925 年获得法国国家文学博士学位，论文《汉语字声实验录》获法国康士坦丁·伏尔内语言学专奖。获得法国国家文学博士学位。1925 年秋回国后复任北京大学教授，并兼任北京大学研究所国学门导师和国立北平大学女子文理学院院长。1926 年出版诗集《扬鞭集》《瓦釜集》。1927 年出版摄影漫谈《半农谈影》，是中国第一部系统的摄影美学专著。1934 年 6 月前往内蒙古等地实地调查北平、绥远沿线方言音调和声调，在考察途中遭昆虫叮咬染上回归热，7 月在北京病逝。刘复长于音韵学，著有《四声实验录》《中国文法通论》等。另著有杂文集《半农杂文》《半农杂文二集》《赛金花本事》，译有《法国短篇小说集》《茶花女》等。

延伸阅读

本篇原载《新青年》第 2 卷第 2 号，1916 年 10 月 1 日出版，作者署名刘半农，为《灵霞馆笔记（一）》。本文介绍了爱尔兰著名诗人皮亚士、麦克顿那和柏伦克德，三位诗人都在爱尔兰独立运动中被处决。刘半农译介了三人的诗歌，这些诗歌大多歌颂自由和爱国精神，或者慷慨赴死的勇气，宣扬了爱国主义、英雄主义、自由主义和个性解放的资产阶级民主主义思想，有益于新文化运动的发展。

四十二　野心

严既澄

柔媚醉人的春光从无何有之乡复归于我们的大地来，忽忽过了两个多月了。这时候的世界已经是整个地投入于鲜妍繁丽的光景中，而湖边的春色更是特别撩人，尽量地把春的神秘的美宣泄出来，想勾引一切的生物都到这里来赏玩。在那里似乎有无限的温柔的丝缕准备着牵系游人，游人被它牵着了，便不容易决然舍去，因此，有许多神经衰弱的人便情愿错过了良辰美景，也不敢常常游到这里来。

这湖边有一队小麻雀，都是栖止于附近的树上的；每当金碧辉煌的太阳光灿然晒在湖上的时候，它们便联群结队地飞到岸边来，领略芳菲的景色。在它们看来，这湖边的风景完全是自然母亲特为它们设备的；湖边的一切都是它们所占有，都是自然母亲为增富它们的生活而创造的东西，所以它们也就心满意足地享乐着它们的所有，从没有迁居的企图。其实它们不知道这湖的意思也正和它们的一样：它也正以为这一群的小鸟都是自然母亲特为点缀湖边的景色而安置于此的呢。而来到湖边吟诗或写生的人也都把小鸟描写入他们的诗和画之中：在这一点看来，或者是湖的意思对了。

然而小麻雀不管这些事；它们还是骄傲而愉快地合唱着赞颂自然母亲的慈爱的歌。

有一天的早晨，湖边的和平而快乐的空气忽然被一阵枪声冲破了。这是几个骑着马的少年男女打猎的枪声；湖边的麻雀一齐惊起，高高地飞出湖中去逃避，然而中了猎枪而落于地上被猎狗衔了去的已经有六七只之多了。

过了一会，逃出去的麻雀渐渐回来了；大家呼娘唤子地乱了一阵，结果是好几十只放出哭声来。于是几个年长的领袖登时召集一个会议，商量预防后患的计策。

会议了好些时候，大家都承认这是没法可想的事情，于是大家都拿“那几个人是偶然来到的，以后不见得会再来”这一句话互相安慰。大家的烦忧也就略略解除了。

忽然有一只少年的雀抗声说道：“诸位不要大意啊！我知道人类是世界上最残忍的生物，是最坏不过的东西！他们最欢喜做这种拿人家的性命来游戏的事情。那几个人这一次既然打杀了我们六七个亲友，他们必自以为成绩很好，说不定一两日就要重来的。我们虽然是弱小的生物，没法去抵抗他们的淫虐，但也总得要寻个自卫的方法，以消极地避免他们的杀戮。诸位又怎可以假定他们不再来，便不去另觅生存之计呢?”

一群长老都愕然了。它们见小麻雀侃侃而谈，颇有些目无尊长的神气，早已有些不大高兴了；何况小麻雀的话又似乎有些责备它们的意思，它们又怎受得下去呢！于是一个长老便沉着脸，严肃地问它道：

“难道你倒有甚么高见么?”

“是的，虽不敢说是高见，但也似乎是可行的计划。”

“那末，你就提出来，大家商量商量看。”

“很简单的，只要大家不惮一日的劬劳就好了。”——小麻雀似乎很高兴，声音越提越高了——“诸位不知道湖中心有一个没人居住的小岛么？从前曾有许多长老说过，这岛上的食物很丰富，而且从来没有一种鸷鸟或猛兽到过那边去。我想，这个岛虽说是距离不远，但既然在这湖中心，那我们只要费一日的飞翔，没有飞不到的。现在我的意见，就是一齐迁居到这岛上，从此便到了乐土，不再愁甚么危险了……”

“哈哈!”“哼哼!”一阵非笑的声音在它的话还没有说完的时候便已哄然发出来。

“我道你有甚么妙策呢！究竟还是小孩子稚气未除，说出这样的不知天多高地多厚的话来！算了罢！飞到湖中心的岛上去，这是我们做得到的事情么?谁不知道那个岛是乐土，还等你来说咧！如果飞到那边去是可能的事情，也没有一个雀到今日还住在湖边了。小孩子懂得甚么?”长老冷然地回过头去了。

“你们怎知道一定飞不到?你们尝试过了么?”小麻雀仍然不屈地抗辩。

“自然咧，尝试的也多了，从没有一个成功；我们只要看见湖水把他们的尸体卷到湖边来，也就知道了。息了你的妄念罢，小孩子！这是神鹰的大翮和人类的飞机所做的事情；如我们这样的渺小的小雀儿也配讲到这些事么！你为甚么忽然动起这种野心来?我告你说：大凡怀抱野心的生物没有不失败的，或者竟至于杀身！就是伟大的人类也逃不了这条公例，何况我们小雀儿呢!”长老的面色愈加严厉，而小麻雀也不敢再说话了。

然而小麻雀的野心是不可制止的；自从那一日以后，它天天站在湖边，只呆呆地向着湖中眺望，恍忽已经清晰地看见了岛上的黄金世界的情形。它的野心驱逼着它，使它一日日地愈加觉着湖边生活的可厌可怜。这样地过了好几天，它的非常的决心终于冲破了它的沉默而毅然表现于它的动作上；大家都愕然失惊了。

它一早飞出巢来，先把几日间储蓄起来的食物饱吃了一顿，便去和几个少年的朋友辞行，把它要独自到湖心去探险的计划对它们说了。这几个朋友虽然心里都替它危险，但知道它早已下了坚毅的决心，断不是言语所能劝得回头的了，便也只有说句预先祝颂它的成功的话。小麻雀也慨然地说道：

“朋友们，我并不是不知道我这一行的危险的；我知道我这一回的野心或者竟要剥夺了我的生命。然而经过几日沉思以后，我只觉得如这样的死，实是极可满意的事情。平凡的生活，我着实过得厌懑透了！我不能不以我自己的能力替我自己的生活激起一点波澜，因此，我这一行就是失败而死，我也是极愿意的。生命虽然完结，但完结于我自己手造出来的波澜中，也就比较死于自然母亲的不可逃避的利刃之下自由得多了。我知道我的能力很小，或者万万达不到我这回探险的伟大的目标；可是，万一我侥幸成功，竟然找着了那个黄金世界，那也很可以壮一壮它们的胆子，使那些能力比我大的雀子安然随着我迁居于那个幸福的岛上。我只要想着衔了岛上的东西回来作证据而引导他们一同飞去时的愉乐与光荣，便够驱策着我不辞这一次的危险与劳瘁了。朋友们，等着消息罢！如果我竟是失败而死，也希望我这一死能够激动你们的替自己的生活制造波澜的勇气，也有一日抛弃了这种平凡无味的生活而做些震动它们的耳目的事情。世界上没有比平凡的生活更可诅咒的东西！你们也随着我诅咒它罢！”

嗤的一声，小麻雀鼓起它的两只小翅膀，望着湖的中央，头也不回，很安定地飞去了。

“哼哼！谁家的孩子这样地不听长老的话，真是‘自作孽，不可活了！’”几只麻雀集在湖边，眼看着湖水飘来的几撮小麻雀的羽毛，在那里议论着。小麻雀的几个朋友，明明认得这是小麻雀的羽毛，觉得小麻雀的命运是可以不言而喻了，大家都禁不住悲怆了好些时。

从此之后，这美丽的湖边便不再看见那野心的小麻雀的影子，而长老们的“野心可以杀人”的公例也就更加获得大多数麻雀的信仰，更不容后生小子有所怀疑了。只有小麻雀的几个少年朋友，却常常惘然地站在湖边，回味着小麻雀临别的一番赠言。

作者简介

严既澄（1899—?），名锲，又名慨忱，笔名严素。广东四会县人。文学研究会成员。上海明诚中学毕业后去日本横滨留学，后进入北京高等工业学校化学科及北京大学英文系、哲学系旁听。1921 年进入上海商务印书馆工作。1925 年任文治大学、上海大学教授，1927 年任杭州盐务学校及浙江省立第一中学教员。1929 年后任北京大学、北京师范大学讲师，中法大学教授。著有《苏轼词》《进化论发见史》等。20 世纪 20 年代创作过儿童诗与童话，大都刊登在《儿童世界》和《小说月报》。

延伸阅读

《野心》最初发表于《文学周报》第 91 期（1921 年 10 月 8 日），署名既澄。这篇童话了讲述了一只有“野心”的小麻雀的故事，小麻雀为了寻找“黄金世界”，毅然选择离开“平凡的生活”去探险，读来引人深思。

四十三　巨敌

[俄国] 高尔该（Maxim Gorky）[1]　著

沈雁冰　译

这个世界是红人和黑人拼死相争的战场。黑人所恃以征服全世界的武器，就是那永远不死的野心——要使全世界人类都屈伏于威权而沦为臣仆的野心。因为他凶暴、贪婪而且险恶，他的黑势力已经像一张极大的翅膀罩住了全世界，使人类发生无限的恐怖。他惟一的愿望就是独霸于世界；仗着黄金、白铁和说谎，他想征服全世界；如果上帝能够帮助他扩张他的黑势力，他也假意敬奉上帝。

他说的话是这样："一切都属于我！我是威权——所以我就是人生的意识和灵魂；我是一切人类的统治者。谁想反对我，那他就是反对人生——他就

---

① 高尔该（Maxim Gorky 一八六八年生）俄国现代小说家，真名为 A. Pyeshkov，然其著作都用 Maxim Gorky 署名——此字在华语为"大苦"。高尔该家境极苦，九岁时父母双亡，寄食于戚家，甚受虐待；久之，高尔该不堪其苦，亡去为伐加河中商轮之侍者，时年仅十二也。其后又历试饼师、侍役、卖苹果诸业；一八九二年始作小说，大为科洛林科（Kololenko）所激赏。科洛林科为当时文坛宗师，俄人所崇拜者也；高尔该既受知于科洛林科，声名亦渐进；《母亲》——言俄国一九〇六年之革命——出版后，遂为文坛上第一流作家。高尔该之时代，适为俄国革命失败、人心消极之灰色时代；并世作者如契诃夫与安特列夫皆为描写此灰色人生圣手，然于讽刺中多含失望之意。高尔该所爱之人物，则为"反抗者"——反抗社会而具有能力与坚强意志之人。故其文愤慨激烈，隐示将有极大之爆发来临，譬如夏雨前之雷声焉。

有罪。”这个黑人就是古代传说所称住在山洞里的毒龙。①

红人的实力即在他对于自由的、理智的、光荣的生活之热爱。他的健进不懈的精神，永远放光明以烛照人生的黑暗；他放射五彩绚烂的“美”的光波，坚毅而挑战的“真理”的烈焰，以及恬静的“爱”的光线。凡他思想所到的地方，就升起了伟大的、自由的火焰，烘烘地卷着一片红光，包围了我们这黑暗而盲目的大地，浴一切人类于快乐的好梦里。

他的话是这样：“世界是我们一切人的世界！凡人都是平等的。人人心的深处有美的世界在；没有一个人应该失望而自愿为威权的奴隶。没有一个人应该是被奴隶的。谁也不该征服谁——为要弄权的缘故而握权，是有罪的”。

这个红人就是古代传说所称的圣乔治，他是屠斩毒龙的英雄；② 从辽远的古代以来，他为了自由与美而僇力，专杀那些作恶的毒物。

一部人类生活史就只是这红人和黑人——真理的战士和诈欺的恶魔——间的战争史；它③包办了人世的一切苦乐、一切佳境和一切惨遇——它真是世界最可爱、最丰富的一篇传说。

在红人和黑人之间，徘优似的跳着一个小小的灰色人。他的惟一的嗜好，

---

① 释见本书第五册第 201 页。[此为中世传说之著名者，西洋儿童读物中大都选之。据英国 Percy 的 Reliques（古圣的遗物）内所收的一首俗歌，圣乔治（Saint George）是 Coventry 的爵爷（Lord）Albert 的儿子。他的母亲因产而死，林中女妖乃窃此新生的婴孩而抚育之，及长，教以武艺。圣乔治身有三处斑纹：在胸前者如龙，在腿上者如武士勋章，臂上者则色赤而形如十字架。乔治既长，周游各地，后至 Libya 城。城中有大湖，方为毒龙所据。毒龙所喷之毒气能杀数城之人，其皮非刀兵所能伤。以此横行于 Libya，逼城人每日献一美貌处女，膏其馋吻。乔治至此城时，适国王之女 Sabra 当供毒龙食，已缚置湖边；乔治急至湖边，救 Sabra，毒龙自湖中出，张口将吞乔治，乔治乘势举矛掷毒龙口中，遂杀之。]

② 释见本书第五册第 201 页。[同上]

③ 指这战争。

是一种穿得很暖、吃得很饱、住得很舒服的生活；而且因为要满足他这一点小欲望，他不惜作践了自己的灵魂，正像一个饥饿的娼妓作践她干枯的身体。任何人的使唤，他都愿意受，只要给他吃饱，住得舒服，且不必劳心。至于喂养他的主人乃何等样的人，他是不问的——野兽也好，人也好，白痴也好，天才也好。在他看来，所谓人生不过是一面镜子，在那里头他只见有自己。他胶漆似的尽黏附着人生，因为他兼有各种寄生物所特具的才能。他的灵魂是微睡的蜴蜥之宫①，出名是“卑琐”的；他的心是灰色的恐怖之家；他的愿望是“多享乐些”，然而又惮于动作，所以他永远是屈辱以求苟安，简直没有一丝刚气。他的职业永远是挑唆。

当黑人在战事中占了上风时，这个灰色人就乘风打劫地向红人偷掷几颗小石子，而且说道：

“你看，反动势力正在蔓延呢！”

当自由与真理的战士（即红人）似乎要露一露头时，这个灰色人就对黑人说：

“你快警备呀，无政府党在蠢动了！”

他只崇拜一句：“安分守己！”即使以全世界的精神死灭为代价，他还是崇拜“安分守己！”

听了他的安分守己论，便苦了活人们的性命。

每当他看见那黑人斗得有些倦了，他就插身在中间做“调人”，因而从中捣鬼，把双方都欺骗了。

他十分卑顺地走到黑人跟前说道：

---

① 此盖比喻其灵魂中尽充满卑鄙阴险之思想与懒惰之习惯也。

“你要晓得，百姓犹如牛羊，需要一个严厉的牧人。照我看来，现在这时候，正可再加上几条络头的绳索。这样，即使将来不得已而减少几条绳索，然而因为已经加过，虽减亦等于不减，可是百姓们却因此得了满足，不平之气亦就消失了。须知红人所恃的后援就是百姓们的不平之气；消百姓们的气就是削红人的势力。所以请你把这件事交给我去办罢！——我一定会办好。”

于是这件事就交给他办了，他从中取利，就替自己画算出一个穿得很暖、吃得很饱、住得很舒服的生活了。

黑人和灰色人联盟之后，固然凶焰稍敛，但是更加冷酷，更加机械性了。而那红人却一天比一天地勇敢起来，因此灰色人又来对红人说道：

“现在自然正是机会，可以一试，照我们的理想去改造生活。但是一下子就想得人人满意是办不到的。我们只好今天改革一点，明天再改革一点，慢慢地做去，最后总有使人人都满意的一天。聪明人的大本领就在他的慎重考虑，一切都计算得周到。如果你能够谨慎的做去，黑人一定会让步的。托给我罢……我会很巧妙的去和黑人交涉。”于是不论他得了红人的委托也好，不得也好，总之，他就利用这机会，又替自己画算出了一个穿得很暖、吃得很饱、住得很舒服的生活！

红人那边，经这灰色人一番捣鬼，也连累着减了几分色彩，变得苍白些了；而黑人的势力乘机又展拓了些。人生由是又复归于沉默和黑暗，奄奄一息的更呈死态。灰色人看着快意，更不必说。

灰色人受人驱使，虽然是拿工钱的时候多，但有时他竟肯白做；因为他的目的在乎从中取利，本不单靠表面的几个工钱。无论什么事，他都会做。可是他并非真能做事——虽然有时似乎他真在那里做——不过挑唆捣鬼罢了。

这个卑陋的两根舌头的丑类，常常立于两极端（红人与黑人）之间，自私地阻止两极端的各自发展。

有了他在中间作祟，于是人生就失却了鲜明的色彩，变成秽污的、呆钝的、可厌的灰色。

这个灰色人横在进化长途的中间，简直拉住了已被时间宣告死刑的遗骸，阻止新人生的通过；所以他永远是一切光明的、自由的、美的……生活之巨敌！

延伸阅读

本篇最初刊于《民国日报》副刊《觉悟》“劳动纪念号”（1921 年 5 月 1 日），篇名《大仇人》，署俄国高尔基著，P 生译。1923 年译者重译，并改名《巨敌（一段神话）》，刊《中国青年》周刊第 4 期（1923 年 11 月 10 日），署俄国高尔该著，沈雁冰译。高尔该现通译高尔基（1868—1936 年），苏联无产阶级文学的代表。这“一段神话”将“卑陋的两根舌头的丑类”，“常常立于两极端（红人与黑人）之间，自私地阻止两极端的各自发展”的“小小的灰色人”，痛斥为“巨敌”——“一切光明的、自由的、美的……生活之巨敌”。

四十四　张仪与伊尹

《孟子》二章①

景春②曰："公孙衍③、张仪④岂不诚大丈夫哉！一怒而诸侯惧，安居而天下息[1]。"

孟子曰："是焉得为大丈夫乎！子未学礼乎？丈夫之冠也父命之[2]；女子之嫁也母命之——往送之门，戒之曰：'往之女⑤家，必敬必戒！无违夫子⑥，以顺为正'者，妾妇之道也！

"居天下之广居，立天下之正位，行天下之大道[3]，得志与民由之，不得志独行其道，富贵不能淫，贫贱不能移，威武不能屈，此之谓大丈夫！"

万章⑦问曰："人有言伊尹以割烹要汤⑧，有诸？"

---

① 上章在《滕文公》下篇，下章在《万章》上篇。

② 景春，孟子时人，为纵横之术者。

③ 公孙衍，战国时魏人，尝佩五国相印，为纵长。

④ 张仪，战国时魏人，以游说显名。相秦惠王，以连横之策说六国，使背纵约而事秦。惠王卒，不说于武王，六国皆叛横复合纵。仪乃之梁，相魏，一岁卒。

⑤ 女，即"汝"本文。

⑥ 夫子，妇人称夫之词。

⑦ 万章，孟子弟子。

⑧ 此是战国游说之士造出来的。当时游士要图进身之阶，各种情形都做得出。又不好意思独为小人，所以欢喜拉古人作例。

孟子曰："否，不然！伊尹耕于有莘之野①而乐尧舜之道焉：非其义也，非其道也，禄之以天下，弗顾也；系马千驷，弗视也。非其义也，非其道也，一介②不以与人，一介不以取诸人[4]。

"汤使人以币聘之。嚣嚣[5]然③曰：'我何以汤之聘币为哉！我岂若处畎亩之中，由是以乐尧舜之道哉！'

"汤三使往聘之，既而幡然改曰：'与我处畎亩之中，由是以乐尧舜之道，吾岂若使是君为尧舜之君哉！吾岂若使是民为尧舜之民哉！吾岂若于吾身亲见之哉[6]！天之生此民也，使先知觉后知，使先觉觉后觉也。予，天民之先觉者也。予将以斯道觉斯民也！非予觉之而谁也！'

"思天下之民，匹夫匹妇有不被尧舜之泽者，若己推而内④之沟中：其自任以天下如此，故就汤而说[7]之以伐夏救民。吾未闻枉己而正人者也，况辱己以正天下者乎！……"

作者简介

孟子（约前372—前289年），名轲，字子舆，战国中期邹国（今山东济宁邹城）人，相传是鲁国贵族孟孙氏的后裔。战国时期著名哲学家、思想家、政治家、教育家，儒家学派的代表人物之一，地位仅次于孔子，与孔子并称"孔孟"。

---

① 有莘，地名，在河南陈留县东。
② 介与芥同，谓微小也。
③ 嚣嚣然，自得之志，无欲之貌也。
④ 内，"纳"本字。

延伸阅读

本文出自《孟子》。景春认为公孙衍、张仪能够左右诸侯，挑起国与国之间的战争，“一怒而诸侯惧，安居而天下息”，是了不起的男子汉大丈夫。孟子则认为公孙衍、张仪之流靠摇唇鼓舌、曲意顺从诸侯的意思往上爬，没有仁义道德，奉行的是“妾妇之道”，哪里谈得上是大丈夫呢？孟子同时提出真正的大丈夫之道，即他那流传千古的名言：“富贵不能淫，贫贱不能移，威武不能屈”。

伊尹事迹，后代学者多有记录，但众说纷纭。伊尹到底是为商汤当厨子而寻求爵禄，还是如孟子所说遵尧舜之道而被商汤赏识，实为一大悬案。而孟子一直认为，像伊尹这样的圣人，不会要非义、非道的爵禄。还说汤去礼聘伊尹，伊尹开始还不干，后来因为要使商汤成为尧舜那样的圣君，自认为自己是先知先觉者，应帮助人民蒙受尧舜的恩泽，这才出仕，帮助商汤成为一代圣君，而伊尹也因此成为千古圣人。在孟子描述的伊尹身上，分明可以看到孟子的影子。

[1] 息：指战火熄灭，天下太平。

[2] 丈夫之冠也父命之：古代男子到二十岁叫作成年，行加冠礼，由父亲开导他。

[3] “居天下之广居”三句：（大丈夫应该）住进天下最宽广的住宅——仁，站在天下最正确的位置——礼，走着天下最正确的道路——义。广居，仁也。正位，礼也。大道，义也。（朱熹注）

[4] 一介不以与人，一介不以取诸人：一点东西也不给别人，也一点东西不从别人那儿拿走。介，通“芥”，微不足道的东西。

[5] 嚣嚣：平静空闲的样子。

[6] 吾岂若于吾身亲见之哉：我为何不让我在这个时代亲眼见到这些呢？

[7] 说（shuì）：游说。

四十五　原才

曾国藩①

风俗之厚薄奚自乎[1]？自乎一二人之心所向[2]而已。

民之生，庸弱者戢戢皆是[3]也。有一二贤且智者，则众人君之[4]而受命焉。尤智者，所君尤众焉。此一二人者之心向义，则众人与之赴义。一二人者之心向利，则众人与之赴利。众人所趋，势之所归，虽有大力，莫之敢逆[5]。故曰："挠万物者莫疾乎风。②[6]"风俗之于人之心，始乎微而终乎不可御者也[7]。

先王[8]之治天下，使贤者皆当路在势[9]，其风民[10]也皆以义，故道一而俗同。世教[11]既衰，所谓一二人者不尽在位，彼其心之所向，势不能不腾为口说而播为声气[12]，而众人者势不能不听命而蒸为习尚[13]，于是乎徒党蔚起[14]，而一时之人才出焉。有以仁义倡者，其徒党亦死仁义而不顾。有以功利倡者，其徒党亦死功利而不返。水流湿，火就燥[15]，无感不雠[16]，所从来久矣。

---

① 曾国藩，字伯涵，清湘乡人。道光中进士。洪杨事起，以丁忧在籍侍郎督办团练，遂编制乡勇，连复沿江诸地。封毅勇侯为当时中兴功臣第一。以大学士任两江总督，卒于官，谥文正。清道光以后，文武泄沓，自国藩以公忠诚朴倡率其将佐僚属，风气为之一变。其论学谓义理、考据、词章三者不可缺一。所为古文，亦卓绝一代，为世所宗。著有《求阙斋集》。

② 见《周易·说卦传》。挠，动也。

今之君子之在势者，辄曰天下无才。彼自尸于高明之地[17]，不克以己之所向转移习俗而陶铸[18]一世之人，而翻谢[19]曰无才，谓之不诬[20]，可乎否也？

十室之邑①[21]有好义之士，其智足以移十人者，必能拔[22]十人中之尤者而材之[23]。其智足以移百人者，必能拔百人中之尤者而材之。然则转移习俗而陶铸一世之人，非特处高明之地者然也，凡一命②以上皆与有责焉者也！

有国家者得吾说而存之[24]，则将慎择与共天位③之人[25]。士大夫得吾说而存之，则将惴惴乎谨其心之所向[26]，恐一不当以坏风俗而贼[27]人才。循是为之，数十年之后，万有一收其效者乎？非所逆睹[28]已！

作者简介

曾国藩（1811—1872年），初名子城，字伯涵，号涤生，又号求阙斋主人。中国近代政治家、战略家、理学家、文学家。湖南湘乡人。道光十八年（1838）进士，入翰林院，官任兵部尚书、两江总督、直隶总督等职，封一等毅勇侯。以组建湘军镇压太平天国起义得清廷重用。

曾国藩一生奉行为政以耐烦为第一要义，主张凡事要勤俭廉劳，不可为官自傲。他修身律己，以德求官，礼治为先，以忠谋政，在官场上获得了巨大的成功。曾国藩的崛起，对清王朝的政治、军事、文化、经济等方面都产生了深远的影响。在曾国藩的倡议下，建造了中国第一艘轮船，建立了第一所兵工学

---

① 《论语·公治长篇》云，“十室之邑，必有忠信如丘者焉，不如丘之好学也。”十室之邑，甚言人少之处。

② 一命，最低级之官吏也。官分九等（命，官等也），故以一命为始。

③ 天位，君位也。共天位，是辅助君主。

堂，印刷翻译了第一批西方书籍，安排了第一批赴美留学生，是中国近代化建设的开拓者。诗文有《曾文正公诗文集》，另有家书、奏稿、日记等，收入《曾文正公全集》。

延伸阅读

《原才》，选自《曾文正公诗文集》卷一。“原”，论说文的一体，意为推究本原，韩愈有《原道》，黄宗羲有《原君》，都属此类作品。“原才”就是推究人才产生的本原，旨在论人才与政治的关系——政治之好坏决定于人才之贤恶，而人才之造就，乃是有地位有权势者的责任。本文指出“天下没有人才”的说法是不对的；人才需要长期栽培，栽培的责任，在有地位的人身上。清中叶以后，内忧外患并至，急需人才，而人才不足。某些在位者只会将时局的败坏归咎于没有人才，却不知负起教育人才的责任，带动良好的政风。曾国藩此文，即在点明当时得病的症结所在，指出往后努力的方向。曾氏长期担任方面大员，此文的观点，是在惨痛的教训中体验出来的，值得参考。

［1］奚自乎：由何处来呢？

［2］向：趋向。

［3］戢戢皆是：比比皆是。

［4］君之：以他为领袖。君，此处作动词用。

［5］莫之敢逆：不敢违抗它。逆，违抗。

［6］挠万物者莫疾乎风：摇动万物的，没有比风更快的。语出《易经·说卦传》。挠，搅动。

［7］始乎微而终乎不可御者也：起初很微弱，最后将是不可抗拒的。

[8] 先王：古代的圣王。指尧、舜、禹、汤、文、武、周公等。

[9] 当路在势：居要地，拥权势；指掌握政权。

[10] 风民：教化人民。风，动词。

[11] 世教：社会的教化。

[12] 腾为口说而播为声气：发表为言论，传播为声气。腾，传扬。

[13] 蒸为习尚：熏腾而成为习俗好尚。蒸是热气上升以熟物。

[14] 蔚起：纷纷出现。

[15] 水流湿，火就燥：水向低湿的地方流，火向干燥的地方烧。语出《易经·乾卦·文言》。

[16] 无感不雠：受到刺激没有不反应的。

[17] 自尸于高明之地：自己占着崇高显耀的地位。尸：占着位子而不做事。

[18] 陶铸：造就人才。陶，原指以土作器。铸，原指以金作器。

[19] 翻谢：反而推辞。翻，同“反”。谢，推辞。

[20] 诬：（自）欺。

[21] 十室之邑：只住十家的小地方。语出《论语·公冶长》。

[22] 拔：选拔。

[23] 材之：把他造就成人才。之，他，指人而言。

[24] 得吾说而存之：得到我的主张并且记住。

[25] 慎择与共天位之人：谨慎选择能共同维护帝位的人才。

[26] 惴惴乎谨其心之所向：认真小心谨慎坚守自己的志向。

[27] 贼：残害。此处系动词。

[28] 逆睹：预见。

四十六　少数人的责任

宗　淹[①]

我们中国政治的混乱，不是因为国民程度幼稚，不是因为政客官僚腐败，不是因为武人军阀专横；是因为"少数人"没有责任心，而且没有负责任的能力。

人在世上的成败，不外乎两个原因：第一是他父母遗传给他的性情、聪明、体质，第二是他所处的境遇、机会、时势。讲生物学[②]的人告诉我们说，凡人之所以为人，根本在他的遗传性；不但是强健的父母生强健的子孙，就是聪明、能力、道德，都是能够遗传给子孙的。要这种遗传性完全发展出来，自然是要有相当的境遇：譬如假使达尔文[③]生在我们中国，他虽有他的科学的天才，绝对不能用在生物学上，做成功他的《物种由来》的名著，这是显而易见的。然而就是在中国这样的社会，有天才的人又何尝完全不能发展？不过发展的方法不同，结果就不一样罢了。普通讲起来，无论在哪一种社会、

① 这是作者在北京燕京大学的讲演稿，登《努力周报》第六十七期。

② 生物学（Biology），研究动植物之生活现象、构造、发生及统系、远近、产生多寡等之学也。

③ 达尔文（Charles Robert Darwin，一八〇九——一八八二），英国博物学家，为进化论之初祖。少学于爱丁堡及冈布里治大学。公元一八三一年至一八三六年，航行海外，环游地球一周。归国后，隐居乡间专究科学。至一八五六年，发表其《物种由来》的名著，遂使科学界与思想界为之一变。

哪一种国家，有遗传的天才因为境遇不好而终身埋没，或是中庸以下的人物遇见绝好的机会也能有所成就的，虽是不少，然而因为遗传境遇两样都有相当的遭际，所以能在社会上占一种地位、成一种势力的，自然也是很多。这一种人是社会的天然首领，是国家的中流砥柱，就是我所说的“少数人”。

天下的事业没有哪一件不是少数的人做成功的。所以毛赖①说得好：“成功的历史就是少数人的历史。”我们今天单就政治讲：自从有历史以来，政治上的成功哪一件不是少数人的成功？远如秦始皇的破除封建，汉武帝的驱逐匈奴，近如孙文、黄兴的提倡革命，梁启超、蔡锷的反对帝制，都是最明显的事实。又如俄国有二万万多人民，几万个真共产党，受了两三个人的支配，就成功了劳农政府。这种样子的例，无论哪一国、哪一个时代，都是举得出许多来的。所以罗素先生②尝对我说：“我们要是把历史上的重要人物除去了十几个，假定他们是没有存在过的，世界上的历史决计不是如我们现在所知道的。”

少数人的成功，自然要得一班的人心与相当的机会，但是在国家危急存亡的时候，消极的人心、被动的机会是不中用的。收拾人心，运用机会，是做首领的义务，也就是做首领的权利。

诸君一定要疑惑我这番话是同平民政治的主义相反的。今天我没有功夫详细说明少数人同平民政治的关系，但是单简讲起来，假定我们不是相信无

---

① 毛赖（John Morley），英国的报章文学家、政论家与史学家。一八三八年生。著有《福尔泰传》《卢梭传》《格兰斯顿传》《克林威尔传》等，皆为史学名作。

② 罗素（Betrand Russell），英国人，为现代大哲学家之一。曾于一九二一年到中国演讲，颇为社会所欢迎。罗氏的哲学是“新实在论”（New realism），著有《哲学中之科学方法》《哲学问题》和《数理哲学导言》等书。此外国内已经译成华文者，有《政治思想》、《社会改造原理》《到自由之路》等书，为社会改造家所必读者。

政府主义，是相信政府是政治上不可少的一种组织，组织政府当然是少数人的事。假使我们要政治清明，自然要少数的优秀分子去做这种政治的生活。这种目的，无论哪一种政体都是一样的。平民政治的特色，是在想出一个法子来，一方面使得握政权的人永久是优秀分子，一方面使得多数人在受少数人支配范围以内，仍然能够去监督他们，使他们不敢滥用职权。因为君主政治、贵族政治的大毛病是政权传代，所以开国的祖宗虽然有时候是优秀的，到了他们的子孙手里，就慢慢的腐败起来。况且受他们统治的人民，只能够服从他们，不能够监督他们；滥用权力就变成一种极平常的事。平民政治的目的，是要使得每一时代有一时代的优秀分子去担任政治上生活；他们的职权又是同他们的成绩相连带的；成绩不好，就有别的优秀人来替代他们。由此看来，平民政治是使得政治清明的一种方法。这种方法究竟能不能完全成功，原还是在一种试验时代，目前还不能确下断语的。

平民政治的目的，虽是为最多数人谋最大的利益，然而当日同非平民政治奋斗的人仍然是少数。诸君只要把平民政治发源的英国来研究他政治的历史，就知道了。英国宪法的第一步就是大宪章①，是贵族对待英王的契约。以后英王慢慢强盛起来，贵族几乎被他压倒；又幸亏有有金钱、有势力的乡绅出来奋斗，演成了清教徒②的战争③。复辟④了以后，王家的势力已经远不如从前，况且又有一部分的贵族连合了乡绅抵制他。到了十九世纪工商业发达

---

① 大宪章（Magna Carta），一二一五年，英国之贵族教士等愤其王约翰之专制，议定宪章，保障人民身体及财产之权利，迫王签押。为英国宪法之基础。

② 清教徒（Puritan）以苦修、制欲为主旨，希望未来幸福，为新基督教中之独树一帜者。

③ 清教徒首领亚立夫克林威尔（Olive Cromwell）凭借国会势力，号称圆颅党（Roundheads），与皇党作长期的战争。此役从一六四二年到一六四九年，凡八年。

④ 亚立夫克林威尔既死，其子立隙特克林威尔（Richard Cromwell）继之，不孚众望。国人眷怀故皇室，遂演成一六六〇年查理士（Charles）复辟之局。

了，中级社会的人才又把乡绅式的议会推翻。所谓“贵族”“清教徒”“乡绅”“中级社会”，哪一个团体不是英国全国的少数人！况且当日出头发难的，哪一次不是少数人里头的少数呢！

所以无论哪一个时代、哪一个社会，少数优秀分子握了政权，政治就会得清明。用他们的聪明、智识、能力向政治方面努力，是少数人天然的责任。

自从民国以来，有智识的人都把平民政治成功的历史认错了，所以开口就说甚么“民智不开”“国民程度不够”。试问民智不开，难道官智已经开足了吗？国民程度太低，难道政客程度已经高透了吗？知识、程度都是相对的名词，没有标准是无从说起的。譬如一个人，要进高等小学，只要会写得两句话，懂得极浅近的加减乘除，程度智识就算够了；以这样子的程度就想进中学、大学，自然是不成功的。所以我们要批评我们国民的程度，先要晓得他们在社会上担任的职务。要是他们的能力知识同他们的职务相当，我们就不能说他们的程度不够。我们的国民，大多数是种地的、劳动的。我们先拿劳动的来评论。劳动最低的阶级可算是拉洋车①的，看看他们的程度真正要叫我们惭愧。北京城里万把多辆洋车，有几个不能走路、不能拉人的？不但如此，而且在一样阶级里面，各人所处的地位是很有公道的。年纪过老或是过小，走得不快的，只好拉破胶皮车。年纪相当点的，走得起劲点儿的，拉的车就漂亮一点。再要身强点，力壮点，衣服干净点的，就会拉外国人，拉包月。诸君想想，拉洋车的，他自食他的力，他所受的社会上的待遇，同他对于社会的供献何等相当？再说种地的。同一样的地，同一样的天气，一年的收入多少，全看种地的人的勤俭的程度。出几分力，化几分钱，就有几分

① 洋车，北京人呼人力车之名。

好处。庄户人家，大大小小，男男女女，有几个吃闲饭的？一年十二月，有几个月没有事的？试问现在北京城里，坐汽车、住大公馆的人，自己拿镜子照照脸，有几个能像拉车、种地这样俯仰无愧的？他们这班人不知道忏悔自己的罪过，革除自己的习气，学会自己的行业，反摇头摆脑地说“民智不开通，教育不普及”，好像中国的国家是拉车的种地的弄坏了的，岂不是不要脸么？老实说一句话，中国今天弄到了这步田地，明明是做总统的不会做总统，做总理的不配做总理，当议员的不够当议员。总统、总理、议员都是应该少数的优秀分子去做的。所以我说中国政治混浊不是因为国民程度幼稚，是因为少数的优秀分子没有责任心，而且没有负责任的能力。

总统、总理、议员不是官僚，就是政客，既说这三种人不称他们的职务，怎么又说政治混浊不是因为政客官僚腐败呢？诸君知道，总统、总理、议员应该是少数的优秀分子去做的。凡是优秀分子，都可以有做总统、总理、议员的希望，不比得皇帝是传子传孙的。皇帝不好尚且可以赶他走，何况那有任期的官僚！第一任的不得人，第二任就应该想法子使他得人。议员是选得来的，总统是举出来的，上了一次当，为甚么又上第二次？我们的官僚政客弄得一代不如一代，不是中国全国没有优秀分子，就是优秀分子不管事。我不敢诬蔑我们国民，说这么大的一个国家没有有知识道德的人，所以我说是因为他们没有责任心，没有负责任的能力。

我何以说不是因为武人军阀的专横呢？文官武官同是一样的官，同是政治上的一种器械，又何尝有甚么根本的区别！上次欧洲大战争的末年，做武官的大半是寻常的文人。受过教育的人学会了放放枪，骑骑马，就是军人。优秀分子为甚么恭恭顺顺，把这种政治的武器让给现在这班武人呢？况且武人专横，原是有人把他们养成功的。握政权的人存了一个私心，要想利用他们做爪牙，所以故意的不肯把兵权交给有知识的人，恐怕他们不肯听调度。久而久之，反客为主起来，才有今天这种奇怪的日子。就是到了今天，难道就真正没有办法？不说旁的，只说爱尔兰对付英国人的方法。英国在爱尔兰的军队有好几万；爱尔兰的总督就是欧洲大战时英国的元帅①。爱尔兰全国的人不足五百万，不过英国的十分之一，然而爱尔兰的新芬党在英国人的鼻子底下组织起军队、议会、内阁、总统出来，与他抵抗。不上几年，居然使得英国人让步，造成功了一个爱尔兰自由国②。当他们新芬党才成立的时候，何尝不是少数！难道我们的武人军阀比英国的经过百战的兵还要利害？我们全国要找像那几个新芬党的人都找不出来么？所以我说中国政治混浊是因为少数的优秀分子没有责任心，没有负责任的能力。

我们的优秀分子，他们在社会上处世立身的方法另成功一种风气：不敢进取叫作高尚，不辨是非叫作忠厚，不知世情叫作风雅，不管闲事叫作聪明，不耐劳苦叫作享福。能力同知识、事业同道德分了家：好人都是无用，有用的都不是好人。所以民国以来，所谓优秀分子听那般腐败的官僚政客、专横的武人军阀把持我们的政治，说两句不冷不热的话，叹两口不死不活的气，就算完事了。

照这样说来，岂不是没有法子想？岂不是要坐在这里等死么？我的意思却以为不然。拿我们全国的优秀分子来批评，我前边所说的话自然是对的，但是少数里面还有少数，优秀里面还有优秀。何况中年以后的人不久是要死的，来替代他们的青年，所受的教育，所处的境遇，都是与从前不同。只要有几个人，有不折不回的决心，拔山蹈海的勇气，不但有知识而且有能力，

① 一九一九年，英国 Lord John Denton Pinkstone French 为爱尔兰总督。

② 爱尔兰自由国原文为 Free State or Ireland。

不但有道德而且要做事业；风气一开，精神就要一变。我且举一个例给诸君听，就可以证明我这些话不全是一种妄想。

当前清咸丰初年，洪秀全从两广造反[①]，正是前清政治很腐败的时候。有人说，那时候文官要钱又怕死，武官怕死又要钱。所以洪、杨几个无知识的游民结合了些不怕死的强盗，从南边杀到北边来，遇见官兵，就打胜仗；没有许多时候，就把长江一带占据完了。从广西向长江，第一是要经过湖南。那时候湖南有一个不得志的翰林，叫作郭嵩焘[②]。又有一个在家守孝的侍郎，叫作曾国藩。他们两个是要好的朋友。有一天，郭嵩焘去对曾国藩说："这一班从广西来的人，逢人便杀，见钱就抢，全是强盗行为。单靠着官兵挡他，是挡不住的。你是湖南有名的乡绅，应该出来号召几个人，练几个团练，保卫着乡里，才说得去。"曾国藩听了他的话，就招集了他的五六个同志，办起团练来了。

这些人都是手无寸铁的念书人，不懂得仗是怎样打的，就拿了明朝戚继光[③]的兵书，依稀仿佛地定起制度来。但凭他们的勇气，居然把洪、杨的军队打败了几仗。正式的军队起初是嬉笑他们，以后是妒忌他们，想种种的法子牵制他。大小的文官因为他们不是地方官，不肯帮他们的忙。曾国藩同他的

---

① 洪秀全，广东花县人，奉耶稣教。道光末年，起于广西桂平县之金田村。冯云山、萧朝贵、韦昌辉、石达开等皆从之。秀全自称天帝次子，建号太平天国，称天王。由广西下湖南湖北，直达金陵，军势甚盛。定制度律令，禁剃发，放奴婢，禁蓄妾、买娼、缠足。频出经略四方，清军屡败。其后诸将争权相杀，曾国荃（国藩弟）等乘机进兵围之，秀全自杀。凡十五年而亡。

② 郭嵩焘，湖南湘阴人，号筠仙。道光中进士。打平太平天国，与有劳绩。光绪中，充出使英法大臣。归，颇以新学鼓吹，为守旧派所嫉。

③ 戚继光，明定远人，字元敬。善练兵，纪律极严。以临阵回顾，辄斩其长子。嘉靖时，以浙兵平倭寇，称戚家军。后镇蓟门，专主守御，边境晏然。著有《练兵实纪》《纪效新书》等书。

许多朋友要饷没有饷，要械没有械；但是拿定主意，要想平定匪乱。先还只肯在湖南省里，其后往湖北，往江西，得尺则尺，得寸则寸，经过了许多危险，居然把太平天国削平了。现在我们不管他们的举动与中国利不利，与我们事后的意见合不合，他们的那一种志气、能力正好做我们的模范。可见得只要少数里面的少数、优秀里面的优秀不肯束手待毙，天下事不怕没有办法的。况且曾国藩的事业离现在不过五十年：五十年前可以做得成的事，难道五十年后就做不成的么？现在的时势未必比五十年前的时势难到哪里去，何况我们又学了外国的许多政治方法，可以利用的武器比曾国藩的高明得多呢！

所以我以为中国现在不怕外交失败，不怕国内战争，最可怕的是一种有知识、有道德的人不肯向政治上去努力，睁着眼睛，闭着嘴，束着手，看人家来抢掠我们的财产，支配我们的权利；有时候还要说："中国是没有希望的了，等外国人来替我们裁兵罢，监督财政罢！"

诸君想想，印度亡了一百来年，埃及三四十年，朝鲜也十多年，他们的优秀分子尚且天天在那里组织政党，鼓吹舆论，冒死地恢复他们的自由。我们的国还没有亡，优秀的分子先就一点法子不肯想，单等外国人来制服我们，不要被印度、埃及、朝鲜的人笑话死了？要晓得中国的前途全看我们少数人的志气：我们打定主意，说中国是亡不得的，中国就不会亡；我们说中国恐怕要亡，中国就真正亡定了！况且不管他亡不亡，偌大的一个国家，那么久的一种文化，到了急难的时候，没有人肯出来奋斗，保全我们民族的最后的一点名誉，岂非是亘古未有的丑事！我们又如何对得过我们的锦绣的江山、文明的祖宗同大多数的勤勤恳恳种田地、守法律、耐劳苦的同胞呢？

我们着手的方法，进行的手续，也是不难决定的。我们第一是甚么人都不倚赖。我们天天希望人家把江山打了下来，过现成的太平日子，但天下哪儿有那样便宜的事！要是我们各人倚赖各人自己，中国早已不是今天的中国了！第二，是我们甚么人也不怕。腐败的政客官僚固然不足怕，那些拿枪带刀的武人又何尝可怕。我们并且不怕外国人。只要我们没有不讲情理的举动，只管整顿我们的家事，外国人哪儿管得了许多。就是有有特别野心的敌国要干涉我们，也不是容易的事。第三，是要能够团结，肯受训练。天下事无论大小，不是一个人可以做得成的，不是没有组织可以做得成的。要拉了许多志气不同的人，强迫叫他们共事，自然是做不到。但是凡有我们同志的人，都应该死心塌地的结合在一条路上，然后细细的选择出几个首领来，听他们的号令，一致的向前冲锋，不怕事体做不成功。第四，是要认定了政治是我们唯一的目的，改良政治是我们唯一的义务；不要再上人家的当，说改良政治要从实业、教育着手。试问这几年来，政治没有办法，实业、教育哪一件不是天天要破产的？若是说要得政治好先要有好教育、好实业，反过来又可以说要得有好教育、好实业先得要有好政治，岂不是自己做了一个圈套，成天地在里头转，转来转去，永没有出头的日子！

我们还应该把我们的责任弄弄明白，问问自己，是不是中国的少数的优秀分子。旁的不用说，单说我们所受的教育。中国的人民号称有四万万：进过小学堂以上的学校的人最多不过四百万；中学堂以上的不过四十万；进过大学堂，晓得一点科学，看过几本外国书的，不过八万。我们不是少数的优秀分子，谁是少数的优秀分子？我们没有责任心，谁有责任心？我们没有负责任的能力，谁有负责任的能力？

作者简介

丁文江（1887—1936 年），字在君，又字大君，笔名宗淹，江苏省泰兴市黄桥镇人。历任农商部地质调查所所长、北京大学地质系研究教授、中央研究院总干事等，中国地质事业著名创始人之一，中国近代著名的自然科学家、地质学家、地质教育家，20 世纪中国科学、文化史上影响最大的人物之一。丁文江不仅是中国地质学的“开山大师”，还涉足地理学、考古学、人种学、优生学、古生物学、历史学、教研学、少数民族语言学等众多学术领域，是一位典型的百科全书式的人物。

延伸阅读

本文是丁文江在燕京大学的演讲稿，发表于《努力周报》第 67 期（1923 年 8 月 26 日）。讲稿深刻地阐释了“少数人的责任”。他所说的“少数人”是“社会的天然首领”“国家的中流砥柱”，即社会上那些有权力、有知识，有道德的人。批评他们非但“没有责任心，而且没有负责任的能力”，“处世立身的方法另成功一种风气：不敢进取叫作高尚，不辨是非叫作忠厚，不知世情叫作风雅，不管闲事叫作聪明，不耐劳苦叫作享福”，非但“不肯向政治上去努力”，还哀叹“中国是没有希望的了”，并把“中国政治混浊”归咎为“国民程度幼稚”“民智不开”。希望“少数人”要“有责任心”和“负责任的能力”，要晓得中国的前途全看我们少数人的志气，要“对得过我们的锦绣的江山、文明的祖宗同大多数的勤勤恳恳种田地、守法律、耐劳苦的同胞”。

初中国语课

第一册

叶圣陶 顾颉刚 主编
商金林 李淑英 校注

开明出版社

图书在版编目（CIP）数据

初中国语课. 第一册 / 叶圣陶，顾颉刚主编. -- 北京：开明出版社，2024. 9

ISBN 978-7-5131-8907-1

Ⅰ. ①初… Ⅱ. ①叶… ②顾… Ⅲ. ①中学语文课-初中-教材 Ⅳ. ①G634. 301

中国国家版本馆 CIP 数据核字（2024）第 060610 号

出 版 人：陈滨滨
责任编辑：卓　玥　程　刚

初中国语课（全六册）
CHUZHONGGUOYUKE（QUANLIUCE）

作　　者：叶圣陶　顾颉刚　主编
　　　　　商金林　李淑英　校注
出　　版：开明出版社
　　　　　（北京海淀区西三环北路 25 号　邮编 100089）
印　　刷：三河市荣展印务有限公司
开　　本：710mm×1000mm　1/16
成品尺寸：170mm×240mm
印　　张：76. 25
字　　数：926 千字
版　　次：2024 年 9 月第 1 版
印　　次：2024 年 9 月第 1 次印刷
定　　价：268. 00 元（全六册）

印刷、装订质量问题，出版社负责调换。联系电话：（010）88817647

覃思卓识　远逾前修

——叶圣陶、顾颉刚主编的初中语文奠基作《初级中学国语教科书》

清末学制，中学为五年。民国元年（1912 年，壬子年），教育总长蔡元培改革了 1902 年制定的壬寅学制，次年又作了部分修改，合称壬子癸丑学制，将中学由五年改为四年。1922 年 10 月，第七届全国教育会议在广州召开，议决学校用六三三制（即壬戌学制，为区别于壬子癸丑学制，又称新学制），中学始分初、高两级，初中三年，高中三年。学制变了，教科书就得跟着“从新”。叶圣陶和顾颉刚突击编辑的初中语文教科书《新学制初级中学用国语教科书》（以下简称《初中国语课》），是我国现代初中语文教科书的奠基作，商务印书馆称其为“最完善最进步之本”①。

《初中国语课》共六册，由上海商务印书馆出版，一经面世就受到学界的青睐。顾颉刚在 1923 年 10 月 15 日日记记有：“《初中国语课》每版印二万

① 庄俞：《谈谈我馆编辑教科书的变迁》，《商务印书馆九十年——我和商务印书馆》，北京：商务印书馆 1987 年版，第 65 页。

部，或一万八千部。第五册八月出版，至本月已再版矣。[①] 1928 年之后出版的《初中国语课》，封面印有“中华民国十七年八月经/大学院审定/领到第八十号执教”等字样。“大学院”就是蔡元培主持的教育部。经过“大学院”审定，《初中国语课》就是正规的“部颁教材”，为“国定本”。北京大学图书馆馆藏的《初中国语课》版权页有的署“民国十九年六月一一二（112）版”，有的署“民国二十一年五月印行国难后第一版”“民国二十一年六月印行国难后第五版”。作为我国初中语文课本的奠基作，《初中国语课》流通极广，在我国现代中学语文教育史上占有很重要的地位。

一、《初中国语课》的成书经过

《初中国语课》第一册于 1923 年 2 月初版，版权页署编者吴研因、范祥善、周予同，校者王岫庐（王云五，字之瑞，号岫庐，商务印书馆编译所所长，后来担任商务印书馆总经理）、朱经农（商务印书馆编译所国文部主任）。第二册于 1923 年 6 月初版，版权页署编辑者范祥善、顾颉刚、叶绍钧，校订者胡适、王岫庐、朱经农。第三册于 1923 年 7 月初版，第四册于 1923 年 7 月初版，第五册于 1923 年 8 月初版，第六册于 1924 年 2 月初版，版权页均署编辑者顾颉刚、叶绍钧，校订者胡适、王岫庐、朱经农。

就署名而言，值得关注的就有两点，一是自第二册起，编辑者改为范祥善、顾颉刚、叶绍钧；第三册至第六册编辑者只署顾颉刚、叶绍钧。二是自第二册起，校订者中多了胡适。胡适当时是红极一时的“新文化运动领袖”，也是教育和出版界的领军人物，与王岫庐和朱经农的关系也很特殊。1906 年

---

① 顾颉刚：《顾颉刚日记》第 1 卷，中国台北：联经出版事业股份有限公司 2007 年版，第 405 页。

胡适到中国公学读书，王岫庐是他的日文老师，朱经农是他的同班同学。编完第一册，不仅“编辑者”大换班，胡适也添列“校订者”首席。是胡适的“主动请缨”，还是商务印书馆的精心安排不得而知，其目的是在为叶圣陶和顾颉刚撑腰，为《初中国语课》的出版大造舆论是可以断定的。至于这么做的原委，在顾颉刚日记中可以找到答案。

顾颉刚在1923年1月3日记中写道：

经农先生来，同至味雅，宴圣陶也。与研因、云六、经农、伯祥、予同、圣陶同归。”又说“此次学制会议拟定各科纲要，国文方面嘱圣陶起草。圣陶草稿寄至省教育会，为吴研因所见，不满意，另拟一份。今夕经农先生请客，即为此事。饭后来寓商酌，圣陶颇发怒，不欢而散。[①]

经农，就是朱经农。北洋政府推行“新学制”，商务当局本着“教科书先行”的理念，由朱经农出面委托叶圣陶拟定《新学制初级中学国语课程纲要（草案）》（以下简称《纲要（草案）》），呈送江苏省教育会报批后，作为编制《初中国语课》的依据，安排吴研因、范祥善、周予同三人担任编辑。而此时的商务印书馆内部在用人的路线和业务的方针上存在着新旧的分歧。吴研因比叶圣陶年长8岁，对商务当局倚重“新人”的做法不满，就另拟了一份“纲要”，有心与商务当局叫板。叶圣陶当过将近十年的小学教师，继而到上海吴淞中国公学中学部、杭州浙江省立第一师范执教，还担任过北京大学预科的讲师；1922年秋到上海神州女校和复旦大学教国文，从初小、

① 顾颉刚：《顾颉刚日记》第1卷，中国台北：联经出版事业股份有限公司2007年版，第310页。

高小、中学、师范、高中一直教到大学，实践经验丰富。在王岫庐和朱经农看来，叶圣陶拟定的《纲要（草案）》既能承前启后，融会贯通，又能兼收并蓄，择善而从，适合学生的程度，符合时代的要求，对吴研因的做法极为不满。

为了缓和气氛，朱经农在“味雅居”摆了一桌，以宴请叶圣陶的名义邀吴研因等前来陪席，想在举杯把盏间来个和为贵，但未能如愿。吴研因不会转圜，朱经农“快刀斩乱麻”，让吴、范、周三人统统歇手，聘请叶圣陶来商务编译所国文部任专任编辑，和顾颉刚联手编纂《初中国语课》。顾颉刚是胡适最得意的弟子，叶圣陶也深得胡适的赏识。1921 年秋，上海吴淞中国公学闹风潮，驱赶代理校长张东荪、中学部舒新城和叶圣陶、朱自清等新教员。10 月 25 日，胡适专程从北京赶来调解风潮，他在日记中写道：“上海中国公学此次风潮，赶去张东荪，内容甚复杂；而旧人把持学校，攻击新人，自是一个重要原因……他们攻击去的新教员，如叶圣陶，如朱自清，都是很好的人。这种学校，这种学生，不如解散了妙！”① 胡适列名“校订者”，显然是在给吴研因施压，使这场编辑易人的风波很快平息下来。顾颉刚在 1923 年 1 月 26 日（农历十二月初十）日记中记有：“圣陶到馆。”在 1923 年 2 月 27 日（正月十二）日记中记有：“圣陶全家（从苏州）搬来。”② 事情办得如此利落，也突出了商务当局的办事风格和对叶圣陶的格外器重。

叶圣陶进了商务印书馆真是如鱼得水。商务印书馆人才济济，除了顾颉

① 胡适：1921 年 10 月 24 日日记，《胡适全集》第 29 卷，合肥：安徽教育出版社 2003 年版，第 487 页。

② 顾颉刚：《顾颉刚日记》第 1 卷，中国台北：联经出版事业股份有限公司 2007 年版，第 316、328 页。

刚，王伯祥、沈雁冰、丁晓先、郑振铎、杨贤江、胡愈之、章雪琛、徐调孚、周建人等都是很要好的朋友，能与这么多心心相印的朋友朝夕相处，真有说不出的愉悦。那时的国文部每四张书桌为一组，叶圣陶和沈雁冰对面坐，旁边是丁晓先。叶圣陶和顾颉刚都有勇猛精进的志向，他们悉心擘画，编辑工作进展得很顺利。《初中国语课》第二册的版权页署编辑者范祥善、顾颉刚、叶绍钧。其实范氏并没有参与编辑工作，这在顾颉刚1923年3月的日记中亦有记载：

3月10日　经农先生以编书期限来。我与圣陶三月底交出《初中国语课》第二册，四月底第三册，五月底第四册。①

3月22日　与圣陶排《初中国语课》第二册目录。②

《初中国语课》第三册至第六册，都遵照朱经农规定的“期限”，精心编校，准时交稿。叶圣陶在《〈十三经索引〉自序》③ 中说：“十二年春，余始业编辑，编辑者，采录注释耳。”他所说的“采录注释”，指的就是编纂《初中国语课》和与之配套的“学生国学丛书”。

叶圣陶拟定的《纲要（草案）》，现已收入《叶圣陶集》第16卷④。

---

① 顾颉刚：《顾颉刚日记》第1卷，中国台北：联经出版事业股份有限公司2007年版，第335页。

② 顾颉刚：《顾颉刚日记》第1卷，中国台北：联经出版事业股份有限公司2007年版，第338页。

③ 叶绍钧编：《十三经索引》，上海：开明书店1934年版。

④ 江苏教育出版社2004年出版。

《纲要（草案）》分“目的”“内容”“毕业最低限度标准”三个部分，思路清晰，只要与胡适当年的《中学国文的教授》[①] 和《再论中学国文的教授》[②]稍加比对，就能看出《纲要（草案）》追求变革和创新的理念。叶圣陶本来就有想当编辑的念头，到商务后专心编写教材，以嘉惠后进、培育人才为己任。而志向高远、不甘“平庸”的顾颉刚则很快就厌倦了编书。

顾颉刚（1893 — 1980 年）出身于耕读世家，康熙帝南下江南风闻顾家文风之盛，乃称誉为“江南第一读书人家”。顾颉刚 3 岁时母亲就开始教他读《三字经》《千字文》等启蒙读物，写描红字。4 岁时叔父教他读司空图《诗品》，祖父教他对对子。5 岁开始读“四书”“五经”。6 岁进私塾，除读“四书”“五经”外，还读《万国史记》《泰西新史揽要》《万国演义》等新书，并在祖父的指点下练习写作。14 岁入长元吴公立高等小学校，接受新式教育。叶圣陶比顾颉刚小一岁半，两人不仅是近邻，还是私塾和小学的同学。长元吴公立高等小学校学制三年，叶圣陶只读了一年就越级考上苏州公立第一中学堂，顾颉刚比叶圣陶晚一年进中学。中学毕业后，叶圣陶当小学教师。顾颉刚考上北大中国哲学门，毕业后留校任助教兼图书馆馆事。叶圣陶于 1922 年 2 月应邀任北大预科国文课讲师，与顾颉刚成了同事，只因北大屡屡欠薪被迫“南归”。1922 年秋，叶圣陶来到上海复旦大学和神州女校执教。顾颉刚也于同年 12 月初来商务印书馆编译所史地部任专任编辑，与王伯祥合编历史教科书，月薪高达百元。可顾颉刚总觉得他的事业在古史研究，做学问才是第一位的，而要做学问就得回北京，再加上在北方生活久了，反倒不适应江南的气候，患上湿疮，想回北京的念头就更急切了。1923 年 6 月

① 胡适：《胡适全集》第 1 卷，合肥：安徽教育出版社 2003 年版，第 210—223 页。

② 胡适：《胡适全集》第 2 卷，合肥：安徽教育出版社 2003 年版，第 785 — 794 页。

初，顾颉刚给朱经农写信说要辞职。朱经农好心劝留，这反倒让顾颉刚觉得朱经农只盯着“赢利的教科书”，没有人情味。他在6月14日日记中写道：

接经农先生信，谓务必屈留至年底，明年如京校薪水稳，自任至北京。此等说话似是而非，若有若无，甚可鄙薄。因即覆书，谓夏间湿疮如愈，自当依尊命，否则为身体计只得回京。①

“湿疮”未愈，顾颉刚于1923年12月初辞别商务，重返北大。他在《〈古史辨（第一册）〉自序》中说：“馆中固然待我不苛刻，但我总觉得一天的主要时间为馆务牺牲掉了未免可惜。我不是教育家，便不应编教科书；馆中未尝许我作专门的研究，又如何教我作无本的著述：精神上既有这般苦痛，所以在这年的冬间又辞了出来。”又说：“我所以一定要到北京的缘故，只因北京的学问空气较为浓厚，旧书和古物荟萃于此，要研究中国历史上的问题这确是最适宜的居住地；并且各方面的专家惟有在北京还能找到，要质疑请益也是方便。”②

顾颉刚走后，《初中国语课》的再版和修订工作全由叶圣陶一人独肩。《初中国语课》第一册再版时增补了17则“作者略述”，《〈初级中学国语教科书〉编辑大意》（以下简称《编辑大意》）也作了修改，请看初版本的《编辑大意》：

---

① 顾颉刚：《顾颉刚日记》第1卷，中国台北：联经出版事业股份有限公司2007年版，第368页。

② 顾颉刚：《古史辨（第一册）》，北京：朴社1926年版，第86、87页。

《初级中学国语教科书》编辑大意①

（1）本书依照全国省教育会联合会学程起草委员会所定初级中学“国语课程纲要”编辑。共六册，每册定为二万至三万字，计四五十篇，足供初级中学读文之用。

（2）本书所列各文，约分记叙的、写景的、抒情的、说理的、议论的五种。但以记叙文、写景文及抒情文为主，说理文、议论文居少数。

（3）本书所列各文，务以清浅有趣、兼有文学性质的为主，凡高深的学术文概不加入。

（4）本书第一、二册文言文占十分之三；第三、四册文言文占十分之五；第五、六册文言文占十分之七。这样配置，要使与小学及高级中学相衔接。

（5）本书选入的文言文，略分时代：第一、二册以当代名人及明清为主，第三、四册以唐宋及六朝为主，第五、六册以汉魏及周秦为主——但与语体文对译的不在此限。

（6）文章的深浅，不在篇幅的长短；故本书各册递进的标准，概以课文的质量为限，并不拘定各篇字数的多少。

（7）现在出版物中适切于初中学生诵读的语体文不多，故本书前数册，除选辑相当的课文外，由编者撰著若干篇。

（8）本书中有字义及典故较为艰生的，或外国人名、地名等，一律加以注释，附在篇末，务使学生在课外可以考查。

① 《〈初级中学国语教科书〉编辑大意》各段的排序均署“一”，为了下文的援引的便利改用“（1）、（2）、（3）……”的顺序排列。

再版时，叶圣陶对《编辑大意》作了补充和修改，如（1）后加“分量按年递增，最合进程”。（2）后加“本书的选辑，以具有真见解、真感情、真艺术，不违反现代精神，而又适合学生的领受为标准。至于高深的学术文，以非初中学生能力所胜，概不加入”。（4）后加“本书第一、二册酌采语文对译方法使语文过渡”。①

课文“分量按年递增，最合进程”。事实正是如此，就篇幅而言，第一册五十课，正文共124页；第二册四十四课，正文共143页；第三册四十课，正文共152页；第四册四十课，正文共172页；第五册四十课，正文共192页；第六册四十六课，正文共330页，内容由易到难，篇幅由短到长。至于“本书的选辑，以具有真见解、真感情、真艺术，不违反现代精神，而又适合学生的领受为标准。至于高深的学术文，以非初中学生能力所胜，概不加入”，以及“本书第一、二册酌采语文对译方法使语文过渡”等两项，都是这部教科书的亮点。《初中国语课》突出语文教育“育人”在先的理念，传播新文化新思想，在思想导向上与时俱进；与此同时又规范了语文教学的目标和途径，从学生的水平和初中教育的需要出发，选取古今中外的范文，拓展学生的语文知识，注重阅读和写能力的培养，这在“五四”落潮后的那个彷徨而纷乱的年代显得难能可贵。

《初中国语课》第五、六两册是初中三年级的课本。相对于前四册，第五、六两册文言文占的比例提升了，在选编方面也有了新的思考。现将1923年8月出版的《初中国语课》第五册的《编辑例言》抄录于下：

---

① 《〈初级中学教科书国语〉编辑大意》，《叶圣陶教育文集》第4卷，北京：人民教育出版社1994年版，第3页。

编辑例言

本书第一册曾载凡例数条，今续补如左：

（一）本书选择宗旨，以具有真见解、真感情及真艺术者，不违反现代精神为限，不规规于前人成例。

（二）本书既为初中读本，故务求适合学生诵读，不恪守原书形式：凡有不适宜于读本性质者及过冗长者删节之。删节处加……号，以期醒目。

（三）本书所取诸篇，虽多删节，惟力求免去增字。若遇有非增字不能明了者，则加［］号以存真相。

（四）第一册编辑时，拟定标号在时间方面者用——，在空间方面者用══。今仍照原例标出。惟遇有必不能适用者亦略有变动。

（五）古书解释，说多不同。本书既为读本性质，不必涉及考证范围，故只由编辑者择取其一。如欲求详，有原书在。

（六）古今字体异同甚多，凡非必存之古字，即改从今字。

（七）本书于各篇作者均附撰略述，列入注文，俾读者略明时代、环境与文学之关系。惟今代作者，颇为时人所熟知；又其行诣正在发展途中，未便概述，所以从略。外国作者，则吾人比较为生疏，虽尚生存，亦为简单之介绍。前一二三四册，亦将汇刊一“作者略述”，于再版时附入。

（八）本书编纂，颇为创格。编辑者心馀力拙，讹误必多。乞读者教正！

《编辑例言》中论及的“现代精神”、“务求适合学生诵读”、“凡有不适宜于读本性质者及过冗长者删节之”、“虽多删节，惟力求免去增字”（以保持原作的风格）、“古书解释……不必涉及考证范围，故只由编辑者择取其一”，以及“各篇作者均附撰略述”，叶圣陶所说的这一系列“创格”，在当年可谓独领风骚。

从这些方面不难看出，虽说叶圣陶署名在后，可他为这部教材付出的辛劳最多。三位“校订者”只是挂名。王岫庐是个大忙人，无暇顾及；朱经农也只是规定交稿的“期限”。虽说上海《商报》刊登过一则《胡老板登台记》的花边新闻，说胡适前来商务印书馆“主持编译所”，其实只是来考察了一个多月。顾颉刚在1923年4月26日、11月8日日记中提到与叶圣陶、王伯祥等和胡适一起吃饭，但并未谈到编教科书的事。胡适、王岫庐、朱经农放手让叶圣陶和顾颉刚编纂《初中国语课》，也折射出那个时代的风气：那是一个推崇青年的年代，也是青年大放异彩的年代！

二、以“切合现代生活”为唯一的标准

语文，学什么？作为五四新文化运动中涌现出来的新人，叶圣陶和顾颉刚是有比较成熟的思考的，只要揣摩《初中国语课》的头几篇课文，就能看到叶圣陶和顾颉刚对于语文的“定位”是很清晰的。

鲁迅在《青年必读书——应〈京报副刊〉的征求》中说：“我看中国书时，总觉得就沉静下去，与实人生离开；读外国书——但除了印度——时，往往就与人生接触，想做点事。”① 《初中国语课》可以说是“与人生接触”、与时代脉搏紧紧相连的好教材。第一册（一年级第一学期）头三篇课文是：蔡元培的《劳工神圣》、胡适的《新生活》、蔡元培的《我的新生活观》。

《劳工神圣》，是蔡元培1918年11月16日在“北京天安门举行庆祝协约国胜利大会上的演说词”，《北京大学日刊》第200号（1918年11月27日）

① 《鲁迅全集》第3卷，北京：人民文学出版社2005年版，第12页。

刊登时题为《劳工神圣——在北京天安门举行庆祝协约国胜利大会上的演说词》。从此，“劳工神圣”这个口号成了时代的最强音。蔡元培所说的“劳工”，既包括从事体力劳动的工农大众，也包括从事脑力劳动的知识分子。他说：

我说的劳工，不但是金工、木工，等等，凡用自己的劳力，作成有益他人的事业，不管他用的是体力、是脑力，都是劳工。所以农是种植的工；商是转运的工；学校职员、著述家、发明家，是教育的工。我们都是劳工。

我们要自己认识劳工的价值！劳工神圣！

“神圣”，原本是对帝王的尊称。蔡元培把“劳工”与“神圣”等同起来，把从事“种植”“转运”“教育”的“劳工”平行地排列在一起，没有高低贵贱尊卑之分，大家都是一样的“神圣”。这个庄严的定位，在“万般皆下品，唯有读书高”的旧中国振聋发聩，极具划时代的意义！

与此同时，蔡元培又恳切地希望国民“不要羡慕那凭借遗产的纨绔儿”“不要羡慕那卖国营私的官吏”“不要羡慕那克扣军饷的军官”“不要羡慕那操纵票价的商人”“不要羡慕那领干修的顾问、咨议”“不要羡慕那出售选举票的议员”。这六个“不要”，如春风化雨，催人自新。许德珩在《吊吾师蔡子民先生》[①] 一文中说：蔡先生的《劳工神圣》，“是破天荒的得着社会上多少人的景仰和兴奋。由先生的这个指示，北大当时的校工夜班工读互助团、校外的民众夜校、工人补习学校、平民教育讲演等类的社会服务和劳动服务，

① 载于重庆《中央日报》1940 年 3 月 24 日。

也都很快发展起来，使那班浮游于上层政治与埋头在书本子里面这两种青年，都深入到社会的内心，懂得民生的疾苦”。

胡适的《新生活》写于1919年8月，是应《新生活》主编李辛白之约，为《新生活》杂志第一期写的《序》。《序》中写道：“哪样的生活可以叫做新生活呢？我想来想去，只有一句话，新生活就是有意思的生活。”“凡是自己说不出‘为什么这样做’的事，都是没有意思的生活。反过来说，凡是自己说得出‘为什么这样做’的事，都可以说是有意思的生活。生活的‘为什么’就是生活的意思”；“（‘为什么’）这三个字的趣味真是无穷无尽，这三个字的功用也无穷无尽。”“人同畜生的分别，就在这个‘为什么’上”，唤醒国人要过“人”的生活。

蔡元培的《我的新生活观》写于1920年10月。文章将“旧生活”与“新生活”对举，从“外形”和“内容”两个方面将“旧生活”的害处和“新生活”的重要性，作了十分透彻的阐释。文章开篇就说：“什么叫旧生活？是枯燥的，是退化的。什么叫新生活？是丰富的，是进步的。”进而讲到“旧生活的人，是一部分不作工又不求学的，终日把吃、着、嫖、赌作消遣”，所以枯燥而退化。“新生活是每一个人每日有一定的工作，又有一定的时候求学”，所以丰富而进步。最后说到新生活的要件只在日日做工，日日求学：

要是有一个人肯日日做工，日日求学，便是一个新生活的人。有一个团体里面的人，都是日日工作，日日求学，便是一个新生活的团体。全世界的人都是日日工作，日日求学，那就是新生活的世界了。

这三篇课文都是纯粹的白话文，传播的是对于“人生”和“人的生活”全新的诠释，不仅是初中学生入学教育的必修课，也是华夏“新国民”的启蒙教材。

《初中国语课》第二册（一年级第二学期）头三篇课文是：蔡元培的《理信与迷信》、梁启超的《举国皆我敌》、蔡元培的《舍己为群》。这三篇课文都是1917年之前写的，是浅近的文言。

《理信与迷信》倡导的“理信”，就是我们常说的“道理”和“科学”。文章强调不要做“昧理之人”，要懂得敬人爱人，尽人所能信，而不沉湎于迷信。蔡元培抨击的“迷信”，是“种种事神之仪式”，也就是鲁迅在《华盖集·忽然想到（六）》中所列举的阻碍我们民族“求生存”“求温饱”“求发展”的鬼神。文章最后说：“人能祛迷信而持理信，则可以省无谓之营求及希冀，以专力于有益社会之事业，而日有进步矣。”

梁启超是我国近代著名的思想家、文学家、教育家，在文学改良运动中高举“诗界革命”“文界革命”“小说界革命”以及“戏曲界革命”的大旗，创作了一批“敦促国民自新”的“新派诗”，《举国皆我敌》当年被誉为石破天惊之作。现抄录于下：

举国皆吾敌，吾能勿悲？
吾虽悲而不改吾度兮，吾有所自信而不辞。

世非混浊兮，不必改革。
众安混浊而我独否兮，是我先与众敌。
阐哲理指为“非圣”兮，倡民权谓曰“畔道”；

积千年旧脑之习惯兮，岂旦暮而可易？
先知有责：觉后是任。后者终必觉，但其觉匪今。
十年以前之大敌，十年以后皆知音。

君不见苏革拉瘐死兮，基督钉架，牺牲一身觉天下！
以此发心度众生，得大无畏兮，自在游行。
渺躯独立世界上，挑战四万万群盲。

一役罢战复他役，文明无尽兮竞争无时停。
百年“四面楚歌”里，寸心炯炯何所撄。

“众安混浊而我独否兮”，梁启超的“独否”，正是鲁迅所称颂的“独醒”和“独战”。“一役罢战复他役，文明无尽兮竞争无时停”，传播的是“物竞天择”“适者生存”。至于“牺牲一身觉天下”“十年以后皆知音”，这慷慨激昂的诗句让我们感悟到那个时代的奔涌的激流，看到作为政治家兼学者的梁启超在戊戌变法和旅日初期挥斥方遒、指点江山的光辉形象。

蔡元培的《舍己为群》阐释群和己的关系，以及舍己为群的理由和舍己为群的必要。提倡为了“利群”勇于“从军”“革命”，敢于“歼魁”“公言”，而不怕“流血”和“囚逐”，激励读者积极进取，勇于献身，在思想导向上与梁启超的《举国皆我敌》相唱和。

《初中国语课》第三册（二年级第一学期）头三篇课文是：梁启超的《最苦与最乐》、《孟子舜发于畎亩章》、蔡元培的《对于工学互助团的大希望》。

《最苦与最乐》发表于1919年1月8日《时事新报》的“星期讲坛”。

文章立意高远，从“最苦”和“最乐”两方面来论述人生的责任：“负责任”是人生最大的苦，推卸躲避是自投苦海；“尽责任”则是人生最大的乐。人生最苦的事不是“贫穷”“失意”或“老死”，而是“身上背着一种未来的责任”；最快乐的事就是把应尽的责任尽完，责任越重大，未来的快乐也就越大，人生最乐与最苦的关键全在尽得责任与否，“快乐之权操之在己”。这些深刻的思想，有较强的现实意义。

《孟子舜发于畎亩章》，是《孟子·告子下》的节选，虽说是古文，但思想万古长青。尤其是第二小节的“将降大任于是人也，必先苦其心志，劳其筋骨，饿其体肤，空乏其身”，以及结尾的“生于忧患而死于安乐”，告诉我们忧患能激励人们去奋斗，得以生存发展；安逸享乐能使人堕落，乃至萎靡死亡。叶圣陶和顾颉刚的这个编排，显然是“古为今用”，用孟子的至理名言，为《最苦与最乐》寻找精神源头，让读者领略我们民族渊远流长的思想命脉。

1919 年初，少年中国学会和李大钊、蔡元培、陈独秀等知名学者发起工读互助团，创办“洗衣作和食堂”，“本互助的精神，实行半工半读”，团员每日做工，以实现生活自给。同年 12 月 15 日，蔡元培应邀作了题为《工学互助团的大希望》的演讲（编入《初中国语课》第三册时题名改为《对于工学互助团的大希望》）。这篇演讲稿深化了“劳工神圣”的思想，强调人“是为工而生的”，做“工”是“人生的天责”，希望工学互助团通过洗衣、编织、烹饪、刷印、制造小工艺，与“全国各团体”乃至“世界各团体”联合起来，实现以“全世界的和平、发达为标准”的“世界主义”理想。虽说“工学互助团”因为经费不足和内部意见分歧，不久就解散了。但蔡元培所倡导的“凡事空话总不如实行，大的要从小的做起”的“实干”精神，值得弘扬。

这九篇课文，都是彰显民族精神和时代精神最靓丽的篇章，青年学子果真能学以致用、知行合一，就能奠定一生行谊的根基。当然，彰显民族精神和时代精神的课文远不止这九篇。

《初中国语课》第一册第三十课胡适的《威权》，是极具时代精神的哲理诗。第三十一课郑振铎的《我是少年》，是洋溢着时代精神的抒情诗。《威权》写于1919年6月，正是新文化运动的高潮期，开篇写道：

威权坐在山顶上，
指挥一班铁索锁着的奴隶替他开矿。
他说："你们谁敢倔强？
我要把你们怎么样就怎么样！"

骑在人民头上作威作福的统治者和专制者（"威权"），高高在上（"坐在山顶上"），"指挥一班铁索锁着的奴隶替他开矿"。"奴隶"不甘心忍受这极其残酷的阶级压迫，"磨断"铁索起来"造反"，用锄头把山脚底挖空，"威权倒撞下来，活活的跌死！""奴隶"与"统治"和"专制"决斗的场景，使读者很自然地联想鲁迅在《摩罗诗力说》中所倡导的"立意在反抗，指归在行动"。《威权》是对如何"立意"和"行动"作出的最形象的描述。

《我是少年》刊登于1919年11月1日出版的《新社会》第1号，写作时间与胡适的《威权》挨得很近，全诗共两节：

一

我是少年！我是少年！我有如炬的眼，我有思想如泉。

我有牺牲的精神，我有自由不可捐。

我过不惯偶像似的流年，我看不惯奴隶的苟安。

我起！我起！我欲打破一切的威权。

二

我是少年！我是少年！我有渍腾的热血和活泼进取的气象。

我欲进前！进前！进前！

我有同胞的情感，我有博爱的心田。

我看见前面的光明，我欲驶破浪的大船，满载可怜的同胞，进前！进前！进前！

不管它浊浪排空，狂飙肆虐；我只向光明的所在，进前！进前！进前！

郑振铎写这首诗时22岁，按说应该称为“青年”，可他偏偏以“少年”自居，反复吟唱“我是少年！我是少年！”青春豪气扑面而来。“我有如炬的眼”“我有思想如泉”，经过周密的观察和深入的思辨，“我”看清了自己所处的时代和应承担的责任：必须“打破一切的威权”。这个“威权”也就是胡适《威权》中“指挥一班铁索锁着的奴隶替他开矿”的统治者和专制者，是如磐石一般压在中国人民头上的封建主义和帝国主义。我们能够“打破一切的威权”，因为“我有牺牲的精神”“我有自由不可捐”“我看不惯偶像似的流年”“我看不惯奴隶的苟安”！这激昂的战叫简直就是五四时期改造“旧社会”建设“新社会”的誓言。

《初中国语课》第二册第七课梁启超的《志未酬》写于1901年，最先发表在《清议报》上，开篇写道：

志未酬！志未酬！
问君之志几时酬？
志亦无尽量，酬亦无尽时。
世界进步靡有止期，
吾之希望亦靡有止期；
众生苦恼不断如乱丝，
吾之悲悯亦不断如乱丝。

梁启超吟颂的“志”，应该是他当年的“群治”和“觉世”的宏图。“世界进步靡有止期，吾之希望亦靡有止期”，这种急切的心情和顽强拼搏的意志明显是受了“进化论”思想的驱使，与“尊个性而张精神”的立人思想一脉相承。诗中还写到不管前途多么“宏廓而寥远”，有志男儿一定“龙腾虎跃”，“但有进兮不有止，言志已酬便无志!”像这样抒写“言志”和“奋进”的诗篇，别说是在当年，即便今天读来依然能使人热血沸腾。

《初中国语课》第三册第十课梁启超的《〈欧游心影录〉楔子》，对《欧游心影录》的成书过程作了简要的介绍。1919 年 10 月，梁启超偕蒋方震、张君劢、丁文江等在欧洲各国游历大半年后，回到巴黎附近的白鲁威写《欧游心影录》，这篇“楔子”介绍他们写《欧游心影录》时的清苦和坚韧，这里抄录二节：

我们想着现在刚是故国秋高气爽的时候，已经一寒至此；将来还有三四个月的严冬，不知如何过活。因此连衣服也不敢多添，好预备他日不时之用。只得靠些室内室外运动，鼓起本身原有的热力，来抵抗外界的冱寒。

我们同住的三五个人，就把白鲁威当作一个深山道院，巴黎是绝迹不去的，客人是一个不见的。镇日坐在一间开方丈把的屋子里头，傍着一个不生不灭的火炉，围着一张亦圆亦方的桌子，各人埋头埋脑做各自的功课。这便是我们这一冬的单调生活趣味，……我的功课中有一件，便是整理这部游记。

虽说《欧游心影录》出版后引起“科学”和“思想”的论争，但“严冬”时节梁启超等人关在用来“消夏”的“避暑别墅”，用“运动”来抵抗外界的“冱寒”，在“沉忧凄凉”的景色中整理《欧游心影录》，这种甘之如饴的心境与他在《最苦与最乐》中所阐释的“以苦为乐”的精神一脉相承。

至于《初中国语课》第二册第二十课《天演论导言七》，以及第四册第三十二课《天演论导言一》，其用意就更鲜明了。众所周知，“进化论”进入我国，得益于严复翻译的《天演论》。在甲午战争失败的刺激下，“物竞天择，适者生存”向国人敲响民族危亡的警钟。1898年4月（光绪二十四年三月）《天演论》正式出版，一时纸贵洛阳。《天演论导言七》用“垦荒之事”，来阐释“天演之说”，解析“人之所为”胜过“天之所设”，强调通过“自致”和“通力合作”，可使蛮荒之地变为“城邑”，“蔚然成国”。作者传播“人定胜天”的思想，让读者意识到名为“天演”，实为“人演”。《天演论导言一》强调“强者后亡，弱者先绝”，“强者”就是能“争自存也”；“天择者，存其最宜者也”。盛赞恺彻的“励内治，奋武功”和斯宾塞尔“笃信天演之说”。叶圣陶和顾颉刚选用这两篇《导言》作课文，其用意显然是要激励青年学子懂得“行己”“自立”，一息尚存，奋进不止，这也正是20世纪20年代的主旋律，与同时期守旧派的“侈谈国粹”和“精神救国论”有天壤之别，这部教材真正做到以“切合现代生活”为唯一的标准，“德才并育”，立意高远。

三、倚重先驱者和新文学家的创作和译作

清末中学国文教科书，流行最广的是林纾等编选的《中学国文读本》和吴曾祺编选的《中学国文教科书》，课文大都是唐宋八大家和桐城派的古文，选编的宗旨是“保存国粹”“涵养性情”。随着五四新文化运动的勃兴，“桐城谬种”成了新文化人扫荡的“妖孽”。新文学阵营对“国粹家”的“倒行逆施”作了义无反顾的抗争，不仅撼动了《中学国文读本》和《中学国文教科书》在语文教育界的地位，也催促并打通了“新文学”与现代语文教育的联接，从而带来了教师队伍更新和语文教材的变革。

1922年1月，周予同在《教育杂志》第14卷第1号发表《对于普通中学国文课程与教材的建议》，文章说：“自国语运动与文学革命发生以来，国文教师起了一个大变动。从前在中学校担任国文的大半是老先生们，现在居然有许多少年们在讲台上出现了。从前高师国文部的毕业生差不多是销不动的呆货，现在偏远的地方居然想聘请也没有人了。”何仲英在《初中国文教学问题》[①] 一文中说：“五四运动以前，各中学里担任国文课的，还是老一辈子人的专利，把古文观止、古文辞类纂、国文评注读本等书，当作金科玉律，

① 何仲英：《初中国文教学问题》，《时事新报》1923年5月5日。

就是有些学校出身的，也是古今杂糅，胡乱选讲，换汤不换药。直到什么新文学大闹起来，迫于环境的需求，教者不得不稍变主张，学校办事人不得不酌聘时髦一点的人物点缀点缀。尽管依旧有许多中学还在那里做梦，不问不闻，但是‘强弩之末’，也难乎为力。不但公立学校如此，即北京清华学校，上海圣约翰大学，打去年起，也不惜卑辞厚币，遍访名师，来担负改革国文教学的责任。”改革国文教学成了大势所趋，涉及的内容相当广泛。就初中语文的改革而言，就涉及课程如何设置、教科书如何编纂、文白的比例如何搭配。专家学者们献言献策，但因为还处在探索期，众声喧哗，声调嘈杂。

1920年9月1日，胡适在《新青年》第8卷第1号发表《中学国文的教授》，为中学国文设定教学课时，每周“至多不能超过五小时”，讲读古文的时间为三小时，讲读国语文的时间为一小时。又主张国语文的讲读，仅限于一、二年级，高年级一律讲读文言。至于国语文教材，胡适列举出“三部”：（一）“看二十部以上，五十部以下的白话小说”，“例如《水浒》《红楼梦》《西游记》《儒林外史》《镜花缘》《七侠五义》《二十年目睹之怪现状》《恨海》《九命奇冤》《文明小史》《官场现形记》《老残游记》《侠隐记》《续侠隐记》等等。此外有好的短篇白话小说，也可以选读。”（二）白话的戏剧。（三）长篇的议论文与学术文，“如戴季陶的《我的日本观》，如胡汉民的《惯习之打破》，如章太炎的《说六书》之类。”①

1922年8月17日，胡适又在《再论中学的国文教学》的演讲稿中，将所列的“国语文教材”，由“三部”增加为“四部”，增加“古白话文学选

---

① 胡适：《中学国文的教授》，《新青年》第8卷第1号，1920年9月1日。

本"："自唐代的诗，词，语录起，至晚清为止"；"宋人的白话小词，元人的白话小令，明清人的白话小说"。[①]

不难看出，胡适所规划的国语文教材，偏于传统。他所说的"各个时代"的"白话文"，其实都是古文；列举的教材，大都是整本的书，并不适合作为课文来讲读。周予同设计的中学国文，仅第一学年每周3小时学习国语文，自第二学年开始一律学习文言文[②]，在思想导向上比胡适更保守。叶圣陶拟订的《纲要（草案）》中是这样设计的：

> 初中国语文言白话兼教，初一至初三语体文所占选文的比例分别为"四分之三""四分之二""四分之一"。

文白兼教，白话文逐年递减，文言文逐年递增，这个设计和安排显然要比胡适和周予同的设计科学得多。至于"国语"中的语体文，则以先驱者和新文学作家的创作和译作为主，而不是胡适所圈定的古文，从而使"国语"真正焕然一新，语文教育与新文化新思潮，以及风云变幻的现实社会紧密地结合在一起，这在中学语文教育史上是一个划时代的变革。

新文学作家的创作和译作入选《初中国语课》，排在第一位的是周作人共十五篇。译作有《燕子与蝴蝶》（波兰戈木列支奇原著）、《先驱》（芬兰哀禾原著）、《卖火柴的女儿》（丹麦安兑尔原著）、《铁圈》（俄国梭罗古勃原著）、《世界之霉》（波兰普路斯原著）、《库多沙非利斯》（希腊蔼夫达利

① 《胡适全集》第2卷，合肥：安徽教育出版社2003年版，第788页。

② 周予同：《对于普通中学国文课程与教材的建议》，《教育杂志》第14卷第1号，1922年1月20日。

阿谛思原著)、《一文钱》(俄国斯谛普虐克原著)、《灯台守》(波兰显克微支原著)、《黄昏》(波兰什朗斯奇原著)和《沙漠间的三个梦》(南非 Olive-Schreiner 原著)。创作有《日本的新村》《访日本新村记》《山居杂诗》《一个乡民的死》和《卖汽水的人》。这十五篇课文，尤其是来自波兰、芬兰、丹麦、俄国、南非作家的译作和他笔下的“新村”，把青少年学子的视野引向“域外”。

我国近代教育制度改革的先驱者蔡元培入选《初中国语课》的作品共十四篇，即《劳工神圣》《我的新生活观》《文明与奢侈》《图画》《装饰》《记绍兴志学会的三大愿》《理信与迷信》《舍己为群》《祭亡妻黄仲玉》《对于工学互助团的大希望》《建筑》《雕刻》《文明之消化》和《责己重而责人轻》，内容涉及思想、爱情、美育、图画、音乐、建筑、雕刻和装饰等各个领域。蔡元培是我国近代革命的先行者，又是我国现代文化界学贯中西、熔冶新旧的大师。辛亥革命后出任中华民国南京临时政府第一任教育总长，1916年12月被任命为北京大学校长，是他的“唯理主义”(周作人语)和“兼容并包”，使北大成为新文化运动的中心和五四运动的发源地，促使古老落后的中国焕发青春，受到全社会的敬仰和崇拜。

胡适入选《初中国语课》的作品共十三篇。创作有《新生活》《赫贞江写景诗两首(江上、寒江)》《威权》《黄克强先生哀辞》《什么叫做短篇小说》《社会的不朽论》《文学的方法》《南高峰看日出》《国学季刊宣言》；译作有《最后一课》(法国都德原著)、《决斗》(俄国泰来夏甫原著)、《二渔夫》(法国莫泊桑原著)、《一件美术品》(俄国契诃夫原著)。都德的《最后一课》和莫泊桑的《二渔夫》，在当时是最有影响的爱国主义教材。

梁启超六篇，创作有《举国皆我敌》《志未酬》《最苦与最乐》《〈欧游心影录〉楔子》，译作为《小豪杰放洋记》《荒岛游历记》（两篇均为法国焦士威尔奴著）。

沈雁冰五篇，《禁食节》（新犹太潘莱士原著）、《复仇》（法国巴比塞原著）、《他来了么》（保加利亚跋佐夫原著）、《罗本舅舅》（瑞典拉绮洛孚原著）和《巨敌》（俄国高尔该原著），全是译作。

鲁迅四篇，创作是《鸭的喜剧》和《故乡》，译作是《鱼的悲哀》（俄国爱罗先珂原著）和《父亲在亚美利加》（芬兰亚勒吉阿原著）。

叶圣陶四篇，即短篇《伊和他》《寒晓的琴歌》《阿菊》和《祖母的心》，全是创作。

胡愈之三篇，《我的学校生活一断片》（俄国爱罗先珂原著）、《堡寨上的风景》（作者不详）和《文明的曙光》（南非洲须林娜女士原著），全是译作。

郑振铎二篇，即《我是少年》和《太戈尔的印度国歌》。刘延陵二篇，篇名是《在柏林》和《水手》。刘复二篇，一篇是译作《流星》（德国力器德），另一篇是散文《爱尔兰爱国诗人》。

另有郭沫若的《雨后》、俞平伯的《夜月》、汪敬熙的《雪夜》、谢婉莹的《笑》、徐志摩的《泰山日出》、傅斯年的《深秋永定门城上晚景》，以及耿济之的译作《航海》（俄国屠格涅甫原著）等。

就创作而言，鲁迅的小说、胡适的新诗、周作人的散文，以及上述诸多作家的创作，都是最早被选入初中语文课本的，值得纪念。这里侧重谈谈鲁迅的《故乡》和《鸭的喜剧》、叶圣陶的《寒晓的琴歌》、刘延陵的《水手》和谢婉莹的《笑》。

《故乡》（《初中国语课》第五册，第四课）写于1921年1月，刊登在同年5月出版的《新青年》第9卷第1号。小说采用第一人称叙述的手法，以

1919年返回故乡迁家北上的经历为素材，抒写了“我”对故乡的回忆。在童年的记忆里，故乡是美丽的。“我”和少年闰土是“一气”的，可现在“已经隔了一层可悲的厚障壁了”。作者从这里引起了对于未来的希望：希望宏儿和水生“还是一气”，应该有“我们所未经生活过的”新的生活。末了两句“其实地上本没有路，走的人多了，也便成了路”。——鲁迅要创造“新的生活”的这个信念，成了那个时代的希望，《故乡》因而被誉为“希望的文学”。

闰土苦于“多子，饥荒，苛税，兵，匪，官，绅”，而叶圣陶笔下的“歌女”受到的则是另一种屈辱和折磨。《寒晓的琴歌》（《初中国语课》第二册，第二十七课）写于1921年3月，刊登在同年4月14日《京报·青年之友》。江南水乡古镇上的歌女，为了“供人家取乐”，夜里弹唱卖笑，拂晓临窗操琴吊嗓子，“寒晓的琴歌”中透露出了歌女的忧伤。作者是这样描述的：

我望这几家沿河的楼窗，都是紧紧地关着，窗上的明瓦零落了，有的糊着新闻纸，已经是破碎，经了风只是往里吹；更看不见别的了。但是我的想象力可以看见她们的屋内。那发出胡琴声音的一所屋里，有一个女孩子执着生疏而可怕的胡琴在那里练习。她或者因为没有好好儿睡眠，困乏极了，或者因为手指寒冻，不能灵动自如，又或者因为对于教者的威权恐惧而希望避免，使她的琴音更为恶劣，几乎不成音调。咿咿埃埃的声音连续送到我的耳朵里，我如听疲者的呵欠，冻者的抖颤，弱者的心跳。而我心底的眼睛更看见她朦胧欲睡的倦态，索瑟不堪的蜷缩，和惊惶无奈的神情——一幅难以描绘的图画。

刘延陵的《水手》(《初中国语课》第二册，第四十三课)，刊登在1922年1月15日出版的《诗》月刊第1卷第1号，全诗共分两节，现抄录于下：

(一)

月在天上，

船在海上，

他两只手捧住面孔

躲在摆舵的黑暗地方。

(二)

他怕见月儿眨眼

海儿微笑

引他看水天接处的故乡。

但他却终归想到

石榴花开得鲜明的井旁，

那人儿正架竹子，

晒他的青布衣裳。

诗人描绘了两幅图景，一是海上的夜景：天空、月亮、波浪、船，在最暗的舵楼的阴影里，坐着个双手捧着脸的水手。另一幅是远方的家乡：水井、石榴花、青布衣裳、晒衣裳的青竹竿，还有沐浴在阳光里的“那人儿”。相隔很遥远的两幅色调不同的图景，却被海面上泛着细浪的月光联系在一起了，漂泊在外的水手挥之不去的是对于家乡和亲人的相思之苦。

谢婉莹（冰心）的《笑》（《初中国语课》第三册，第九课），刊登在1921年1月10日出版的《小说月报》第12卷第1号，这是一篇典范性的美文。作者不施雕琢藻饰，只是随意点染，用短短的七百字勾画了三个画面：画中的安琪儿，路旁的小孩子和茅屋里的老妇人，各自捧着一束花，“微妙的神情好似游丝一般，飘漾漾地合了拢来，绾在一起”，展现了人性真、善、美的最高境界。

《鸭的喜剧》（《初中国语课》第二册，第四十四课）写于1922年10月，刊登在同年12月出版的《妇女杂志》第8卷第12号。这是一篇散文体小说，小说的主人公是俄国盲诗人爱罗先珂。作者借用鸭的“喜剧”中蕴含的深刻的悲剧因素，形象地说明诗人幻想的人与人之间、物与物之间的互爱，是难以实现的。

为了让新文学作品入选《初中国语课》，叶圣陶和顾颉刚博览群书，本着敢为天下先的精神，极其急切地想把新文学家的新作编进语文课本。鲁迅的《鸭的喜剧》发表于1922年12月，作品从发表到编入《初中国语课》第二册（1923年6月）正式出版，前后只有六个月。刘延陵的《水手》，刊登在1922年1月15日出版的《诗》月刊第1卷第1号，作品从发表到编入《初中国语课》第二册正式出版，前后不到一年半。鲁迅的《故乡》发表于1921年5月，作品从发表到编入《初中国语课》第五册（1923年8月出版）正式出版，前后也仅为两年零三个月。可以这样说，优秀的新文学作品一经发表，就被叶圣陶和顾颉刚选定，只是因为入册的排序需要通盘考虑，这才有了时间上的先后。

至于译作，叶圣陶和顾颉刚也是博采旁搜，求贤若渴。1909年3月，鲁迅与周作人合译的《域外小说集》第一集由东京神田印刷所印刷。同年7月，

《域外小说集》第二集出版。鲁迅在给增田涉的信中说："当时中国流行林琴南用古文翻译的外国小说，文章确实很好，但误译很多。我们对此感到不满，想加以纠正，才干起来的。"① 遗憾的是的《域外小说集》每集只售出二十册。1920 年，上海群益书社将《域外小说集》第一集和《域外小说集》第二集两集合为一集重印出版，鲁迅在为《域外小说集》写的《序言》中不无欣喜地说："异域文术新宗，自此始入华土"；"中国译界，亦由是无迟莫之感矣"。

叶圣陶和顾颉刚认同鲁迅这一最庄严的评价，特别看重周氏兄弟的译作。《初中国语课》共收译作 34 篇（另有《旧金山的蚊阵》《约翰孙的靴子》作者不详，疑为译作），周氏兄弟的译作竟多达 12 篇。在他们看来，周作人译的童话《卖火柴的女儿》《安乐王子》和短篇《灯台守》《一文钱》，鲁迅译的童话《鱼的悲哀》，都是世界文学史中的经典之作。他们对胡适翻译的《最后一课》《决斗》和《二渔夫》、沈雁冰翻译的《禁食节》《罗本舅舅》和《巨敌》、胡愈之翻译的《文明的曙光》等译作也极为推崇。除了这些译作，还有介绍异域人文思想见闻的作品，如蔡元培的《文明与奢侈》《图画》《装饰》《理信与迷信》《舍己为群》《建筑》《雕刻》《文明之消化》，胡适的《什么叫做短篇小说》，周作人的《日本的新村》《访日本新村记》，梁启超的《〈欧游心影录〉楔子》，郑振铎的《太戈尔的印度国歌》，刘延陵的《在柏林》、刘复的《爱尔兰爱国诗人》，刘文典的《佛兰克林自传》等。这两类作品篇幅占到《初中国语课》的四分之一，对于课程内容的建构是一个重大的创新，尤其是来自波兰、丹麦、芬兰、俄、英、法、希腊、瑞典、新犹太、

① 《鲁迅全集》第 14 卷，北京：人民文学出版社 2005 年版，第 196 页。

南非等十多个国家的作品都以风俗描写、情感抒发和理性演绎见长。这些优秀的文学作品，不仅能激发学生的求知欲，加深他们对世界之大的了解，有的还是爱国主义教育不可多得的教材。如都德的《最后一课》和《二渔夫》，学生不仅在课堂上诵读，还改编成话剧，在舞台上表演，吸引民众前来观赏和关注。

《初中国语课》对于先驱者和新文学家创作和译作的汇集，力求做到凡好尽收，多多益善。以出生年排序：蔡元培（1867 年）、梁启超（1873 年）、鲁迅（1881 年）、周作人（1885 年）、刘文典（1889）、胡适（1891 年）、刘复（1891 年）、郭沫若（1892 年）、刘延陵（1894 年）、叶圣陶（1894 年）、沈雁冰（1896 年）、傅斯年（1896 年）、胡愈之（1896 年）、徐志摩（1897 年）、汪敬熙（1898 年）、郑振铎（1898 年）、耿济之（1899 年）、俞平伯（1900 年）、谢婉莹（1900 年）。蔡元培比鲁迅年长 14 岁，可以看作是同时代的“两代人”；而鲁迅又比俞平伯和谢婉莹年长 19 岁，同样可以看作是同时代的“两代人”。《初中国语课》面世的 1923 年，俞平伯和谢婉莹才 24 岁，而这时的鲁迅已经 43 岁了，蔡元培已经 57 岁了。群贤毕至，少长咸集，使《初中国语课》显得既青春焕发，又老当益壮。“同时代”的三代人汇集在一起，为我国中语文教科书的建构树立了崭新的里程碑。

四、严格的甄采与精彩的阐释

《初中国语课》第五册的《编辑例言》中说：“本书选择宗旨，以具有真见解、真感情及真艺术者，不违反现代精神者为限，不规规于前人成例。”所选课文，必求精允，思想性和可读性俱佳的诗文方能入选，反之则一概屏绝。为了使《初中国语课》课程内容具有学术化和现代化的特色，对于选定的课文，叶圣陶和顾颉刚又从思想、语言、欣赏心理等各个层面进行严格的审视和甄采，其博识和睿智主要体现在以下三个方面：

一是课文“务求适合学生诵读”，“凡有不适宜于读本性质者及过冗长者删节之”。篇幅较长的课文大多是“节录”。如第六册第十课枚乘《七发（录观涛一节）》、第二十七课《礼记礼运篇》（节录）、第二十八课章炳麟《常识与教育》（节录）、第三十三课《史记高祖本纪》（节录）等，仅看篇名就知道是“节录”。第五册第二十一课杨万里《寒食雨中游天竺（十六首之十二）》，读者看了题名就知道这首诗原来共有十六首，编入课文时只选了其中的十二首。

“节录”（或“删节”）不仅仅是要考虑到作品难易的程度，更主要的是“以具有真见解、真感情及真艺术者，不违反现代精神者为限”，作品的思想情感必须健康纯正，语言艺术必须精练。这就需要认真鉴定和选取，去其糟粕、削除枝蔓，使课文真正成为现代初中生阅读的范文和样板。至于如何“节录”，且看这五例。

《初中国语课》第六册第三十三课《史记高祖本纪》（节录）开头一节的“原文”和“课文”：

［原文］高祖，沛丰邑中阳里人，姓刘氏，字季。父曰太公，母曰刘媪。其先刘媪尝息大泽之陂，梦与神遇。是时雷电晦冥，太公往视，则见蛟龙于其上。已而有身，遂产高祖。高祖为人，隆准而龙颜，美须髯，左股有七十二黑子。仁而爱人，喜施，意豁如也。常有大度，不事家人生产作业。及壮，试为吏，为泗水亭长，廷中吏无所不狎侮，好酒及色。常从王媪、武负贳酒，醉卧，武负、王媪见其上常有龙，怪之。高祖每酤留饮，酒雠数倍。及见怪，岁竟，此两家常折券弃责。

［课文］高祖，沛丰邑中阳里人，姓刘氏，字季。父曰太公，母曰刘媪。……高祖为人，隆准而龙颜，美须髯，左股有七十二黑子。仁而爱人，喜施，意豁如也。常有大度，不事家人生产作业。及壮，试为吏，为泗水亭长，廷中吏无所不狎侮，好酒及色。常从王媪、武负贳酒。……

“梦与神遇”“蛟龙于其上”“其上常有龙”之类纯属封建迷信，删削的理由无需赘言。

第五册第十课《邮亭题壁诗》，作者为明洪武年间阆中守某妻宋氏，写的是一个很悲惨的事件。宋氏丈夫“遭诬陷下狱”，病死狱中，儿子夭折，然而更可怕的灾难又接踵而至，当局强迫“母妻编戍”，宋氏只得“独奉哀姑”走万里，一路“遐荒”，形同乞丐。可当她看到一位“失贞”的妇人时，竟以“宁受饥寒不受耻”自许，站在道德的至高点上予以痛斥。原诗中写道：

同来一妇天台人，情怀薄似秋空云。
丧夫未经二十日，画眉重嫁盐商君。
血色红裙绣罗袄，骑驴远涉长安道。
稳坐不知行路难，扬鞭笑指青山小。
取欢但感新人心，那忆旧夫恩爱深。
吁嗟风俗日颓败，纲常废尽趋黄金。

《邮亭题壁诗》词意率直，音节悲凉，有乐府之风。可对失贞妇人的贬损全是“从一而终”的名教纲常在作祟，有违人性，编入《初中国语课》时就必须把这十多行诗统统删削了。

第五册第二十四课《西门豹治邺》，原文最后一节写西门豹即发动民众凿渠，邺县的父老子孙“皆得水利”，生活富足。这是“魏文侯时”即公元前446年至前396年的事。“到汉之立”，也就是过了一百多年之后，“长吏”要改造渠道，“合三渠为一桥”。邺县的父老群起反对，理由是“西门君所为也，贤君之法式不可更也”，“长吏”只得依从。文章最后写道：“故西门豹为邺令，名闻天下，泽流后世，无绝已时，几可谓非贤大夫哉！”邺县的父老子孙说“西门君所为也，贤君之法式不可更也”，完全出自对西门豹的敬仰，可以理解。可要是后来人都套用来认定“贤君之法式不可更也”，这就与“五四”要“变革”的时代精神相悖，于是就把文章最后的五句从课文中删除了。

诗人李白的《梦游天姥吟》以浪漫主义手法，通过梦游，表现了对山水的向往和对权贵的蔑视。诗人入梦出梦，往复驰骋，想象瑰丽奇绝。可编入第六册第十五课时删略了结尾七句诗：

> 世间行乐亦如此，古来万事东流水。
> 别君去兮何时还，且放白鹿青崖间，须行即骑访名山。
> 安能摧眉折腰事权贵，使我不得开心颜！

尽管“安能摧眉折腰事权贵”格调高亢，但“世间行乐亦如此”“且放白鹿青崖间”流露出人生若梦的虚无思想，传染给青少年是不合适的。

封建迷信和“及时行乐”等消极思想必须剔除，容易引发论争的评说和过度夸饰的颂扬同样要不得。应《小说月报》主编郑振铎之约，徐志摩为欢迎泰戈尔来华写了散文诗《泰山日出》，刊登在1923年9月10日出版的《小说月报》第14卷第9号“泰戈尔号”。

《泰山日出》开篇有“序”云：“振铎来信要我在《小说月报》的泰戈尔号上说几句话。我也曾答应了，但这一时游济南游泰山游孔陵，太乐了，一时竟拉不拢心思来做整篇的文字，一直挨到现在期限快到，只得勉强坐下来，把我想得到的话不整齐的写出。”最后一小节与“序”相呼应，写道：“这是我此时回忆泰山日出时的幻想，亦是我想望泰戈尔来华的颂词。”

徐志摩选择泰山日出作“幻想”，把泰戈尔的来华比作“泰山日出”，将会给混乱落后的中国指出一条新生的路。诗中写道：

这巨人披着散发，长发在风里像一面墨色的大旗，飒飒的在飘荡。这巨人竖立在大地的顶尖上，仰面向着东方，平拓着一双长臂，在盼望，在迎接，在催促，在默默的叫唤；在崇拜，在祈祷，在流泪——在流久慕未见而将见悲喜交互的热泪……

东方有的是瑰丽荣华的色彩，东方有的是伟大普照的光明……

“披着散发”的“巨人”“在崇拜，在祈祷，在流泪”，徐志摩用诗化的语言抒写泰戈尔对“东方文明”顶礼膜拜，认定泰戈尔来华会受到热烈欢迎。叶圣陶和顾颉刚不认可这些溢美之词，编入《初中国语课》第六册时就将“序”和最后一小节都删去了，从而遮蔽了《泰山日出》与“泰戈尔来华”的关联，使之成了单纯的“泰山日出”。

“节录”（或“删略”）贵在能使前后文无缝对接，节录后文章的思绪不仅能前后贯通，而且还得保留原有的风貌，这就需要编者对原作要能熟烂于心，删略又能慎之又慎，细之又细。《初中国语课》中的课文大多是节录的，以第五册为例，第二课《率性篇》、第三课《郦原别传》、第五课《别通篇》、第六课《庄子逍遥游》、第七课《庐山草堂记》、第十六课《艺增篇》、第十七课《书虚篇》、第十九课《峨眉山行记》、第二十课《雁荡山游记》、第二十一课《寒食雨中游天竺》、第二十二课《汉书郊祀志》、第二十五课《论死篇》、第二十六课《订鬼篇》、第二十七课《国策赵武灵王胡服骑射》、第二十八课《左传韩原之战》、第三十三课《通鉴谢玄肥水破秦之战》、第三十四课《贯高》、第三十七课《社会的不朽论》等，这十八篇课文全都是“节录”。《庄子逍遥游》《艺增篇》篇幅约为原文的三分之一；《郦原别传》《别通篇》篇幅约为原文的一半；《汉书郊祀志》篇幅仅为原文的十分之一，由于删略得当，课文保留了原文的主旨和风貌，只是更简短精练，更适合初中生诵习。要是删略后内容有了质的变化，那就重新命名。例如胡适的《建设的文学革命论》，原文有四个部分，长约一万二千字。编入《初中国语课》第五册时只选用了第四部分的七小节，谈的是文学家如何收集材料、实地观察乃至文学的结构、剪裁、布局、描写的方法，仍用原来的篇名显然不合适，就改题名为《文学的方法》，并加注作了说明，读者一看就知道课文的来历。

与节录对应的，还有语言文字上的精心打磨。节录大多是从大处着手，“文字打磨”是删去多余的或可有可无的文字，使课文的语言更加纯洁，结构更加紧凑，叙事脉络更加清晰，主题更加醒目。这种细致精密的“水磨工夫”，在《初中国语课》中随处可见，以第五册第三课《郦原别传》为例：

［原文］原十一而丧父；家贫，早孤。

［课文］原十一而丧父；家贫。……

［原文］崧（孙崧）曰：“（君乡里）郑君学览古今，博文强识，钩深致远，诚学者之师模也。君乃舍之，蹑屣千里，所谓以郑为东家丘者也。君似不知而曰然者何?”

［课文］崧（孙崧）曰：“（君乡里）郑君学览古今，博文强识，……

诚学者之师模也。君乃舍之，蹑屣千里……者何?”

删去“早孤”和“钩深致远”并不影响文意。批评邴原对乡贤缺乏认识的“所谓以郑为东家丘者也。君似不知而曰然”，显得过于严苛，删削后不仅文章更流畅了，人物的形象也更丰满。

胡适的《文学的方法》，在文字上也作了删削。请看最后一节：

［原文］写人要举动、口气、身分、才性……都要有个性的区别：件件都是林黛玉，决不是薛宝钗；件件都是武松，决不是李逵。写境要一喧、一静、一石、一山、一云、一鸟……也都要有个性的区别：《老残游记》的大明湖，决不是西湖，也决不是洞庭湖；《红楼梦》里的家庭，决不是《金瓶梅》里的家庭。写事要线索分明，头绪清楚，近情近理，亦正亦奇。写情要真，要精，要细腻婉转，要淋漓尽致。——有时须用境写人，用情写人，用事写人；有时须用人写境，用事写境，用情写境；……这里面的千变万化，一言难尽。

［课文］写人要举动、口气、身分、才性……都要有个性的区别。……写境要一喧、一静、一石、一山、一云、一鸟……也都要有个性的区别。……写事要线索分明，头绪清楚，近情近理，亦正亦奇。写情要真，要精，要细腻婉转，要淋漓尽致。——有时须用境写人，用情写人，用事写人；有时须用人写境，用事写境，用情写境；……这里面的千变万化，一言难尽。

列举了林黛玉、薛宝钗等一串人名，以及大明湖、西湖等地名和《红楼梦》《金瓶梅》等书目，文章固然很丰满，但也有点繁复，删削后文章更简洁了。

至于文字上的修饰，可列举周作人的《日本的新村》为例。《日本的新村》刊《新青年》第6卷第3号（1919年3月15日），文章介绍日本以武者小路实笃为代表的白桦派作家所鼓吹的乌托邦式的“新村运动”，赞美新村运动“建设模范的人的生活”。同年10月30日出版的《新潮》第2卷第1号，周作人又发表了《访日本新村记》，介绍他1919年暑期访问日本新村的经过，极力称赞日本新村人与人“互相扶助”，充满了爱。《日本的新村》原文长达6500字，收入《初中国语课》第二册还不到1200字，篇幅仅为原文的五分之一，在文字上也作了修饰。如开头部分：

［原文］近年日本的新村运动，是世界上一件很可注意的事。从来梦想Utopia的人虽然不少，但未尝着手实行，有些经营过的，也因种种关系不久就消灭了。

［课文］近年日本的新村运动是世界上一件很可注意的事。从来梦想乌

托邦的人虽然不少，但未尝着手实行；英国诗人古勒律己等所发起的“大同社会”也因为没有资本，无形中消灭了。

“梦想 Utopia 的人虽然不少”，他们是谁，因了哪种关系“不久就消灭了”，周氏没写，文章就显得有点虚。叶圣陶和顾颉刚在课文中补了一句“英国诗人古勒律己等所发起的‘大同社会’也因为没有资本，无形中消灭了”。这就把周氏的论点坐实。把外文译成中文，课文就显得整齐流畅。《访日本新村记》原文约 8500 字，选入《初中国语课》第二册不足 1000 字，而改动的文字和标点竟多达十多处。叶圣陶和顾颉刚就是这样精雕细琢，添毫点睛。

二是用“文白对照”的方式引导学生自学文言。《初中国语课》第一第二两册中的古文都有“文白对照”。编者改写的“白话”在前，“原文”在后。第一册的“文白对照”是：

孟子·许行章（译文）　孟子·许行章

陶潜桃花源记（译文）　桃花源记

白居易新丰折臂翁（演义）　新丰折臂翁

战国策·冯谖（译文）　冯谖市义

归有光祭外姑文（译文）　祭外姑文

第二册的“文白对照”是：

归有光先妣事略（译文）　归有光先妣事略

史记·刺客列传·荆轲刺秦王（译文）　史记·刺客列传·荆轲刺秦王

孟子·原泉章（译文）　孟子·原泉章

水经注·巫峡（译文）　水经注·巫峡

“文白对照”，这在当年是一个很好的创意。“新旧之争”是五四新文化运动的热门话题。激进派如吴稚晖、钱玄同等人主张将线装书丢在茅厕里，反对读文言和旧体诗，恰似倒洗澡水似的同时把婴儿一同倒了。“骸骨的迷恋”者则唯古是尚，逢古为尊。叶圣陶和顾颉刚态度中正平和。在他们看来初中生虽不必做古文写旧体诗，但不能不重视我们民族悠久的历史文化，要创造新文学就得吸收传统文学中的精华。而要重视要吸收就得“读”；要“读”就得过“难懂”这一关。于是就尝试“文译白”，将文言译成简洁流畅、谨严确切，就连语气也忠实于原作的“语体文”。限于篇幅的局限，这里仅抄录《归有光先妣事略》开头的第一小节：

［译文］先母周孺人，生于弘治元年二月十一日。十六岁便嫁了。过一年，生个女儿叫淑静；就是我们的大姊。一周年生我。又一周年，孪生女子：一个产出来就死了，一个满了周岁也死了。又过一年，生有尚，怀了十二个月的孕。明年，生女儿淑顺。隔一年，又生有功。

［原文］先妣周孺人，弘治元年二月十一日生。年十六年来归。逾年，生女淑静；淑静者大姊也。期而生有光。又期而生女子：殇一人，期而不育者一人。又逾年，生有尚，妊十二月。逾年，生淑顺。一岁，又生有功。

先读“译文”，再读“原文”，稍加思索便能全盘接受。这种两相对照，由“白”到“文”，再由“文”到“白”，循序渐进的学习方法，就像家长教孩子学走路似的，扶着他们走一程，等他们能站稳、会跨步子了才放手让他们自己去练习走。学生对照“译文”读“原文”，在逐字逐句“求甚解”的过程中拓展开来，举一反三，把握古文在遣词造句方面的规律之后，也就祛除了文言难学的阴影，逐步进入“潜心会本文”“语语悟其神”的境界。

三是注释特别详尽，文化含量高。《初中国语课》从第三册开始，古文所占的比例渐渐加大。虽说经初中一年的学习，阅读能力有所提升，但阅读古文还会有一定的困难，叶圣陶和顾颉刚用清晰而详尽的注释来帮助学生释难解惑。以第六册为例，第十课枚乘《七发（录观涛一节）》注释 35 条，约 1000 字；第十四课王思任《徐霞客传》注释 76 条，超过 3000 字；第二十一课司马迁《报任少卿书》注释 70 条，约 2000 字；第二十七课《礼记礼运篇（节录）》注释 72 条，约 1800 字；第三十课胡适《国学季刊宣言》注释 91 条，约 3500 字；第三十八课《后汉书范滂传》注释 37 条，约 1500 字；第三十九课王世贞《鸣凤记写本》注释 35 条，约 2100 字。注释多，文字简洁精练，以启发诱导为主，学生不仅看得懂，还能激发他们的求知欲，饶有兴趣地去阅读与课文相关的诗文。这里举两篇较短的诗。第三册第十八课《古乐府两首》：

敕勒歌[1]

敕勒川，阴山[2]下。
天似穹庐，笼盖四野。
天苍苍，野茫茫，
风吹草低见牛羊。

陇头歌[3]

陇头流水，流离山下。
念吾一身，飘然旷野。

朝发欣城[4]，暮宿陇头。
寒不能语，舌卷入喉。

陇头流水，鸣声幽咽。
遥望秦川[5]，心肠断绝。

这两首诗共有五条注：

[1] 敕勒是突厥的一部，隋唐时的回纥，便从此出。东魏高欢攻周玉璧，军中传言欢中了弩。他便特地见宾客，使部下斛律金作这“敕勒歌”。

[2] 阴山在河套北，亘乌喇特归化城之境，蜿蜒而东。

[3] 陇山亦名陇坻，跨陕西甘肃之境。《三秦记》说：“上有清水四注下，所谓陇头水也。”汉横吹曲有《陇头水》，就本于是。《陇头歌》亦是那地方的一种歌曲。

[4] 欣城，古地名，不详其何在。

[5] 秦川，水名，现在叫牛头河。出甘肃清水县东北，西南流，纳后川河，又西南至天水县，注入渭河。

这五条注中1、2、3、5四条都比现有的版本注得详细而清晰。第4条“欣城”的注释，展现出来的“不知为不知”的学风更值得钦敬。第六册第七课是陆游的《梦招降诸城》：

梦招降诸城[1]

陆游[2]

杀气昏昏横塞上，东并黄河开玉帐。昼飞羽檄[3]下列城，夜脱貂裘抚降将。

将军枥上汗血马，猛士腰间虎文韔[4]。阶前白刃明如霜，门外长戟森相向。

朔风卷地吹急雪，转盼玉花深一丈。谁言铁衣冷彻骨！感义怀恩如挟纩[5]。

羌胡[6]窟穴一洗空；太行[7]北岳[8]元无恙。更呼斗酒作长歌，要遣天山[9]健儿唱！

这首诗的后面有九条注：

[1] 宋高宗南渡后，黄河以北尽为金国的属地。陆游是一个爱国诗人，天天不忘恢复，所以他会有驻军河外，遣使招降诸城的梦。

[2] 陆游，字务观，自号放翁，南宋初山阴人。父宰，祖佃，并以经学名。游早有文名，后知夔严二州，皆有建白。才气超逸，尤长于诗。以爱蜀道风土，题其集曰《剑南诗稿》。其诗清新刻露而出以圆润，能自辟一宗，故宋以后有剑南一派。

[3] 古代传递紧急的檄文，就把鸡羽插在上边，意思是要它急行如飞。

[4] 虎文韔，是有虎皮文的弓袋。

[5] 纩，即是棉花。挟纩是穿着棉衣。

[6] 羌，西方种族名；胡，北方种族名。此泛言外族。

[7] 太行山，连亘河南河北道，山西冀宁道及直隶界，山以百数，随地异名，实皆古太行也。

[8] 北岳，恒山也。恒山亘直隶旧保定府西境及山西旧大同府东境。太行与恒山均为北方最大之山，故以为北方之代表。

[9] 天山一名雪山，在今新疆境内，横分新疆为南北二路。此语意谓不但要规复故土，并将降服别国。

陆游的这首《梦招降诸城》，有的选本中题为《九月十六日夜，梦驻军河外，遣使招降诸城，觉而有作》，虽说也都有注，但都没有《初中国语课》注得这么详尽而灵动。这里抄录人民文学出版社 1979 年版《中国历代诗歌选》下编第一册中的三条注：（1）“太行：太行山在山西、河北、河南间。（2）北岳：恒山，在今山西浑源东南。（3）天山：在今新疆维吾尔自治区。”至于题名，《中国历代诗歌选》仅注“诗作于乾道九年（1173）陆游摄理嘉州时。诗中的梦境体现诗人立功万里的雄心。”①

《初中国语课》是初中生的语文课本，人民文学出版社出版的《中国历代诗歌选》，是大学生和研究生选修课用的教材，面向的读者不同，对“注释”当然会有不同的要求。但细看《初中国语课》的注释，就会发现知识面宽，文学性强，叙述清晰。例如，陆游《梦招降诸城》中第一、二两条注释对《梦招降诸城》的写作背景，以及陆游的家世和陆游诗歌的总体风貌作了准确而简洁的描述。这些文学史知识，对于大学生和研究生说来或许都已耳熟能详，而对于初中生说来也许还没有触摸过，这就需要作很清晰的解释和

① 林庚，冯沅君主编：《中国历代诗歌选》下编（一），北京：人民文学出版社 19795 年版，第 714 页。

提示，让他们感到很亲切，读得有兴味。同是给“天山”作注，《中国历代诗歌选》中仅为“在今新疆维吾尔自治区”。而《初中国语课》写的是“天山一名雪山，在今新疆境内，横分新疆为南北二路”。这样作注，能启发读者的求知欲和想象力。天山别名“雪山”，呈东西走向，一条天山山脉将广阔的新疆划为南、北两部分，天山以北称为北疆，以南则为南疆。青少年学子如能认真揣摩这条注释，是很容易获得相关的地理知识的。

作为我国初中语文的奠基作，《初中国语课》对初中语文教育产生了深远的影响。就文体而言，既有散文、小说、诗歌、自传、说明文、议论文，也有戏曲、童话和神话，涵盖了古今的“实用类”“文学类”“论述类”，内容极其丰富。《初中国语课》出版一百多年了，研读和介绍这部教材，是对作为语文教育大家叶圣陶最好的纪念。

商金林

2024 年 5 月

校注说明

这部《新学制初级中学国语教科书》是1923年出版的，难度较大，我们在审订时作了必要的校注，现说明如下：

1. 课文原有的注均为“①②③……”的页下注，一律保留，有误错的予以订正；校注时增补的注均为加“[1][2][3]……”的尾注；

2. 原有的“作者略述”一律照录，需要补充的加“（　）”标出；“作（译）者略述”空缺的，由校注者补写，改称为“作（译）者简介”，以示区别；

3. 课文中缺漏的文字和标点，均加“［　］”标出；

4. 为了方便读者的学习和阅读，增设“延伸阅读”一项，对课文作相应的提示或介绍。

商金林　李淑英

2024年6月20日

编辑大意

一、本书依照全国省教育会联合会学程起草委员会所定初级中学“国语课程纲要”编辑。共六册，每册定为二万至三万字，计四五十篇，足供初级中学读文之用。

二、本书所列各文，约分记叙的、写景的、抒情的、说理的、议论的五种。但以记叙文、写景文及抒情文为主，说理文、议论文居少数。

三、本书所列各文，务以清浅有趣，兼有文学性质的为主，凡高深的学术文概不加入。

四、本书第一、二册文言文占十分之三；第三、四册文言文占十分之五；第五、六册文言文占十分之七。这样配置，要使与小学及高级中学相衔接。

五、本书选入的文言文，略分时代：第一、二册以当代名人及明清为主，第三、四册以唐宋及六朝为主，第五、六册以汉魏及周秦为主——但与语体文对译的不在此限。

六、文章的深浅，不在篇幅的长短；故本书各册递进的标准，概以课文的质量为限，并不拘定各篇字数的多少。

七、现在出版物中适切于初中学生诵读的语体文不多，故本书前数册，除选辑相当的课文外，由编者选著若干篇。

八、本书中有字义及典故较为艰生的，或外国人名、地名等，一律加以注释，附在篇末，务使学生在课外可以考查。

目 录

一 劳工神圣

蔡元培

诸君！此次世界大战争①，协约国②竟得最后胜利，可以消灭种种黑暗的主义，发展种种光明的主义，我昨日曾经说过，可见此次战争的价值了。但是我们四万万同胞，直接加入的，除了在法国的十五万华工，还有什么人？

这不算怪事；此后的世界全是劳工的世界呵！

我说的劳工，不但是金工、木工等等；凡用自己的劳力，作成有益他人的事业，不管他用的是体力、是脑力，都是劳工。所以农是种植的工，商是转运的工，学校职员、著述家、发明家是教育的工。我们都是劳工。我们要自己认识劳工的价值！劳工神圣！

我们不要羡慕那凭借遗产的纨绔儿，不要羡慕那卖国营私的官吏，不要羡慕那克扣军饷的军官，不要羡慕那操纵票价的商人，不要羡慕那领干修的顾问、谘议，不要羡慕那出售选举票的议员。他们虽然奢侈点，但是良心上不及我们的平安多了。我们要认清我们的价值！劳工神圣！

---

① 就是指最近的“欧战”；自西历一九一四年起，到一九一八年止。

② 指英、法、美、日、俄、意诸国。

作者简介

蔡元培（1868—1940 年），字鹤卿，又字仲申，号孑民，浙江绍兴人，近代杰出的教育家、思想家和民主革命家，为中国近代教育、文化、科学事业的发展作出了卓越的贡献。1907 年赴德国留学，在莱比锡大学研究教育及心理学。辛亥年回国。1912 年 1 月，中华民国在南京肇建，任改元后首任教育总长。1916—1927 年任北京大学校长，倡导“兼容并包、思想自由”，开创了北大“学术自由”之风，为中国现代大学的形成奠定了基础。1920—1930 年，兼任中法大学校长。1927 年任大学院长。1928—1940 年任中央研究院院长。1940 年 3 月 5 日在香港病逝，毛泽东的唁电说：“孑民先生，学界泰斗，人世楷模”。北大新潮社为编《蔡孑民先生言行录》，载其言行极详。遗著辑有《蔡元培全集》。

延伸阅读

《劳工神圣》，是蔡元培 1918 年 11 月 16 日在“北京天安门举行庆祝协约国胜利大会上的演说词”，《北京大学日刊》第 200 号（1918 年 11 月 27 日）刊登时题为《劳工神圣——在北京天安门举行庆祝协约国胜利大会上的演说词》。这篇演说词推动了近代“劳动”观念的转变和实践。蔡元培指出“凡用自己的劳力，作成有益他人的事业，不管他用的是体力、是脑力，都是劳工。”进而喊出了“劳工神圣”的口号，对个体人格养成、民族国家的强盛具有重要价值。

二　新生活

胡　适

哪样的生活可以叫作新生活呢？

我想来想去，只有一句话，新生活就是有意思的生活。

你听了，必定又要问我，有意思的生活又是什么样子的生活呢？

我且先说一两件实在的事情做个样子；你就明白我的意思了。

前天，你没有事做，闲得不耐烦了；你跑到街上一个小酒店里，打了四两“白干”[①]；喝完了，又要四两，再添上四两。喝得大醉了，同张大哥吵了一回嘴，几乎打起架来。后来李四哥走来把你拉开，你气忿忿的又要四两“白干”；喝得人事不知，幸亏李四哥把你扶回去睡了。昨儿早上，你酒醒了，大嫂子把前天的事告诉你；你懊悔得很，自己埋怨自己：“昨儿为什么要喝那么多酒呢？可不是糊涂么？”

你赶上张大哥家去，作了许多揖，赔了许多不是；自己怪自己糊涂，请张大哥大量包涵。正说时，李四哥也来了，王三哥也来了。他们三缺一，要你陪他们打牌。你坐下来，打了十二圈牌，输了一百多吊钱[②]。

你回到家来，大嫂子怪你不该赌博；你懊悔得很，自己怪自己道：“是

① 北京方言，烧酒叫作白干。

② 北京方言，每制钱百文称为一吊，即十文铜圆十枚。

呵！我为什么要陪他们打牌呢？可不是糊涂么？”

诸位！像这样子的生活，叫作糊涂生活；糊涂生活便是没有意思的生活。你做完了这种生活，回头一想，我为什么要这样干呢？你自己也回不出究竟为什么。

诸位！凡是自己说不出“为什么这样做”的事，都是没有意思的生活。

反过说来，凡是自己能说得出“为什么这样做”的事，都可以说是有意思的生活。

生活的“为什么”，就是生活意思。

人同畜生的分别，就在这个“为什么”上。你到万牲园[①]里去看那白熊一天到晚摆来摆去不肯歇，那就是没有意思的生活。我们做了人，应该不要学那些畜生的生活。畜生的生活只是糊涂，只是胡混，只有不晓得自己为什么如此做。一个人做的事应该件件事回得一个“为什么”。

我为什么要干这个？为什么不干那个？能回答得出，方才可算是一个人的生活。

我们希望中国人都能做这种有意思的生活。其实这种新生活并不难，只消时时刻刻问自己为什么这样做，为什么不这样做，就是我所说的新生活了。

诸位！千万不要说“为什么”这三个字是很容易的小事。你打今天起，每做一件事，便问一个为什么：——为什么不把辫子剪了？为什么不把大姑娘的小脚放了？为什么大嫂子脸上搽了那么多的脂粉？为什么出棺材要那么多叫化子[②]？为什么娶媳妇也要用那么多叫化子？为什么骂人要骂他的爸妈？

---

① 即北京农事试验场附设的动物园，在西直门外。

② 叫化子就是乞丐。

为什么这个？为什么那个？——你试办一两天，你就会觉得这三个字的趣味真是无穷无尽，这三个字的功用也无穷无尽。

诸位！我们恭恭敬敬的请你来试试这种新生活。

作者简介

胡适（1891—1962 年），曾用名嗣穈，字希疆，学名洪骍，后改名适，字适之。思想家、文学家、哲学家。安徽绩溪人，以倡导“白话文”、领导新文化运动闻名于世。幼年就读于家乡私塾，1910 年考取清华庚子赔款留美官费生，进康奈尔大学农学院读书，1912 年放弃农科，改习文科。1915 年 9 月入哥伦比亚大学，师从哲学家约翰·杜威。1917 年夏回国，受聘为北京大学教授。1918 年加入《新青年》编辑部，大力提倡白话文，宣扬个性解放、思想自由，与陈独秀同为新文化运动领袖。他的文章从创作理论的角度阐述新旧文学的区别，提倡新文学创作，翻译法国都德、莫泊桑，挪威易卜生的部分作品，又率先从事白话文学的创作。他于 1917 年发表的白话诗是现代文学史上第一批新诗。主要著作有《中国哲学史大纲》《尝试集》《中国白话文学史》和《胡适文存》（四集）等。

延伸阅读

这是胡适应《新生活》主编李辛白之约，为《新生活》杂志第一期写的“序”，在《新生活》杂志第一期发表时题为《新生活——为〈新生活〉杂志第一期做的》，1919 年 8 月 24 日出版。文章强调“新生活就是有意思的生活”，“糊涂生活便是没有意思的生活”。“凡是自己能说得出‘为什么这样做’的事，都可以说是有意思的生活”；“凡是自己说不出‘为什么这样做’的事，都是没有意思的生活”。反对“糊涂”，倡导“认真”，注重于“做”，知行一致。

三　我的新生活观

蔡元培

什么叫旧生活？是枯燥的，是退化的。什么叫新生活？是丰富的，是进步的。

旧生活的人，是一部分不作工又不求学的，终日把吃、着、嫖、赌作消遣。物质上一点也没有生产；精神上也一点没有长进。又一部分是整日作苦工，没有机会求学。身体上疲乏得了不得，所作的工是事倍功半；精神上得过且过。岂不全是枯燥的么？不作工的人，体力是逐渐衰退了；不求学的人，心力又逐渐萎靡了；一代传一代，更衰退，更萎靡。岂不全是退化的么？

新生活是每一个人每日有一定的工作，又有一定的时候求学。所以制品日日增加。还不是丰富的么？工是愈练愈熟的，熟了出产必能加多；而且“熟能生巧”，就能增出新工作来。学是有一部分讲现在作工的道理；懂了这个道理，工作必能改良。又有一部分讲别种复杂的工；从容易的工改到繁难的工；从出产较少的工改到出产较多的工。而且有一种学问虽然与工作没有直接的关系，但是学了以后，眼光一日一日的远大起来，心地一日一日的平和起来，生活上无形中增进许多幸福。这还不是进步的吗？

要是有一个人肯日日作工，日日求学，便是一个新生活的人。有一个团体里面的人，都是日日工作，日日求学，便是一个新生活的团体。全世界的人都是日日工作，日日求学，那就是新生活的世界了。

作者简介

见第 2 页。

延伸阅读

《我的新生活观》写于 1920 年 10 月，编入《蔡孑民先生言行录》，北京大学新潮社 1920 年 10 月出版。文章将“旧生活”与“新生活”对举，从“外形”和“内容”两个方面将“旧生活”的害处和“新生活”的重要性阐释得很透彻。“什么叫旧生活？是枯燥的，是退化的。什么叫新生活？是丰富的，是进步的。”进而讲到“旧生活的人，是一部分不作工又不求学的，终日把吃、着、嫖、赌作消遣”，所以枯燥而退化。“新生活是每一个人每日有一定的工作，又有一定的时候求学”，所以丰富而进步。最后说到新生活的要件只在“肯日日做工，日日求学”。

四　孟子·许行章（译文）

有一个讲神农学说的人，名唤许行；他从楚国到滕国，对滕文公请求道："我在远方听得你要行仁政，很愿意得了一所房子居住，好在这里做你的小百姓。"滕文公就给了他一处地方住着。他和他的徒弟几十个人，都是穿了毛布的衣服，打草鞋，织席，做他们的生活。

陈相（陈良的徒弟）和他的弟弟陈辛也背了犁耙和锄头，从宋国赶到滕国，对滕文公说："听得你要行圣人的政治，足见你也是一个圣人，我们很愿意做圣人的小百姓。"滕文公又留他们住下。

陈相会见了许行，佩服极了，把原来学的东西都丢了，改学他的学说。有一天，陈相见了孟子，把许行的话告他道："滕君的确是一个贤君，可惜还没有懂得道理。要是真的贤君，就应当和小百姓一起种了田才吃饭，自己煮好了饭才去处理国事。现在滕君不但不做这些事，并且积谷的廪仓、积财的府库倒是有的；这仍旧是把小百姓括削了去奉养自己，怎配说他是一个贤君呢！"

孟子问道："许子一定要自己种了田才去吃饭的吗？"陈相道："是的。"

"许子一定要自己织了布才去穿衣的吗？"

"不是的，但他穿的只是很粗的布衣。"

“许子戴帽子吗？”

“戴的。”

“戴的是什么帽子？”

“他的帽子是用生绢做的。”

“这种生绢是他自己织成的吗？”

“不是，是拿谷去换来的。”

“许子为什么不自己织？”

“种了田，来不及。”

“许子用砂锅去烧饭，用铁器去种田的吗？”

“是的。”

“自己做成的吗？”

“不是，拿谷去换来的。”

孟子道：“好了！拿谷去换了砂锅，并没有害了陶工；换了铁器，也没有害了冶工；那么，陶工拿了砂锅，冶工拿了铁器去换农人的谷的，如何可以说把农人害了呢！况且许子为什么不去做陶工和冶工，凡是要用的东西都从他的家里做了出来？倒要和各种工人纷纷去做交易？他为什么这等的不怕烦呢？”陈相道：“各种工人的事情，自然不能一路种田一路做的。”

孟子道：“那么，治天下的事情倒可以一路种田一路做的吗！有担当大事业的人做的事情，有专顾自己生计的人做的事情，这是混合不来的。况且一个人的身上，各种工人做出来的东西都用得到；倘使一定要自己做了才用，到底只有弄得天下的人盘旋来去，没有休息，失了他们的常态罢了。……”

延伸阅读

神农是传说中原始社会的部落首领。他亲自耕种，教民制造农具，发展农业生产，所以叫“神农”。战国时的农家学派，往往假托“神农之言”来宣传自己的主张。许行，姓许，名行，战国时农家学派的一个代表，主张统治者要和人民“并耕而食”。

《孟子》是一部语录体的著作，记录了战国时期思想家孟子的治国思想和政治策略，共七篇，题名为《梁惠王》《公孙丑》《滕文公》《离娄》《万章》《告子》《尽心》。书名虽为《孟子》，但作者并非只有孟子一人，一般认为孟子的学生万章、公孙丑等人也参与了编撰。《孟子》的经书地位，是到了宋代才开始确立的。南宋的理学大师朱熹，把《大学》《中庸》《论语》《孟子》合为四书，作《四书章句集注》，把《孟子》与《论语》齐等对待，其经书地位益加稳固。到了元代，孟子被晋封为“亚圣公”，正式封号为“亚圣”。

《孟子·许行章》节选自《孟子·滕文公篇上》，原来的题名是《有为神农之言者许行章》。滕国在孟子的支持下实行仁政，百姓丰衣足食，引起了各家学派的关注。楚国主张统治者要和人民“并耕而食”的许行，是农家学派的代表人物，不远千里从楚国来到滕国，说是仰慕滕文公的仁政而来，实际上是想用农家的观点向仁政挑战。许行认为，贤明的君主应当同人民共同耕种来养活自己，一面自食其力，一面治理天下；而滕文公却占有仓廪府库，这是损害人民来奉养自己，不能称为贤明。孟子先迫使对方说出“百工之事固不可耕且为也”的话，然后用社会分工很有必要的事实，批驳了许行的观点，有一定的进步意义。但他进一步得出结论说：“或劳心，或劳力。劳心者治人，劳力者治于人。治于人者食人，治人者食于人。此天下之通义也。”这个结论是错误的，在课文中就删去了。

五　孟子·许行章

有为神农之言者许行，自楚之滕，踵[1]门而告文公曰：“远方之人闻君行仁政，愿受一廛而为氓。”文公与之处。其徒数十人，皆衣褐，捆屦[2]、织席以为食。

陈良之徒陈相，与其弟辛，负耒耜而自宋之滕，曰：“闻君行圣人之政，是亦圣人也；愿为圣人氓。”

陈相见许行而大悦，尽弃其学而学焉。陈相见孟子，道许行之言曰：“滕君则诚贤君也；虽然，未闻道也。贤者与民并耕而食，饔飧而治[3]；今也，滕有仓廪府库，则是厉民而自养也，恶得贤！”

孟子曰：“许子必种粟而后食乎？”曰：“然。”“许子必织布而后衣乎？”曰：“否；许子衣褐[4]。”“许子冠乎？”曰：“冠。”曰：“奚冠？”曰：“冠素[5]。”曰：“自织之与？”曰：“否，以粟易之。”曰：“许子奚为不自织？”曰：“害于耕。”曰：“许子以釜甑①爨[6]，以铁耕乎？”曰：“然。”“自为之与？”曰：“否，以粟易之。”

“以粟易械器者，不为厉陶冶[7]；陶冶亦以械器易粟者，岂为厉农夫哉？

① 此以“釜甑”与“铁”并举，下以“陶”“冶”并举；则釜甑当系烧饭的陶器，犹今言砂锅。

且许子何不为陶冶，舍皆取诸其宫中而用之？何为纷纷然与百工交易？何许子之不惮烦？”曰：“百工之事固不可耕且为也。”

“然则，治天下独可耕且为与！有大人之事；有小人之事。且一人之身而百工之所为备；如必自为而后用之，是率天下而路也。……”

作者简介

孟子（约前372—前289年），名轲，战国中期邹国（今山东邹县）人，伟大的思想家、教育家。他毕生的事业就是继承和发扬孔子思想，为儒家学说的发展立下了不朽的功勋，号称“亚圣”，意思是仅次于孔子的第二号圣人。

延伸阅读

［1］踵（zhǒng）：至；走到。

［2］捆：编织。屦（jù）：鞋，指麻鞋或草鞋。

［3］饔（yōng）飧（sūn）：早饭叫“饔”，晚饭叫“飧”。“饔飧而治”，指一面自己做饭，一面治理国事。

［4］褐：这里指未经纺织的麻做成的短褂。

［5］冠：戴帽子。“冠素”，戴用生绢做的帽子。

［6］釜：古代的一种锅。甑（zèng）：古代做饭用的一种瓦器。爨（cuàn）：烧火做饭。

［7］陶：这里指制瓦器的陶工。冶：这里指制铁器的铁工。

六　王冕的少年时代

吴敬梓

……王冕已是十岁了，母亲唤他到面前，说道："儿阿！不是我有心要耽误你；只因你父亲亡后，我一个寡妇人家，年岁不好，柴米又贵，这几件旧衣服和些旧家伙都当卖了，只靠着我做些针线生活，寻来的钱如何供得你读书？如今没奈何，把你雇在隔壁人家放牛，每月可得几钱银子；你又有现成饭吃。只在明日就要去了。"王冕道："娘说的是。我在学堂里坐着，心里也闷；不如往他家放牛，倒快活些。假如我要读书，依旧可以带几本去读。"

当夜商议定了。第二日，母亲同他到间壁秦家。秦老留着吃了早饭，牵出一条水牛来，交与王冕，指着门外，道："就在我这大门过去一箭之地，便是七泖湖。湖边一带绿草，各家放牛都在那里打睡。又有几十棵合抱的垂杨树，十分阴凉。牛要渴了，就在湖边饮水。小厮，你只在这一带顽耍，不必远去。我老汉每日两餐小菜饭是不少的；早上还折两个钱与你买点心吃。只是凡事勤谨些，休嫌怠慢。"他母亲谢了扰，回去。王冕送出门来，母亲替他理理衣服，嘱咐道："你在此须要小心，休惹人说不是；早出晚归，免我悬望。"说罢，含泪去了。

王冕自此只在秦家放牛，每日黄昏回家，跟着母亲歇宿。或遇秦家煮些腌鱼、腊肉给他吃，他便拿块荷叶包了，来家孝敬母亲。每日点心钱也不用掉，聚到一两个月，偷空走到村学堂里，见那闯学堂的书客[①]，就买几本旧书，逐日把牛拴了，坐在柳阴树下看。

弹指过了数年，王冕看书，心下也着实明白了。那日正是黄梅时候，天气烦躁，王冕放牛倦了，在绿草地上坐着。须臾，浓云密布，一阵大雨过了，那黑云边上镶着白云，渐渐散去；透出一派日光来，照耀得满湖通红。湖边山上，青一块，紫一块，绿一块。树枝上都像水洗过一番的，尤其绿得可爱。湖里有十来枝荷花，苞子上清水滴滴，荷叶上水珠滚来滚去。王冕看了一回，心里想道：古人说“人在画图中”，其实不错；可惜我这里没有一个画工，把这荷花画他几枝，也觉有趣。又心里想道：天下哪有个学不会的事？我何不自画几枝？……王冕见天色晚了，牵牛回去。自此，聚的钱不买书了，托人向城里买些胭脂、铅粉之类，学画荷花。初时画得不好；画到三个月之后，那荷花精神颜色无一不像，只多着一张纸——就像是湖里长的；又像才从湖里摘下来贴在纸上的。

乡间人见画得好，也有拿钱来买的。王冕得了钱，买些好东西孝养母亲。……

作者略述

吴敬梓（1701—1754 年），清安徽全椒县人，字敏轩，一字文木。出生华膴，不治生产，旋即穷困。后贫甚，至数日不能一饱。时清廷开博学鸿词科，安徽巡抚荐之，令应试，不肯赴。卒于扬州。所著诗文集俱未付刊，惟《儒林外史》流传极广。此书主旨，在批评科举制度，谓读书人心向此途，于文行出处，便尔忽略。而超脱之识见，高明之技术，足以曲达此旨。

① 闯学堂的书客就是拿了书籍或笔墨到学堂里去贩卖的商人。

延伸阅读

《儒林外史》是我国一部伟大的讽刺小说。“王冕的少年时代”是从《儒林外史》第一回《说楔子敷陈大义　借名流隐括全文》节选的。“少年时代”指的是王冕十岁到十七岁之前六七年间的生活和经历。王冕出身农家，为一位姓秦的人家放牛，但他天性好学，把东家每天给的“点心钱”积聚起来买书，一边放牧，一边看书，又练习绘画，年纪轻轻就成了远近闻名的画家。

王冕（1287—1359 年），字元章，号煮石山农，亦号“饭牛翁”“梅花屋主”等，浙江诸暨人，元末著名画家、诗人、篆刻家。他出身贫寒，幼年给人放牛，靠自学成为诗人，画家。他以画梅著称，尤工墨梅。王冕的诗多同情人民苦难、谴责豪门权贵、轻视功名利禄、向往田园隐逸生活。他性格孤傲，鄙视权贵，对朋友忠心赤胆、侠义心肠。

七 王冕传

宋 濂

王冕者，诸暨①人。七八岁时，父命牧牛陇上，窃入学舍听诸生诵书；听已，辄默记。暮归，忘其牛，或牵牛来责蹊田[1]；父怒挞之。已而复如初。母曰："儿痴如此，曷不听其所为?"冕因去依僧寺以居；夜潜出，坐佛膝上，执策[2]映长明灯读之，琅琅达旦。佛像多土偶，狞恶可怖，冕小儿，恬若不见。安阳②韩性[3]闻而异之，录为弟子，学遂为通儒。性卒，门人事冕如事性。

时冕父已卒，即迎母入越城③就养。久之，母思还故里；冕买白牛驾母车，自被古冠服随车后。乡里小儿竞遮道讪笑，冕亦笑。著作郎李孝光欲荐之为府史，冕骂曰："吾有田可耕，有书可读；肯朝夕抱案立庭下备奴使哉!"每居小楼上，客至，僮入报；命之登，乃登。部使者行郡，坐马上求见，拒之去。去不百武[4]，冕倚楼长啸，使者闻之惭。冕屡应进士举，不中，叹曰："此童子羞为者，吾可溺是哉?"竟弃去，买舟下东吴④，渡大江⑤，入

① 县名；今属浙江省会稽道。
② 县名；今属河南省河北道。
③ 古称会稽曰越；此盖指今浙江省绍兴县。
④ 东吴盖泛指今江苏省境。
⑤ 大江就是长江。

淮楚①，历览名山川。或遇奇才、侠客，谈古豪杰事，即呼酒共饮，慷慨悲吟；人斥为狂奴。北游燕都②，馆秘书卿泰不花家。泰不花荐以馆职，冕曰："公诚愚人哉！不满十年，此中狐兔游矣，[5]何以禄仕为？"即日将南辕；会其友武林③卢生死滦阳④，唯两幼女、一童留燕，伥伥无所依。冕知之，不远千里走滦阳，取生遗骨，且挈二女还生家。

冕既归越，复大言天下将乱。时海内无事，或斥冕为妄。冕曰："妄人非我，谁当为妄哉？"乃携妻孥隐于九里山。种豆三亩，粟倍之。树梅花千，桃杏居其半。芋一区，薤韭各百本[6]。引水为池，种鱼千余头。结茅庐三间，自题为梅花屋。尝仿《周礼》⑤著书一卷，坐卧自随，秘不使人观；更深人寂，辄挑灯朗讽。既而抚卷曰："吾未即死，持此以遇明主，伊吕⑥事业不难致也。"当风日佳时，操觚[7]赋诗，千百不休，皆鹏骞海怒，读者毛发为耸。人至，不为宾主礼，清谈竟日不倦。食至则食，都不必辞谢。喜画梅，不减杨补之，求者肩背相望[8]，以缯幅短长为得米之差[9]。人讥之，冕曰："我藉是以养口体，岂好为人家作画师哉？"未几，汝颍⑦兵起，一一如冕言。皇帝⑧取婺州⑨，将攻越，物色得冕，置幕府，授以谘议参军。一夕，以病死。冕状貌魁伟，美须髯，磊落有大志，不得少试以死，君子惜之。

---

① 淮楚盖泛指江苏安徽和湖南湖北诸省地。

② 燕都就是北京。

③ 武林就是指现在浙江省杭县。

④ 滦阳指滦水以北地，就是现在直隶省热河道。

⑤《周礼》，书名；为经部三礼之一。相传为周公作，或疑是后人伪托。

⑥ 伊吕就是商伊尹、周吕尚。

⑦ 汝颍本二水名；此盖指二水附近各地，在今河南安徽省境。

⑧ 皇帝即指明太祖。

⑨ 婺州就是现在浙江省金华县。

史官曰：予受学城南时，见孟寀，言："越有狂生，当天大雪，赤足上潜岳峰，四顾大呼，曰：'遍天地间皆白玉合成，使人心胆澄澈，便欲仙去。'及入城，戴大帽如篷，穿曳地袍翩翩行，两袂轩翥，哗笑溢市中。"予甚疑其人，访识者问之，即冕也。冕真怪民哉！马不覂驾，不足以见其奇才，冕亦类是夫。

作者略述

宋濂（1310—1381年），（浙江）浦江（今浙江义乌、兰溪一带）人，字景濂（号潜溪）。（明初著名政治家、文学家、史学家、思想家。博极群书，为文醇深演迤。）元（顺帝）时授翰林编修，（以奉养父母为由）辞不就。（隐）居龙门山，著书十余年。后仕明（帮助明太祖朱元璋平定天下，被赞誉为"开国文臣之首"），累官至翰林学士（参与制作裁定朝政礼文大政）。自少至老，未尝一日去书。撰《元史》二百十卷。明初制作礼乐，濂所裁定者居多。（著有《宋学士集》）卒谥"文宪"。

延伸阅读

王冕出身农家，但天性好学。隐居在绍兴讲学的韩性见王冕专心好学，就收他为弟子。得到韩性的点拨，王冕成了"通儒"，威望很高。

王冕所处的元代将人分为四等，蒙古人、色目人、汉人、南人。王冕籍贯诸暨，属越地，是为南人。文中的"古冠服"应该是南人或儒家典籍中记载的服饰。王冕"被古冠服"返乡，看似迂阔，但未必不是一种意识形态的对抗。

王冕青年时期曾一度热衷于功名，但考进士屡试不中，于是他满怀愤郁，永绝仕途，流浪江湖。他曾到过杭州、金陵，又渡长江，过淮河，经徐州、济南到北京。数千里的远游，使他扩大了视野，开宽了胸怀，同时对社会现实和统治阶级也有了较清楚的认识。元代秘书监的长官泰不花推荐王冕任翰林院官职，王冕推辞不就。于是又从燕都回到杭州，埋名隐居到家乡的九里山，盖了草舍，白天种植豆粟、凿池养鱼，晚上读书写诗作画，过着清贫生活。他在草屋周围种了千株梅树，几百棵桃杏，自题为“梅花屋”。他画的梅花可与宋代最擅长画梅花的大画家扬无咎（字补之）媲美，前来求画的人“肩背相望”。王冕亦善写竹石，兼能刻印。著有《竹斋集》《墨梅图题诗》等。

［1］责蹊田：指责他的牛踩踏了田里的庄稼。

［2］策：本意是古代写字用的竹片，此处指书籍。

［3］韩性：字明善，绍兴人，先世安阳人。学问广博，精通经籍，学生众多。

［4］武：半步。

［5］“不满”两句：不满十年，这里就会一片荒芜，狐兔出没。

［6］本：此处是草木的计数单位，相当于株、棵。

［7］觚（gū）：古代用来写字的一种木简。

［8］肩背相望：形容来的人多，络绎不绝。

［9］“以缯幅”句：以画幅的长短大小作为所得报酬差异的标准。

八 大铁椎传

魏 禧

大铁椎不知何许人；北平[①]陈子灿省兄河南，与遇宋将军家。宋，怀庆[②]青华镇[③]人，工技击，七省[④]好事者皆来学。人以其雄健，呼宋将军云。宋弟子高信之亦怀庆人，多力善射，长子灿七岁，少同学，故尝与过宋将军。时座上有健啖客，貌甚寝；右胁夹大铁椎，重四五十斤，饮食拱揖不暂去。柄铁摺叠环复如锁上练，引之长丈许。与人罕言语。语类楚[⑤]声。问其乡及姓字，皆不答。

既同寝，夜半，客曰："吾去矣！"言讫不见。子灿见窗户皆闭，惊问信之。信之曰："客初至时，不冠，不袜，以蓝手巾裹头，足缠白布。大铁椎外，一物无所持；而腰多白金。吾与将军俱不敢问也。"子灿寐而醒，客则鼾睡炕上矣。一日，辞宋将军曰："吾始闻汝名，以为豪，然皆不足用，吾去矣！"将军强留之，乃曰："吾尝夺取诸响马[⑥]物，不顺者辄击杀之。众魁请

---

① 北平就是北京。

② 怀庆就是现在河南省河内县。

③ 青华镇就是现在河内县北清化镇。

④ 七省盖指直隶、山东、河南、山西、安徽、湖南、湖北等省。

⑤ 楚盖指湖北湖南。

⑥ 直隶山东诸省称走马劫人的强盗曰响马。

长其群，吾又不许，是以仇我。久居此，祸必及汝。今夜半，方期我决斗某所。”宋将军欣然曰：“吾骑马挟矢以助战。”客曰：“止！贼能且众，吾欲护汝，则不快吾意。”宋将军故自负，且欲观客所为，力请客。客不得已，与偕行。将至斗处，送将军登空堡上，曰：“但观之，慎弗声，令贼知汝也！”时鸡鸣月落，星光照旷野，百步见人。客驰下，吹觱篥[①]数声。顷之，二十余骑四面集，步行负弓矢从者百余人。一贼提刀纵马奔客，曰：“奈何杀吾兄！”言未毕，客呼曰：“椎！”贼应声落马，马首尽裂。众贼环而进；客从容挥椎，人马四面仆地下，杀三十余人。宋将军屏息观之，股栗欲堕。忽闻客大呼曰：“吾去矣。”地尘且起，黑烟滚滚东向驰。去，后遂不复至。

魏禧论曰：“子房[②]得力士，椎秦皇帝博浪沙[③]中；大铁椎其人欤？天生异人，必有所用之。予读陈同甫[④]《中兴遗传》，豪俊侠烈魁奇之士，泯泯然不见功名于世者，又何多也！岂天之生才，不必为人用欤？抑用之自有时与？子灿遇大铁椎，为壬寅岁，当年三十；然则，大铁椎今四十耳。子灿又尝见其写市物帖子，甚工楷书也。”

---

① 觱篥（bì lì）本为西域的乐器，以后传入中原，和胡笳相似。

② 子房，汉张良字；封于留，《史记》有《留候世家》，可参考。

③ 博浪古城在现在河南省阳武县南；博浪沙盖河滨沙地。

④ 陈同甫南宋陈亮字。

作者略述

魏禧（1624—1680 年），清初宁都县人，字冰叔，号勺庭。长于散文，与兄祥（魏祥）弟礼（魏礼）皆以文称，时人号为“宁都三魏”，而禧尤杰出（与侯朝宗、汪琬合称“明末清初散文三大家”）。明亡，不仕，隐居宁都翠微峰（所居之地名勺庭，人又称他为“勺庭先生”）。（清）康熙时，荐应博学鸿词科，终不就而归，逝于扬州）。（平生著述甚丰，有《魏叔子集》33 卷，其中文集 22 卷，诗集 8 卷，《日录》3 卷。《左传经世》23 卷，《兵谋》《兵法》各 1 卷，《兵迹》12 卷。散文作品有《邱维屏传》和《大铁椎传》等。）

延伸阅读

《大铁椎传》是清代文学家魏禧的一篇传记散文。因为不知道传主叫什么名字，就用他的兵器“大铁椎”来代替。文中以细腻生动的手法，刻画了一位有识见、有气节、精武艺、识文墨，使用铁椎的大力士的“异人”的形象。这样的英雄人物，本可大有作为，在当时却所遇不合，无用武之地，只能去与响马决斗。作品借用“大铁椎”这个人的可悲境遇，透露出对明朝亡国君臣的不满，抒发了他的亡国之痛，以及希望有人起来“抗清复明”的爱国思想。

原文篇头有写作缘起云：“庚戌十一月，予自广陵归，与陈子灿同舟。子灿年二十八，好武事，予授以左氏兵谋兵法，因问：‘数游南北，逢异人乎？’子灿为述大铁椎，作《大铁椎传》。”

九　林肯（Abraham Lincoln）的少年时代

西美的霍琴斯镇（Hodgens Vill）有一所小屋。这屋的墙壁是用横木架叠而成的；拿熊皮来做门帘，也没有其他的窗户。屋中家具非常简单；除掉土灶、板凳、瓶、碟数件以外，没有旁的东西。这种景象很足以代表草莱时代[1]的生活。主人汤麦司（Thomas），姓林肯（Lincoln），业木工，和他的妻南雪氏（Nancy）同住在此地。他们俩先生了一个女孩子，次生了一个男孩子。男名亚伯拉罕（Abraham），就是后来解放黑奴、统一南北、做美国第十六世总统的林肯。

他生性很活泼，时常和姊姊习游猎。五岁时候，入村民所设的短期学校；虽然只有三个星期，但得益很不少。有一天，他到溪边钓鱼，得到一条小鱼；忽然看见一个军装的人经过，他知道是兵士，就把小鱼送给他。因为他尝听母亲说过，兵士舍身卫国，看见他的应该致敬。他把这小鱼奉赠兵士，也就是表示敬礼。

他八岁时，迁居到斯宾塞郡（Spenser County）去。他帮助他父亲建筑自己的房子，居然像一个少年木工；但空暇的时候，又从他母亲学习字。因为家境贫困，没有文具；所以就用木叶做纸，鹅毛做笔，把它来记录要点，练习文字，而学问也渐渐地有进步。

后来他在友人处借到一本《华盛顿传》[①]，竟至百读不厌。某天晚上，恰好大雨，这本书被屋漏污损；但他因为没有钱赔偿，只得给友人耕种三天，才算了事。

他十六岁时候，参观审判厅，看见被告律师滔滔辩论，就直前握他的手，说道："这是我生平第一次所听到的好演说啊！"但他那时赤着两脚衣衫褴褛，律师不免加以白眼；他才知道社会的不平等。后来他买到一册法典，早晚研究，希望将来也做一个律师。

他后来又任舟子的职务、商店的伙计，都很谦恭有礼。等到当义勇兵队长和邮政局员的时候，已入成人时代了。

作者简介

孙毓修（1871—1922年），字星如，一字恂如，号留庵，笔名绿天翁、乐天居士，江苏无锡城郊孙巷人。1907年进入上海商务印书馆编译所，主编《童话》《少年杂志》等。其翻译的《欧美小说丛谈》于1913年至1914年在《小说月报》上连载，介绍了大量欧美文学作品，并且热情倡导儿童文学，译介了不少西方寓言和童话，郑振铎在《安徒生的作品介绍》一文中说："中国最初介绍安徒生的是孙毓修先生"。孙毓修还致力于创作儿童读物，他参照伦敦出版的《少年百科全书》和阿瑟米氏主编的《儿童杂志》，用白话文译写了中国第一本童话作品《无猫国》，茅盾说"这是中国历史上第一次有儿童文学"。

孙毓修在编辑《童话》和《少年杂志》期间，还编撰了《少年丛书》等人物传记。《少年丛书》共28册，分别讲述了28位中外名人的人生故事。其中，

① 华盛顿（George Washington），美国第一任大总统。

国外名人13人，包括苏格拉底、拿破仑、华盛顿、林肯等；中国历史名人15人，包括诸葛亮、玄奘、司马光、岳飞等。《林肯的少年时代》及本册后面所选的《勇敢的纳尔逊》分别选自《少年丛书》中的《林肯》和《纳尔逊》，多次被编入中学国文教材。

延伸阅读

亚伯拉罕·林肯（Abraham Lincoln，1809—1865年），出生于肯塔基州，美国政治家、思想家，演说家，共和党人，1860年11月当选为美利坚合众国第16任总统。林肯任总统期间，南北战争爆发。林肯坚决反对国家分裂，维护联邦完整，废除奴隶制，颁布《宅地法》《解放黑人奴隶宣言》，击败南方分离势力。1865年4月遇刺身亡，是第一个遭遇刺杀的美国总统，也是首位共和党籍总统，被公认为美国历史上最伟大的三位总统之一。美国历史上最伟大的三位总统首位是开国总统华盛顿，第二位就是林肯，第三位是罗斯福。

［1］“草莱时代”：“草莱”，指草莽、杂生的草；或指荒芜之地；有“草野”“乡野”“布衣”“平民”的意思。美国社会非常看重门第出身，可林肯出生在一个普通的农民家庭。小时候，由于家里太穷，无法供他上学，他便每天跟着父亲劳动，开垦西部荒原。少年时代当过木工、船工、伙计，但他学习非常勤奋，一有空暇就跟母亲学习识字写字，读《华盛顿传》“竟至百读不厌”；还早晚研究《法典》。进入“成人时代”，当过“义勇兵队长”和“邮政局员”。

十　勇敢的讷尔逊（Horatio Nelson）

西历十八世纪末，法皇拿坡仑（Napoleon Bonaparte）用威力压制欧洲全境；各国因为争他不过，差不多个个都俯首帖耳；惟独英国不肯降服，而且箝制他使不得扩张势力。当时英国舰队的总指挥就是讷尔逊。

讷尔逊一生勇敢的事实很多很多，但要算在十六岁航海时的最有趣味了。

他本是教徒的儿子；因为他舅舅做海军将官，所以他很羡慕航海生活，随着舅舅在军舰上，担任一个舵手的职务。那时，海军全体中分出一部分来组织北极探海的远征队，他就在这一队中间向着北海①进发。行了三天，船只被冰排围住，竟致“进退维谷”②；于是他用铁锚开凿冰排，渐渐前进。

北海产海马[1]，长约二丈多，上齿突出口外，凶猛无比。这兽见了南方的船舶，十分骇怪，时常到冰层上来窥探。队长发炮攻击，海马负伤逃去；但不多一刻，这兽竟约集了无数伴侣前来报复，军舰也差不多要倾覆了。讷尔逊做临时的指挥官，枪炮并发。这一次，海马大败，血流冰上，好像着色的玻璃，漂流数里；可说是他第一次的奇遇了。

---

① 北海海名；在欧洲西北。

② “进退维谷”见《诗经·桑柔》篇。注：“谷穷也。”犹言进退都没有地方。

有一天，正在航行，忽然遇到大雾，咫尺之间也不能辨别。讷尔逊携了枪弹，踏冰去行猎。走了不多路，遇到一只白熊。白熊也是北海的特产，性很暴厉。他见了讷尔逊，向前直扑过来，想要充饥。讷尔逊仓卒开枪，不料枪管破裂，功用全失。白熊猛吃一惊，痴立凝视；而讷尔逊却也相对直立，徐徐以待。同伴在远处听得枪声，赶来援救；只见他意态自然，毫没有惊恐之色。幸喜同伴继续开枪，白熊才去。后来舰长问他当时为什么不逃，他笑着说："我见了熊，忽然想到父亲；我想如果得到了熊皮，怎样去献给他!"

就这两件事看来，讷尔逊的勇敢也就可以想见了。

作者简介

同上篇。

延伸阅读

纳尔逊（1758—1805 年），英国 18 世纪末及 19 世纪初的著名海军将领及军事家，被誉为"英国皇家海军之魂"。纳尔逊在 1798 年尼罗河口海战及 1801 年哥本哈根战役等重大战役中带领皇家海军胜出。1805 年，在特拉法尔加海战役击溃法国及西班牙组成的联合舰队，迫使拿破仑彻底放弃海上进攻英国本土的计划，而自己却在这场战事中中弹身亡，英勇殉职。作为最为人津津乐道的不列颠民族英雄，他与威灵顿，丘吉尔齐名，是英国历史上的三大英雄之一。

［1］“海马”：（学名 hippocampus）是硬骨鱼纲海龙科动物。其主要分布于大西洋、太平洋、印度洋等。海马身长 5~30 厘米；头部弯曲与体近直角，头呈马头状而与身体形成一个角，吻呈长管状，口小；背鳍一个，均为鳍条组成。其喜栖于藻丛繁生的潮下带海区，性甚懒惰，主要摄食小型甲壳动物。本文所写的产自“北海”，“长约二丈多，上齿突出口外，凶猛无比”的海马，实属罕见。

十一　赫贞江（The Hudson River）
写景诗两首

胡　适

江上

雨脚渡江来，山头冲雾出。
雨过雾亦收，江楼看落日。

寒江

江上还飞雪，遥山雾未开。
浮冰三百亩，载雪下江来。

作者简介

见第 5 页。

延伸阅读

赫贞江即哈德逊河，是美国纽约州的一条河流，长507千米，发源于阿迪朗达克山脉云泪湖，莫华克河在哈德逊河上游汇入，西接伊利运河，末端汇入纽约港，是纽约州的经济命脉。胡适曾经说过“赫贞江，从容地流下纽约湾。恰像我的少年岁月，一去了永不回还。在这江上曾有我的诗，我的梦，我的工作，我的爱。”

《江上》，刊《新青年》第2卷第6号，1917年2月1日出版。诗前有“十一月一日大雾，追思夏间一景，因成此诗。”

《寒江》，后注“六年一月二十五夜”，收入《尝试集》初版。“浮冰三百亩”后注：“亩字杨杏佛所改。原作丈，不如亩字远矣。”

十二　黄河上打冰

刘　鹗

……老残由东昌府①动身回省城②去。一日，走到齐河县③南城，觅店住宿；看那街上客店都住满了客，心里诧异道："从来此地无热闹，这是什么缘故呢?"正在踌躇，只见门外进来一人，口中喊道："好了，好了，快打通了，大约明晨一早可以走了!"老残也无暇访问，且找了店家问道："有屋没有?"店家说："都住满了，请到别家去罢!"老残说："我已走了两家，都没有屋子；你可以不管好歹，抽付一间罢!"店家道："此地实在没法了。东隔壁店里，午后走了一帮客，你老④赶快去，或者还可以暂住呢?"

老残随即到东边店里，问了店家，果然还有两间屋子空着，当即搬了行李进去。店小二跑来，打了脸水，拿了一枝线香燃着，插在桌上的炉内，说道："客人抽烟。"老残问："这儿为什么热闹，各店都住满了客?"店小二道："刮了几天大雪，又打了北风，河里的冰有屋子大，摆渡船不敢走渡，恐怕碰上就要坏了。到了昨日，上湾子凌⑤插住了。这湾子底下可以走船呢，却

① 东昌府，清时属山东；现在山东聊城县就是他的旧治。
② 省城指山东省城，清时称济南府，就是现在的历城县。
③ 齐河县今属山东省济南道。
④ 山东附近各省尊称人曰你老，或曰您。
⑤ 凌（líng）就是积冰。

又被河边上的凌把几只渡船冻得牢牢的。昨儿晚上，东昌府李大人到了，要见抚台回话，走到此地，过不去了。县衙门里派了地保，雇了许多民夫打冰。今儿打得一天，看看可以通了；只是一歇手，就冻上了。你老看，客店里都住满，全是走不过去的人。我们店里今晨还是住满；因为有一帮客，内中有个年老的，在河沿看了半天，说：'这冰是打不开的，不必在这里死等。我们到雒口[①]去，看有法子想没有；到那里再打主意罢。'午牌时候开车去的；你老真好造化！不然，真没有屋子住呢。"

店小二话说完，已将行李铺好。老残洗过脸，把房门锁上，走了出来，先到河堤上看看。见那黄河从西南下来，到此却正是个湾子；过此便向正东去了。河面不甚宽，两面相距不到二里；若以此刻河水而论，不过百丈宽的光景。只是面前的冰插得重重叠叠的，高出水面七八寸厚。老残再向上流走了一二百步，只见那上流的冰一块一块落下来，到此被前面的冰拦住，走不过，就积住了。后来的冰，赶上前面积住的冰，相撞如洪钟响声。后冰又被流水逼住，就溜过前冰上去了。那河身虽有百丈宽，当中大溜的不过二三十丈，两边俱是平水。那平水已结成冰了；冰面被那岸上沙土吹满，好似沙滩一般。中间一道溜河仍然奔腾澎湃，有声有势。那走不过去的冰，挤到两边平水上，被乱冰挤破了，往岸上窜，有五六尺远。许多破冰积起来，像个插瓶似的。看了一点多钟功夫，老残复往下游走去，过了原来的地方，再往下走，见有两只船，船上有十多个人，都拿着木杵打冰，向前打些，又向后打些；对岸也有两只船，也是这个打法。

老残看看天色晚了，打算回店；再看那堤上柳树影子都已照在地下，原

① 雒口就是洛口，雒洛通，镇名，在现在河南省巩县东南。

来月光已经放了。回到店中，开了门，喊店小二点上灯，吃过晚饭，又到堤上闲步。这时北风已息，谁知道冷气逼人，比那有风的时候还厉害些。幸得老残已穿上申东造所赠的羊皮袍子，故还当得起冷。只见那打冰的船还在那里打。每船上点了一个小灯笼，远远望去，仿佛有“正堂”二字，一面有“齐河县”三字。抬起头来，看那南面山上一条白光，映着月色分外好看，一层一层的山岭却分辨不清；又有几片白云在里面，所以分不出是云是山。及至定睛看去，方才看出哪是云，哪是山来。虽然云是白的，山也是白的，云有亮光，山也有亮光；只因为月在云上，云在月下，所以云的亮光从背后透过来的。那山却不然；山的亮光由月光照到山上，被那山的雪反射过来，所以光是两样了。然只稍近的地方如此；那山望东去，越望越远，天也是白的，山也是白的，云也是白的，就分辨不出来。老残对着云月交辉的景致，想起谢灵运[①]的诗，“明月照积雪，北风劲且哀”两句，若非经阅北方寒象，哪里知道“北风劲且哀”的“哀”字呢？

这时月光照满地上；抬起头来，天上的星一颗也看不见；只有北方北斗七星——也像淡白点子一样——还看得清楚。那北斗斜着紫微星垣的西边，上面杓在上，魁在下。老残心里想，岁月如流，眼见斗杓又将东指了，人又要添一岁了。一年一年的如驶的过去，如何结局呢？又想到《诗经》上说：“维北有斗，不可以挹酒浆[②]。”现在国家多事之秋，那些王公大人只怕多耽处分，多一事不如少一事，弄得百事俱废，将来又是怎个了局？国家如此，丈夫何以为家？想到此地，不觉滴下泪来，也就无心观玩景致，慢慢的回店

① 谢灵运，南北朝宋时人。袭封康乐公，所以后人或称谢康乐。工诗，有诗文集传世。《宋书》有列传可参考。

② 二句见《诗经·小雅·大东》。

去了。一面走着，觉得脸上有样物件挂着，用手一摸，原来两边滑溜溜的两条冰。起初不懂这物从哪里来的，既而想着，自己也笑了。原来方才滴下的泪，天寒，就冻在脸上，他立着的地下必有许多冰珠子呢！

回到店里，也就睡了。次日早起，再到堤上看看，两只打冰船在河上已冻牢了。问了堤旁的人，知道昨儿打了半夜，往前打去，后面就冻住了；往后打去，前面又冻住了；所以今儿歇手不打了；不如等到冰结实了从冰上走罢。因此，老残也就只有这个法子了。

作者略述

刘鹗（1857—1909年），原名梦鹏，又名孟鹏，字云抟、公约，又字铁云，别署鸿都百炼生）。祖籍江苏丹徒（今镇江）。学识博杂，精于考古，并在算学、医道、治河等方面均有出类拔萃的成就，被海内外学者誉为“小说家、诗人、哲学家、音乐家、医生、企业家、数学家、藏书家、古董收藏家、水利专家、慈善家”。除《老残游记》外，刘鹗著有算学著作《勾股天元草》《弧角三术》，治河著作《历代黄河变迁图考》《治河七说》《治河续说》，医学著作《人命安和集》（未完成），金石著作《铁云藏陶》《铁云泥封》《铁云藏龟》。《铁云藏龟》是第一部甲骨文集录，奠定了后来甲骨文研究基础。诗歌创作《铁云诗存》。

延伸阅读

《老残游记》原署鸿都百炼生著，1903 年发表于《绣像小说》半月刊，连载到第十三回因故中断，后又重新发表于《天津日日新闻》，1906 年正式出版，被鲁迅先生评为晚清四大谴责小说之一，联合国教科文组织认定为世界文学名著。小说以一位被人称做老残的江湖医生铁英在游历中的见闻和作为为主线，对社会矛盾进行深度开掘，作者敢于痛斥清廷官员误国害民，对清廷官场的批判切中时弊、独具慧眼。刘鹗在《〈老残游记〉序》中说："吾人生今之时，有身世之感情，有家国之感情，有社会之感情，有种教（种族宗教）之感情。其感情愈深者，其哭泣愈痛：此鸿都百炼生所以有《老残游记》之作也。"把《老残游记》定位为是他的"哭泣"。《黄河上打冰》选自《老残游记》第十二回"寒风冻塞黄河水　暖气催成白雪辞"。

十三　鱼的悲哀

［俄国］爱罗先珂（Vasely Eroshenko）　著

鲁　迅　译

那一冬很寒冷，住在池里面的鱼儿们不知道有怎样的窘呢！当初不过一点结得薄薄的冰，一天一天的厚起来，逐渐的迫近了鱼们的世界。于是鲤鱼、鲫鱼、泥鳅等类的鱼儿们都聚在一处；因为要想一个防冰的方法，开始了各样的商量。然而冰的迫压是从上面下来的，所以毫没有什么方法。到归结，那些鱼们的商议，除了抱着一个“什么时候会到春天”的希望，大家走散之外，再没有别的方法了。所有的鱼儿们便都悄悄的回到家里去。

那池里面住着鲫鱼的夫妻，而且两者之间已有了一个叫作鲫儿的孩子。鲫儿在这夜里，一刻也不能睡，只是“冷呵！冷呵！”的哭喊着。然而在池底下，既没有火盆，也没有炬燎；既不能盖上五条六条和暖的棉被去睡觉，也不能用两件三件的棉衣服来着。鲫儿的母亲毫没有法子想，窘急得不堪，只好慰安鲫儿道：“不要哭罢！不要哭罢！因为春天就要到了。”

“母亲！春天什么时候才到呢？”鲫儿抬起泪眼看着母亲说。

“已经快了。”母亲便温和的回答他。

“这怎么知道的呢？”鲫儿说，看着母亲的脸，有些高兴起来了。

“因为每年总来的。”母亲说。然而鲫儿却显出忧愁似的颜色，问道：

“母亲！倘若今年偏不来，又怎么办呢？”

“没有那样的事；一定来的。”母亲抚慰似的说。

“但是，母亲！为什么一定来?”鲫儿想象不通的问。母亲却不再说什么话，默着了。

“母亲！鲤公公曾经说：‘倘若春天有一回不来，大家便都死了。’这是真的么?”鲫儿又讯问说。

“这是真的呵。”

“那么，母亲！‘死’是什么呢?”

“那就是什么时候总睡着，你的身子不动弹了。怕冷的事，要吃的事，都没有了；并且魂灵到那遥远的国里去过安乐的生活了。那个国土里是有着又大又美的池，毫没有冬天那样的冷，什么时候都是春天似的温和的。”

“母亲！真有这样的好国土的么?”鲫儿又复有些疑心似的，仰看着母亲的脸问。

“哦！有的。”母亲回答说。

“那么，母亲！赶快到那个国土去罢。”鲫儿这样说。母亲便道：“那个国土里，活着的时候是不能去的呵。”鲫儿又有些想象不通模样了，问道：“为什么活着的时候不能去呢？母亲！认不得路么?”母亲说：“是的，我不认得路呢。”“那么寻路去罢！快！快！赶紧去！”鲫儿即刻着起忙来。

“唉！唉！这真窘人呵。”母亲又吐一口气说：“没有死，便不能到那个国里去，不是已经说过了么?”

“那么，赶快死罢！快！快！赶紧快！”

“说这样的话是不行的。”

“便是不行，也死罢。快点！因为我已经厌恶了这池子了。”鲫儿全不听父亲和母亲的话，只是纠缠着嚷。因为这太热闹了，邻居的鲤公公吃了惊，跑过来了，而且问道："哥儿怎么了呢?"母亲便详细的告诉了鲫儿嚷着要死的事。于是鲤公公向鲫儿说："哥儿！鱼到这池子里来，并不是为了专照自己的意思闹，是应该照那体面的国里的神明爷所说的话，生活着游来游去的。"

"公公！那神明爷怎么说?"鲫儿问。

"第一，应该驯良，听从父亲母亲和有了年纪的人的话。其次，是爱那池里的大哥们和陆上的大哥们，并且拼命的用功，成一条体面的鱼。那么办去，那个国土里的神明爷便会来叫哥儿，给住在那好看的大的池子里面罢。"老头子说。

从这时候起，鲫儿便无论怎么冷，无论怎样饿，也再不说一句废话，只是嬉嬉的笑着，等候那春天的来到了。……

作者略述

爱罗先珂（Vasely Eroshenko，1890—1952 年）自幼盲目。尝居印度，后为英国官吏所逐。因至日本。1921 年 5 月，又遭驱遣。理由均为有宣传危险思想之嫌疑。其实自其著作以观，知于政治经济均无甚兴趣。惟怀抱纯洁之心，放眼现实，乃多秽迹，遂不自觉而发为感愤之辞。离日本即来中国。明年，任北京大学教师。又明年，离去。（爱罗先珂用世界语和日语写作，鲁迅曾译过他的作品《桃色的云》《爱罗先珂童话集》。）

译者简介

鲁迅（1881—1936年），浙江绍兴人，本名周樟寿，后改名周树人，初字豫山，后改字豫才，曾留学日本仙台医科专门学校（肄业）。“鲁迅”是他1918年发表《狂人日记》时所用的笔名，也是他影响最为广泛的笔名。他是著名文学家、思想家，新文化的先驱，中国现代文学的奠基人，在文学创作、文学批评、思想研究、文学史研究、翻译、美术理论引进、基础科学介绍和古籍校勘与研究等多个领域具有重大贡献。小说集有《呐喊》《彷徨》《故事新编》；散文集有《朝花夕拾》；文学论著有《中国小说史略》；散文诗集有《野草》；杂文集有《坟》《热风》《华盖集》《华盖集续编》《南腔北调集》《三闲集》《二心集》《而已集》《花边文学》《伪自由书》《准风月谈》《且介亭杂文集》《且介亭杂文二集》《且介亭杂文末编》等。他对于五四运动以后的中国社会思想文化发展具有重大影响，蜚声世界文坛。毛泽东曾评价：“鲁迅的方向，就是中华民族新文化的方向。”

延伸阅读

鲁迅是中国现代童话翻译文学的奠基人，也是中国现代童话文学最早的践行者。他翻译的童话有《小约翰》（荷兰作家望·蔼覃著）、《小彼得》（德国女作家海尔密尼亚·至尔·妙伦著）、《俄罗斯的童话》（苏联高尔基著）、《表》（苏联儿童文学作家班台莱耶夫著）、《爱罗先珂童话集》、《桃色的云》（爱罗先珂著），共六部。鲁迅主张翻译童话作品应“以儿童为本位”，适应儿童生理和心理特点，让童话作品承担起儿童教育的社会责任，进而推动儿童文学创作的繁荣。

《鱼的悲哀》最初发表于1922年1月《妇女杂志》第8卷第1号，收入鲁迅翻译的《爱罗先珂童话集》，商务印书馆 1922 年 9 月出版，为“文学研究会丛书”之一。《鱼的悲哀》全篇共有五个部分，课文只选用了第一部分。鲁迅 1921 年 11 月 10 日写的《〈鱼的悲哀〉译者附记》中说：《鱼的悲哀》“是用了艺术家的悲哀写出来的”，是爱罗先珂“最惬意”的“天真烂熳”的文章，“至于‘看见别个捉去被杀的事，在我，是比自己被杀更苦恼，’则便是我们在俄国作家的作品中常能遇到的，那边的伟大的精神。”“看见别个捉去被杀的事，在我，是比自己被杀更苦恼”，这是鲫儿说的，在这篇童话的第五部分。

十四　卖鱼妇

江　剡

卖鱼妇，街头哭，粗布裹头头发秃。短衫及骭[1]裂不缝，赤日中天灼皮肉。生计苍茫烟水穴，岁旱河干少鱼鳖。终宵举网不盈筐，提鱼换米儿望娘。鱼价苦贱米价昂，卖鱼未足充饥肠。红缨皂隶猛如虎，一见夺鱼惊莫措。“县中祈雨禁宰屠，何事卖鱼忤官府！”提鱼竟去不得顾，渔妇泣途鱼泣釜。回视吾鱼已登俎，吾腹苦枵[2]尔腹果。归来篮空日已旰[3]，儿女牵衣催煮饭。嘱儿忍泪并忍饥，不怨清官怨天旱。

作者略述

江剡，清嘉定人，字东山，号拙巢，有《康瓠集》（八卷）。其诗格高律细，神韵悠然，诗工而身益困。晚年丧子，僦居僧舍，携一童供舂炊。

延伸阅读

“卖鱼妇，街头哭，粗布裹头头发秃。短衫及骭裂不缝，赤日中天灼皮肉”。这几句大意是：卖鱼妇在街头哭泣，粗布包着头，头发已经秃落了，身上的短衫破烂不堪，也顾不上缝，大中午火辣辣的太阳炙烤着她的皮肉。寥寥数笔，扣人心弦，不仅勾勒出了卖鱼妇的形象，还有许多“潜台词”：卖鱼妇在“岁旱河干”的夏季昼夜举网，好不容易打来几尾鱼，拿到街头卖了换米，回家煮粥喂养嗷嗷待食的孩子们。可她为什么在街头痛哭？不是鱼价太贱，也不是鱼卖不出去，而是被县府的衙役抢走了，抢劫的理由是“县中祈雨禁宰屠，何事卖鱼忤官府！”“卖鱼”有违官府“禁宰屠”的命令，是犯罪。封建统治阶级奉行愚民政策，每逢大旱，就玩起拜神祈雨的把戏，为了表示对“神”的真诚颁布了“禁宰屠”，而像“卖鱼妇”这样善良的百姓反倒“嘱儿忍泪并忍饥，不怨清官怨天旱。”

［1］骭（gàn）：肋骨。

［2］枵（xiāo）：空虚。

［3］旰（gàn）：晚，天色晚。

十五　奉化人的海间生活

吴载盛

奉化[①]县属忠义松林两乡，沿海居民在海边筑长堤成个范围，叫“塘”。塘角装有水出入处，叫“契门”。潮涨时，鱼类随着潮水入塘；潮退，水向契门流出——并不流干，鱼类却留在塘里头。渔民放水捕鱼，叫“放塘”。虾、鱼、蟹、鲎，无所不有。渔民群集搜捉，拖水带泥，面目都污了，而嬉笑声往往闻数里以外。所捕的，叫“放塘鱼”。渔民向邻近街市上销卖，卖剩的就供全家一饱。有种渔民，把十二根大竹竿拼作一块，叫“竹排”，约两丈五尺长，浮在水面，能抵得两千斤的压力。潮涨时，渔民用竹排坐着，浮于近海，散丝网捕鱼；潮快干时，就回来了。潮干后，有种灰黑小鱼，状类泥鳅，普通叫他“弹涂”，见了人立刻就躲入泥涂里。渔民趁潮水未涨，用着八寸长的竹筒，把有底的一端向下插入泥涂，等潮水退去，把竹筒拿出，弹涂就在里面。这和捕“放塘鱼”，是一而二、二而一的作用。渔民收放竹筒时，用着三尺长一尺阔的小船——叫“泥船”或“弹涂船”——把一膝抵住，一脚向泥涂上一撑，那船就很快的前进，比较人步跋涉，自然是经济时光多哩。有种红钳小蟹，趁着潮干，来到泥涂上兜风逛逛，见人就跑避。渔

① 奉化县今属浙江省会稽道。

民捉蟹，有个妙技，用根小竿，一端缚着麻线，像钓鱼一样，不过线端系着是只八枚曲钩子的小铁钯儿。捉蟹的，站在堤上，用着这家伙把红钳蟹一只一只钩上来，盛于竹箩内——渔民系在腰边——没多工夫，箩就盛满了。这种小技是从小练习而成的。他们老捉蟹的手段更神妙了，只愿在堤上走着，手把竹竿一上一下。我们远看，不明白他们干什么；其实一举手的代价，至少有只红钳蟹咧。一潮汛的时间，能够捉五十斤蟹；渔民担回来，用着石杵捣碎，加上盐，叫“红钳蟹酱”，发买各处。这原是辛苦小本经营，所以他们常说：“可怜相，卖蟹酱”。

作者简介

吴载盛，号天放，浙江奉化人，生平不详。早年就读于北京大学，是国民杂志社社员、北京大学学生救国会成员。国民杂志社和北京大学学生救国会均成立于 1918 年 10 月 20 日。

延伸阅读

奉化隶属浙江省宁波市，地处浙江省东部沿海，宁波市区南面，东濒象山港，隔港与象山县相望，南连宁海县，西接新昌县、嵊州市和余姚市，北与鄞州区相交。乡民向来“靠山吃山，靠海吃海”。这篇文章写当年奉化沿海居民的“海间生活”，就是捕鱼捉虾和制作“红钳蟹酱”。

十六　陶潜桃花源记（译文）

晋朝太元①时，武陵②[1]有一个渔人，他有一天沿了一条小河摇船进去，也不记得路的远近，忽然逢到一座桃花林。这座桃花林夹着两岸，望去有数百步的深密；中间没有一株别种的树木。林子的下边生着很鲜嫩的青草，草上面积着无数落下的桃花。

渔人看了，心中很奇怪；再向前去，要走尽这座林子。一直行到这条小河的源头，才是林子的尽处；面前就露出一座山来。山下有一个小洞，里边似乎有一点光。他就把船停住了，走进山洞去。初进去时，狭得很；恰恰容得一个人的身子；再进了几十步，顿时明亮了。出口一看，原来有很平广的土地，很端正的屋子，还有田亩、鱼池、桑树、竹子……都是很好的；田岸四面走得通；鸡啼狗吠的声音各处都听得到。里边来来往往的人，种田做工的人，男的女的穿着的衣服，都和外面一样；并且无论老的小的，脸上都露出很快乐的样子。

他们看见这个不相识的渔人走进来了，大为惊异，都问他怎样来的；他一一的说了。他们就邀他到自己的家里，备了酒，杀了鸡，请吃饭。

一村的人听得有这一个人来了，都走来打听问讯。他们说："秦朝大乱的

① 太元，晋孝武帝年号；当西历三七六年至三九六年。

② 武陵，郡名；在今湖南省常德县境。

时候，我们的祖先领了妻子和一乡的人来到这所偏僻的地方，从此没有出去过，就和外面人隔断了。”他们问这个渔人，“现在是什么朝代?”原来他们连汉朝也不知道，更不必说魏朝和晋朝了。他就把晓得的故事一一的讲给他们听，他们都惊讶叹息。这一家招待过了，接连好几家请他过去，备了酒席款待。

过了几天，他辞了他们出来。他们叮嘱道：“这里的情形是不值得说的，你休要讲与外面人听了。”他出来之后，寻到了他的船，就顺了原路摇了回来。他预备下次再去，所以在经过的地方处处做了标记。

到了郡城，他就把这番情形告诉太守；太守派人跟随了他前去。但他再去时，寻看上次做的标记竟模糊了，这条路到底不曾寻到。

南阳①[2]有一个士人，名唤刘子骥[3]，他的胸怀是很高超的，听得有了这回事，很想设法探寻；可惜没有做到，就病死了。

从此以后，到这条小河里去寻桃花林的就没有了。

延伸阅读

人们常用“世外桃源”来形容理想中的美好世界。

[1] 武陵：今湖南常德一带。

[2] 南阳：在今河南南阳一带。

[3] 刘子骥：姓刘，名驎之，字子骥，晋代南阳郡安众县人（今河南省邓州市东北一带)。刘子骥在历史上确有其人，并且是陶渊明的一个远房亲戚，两人志趣相投，经常结伴游山玩水。《晋书·隐逸传》里说他“好游山泽”。

---

① 南阳，郡名；当今河南省旧南阳府，湖北省旧襄阳府境。

十七　桃花源记

陶　潜

晋太元中，武陵人捕鱼为业，缘溪行，忘路之远近，忽逢桃花林。夹岸数百步，中无杂树；芳草鲜美，落英缤纷。

渔人甚异之，复前行，欲穷其林。林尽水源，便得一山。山有小口，仿佛若有光。便舍船从口入。初极狭，才通人；复行数十步，豁然开朗。土地平旷，屋舍俨然，有良田、美池、桑竹之属；阡陌交通，鸡犬相闻。其中往来种作、男女衣着悉如外人；黄发垂髫并怡然自乐。

见渔人，乃大惊。问所从来，具答之。便要还家，设酒，杀鸡，作食。村中闻有此人，咸来问讯。自云："先世避秦时乱，率妻子邑人来此绝境，不复出焉；遂与外人间隔。"问今是何世，乃不知有汉，无论魏、晋。此人一一为具言所闻，皆欢悦。余人各复延至其家，皆出酒食。

停数日，辞去。此中人语云："不足为外人道也！"既出，得其船，便扶向路；处处志之。

及郡，诣太守说如此；太守即遣人随其往。寻向所志，遂迷，不复得路。

南阳刘子骥，高尚士也，闻之，欣然规往；未果，寻病终。

后遂无问津者。

作者略述

陶潜（约365—427年），晋浔阳（今江西省九江）人，一名渊明，字元亮。(私谥“靖节”，世称靖节先生，东晋末至南朝宋初期伟大的诗人、辞赋家）性高尚简贵。尝为彭泽令，吏曰应束带见长官，潜叹曰：“吾不能为五斗米折腰!”因弃官去。家贫，好饮酒，游观山水，徜徉自适。其所为诗冲穆淡远，富于闲适之趣。(陶渊明是中国第一位田园诗人，被称为“古今隐逸诗人之宗”，有《陶渊明集》。)

延伸阅读

本文的分段与通行的版本不同。通行的版本可分为三段：第一段从开头至“欲穷其林”止，写渔人发现桃花源的时间、经过和沿途所见到的奇丽景色。第二段从“林尽水源”到“不足为外人道也”止，是这篇《桃花源记》的中心，写渔人在桃花源里的所见所闻，以及和山里人接触、交往的情况，写得十分细腻和逼真。剩下部分为第三段，写渔人出山以后的事。说明了桃花源是陶渊明编织的 个诗化田园的梦，使无数后人心向往之，却又追索不得。

十八　桃源行

王　维

渔舟逐水爱山春，两岸桃花夹古津。
坐看红树不知远，行尽青溪不见人。
山口潜行始隈隩[1]，山开旷望旋平陆。
遥看一处攒云树，近入千家散花竹。
樵客初传汉姓名，居人未改秦衣服。
居人共住武陵源，还从物外起田园。
月明松下房栊静，日出云中鸡犬喧。
惊闻俗客争来集，竞引还家问都邑。
平明闾巷扫花开，薄暮渔樵乘水入。
初因避地去人间，及至成仙遂不还。
峡里谁知有人事，世中遥望空云山。
不疑灵境难闻见，尘心未尽思乡县。
出洞无论隔山水，辞家终拟长游衍。
自谓经过旧不迷，安知峰壑今来变。
当时只记入山深，青溪几曲到云林。
春来遍是桃花水，不辨仙源何处寻。

作者略述

王维（约701—761年），唐太原人，字摩诘（号摩诘居士）。玄宗时，官尚书右丞。工诗（尤长五言，多咏山水田园，与孟浩然合称“王孟”，有“诗佛”之称），善书画（后人推其为南宗山水画之祖），时谓为诗中有画，画中有诗。

延伸阅读

“诗中有画，画中有诗”，是苏轼对王维的评价：“味摩诘之诗，诗中有画；观摩诘之画，画中有诗。”这首《桃源行》是王维十九岁时写的一首七言乐府诗，题材取自陶渊明的叙事散文《桃花源记》。陶渊明的《桃花源记并诗后》面世之后，便成为诗歌表现的热点。王维、韩愈、王安石的同题桃花源堪称代表。清代吴乔在《围炉诗话》中曾说：“意思，犹五谷也。文，则炊而为饭；诗，则酿而为酒也。”意思是说同样的题材，因处理的方法不一样，有些可以煮成饭，让人饱食；有些可以酿成酒，让人畅饮。好的诗应当像醇酒，读后能令人陶醉。可见，要将散文的内容改用诗歌表现出来，绝不仅仅是一个改变语言形式的问题，还必须进行艺术再创造。王维这首《桃源行》，正是由于成功地进行了这种艺术上的再创造，因而具有独立的艺术价值，得以与散文《桃花源记》并世流传。清初杰出的诗人、文学家王士禛说：“唐宋以来，作《桃源行》最佳者，王摩诘（王维）、韩退之（韩愈）、王介甫（王安石）三篇。观退之、介甫二诗，笔力意思甚可喜。及读摩诘诗，多少自在；二公便如努力挽强，不免面红耳热，此盛唐所以高不可及。”（《池北偶谈》）这“多少自在”四字，便是极高的评价。文学家翁方纲也极口推崇说，“古今咏桃源事者，至右丞（王维）而造极。”（《石洲诗话》）

［1］隈隩（wēi yù）：曲折幽深的山坳河岸。

十九　桃花山

刘　鹗

……到了平阴[1]，换了两部小车推着行李，在县里要了一匹马骑着。不过一早晨，已经到了桃花山脚下；再要进去，恐怕马也不便。幸喜山口有个村庄，只有打地铺的小店，没法，暂且歇下。向村户人家雇了一条小驴，将马也打发回去了。

打过尖[2]，吃过饭，向山里进发。才出村庄，见面前一条沙河，有一里多宽，却都是沙，惟有中间一线河身。土人架了一个板桥，不过数丈长的光景。桥下河里虽结满了冰，还有水声从那冰下潺潺的流。听着像似环佩摇曳的意思；知道是水流带着小冰与那大冰相撞击的声音了。

过了沙河，即是东峪。原来这山从南面迤逦北来，中间龙脉起伏，一时虽看不到，只是这左右两条大路；就是两批长岭，冈峦重沓，到此相交。除中峰不计外，左边一条大溪河，叫东峪；右边一条大溪河，叫西峪。西峪里的水在前面相会，并成一溪，左环右转，湾了三湾，才出溪口。出口后，就是刚才所过的那条沙河了。

子平进了山口，抬头看时，只见不远前面就是一片高山，像架屏风似的

---

① 平阴县名；今属山东省东临道。

② 北方方言，在小客栈停留片时曰“打尖”。

迎面竖起，土石相间，树木丛杂。却当大雪之后，石是青的，雪是白的，树上枝条是黄的；又有许多松柏是绿的，一丛一丛，如画上点的苔一样。骑着驴，玩着山景，实在快乐得极，思想做两句诗描摹这个景象。正在凝神，只听壳铎一声，觉得腿裆里一软，身子一摇，竟滚下山涧去了。幸喜这路本在涧旁走的，虽滚下去，尚不甚深。况且涧里两边的雪本来甚厚，只为面上结了一层薄冰，做了个雪的包皮；子平一路滚着，那薄冰一路破着，好像从有弹簧的褥子上滚下来似的。滚了几步，就有一块大石将他拦住，所以一点没有碰伤。连忙扶着石头，立起身来，哪知把雪倒戳了两个一尺多深似的窟窿。看那驴子在上面，两只前蹄已经立起，两只后蹄还陷在路旁雪里，不得动弹。连忙喊跟随的人；前后一看，并那推行李的车子影响俱无。你道是甚么缘故呢？原来这山路行走的人本来不多，故那路上积的雪比旁边稍为浅些，究竟还有五六寸深。驴子走来，一步一步的不甚吃力。子平又贪看山上雪景，未曾照顾后面的车子。可知那小车轮子是要压到地上往前推的，所以积雪的阻力显得很大；一人推着，一人挽着，尚走得不快，本来去驴子已落后有半里多路了。

申子平陷在雪中不能举步，只好忍着性子，等小车子到。约有半顿饭工夫，车子到了；大家歇下来想法子。下头人固上不去，上头的人也下不来。想了半天，说：只好把捆行李的绳子解下两根，接续起来，将一头放了下去。申子平自己系在腰里，那一头上边四五个人齐力收绳，方才把他吊了上来。跟随人替他把身上雪扑了又扑，然后把驴子牵来，重复骑上，慢慢的行。这路虽非羊肠小道，然忽而上高，忽而下低，石头路径，冰雪一冻，异常的滑。自饭后一点钟起身，走到四点钟，还有十里地。……

作者略述

见第 35 页。

延伸阅读

《桃花山》，选自刘鹗《老残游记》第八回“桃花山月下遇虎　柏树峪雪中访贤”，有删节。“画上点的苔”：“点苔”是中国画的术语。“苔”系画笔点上的错杂墨点，多用于山水画，近处表示丛草，远处表示树木。

二十　游小盘谷记

梅曾亮

江宁府城①，其西北包卢龙山[1]而止。余尝求小盘谷者；至其地，土人或曰无有。皆大竹蔽天；多歧路，曲折广狭如一，探之不可穷。闻犬声，乃急赴之。熟五斗米顷，行抵寺，曰归云堂。土地舒宽。居民以桂为业。寺傍有草径甚微；南出之，乃队②大谷。四山皆大桂树，随山陂陁[2]，其状若仰大盂。空响内贮，謦欬[3]不得他逸；寂寥无声，而耳听常满。渊水积焉，尽山麓而止。

由寺北行至卢龙山；其中坑谷洼隆，若井灶甗腭之状。或曰：遗老所避兵者[4]，三十六茅庵、七十二团瓢③[5]皆当其地。

白日暮，乃登山循城而归。瞑色下积，月光布其上。俯视万影摩荡，起伏波浪中。诸人皆曰："此万竹蔽天处也。所谓小盘谷，殆近之矣。"

同游者：侯振廷舅氏，管君异之，马君梦湘，欧生岳庵，弟念勤，凡六人。

---

① 江宁府城即今江宁县，为江苏省治，通称南京。

② 队同坠。

③ 团瓢就是草舍。

作者略述

梅曾亮（1786—1856年），清（散文家），（江苏）上元（今南京）人，字伯言。道光二年（1822年）进士，官户部郎中（善于写言极简约而意颇深沉的短文，与管同并、姚鼐为桐城派后期重要作家），诗亦天机清妙。著曰《柏枧山房集》。

延伸阅读

文章题为《游小盘谷记》，从寻小盘谷写起，当地人竟说没有，顿时增添了神秘色彩。“大竹蔽天；多歧路，曲折广狭如一，探之不可穷”，写出了小盘谷“幽”“深”的特点。写卢龙山，重点依然是在写“谷”。写其“深”，更写其“藏”。作者进一步指出这可能是明朝遗老避兵逃难之处，背后的历史感瞬时带出。这篇游记，可以称得上一篇极有意境的诗化散文。

［1］卢龙山：即狮子山，在南京西北约二十里处。明太祖朱元璋曾败陈友谅于此。

［2］陂（pō）陀（tuó）：倾斜不平貌。

［3］謦（qǐng）欬（kài）：咳嗽。轻曰謦，重曰欬。

［4］遗老所避兵者：清兵南下时，明朝遗民逃往深山避兵之处。

［5］三十六茅庵、七十二团瓢：茅庵，草屋；团瓢，圆形草屋。三十六、七十二，形容其多。

二十一　蓬莱岛

李汝珍

这日，三人正在船后闲谈，多九公忽然嘱咐众水手道：“那边有块乌云渐渐上来，少刻即有风暴，必须将蓬落下一半，绳索结束牢固，惟恐不能收口，只好顺着风头飘了。”唐敖听罢，朝外一望，只见日朗风清，毫无起风形象，惟见有块乌云微微上升，其长不及一丈。看罢，不觉笑道：“若说这样晴明好天却有风暴，小弟倒不信了。难道这块小小乌云就能藏许多风暴？哪有此事！”林之洋道：“那明明是块风云，妹夫哪里晓得！”言还未了，只听得四面呼呼乱响；顷刻间，狂风大作，波浪滔天，那船乘风吹去，就是乌骓快马也赶他不上。越括越大，真是翻江搅海，十分厉害。唐敖躲在船舱中，这才佩服多九公眼力不错。

这个风暴再也不息，沿途虽有收口处，无奈风势甚狂，哪里由你做主。不但不能收口，并且船篷被风鼓住，随你用力，也难落下。一连括了三日，这才略略小些；费尽气力，才泊到一个山脚下。唐敖来到后梢，看众人收拾篷索。林之洋道：“俺[①]自幼年就在大洋来来往往。眼中见的风暴也多，从未见过无早无晚，一连三日总不肯歇。如今弄的昏头昏脑，也不知来到甚么地方。这风若朝俺们来的旧路刮去，再走两日，只怕就可到家了。”唐敖道：

① 北方方言，自称曰俺，就是“我”的意思。俺音 ǎn。

“如此大风却也少见；此时顺风飘来，又有若干路程？此处是何地名？”多九公道：“老夫记得此处叫作‘普度湾’，岸上有条峻岭，十分高大，自来从未上去。至于程途，若以此风约计，每日可行三五千里；今三日之久，已有一万余里了。”林之洋道：“春间，俺同妹夫说水路日期难以预定，就是这个缘故。”

唐敖因风头略小，立在舵楼，四处观望。只见船旁这座大岭，较之东口麟凤等山，甚觉高阔。远远看去，清光满目，黛色参天。望了多时，早已垂涎要去游玩。林之洋因受了风寒，不能同去，即同多九公上岸。喜得那风被山遮住，并不甚大；随即上了山坡。多九公道：“此处乃海外极南之地，我们若非风暴，何能至此！老夫幼年虽由此地路过，山中却未到过；惟闻人说，此地有个海岛，名叫小蓬莱，不知可是？我们且到前面，如有人烟，就好访问。”又走多时，迎面有一石碑，上镌“小蓬莱”三个大字。唐敖道：“果然九公所说不错。”绕过峭壁，穿过崇林，再四处一看，水秀山清，无穷美景。越朝前进，山景越佳，宛如登了仙界一般。

……二人游玩多时，唐敖道：“我们前在东口游玩，小弟以为天下之山无出其右，哪知此山处处都是仙境。即如这些仙鹤、麋鹿之类，任人抚摩，并不惊走；若非有些仙气，安能如此！到处松实、柏子，啖之满口清香，都是仙人所服之物。如此美地，岂无真仙！原来这个风暴却为小弟而设。”多九公道：“此山景致虽佳，我们只顾前进，少刻天晚，山路崎岖，如何行走？今且回去，明日如风大不能开船，仍好上来。林兄现在有病，我们更该早回才是。”唐敖正游的高兴，虽然转身，仍是恋恋不舍，四处观望。多九公道：“唐兄，要像这样，走到何时才能上船？设或黄昏，如何下得山去？”唐敖道：“不瞒九公说，小弟自从登了此山，不但名利之心都尽，只觉万事皆空。此时所以迟迟吾行者，竟有懒入红尘之意了。”多九公笑道：“老夫素日常听人说，读书人每每读到后来，入了魔境，要变成书呆子。尊驾读书虽未变成书呆子，今游来游去，竟要变成游呆子。唐兄，快些走罢，不要斗趣了。……”

作者略述

李汝珍（约1763—约1830年，据胡适考证，大约如此），清大兴（今属北京市）人，字松石。（著名小说家，博学多才）通声韵之学，撰《李氏音鉴》。晚年不得志，撰《镜花缘》小说，取材极广博，凡经史百家杂艺细技，罔不采集连用。胡适谓是书主旨，盖在讨论妇女问题。

延伸阅读

《镜花缘》是由清代著名小说家李汝珍所创作的百回长篇小说，是与《西游记》《封神榜》《聊斋志异》齐名的作品。作者以神幻诙谐的笔法描绘出了一幅绚丽斑斓的天伦彩图，故事情节生动曲折引人入胜。这篇课文选自《镜花缘》第三十九回《轩辕国诸王祝寿　蓬莱岛二老游山》和第四十回《入仙山撒手弃凡尘　走瀚海牵肠归故土》，写唐敖游至小蓬莱，入山不返，弃绝红尘。“蓬莱岛”，是古代传说中的仙岛，作者借虚幻来反映现实，彰显了对现实的批判精神。

二十二　西山有虎行

沈　周

西山人家傍山住，唱歌采茶山上去。
下山日落仍唱歌，路黑林深无虎虑。
今年虎多令人忧，绕山搏人茶不收。
墙东小女膏血流，村南老翁空髑髅[1]。
官司射虎差弓手，自隐山家索鸡酒。
明朝入城去报官，“虎畏相公今避走”。

作者略述

沈周（1427—1509 年），明长洲（今江苏苏州）人，字石田。不应科举，博览群书，善为诗文，工书，尤长于画，是明中期文人画“吴派”的开创者，与唐寅、文徵明、唐寅、仇英并称明之“四家”。（其诗不主一家，缘情随事，或沉郁顿挫，或清新雅丽。著有《石田先生集》等。）

延伸阅读

《西山有虎行》是一首新乐府，创作时间不详。就内容来看，主要写西山的虎害，旨在揭露封建官吏的贪暴。诗歌用朴实的语言，不含感情地平实叙述，但末尾一句“虎畏相公今避走”，这种含泪的机敏，将官吏的贪婪凶暴一针见血地揭露出来了。射虎手阳奉阴违，“相公”（官府长官）比老虎还凶猛，这些描写也都含蓄而又深刻地表现出了作者的憎恨、讽刺与批判。

［1］髑髅（dú lóu）：死人的头骨；骷髅。

二十三　航海

[俄国] 屠格涅甫（Turgeniff）　著

耿济之　译

我从汉堡①岸乘船到伦敦②去。船上有两个搭客：一个是我，那个是一只良种的小猴儿，是汉堡的某商人把他运到英国送给一位富人的。

他被小练子系在船面一根木柱上，一边上下往来的跳跃，一边呜呜的叫，如同鸟鸣一样，很觉得可怜。

我常跑到他面前去。他用那黑而且冷的手拉着我，用忧愁而且同人一样的目光看着我。我也拉住他的手，他就也不叫也不跳了。

海上一点没有风浪；那大海和铅色的食桌布一样，齐齐整整的铺在船的四围。船尾的钟声不断噹噹的响，和着小猴儿惨叫的声音，都能惹起旅客的愁怀。

海豹有时来出游泳，一会儿斜转了一个身，就隐到不知什么地方去了。

不喜说话的船长，带着一副为日光炙黑的丑脸，拿着一根短烟管，呼呼的抽个不了；一边看着海上这样风景，很露出无味的样子。

我问他的话，他回答我很简单，很不自在。不得已只好同我那亲爱的同伴——小猴儿——在一块儿消遣。

---

① 汉堡（Hamburg），德国地名。

② 伦敦（London），英国都城。

我坐在他旁边；他也不喊叫了，紧紧的拉着我的手。

浓雾起来了，对面看不见东西；我们俩迷迷糊糊的坐着，互相倚靠，好像最亲爱的朋友。

我竟没头没脑的出神了半天。

我现在都笑着……然而在那时竟发生了一种感觉。

我们全是一个母亲生出来的小孩子；那可怜的小猴能够服服贴贴倚靠在我的身旁，好像他的亲人似的，这真叫我快乐呢。

作者略述

屠格涅甫（1818—1883 年），俄国最有天才之文学家，所作大都表现时代精神，几无非杰品。自其书中，可以见俄国社会之倾向及思想之变迁。其思想虽有厌世主义色彩，但仍深爱人类，自与人异。

延伸阅读

屠格涅甫，现通译屠格涅夫，19 世纪俄国批判现实主义作家、诗人和剧作家，被称为“现实主义艺术大师”。主要作品有《猎人日记》《罗亭》《父与子》等。

耿济之（1899—1947 年），生于上海，我国著名的文学家、翻译大家和外交家，五四爱国运动的学生领袖之一，文学研究会的发起人，1925 年被调往伊尔库茨克中国领事馆工作、后又调到列宁格勒任副领事，对译介俄苏文学作出了巨大贡献。主要译著有屠格涅夫长篇小说《父与子》、陀思妥耶夫斯基长篇小说《白痴》《死屋手记》，以及高尔基《给青年作家》等。1921 年，耿济之先生与郑振铎一起从俄文直接翻译了《国际歌》。

《航海》写在寂寞无聊的海上航行途中，我和小猴惺惺相惜。作者写出大海阴沉、压抑、毫无生气，用来烘托出人物孤独、无聊、苦闷的心情。船长的丑脸和“无味”，让“我”和小猴彼此成了“最亲爱的朋友”。

二十四　旧金山[1]的蚊阵

有一天傍晚，在大河旁边拣了一处歇宿的地方。正在预备晚餐，不料一大队的蚊子直卷过来，把几个童子的头脸、耳、鼻乱叮乱咬；慌得几个童子又跳又扑，好像临了大敌一般。

巴拿德急了，忽然想到一个法子，连忙叫他们烧火熏烟。众人七手八脚去折树枝，拔青草，聚在一堆，用火点着，那烟气便四下冒开来。蚊子经着烟，便挨不住，只得一齐飞逃。几个童子快活得拍手狂呼。哪晓得烧的烟愈猛愈浓，随着风直扑过来，灌到喉咙里去，跟蚊子飞进嘴里一样的难受。

巴拿德便拿了面包等件跑到上风去吃；哪知烟不到的地方，便是蚊子的世界，依旧密密层层的把人团钻得没有空隙。大家赶向天幕里去睡，却因方才烧火，里面热得和火甑一般，于是只得到别人的天幕里去闲逛。却不道这蚊子没有一处不是结成团体的；有些人正在那里议论。

甲说："这蚊子实在猖獗得很，我们应该开一个公众大会，勒令它立刻赶紧退去；倘敢故违不听，只得以强硬手段对付它，要用'铁血主义[2]'了。"

乙说："不是的；这没有人迹的地方，本来是蚊子自由的所在。我们到此

① 旧金山就是美洲圣法兰西斯（San Francisco）。其地产金，又和新金山分别，故名。

② 铁血，指黑铁和赤血；铁血主义就是主张用兵的意思。

来侵犯他们的权限，他自然要出来抵制，这也是公理上所常有的。”

童子听他们的话，倒觉得很新鲜有趣。只是他们说话的时候，蚊子在他口边乱撞乱钻；嘴唇略略一张，它便乘隙而入；所以又好笑，又不敢哈哈大笑。

此刻系在那里的牛马，也被蚊子咬得乱跳乱叫，把尾巴向自己身上不住的甩[①]打。各人把这些牛马都解放了，叫它们自在些。那些牛马便跑到烧烟的地方，把后胯对着烟堆，嘴里吃着地上的青草，一会儿就睡下来了。

穆耳士看了，道：“不道我们还不及这牛马的乖，我也要学学了。”也把身子背着烟堆躺下。余下的童子见了，便都一样的睡下。

作者简介

作者不详。

① 甩音 shuǎi，把东西掷去的意思。

延伸阅读

旧金山，又名圣弗朗西斯科，华侨称为三藩市，是美国西海岸濒临太平洋的重要海港，是金融、贸易和文化、旅游的名城。19 世纪这里是美国淘金热的中心地区，早期华人劳工移居美国后多居住于此，称之为“金山”，直到在澳大利亚的墨尔本发现金矿后，为了与被称作“新金山”的墨尔本区别，而改称圣弗朗西斯科为“旧金山”。至于“三藩市”之名，则是取自该市英文名称的头三个音节“San Francis”之谐音直译，是居住于此地为数不少的粤语族群及团体较常用之译名，孙中山在著作与书信中提及该市时，使用此名。旧金山的夏天都会有蚊子，按说只要穿上浅色衣物，喷上防蚊水就好了，而贫苦的劳工及他们的孩子们只能像牛马那样，“把身子背着烟堆躺下”，以躲避蚊子的叮咬。

二十五　堡寨上的风景

秋高气爽，从城外的堡寨上远望海中的风景，简直是一幅天然图画。这堡寨嶙峋的排列着，四周全是庄严的树木，那淡黄色的叶子，却从树枝的空隙里簌簌落下。堡寨的附近有几间悲惨黑暗的屋子，两个巡丁站在铁栏外面；这就是罪犯所住的地方。

太阳快要落下去了，但对着人们还是一样的照耀；小鸟呢，也一样的歌唱。小鸟唱得厌倦了，拍拍翅膀，啄着胸部的羽毛，把全身吹涨。那锁着铁链的人，呆呆的观望着，狞恶的脸上露出温和的神气。他的不澈底的思想从脑海中涌出；记得春天时候仿佛也是这个景象，但还有紫罗兰的香气。

猎人吹角的声音在那里传来了；小鸟回巢去了；太阳光也不见了。几间狭小的罪犯室里变成黑暗的所在，那些罪犯的心上也都变成黑暗；但是太阳曾在这里照耀过的，小鸟也曾在这里歌唱过的。

作者简介

本篇由胡愈之翻译，刊于《东方杂志》第13卷第七号（1917年7月）。胡愈之（1896—1986年），浙江上虞人，是集编辑、记者、作家、翻译家、出版家于一身的杰出文化名人，是我国进步文化出版事业的先驱者、卓越的社会活动家。1914 年考入上海商务印书馆，在编译所理化博物部任练习生。1918 年担任《东方杂志》主要编辑。1921 年秋天，接待俄国盲诗人爱罗先珂，后出版了爱罗先珂用世界语写作的部分诗歌，以及他与鲁迅合译的《爱罗先珂童话集》，又陪同爱罗先珂到北京与鲁迅结识。新中国成立后任中央人民政府文教委员、出版总署署长。1983 年当选为全国人大常委会副委员长。著有六卷本《胡愈之文集》。

延伸阅读

“堡寨”，是四周建有栅墙的寨子。“堡”，大多是军事上防守用的建筑物，如堡垒、城堡、桥头堡，也可以指古代建筑的小城。本文写的是城外堡寨附近罪犯所住的牢房，在太阳落山后变成黑暗的所在。“但是太阳曾在这里照耀过的，小鸟也曾在这里歌唱过的。”

二十六　卜来敦[①]记

黎庶昌

卜来敦者，英国之海滨，欧洲胜景也。距伦敦南一百六十余里，轮车可两点钟而至，为国人游息之所。后带冈岭，前则石岸崭然。好事者凿岸为巨厦，养鱼其间；注以源泉，涵以玻璃；四洲之物，奇奇怪怪，无不毕致。又架木为长桥，斗入海中数百丈，使游者得以攀援凭眺。桥尽处有作乐亭；余则浅草平沙，绿窗草屋，与水光掩映，迤逦一碧而已。人民十万，栉比而居。阛市纵横，日辟益广。其地固无波涛汹涌之观，估客帆樯之集，无机匠厂师之兴作，杂然而尘鄙也；盖独以洁静胜。

每岁会堂[1]散后，游人率休憩于此。方其风日晴和，天水相际；邦人士女，联袂嬉游；衣裙杂袭，都丽如云。时或一二小艇棹漾于空碧之中；而豪华巨家则又鲜车怒马，并辔争驰，以相遨放。迨夫暮色苍然，灯火粲列，音乐作于水上，与风潮相吞吐，夷犹要眇，飘飘乎有遗世之意矣。

予至伦敦之次月，富绅阿什伯里导往游焉，即叹为绝特殊胜。自是屡游不厌。再逾年而之他邦，多涉名迹，而卜来敦未尝一日去诸怀；其移人若此。

英之为国，号为强盛杰大。议者徒知其船坚炮巨，逐利若驰，故尝得志海内；而不知其国中之优游暇豫，乃有如是之一境也。昔荀卿氏论列国惟坚

① 卜来敦（Brighton），英国地名。

凝之难①[2]；而晋栾针之对楚子重，则曰好以众整，又曰好以②暇[3]。夫惟坚凝，斯能整暇；若卜来敦者，可以觇人国已。

作者略述

黎庶昌，清遵义人，字莼斋，同治间上万言书论说时事，以县令发两江，官至川东道。两使日本。影钞唐宋旧籍，成《古逸丛书》，皆中土不传之本。自著有《拙尊园丛稿》。

延伸阅读

黎庶昌（1837—1898年），贵州遵义人，我国晚清著名的外交家和散文家，同治间上万言书论说时事，受到朝廷重视，被赏为江苏吴江和青浦知县，后出使英、法、西班牙等国，并于1881至1884年、1887至1890年，两次出任中国驻日本国大臣。

卜来敦，现在通译为布赖顿（Brighton），是英国滨海的城市，宁静秀美。光绪三年（1877年），即黎庶昌出任驻英参赞的次年，他游览了这个地方。卜来敦幽静奇丽的自然风光，和这里的人们优游宁静的生活，都给他留下了深刻的印象。光绪六年（1880年）七月，黎庶昌写这篇游记，介绍"船坚炮巨，逐利若驰"的英国人生活"优游暇豫"的一面。强调国民的优游生活是国家强大的标志，而国家强大必然使民众享有较高的物质文化生活。反映了清末向西方学习，力图国家

① 荀卿名况，战国时人，著《荀子》三十二篇。《议兵篇》云："兼并，易能也；唯坚凝之难焉。"杨倞注"凝，定也"。

② 《左传》成公十六年，栾针见子重之旌……曰："臣之使于楚也，子重问晋国之勇臣，对曰：'好以众整。'曰：'又何如？'臣对曰：'好以暇。'"按栾针，晋臣；子重，楚臣。

富强的历史思潮。

［1］会堂，指英国议院的每年一次的议会，散会于六月底。

［2］坚凝：意为精诚团结意。

［3］“晋栾针之对楚子重”句：“栾针”，是春秋时晋国大夫。“子重”，是楚国令尹。栾针出使楚国，子重问栾针晋国为什么英勇，回答说：“好以众整。”子重问还有什么，栾针又回答说：“好以暇。”“整”，严整。“暇”，从容悠然。

二十七　菲律宾[1]百震亨（Pagsanjan）瀑布游记

蒋维乔

菲律宾有著名之瀑布在百震亨。其地距马尼拉[2]九十五英里，有铁道可通。余于民国六年二月，偕考察教育诸君赴露思班诺斯[3]参观大学农林科；其地距百震亨只十五英里，因欲往游。同人中多畏其险，不愿往；独黄君任之毅然决去。傅君焕光，林科之留学生也，亦愿从；乃克成行。遂宿于露思班诺斯。明日黎明，乘汽车遄行。历二小时余，至焉。

百震亨虽一小镇，然街衢平坦，市肆整洁；据黄君任之言，酷似南美洲也。自车站行不半里，至河畔，雇独木舟。舟土名“庞扛”（Banca），刳木为之，两端尖；较我国南方之脚划船，尚小一倍。中置两摺竹榻，仅可坐客一人。舟子二人，一坐船首，一坐船尾，前后划桨。余等三人各乘其一。将行时，舟子云：“必须先至客店租赁雨衣帽及鞋；否则，中途衣履必尽湿。”余等未之深信，漫应之曰：“行矣！即湿何妨。”遂解维。

自百震亨河下游溯莫隔达比（Magdapio）河东南行，少顷，即遇险滩。

① 菲律宾群岛（Philippine Islands）在太平洋；旧属西班牙，今属美国。

② 马尼拉（Manila）是菲律宾群岛中吕宋（Luzon）岛的都会。

③ 露思班诺斯（Los Banos）是马尼拉的村名，菲律宾大学农林科就在此地。

水涌如沸，舟人入水推挽其舟而过。浪花溅入，衣为之湿，始信舟子之言非虚也。一滩甫过，而第二滩复至。水益沸，浪益涌；于是乃解去外衣裤，摺置提包中，只余里衣裤与波浪肉薄。然一路两峡壁立，愈转愈深。树木倒悬其间，作浓绿色。鸣鸟上下，如迎异客。河水纡回，皆碧色。险滩则礁石矗立，小者如拳、如斧，大者如牛、如象；水激其间，悉化泡沫，作白色。令人优美之情、壮美之情一时交迸，至足乐也！所过险滩凡七。愈上，愈险，而景亦益奇。最险之滩，礁石益多而巨，水皆作漩涡。余等则登岸履乱石间，苍苔极滑，几不能举步。迨舟人放空舟渡滩，则悉弃衣履于石畔，再登舟。如此渡七滩后，而第一瀑布突现眼前矣。瀑势自峭壁悬空而下，砰轰之声可闻数里；颇似雁荡之大龙湫①，而奇险则过之。

观玩既久，并以手镜摄影；乃促舟子前进，欲穷第二瀑之胜。舟子不许，谓第二瀑非至三月水浅时不能上。余等再三强之，则云："昔有美国人亦因不谙地势，顽强自恃，必欲观第二瀑，逆流而上，人与舟俱碎于漩涡中。"意其以危词恐骇也，则告之曰："余等好奇，非畏死者。"舟子皆曰："君等不畏死，吾侪不能不爱其生命，焉能从？"卒无如何，乃返。

返时，顺流而下，行驶绝迅。过滩不必推挽，趁水势渡乱礁间，若行所无事；而舟之两舷，骇浪拍入，则较来时益甚；周身如沐，可谓淋漓尽致。至来时解衣处，取衣而不能着也。险滩既过，放棹中流。……一路为炎日所逼，湿衣亦干。十二时半，抵岸。……

---

① 雁荡，山名，在浙江省乐清县东九十里。大龙湫，是这山中的瀑布。

作者简介

蒋维乔（1873—1958 年），著名教育家、哲学家、佛学家、养生家。字竹庄，号因是子。江苏武进（今常州）人。他 7 岁入私塾，20 岁中秀才。辛亥革命后，曾任教育部秘书。1913 年入商务印书馆，主持编辑中学及师范学校教材。

1916 年任江苏省教育厅长。1917 年与黄炎培等 6 人组成教育考察团，前往日本、菲律宾考察普通、职业、师范以及社会教育状况。1925 年出任东南大学校长。1926 年再度赴日本考察教育。1929 年受聘为上海光华大学，先后担任哲学系教授、中文系主任、教务长和文学院院长。1938 年 8 月起，蒋维乔又兼任上海正风文学院（1940 年改名诚明文学院）院长。1941 年 7 月起，受黄炎培委托，兼任上海鸿英图书馆副馆长、馆长、名誉馆长等职。1946 年 9 月兼任上海人文月刊社社长，在哲学、生理、心理、卫生等领域也都有较高的造诣。中华人民共和国成立后，任江苏省人民政府委员、上海市政协常务委员、上海市文史馆馆务委员。1958 年 3 月 16 日病逝于上海。

延伸阅读

“百震亨瀑布”，现通译为百胜滩瀑布，位于马尼拉南部 92 公里，是世界著名的旅游景点，瀑布落差约有 100 米，以刺激紧张的泛舟活动而闻名。泛舟河上，沿途可欣赏由岩壁和热带树木所形成的溪谷美景。游记中的“黄君任之”，即中国近现代爱国主义者和民主主义教育家黄炎培（1878—1965 年），中华人民共和国成立后，历任中央人民政府委员、政务院副总理兼轻工业部部长、全国人大常委会副委员长、全国政协副主席、中国民主建国会中央委员会主任委员等职。

二十八　文明与奢侈

蔡元培

读人类进化之历史：昔也穴居而野处，今则有完善之宫室；昔也饮血茹毛，食鸟兽之肉而寝其皮，今则有烹饪裁缝之术；昔也束薪而为炬，陶土而为灯，而今则行之以煤气及电力；昔也椎轮之车，刳木之舟，为小距离之交通，而今则汽车及汽舟，无远弗届；其他一切应用之物，昔粗而今精，昔单简而今复杂，大都如是。故以今较昔，器物之价值，百倍者有之，千倍者有之，甚而万倍、亿倍者亦有之；一若昔节俭而今奢侈，奢侈之度随文明而俱进。是以厌疾奢侈者，至于并一切之物质文明而屏弃之，如法之卢梭①，俄之托尔斯泰②是也。

虽然，文明之与奢侈固若是其密接而不可离乎？是不然。文明者，利用厚生之普及于人人者也。敷道如砥，夫人而行之；漉水使洁，夫人而饮之；广衢之灯，夫人而利其明；公园之音乐，夫人而聆其音；普及教育，平民大学，夫人而可以受之；藏书楼之书，其数巨万，夫人而可以读之；博物院之美术品，其值不赀，夫人而可以赏鉴之：夫是以谓之文明。且此等设施，或

---

① 卢梭（Jean Jacques Rousseau 1712—1778 年）法国哲学家，著有《不平等之起源论》、《民约论》、《爱弥儿》（Emile）等书。

② 托尔斯泰（Leo Tolstoy 1828—1910 年）俄国文学家兼哲学家，著小说很多。

以卫生，或以益智，或以进德，其所生之效力有百千万亿于所费者。故所费虽多，而不得以奢侈论。

奢侈者，一人之费逾于普通人所费之均数，而又不生何等之善果，或转以发生恶影响；如吕氏春秋所谓“出则以车，入则以辇，务以自佚，命之曰招蹶之机；肥酒厚肉，务以自彊，命之曰烂肠之食[①]”是也。此等恶习，本酋长时代所留遗。在昔普通生活低度之时，凡所谓峻宇、雕墙，玉杯、象箸，长夜之饮，游畋之乐，其超越均数之费者何限？普通生活既渐高其度，即有贵族富豪以穷奢极侈著，而其超越均数之度决不如酋长时代之甚。故知文明益进，则奢侈益杀。谓今日之文明尚未能剷灭奢侈，则可；以奢侈为文明之产物，则大不可也。吾人当详观文明与奢侈之别，尚其前者，而戒其后者，则折中之道也。

作者简介

见第 2 页。

① 《吕氏春秋》，书名，秦吕不韦召致宾客集撰而成。十二纪、七览、六论，共分为三十六卷。因有八览，故或称《吕览》。本文引语见《本生篇》。毕沅注“招，致也。蹶者，痿蹶。过佚则血脉不周通，骨干不坚利，故为致蹶之机括”。又云“饱而强食，正自强之谓”。

延伸阅读

本文选自蔡元培1916年在巴黎华法教育会为学员编写的行为和美术方面的教科书《华工学校讲义》。文章强调我们应当详细考察文明与奢侈的区别，推崇前者，力戒后者。什么叫“文明”，“文明者，利用厚生之普及于人人者也”。也就是说“文明”，是充分利用自然资源而对人们广泛有利；什么叫“奢侈”，奢侈，是一个人的消费，超过了普通人消费的平均数，而且又不能带来任何益处，甚至产生恶劣的影响。进而说到“文明益进，则奢侈益杀”，文明程度越高，奢侈的行为就越来越少，呼吁全社会推崇“文明”，力戒“奢侈”。“文明”的最终目的是“卫生”“益智”“进德”。

二十九　同鸡蛋一样大的谷粒

［俄国］托尔斯泰（Tolstoy）　著

今　非　译

一天，几个孩子在山谷里找着一样物件，好像一粒谷，却同鸡蛋一样大。过路的人拿一个辨士[①]向这些孩子买了，带到城里卖给国王，当做一件宝贝。

国王招了许多学者来，研究这物件到底是什么。这些人考究再三，毫无主意，不能解说出来。直到一天，这物件放在窗台上，被鸡啄了一个窟窿，于是人人都认识，原来是一粒谷。这些学者走到国王那里说道："这是一粒谷。"

国王听了很奇怪，于是命这些学者再考究在什么时代和什么地方生过这样大的谷。

那些学者又考究起来；但是翻了许多书，不能找着一点儿影响。所以他们又到国王那里说道："我们不能回答你。我们书上并没有说起这件事。你可以去找一个农夫来问一问，或者他曾经听他的父亲说过什么地方什么时候生出这样大的谷。"

国王又下一道命令，叫那些最老的农夫都到他面前来。后来寻着一个农夫，带到了国王面前。这人年纪已经很老了，背也驼了，面色灰白，牙齿全

① 辨士（Pence），或译本士，或译片，英国币名。十二辨士为一先令（Shilling）。

无，拄了两根拐杖走进来。

国王拿谷给他看，他却很不容易看见。他拿到手里扪了一扪。国王就问他道："你可以告诉我们么？老头儿！像这样大的谷，是什么地方生的？你曾经买过；或者你田里种过么？"

这老头儿又很聋，很难听懂国王所说的话；好容易，他听懂了。

他答道："没有；我从来没有种过，没有割过，又没有买过这样大的谷。但是你可以问我的父亲，或者他曾听说过什么地方生这样大的谷。"

于是国王又命人把老头儿的父亲带来。他来了，只拄着一根拐杖。国王叫他看谷，他还能够看。看了许久，国王就问他道："老头儿！你能告诉我们什么地方常生这样大的谷么？你曾经买过、种过么？"

这老头儿虽然也很不容易听懂，却比他的儿子明白得多。

"没有！"他说："我从来没有种过，没有割过这样大的谷在我田里。至于买谷呢，我是从来没有买过的。因为我们那时代钱还没有通用，各人种各人的田；若是有人少的，我们分给他就是了。我不晓得什么地方生过这样大的谷。我们所种的比现在的是大些，茂盛些；却从来没有见这么样的。但是我也曾听我父亲说过：在他那时代的谷，又比我们的大些，茂盛些。你最好是再问他。"

国王于是又命人把老头儿的父亲带来。寻着了，也把他带到国王面前。他倒是走了进来的，没有用拐杖。他的眼光还清爽，耳也听得明白，说话还很响亮。国王叫他看谷，他接在手里看了一眼，又把谷放在手心转了一转，就说："我不见这样大的谷已经许久了！"他又掏了一点儿，送到嘴里尝了一尝。又说："到是一样的咧！"

"告诉我罢！老头儿！"国王问："什么时代和什么地方生这样的谷？你

曾经买过这样的么？或者你的田里种过么？”

老头儿回答道：“像这样的谷，我们那时代到处都是的。我年纪轻的时候，吃的，喂什么家畜的，全是这样的谷。我们种的，割的和收的，哪有不是这样的呢？”

于是国王又问道：“告诉我！老头儿！你在哪里买过的呢？还是全是你亲身种出来的呢？”

老者笑起来了。他答道：“我那时候，没有人造过孽，什么面包也买咧卖咧！并且我们不懂得什么是‘钱’。各人自己的谷就很够的了。”

“告诉我罢！老头儿！”国王又问：“什么地方是你的田？像这样的谷，种在什么地方？”

“我的田就是上帝的地。随便哪里我去种，哪里就是我的田。土地是自由的；没有人说什么是他私有的；只有劳力是可以算他自己的。”

“请答应我两个问题！”国王说：“第一是：怎么那个时代有这样的谷，如今怎样又没有呢？第二个是：怎么你的孙儿要拄两根拐杖，你的儿子拄一根，你反一根也不用呢？你的眼睛还光爽，牙齿还坚固，说话也还清楚好听，这又是什么缘故呢？”

于是老者答道：“说到这个，是因为如今的人生活不靠自己的劳力，反靠别人做工养他。从前那时代，人生世上，都照着上帝的法则做的。他们所有的什么，是他们自己做出的；没有拿人家辛苦做出的，他反收藏起来，算他私有的。”

作者略述

托尔斯泰（Leo Tolstoy，1828—1910 年），为俄国贵族。其生活显分两截：前截颇涉放浪，后截则沉浸于道德及宗教。其艺术写实派，为人生的艺术。其道德思想为无抵抗主义：非战争，赞美力作，主张共同生活。著述甚富，全世界受其影响（代表作有《战争与和平》《安娜·卡列尼娜》《复活》等）。译者今非待考。

延伸阅读

这是一篇童话。原刊于《太平洋》杂志，1920 年第 2 卷第 3 期，题为“一粒谷同鸡蛋样大”。童话中国王请求祖父回答的“两个问题”值得我们深思。一是：怎么那个时代有“同鸡蛋一样大的谷粒”，如今怎么没有呢？二是：“怎么你的孙儿要拄两根拐杖，你的儿子拄一根，你反一根也不用呢？你的眼睛还光爽，牙齿还坚固，说话也还清楚好听，这又是什么缘故呢？”祖父回答说他从小就种地，吃的是他自己种的谷子，所以身体健康；“不懂得什么是‘钱’”，更不会把人家辛苦做出来的东西占为“私有”，只知道靠自己的劳力去生活。他的儿子虽说也种过地，但吃的谷子有一部分是别人种的；到孙子这一辈就从没种过地，“靠别人做工养他”。人退化了，“同鸡蛋一样大的谷粒”也就绝了种。

三十　威权

胡　适

威权坐在山顶上，
指挥一班铁索锁着的奴隶替他开矿。
他说："你们谁敢倔强？
我要把你们怎么样就怎么样！"

奴隶们做了一万年的工，
头颈上的铁索渐渐的磨断了。
他们说："等到铁索断时，
我们要造反了！"

奴隶们同心合力，
一锄一锄的掘到山脚底。
山脚底挖空了，
威权倒撞下来，活活的跌死！

作者简介

见第 5 页。

延伸阅读

这首诗写于 1919 年 6 月 11 日，编入《尝试集》。《尝试集》再版时胡适加跋云：“八年六月十一夜。是夜陈独秀在北京被捕；半夜后，某报馆电话来，说日本东京有大罢工举动。”6 月 11 日夜，陈独秀在北京城南新世界一个游乐场散发传单，被警察拘捕关入警察总署的监狱。可见胡适写这首诗是有感而发。“威权”，指的是骑在人民头上作威作福的统治者和专制者。“威权坐在山顶上，指挥一班铁索锁着的奴隶替他开矿”，这个比喻发人深思：只要奴隶们挣脱铁索，同心合力，把山脚挖空，“坐在山顶上”的“威权”就会“活活跌死”。

三十一　我是少年

郑振铎

（一）

我是少年！我是少年！
我有如炬的眼，
我有思想如泉。
我有牺牲的精神，
我有自由不可捐。
我过不惯偶像似的流年，
我看不惯奴隶的苟安。
我起！我起！
我欲打破一切的威权。

（二）

我是少年！我是少年！
我有溃腾的热血和活泼进取的气象。

我欲进前！进前！进前！
我有同胞的情感，
我有博爱的心田。
我看见前面的光明，
我欲驶破浪的大船，
满载可怜的同胞，
进前！进前！进前！
不管它浊浪排空，狂飙肆虐；
我只向光明的所在，
进前！进前！进前！

作者简介

郑振铎（1898—1958 年），现代作家、文学评论家、文学史家、考古学家。原籍福建长乐，生于浙江永嘉。曾任上海《时事新报》编辑，主编过商务印书馆《小说月报》，担任暨南大学、燕京大学教授。新中国成立后，郑振铎任中央人民政府文化部文物局局长，兼中国科学院考古研究所、文学研究所两所所长。1954 年，他被任命为文化部副部长，仍分管文博事业。1958 年 10 月 17 日，他奉命率中国文化代表团出国访问，因飞机失事殉职。著有短篇小说集《桂公塘》《插图本中国文学史》等，主编《中国文学研究》等。

延伸阅读

《我是少年》，写在“五四”时代，原载《新社会》旬刊创刊号，1919 年 11 月 1 日出版。这首诗共两节，第一节最后一句说：“我欲打破一切的威权”，这个“威权”指的是帝国主义和封建主义。反帝反封建，是我国民主革命的口号，从中可以感受到当时的青年们跟统治旧中国的反动势力作殊死斗争的激情。1921 年，《我是少年》由著名语言学家赵元任亲自朗诵并灌成唱片，广为流传，堪称“五四”时代的宣言。

三十二　我的学校生活一断片

［俄国］爱罗先珂（Vasely Eroshenko）　著

胡愈之　译

在我们学校近旁，是柏洛甫先生（Sro Perlof）的住宅。柏洛甫是俄国最大的茶叶公司的经理；那公司是专向中国采办大帮茶叶的。有一次，中国著名外交家李鸿章来到莫斯科①，柏洛甫便在自己家里款待他。李鸿章闻知我们的学校在柏洛甫住宅的近边，他便想带便来参观。于是他穿着中国衣服，脑后拖着大辫，来到我们的校里。他非常和气，而且准许我们去摸他的衣服和辫子。我因为知道李鸿章是“属于黄种”，所以紧紧地握住了他的手，细细摸索了一番，想寻出白种的手和黄种的手究竟有什么不同的地方没有。过了几分钟，我便问先生道：“李鸿章是真的黄种么?”

先生说了一声是。

“但是，黄种的手和白种的手到底有什么分别，我可是找不出呢!”

腊宾②也凑上来说：“李鸿章要是属于黄种，他一定要比我们野蛮得多了。但是我看来，他似乎至少比我们的弥海印（Mihain）总要和善些儿罢!”（弥海印是我们校里的仆役，我们最憎恶这人。）

我们正在谈话时，和李鸿章同来的那个译员向他说了几句，李鸿章哈哈

① 莫斯科（Moscow）在莫斯科河旁边，是俄国现在的都城。

② 腊宾（Lapin）是爱罗先珂当时的男同学。

地笑了一阵。他出去之后，我和腊宾因为对于贵人失了敬礼，便受了严厉的惩罚。他们不许我们吃东西，等到我们明白了自己的失礼时才止。一直到了那日晚上，我们才明白，才得和别的孩子一块儿晚饭。在晚饭的当儿，我低声地和腊宾私语着："我已摸过了黄种的李鸿章的手了，这手倒比我们那位白种校长的手滑泽得多呢。"腊宾便也低声说："我想，李鸿章不但比我们的弥海印更和善，便比我们白种的先生们也文明得多了。"那时先生也在膳堂吃饭，便立刻命我和腊宾立起来，吩咐着说："快走到这边，把你们的私语当着众人老老实实地说出来！"可怜那时我们还没有学会说谎的本领，匆促间又怎么编造得出，于是不由得战栗着把刚才所说的话都一五一十的说出来了。先生听了，自然大怒；他叫我们在冷冰冰的石板地上一齐跪着，并且说：在我们没有完全明白我们自己的过失之前，不许我们站起身。一直到了夜半后——饭都没有吃——我们才算明白了自己的过失。我们把中国人的劣点和奇形怪状都记起来了。这些事都是平日先生教给我们的，现在都拿来加到可怜的李鸿章的头上去了。我们于是开始交换着说："李鸿章的确不及我们先生那样的文明，不及我们先生那样的智慧，因为他束有奇异样子的裙，拖着滑稽的辫发；在他年幼的时候，他把他的两脚紧紧地裹在很小的木鞋里，使变成一双小脚……"

我们的同级生嚷道："不，只有中国的女孩子们是那样的罢！"

腊宾却毫不屈服地答说："那不是一样的么？要是李鸿章是女子，也免不了要这样做的。"

和我们同级的一个女学生便嚷道："我想女孩子们谁也不会愿意裹足的；这都是父母做出来的罢。"可是腊宾仍旧不服气，答说："假如女孩子们自己做了父母，伊们也是要这样做的呵。"于是大家都笑起来，我们便继续着历数李鸿章的野蛮的证据。

“先生时常和我们说：中国人是东方的犹太[①]人，李鸿章当然也是东方的犹太人了。他只知道谋自己的利益；他爱金钱比世界上的什么东西都还爱；他为了金钱，会得把什么人什么东西都卖掉呢！……”

谈到这里，腊宾更觉得津津有味了，他说：“从前犹太人为了三十个银圆，把基督卖了，那东方的犹太人李鸿章为了三十个铜子——假如没有人肯出更高的价值时——也不见得不会把基督卖去罢。”于是大家又大笑起来，我们自然越有兴致，便接下去说：“李鸿章喜欢在大庭广众中看着执行惨刑或处决罪犯。他有许多妻子。他只爱他的儿子，对于女儿却很淡漠；他的儿子生时，他受人家的庆贺；但要是生下来的是女儿，他就不高兴。他骑了人行路。他喝的茶是不搀糖的。李鸿章用了黑猫当作早餐，用了小狗和蠕虫当作午餐，用了蜜炙耗子[②]当作晚餐。他捉住虮虱时，便放到嘴里把他嚼死。”

“够了，够了。”先生们嚷着说。这时有几个正喝着羹汤，听了，便要呕起来了。于是先生饶赦了我们，准我们去吃晚饭。膳堂里的大众都大笑大乐，只有我们闷闷地坐着，眼泪淌下来，淌在我们的羹里，这羹我们连尝都不想尝了。

“现在已饶赦了你们了，你们为什么还要哭泣呢？”先生问了好几次，我们却一句都没有话说。先生看见我们一点东西都没吃，倒担心起来了，便走过来，问我：“你们有了什么事情呵？为什么尽着哭泣，不吃一些东西呢？”腊宾回答说：“我们现在自己责罚着，自己不想吃东西，因为我们对

① 犹太（Jews），种族名。耶稣基督钉死在十字架，据说是由于被犹太人所卖。

② 北京方言，称老鼠为“耗子”。

那黄种的李鸿章，实在太恶毒、太蛮横了呵。”先生听了，一个字都没有说。

在那日晚上，我们在梦中又看见那个李鸿章。他束着异样的裙，脑后拖着滑稽的辫发；但他却怎样的和善，他的两手又是怎样的滑泽而且可爱呵！

译者简介

见第68—69页。

延伸阅读

这篇课文原来署鲁迅译，有误，应为胡愈之译。《我的学校生活一断片》共有四个部分，这里节录的是第二部分，是专门写李鸿章的。李鸿章是晚清名臣、洋务运动的主要领导人之一。光绪二十二年（1896年）春，俄皇尼古拉二世举行加冕典礼，李鸿章奉命作为专使前往祝贺。同年四月二十二日（1896年6月3日），沙俄利用中国在中日甲午战争中战败的困境，借口“共同防御”日本，诱迫李鸿章与俄国外交大臣罗拔诺夫、财政大臣维特签订了《中俄密约》，同意俄国修筑西伯利亚铁路经过中国的黑龙江、吉林直达海参崴，口岸对俄国兵船开放，导致整个东北沦为沙俄势力范围。爱罗先珂生于1890年，当年还是位年仅六岁的幼童，“先生”讲的“中国人的劣点和奇形怪状”，完全出自对中国人的污辱，而爱罗先珂的诚实和“哭泣”，也让我们感受到他的天真和纯洁。

三十三　美术家的神秘

［南非］须林娜（Olive Schreiner）　著

张镜轩　译

从前有位美术家绘了一张图画；别的美术家都用浓艳新异的彩色，产出许多很动人的作品，这位美术家独和别的不同，他只用一种颜色，发现一道鲜明的红光。来往的人都说："我们爱这张画；我们爱这道红光。"

别的美术家都道："他从哪里得来的颜料？"他们去问他；他笑道："我不能告诉你们。"又低头作工去了。

有一位先生去到远东地方买了些珍品，绘了一张极出俗的图画；但是没有几天光景，颜色又退了。又有一位先生，读了些古书，配成一种格外鲜美的彩色，他绘了一张画；但终是死的。

这位美术家终日作工；他的作品一天比一天的鲜红，他的脸皮一天比一天的苍白。有一天，他在他的画前死了。他们都来葬他。有些人遍找他的器具，但都是他们所有的。

他们脱下他的旧衣，换上他的葬服。他们看见他的左乳房上有个伤痕；——并非新的，周遭又老又坚，似乎他一生都有的。但是死把万物都封闭了，所以这伤痕也就合口了。

他们把他葬了。人还是说："他从哪里得来的颜色？"

日子久了，人早把这位美术家忘记了；——但是他那张作品永远活着。

作者略述

须林娜（Olive Schreiner，1859—1921年）为有名之女权论者，变为小说家。其文体极简直，又多用比喻。所作根据于现实，却不即此为止，更以理想，寻求圆满之解决。

延伸阅读

本篇原刊于《小说月报》1921年第12卷第11期。译者张镜轩在“译者注”中说：“伊的小说，周作人先生曾译有《沙漠间的三个梦》及《欢乐的花园》二篇。此篇也是由伊的小说集《梦》（Dreams）中译出。”

《美术家的神秘》中“美术家的神秘”就“神秘”在用自己的鲜血作画。这很可能是一种象征，说明那些倾注了“鲜血”和“生命”创出来的文艺作品才是永恒的。须林娜是南非新理想主义女作家，女权运动的先驱，和平的使者，著有《梦》和《文明之曙光》。译者张镜轩，生平不详。

三十四　图画

蔡元培

吾人视觉之所得，皆面也；赖肤觉之助，而后见为体。建筑、雕刻，体面互见之美术也。其有舍体而取面，而于面之中仍含有体之感觉者，为图画。

体之感觉何自起？曰：起于远近之比例、明暗之掩映。西人更益以绘影、写光之法，而景状益近于自然。

图画之内容：曰人，曰动物，曰植物，曰宫室，曰山水，曰宗教，曰历史，曰风俗。既视建筑、雕刻为繁复，而又含有音乐及诗歌之意味，故感人尤深。

图画之设色者用水彩，中外所同也；而西人更有油画，始于“文艺中兴”① 时代之意大利，迄今盛行。其不设色者，曰水墨，以墨笔为浓淡之烘染者也；曰白描，以细笔勾勒形廓者也。不设色之画，其感人也，纯以形式及笔势；设色之画，其感人也，于形式笔势以外，兼用刺激。

中国画家，自临摹旧作入手；西洋画家，自描写实物入手。故中国之画，

① 文艺中兴（Renaissance, the Revival of Learning），或译“文艺复兴”。中世纪初，日耳曼蛮族侵入欧洲，古来希腊罗马的文化衰微达于极点。到十一世纪，渐渐的兴复；到十四世纪，非常兴盛。在这时期内，历史上称为“文艺中兴时期”，并且以此为中世与近世的分界。

自肖像而外，多以意构。虽名山水之图，亦多以记忆所得者为之。西人之画，则人物必有概范，山水必有实景；虽理想派之作，亦先有所本，乃增损而润色之。

中国之画，与书法为缘，而多含文学之趣味；西人之画，与建筑、雕刻为缘，而佐以科学之观察、哲学之思想。故中国之画以气韵胜，善画者多工书而能诗；西人之画以技能及义蕴胜，善画者或兼建筑、图画二术，而图画之发达常与科学及哲学相随焉。

中国之图画术，托始于虞夏，备于唐而极盛于宋；其后为之者较少，而名家亦复辈出。西洋之图画术，托始于希腊[①]，发展于十四、十五世纪，极盛于十六世纪。近三世纪，则学校大备，画人"夥颐"[②]，而标新领异之才亦时出于其间焉。

作者简介

见第 2 页。

① 希腊（Hallas）国名。罗马称为厄力西（Greece），在欧洲南部。当纪元前五六世纪时，非常兴盛，是文化发达最早的国家。

② 夥颐，就是多的意思。《史记·陈涉世家》注"服虔云'楚人谓多曰夥。又言颐者，助声之辞也。'"按夥本作錁。《说文》"齐谓多为多錁"。

延伸阅读

蔡元培是我国近代著名的美学家，1912 年担任民国第一任教育总长时就把“美育主义”作为国民教育的宗旨之一，后来又提倡“以美育代宗教”，这篇《图画》及后面的《装饰》，堪称美学教育的启蒙教材。《图画》选自蔡元培 1916 年在巴黎为华法教育会学员编写的行为和美术方面的教科书《华工学校讲义》，原文为六个自然段，现参照其他版本，将第六个自然段切割成两个段落，使课文分成为七段，从七个方面对读者进行启蒙：（一）“图画”虽说是“舍体而取面”，而看上去仍有立体的感觉。（二）立体的感觉来自“远近之比例、明暗之掩映”，以及“影”和“光”的调适。（三）图画的内容有八种，比建筑和雕刻繁复，且含有音乐和诗歌的意味，更加感人。（四）上颜色的画有水彩和油画，不上颜色的画有水墨画和白描。不上颜色的画以线条和运笔的风格取胜，上颜色的画除线条和运笔的风格外，还依靠色彩强烈的刺激作用来感人。（五）中国画从临摹入手，除肖像外，作画都源自想象，即便是著名的山水画，其构思也都是来自记忆。西方画从描写实物入手，画人一定有模特儿，画山水一定有实景，即便是通过想象和虚构来反映现实的理想派，作画也都是有依据的。（六）中国画与书法为缘，含有文学趣味，以气韵胜；西方画与建筑和雕塑有渊源，常伴随着科学的观察和哲学思想，以技能和含蓄的思想意义胜。（七）中国画起源于夏朝，完善于唐代，宋代达到顶峰。西方画起源于古希腊，发展于十四、十五世纪，十六世纪达到顶峰。

三十五 装饰

蔡元培

装饰者，最普通之美术也。其所取之材，曰石类，曰金类，曰陶土，此取诸矿物者也；曰木，曰草，曰藤，曰棉，曰麻，曰果核，曰漆，此取诸植物者也；曰介，曰角，曰骨，曰牙，曰皮，曰毛羽，曰丝，此取诸动物者也。其所施之技，曰刻，曰铸，曰陶，曰镶，曰编，曰织，曰绣，曰绘。其所写象者：曰几何学之线面，曰动植物及人类之形状，曰神话、宗教及社会之事变。其所附丽者：曰身体，曰被服，曰器用，曰宫室，曰都市。

身体之装饰：一曰文身，二曰亏体。文身之饰，或绘，或刺，为未开化所常有。我国今惟演剧时或以粉墨涂面；而臂上花绣，则惟我国之拳棒家、外国之航海家间或有之。亏体之饰，如野蛮人穿鼻悬环、凿唇安木之属。我国妇女旧有缠足、穿耳之习，亦其类也。

被服之装饰，如冠、服、带、佩及一切金、钻、珠、玉之饰皆是。近世文明民族已日趋简素；惟帝王、贵族及军人犹有特别之制服；而妇女冠服尚喜翻新。巴黎[1]新式女服，常为全欧模范。德法开战以后，德政府尝欲创日耳

① 巴黎（Paris），法国都城。

曼[1]式以代之，而德之妇女未能从焉。

器用之装饰，大之如坐卧具，小之如陈设品，皆是。我国如商周之钟、鼎，汉之炉、镜，宋以后之瓷器，皆其选也。

宫室之装饰：如檐楣、柱头多有刻文，承尘及壁或施绘画，集色彩之玻板以为窗，缀斑驳之石片以敷地，皆是。其他若窗幕、地毡之类，亦附属之。

都市之装饰，如《考工记》“匠人营国，方九里，旁三门。国中九经九纬，经涂九轨”。[2] 所以求均称而表庄严也。巴黎一市揽森河[3]左右，纬以长桥，界为驰道，开以广场，文以崇闳之建筑，疏以广大之园林，积渐布置，蔚成大观；而驰道之旁，荫以列树，芬以花塍；广场及公园之中，古木、杂花、喷泉、造像，分合错综，悉具意匠。是皆所以餍公众之美感，而非一人一家之所得而私也。

由是观之，人智进步，则装饰之道渐异其范围。身体之装饰，为未开化时代所尚；都市之装饰，则非文化发达之国，不能注意。由近而远，由私而公，可以观世运矣。

---

① 日耳曼（Germans），种族名。罗马帝国时代，据有欧洲的大部分。现今英美德等国，都是他的后裔。但这一族以德为主要，所以现在每专称德国为日耳曼。

② 《考工记》，书名，就是今本《周礼》的第六篇，说百工的事情。《周礼》六官本缺《冬官司空》一篇，汉人取《考工记》补他，所以也称《冬官考工记》。引语见“匠人”章。注：“国中，城内也。经纬谓涂也。经纬之涂，皆容方九轨，轨谓辙。……凡八尺，是谓辙。广九轨，积七十二尺，则此涂十一步也。”疏：“南北之道为经，东西之道为纬。”按涂即今途字，作“道路”讲。

③ 森河（Seine），或译塞纳河，是法国的河名。

作者简介

见第2页。

延伸阅读

课文选自蔡元培1916年在巴黎为华法教育会学员编写的行为和美术方面的教科书《华工学校讲义》。课本共七段，说明（一）装饰之性质，（二）“身体之装饰”，（三）“被服之装饰”，（四）“器用之装饰”，（五）“宫室之装饰”，（六）“都市之装饰”，（七）“人智进步”与“装饰”有关联，“装饰之道渐异”可以观“世运”。

三十六　白居易新丰折臂翁（演义）

佚　名

新丰县①有一个老头儿，已经八十八岁了；头发、眉毛、胡子都白得和雪一样。一天，扶着他的玄孙，向店铺面前行走；左手搭在他的玄孙的肩头上，右边的胳膊却是折断了的。

有人问他道："老人家！你这只胳膊折断了多少年？是为什么折断的？"

老头儿听见有人问他，就详详细细的讲出一段故事来。

他说："我的籍贯就在这新丰县。当我少年的时候，天下很太平，没有战争的事。那时戏馆很兴盛，我常常去听戏，什么新腔旧调都混得很熟；至于那打仗杀人的器具，像旗、枪、弓、箭等等，不但不会弄，连认都不认得。

谁想到了天宝②末年，忽然闹起什么征兵来了。征兵，就是'按户抽丁'；譬如一户有三口人，就得抽一个人去当兵。问他们把这些人到底送到什么地方去呢？据说是宰相杨国忠③因为阁罗凤④在云南⑤造反，打算征兵去

① 新丰，地名，故城在今陕西临潼县东北。

② 天宝，唐玄年号，当西历七四二年至七五五年。

③ 杨国忠，阌乡人，是唐玄宗宠妃杨太真的从兄。由御史官至宰相。后安禄山反，和太真同死马嵬坡。《唐书》有列传可参考。

④ 阁罗凤是唐南诏王蒙归义的儿子。天宝中，因为唐边臣以事激怒他，遂发兵反，攻陷云南。《唐书·南蛮传》可参考。

⑤ 云南，地名，唐时被南诏王所据，就是现在的云南省。

打他。

我打听说，从我们这里到云南去，有一万多里路。那里有一条水，叫作泸水[①]。五月间椒花落地的时候，满地都起了瘴烟，那水就热得和沸水一样。大队人马走到那里，并无船只，要赤着脚走过水去。十个人之中，总得烫死两三个——打仗死的还不算在里头。

我们这村南村北的人，得了这个消息，又被官差逼着要走，那时候的哭声真是悲惨。儿子拉着爸妈哭的，丈夫望着妻子哭的，都说我们这一分别，不用再打算见面了！你看前前后后去征蛮的，千万人里头有一个回来的吗？

我那时候是二十四岁，官厅把我算在壮丁里头，兵部牒文里也有我的名字。你想我怎么样？我趁夜深的时候，不敢叫人知道，咬着牙，拿着大石头，自己把自己的这只胳膊砸断了。那些征兵的官不是怜悯我，是看我弓也不能开，旗也不能摇，征去了也没有用处，于是才免掉我这一回打云南的送命差事。我砸这只胳膊的时候，骨头也碎了，筋也伤了；不是不知道疼，不知道苦；只要能够死在本乡本土，别的也就顾不得了。

这只胳膊已经折断了六十多年了；我这个身子能够多留六十多年，都是这只胳膊换来的。到如今，遇着刮风下雨或者阴寒的天气，这只胳膊的老伤发了，一夜直痛到天明，眼也不能合一合。虽然这样痛苦，我终究不懊悔。为什么呢？我们村南村北去当兵的人早就化得无影无踪了，惟独我这个免了当兵的人，今天还留下一个残废的身子。要不然，恐怕我的骨头至今还在那泸水旁边，变了泥沙，也没人管；我的灵魂在云南万人冢上望着家乡呦呦的哭，家里人一点也听不见呢？”

---

① 泸水，水名；原出云南石屏山，来流到阿迷县南，为乐蒙河，入盘江。

延伸阅读

《新丰折臂翁》是《新乐府》组诗五十首之九。诗中通过一位新丰（县名）折臂老人的自述，谴责唐玄宗对南诏国进行的不义战争。当时，在中原一带大肆征兵，三丁抽一，连枷赴役。前后发兵二十余万，结果全军覆没。边功未立，天下怨怼，民不聊生。折臂翁就是为逃避兵役，深夜自断其臂。诗人劝谕执政者，当以历史教训为戒，倾听百姓“边功未立生人怨”之呼声，勿再寻衅恣事，邀取边功，因而具有深刻的社会意义。胡适在《论短篇小说》一文中说：“白居易的《新乐府》五十首中，尽有很好的短小说。最妙的是《新丰折臂翁》一首。看他写‘是时翁年二十四，兵部牒中有名字，夜深不敢使人知，偷将大石捶折臂’，使人不得不发生‘苛政猛于虎’的思想。”又说“只因为他有点迂腐气，所以处处要把做诗的‘本意’来做结尾；即如《新丰折臂翁》篇末加上‘君不闻开元宰相宋开府’一段，便没有趣味了。”胡适将《新丰折臂翁》视为短篇小说，微嫌牵强，而批评本篇之得失则甚确当，所以在这篇“演义”中便将篇末“老人言，君听取。君不闻开元宰相宋开府……请问新丰折臂翁。”一段删去了。

三十七　新丰折臂翁

白居易

新丰老翁八十八，头鬓眉须皆似雪。玄孙扶向店前行，左臂凭肩右臂折。

问翁臂折来几年？兼问致折何因缘？

翁云贯属新丰县，生逢圣代无征战；惯听梨园①歌管声，不识旗枪与弓箭。无何天宝大征兵，户有三丁点一丁。点得驱将何处去？五月万里云南行。闻道云南有泸水，椒花落时瘴烟起；大军徒涉水如汤，未过十人二三死。村南村北哭声哀，儿别爷娘夫别妻；皆云前后征蛮者，千万人行无一回。

是时翁年二十四，兵部牒中有名字。夜深不敢使人知，偷将大石捶折臂。张弓簸旗俱不堪，从兹始免征云南。骨碎筋伤非不苦，且图拣退归乡土。此臂折来六十年，一肢虽废一身全。至今风雨阴寒夜，直到天明痛不眠。痛不眠，终不悔，且喜老身今独在。不然当时泸水头，身死魂孤骨不收。应作云南望乡鬼，万人冢上哭呦呦。

老人言，君听取。君不闻开元②宰相宋开府③，不赏边功防黩武？又不闻

---

① 梨园：唐玄宗选坐部伎子弟三百，教于梨园，以后因泛称剧场曰梨园。

② 开元，唐玄宗年号，当西历七一三年至七四一年。

③ 宋开府即指宋璟。璟字广平，唐时南和人。开元中，与姚崇同相玄宗，世称贤相。《唐书》有列传可参考。开府本谓开设府署，辟置僚属。汉制，三公可以开府；后来，将军也开府；所以后世每称督抚曰“开府”。宋璟曾官广州都督，所以称“开府”。

天宝宰相杨国忠，欲求恩幸立边功？边功未立生人怨，请问新丰折臂翁。

作者略述

白居易（772—846年），唐太原（今属山西）人，字乐天，元和二年（807年）入翰林为学士。后封殿中，论执强鲠，出为江州司马（816年）。所为诗大半以实际经历为材料，属于讽喻一类，又明白易晓。可谓之平民诗人。（早年与元稹齐名，称“元白”；晚年又与刘禹锡齐名，称“刘白”。有《白氏长庆集》。代表诗作有《长恨歌》《卖炭翁》《琵琶行》等。）

延伸阅读

这首诗，创作于唐宪宗元和四年（809年），诗人正任左拾遗、翰林学士。诗中所描写的“折臂翁”，则是白居易曾经亲自遇见过的，那是元和元年（806年）秋天，白居易代理昭应县尉时发生的事。昭应县城西南四里，有新丰故城，即后来临潼县境内的新丰镇。这位“折臂翁”，大约就是这里的居民，故能与白居易相遇。

老翁八十八岁，他被征的那一年才二十四岁，据此推算，当是天宝十三载（754年）那次大征兵发生的灾难。诗的末节，白居易举出对待边功不同态度的两位宰相：一位是宋璟，“不赏边功防黩武”；另一位是杨国忠，“欲求恩幸立边功”。

宋璟（663—737年）历仕武后、唐中宗、唐睿宗、唐殇帝、唐玄宗五朝，一生为振兴大唐励精图治，与姚崇同心协力，辅佐唐玄宗开创“开元盛世”，与房玄龄、杜如晦、姚崇并称唐朝四大贤相。宋璟不赏边功，指天武军牙将郝灵筌斩突厥默啜事，时在开元三年，璟为相，以玄宗年少好武，恐徼功者生心，对郝灵筌迟迟不赏，第二年才授给郝灵筌一个郎将。

天宝末年，杨国忠（752 年）为相，重构南诏阁罗凤之役，募兵讨之，先后发兵二十余万，去无还者。募兵不足，便捉人连枷赴役，天下怨哭，民不聊生。这首诗最后两句，“边功未立生人怨，请问新丰折臂翁!”乃是画龙点睛之笔，把全诗所含蕴的思想推向一个原则高度，使人们理解到扬国忠是个不折不扣的误国庸臣。原诗题下有一小序云：“戒边功也”。表明诗人写诗的主旨相当明确，意在劝诫皇帝不要向外扩张，或者说他反对开边政策。值得注意的，白居易写这首诗的元和四年前后，唐王朝对藩镇之乱尚无力平息，哪还谈得上“边功”呢？可见他是针对历史事件进行评议，希望执政者能够借古鉴今有所警惕。

三十八 在柏林[①]

刘延陵

从柏林城里弯弯曲曲走出来的火车，装满了妇人、儿童，差不多其中没有一个身体强壮的男子。

在一间车里，有一个花白头发的兵，傍着一个衰弱而有病容的老妇人同坐。车客听见她如痴如迷的数“一、二、三”的声音，高出于车轮辘辘的声音之上。她停不到一息，就要数一两次。两个女郎吃吃吃吃的笑，无意之中，对于她的奇怪的举动发了一些批评。花白头发的老人大声骂了，车里立时沉寂下来。

那个无知觉的老妇人又数道：“一、二、三”；两个女郎又吃吃吃吃的痴笑；花白头发的兵把身体倚向前来。

他很严肃的说道：“女郎，如果我告诉你们这个可怜的妇人是我的妻子，或者你们就不再笑了。我们已经有三个儿子在战场上打死。在我自己到前敌去当兵之前，我还须先把他们的母亲送到疯人院去。”

于是车里一些儿声音都听不见，沉寂得惹怕起来。

---

① 柏林（Berlin），德国都城。

译者简介

刘延陵（1894—1988年），祖籍安徽旌德，生于江苏泰兴，字苏观，是中国第一代的白话诗人，文学研究会会员。1912年秋从南通师范学校毕业后考入上海复旦公学（1917年改为复旦大学），毕业后先后在如皋师范和杭州浙江第一师范执教。1921年在上海吴淞中国公学执教期间与叶圣陶、朱自清创办了中国新诗史上第一本新诗刊物《诗》月刊（1922年1月创刊），是第一个介绍法国象征派的新诗及其理论至中国的拓荒者。1922年后，刘延陵先后在杭州浙江第一师范、宁波省立四中、金华中学、上海暨南大学国文系执教。1937年到马来西亚主编《马华日报》，后又转槟城主编《光华日报》，并在义安院和南洋大学担任教职和编辑。

延伸阅读

《在柏林》是美国女作家奥莱尔（1873—1939年）的微型小说。小说以二战为背景，以一列从柏林驶出的火车上的小插曲为故事材料，反映了战争对人民带来的伤害，以及作者对战争的厌恶和渴望和平的愿望。残酷的战争使老妇人失去了三个儿子，她经受不起这么沉重的打击，疯了，一次次重复数着“一、二、三……”。而两个天真的女郎却尚未意识到这是战争带来的伤害，反倒“吃吃的痴笑”。老妇人的丈夫——“一个花白头发”的老兵，他告诉“痴笑”的女郎，“我们已经有三个儿子在战场上打死。在我自己到前敌去当兵之前，我还须先把他们的母亲送到疯人院去。”于是，车厢里一片沉寂，“沉寂”得让人感到可怕。

三十九　希望

谢　寅

阿凤的丈夫当兵去了，伊也就进城来做雇工。主人是一个营长，面皮很黑，说话的声音也很高，一看就知道是一个性情暴烈的人。

主人动不动就要打人。阿凤是一个乡下人，又初到主人家，哪里晓得规矩。

好贱货！你倒像一个主人了，唤你也唤不动；下次再如此，非滚出去不可。

主人骂伊了；伊不知道怎样对待主人，两只乌越越的眼睛呆呆地动也不动，因为他的听觉没有受过这样的刺激。

从此以后，主人无日不骂，伊也听惯了。

有一天，主人打了伊几下，伊实在不能再忍，伊哭了，流了些眼泪，衣上有几滴，地上也有几滴。

当晚做完了事，伊就睡了，翻来覆去，总是不能睡着，伊闭着眼想："这个主人如此，换个主人想也如此，我又何必去呢？"

伊又想："主人是一个营长，听说从前是当兵的。他不也是一个兵吗？主人能做营长，他就不能做营长吗？他若做了营长，他一定来接我；我不是营长的太太吗？那时候，我也用一个使女，我待伊好好的，决不像主人那种样子。"

伊想到这里，心里非常欢喜，日间所受的痛苦都忘了。

第二天，天才亮，伊就起来。花呀，鸟呀，猫呀，狗呀，都现出可爱的样子，好像欢迎伊似的；伊也对着他们笑了一笑。

从此以后，主人打伊、骂伊，伊都不觉得有什么痛苦了。因为伊有了希望，所以无论受了什么刺激，伊的精神都是快慰的。

天冷了，空中结着冻云。主人房里的火炉熊熊的烧着，煤气从烟囱里出来，布满了庭园的空间。阿凤兀自一个人坐在房内，低着头，也不说话。这时候颇呈寂静，只有一个老鸦在树头下哑哑的叫了几声。

忽见门房的老头儿走进来，说："外面有人找阿凤；阿凤快出去。"

阿凤听了这话，忙从房里出来，问这老头儿说："这个人看起来有多大年纪？"

老头儿说："三十岁左右。"

阿凤听了，即时向大门口来，一边走，一边心里想："定是他来了。"

伊出了大门，向左边看，没看见什么；向右边看，却看见他了。他不是一个营长的样子，却是一个乞丐的样子。

阿凤见了以后，霎时间蔷薇色的面庞变成惨白色了；立在门口，动也不动。褐色的柳条，被风吹着，飘来飘去。太阳也不高兴似的，懒洋洋的往地下去了。

作者简介

谢寅，生平不详。

延伸阅读

阿凤的丈夫当兵去了，她也就进城做女佣。主人是个营长，性情暴烈。面对主人的打骂，阿凤把希望寄托在丈夫身上，希望丈夫也能当上营长，她做上“营长太太”也用一个“使女”。有了这个希望的支撑，她的精神快慰起来了。可也就在这个时候，她的丈夫找上门来，原来他已沦落为“乞丐”。我们都知道，刘半农在1920年6月6日写了《她字问题》一文，主张创造“她”字，作为“女性第三人称代词”。可见，这篇小说应写于1920年6月之前，因为作者称女主人公阿凤为“伊”。《希望》曾多次选入中学国文教科书。

四十　战国策·冯谖（译文）

齐国有一个人，名唤冯谖[1]，贫苦得过不去了，托人到孟尝君①处请求，把他收容在门下。孟尝君问道："这位客人欢喜做的是什么事呢？"这个人答道："他没有什么欢喜做的。"又问道："这位客人有的是什么才干呢？"答道："也没有什么才干。"孟尝君带笑的答道："我把他收进好了。"

大家晓得这位客人是孟尝君瞧不起的，只给他吃很坏的饭菜。过了几时，冯谖靠在柱子上，敲着他的剑把唱道："长铗[2]回去了罢，吃饭没有鱼！"有人把这件事告诉孟尝君，孟尝君道："就给他吃鱼，和门下的客人一例好了。"

过了几时，他又敲着剑把唱道："长铗回去了罢，出去没有车！"旁边许多人听了，都笑他，再去告给孟尝君。孟尝君道："就替他驾了一辆车，和门下的'车客'一例好了。"他于是坐了车子，举起了他的剑，到他的朋友家里去，告他道："现在孟尝君把客礼来待我了！"

再过了几时，他又敲着剑把唱道："长铗回去了罢，没有法子养家！"大家听了，都觉得他讨厌，因为他太不知足了。孟尝君知道了，问人道："这位冯公有亲人吗？"答道："只有一个老母。"孟尝君就差人把食用送去，使得

① 孟尝君姓田名文，战国时齐国的公族，孟尝君是他的称号。《史记》有列传可参考。

她可以好好的过活。从此以后，冯谖再不唱了。

后来孟尝君要到薛邑[①]去收债，问门下许多客人，“哪一位是懂得会计，可以替我去的?”冯谖首先把名字署了。孟尝君因为他从来不曾做过事，不认识他，问道：“这是哪个?”旁边有人回答道：“这就是唱‘长铗回去了罢’的人。”孟尝君笑道：“这位客人果真是有才干的。我从前冤枉他了，至今还不曾见过。”请来见了，向他道歉道：“我给政事闹得疲劳了，给思虑弄得烦乱了，生性又是愚陋得很，以致得罪了先生；先生不计较这些怠慢，肯替我到薛邑去收债吗?”冯谖一口应承了。于是备好了车马行李，载了契券，向孟尝君辞别，问道：“债收齐了，买些什么东西回来?”孟尝君道：“拣着我们家里少有的东西买回来就是了。”

冯谖一直赶到薛邑，差小吏召集了许多应该还债的百姓，把借券查对。借券对完了，他立起来假传了孟尝君的命令，把债钱送给他们，就把借券烧了。许多百姓快乐极了，都喊“万岁”。他赶回齐国，一早就到孟尝君处求见。孟尝君很觉得奇怪，忙穿了衣服见他，问道：“先生来的为什么这样子快？债都收齐了吗?”答道：“都收齐了。”又问道：“买了什么东西回来呢?”冯谖道：“你叮嘱我要买的是这里少有的东西，我私下里打算，觉得你的宫里堆满的是珍宝，外面棚子里养满的是狗马……你家少有的东西只有一个‘义’；所以我就替你买了‘义’回来了!”孟尝君问道：“‘义’是怎样买来的呢?”他答道：“现在你只有一个很小的薛邑，对于这些百姓，还不肯去安慰他们，仁爱他们，反而去向他们要钱，这是不对的。我这次假传了你的命令，把债钱赏给人民，把借券烧了，百姓齐声喊万岁，这就是我替你买来的‘义’!”孟尝君听了，很不高兴，只得说：“好了，先生去罢!”

---

① 薛是孟尝君的封邑。其地，即今山东滕县西南的薛城。

过了一年，齐王要免去孟尝君的相位，对他说："我不敢把先王的臣子做自己的臣子。"孟尝君只得回到自己的薛邑去。行到一处，计算路程还差一百里的光景，只看见许多百姓扶了老的，抱了小的，都在路上迎接。孟尝君回转头去，看着冯谖道："先生从前替我买来的'义'，到今天才见到了！"

译者简介

译者应为《初中国语课》第一册的编者。

延伸阅读

《战国策》是一部战国时代的史学著作，又称《国策》，记载了西周、东周及秦、齐、楚、赵、魏、韩、燕、宋、卫、中山各国之事，记事年代起于战国初年，止于秦灭六国，约有240年的历史。分为12策，33卷，共497篇，主要记述了战国时期的游说之士的政治主张和言行策略。原作者不明，一般认为非一人之作。成书据推断也并非一时，可能在秦统一以后。西汉刘向进行整理后，删去其中明显荒诞不经的内容，按照国别，重新编排体例，定名为《战国策》。

［1］冯谖（xuān）：孟尝君的食客。谖，一本作"煖"，《史记·孟尝君列传》作"驩"，都读xuān。孟尝君，姓田，名文，齐国的贵族，封于薛，孟尝君是他的封号。他是战国四公子之一，门下有食客数千人。本文写孟尝君的门客冯谖为他出谋画策来巩固他的政治地位。

［2］长铗："铗"，剑柄，借指剑。

四十一　冯谖市义

齐人有冯谖者，贫乏不能自存，使人嘱孟尝君曰："愿寄食门下。"孟尝君曰："客何好？"曰："客无好也。"曰："客何能？"曰："客无能也。"孟尝君笑而受之曰："诺。"

冯谖至，左右以孟尝君贱之也，食以草具。居有顷，谖倚柱弹其剑，歌曰："长铗归来乎！食无鱼。"左右以告，孟尝君曰："食之，比门下之客。"居有顷，复弹其铗，歌曰："长铗归来乎，出无车！"左右皆笑之，以告。孟尝君曰："为之驾，比门下之车客。"后有顷，复弹其剑铗，歌曰："长铗归来乎！无以为家。"左右皆恶之，以为贪而不知足。孟尝君闻："冯公有亲乎？"对曰："有老母。"孟尝君使人给其食用，无使乏。于是冯谖不复歌。

一日孟尝君出其簿记，问门下诸客："谁习计会，能为文收债于薛者乎？"冯谖署其上曰："能。"孟尝君怪之，曰："此谁也？"左右曰："乃歌'长铗归来'者也。"孟尝君笞曰："客果有能耶？吾负之，未尝见也。"请而见之，谢曰："文倦于事，愦于忧，而性懦愚，沉于国家之事开罪于先生；先生不怒，乃有意欲为收债于薛乎？"冯谖曰："愿之。"于是约车治装，载券契而行，辞曰："债毕收，以何市而反？"孟尝君曰："视吾家所寡有者。"

驱而之薛，使吏召诸民当偿者，悉来合券。即矫命以债赐诸民，因烧其券。民称“万岁”。长驱到齐，晨而求见。孟尝君怪其疾也，衣冠而见之曰：“债毕收乎？来何疾也？”曰：“收毕矣。”“以何市而反？”冯谖曰：“君云：‘视吾家所寡有者’，臣窃计，君家所寡有者，义耳；窃已为君市‘义’！”孟尝君曰：“市义奈何？”曰：“今君有区区之薛，不拊爱其民，反谋利；臣窃矫君命，以债赐诸民，烧其券，民称万岁，乃臣所以为君市义也！”孟尝君不悦曰：“诺；先生休矣！”

后期年，齐王谓孟尝君曰：“寡人不敢以先王之臣为臣。”孟尝君就国于薛，未至百里，民扶老携幼，迎之于道中。孟尝君顾谓冯谖曰：“先生所以为文市义者，乃今日见之！”

延伸阅读

原文无小标题，题名《冯谖市义》为编者所加。有的教科书中把题名拟为《冯谖客孟尝君》。文章写孟尝君的门客冯谖出谋划策，尽力维护孟尝君的地位和利益的故事。通过弹铗申意、焚券市义等情节的描述，生动刻画了冯谖深谋远虑的策士形象。

四十二　约翰孙的靴子

约翰孙有一双很好的靴子，穿了几年，还没有坏；但是经过了许多时候，不免有些厌恶了。他有时觉得靴头太阔，有时又觉得靴头太狭；有时觉得靴底太厚，有时又觉得靴面太高：总是不能十分惬意。

有一天，他对着妻道："今天非出卖这靴子不可。"妻问他什么缘故。他答道："你看，不是太短吗?"妻道："前天不是说太长吗?"他又说道："前天似乎太长，今天却是太短了；我决意到市上去卖掉，改买一双好的靴子。"说罢，带了十枚银币，匆匆出门去了。

路上遇到一个拿靴子的人，约翰孙要求他调换。他说须偿银币三枚，约翰孙如数给了他，换到一双新靴子。走了不多路，两脚很痛；恰巧前面又有一个拿靴子的人来了，约翰孙又要求他互调。他也说须偿银币三枚，约翰孙又如数给了他，穿着新靴子前行。不料两脚更觉得痛不可忍，忽然前面又来了一个穿着靴子的，约翰孙郑重说道："先生，愿将靴子调换吗?"那人道："很好，但不知你能赔偿损失若干?"约翰孙取出银币四枚，给他道："此刻只有这数，请你收了罢。"

于是穿了这新换的靴子，快活得什么似的，跳跃归家，告诉妻道："我已得到很好的靴子了。"并历述调换的周折。妻道："这靴子不觉得太长或太短吗?”约翰孙道:“凡是珍贵的物件，非出重价，不易得到。这靴子费了十枚银币，才得有这么适意。”妻道:“你把十枚银币买到了自己的旧靴子，还没有知道吗?”约翰孙不信；检阅靴里，见印着自己的名字，不禁挢舌不能下。

作者简介

作者不详。

延伸阅读

这篇课文应该是译作，译者不详。约翰孙喜新厌旧，花“十枚银币”买到了他认为是很“珍贵”最“适意”的靴子。当妻子点出这原本就是他厌弃的“旧靴子”时，约翰孙傻了。“挢舌不能下”，挢：翘起。翘起舌头，久久不能放下。形容惊诧或惊恐的神情。《史记·扁鹊仓公列传》:“中庶子闻扁鹊言，目眩然而不瞚，舌挢然而不下。”

四十三　归有光祭外姑文（译文）

我妻在世的时候，孝我的父母，爱我的姊妹，这就见得你的教训。她吃得惯粗劣的饭菜，这就见得你的俭朴。她对于下人不曾有过严厉的态度，这就见得你的仁慈。

在癸巳年的秋冬之间，她忽然得了重病，连呼吸也觉得接不上，但还只是天天记念你，教人扶着回到母家。到了母家，病得更厉害了，又扶了回来；沿河走了二十里，几乎有到不了的样子。十月庚子日这一夜，她快要死的时候，问在旁伴她的人道："二更了吗？"听得窗外风声淅淅地响，又道："天冷，风起了，我的母亲恐怕不得来了！我终究等不到了！"在这等时候，你们母女两个的心里怎样的难过呢！

甲午到丙申三年中，我因地方官的贡举，奔走南北二京，只得把两个孤儿抱到外家寄顿着；你抚着他们总是哭，从此只要看见一次就是哭一次。

到现在，儿女大些了，你竟悠悠地去世了。我得信的一天，正是寓在松江①，相去有一百里路程，连夜赶到，可怜你早已入殓。想你生前，我妻的死已经给你无穷的悲痛，到如今，她竟没法来悲痛你了。你虽有五个女儿，但没有一个到你棺前来哭你的，这是何等可悲的事！

---

① 松江，县名，今属上海。

这一年，你的灵柩将要载去安葬了，倘使死了的人果有知觉，你们相聚已经又是三年了，可悲呀！

延伸阅读

题中“外姑”即岳母的别称，语见《尔雅·释亲》：“妻之父为外舅，妻之母为外姑。”“癸巳年”，即嘉靖十二年（1533 年）。“十月庚子”，当为该年农历十一月初二日。“二更”，即“二鼓”，相当于现代的九时至十一时。“甲午到丙申三年中”，即嘉靖十三年秋，归有光赴应天（南京）乡试下第；嘉靖十五年，应选贡赴北京廷试，入南京国子监。“二京”，明代永乐十九年（1421 年）以后，迁都北京，但南京仍保留一套中央机构。二京即指南京与北京。

四十四　祭外姑文

归有光

昔吾亡妻[1]，能孝于吾父母，友于吾女兄弟，知夫人之教也。粗食之养，未尝不甘，知夫人之俭也。婢仆之御，未尝有疾言厉色，知夫人之仁也。

癸巳之岁，秋冬之交，忽遘危疾；气息掇掇，犹日念母，扶而归宁[2]。疾既大作，又扶以东；沿流二十里，如不能至。十月庚子，将绝之夕，问侍者曰："二鼓矣？"闻户外风淅淅，曰："天寒风且作，吾母其不能来乎？吾其不能待乎！"呜呼，颠危困顿临死垂绝之时，母子之情何如也！

甲午丙申三岁中[3]，有光应有司①之贡，驰走二京，提携二孤[4]，属之外母[5]；夫人抚之未尝不泣，自是每见之必泣也，呜呼！

及今儿女几有成矣，夫人奄忽长逝；闻讣之日，有光寓松江[6]之上，相去百里，戴星而往，则就木矣！悲夫，吾妻当夫人之生，即以遗夫人之悲而死，又无以悲夫人！夫人五女，抚棺而泣者，独无一人焉[7]！

今兹岁[8]輤车②将次于墓门；呜呼，死者有知，母子相聚复已三年也，哀哉！

---

① 有司是官吏的通称，就是“各有所司”的意思。这里的意义是“地方官”。

② 輤车，就是载柩的车子。輤音 qiàn。

作者略述

归有光（1507—1571 年），明（苏州）昆山人，字熙甫（别号震川，又号项脊生）。嘉靖十九年（1540 年）中举人，嘉靖四十四年（1565 年）进士，官至南京太仆丞。尝居嘉定、安亭江上，读书讲学，学者称震川先生。工古文，为明代大家。（有《震川先生集》《三吴水利录》行世）

延伸阅读

［1］亡妻：指归有光的原配魏氏，南京光禄寺典簿魏庠的次女，嘉靖七年（1528 年）嫁到归家，嘉靖十二年（1533 年）冬十月卒。归有光写此文时，魏氏已去世十六年。

［2］归宁：已婚女子回娘家看望父母称归宁。

［3］甲午丙申三岁中：即嘉靖十三年（1534 年）秋，归有光赴应天（南京）乡试下第；嘉靖十五年（1535 年），应选贡赴北京廷试，入南京国子监。

［4］二孤：指归有光的长女如兰与长子翻孙。

［5］外母：即岳母。

［6］松江：县名，今属上海市。

［7］夫人五女，抚棺而泣者，独无一人焉：夫人共生了五个女儿，扑在棺木上痛哭流涕的人中，独少了这一个女儿啊（归有光的原配魏氏）。

［8］今兹岁：今年。

四十五　黄克强[①]先生哀辞

胡　适

当年曾见将军之家书，
字迹娟逸似大苏[②]。
书中之言竟何如？
“一欧[③]爱儿，努力杀贼”——
八个大字，读之使人慷慨奋发而爱国。
呜呼将军，何可多得！

---

① 黄兴字克强，湖南长沙人。辛亥革命很有功于民国。当时与孙文、黎元洪称为建设共和的三伟人。

② 大苏就是苏轼。轼字子瞻，号东坡居士，谥文忠。宋时眉山人。宋史有列传可参考。

③ 一欧是黄克强的儿子。

延伸阅读

“哀辞”写于 1916 年 11 月 9 日。黄克强（1874—1916 年），原名轸，改名兴，字克强，近代著名的民主革命家。早年留日本，并和孙中山一起，创建中国同盟会。随后一直追随孙中山南征北战，是国民党元老。在辛亥革命后的临时政府中，担任任陆军总长、川汉铁路督办等要职。1916 年 10 月 31 日，黄兴在上海逝世，曾引起国内外巨大震动。胡适闻此噩耗后作“哀辞”以表悼念。

“一欧爱儿，努力杀贼”，这是家书中的原话。正在战场上拼杀的将军写给儿子的信中，没有阔别之情，没有儿女情长，满纸满篇是革命的凛凛浩气。“努力杀贼”，既是对儿辈的勉励，也是黄兴胸襟的写照，可歌可泣！黄兴逝世时年仅 42 岁，英年早逝，令人痛惜。

四十六　说自由

章炳麟

天下无纯粹之自由，亦无纯粹之不自由。何以言之？饥则必食，疲则必卧，迫于物理，无可奈何，虽昌言自由者，于此亦不得已：故曰天下无纯粹之自由也。投灰于道，条狼[①]所遮焉；便溺于衢，警察将引焉。有法制在，不得不率行之：则喜其自由矣。虽然，苟欲自由，任受苛罚，亦何不可。今自愿其自由，而率从于法律，即此自愿，亦不得不谓之自由：故曰天下无纯粹之不自由也。

然则虽至住囚奴隶，其自由亦无所失。所以者何？住囚奴隶，人所强迫也，而天下实无强迫之事。苟遇强迫，拒之以死，彼强迫亦无所用。今不愿死而愿从其强迫，此于死而强迫二事，固任其取舍矣。任取其一而任舍其一，得不谓之自由乎？

① 条狼氏本《周礼》中秋官司寇的属官，掌趋辟行人，清洁道路。《周礼》注“条当为涤器之涤。……涤，除也。狼，狼扈道上。”《疏》“谓不蠲之物在道，犹今言狼藉也。”按本文盖借指警察或清道夫等。

作者简介

章炳麟（1869—1936 年），近代民主革命家。又是经学、史学、音韵学、文字学方面造诣颇深的“国学大师”。字枚叔，一作梅叔，后改名绛，号太炎，世人常称之为“太炎先生”。浙江余杭人，参加过康有为发起的强学会。戊戌变法后参与组织光复会。辛亥革命后曾参加倒袁、护法等活动。晚年以讲学为业，著述甚丰。有《章氏丛书》《章氏丛书续编》及《章氏丛书三编》等传世。

延伸阅读

鲁迅在《关于太炎先生二三事》中回忆其师章太炎：“考其生平，以大勋章作扇坠，临总统府之门，大诟袁世凯包藏祸心者，并世无第二人；七被追捕，三入牢狱，而革命之志，终不屈挠者，并世亦无第二人。这才是先哲的精神，后生的楷模。”章炳麟有两句名言：1. 天下无纯粹之自由，亦无纯粹之不自由。2. 道德衰亡，诚亡国灭种之根基。他张扬国粹，却坚决而激烈地反抗权威和反抗一切束缚。他又是一个道德主义者，强调道德的力量，却反对社会对个人的压抑，主张个性的绝对自由。

四十七　记绍兴[1]志学会的三大愿

蔡元培

二十五年前，绍兴有一个志学会。会员的姓字，现在还记得起的，是周亦辉、王积堂、周味莼、戚升淮、程伯棠五君。周亦辉是程朱[2]派，王积堂是陆王[3]派，这两个是领袖。虽然学派不同，在会中却没有闹过意见。后来王君及二周君先后病故，戚君专心做官，程君闻也在官途讨生活，志学会久已无形销灭了。

他们用功的方法，是看书，写札记。把札记互相传观，加以批评。札记的内容，大约与宋儒"语录"[4] 相类；我曾见过一两册，也都忘了。

但闻他们有三大愿：一、愿天下无贫人；二、愿天下无病人；三、愿天下无恶人。当时我的朋友大半是治"汉学"[5] 的，把他们的三愿传为笑柄。但我觉得这三句话确是言简意赅，颠扑不破；所以至今还没有忘掉。

---

① 绍兴，县名。今属浙江会稽道。

② 程朱：程，程颢，程颐，宋时洛阳人；朱，朱熹，宋时婺源人。《宋史》都有列传，可参考。

③ 陆王：陆，陆九渊，宋时金溪人；王，王守仁，明时余姚人。《宋史》《明史》有列传，可参考。陆王主张"由内心以悟道"，和程朱派主张"积学问以入道"不同。

④ 宋儒讲学，门弟子记师的言论，每称"语录"。

⑤ 清代有一般学者，反对宋儒空疏的理学，专门切实的研究古代的文化；他们研究的范围，以经学为中心，而旁及小学、史地、天算、典章制度、金石、校勘、辑佚等等；他们引证取材，多极于"两汉"，所以当时或称为"汉学"。

现在社会上最重要的问题，不是贫富不均么？不是资本家与劳动家的关系么？解决这个问题的方法，现在正逐渐进行；虽然完全解决的希望一时还难达到，然亦不见得永远不能解决。将来工作与享用的支配果能均平，就没有富人，自然也就没有贫人了。

现在卫生学非常发达，似乎人人可以却病。但因贫富悬绝的缘故，贫人的衣食住决不能按照卫生的法则；富人又因为骄奢淫逸的力量，故意造病。医生呢，又因避贫求富的缘故，或者不能御病，反来助病。要是到没有贫人的时候，这种弊端都没有了。卫生学的进步，就是卫生术的普及；渐渐推行，或者可以达到没有病人的境界。

照“社会主义”① 的看法，许多罪恶都是由贫富差别而起的。俗话说：“饱暖思淫欲，饥寒起盗心”，就是这个意义。照犯罪学家的看法，许多罪恶都是由病而起的；无论何等犯罪人，都是受他生理上病的影响。要是世界上已经没有贫人，没有病人，哪里还有恶人呢？

他们的三大愿，照现在社会进化的速率推想起来，不到百年，或者可以完全达到。志学会诸君虽没有寻到这种目的的方法，但是他们的志愿是不错的。我所以记出来，兼且说明一番。

作者简介

见第 2 页。

① 社会主义（Socialism）就经济方面，主张根本的改革现社会制度，务使将来社会一切平等，而消灭现时贫富之不合理的差别。

延伸阅读

《记绍兴志学会的三大愿》，编入中华书局出版的《蔡元培全集》第一卷（第454—455页）时，注明写于1906年；可该文又编入《蔡元培全集》第八卷（第245—246页），且注明写于1935年，前后相差近30年，显然有误。绍兴志学会成立于1881年。《记绍兴志学会的三大愿》应该是蔡元培1904年在上海从事报刊编辑活动期间撰写的。可参考钱斌、舒炎祥：《蔡元培〈记绍兴志学会的三大愿〉写作年代考》（《北京大学学报（哲学社会科学版）》2005年第1期，2005年1月）。

四十八　伊和他

叶绍钧

温和慈爱的灯光照在伊丰满浑圆的脸上；伊的灵活有光的眼直注在小孩——伊右手围住他的小腿，左手指抚摩他柔软的短发——的全身，自顶至踵无不周遍；伊的心神渗透了他全身了。他有柔滑如脂的皮肤，嫩藕似的臂腕，肥美鲜红的双颐，澄清晶莹的眼睛，微低的鼻，小小的口；他刚才满两岁。伊抱他在怀里，伊就抱住了全世界，认识了全生命了。

他经伊抚摩头发，回头看着伊，他脸上显呈出来的意象，仿佛一朵将开的花。他就回转身来跪在伊怀里，举起两只小手捧着伊丰满的面庞，还将自己的面庞凑上去偎贴着，叫道，“妈！”小手不住的在伊脸上轻轻的摩着，拍着。这是何等的爱，何等的自然，何等的无思虑，何等的妙美难言！

钟摆的声音格外清脆，发出一种均匀的调子，给人家一个记号，指示那生命经历“真时”，不绝的在那里变化长进。伊和他正是这个记号所要指示的，他们的生命、他们的爱、他们爱的生命正在那里绵延的迅速的进化哩。

他的小眼睛忽然被桌上一个镇纸的玻璃球吸住了，他的面庞便离开了伊的，重又回转身去，取球在手里。“红的……花！白的……花！”他指着球里嵌着的花纹，相着伊又相着花纹，全神贯注的，十分喜悦的告诉伊。他的小灵魂真个开了花了！

“你喜欢这花呀。”伊很真诚的吻他的肩，紧紧的依贴着不动。

他将球旋转着，他小眼睛里的花刻刻有个新的姿态；他的小口开了，嘻嘻的笑个不住。伊仍旧伏着看他，仍旧不动。

“天上……红的……云，白的……云，红的……星，白的……星!”他说着，一臂直伸，指着窗前，身体望侧倾斜，“妈！那边去。”伊就站了起来，抱他到窗前。一天的月光正和大地接吻；温和到极点，慈爱到极点，不可言说。

“天上有亮么?”伊发柔和绵美的声音问。

“那边，亮！一个……星！四个星！六个星！十一个星！两个星！……”

一只恋月的小鸟展开双翅在空碧的海里浮着。离开月儿远了，又折转来浮近去，充量呼吸那大自然的恩惠。

那小鸟又印入了他澄清晶莹的小眼睛里了。他格外的兴奋，举起他握球的小手，“一个……蜻蜓！……来！……捉它!”就将球掷去。那球抛不到五寸就下坠，打着在伊左眼的上角，从伊的臂上滚到地上。

伊受了剧烈的痛，有几秒钟功夫伊全不感觉什么。后来才感痛，不可忍的痛！伊的眼睛张不开了，但能见无量数的金星在前面飞舞。眼泪汩汩的涌出来，两颊都湿了；伊的面庞伏在他小胸口，仰不起来。

这个时候，他脸面的肌肉都紧张起来；转动灵活的小眼睛竟呆了，端相着伊，表显一种恐惧、懊悔、乞恕的神情——因为他听见玻璃球着额发出的沉重的声音——仿佛他震动的小灵魂在那里说道：“这怎样！没有这回事吧!”

伊痛得不堪，泪珠伴着痛滴个不休；面庞还是伏在他的小胸口。他慢慢的将小手扳起伊的面庞。伊虽仍旧是痛，却不忍不随着小手的力仰起来。

伊的面庞变了：左眼的上角高起了一大块，红而近紫；眼泪满面，照着月光有反射的光。伊究竟忍不住这个痛，不知不觉举起左手按那高起的一块。

他看了，上下唇紧阖并为一线，向两边延长，动了几动，终于忍不住，大张他的小口，哑的哭了出来。红苹果似的两颐，被他澄清晶莹的泉源里的水洗得通湿。

伊赶忙吻他的额，脸上现出美丽的、感动的、心底的笑，和月一样的笑。这时候，伊的感觉一定在痛以上了……

作者简介

叶绍钧（1894—1988 年），字圣陶，苏州人。我国现代著名作家、教育家、编辑出版家和社会活动家，长篇小说有《倪焕之》，短篇小说有《隔膜》《火灾》《线下》《城中》《未厌集》等，散文有《未厌居习作》，童话有《稻草人》《古代英雄的石像》等。早期小说多写儿童与家庭，逐渐描写扩大至于社会与时代。短篇多谈教育，是我国现代文学史上最著名的教育小说家。

延伸阅读

《伊和他》，1920 年 8 月 12 日作，刊《新潮》第 2 卷第 5 号，1920 年 9 月 1 日出版，收入短篇集《隔膜》。小说中的“伊”是一位年轻的母亲，“他”是刚满两岁的可爱的宝宝。小说旨在写母爱的圣洁和妙美。

四十九　天亮了

洪白苹

暮色渐渐的浓了——浅灰，深灰，以至于黑。日出而作、日入而息的动物，做了一天的工作，都忙着休息了。一群一群的鸦雀，鼓着两翅，喳喳的叫着，向林中飞来，在树上绕了几绕，各寻得他适当的枝头歇下。

夜深了，他们都睡熟了；有的还在那里做梦——梦见肥美新鲜的食物，梦见与同类争食、争巢，梦见被小儿追击，梦见被鸷鹰搏袭。

一轮明月由东方静悄悄的慢腾腾的升了上来。到了中天，那掩映着她的云也渐渐的散了；她要躲也无从躲，只是把光送到地面上来。

那大地也稳稳的承受着她的光，一片通明，变成了水晶世界——却有些阴森森的寒气。

林中有个小鸟，忽地一觉醒来，看见白光照眼，伸着颈儿、鼓着翅儿高高兴兴的叫道："天亮了，不早了，大家起来罢！"

他这一叫，好些鸦雀被他由梦中惊醒，飞的，鸣的，闹得纷纷；却还有几只老鸦依旧缩着颈，弯着头，将喙放在翅里，安安稳稳的睡着。

有些好事的小鸟向他们喊道："喂！懒东西，醒醒罢，天亮了！"

老鸦们眼也不睁一睁，懒懒的道："孩子们忙些什么！时候早着呢，还是睡睡的好。"

小鸟们看他们不动，叫唤的叫唤，嘲笑的嘲笑，闹个不歇。

后来有只老鸦给他们吵得不耐烦了，起来睁眼一看，原来天虽亮了，却是月光。他拿出老前辈的牌子道："孩子们瞎闹！这是月光，不是日光呀。还不静着吗?"

四下里依然静悄悄的；那轮明月还是慢慢的由东向西走去，她要停留也停留不住。

天果真亮了，杲杲的日光照上那林梢了，鸦雀们一群群的飞起来了，那老成持重的老鸦也不得不跟着大家飞起来了。

那小鸟说："这不是天亮了么!"

作者简介

洪白苹，本名为蕃，字白苹，号北平，江苏扬州人。1921 年与卢冀野、洪为法等在南京成立玫瑰社，会刊《心潮》1923 年 1 月创刊，由洪白苹主编，他在该刊发表过小说《落花》以及论文《文学史的研究》和《什么是小说?》等。《心潮》原定为双月刊，但未能按时出版，1923 年 8 月出完第 2 期便停刊了。此外，洪白苹还主编过玫瑰社创作丛书两种，一是洪为法、吴江冷、卢冀野等合著的诗集《绿水》，一是吴江冷的小说集《紫藤花下》。

延伸阅读

《天亮了》构思很特别，可以说是童话。"鸦雀"的熟睡和"做梦"，"明月"静悄悄地升上来把清辉撒向大地，"小鸟"忽地醒来天真地以为是"天亮了"，这些描写不仅写出了"明月"朗照之美，也写出了"明月"之夜"鸦雀"的纯真和可爱。

五十　西窗晚望

佚　名

晚霞飞，西窗外；窗外家家种青菜。天上红，地下绿；夕阳落在黄茅屋。屋顶的炊烟——丝丝、袅袅、团团、片片——直上接青天。天边归鸟阵阵旋，肃肃飞过屋山巅，落影纷纷满眼前。抬头红日没，新月一钩出。钩着树梢头，树下烟流像水流。菜田一半被烟漫，树影也像烟那么淡。我也无心看，下楼吃晚饭。再上楼来月已暗，满天但有那繁星烂！

作者简介

佚名，不详。

延伸阅读

《天亮了》写的是“满月”，《西窗晚望》写的是农历月初的“新月”。与“满月”相比，“新月”清亮温柔，且很快就消失了，在文学作品中，“新月”往往成“短暂”和“不圆满”的象征，有“月如钩，人如梦”的慨叹。《西窗晚望》写的是另一番景象：“新月”消失了，浩瀚的夜空繁星闪烁。

初中国语课

第二册

叶圣陶 顾颉刚　　主编
商金林 李淑英　　校注

开明出版社

图书在版编目（CIP）数据

初中国语课. 第二册 / 叶圣陶，顾颉刚主编. -- 北京：开明出版社，2024. 9

ISBN 978-7-5131-8907-1

Ⅰ. ①初… Ⅱ. ①叶… ②顾… Ⅲ. ①中学语文课-初中-教材 Ⅳ. ①G634. 301

中国国家版本馆 CIP 数据核字（2024）第 060612 号

出 版 人：陈滨滨
责任编辑：卓 玥 程 刚

初中国语课（全六册）
CHUZHONGGUOYUKE（QUANLIUCE）

作　　者：叶圣陶　顾颉刚　主编
　　　　　商金林　李淑英　校注
出　　版：开明出版社
　　　　　（北京海淀区西三环北路 25 号　邮编 100089）
印　　刷：三河市荣展印务有限公司
开　　本：710mm×1000mm 1/16
成品尺寸：170mm×240mm
印　　张：76. 25
字　　数：926 千字
版　　次：2024 年 9 月第 1 版
印　　次：2024 年 9 月第 1 次印刷
定　　价：268. 00 元（全六册）

印刷、装订质量问题，出版社负责调换。联系电话：（010）88817647

校注说明

这部《新学制初级中学国语教科书》是1923年出版的，难度较大，我们在审订时作了必要的校注，现说明如下：

1. 课文原有的注均为“①②③……”的页下注，一律保留，有误错的予以订正；校注时增补的注均为加“[1][2][3]……”的尾注；

2. 原有的“作者略述”一律照录，需要补充的加“（ ）”标出；“作（译）者略述”空缺的，由校注者补写，改称为“作（译）者简介”，以示区别；

3. 课文中缺漏的文字和标点，均加“［ ］”标出；

4. 为了方便读者的学习和阅读，增设“延伸阅读”一项，对课文作相应的提示或介绍。

商金林　李淑英

2024年6月20日

目录

一　理信与迷信

蔡元培

人之行为，循一定之标准，而不至彼此互相冲突、前后判若两人者，恃乎其有所信。顾信亦有别：曰理信，曰迷信；差以毫厘，失之千里，不可不察也。

“种瓜得瓜，种豆得豆”①，有是因而后有是果，尽人所能信也。昧理之人，于事理之较为复杂者，辄不能了然于其因果之相关，则妄归其因于不可知之神，而一切倚赖之。其属于幸福者，曰：是神之喜而佑我也。其属于非幸福者，曰：是神之怒而祸我也。于是求所以喜神而免其怒者，祈祷也，祭告也，忏悔也，立种种事神之仪式；而于其所求之果渺不相涉也。然而人顾信之。是迷信也。

“础润而雨”②，征诸湿也；“履霜坚冰至”③，验诸寒也；“敬人者人恒敬之，爱人者人恒爱之”④，符诸情也；见是因而知其有是果，亦尽人所能信也。昧理之人，既归其一切之因于神，而神之情不可得而实测也，于是不胜其徼幸之心，而欲得一神人间之媒介，以为窥测之机关，遂有巫觋⑤、卜人、

① 古代的谚语。

② 苏洵《辨奸论》里边有这句话。

③ 《易·坤卦》爻辞。

④ 孟子的话。

⑤ 以舞降神，为人祈祷者。女为巫，男为觋。

星士之属承其乏而自欺以欺人：或托为天使，或夸为先知，或卜以龟蓍，或占诸星象，或说以梦兆，或观其气色，或推其诞生年月日时，或相其先人之坟墓，要皆为种种预言之准备；而于其所求之果之真因又渺不相涉也。然而人顾信之。是亦迷信也。

理信则不然：其所见为因果相关者，常积无数之实验，而归纳以得之，故恒足以破往昔之迷信。例如日食、月食，昔人所谓天之警告也；今则知为月影、地影之偶蔽，而可以预定其再见之时。疫疠，昔人所视为神谴者也；今则知为微生物之传染，而可以预防。人类之所以首出万物者，昔人以为天神创造之时赋畀独厚也；今则知人类为生物进化中之一级，以其观察自然之能力，同类互助之感情，均视他种生物为进步，故程度特高也。是皆理信之证也。

人能祛迷信而持理信，则可以省无谓之营求及希冀，以专力于有益社会之事业，而日有进步矣。

作者简介

蔡元培（1868—1940 年），字鹤卿，又字仲申，号孑民，浙江绍兴人，近代杰出的教育家、思想家和民主革命家，为中国近代教育、文化、科学事业的发展作出了卓越的贡献。1907 年赴德国留学，在莱比锡大学研究教育及心理学。辛亥年回国。1912 年 1 月，中华民国在南京肇建，任改元后首任教育总长。1916—1927 年任北京大学校长，倡导“兼容并包、思想自由”，开创了北大“学术自由”之风，为中国现代大学的形成奠定了基础。1920—1930 年，兼任中法大学校长。1927 年任大学院长。1928—1940 年任中央研究院院长。1940 年 3 月 5 日在香港病逝，毛泽东的唁电说：“孑民先生，学界泰斗，人世楷模”。北大新潮社为编《蔡子民先生言行录》，载其言行极详。遗著辑有《蔡元培全集》。

延伸阅读

《理信与迷信》，选自蔡元培 1916 年夏季出版的《华工学校讲义》。文章阐释“理信”（理智的信仰）与“迷信”的区别，而“人能祛迷信持理性”的途径就是相信科学。

二　举国皆我敌

梁启超

举国皆我敌，吾能勿悲？
吾虽悲而不改吾度兮，吾有所自信而不辞。
世非混浊兮，不必改革。
众安混浊而我独否兮，是我先与众敌。
阐哲理指为“非圣”兮，倡民权谓曰“畔道”；
积千年旧脑之习惯兮，岂旦暮而可易？
先知有责：觉后是任。后者终必觉，但其觉匪今。
十年以前之大敌，十年以后皆知音。

君不见苏革拉瘐死①兮，基督②钉架，牺牲一身觉天下！
以此发心度众生，得大无畏③兮，自在游行。

---

① 苏革拉（Socrates，前469—前399年）雅典（Athens）人，是一个哲学家，他攻击一班以不知为知的人，卒为忌者所陷害，下狱处死刑，服毒而死。

② 耶稣基督（Jesus Christ 前4—29年），犹太（Jews）人。“基督”为救世主义。当时犹太教人极希望有救世主降生，耶稣毅然以之自任。三十岁时，宣传福音，改革犹太教，凡三年。不幸为犹太教徒所恶，控之罗马官吏，被钉死于十字架上。

③ 出于佛经，为勇猛精进之义。

渺躯独立世界上，挑战四万万群盲。

一役战罢复他役，文明无尽兮竞争无时停。

百年“四面楚歌”[①] 里，寸心炯炯何所撄。

作者简介

梁启超（1873—1929 年），中国近代思想家、政治家、教育家、史学家、文学家。字卓如，号任公，别署饮冰室主人、中国之新民。广东新会人，清光绪举人。青年时期与师康有为及其友谭嗣同一起，倡导变法维新，与康有为并称“康梁”，是戊戌变法（百日维新）领袖之一，事败后出逃日本，主办《清议报》和《新民丛报》，以国民启蒙、国民自新、国民变革为基本目标，倡导文体改良的“诗界革命”和“小说界革命”。辛亥革命后一度担任司法总长、币制局总裁。袁世凯称帝，梁启超口诛笔伐。后出国游欧洲，回国后专事从事讲学，任清华大学等校教授。著《欧游心影录》《清代学术概论》《中国近三百年学术史》等，合编为《饮冰室合集》。

延伸阅读

《举国皆我敌》写于戊戌变法失败后，是梁启超“新派诗”中的代表作。“众安混浊而我独否兮”，梁启超所说的“独否”，正是鲁迅所表现的“正视黑暗”和执着于现实的“独战”，以此来警醒无声的古国里正由昏睡渐入死灭的国民。

---

① 项羽的楚军为汉高祖打败了，驻在垓下，兵少食尽。汉军围之数重。夜里，项羽听得汉军的四面都唱楚歌，惊道，“汉已得了楚么?”此间引用，甚言敌人相迫之紧。

三　舍己为群

蔡元培

积人而成群；群者，所以谋各人公共之利益也。然使群而危险，非群中之人出万死不顾一生之计以保群，而群将亡，则不得已而有舍己为群之义务焉。

舍己为群之理由有二。一曰：己在群中，群亡则己随之而亡。今舍己以救群，群果不亡，己亦未必亡也。即群不亡而己先不免于亡，亦较之群己俱亡者为胜。此有己之见存者也。一曰：立于群之地位，以观群中之一人，其价值必小于众人所合之群。牺牲其一而可以济众，何惮不为！一人作如是观，则得舍己为群之一人；人人作如是观，则得舍己为群之众人。此无己之见存者也。见不同，而舍己为群之决心则一。

请以事实证之。一曰从军。战争，罪恶也；然或受野蛮人之攻击而为防御之战，则不得已也。例如比之受攻于德，比人奋勇而御敌①，虽死无悔，谁曰不宜！二曰革命。革命，未有不流血者也；不革命而奴隶于恶政府，则虽生犹死，故不惮流血而为之。例如法国一七八九年之革命，② 中国数年来之

① 这次欧战，德人想假道比利时（Belgium）以攻法，比人因本为中立国，不许，遂开战。结果，比国给德人打得不成样子。

② 法国自路易十四（Louis XIV）即位，肆行专制横征重税；而当时僧侣贵族又非常专横，所以人民深感苦痛。到路易十六即位，平民主张改革更力。一七八九年，巴黎乱事起。一七九三年，杀国王，改行共和政治。

革命，其事前之鼓吹运动而被拘杀者若干人，临时奋斗而死伤者若干人，是皆基于舍己为群者也。三曰暗杀。暗杀者，革命之最简单手段也。歼魁而释从，惩一以儆百，而流血不过五步。古者如荆轲之刺秦王，[1] 近者如苏斐亚之杀俄帝亚历山大第二，[2] 皆其例也。四曰为真理牺牲。真理者，和平之发见品也；然或为教会、君党若贵族之所忌，则非有舍己为群之精神不敢公言之。例如苏革拉创新哲学，下狱而被酖；哥白尼为新天文说，见仇于教皇；[3] 巴枯宁道无政府主义，而被囚被逐[4]是也。

其他如试演飞机、探险南北极之类，在今日以为敢死之事业，虽或由好奇竞胜者之所为，而亦有起于利群之动机者，得附列之。

作者简介

见第 2 页。

---

① 荆轲，战国时人。尝为燕太子丹赴秦刺始皇不中，被杀。《史记·刺客列传》可参考。

② 苏斐亚（Sophia）是俄国虚无党女执行委员，于一千八百八十一年三月，刺杀俄皇亚历大山第二（Alexander II）。

③ 哥白尼（Nikolaus Copernicus，1473—1543 年），波兰（Poland）的星学家。五三〇年，著《天体运行论》；当时因宗教家反对，不能公布。后哥氏死，才流行于世。

④ 巴枯宁（Bakunin，1814—1876 年），本俄国贵族，主张无政府主义（Anarchism），鼓吹很力。曾下狱，继又被放逐西伯利亚。《新青年》杂志第六卷第五号有传略可参考。

延伸阅读

《舍己为群》，选自蔡元培的《华工学校讲义》。蔡元培强调人的价值在“舍己为群”。“群”怎么理解？蔡元培说：“积人而成群；群者，所以谋各人公共之利益也。”就是说：群是多人组成的；群是用来谋求个人所应享有的公共利益的。蔡元培又说：“然使群而危险，非群中之人出万死不顾一生之计以保群，而群将亡，则不得已而有舍己为群之义务焉。”意思是：假使群体发生危险，而群体中没有一个人敢于出来不顾自己生命安危去全力保护群体，那么，这个群体势必将灭亡。于是我们迫不得已，就有了舍己为群的义务。《舍己为群》中的“群”不仅仅是指个体所在的集体和团队，而且指民族和国家。与“舍己为群”这个成语相近的有“舍己为人”。“舍己为群”强调“为群”；“舍己为人”强调了“为人”，这里的“人”，指广大的民众，乃至人类。

四　五人墓碑记

张　溥

五人者，盖当蓼洲周公①[1]之被逮，激于义而死焉者也。至于今，郡之贤士大夫请于当道[2]，即除魏阉[3]废祠②之址以葬之；且立石于其墓之门，以旌[4]其所为。呜呼，亦盛矣哉！

夫五人之死，去今之墓而葬[5]焉，其为时止十有一月耳。夫十有一月之中，凡富贵之子，慷慨得志之徒，其疾病而死，死而湮没[6]不足道者亦已众矣；况草野之无闻者欤！独五人之皦皦[7]，何也？

予犹记周公之被逮，在丁卯③三月之望[8]。吾社④之行为士先者，为之声义，敛赀财以送其行；哭声震动天地。缇骑⑤按剑而前，问“谁为哀者？”众

① 周顺昌，号蓼洲，吴县人。明天启（当公元一六二一年至一六二七年）中，历文选司员外郎。乞假归。以忤魏忠贤，为其党所诬陷，死狱中。崇祯（当公元一六二八年至一六四三年）初，赐谥贞介。

② 魏忠贤是明末最有势力的宦官。明熹宗即位，深为信任。他屡屡假传圣旨，陷害公卿。许多要做官的人，很多拜在他的门下做义儿，并且替他各处造生祠。后来他伏罪死了，各处的生祠也都废了。

③ 丁卯是天启七年。

④ 这上说的“吾社”，指的是复社。明崇祯间，张溥集了太仓一带的名士，相与复古学，论朝政，结此社。为朝官所恶，屡次摧残。

⑤ 缇骑是赤衣的马队。凡是逮捕犯人的官役，都称“缇骑”。

不能堪，抶[9]而仆之。是时以大中丞[10]抚吴者，① 为魏之私人[11]，周公之逮所由使也；吴之民方痛心焉，于是乘其厉声以呵，则噪而相逐。中丞匿于溷藩②以免。既而以吴民之乱请于朝，按诛五人，曰颜佩韦，杨念如，马杰，沈扬，周文元——即今之傫然[12]在墓者也。

然五人之当刑也，意气扬扬，呼中丞之名而詈之；谈笑以死。断头置城上，颜色不少变。有贤士大夫发五十金，买五人之脰[13]而函[14]之，卒与尸合：故今之墓中全乎为五人也。

嗟夫！大阉之乱，缙绅[15]而能不易其志者，四海之大，有几人欤？而五人生于编伍[16]之间，素不闻《诗》《书》之训，激昂大义，蹈死不顾，亦曷故哉？且矫诏[17]纷出，钩党[18]之捕遍于天下，卒以吾郡之发愤一击，不敢复有株治[19]；大阉亦逡巡[20]畏义[21]，非常之谋难于猝发，待圣人之出[22]而投缳道路③：不可谓非五人之力也！

由是观之，则今之高爵显位，一旦抵罪，或脱身以逃，不能容于远近，而又有剪发[23]杜门[24]，佯狂不知所之者，其辱人贱行，视五人之死，轻重固何如哉！是以蓼洲周公，忠义暴[25]于朝廷，赠谥美显，荣于身后；而五人亦得以加其土封，列其姓名于大堤之上，凡四方之士无有不过而拜且泣者，斯固百世之遇也。不然，令五人者保其首领以老于户牖[26]之下，则尽其天年，人皆得以隶使之，安能屈豪杰之流，扼腕[27]墓道，发其志士之悲哉！故予与同社诸君子，哀斯墓之徒有其石也，而为之记，亦以明死生之大，匹夫[28]之

① 那时的应天巡抚是毛一鹭。

② 溷藩是厕所。

③ 庄烈帝即位后，把魏忠贤递解到凤阳。不久又下一道命令，把他逮问。解到阜阳时，他自己上吊死。庄烈帝下诏，把他的尸骨磔碎了。

有重于社稷[29]也。

贤士大夫者，冏卿①因之吴公[30]，太史②文起文公[31]、孟长姚公[32]也。

作者略述

张溥（1602—1641年），明太仓人，字天如。崇祯进士，选庶吉士，假归。尝集郡中名士，相与复古学，名其文社曰复社。诗文敏捷，名高一时。（张溥是著名文学家，一生著作宏丰，著有《七录斋集》《春秋三书》《历代史论二编》，辑有《汉魏六朝百三家集》。代表作有《五人墓碑记》）

延伸阅读

这篇“碑记”赞扬“五人”“激于义而死”，表明这样一个深刻的思想：“明死生之大，匹夫之有重于社稷。”有“死”就有“生”，有“重”就有“轻”，有“匹夫”就有“富贵之子，慷慨得志之徒”和“缙绅”以至“高爵显位”，这里都有强烈的对比。与“五人”相映衬，作者不仅赞美了周顺昌，还肯定了“郡之贤士大夫（吴公、文公、姚公）”。正是由于有了这一系列的对比和映衬，才充实了歌颂“五人”的思想内容，加强了歌颂“五人”的艺术力量。

[1] 蓼洲周公：周顺昌，字景文，号蓼洲，明吴县（今苏州市）人。万历进士，

① 冏卿，即司马，管军旅的官。

② 太史为史官之长。明代以来，史馆事多以翰林为之，故俗称翰林为太史。

曾任福州推官，吏部员外郎等职。他反对宦官魏忠贤专权，被捕下狱，死于狱中。崇祯初赠谥忠介（《明史·周顺昌传》）。

［2］当道：当权者，这里指当地官长。

［3］魏阉：魏忠贤。

［4］旌：表彰。

［5］墓而葬：修墓安葬。

［6］湮没：埋没。

［7］皦（jiǎo）：明亮、显耀。

［8］丁卯三月之望：指明熹宗天启七年（1627 年）三月十五日。周顺昌在三月十五日被捕，至十八日才“开读”，公开宣布皇帝的诏书，带走“犯人”。所以苏州人民的反抗，发生在三月十八日。

［9］抶：击。

［10］大中丞：官职名。原是御史台官职，这里指巡抚。

［11］魏之私人：魏忠贤的党羽。这里指魏忠贤的干儿子毛一鹭。

［12］傫（lěi）然：重迭相连的样子。

［13］脰：脖子，借指“头”。

［14］函：用封套盛装物品，这里指把人头用盒子盛起来。

［15］缙绅：士大夫。

［16］编伍：平民。古时居民每五户编为一伍。故以编伍称平民。

［17］矫诏：假托皇帝的名义发布的诏书。

［18］钩党：钩相牵连而为同党。

［19］株治：以一人之罪而牵连惩治他人。

［20］逡巡：退缩。

［21］畏义：害怕群众的正义斗争。

［22］圣人之出：指明思宗即位。《明史·宦官传》："崇祯二年，命大学士韩爌等定逆案，始尽逐忠贤党，东林诸人复进用。"

［23］剪发：削发为僧。

［24］杜门：闭门不出。

［25］暴：显露。

［26］户牖：门和窗，这里指居家。

［27］扼腕：一只手握住另一只手的手腕，表示悲愤。

［28］匹夫：个人。

［29］社稷：指国家。

［30］因之吴公：吴默，字因之，吴江人，官太仆卿。

［31］文起文公：文震孟，字文起，长洲（今苏州市）人，曾官翰林院修撰。

［32］孟长姚公：姚希孟，字孟长，吴县（今苏州市）人，曾官翰林院检讨。

五　史记·刺客列传·荆轲刺秦王（译文）

……荆轲捧着盛樊於期的头颅[①]的匣子，秦舞阳[②]捧着地图匣，连同走到阶前。秦舞阳面色变了，而且有点颤动。秦国的许多臣子都觉得奇怪。荆轲笑着，回头看了看舞阳，对他们道歉道："他是北方的乡下人，没有见过天子，所以此刻当不住了。希望大王宽恕他一点，使他能尽了使者的任务！"

秦王对荆轲说："把舞阳所捧的地图拿来。"荆轲就呈上地图。秦王揭开来看，揭到末了，瞥见亮亮的一把小刀。这当儿，荆轲左手拉住秦王的衣袖，右手握着小刀只管刺。没有刺到秦王的身上，秦王已吓得跳了起来，衣袖也裂了。秦王想拔剑，剑很长，只得用一手先捏着它的壳子；心里又十分惶急，竟不能立刻拔出来。荆轲乘此追他，他绕着柱子只管逃。

许多臣子都骇然，料不到有这意外的变故，全失了常态。秦国的法律：站在殿上的臣子不能带一些兵器；许多执兵器的郎中[③]都站在殿下，没有国

---

① 樊於期本是秦国的臣子，因为犯了罪逃到燕国，归太子丹。他的父母宗族，都被秦国杀戮。秦王又悬着重赏——金千斤，邑万家——捉他。荆轲因欲得亲近秦王，特地去游说樊於期，说若要报仇，须先得他的头颅。樊於期报仇心切，竟自刭而死。荆轲遂带了樊的头颅同燕督亢的地图到秦国去。

② 副着荆轲使秦的人。

③ 官名，侍奉皇帝近旁。

王的诏旨是不能上殿的。这时秦王心急，想不到下诏旨，所以被荆轲追赶得这样紧；又没有器具可以抵抗他，只得举起手来乱打。有个侍从的医生叫作夏无且的，只能把所捧的药囊来投荆轲。

秦王绕着柱子尽逃，不晓得应当怎样才好。旁边的人喊道，“把剑背在背上再拔！”秦王照这话做了，方才把剑拔了出来，便砍荆轲，断了他的左股。于是荆轲不能动了，只得举起小刀向秦王掷去，没有掷得中，却中了铜柱。秦王再用剑来砍荆轲。荆轲一共受了八处创伤，自知事已不成，便靠着柱子笑着。蹲在地上骂道，“我所以不能成功，只因为想要留着你的性命，逼得了你的契约，好去回报太子①……”

旁边的人拥上前去把荆轲杀了。秦王为了这事心里不爽快了好久。

延伸阅读

《史记》为汉朝太史令司马迁所作，是我国第一部纪传体通史，也是一部不朽的文学著作。本书叙述从黄帝开始到汉武帝时期的中国二三千年间的历史，反映了我国古代政治、经济、军事、文化等各个方面的历史面貌。全书分为《表》十篇，用简明的表格记载历史大事；《本纪》十二篇，记载历代帝王政迹；《书》八篇，记叙天文、地理和典章制度；《世家》三十篇，记叙王侯将相事迹；《列传》七十篇，记叙历代名人事迹。共一百三十篇，五十二万余字。

① 太子丹曾对荆轲说：“……诚得劫秦王，使悉反诸侯侵地，若曹沫之与齐桓公，则大善矣。则（若也）不可，因而刺杀之。……”太子丹的希望在前一端，所以荆轲这样说。

六　史记·刺客列传·荆轲刺秦王

荆轲奉樊於期[1]头函，而秦舞阳[2]奉地图[3]匣，以次进。至陛，秦舞阳色变振恐。群臣怪之。荆轲顾笑舞阳，前谢曰，“北蕃[4]蛮夷之鄙人，未尝见天子，故振慑。愿大王少[5]假借[6]之，使得毕使[7]于前!”

秦王谓轲曰:“取舞阳所持地图。”轲既取图奏之。秦王发图[8]，图穷而匕首见。因左手把秦王之袖，而右手持匕首揕[9]之。未至身，秦王惊，自引而起[10]，袖绝。拔剑，剑长，操其室[11]；时惶急，剑坚故不可立拔。荆轲逐秦王，秦王环柱而走。

群臣皆愕，卒起不意，尽失其度。而秦法：群臣侍殿上者不得持尺寸之兵[12]；诸郎中[13]执兵皆陈[14]殿下，非有诏[15]召不得上。方急时，不及召下兵，以故荆轲乃逐秦王；而卒惶急，无以击轲，而以手共搏[16]之。是时侍医夏无且[17]以其所奉药囊提[18]轲也。

秦王方环柱走，卒惶急不知所为。左右乃曰:“王负剑[19]!”负剑遂拔，以击荆轲，断其左股[20]。荆轲废，乃引其匕首以擿秦王，不中，中铜柱。秦王复击轲，轲被八创[21]；轲自知事不就[22]，倚柱而笑。箕踞[23]以骂曰:“事所以不成者，以欲生劫[24]之，必得约契[25]以报太子也。”

于是左右既前杀轲。秦王不怡[26]者良久。

作者简介

司马迁（前 145—前 87 年），字子长，夏阳（今陕西韩城）人，西汉时期的史学家、文学家，思想家，被后世尊称为“太史公”。司马迁幼年在家忙农事，十岁就读长安，二十岁开始漫游，足迹几遍全国。后任郎中官，随武帝巡行各地，曾奉使安抚西南夷，参与塞河工作与封禅典礼。前 108 年，即其父司马谈去世的第三年，他继承父志，做太史令，博览皇家图书典籍，历时五年，至武帝太初元年（前 104 年）开始写作《史记》。天汉二年（前 99 年）因李陵事件被捕入狱，翌年被处宫刑。出狱后，发愤著书，于公元前 91 年完成《史记》的著作。

延伸阅读

《荆轲刺秦王》选自《史记·刺客列传》。“荆轲刺秦王”，事情本身就很惊险，再加之“刺秦”的过程中遇到料预不到的意外，秦舞阳“振恐”在前，荆轲两刺不中在后，真是危机四伏，险象丛生。作者从容不迫，按事情先后顺序一一道来，逼真地再现了这个紧张而又壮烈的场面，精心刻画了“磊落殊不伦”的荆轲的形象，热情歌颂了荆轲大智大勇、舍生取义的侠义精神。

［1］樊於期：秦将，因得罪秦王，逃到燕国。

［2］秦舞阳：燕国勇士。此行荆轲为正使，他是副使。

［3］地图：指燕国南部的督亢的地图。

［4］北蕃：北方的藩属。

［5］少：稍微。

［6］假借：这里是宽容的意思。

［7］毕使：完成使命。

［8］发图：把卷成一轴的地图张开。

［9］揕（zhèn）：用刀剑等刺。

［10］自引而起：自己抽身站起。

［11］操其室：提住了剑鞘。

［12］尺寸之兵：意思是指“任何武器”。尺寸，极言微细。

［13］郎中：宫廷的侍卫。

［14］陈：排列。

［15］诏：君主的命令。

［16］搏：搏斗。

［17］侍医夏无且：随侍在国君左右的医官夏无且（人名）。

［18］提：投击。

［19］负剑：把剑推到背后。

［20］股：大腿。

［21］被八创：八处受伤。

［22］不就：不成功。

［23］箕踞：伸开两脚坐在地上，形似簸箕，表示倨傲。

［24］生劫：抓活的。

［25］约契：订立盟约，指迫使秦王答应退还诸侯的土地。

［26］不怡：不愉快。

七　志未酬

梁启超

“志未酬！志未酬！”

“问君之志几时酬？”

“志亦无尽量，酬亦无尽时。世界进步靡有止期，吾之希望亦靡有止期；众生苦恼不断如乱丝，吾之悲悯亦不断如乱丝。

“登高山复有高山；出瀛海复有瀛海。任龙腾虎跃以度此百年兮，所成就其能几许？

“虽成少许，不敢自轻。不有少许兮，多许奚自生？但望前途之宏廓而寥远兮，其孰能无感于余情！

“吁嗟乎！男儿志兮天下事，但有进兮不有止，言志已酬便无志！”

作者简介

见第 5 页。

延伸阅读

《志未酬》写于光绪二十七年（1901 年），最先发表在《清议报》上，与《举国皆我敌》相呼应。作者所言的志是事关“天下”的大志，也就是有助于国家进步和人民幸福的大志。这样的“志”是“志亦无尽量，酬亦无尽时”，即这样的志“宏廓而寥远”，是没有尽头的，说“志已酬”便是“无志”。

八　小豪杰放洋记[①]

……西历一千八百六十年三月初九日，那晚，满天黑云低飞压海，濛濛暗暗，咫尺不相见。忽然有一只小船好像飞一般奔向东南去；仅在那电光一闪中瞥见这船的影儿。这船容积不满百吨。船名叫作胥罗，曾有一块横板在船尾写着的；但现在已经剥落了。

……那船面上就只有四个小孩子：一个十五岁；那两个都是同庚的，十四岁；还有一个黑种的小孩子，十三岁。这几个人正在拚命似的把着那舵轮，忽然砰訇一声响起来，只见一堆狂涛好像一座大山一般打将过来。那舵轮把持不住，陡地扭转，将四个孩子都掷向数步以外。

内中一个连忙开口问道："武安，这船身不要紧吗？"武安慢慢地翻起身，回答道："不要紧哩，俄敦！"又向那一个说道："杜番！我们不要灰心！我们须知道，这身子以外，还有比身子更重大的呢。"随又看那黑孩子一眼，问道："莫科！你不悔恨跟错我们来吗？"黑孩子回答道："不，主公武安。"

这四个人正在船面，话未说完，那船舱楼梯口的窗户突然推开，先有两个孩子探头出来，又有一只狗跟着，蹲出了半截身子。那狗三声两声的乱吠；

① 节录《新民丛报·十五小豪杰》。这书说的是十五个小孩子在船上，没有大人照顾他们，他们中间有一个偷放了缆，遂至飘流到海里去，住在荒岛上的事。

那两个孩子里头有一个年长的，约有十岁左右，急忙忙大声问道："武安！武安！甚么事呀?"武安道："没有甚么，伊播孙，快回去罢！甚么事都没有。"那年小的又说道："虽然如此，但我们怕得很呵!"武安道："别害怕！赶紧回去，坐在床上，闭着两只眼睛，这就甚么都不怕了。"那两孩子兀自不肯下去，只听得莫科忽然喊起来，道："好晦气，又一个大浪来了!"话犹未了，那浪又没命地自船尾轰来，险些都从窗口灌入船舱里。俄敦高声喝道："两位快回去呀！你们不听我们的话吗?"这两孩子方才没趣地下去了。却又有一个探头出来，叫道："武安！你们要我们来帮帮力吗?"武安答道："不，巴士他，你们好好地在里面保护着那年纪小的罢！这里有我们四个人足够了。"……

……日过一日，风势越大，竟变成了一个大飓风。胥罗船好像被波浪吞了一般；那后樯既于两日以前被风吹折，仅剩四尺多长一根木杆；幸亏前樯还在。但风势越急，这孩子们的气力短小，想把风篷卷下来，也做不到。那篷担不起这种大风，只见这樯夹不停地摇动。若使前樯都没了呢，那时这船可不成了个没自由权的奴隶，任由风涛簸弄吗？这孩子们可不是除了束手待毙之外，更没别的法儿吗？他们都睁着两只眼，很很地望前望后，却总是濛濛暗暗的一寸陆影儿、一点火光儿都看不见。

捱到晚上一点多钟，忽然轰的一声，趁着那风声涛声响起来，只听得杜番疾喊道："前樯倒了!"莫科接口道："不是，却是把风篷吹断了。"武安向俄敦道："既是这么着，我们要把这断篷割去。你同杜番二人守着舵轮。莫科，来这里帮我。"……他们来到前樯底下，细心查看，只见那篷上边的索吹断了，摇曳空中，幸亏下边未断。他们先把上边的索都割去，仅留靠下四五尺；随将这篷上两面角扳了下来，用绳捆在船面。这样，那船倒反安稳起来了。武安、莫科两个不停地走上走下，好几回险些被那大浪裹将去。足有半点多钟之久，方才回到舵轮旁边，这身子便如雨淋鸡一般湿透了。正当略歇一息，蓦地那楼梯的窗口又推开，只见武安的兄弟名字叫作佐克的探头出来。武安便问道：“佐克，干甚么?”佐克道：“快来，快来，海水漏入船舱了!”武安道：“当真吗?”随即起身走进舱内，只见一个挂灯悬在当中，那十个孩子七横八竖倒在床上，还有那些八岁九岁大的，怕到无可奈何，你偎我、我抱你地搅成一团。武安道：“别害怕！我们快就到岸了。”一面点起蜡烛，周围张看，舱内却是有些海水，随着船势左右荡来荡去，但遍找找不出那漏缝儿。这水究竟从哪里来的呢？随后看出，却是因楼梯窗门关不紧，那船面的浪从甲板上流进来的。武安回到舱内，说明缘故，安慰孩子们一番，重复回到船面来，已经是两点钟打过了。那天越发好像墨一般，风势一点不减。有时听见一声两声从空中戛然过去，却是海燕的声音。这海燕是从不飞到岸边的，常年在大洋的中心翱翔漂荡。这样看来，这船去陆地越发远了。

又过一点多钟，忽闻轰的一声，好像大炮发于空中。不好了，前樯断了两截；那布篷撕成一片一片，飞向海心去，就和一群白鸥似的。杜番道：“我们没了风篷，怎么好?”武安道：“怕甚么！这船趁着浪，不是一样的走吗?”莫科道：“好在浪是顺风的，在船尾送过来的；但浪太紧了，我们要将身子用绳捆着在舵轮旁边，免致被浪裹去。”说时迟，那时快，莫科话犹未了，只见一堆奔涛足有四五十丈高，从船尾猛奔来，铛铛爆爆，声音乱响，崩落船面甲板。两只救生船，一只舢板，一个罗盘箱台，都掉了下来。那余势还撞到船边，将左边的船栏板都碎裂了。还亏碎了栏板，这水能够流来；不然，这船受不起这种大压力，定要沉没了。武安杜番俄敦三个，被这浪一刮，掷出数丈以外，直到楼梯口，方才把捉得住，却是不见了莫科。武安哎呀一声道：

"不好！不好！"随即高声大呼道："莫科！莫科！"杜番道："难道掉落海了不成？"俄敦忙向船边探头四望，却影儿也不见，声儿也不闻。武安道："我们不可不救他。急放下救生水泡，投下绳索罢！"随又连声高喊道："莫科！莫科！"只听得微微声音答应道："救命呀！救命呀！"俄敦道："他没有掉下海，这声音是从船头来的。"武安道："等我去救他。"赶紧从船尾走到船头，跌了好几跤，方才走到；便又高声喊道："Boy！莫科！莫科！My boy！"却不听见答应。复连叫许多声，只听见微微地答应"呀！呀！"的两声，那声更沉下去了。武安手中又没灯火，只得跟着声音，暗中摸索。摸到船头，那绞车盘和轴舻中间有一个孩子横倒在那里，却是已经闷倒，不能出声了。看官，你说莫科因何跑在这里？原来刚才那一阵大浪一直刮送过来，撞着那风篷的绳索，将喉颈勒在，越发挣扎，越发勒紧，如今呼吸都绝了。武安赶紧从袋子里掏出小刀来，把绳割断。好一歇，那莫科才回过气来，便向武安千恩万谢地谢他救命之恩。携着手，回到舵轮之下。

但船既没了风篷，速力骤减，浪不能送船快行，船却陷在浪里，如盘涡一般。这孩子们想找别样的东西代着风篷，也是找不出来，只得"听天由命"了。这孩子们如今别的都无可望，只盼着"天亮之后，风威略减"，或者"老天可怜我们，望着个陆地的影儿"。除非这两样能够有一，这便九死中还有一生之望哩！挨到四点半钟，已见一带白光从地平线上起来，渐渐射到天心。只是烟雾依然深锁重洋，望不见十丈以外。那云好像电光一样，快滚滚地飞向东方，风势是有增无减。

这四个孩子眼巴巴地望着狂澜怒涛，不发一语，都如呆子一般，各发各的心事。又过了半点多钟，猛然听得莫科一声狂叫起来道："陆！陆！"

那黑儿莫科瞥见远远的一带好像陆影儿，他便狂叫起来道："陆！陆！"

但不知果真是陆地，还是他的眼花呢。武安闻说，便接口道："陆吗？可是真的吗？"莫科道："是。前面是东方呀！"杜番道："莫不是你错吗？怎么我们都看不见。"莫科道："等那烟雾再开，我们仔细看罢。"话犹未了，烟雾早渐渐破开了。不到一刻左右，前后几迈[①]远都望见了。武安道："不错！不错！当真是陆哩！"四人一同观看，东方地平线上有一带陆影，大约五六迈长。按照现下胥罗船的速力，不过一点钟，但可以到那里了。风越发大，船蓦地向着一直线走将前去。……

作者简介

儒勒·凡尔纳（Jules Gabriel Verne，1828—1905 年），法国著名小说家、剧作家及诗人，现代科幻小说的重要开创者之一，被誉为"科幻小说之父"。他一生创作了大量优秀的文学作品，作品的描写多有科学根据，对科幻文学流派有着重要的影响，代表作有《十五小豪杰》（原名《两年假期》）、《海底两万里》、《八十天环游地球》等。

① Mile，英里。

延伸阅读

《十五小豪杰》写于1886年，是一群“小鲁滨逊”的历险记。新西兰奥克兰市奢们学校一至五年级十五个8至15岁的孩子，他们来自英、美、德、法等国家，利用假期乘坐“胥罗”号游船，作一次环绕新西兰的海上旅行。就在启程前夕，突降横祸，一场风暴把游船刮到离新西兰1800海里的荒岛上。孩子们名副其实成了一群“小鲁滨逊”。他们团结一心，与天斗，与地斗，与海斗，与匪徒斗，历尽艰辛，成了一群“小豪杰”。他们在荒岛上过了两年艰难的生活，最后终于回到亲人怀抱之中。

全书共十八回。前十回为梁启超译，时为1902年，梁启超流亡日本，译文在他主编的《新民丛报》上连载，署笔名“饮冰子”（梁号称“饮冰室主人”），后八回由“披发生”译。1903年由日本横滨新民活版部出单行本，书前署“法国焦士威尔奴著（即儒勒·凡尔纳），新会饮冰子、顺德披发生合译”。这是外国科幻小说的最早的中译本之一。入选本教科书的《小豪杰放洋记》和《荒岛游历记》（第38课）都是《十五小豪杰》中的故事。

《小豪杰放洋记》选自第一回《茫茫大地上一叶孤舟　滚滚怒涛中几个童子》和第二回《逢生路撞着一洞天　争问题俨成两政党》的第一节，着重描写孩子们如何与风浪搏击。

九　送东阳①马生序[1]

宋　濂

余幼时即嗜学[2]。家贫，无从致书以观，每假借[3]于藏书之家。手自笔录，计日以还。天大寒，砚冰坚，手指不能屈伸，弗之怠[4]。录毕，走[5]送之，不敢稍逾约[6]。以是人多以书假余；余因得遍观群书。

既加冠②[7]，益慕圣贤之道[8]；又患无硕师名人与游[9]。尝趋百里外[10]，从乡之先达执经叩问[11]。先达德隆望尊，门人弟子填其室，未尝稍降辞色[12]。余立侍左右，援疑质理[13]，俯身倾耳以请。或遇其叱咄[14]，色愈恭，礼愈至，不敢出一言以复。俟其忻悦[15]，则又请焉。故余虽愚，卒[16]获有所闻。

当余之从师也，负箧曳屣[17]，行深山巨谷中。穷寒烈风，大雪深数尺，足肤皲裂[18]而不知。至舍，四肢僵劲[19]不能动。媵人[20]持汤沃灌[21]，以衾[22]拥覆，久而乃和。寓逆旅主人[23]，日再食[24]，无鲜肥滋味之享。同舍生皆被绮绣[25]，戴朱缨宝饰[26]之帽，腰白玉之环[27]，……烨然[28]若神人。余则缊袍敝衣[29]处其间，略无慕艳意，以中有足乐者，不知口体之奉不若人也。

---

① 县名，今属浙江金华道。

② 古时候男子年二十而冠，才称成人。

盖余之勤且艰若此：……

今诸生学于太学[30]，县官日有廪稍①之供[31]，父母岁有裘葛之遗[32]，无冻馁之患矣。坐大厦之下，而诵诗书，无奔走之劳矣。有司业、博士②为之师，未有问而不告，求而不得者也。凡所宜有之书，皆集于此，不必若余之手录，假诸人而后见也。其业有不精，德有不成者，非天质之卑[33]，则心不若余之专耳。岂他人之过哉！

东阳马生君则在太学已二年，流辈[34]甚称其贤。余朝[35]京师，生以乡人子谒余[36]，撰长书以为贽[37]，辞甚畅达。与之论辩，言和而色夷[38]。自谓少时用心于学甚劳。是可谓善学者矣。其将归见[39]其亲也，余故道为学之难以告之。……

作者简介

宋濂（1310—1381 年），（浙江）浦江（今浙江义乌、兰溪一带）人，字景濂，号潜溪。明初著名政治家、文学家、史学家、思想家。博极群书，为文醇深演迤。元（顺帝）时授翰林编修，以奉养父母为由辞不就。隐居龙门山，著书十余年。后仕明（帮助明太祖朱元璋平定天下，被赞誉为“开国文臣之首”），累官至翰林学士（参与制作裁定朝政礼文大政）。自少至老，未尝一日去书。撰《元史》二百十卷。明初制作礼乐，濂所裁定者居多。著有《宋学士全集》，卒谥“文宪”。

---

① 廪稍是饭米钱，犹今言薪水。那时在太学读书的人也有薪水。

② 司业和博士都是国子监（太学）里的教官。国子监里最尊的是祭酒，犹今大学校长。司业是祭酒的副，犹今教务长。博士是管学生课业的，犹今教授。

延伸阅读

“送东阳马生序”意为这是赠送给（浙江）东阳（县）太学生马君则的序，勉励他要刻苦读书。

文章的第一小节，是作者写自己少年时代读书的刻苦勤奋。家境贫寒无法买书来看，只好向别人借书，“手自笔录”，还了再借，不敢稍稍超过约定的期限。

第二小节写求师的艰难，由“遍观群书”，萌发了向往圣贤之道的愿望，把求师的情景生动地描述出来。（这一节删了两句，原文“戴朱缨宝饰之帽，腰白玉之环，左佩刀，右佩容臭，烨然若神人。”“容臭”，香袋）

第三小节写外出求学之苦，对那些住在同一旅店里的富家子弟，“略无慕艳意”，一点也不羡慕，不自惭形秽。

第四小节：“盖余之勤且艰若此：……”，这里删了一小段：“今虽耄老，未有所成，犹幸预君子之列，而承天子之宠光，缀公卿之后，日侍坐备顾问，四海亦谬称其氏名，况才之过于余者乎？”（作者谈他刻苦学习的结果。“未有所成”是自谦；“幸预”，有幸参预；“缀”，跟随；“谬称”，不适当的赞许。）

第五小节从食、住、书、师四个方面羡慕太学生们学习条件的优越。

最后一节说写这篇序的目的。课文后面还有这几句“谓余勉乡人以学者，余之志也，诋我夸际遇之盛而骄乡人者，岂知余者哉！”被删去的这几句话是这篇序的立意所在，是“勉乡人以学”，而不是“夸际遇之盛而骄乡人”。“诋”，毁谤。“际遇”，指受皇上赏识重用。“骄乡人”，在同乡面前骄傲。

［1］东阳：今浙江东阳县，当时与潜溪同属金华府。马生：姓马的太学生，即文中的马君则。序：文体名，有书序、赠序二种，本篇为赠序。

［2］嗜（shì）学：爱好读书。

［3］假借：借。

［4］弗之怠：即“弗怠之”，不懈怠，不放松读书。弗，不。之，指代抄书。

［5］走：跑，这里意为“赶快”。

［6］逾约：超过约定的期限。

［7］既加冠：既，已经，到了。加冠，古代男子到二十岁时，举行加冠（束发戴帽）仪式，表示已成年。

［8］圣贤之道：指孔孟儒家的道统。宋濂是一个主张仁义道德的理学家，所以十分推崇它。

［9］硕（shuò）师：学问渊博的老师。游：交游。

［10］尝：曾。趋：奔赴。

［11］乡之先达：当地在道德学问上有名望的前辈。这里指浦江的柳贯、义乌的黄溍等古文家。执经叩问：携带经书去请教。

［12］稍降辞色：把言辞放委婉些，把脸色放温和些。辞色，言辞和脸色。

［13］援疑质理：提出疑难，询问道理。

［14］叱（chì）咄（duō）：训斥，呵责。

［15］俟（sì）：等待。忻（xīn）：同“欣”。

［16］卒：终于。

［17］箧（qiè）：箱子。曳（yè）屣（xǐ）：拖着鞋子。

［18］皲（jūn）裂：皮肤因寒冷干燥而开裂。

［19］僵劲：僵硬。

［20］媵人：陪嫁的女子。这里指女仆。

［21］持汤沃灌：指拿热水喝或拿热水浸洗。汤：热水。沃灌：浇水洗。

［22］衾（qīn）：被子。

［23］逆旅主人：旅店主人。

[24] 日再食：每日两餐。

[25] 被（pī）绮绣：穿着华丽的绸缎衣服。被，同“披”。绮，有花纹的丝织品。

[26] 朱缨宝饰：红穗子上穿有珠子等装饰品。

[27] 腰白玉之环：腰间悬着白玉圈。

[28] 烨（yè）然：光彩照人的样子。

[29] 缊（yùn）袍：粗麻絮制作的袍子。敝衣：破衣。

[30] 诸生：指太学生。太学：明代中央政府设立的教育士人的学校，称作太学或国子监。

[31] “县官”句：县官，这里指朝廷。廪（lǐn）稍：当时政府免费供给的俸粮称“廪”或“稍”。

[32] “裘（qiú）葛”句：裘，皮衣。葛，夏布衣服。遗（wèi），赠，这里指接济。

[33] 非天质之卑：如果不是由于天资太低下。

[34] 流辈：同辈。

[35] 朝：旧时臣下朝见君主。宋濂写此文时，正值他从家乡到京城应天（南京）见朱元璋。

[36] 以乡人子：以同乡之子的身份。谒（yè）：拜见。

[37] 撰（zhuàn）：写。长书：长信。贽（zhì）：古时初次拜见时所赠的礼物。

[38] 夷：平易。

[39] 归见：回家探望。

十　孟子·原泉章[1]（译文）

孔子站在河的旁边，叹道，“这样的流水啊，昼和夜没有一刻停着！”——译《论语》[2]

徐子道：“仲尼屡次对着流水赞叹道，‘水啊！水啊！’他对于水有什么取义呢？”

孟子道：“水从源头上滚滚地涌出来，昼夜不停。注满了洼地，便从河道流去，直到海里。

“有本源的事物都是这样的，仲尼取的就是这一点。

“若是没有源头的，七八月里大雨过后，阳沟和田沟里也会满了起来。但是它们的干涸可以立着等的。

“所以声誉浮过了实际，是讲究修养的人觉得惭愧的。”

---

① 见《孟子·离娄》篇。

② 见《论语·子罕》篇。

延伸阅读

《孟子·原泉章》，见《孟子·离娄篇》中的“仲尼亟称于水章”。文章开头一节是《论语》中的一句“子在川上曰：‘逝者如斯夫，不舍昼夜！’”的译文。“徐子”，即徐辟。孟子认为人应当有“本”，“本”是指人的内在品质修养。他是用“源头活水”来说明这一道理的。他说，有“源头”的“活水”日夜涌流，用之不尽，而七八月间的暴雨，充满沟渠，却很快就会退去，这是无本所致。孟子认为虚誉就像无本之水，君子应当引以为耻。

十一 孟子·原泉章

子在川上曰："逝者如斯夫，不舍昼夜！"——《论语》

徐子曰："仲尼亟称于水曰：'水哉！水哉！'何取于水也？"

孟子曰："原泉[1]混混[2]，不舍昼夜。盈科①而后进，放乎四海。

"有本者如是，是之取尔。

"苟为无本，七八月之间雨集，沟浍[3]皆盈。其涸也，可立而待也。

"故声闻过情，② 君子耻之。"

作者简介

孟子（约前372—前289年），名轲，战国中期邹国（今山东邹县）人，伟大的思想家、教育家。他毕生的事业就是继承和发扬孔子思想，为儒家学说的发展立下了不朽的功勋，号称"亚圣"，意思是仅次于孔子的第二号圣人。

---

① 科，是洼地。

② 声闻，是名誉。情，是实在。

延伸阅读

［1］原泉：有源头的泉水。

［2］混混：同“滚滚”。

［3］沟浍（kuài）：沟和浍都是田间排水的渠道。沟小浍大，田间的水先流入沟内，再由沟内流入浍内排出。

十二 水经注·巫峡[①]（译文）

……大江再向东流，经过巫峡，这是杜宇[②]所凿，把来通过江水的。江水经过峡的东面，又经过新崩滩，这中间共一百六十里，叫作巫峡，是因着巫山[③]取名的。

三峡七百里之中，两岸连连绵绵的都是山，没有一点阙断之处。山峰重叠，把天容日光都遮蔽了，除非正午与夜半，不能看见阳光与月光。

有时夏水大涨，把山陵涌着抱着，无论上水下水都不能走。到交通回复时，国家有什么紧急的公事，使者早上从白帝城[④]出发，晚上已到了江陵，[⑤]其间共有一千二百里路，虽然骑着很好的马，驾着很急的风，总没有像这么快的。

春天和冬天的时候，深潭上起着白练似的急波，平静处清清楚楚地倒映出两岸的景物来。山顶有许多奇形怪状的柏树。倒挂的泉水，冲激的瀑布，

---

① 长江有三个峡最险，就是瞿塘峡、巫峡、西陵峡。巫峡在湖北巴东县西，与四川巫山县接界。

② 相传的神话说杜宇是古代的蜀帝。

③ 就是巫峡，巴山山脉特起处。

④ 白帝城故址在四川东川道奉节县东十三里。

⑤ 今县名，属湖北荆南道。

在树林之中只是飞溅。这很有一种清秀高伟的趣味。

到了秋天，晴明的霜朝，树林中满被着寒意，江面也非常沉静。常有猴子在高处长啸，声调凄凉；山谷里把回声送出来，回旋了好久才歇。所以渔人都唱：

“巴[1]东三峡巫峡长，

猿鸣三声泪沾裳。”

延伸阅读

本文选自《巫山巫峡》，在很多选本中则取名为《三峡》。“自三峡七百里中”至“猿鸣三声泪沾裳”，凡百五十字，华实并茂，山川草木，峡谷深涧，悬泉瀑布，急流绿潭，高猿怪石，古柏寒林，渔歌民谣……应有尽有，万象森罗；春夏秋冬，备具风姿。读这篇奇文时，我们很自然地联想起诗仙李白的诗句“朝辞白帝彩云间，千里江陵一日还。两岸猿啼不住，轻舟已过万重山。”真正体会到诗仙的豪放和三峡的雄伟。

① 今县名，属四川东川道。

十三　水经注·巫峡

……江水又东径巫峡，杜宇所凿，以通江水也。江水历峡东，径新崩滩，其间首尾百六十里，谓之巫峡，盖因山为名也。

自三峡七百里中，两岸连山，略无阙处。重岩叠嶂，隐天蔽日，自非停午夜分，不见曦月。[1]

至于夏水襄陵，沿溯阻绝。[2]或王命急宣，有时朝发白帝[3]，暮到江陵[4]，其间千二百里，虽乘奔、御风，不似疾也。

春冬之时，则素湍绿潭，回清倒影。绝巘[5]多生怪柏。悬泉、瀑布，飞漱其间。清荣峻茂，良多趣味。

每至晴初、霜旦，林寒涧肃。常有高猿长啸，属引凄异；空谷传响，哀转久绝。[6]故渔者歌曰：

“巴东三峡巫峡长，

猿鸣三声[7]泪沾裳!”

作者简介

郦道元（约470—527年），字善长，范阳涿县（今河北涿州）人。北魏地理学家、散文家。撰《水经注》四十卷，既是地理学名著，也是山水散文的汇集。

延伸阅读

［1］自非亭午夜分，不见曦月：“自非”，如果不是；“亭午”，正午；“夜分”，半夜；“曦”，早晨的阳光，这里指太阳；“月”，月亮。

［2］夏水襄陵，沿溯阻绝：“襄”，上，这里指漫上；“陵”，大的土山，这里泛指山陵；“沿”，顺流而下；“溯”，逆流而上。

［3］白帝：城名，在今重庆市奉节县。

［4］江陵：今湖北省江陵县。

［5］绝𪩘（yǎn）：极高的山峰。

［6］属引凄异；空谷传响，哀转久绝：“属引”，连续不断；“凄异”，凄凉怪异；“哀转久绝”，悲哀婉转，猿鸣声很久才消失；“转”，通“啭”，鸣叫。

［7］猿鸣三声：“三”不是确数。

十四　记翠微山[①]

林　纾

翠微非名胜也。近龙王堂,[②] 林木始幽阒[1]；山势下趋，望山上小树皆斜俯，如迎人状。肩舆[2]转入林阴，始得一小寺。凭轩下瞰，老柏三数章，碧翳[3]天日。有石级数十；所谓龙王堂即在其下。细泉潀[③][4]然，循幽窦泻于小池；池鱼迎泉而喋；周以石阑。早月出树间，筛碎影于襟袖之上。余及陈弢庵、陈石遗、高颖生同坐廊隅。石遗诵“净名庵诗”，凄瑟挟鬼气。群处静境，听之肃然。

饭罢，趁月登宝珠寺。林深石黑，突怒梗道，如怪兽，如魈[5]。余及弢庵各以挂杖行，先以杖测石高下，始窥足。寺踞岩顶，从绿中隐隐出殿檐。近寺，稍无树，月光下布石上。寺僧已睡，起而进茗。然烛入小洞，中坐头陀像。意南中[④]村寺尚或过之也。

明日，游秘魔岩。[⑤] 读偶斋师遗诗，索笔和之。以肩舆跨危岭，游狮子

---

① 北京西山的一部分。

② 翠微山有八处庙宇，总名为八大处；此为八大处之一。

③ 小水入大水为潀。

④ 南中，即南方。

⑤ 亦八大处之一。

窝。① 长廊依山，壁书伧绝。且雨，遂匆匆更历数寺，颓垣、断塔，如新被燹[6]。石遗指山下树，言秋来经霜为老红者此也。癸丑四月十四日记。

作者简介

林纾（1852—1924 年），原名群玉，字琴南，号畏庐，别署冷红生，福建闽侯（今福州）人，古文家、翻译家，能诗，能文，能画，推崇桐城派古文，有狂生的称号。他曾由别人口述，用古文翻译欧美小说一百七十多种，其中不少是外国文学名著，在清末民初影响很大。光绪二十三年（1897 年），与王寿昌合译的法国小仲马《巴黎茶花女遗事》，是我国介绍西洋小说的第一部，1899 年出版后风行全国。"五四"时期，他是最激烈反对新文化运动的守旧派代表人物之一，曾在给蔡元培的信及小说《荆生》《妖梦》中，诋毁新文化运动先驱者。著有《畏庐文集》《畏庐诗存》《畏庐笔记》及小说《京华碧血录》等。

延伸阅读

北京翠微山位于北京市石景山区与海淀区交界处，地处北京市西北，距市中心约 20 公里，为香峪大梁东南坡的山峰之一，北与香山遥相对应。山势和缓，原名平坡山，因唐建平坡寺得名；明洪熙初年（1425 年）改叫翠微山。南麓多古寺，长安寺、灵光寺、三山庵、大悲寺、龙泉庵、香界寺、宝珠洞、证果寺等依山而建，合称八大处，为京郊著名游览区。西南山麓还有明建法海寺。

① 亦八大处之一。

[1] 阒（qù）：形容寂静。

[2] 肩舆（yú）：一种代步工具，由人抬着走。

[3] 翳（yì）：本义为有羽饰的车伞，引申为遮蔽。

[4] 潀（cóng）：水的交汇处。

[5] 魈（xiāo）：传说中山里的独脚怪物。

[6] 燹（xiǎn）：多指兵乱中纵火焚烧。

十五 夜月

俞平伯

疏疏的星，
疏疏的树林，
疏林外，疏疏的灯。

在冰一样冷的夜，
在冰一样清的夜，
谁写了这几笔淡淡的老树影？

月背了我；
北风迎我，
在面上，悄无声地打我。
灯火渐渐的稀少，
送来月色底皎皎；
但眼先微微地倦了！

岁已将晚，

月已将圆，
人已将去此。[1]

作者简介

俞平伯（1900—1990 年），原名铭衡，字平伯，以字行。原籍浙江省德清县，生长在苏州。文学家、红学家，新文学运动初期的诗人，中国白话诗创作的先驱者之一。清代朴学大师俞樾曾孙。与胡适并称“新红学派”的创始人。俞平伯 1919 年毕业于北京大学，后在燕京大学、北京大学、清华大学任教。曾参加新潮社、文学研究会、语丝社，与叶圣陶、朱自清等人创办《诗》月刊。主要著述有《红楼梦辨》（《红楼梦研究》）、《冬夜》、《读词偶得》、《西还》、《忆》、《雪朝》、《燕知草》、《杂拌儿》、《杂拌儿之二》、《唐宋词选释》等。

延伸阅读

这首诗写于 1921 年 12 月 11 日，原名为《夜归》，发表在本年 12 月 21 日《晨报副刊》，署名平伯。收入诗集《冬夜》时，改题目为《夜月》。这首诗最后一句“人已将去此”，说的是俞平伯作为“赴美官费生”，定于 1922 年 1 月 19 日，从上海乘坐中国邮船公司之中国号启程，赴美留学。后因香港水手罢工风潮，不能出港，遂延期动身。

---

① 这首诗是在北京作的，这时候作者将游历美国去了。

十六　雪夜

汪敬熙

十一月的一天，北京城里下大雪。清晨初落的时候，是小片；到了傍晚，便成团成球地落起来了。

后门[①]里前厂大院[②]有一所破房子。它的大门是掩着。门楼门墙已坍塌不堪；上面都被雪盖满了。院内只有三间北屋还有人住；然而雪压着也有要倒的样儿。

北屋的门也是掩着。屋里很破烂。炕[③]上有一盏半明不灭的灯，映着四面烟熏黑的墙，更觉得异常暗淡。灯的西面有一个男子躺在那里，就着灯吸鸦片。

这个人约有四十余岁，很瘦，面色黄黑，如同他屋里糊墙纸一样。盖着一床七穿八洞的薄棉被。用个钻孔的罐子，上面加了根竹筒，当作烟枪。将烟灰烧成的泡子按在孔上慢慢地吸。正吸得高兴，忽然觉得天气更加寒冷，就把被子裹紧些。等了一会儿，比前更加冷了。他下了炕，寻得几个煤球放

① 后门是北京皇城的北门，正名地安门。

② 北京的大院大都是四合式的一所大屋子，中间有一个公共的庭院。这大都是穷人的住处，也有聚了许多小商人在内开设店铺的。

③ 北方人屋内都有一个炕，睡和吃饭做事都在上面。炕是砖和泥砌成的；底下有一个孔，冬天可以在内烧火取暖。

在炕炉里头，依然上炕喷云吐雾去了。

忽然大门响，接着房门一开，走入个中年妇人和个十三四岁的女孩。那男子见他们进来，便问道："今天要了几个大？[①]"

妇人答道："三百！[②]"看见那男子吸烟，立刻现出惊讶的颜色，赶紧接着问道："你又抽烟啦！烟从哪里来的？"

"今天下半晚，我到了张总管[③]用的王二那里，找了些烟灰来。这是云土[④]的二灰，[⑤] 味儿还好。这些又够吃几天的了！"

妇人听了一声不响，走到炕边，把炕炉拉出来，将午饭吃剩的白薯小米粥[⑥]温在上面。锅刚放好，她听见外面打门，立刻叫她女儿道："大妞，[⑦] 快去开门去！你哥哥回来了。"

大妞跟着他哥哥进来了。他哥哥约有十五六岁，身体短小，形容干枯；走进的时候，弯着腰，缩着头，两肩耸起，冷的口里直吁气。他母亲见了他问道："虎儿！你收了车啦？今天剩了几吊？[⑧] 吃了饭没有？你喝了酒啦？"

"今天拉了七吊三。除去车租，剩了五吊三。天气太冷，喝了些酒。吃……"虎儿说着，便坐在炕上了。

那男子听说喝酒便大怒，把烟枪放下，骂虎儿道："好呀！这样冷天，我在家里没有一点儿酒喝；你反倒在外头自自在在灌起来了！以后再这样办起

---

① 北方人称小钱为"大"。"要"是乞讨的意思。
② 京钱都是进一位计，三百就是三十文。
③ 富贵人家的仆人唤作总管，总管亦有自用仆人的。
④ 云土是云南出的烟土。
⑤ 烟灰是烟膏烧剩的渣滓，二灰便是烟灰的烟灰。
⑥ 白薯小米粥是北方穷人的饭食。
⑦ 北方人呼女郎为妞。
⑧ 吊即是千。京钱的千即是通常的百。

来，还了得啦！”

虎儿的母亲向他说道：“你又抱怨他了！孩子没有衣服穿，在外面喝点酒避寒气，也不算什么！值得这样骂么？”随着又向虎儿问道：“你吃的什么？”

“烙饼！[①] 一共用了……”

他父亲又骂道：“更好啦！你爹妈在家里喝白薯小米粥；你在外头倒吃烙饼！好！现在你就这个样儿。再待几年，你人大，心也大了。还许把我们老两口儿[②]赶出去呢？”

那妇人也气愤着说道：“得啦！[③] 得啦！虎儿天天拉车挣了钱来养你，你还骂他。只许你整天抽大烟，不许他喝点儿酒。你想想，这三年你挣到家里几个大？你不给孩子好东西吃，反教他来养你。还今天骂，明天打呢！得啦！别骂[④]啦！”

那男子听了，便唉了一声，咕喽着说了几句。仍就拿起烟枪，吸起来了。

那妇人不理他，仍就问虎儿要他所剩的钱。

虎儿把剩的四吊钱交给他母亲，眼里含着泪，抽抽噎噎地说道：“今天吃的饼太咸；忘了喝水。等到收车的时候，走到东斜街北头，渴极了。砸开马槽[⑤]的冰喝了点凉水。现在肚子很痛……”

他母亲接着说道：“躺一躺！等等喝碗热粥就好了。”

粥开了，大家都在炕上吃。将吃完的时候，虎儿的母亲从炉上把锅拿下

---

① 烙饼是面制的饼，在火上烙熟的，也是北方人的饭食。

② 两口儿是夫妻的意思。

③ 得啦是劝人不要过甚的止辞，犹说“好了”。

④ 别骂即不要骂。“别”即“不要”的急读。

⑤ 北方路上官井的旁边，都有马槽，槽是长方形的木桶。槽里安着水，预备行路的马喝的，但人力车夫也都就槽喝水。

来。一见炉里火小了，就找煤球。[1] 虎儿的父亲便告诉她煤球没有了。她立刻叫大妞去买。虎儿的父亲说道："外头冷。虎儿喝了酒，叫他去！"虎儿便拿了钱，下了炕，开房门。房门一开，恰恰的外面一阵旋风迎着虎儿一吹，带进来了许多雪花。虎儿打了一个战，就冒着风雪出去了。屋里的人也都打了一个寒噤。虎儿的父亲便骂虎儿不小心。但是他骂的时候，虎儿已经走远了。

粥喝完以后，虎儿的母亲收拾家伙；父亲看着大妞烧烟泡。忽然听见远远的有汽车走的声音，大妞的母亲便叹道："唉！虎儿能替人管汽车，像德老三一样，我们就好了！"

大妞烧了几个烟泡，虎儿还不回来。炉里的火更暗了。大妞的母亲便叫大妞道："大妞！你快去迎一迎你哥哥。他要再不来，炉子就灭啦！"大妞的父亲也接着说："虎儿办事老是这样！可恶！"

大妞才一出门，就听见她喊："哥哥！哥哥！你怎么样啦？为什么倒在地下？你……你……你……"

屋里的两个人都吓了一跳。那妇人就连忙跑出去了；那男子仍旧自己烧烟泡儿。这时候，外面的雪越发落得紧了！远远的又有一辆汽车呜呜地叫！

---

① 北方人把煤打成细屑；再把细屑和水，团成煤球。凡烧饭生炉都用煤球。

作者简介

汪敬熙（1898—1968 年），江苏吴县人，小说家，生理心理学家。1919 年毕业于北京大学经济系，与傅斯年等同为新潮社的主要成员，在《新潮》上发表短篇小说，并参加新文化运动。短篇小说《雪夜》（《新潮》第 1 卷第 1 号，1919 年 1 月 1 日），表现了对苦难的妇孺的同情，具有现实主义的色彩。1920 年赴美留学。1923 年得博士学位后回国，先后任河南中州大学、中山大学、北京大学教授。1934 年任中央研究院心理研究所所长。1948 年赴巴黎参加联合国教科文组织工作。1953 年后在美国约翰·霍普金斯大学和威斯康星大学进行研究工作。1968 年 6 月 30 日卒于美国威斯康星州，终年 70 岁。

延伸阅读

鲁迅在《〈中国新文学大系〉小说二集序》中称赞新潮社，说汪敬熙，罗家伦，杨振声，俞平伯，欧阳予倩和叶绍钧他们每作一篇，“都是‘有所为’而发，是在用改革社会的器械”。在论及短篇《雪夜》时，鲁迅说“汪敬熙并且装着笑容”，揭露了“苦人的灾难。”

十七　燕子与蝴蝶

［波兰］戈木列支奇（Wiktor Gomulicki）　著

周作人　译

有一天我们出去，离磨房很远，连磨轮的声音都听不到了。

安那采些野花，预备编作花环；我们走的愈远，伊便寻到愈美愈多的花。

我们采集蓝花的野菊，走了好几里路，而且我们也全不知道这是怎样，又是什么时候做的。

我们久已不曾计算时间，或留心这是什么时分了。我们的时表，已经有一个月，卧在我们的箱子底下了。

在恋爱的会合的时候，有谁去看时表的指示呢？谁又受着自然的抚爱，却用了均匀微小的分子去计算时间，去烦恼他呢？

太阳在天上照着，正当我们的前面，——这在我们看来，仿佛是我们正走向太阳那里去。

忽然在草原的中间，——这草原优美的波动着，上面有几株孤独的野梨，步哨[①]似的站着，——在我们的上面，现在一座小山，带一丛小小的松林。

这松林很憔悴而且稀疏；我们能够从它中间很明白地看出村家的黄墙与红的屋顶。

① 步兵在派定的地方看守的。

那红黄的房子引动了我们的兴趣；所以我们便走进松树林里去，虽然这些松树也并不讨人的喜欢。

有许多树，正同人们一样，使人一看便觉得讨厌。

松林中间的地上，并没有遮盖着一茎的青草。即使青草曾经生长，显然早已被人的脚步所毁灭了。在树干的末梢，想寻到嫩条，也不能够，这些枝条本来在老树旁边是常有的。这是一种没有将来的植物，正如世上的没有明日的人生。

我们沿着这幽郁的松林过去，便看见一所大屋在我们的面前，墙上爬着野生的葡萄。靠在墙的一面，是一个小亭，用牵牛花和豌豆所编成的。屋后是园，荒废着，满生了瞿麦。①

这建筑中最大而且似乎最重要的，那是极长的马房，在屋的两边，仿佛和它合成一个不可分离的全体。略远一点，横着黄色的稻田。有一重低矮的栅栏，将它从那建筑和前面的一小块空地隔开了。

那栅栏造成一个方角；在斜面的两半斗合的地方，装着大门，高而且宽，那时候正完全的开着。

我们走近低矮的栅栏。安那还不及将伊的绢伞靠到栅栏上去，那黄屋里有人开门了，走出一个男人来，站在门口，高声问道，“你们是往外国去么?”

我们懂得了，用了弯曲的棒草草做成的栅栏，原来是比普通田产的境界更有重大的意义的东西。……

这栅栏是分开两个国民，两个国土，两个文明的。②

---

① 谷类植物，山野自生，结的实像燕麦。

② 栅栏的前面是波兰，后面是德国。

生在栅栏后面的裸麦，所以成为日耳曼的裸麦；① 那夹在稻穗中间、蓝色的火光一般微微燃烧着的野菊，也便是日耳曼的野菊了。

这也是日耳曼的，便是那风，从那边吹来，带着牵牛花的蜜一般的香气。……

安那当然不愿意用日耳曼的花，来增饰伊的花环；伊将我们的来意对高声问话的人说了。

他从容回到屋里去，但是一定还有十几双明敏的虽然不可见的眼睛，正守望着我们一切的举动。

我们周围观望，带有一种奇异的感觉。

“这是怎么的?”安那张大了眼问道，“这株稻因为谷子被风吹来，在这里生长，便是我们的；但那千万株的别的稻，本是它的兄弟们，只因生得远了一步，便是外国的：这是怎么的呢?”

我竭力地和伊说明，这是完全自然，而且必要的。

“为什么呢?”

我只耸一耸肩，也不答话。

我们心里全为分隔的思想所占据了，我们便转眼向着天空，去搜寻上面的界线。

但天空只是一个，不可分的。

我们看那太阳。

太阳也只是一个，不可分的。

在这时候有一只蝴蝶，在我们近旁的栅栏上，将它红面银里的翅膀一张

---

① 略似大麦，但穗上没有芒；也可供食的。

一敛的，坐了好久；忽然地飞起，便飞过日耳曼的那边去了。

它在左右摇摆的稻穗上，飞了许多时，寻到了男朋友或女朋友，于是又从从容容地飞回来了。

几个燕子，预知雷雨将到了，大声叫着，远远地飞翔了一会，也无事地穿过了那境界。……

“你看!”安那同小孩一般的得意，叫着说，“那燕子和蝴蝶并不承认那必要，便是你刚才很聪明似的所说的。”

这几句不注意的话，很使我幽郁。

“唉，安那，安那，”我埋怨似的说，“你忘记了么？——人类是比那轻浮的燕子和没有思虑的蝴蝶更为聪明的生物呀!”

作者略述

戈木列支奇（Wiktor Gomulicki，1851 年生），波兰小说家，亦为诗人。文体优美。辞句匀称。俱足使人惊叹。虽其著作本旨在推演所目睹之华沙（Warsaw）生活，然于其短篇中，颇描摹出波兰农夫之生活状况。若彼刻画入微之笔墨，在小说中实别开生面。

译者简介

周作人（1885—1967 年），浙江绍兴人，鲁迅（周树人）之弟，周建人之兄，通中、日、英、希腊，还有世界语，是我国现代著名散文家、思想家，中国民俗学开拓人，新文化运动的杰出代表。

1903 年，入江南水师学堂学习海军管理。1906 年考取官费留学日本。1911 年从日本留学归国后，历任国立北京大学教授、燕京大学新文学系主任等职务，曾参与《新青年》的编辑工作，任"新潮社"主任编辑，与沈雁冰、郑振铎等人发起成立"文学研究会"，与鲁迅、林语堂等创办《语丝》周刊，在新文化运动和五四运动中发挥了重要的作用。抗战期间担任国立北京大学图书馆馆长、华北政务委员会常务委员兼教育总署督办等伪职。新中国成立后，专心翻译和写作，以稿费维持生计。

延伸阅读

周作人翻译的戈木列支奇的短篇小说《燕子与蝴蝶》，刊于《小说月报》第 12 卷第 8 号（1921 年 8 月 10 日）。原来课文及"作者略述"均署"戈木列支哥"，现改为"戈木列支奇"。

一对恋人温馨甜蜜的浪漫之旅，却被波兰与德国交界处的边防士兵所阻拦。同一个蓝天、同一个太阳之下，为什么"一重低矮的栅栏"就把一片土地分为两个国家？为什么同一个品种的稻子和稞麦被归入不同国家，只有燕子与蝴蝶才能充分享受空间上的自由？可爱的安那提出的问题让人不得不思考。其实，"低矮的栅栏"阻隔的岂止是大自然有形的土地，还有人类思想文化和情感的交流。

十八　日本的新村

周作人

近年日本的新村运动是世界上一件很可注意的事。从来梦想乌托邦[①]的人虽然不少，但未尝着手实行；英国诗人古勒律己[②]等所发起的“大同社会”也因为没有资本，无形中消灭了。俄国托尔斯泰的躬耕，是实行泛劳动主义[③]了；但他专重手的工作，排斥脑的工作，又提倡极端的利他，没杀了对于自己的责任，所以不能说是十分圆满。新村运动却更进一步，主张泛劳动，提倡协力的共同生活，一方面尽了对于人类的义务，一方面也尽各人对于个人自己的义务，赞美协力，又赞美个性，发展共同的精神，又发展自由的精神，实在是一种切实可行的理想、中正普遍的人生的福音。

一九一〇年，武者小路实笃纠合了一班同志，在东京发刊《白桦》杂

① 乌托邦是 Utopia 一字的音译，是想象中的极乐地的意思。

② 古勒律己（Samuel Taylo Coleridge），英国大诗人，生于一七七二年。他和 Wordsworth，Sonthey 等人被称为“湖上诗人”或“湖上派”。文学批评家亦把他们算作英国的自然派诗人，因为他们大都崇奉卢骚的“复归于自然”之说。一七九四年顷，古勒律己始遇 Sonthey，那时法国的革命激动了 Sonthey 的心，正在计划组织一个小小的共产社会。古勒律己很赞成这位新朋友的理想，于是他们就在 Susquehanna 河岸建立了一个共产村。但因股本募不起来，捐款又没有，所以在翌年就失败了。古氏死于一八三四年，有诗集及批评论文集多卷。

③ 这种主义主张人人都要做劳力的工作，关于衣食住的供给，最好都由自己的力量得来。

志。那时文学上自然主义盛行，他们的理想主义的思想，[①] 一时无人理会。到了近三四年，影响渐渐盛大，造成一种新思潮。新村的计划便是这理想的一种实现。……

……实行上现在正是发端，去年十一月才在日向[②]的儿汤郡石河内买了一块地，建立第一新村，着手耕种。又在东京发行一种月刊《新村》发表意见，记载情形。下面这几节便从这月刊中抄出，可以晓得大概。

> “看大家在那里劳动，真是快事。从山冈上叫他们时，大家一齐答应。最有腕力的横井立刻撑小船来迎，渡过河到了大家劳动的地方。前回下种的芜菁和瓢儿菜都已长出可爱的芽。二亩的荒地现在已很整齐的耕好，都播了种子。我到明日也可拿着锄头，同众人一起劳动，想起来很是愉快。
>
> “大家停了工作，在河中洗净了锄镰等农具，乘船回来。吃麦四米六的饭，很觉甘美。地炉中生了火，同大家闲谈，随后到楼上，拟定先发队的规则，今年年内便照着做事。——每日值饭的人五时

① 文学家对于人生或世界，常取两种相反的态度。依照现实人生的真相而要如实地描写出来的，是一种态度；避去现实人生中丑恶的一部分，努力去追求较高的理想的美，而要把人生表现成完美无缺的——即要把人生来“理想化”——又是一种态度。后面的一种对于人生或世界的态度，通常就叫作“理想主义”。所以理想主义在文艺史上，并不一定系属于某时代，要像浪漫主义或自然主义那样在文艺史上划出一段时间归给它，是不可能的。文艺上的自然主义可就不是这样说法了。它，与其说是作家对于人生或世界的一种态度，不如说是作家于描写或观察时所取的一种态度。自然主义者观察人生是要取冷静的客观的态度的，描写人生是要取科学的实验的方法的。人生是美呢是丑？世界是善呢是恶？自然主义者并无成见。他们只知以客观的眼光去观察，以科学的方法去描写。在文艺史上，法国的曹拉和莫泊三是此派的始祖；后其势力蔓延到各国文坛，使十九世纪后来的世界文学变了色彩。

② 日向在九州岛东南。

先起；其余的六时起来，吃过饭，七时到田里去，至五时止。十一时是午饭，下午二时半吃点心，都是值饭的人送去。劳动倦了的时候，可做轻便的工作。到五时，洗了农具归家。晚上可以自由，只要不妨碍别人的读书；十时以后熄灯。这是日常的生活。雨天，上午十一时以前各人自由，以后搓绳或编草鞋，及此外屋内可做的工作。每月五日作为休息日，各人自由。又有村里的祭日，是释迦、耶稣的生日，一月一日，新村土地决定的那一天罗丹①的生日，又因为这样是四月直跳到十一月，所以托尔斯泰的生日也加进去定为祭日：就是一月一日、四月八日、八月二十八日、十一月十四日、十二月二十五日这五天定为新村的祭日，到那时节，当想方法举行游戏。”②

“早上七时，大家拿了锄或斧，穿上工作的衣服，乘船出去。从清早起，只穿一件小衫劳动，毫不寒冷。横井等有时赤了膊，元气旺盛的做事。今日麦已播种了。近处的农夫同来参观的人见了我们的工作，都很惊服。午后四时起，我们动手砍丛莽，烧草原，直到太阳下山才回去。昨日照了六张照相，……其中一张，在河中大岩石上，大家都坐着。这真是美丽的地方；这大岩石现在已由新村的人替它定了名字，叫作罗丹岩。因为土地决定的日子，正在罗丹生日十一月十四日，所以作为记念。这是一个形态很奇妙，看了很愉

① 罗丹（Auguste Rodin）是法国的大雕刻家，生于公元一八四〇年，死于一九一七年。他的作品，都是从物的自然方面、内心方面、活动方面观察而后从事的。对于以前的传袭的模式的艺术，他是一个革命者。

② 作者自注：“十二月七日武者小路实笃通信，见《新村》第二卷一号。”

快的岩石。倘来参观新村，我愿意引导。”① ……

作者简介

见第54页。

延伸阅读

《日本的新村》，载《新青年》第6卷第3号（1919年3月15日），收入周作人杂文集《艺术与生活》。在这篇文章中，周作人介绍了当时日本以武者小路实笃为代表的白桦派作家所鼓吹的乌托邦式的“新村运动”，说“新村运动”的意义在于“建设模范的人的生活”，新村“主张泛劳动，提倡协力的共同生活，一方面尽了对于人类的义务，赞美协力，又赞美个性，发展共同的精神，又发展自由的精神，实在是一种切实可行的理想，真正普遍人生的福音”。这是在我国最早介绍“新村”的文章。原文长达6500字，课文中还不到1200字，篇幅删减了五分之四。为了文章的完整，编者在删减的同时作了相应的增添或修饰。

① 作者自注：“同日今田谨吾通信。”

十九　访日本新村记

周作人

……当日他们多赴上城[①]工作，我也随同前往，种过小麦的地已经种下许多甘薯，未种的还有三分之二。各人脱去外衣，单留衬衫及短裤、布袜，各自开掘。我和第五高等的学生也学掘地，但觉得锄头很重，尽力掘去，吃土仍然不深。不到半时间，腰已痛了，右掌上又起了两个水泡，只得放下，到豆田拔草。恰好松本君拿了一篮甘薯苗走来，叫我帮着种植。先将薯苗切成六七寸长，横放地上，用手握土埋好，只留萌芽二寸余露出地面。这事很容易，十余人从三时到六时，或掘或种，将所剩空地全已种满，都到下城罗丹岩边洗了手脸，坐在石上，看着培比[②]钻下水去拣起石子来。我也在水滨拾了两颗石子，一个绿色，一个灰色，中间夹着一条白线。后来到高城[③]时，又在山中拾得一颗层叠花纹的。现在都藏在我的提包里，记念我这次日向的快游。

回到中城，在草地上同吃了麦饭，回到寓所。虽然很困倦，但精神却极愉快，觉得三十余年来未曾经过充实的生活，只有半日才算能超越世间善恶，

① 上城同下面的中城、下城是新村中区分之名。因新村旧址是封建时代的一个城堡，故土名“城”；其地是高地，故居人又分为三，最高的是上城，次中城，次下城。

② Bebi 是他们所畜的猛犬。

③ 高城是村名，在新村外。

略识“人的生活”的幸福，真是一件极大的喜悦。还有一种理想，平时多被人笑为梦想，不能实现，就经验上说，却并非“不可能”，这就是人类同胞的思想。我们平常专讲自利，又抱着谬见，以为非损人不能利己，遇见别人，——别姓、别县、别省的人都是如此，别国的人更无论了，——若不是心中图谋如何损害他，便猜忌，怨恨，防自己被损。所以彼此都“剑拔弩张”，互相疾视。倘能明白人类共同存在的道理，独乐与孤立是人间最大的不幸，以同类的互助与异类争存，[①] 才是正当的办法。并耕合作，苦乐相共，无论哪一处的人，即此便是邻人，便是兄弟。武者先生曾说：“无论何处，国家与国家纵使交情不好，人与人的交情仍然可以好的。我们当为‘人’的缘故，互相扶助而作事。”[②] 这话甚为有理，并非不可能的空想。我在村中，虽然已没有“敝国、贵邦”的应酬，但终被当作客人，加以优待，这也就是歧视。若到田间工作，便觉如在故乡园中掘地种花，他们也认我为村中一个工人，更无区别。这种浑融的感情，要非实验不能知道；虽然还没有达到“汝即我”的境地，但因这经验，略得证明这理想的可能与实现的幸福，那又是我的极大喜悦与光荣了。

① 作者自注：“我常想，如能联合人类知力，抵抗微菌的侵略，实在比什么几国联盟、几国协约尤为合理，尤为重要。”

② 作者自注：“《新村》第二年七月号”。

作者简介

见第 54 页。

延伸阅读

1919 年 7 月 2 日，周作人启程赴日本东京接妻及子女回国，并拟迂道去参观日本的日向新村。7 月 6 日，到新村所在的石河内村。次日，由武者小路实笃陪同参观。7 月 29 日作《访日本新村记》，载《新潮》第 2 卷第 1 期（1919 年 10 月 30 日），收《艺术与生活》。

文章详细记载了这次访问日本新村的全部经过，称赞这个“乌托邦”式的日本新村的人“真多幸福”，“新村的空气中，便只充满这爱，所以令人融醉，几于忘返”。又说：“我此次旅行，虽不能说有什么所得，但思想上因此稍稍扫除了阴暗的影，对于自己的理想增加若干勇气，都是所受的利益。”

1920 年 3 月 1 日，周作人宣布新村北京支部正式成立，并发表《新村北京支部启事》，支部地址就设在周作人家里（北京西直门内八道湾十　号）。

原文长达 9000 字，课文中只有 900 字，篇幅删减了十分之九。为了文章的完整，编者在删减的同时作了相应的增添或修饰。

二十　天演论导言七[1]

［英国］赫胥黎（Thomas Henry Huxley）著

严　复　译

天演之说，若更以垦荒之事喻之，其理将愈明而易见。今设英伦[2]有数十百民，以本国人满、谋生之艰，发愿前往新地开垦。满载一舟，到澳洲[3]南岛达斯马尼亚[4]所。弃船登陆，耳目所触，水、土、动、植，种种族类，寒、燠、燥、湿，皆与英国大异，莫有同者。此数十百民者，筚路褴褛，辟草莱，烈山泽，驱其猛兽、虫、蛇，不使与人争土。百里之周居然城邑矣。更为之播英之禾，艺英之果，致英之犬、羊、牛、马，使之游且字于其中。于是百里之内与百里之外，不独民种迥殊，动、植之伦亦以大异。凡此皆人之所为，而非天之所设也。……

顾人事立矣，而其土之天行[5]自若也，物竞[6]又自若也。以一朝之人事闯

---

① 赫胥黎著《天演论》（Evolution and Ethics）说明政治、宗教、学术等等，都是自然演进的。因为理颇深奥，所以先作导言十八篇，与人家一个浅明的观念。这是第七篇。

② 英伦（England）是不列颠帝国（British Empire）的本土。

③ 澳洲（Australia）是海洋洲的主岛。

④ 达斯马尼亚（Tasmania）在澳洲东南，是澳洲联邦的一部分。

⑤ 天行指自然界的因果关系，除了人为的部分而言。

⑥ 生物学家说不论何种事物，都在那里同其他的事物竞争。显然的攻夺侵吞固然是竞争，而自己奋发内力，选居优越的境遇，也是一种无形的竞争。结果总是最适宜于此时此境的得到优胜。这叫作“物竞”。

然出于数千万年天行之中，以与之相抗，或小胜而仅存，或大胜而日辟，抑或负焉以泯而无遗，则一以此数十百民之人事何如为断。使其通力合作，而常以公利为期，养生送死之事备而有以安其身，推选赏罚之约明而有以平其气，则不数十百年，可以蔚然成国。而土著之种产民物，凡可以驯而服者，皆可渐化相安，转为吾用。

设此数十百民惰窳[1]卤莽，愚暗不仁，相友相助之不能，转而靡精力于相伐，则客主之势既殊，彼旧种者得因以为利，灭亡之祸旦暮间耳。即所与偕来之禾稼、果蓏、牛羊，或以无所托庇而消亡，或入焉而与旧者俱化。不数十年，将徒见山高而水深，而垦荒之事废矣。此即谓“不知自致于最宜，用不为天之所择”可也。

作者略述

赫胥黎（Thomas Henry Huxley，1825—1895 年），英之科学家，任皇家学校博物学教授，于动物之种别及形态学、化石学，深有所得。达尔文《进化论》出，大信之。著书以鼓吹其说，《天演论》其一也。

严复（1853—1921 年），福建闽侯县人，字又陵，一字几道。年十四，考入船政学堂。卒业后，登建威扬武两船练习。光绪初，派赴英伦格林尼次海军学校，每试皆冠其曹。居英四载而归，总船政学堂教习。后主天津水师学堂讲席。戊戌政变后，译《天演论》《群学肄言》《原富》《法意》《社会通诠》《穆勒名学》《群己权界论》诸书，一时思想界顿改旧观。1912 年京师大学堂改称北京大学校，严复出任北大首任校长。

延伸阅读

《天演论》是英国生物学家赫胥黎的著作，由近代启蒙思想家严复于1896年译成中文。严复在导言中说：达尔文的书，在欧美两洲，几乎家置一编，妇孺皆知，其学说最要有二，一曰物竞，一曰天择。此外，严复还把《天演论》译稿给梁启超等人看过。因此，《天演论》正式出版虽在1898年，但“物竞天择，适者生存”“优胜劣败”的理论在此以前早已在思想界传开，使当时处于“知识饥荒”时代的中国知识界如获至宝，产生了振聋发聩的影响。《天演论》问世以后，“天演”“物竞”“天择”“适者生存”等新名词成了一班爱国志士的口头禅，读《天演论》，做“物竞天择”的文章，成了那个时代的风气，有些青少年干脆以“竞存”“适之”等作为自己的字号。

[1] 惰窳（yǔ）：懒惰懈怠。

二十一　先驱

［芬兰］哀禾（Juhani Aho）　著

周作人　译

二人同役牧师家，一为童，一为婢，男牧马，女则供家事。临食，共案而坐，必交相谑，顾次则循序以至斗。主人夫妇谓小偶殊不相称，正如人言，不啻犬之与猫也。第每值夜渔，或相将刈稻束刍，则室家之心亦与渐长。尝远至荒林，择沼畔一区为将来茅舍地。荒林固无所惜，特需辟治之耳。今日赤杨萧瑟之处，可以转为田畴；而溪边原隰，则郁成草地，第使能筑茅屋一椽斯善矣。顾二人佣值殊俭，且治地必更得一马一牛，以是而二人婚事亦为之迟迟未遂。惟年来情愫益密，将来希望日益光明。二人暇时恒自计其积蓄，当更历几时资斧始得足也。人殊不意此儿女心中乃怀大希，冀得自由，别立家室；以二人居牧师家，颇极安适，百无所虑，有食有衣。顾不知二人之心盖向荒林久矣。

一年夏日，二人云将辞役。村人闻之，咸来劝阻曰："荒林之中冽寒为虐。汝徒自招负债耳！不数年，儿女将繁，而村中丐者亦已足矣。"

顾二人筹画是事已垂五年，其心既决。牧师遂为之布告婚姻。至秋，乃皆辞去。

是年冬，二人尚居旅中。微勤方在林间经营茅舍，间或作工牧师家。安尼则臂助主妇，为之缝织。次年五月，乃举婚礼，其资皆主人所赠。牧师则出其家之巨室为旧仆合婚。逮二人别去，牧师立窗后望之，至不复见，摇其首曰："且任少年试之，究何得者！且荒林为物，非儿女资斧所能辟者也。"虽然，芬兰[1]之林乃信以如是资斧辟治。而牧师之言亦诚也。

吾侪村中少年乃送旧友宁其新居，又遍游林中消此永日。林木翳如，色作新绿。入夜，归新舍而舞。室中地板犹未帖合，梁末参差出于屋角。田畴虽分，荒秽未去。惟坡陀之上有新麦作芽，杂木株间，其色嫩碧。而稻田一区，其上尚积枯木。安尼就地燃炬火；又初次取牛湩孔。吾与微勒共坐石上，观新妇趋作夕照中，时尚衣盛服。微勒计将来之事，意气甚盛，曰："如吾侪不病，冽寒不至者，斯可矣！"已而复言，如先得吾心者，曰："吾知此处沼泽实为寒气之巢穴；然使人能奋力。吾将辟林广之，更启一地以纳阳光。……今当薄暮，或小觉阴寒。第至明年夏日，可复来一相视也。"

次年夏，吾不之访，又次年亦然，盖忘之矣。一日返家，乃询其近况。吾父曰："彼辈渐至负债。"吾母益之曰："且安尼亦病矣！"

数年后，吾已为学生，时当秋假，乃携一铳一狗入乡游猎。一日为十月昙[2]天，吾行林中，忽得鸟道，其状颇稔。微雨渐下。犬奔走吾前，忽乃怒鸣，继之以吠。时闻前路有马蹄声。及路隅，则马首已见，驾二木之间，木端着地；辕间结素帛，缚柩横木上。微勒徒步从其后，为之扶掖，状若扶犁；颜色憔悴，两颊色皆惨白，目光黯然。吾呼其名，乃识我。吾问之曰："若所将何物耶？"答曰："吾死妇也！"吾曰："死耶？"曰："然，死矣！"吾复问

---

① 芬兰（Finland）在俄国的北部。

② 昙，是乌云密布的意思。

之，尽知其事：冽寒，负债，多子，妇遂病，终以积劳而殒。今载之就窀穸①，而道路滋恶，第能支持抵礼拜寺，斯已幸矣。有时马出路畔，就枯叶欲得草食之。微勒则掣其缰，叱之曰："荷！荷！"马饥欲得食，憔悴之状不亚其主，视之殆如槁骸也。已而微勒别去，注目视柩；木端曳沙径而过，作二小沟。

吾进至泽畔，见其地已掘一沟，顾工方及半，遽已中辍。吾循旧路，直至茅舍之外。篱后有瘦牛微鸣。一豕呻吟场圃中。园门启而未闭。场中有虚榻。死妇之衾则被于篱上。梁木参差如故。窗间玻璃昏暗。槛上置杨木小匣，植金凤华，已槁矣。顾微勒在此已辟地一小区，凡稻田一带，广二亩馀，又秧田广可一亩。第至是时，其力已竭。彼伐木去之，转赤杨之林使成平地。而其后松林阴黑，状若崇垣，不可以过；人力遂亦不能不休止矣。吾立废墟间久之，大风怒号林中，过吾耳畔，拂铳口作异声，如人哀泣也。

今也第一先驱者已尽其职，不能复作矣；精力耗亡，目光亦销其焰，当日自信之气亦不复存矣！行必有第二人继之兴起，受其旧居，或能稍得佳运耳。盖以事已较轻，当其前者非复浩荡荒林，未经人治。既得旧舍为之庇，又限前人耕地播而种之，则今兹山中茅屋，异日必为饶富之田家；历时既久，渐成村落焉。

顾孰有遐念前人，以所有资斧、少年精力首辟此地者耶？二人皆儿女耳，且又徒手以至是也。虽然，芬兰之林乃正以如是资斧辟为田畴。假使二人留牧师家，一为御者，一为侍儿，固当终身晏安，不遭忧患。惟荒林且永久不

① 窀穸，是墓穴。

辟，而文化曙光亦莫由入矣。

每见田中麦秀，禾穗就黄，人当常念先驱者之烈。特吾侪不能树碑墓上，为之记念。盖言其往事，如是者则既千万人，而姓名皆不闻于后世也。

作者略述

哀禾（Juhani Aho，1861—?）本名勃罗佛尔德（Brofeldt），为芬兰近代文人之冠。1890 年游法国，归而作《孤独》一卷，为写实派大著。又《木片集》一卷，皆小品，《先驱》即是中之一。

延伸阅读

短篇《先驱》中的男童微勒和女婢安尼，“一为御者（牧马）”，“一为侍儿”，都是牧师家的佣人，生活颇为安逸。然而随着年龄的增长，他们越来越不甘心于这种缺乏色彩和自由的生活，结婚后跑到深山野林，凭着“年少精力”，开荒种地，建设自己的家园。若干年后，安尼“积劳而殒”，撒手人寰。微勒也憔悴不堪，形同槁骸。然而哀禾则发出这样的感慨：“虽然，芬兰之林乃正以如是资斧辟为田畴。假使二人留牧师家，一为御者，一为侍儿，固当终身晏安，不遭忧患。惟荒林且永久不辟，而文化曙光亦莫由入矣。”这正好道出了周氏兄弟当年的心声，为了迎接新文化的曙光，他们愿意承担起先驱者的角色，披荆斩棘，开辟出一条道路。

《先驱》收入周氏兄弟纂译的《域外小说集》第二集，东京神田印刷所印刷，1909 年 7 月第 1 版。该集收小说 9 篇，计：芬兰哀禾《先驱》，美国亚伦波《默》，法国摩波商《月夜》，波思尼亚穆拉淑微支《不辰》《摩诃末翁》，波兰显克微支

《灯台守》《天使》，俄国迦尔洵《四日》，俄国斯蒂普虐克《一文钱》，其中除俄国迦尔洵的《四日》及波兰显克微支的《灯台守》中的诗歌部分为鲁迅所译外，其余的几篇皆为周作人翻译。

周氏兄弟合译的《域外小说集》第一集，东京神田印刷所印刷，1909 年 3 月第 1 版。该集共收小说 7 篇，计：波兰显克微支《乐人扬柯》，俄国契诃夫《戚施》《塞外》，俄国迦尔洵《邂逅》，俄国安特来夫《谩》《默》，英国淮尔特《安乐王子》。其中除《谩》《默》两篇为鲁迅所译外，其余 5 篇均为周作人翻译。

鲁迅在为《域外小说集》第一集撰写的广告辞中说："新纪文潮，灌注中夏，此其滥觞矣!" 1921 年，《域外小说集》第一集和第二集增订改版合为一册，鲁迅在《〈域外小说集〉序言》中说："异域文术新宗，自此始入华土。"周氏兄弟忠诚于原作，用"直译"的方法译介日俄和其他弱小民族的小说，并关注域外文坛最新出现的小说和被压迫民族的作品，对我国"五四"小说的内容、形式以及风格都产生了深远的影响。

二十二　归有光先妣事略（译文）

先母周孺人，生于弘治[1]元年二月十一日。十六岁便嫁了。过一年，生个女儿叫淑静；就是我们的大姊。一周年生我。又一周年，孪生女子：一个产出来就死了，一个满了周岁也死了。又过一年，生有尚，怀了十二个月的孕。明年，生女儿淑顺。隔一年，又生有功。

她生有功的时候，比生其他几个孩子时来得强健。但是她常常蹙着眉头对婢子们说："我为了多子吃这样的苦!"有一个老妈子取了一杯水来，里面盛着两个螺蛳，请她喝，说："喝了这个，便不会常常怀孕了。"她举起杯子喝尽了，喉咙便失了声，几乎不能说话。

正德[2]八年五月二十三日，她死了。许多孩子见家里人在那里哭，也就跟着他们哭，但是还以为母亲是睡着呢，伤心啊！于是家里人招画工画她的像，指着两个孩子对他说，"鼻头以上的部分照有光画，以下的部分照淑静画。"因为这两个孩子最像她。

先母名桂。她的祖父名明；父亲名行，是太学生；母亲何氏。周家世居

① 弘治，明孝宗年号，当公元一四八八年至一五〇五年。

② 正德，明武宗年号，当公元一五〇六年至一五二一年。

吴家桥，这地方在昆山县[①]城东南三十里；从千墩浦往南，是一条直港，靠小桥的东面，簇聚着的居民尽是姓周的。她的父亲与他三个哥哥都很有钱，但一切只讲简单和朴实；常同人家很温和地谈农村里的事情，看见了子弟甥侄辈没有一个不爱的。

先母到吴家桥去，就在那里纺棉纱；回到城里，那就接绩，[②] 到晚一盏灯火闪闪地照着，往往弄到半夜才歇。外祖父隔不到两天，就差人来问好，或者送点东西来。先母虽是不愁家计，但是她勤劳辛苦的样子，几乎像过了早上不晓得晚上怎样的人。冬天炉子里烧剩的炭屑，她使婢女做成炭团，一个个堆在阶前晒着。因此，屋里没有废弃的东西，家里没有闲空的人手。大一点的儿女牵着她的衣裳，小的在她怀中吸乳，她手里依然做她的针线。而且室内十分整洁。她待仆婢很有恩德，仆婢们虽也有时受她的责罚，但决不忍在背后说她的坏话。吴家桥年年送来鱼蟹糕饼等东西，总是人人都分得到的。家里的人听见吴家桥有人来了，都异常欢喜。我七岁的时候，与堂兄有嘉一起入学；每逢阴风细雨，他便留在家里；我看了他虽也不免恋恋，但决不能够同他一样。先母半夜醒来，便督促我背诵《孝经》。[③] 我依她背了，要一个字都没有错，她才快活。

先母死后，她的母亲何孺人也就死。周家有一种羊狗传来的传染病，舅母因此而死，四姨嫁到顾家，又死了，一共死了三十人才歇；惟外祖父与二舅存着。

先母死了十一年，大姊嫁给王三接，是先母在时所许聘的。十二年，我

---

① 昆山县属江苏苏常道。

② 苏地一带，称接麻的手工叫“接绩”，绩读 jì。

③ 此书出于汉，记孔子告曾参孝道的话，凡十八章。

进了县学。十六年，我才娶妻，是先母在时所聘定的。一周岁，便生了个女孩子。因为爱她，更加想起先母，每每在半夜里与妻子一同啼泣。追想起来，只有一二分还同昨天的经历一样，其余都茫然了。世界上竟有失掉母亲的人，真可伤痛啊！

延伸阅读

《先妣事略》是关于去世母亲的生平事迹的简略记叙，所写多为母亲持家操劳、生养哺育的日常琐事，布局也似乎随意为之，只是用一条线索贯串了全文，那就是对母亲无限深情的恋念。朴实无华文字打动了读者的感情，尤其是结尾的“世乃有无母之人，天乎痛哉！”一句，令多少“无母之子”唏嘘不已。

二十三 归有光先妣事略

先妣[1]周孺人[2]，弘治元年二月十一日生。年十六来归[3]。逾年，生女淑静；淑静者大姊也。期[4]而生有光。又期而生女子：殇一人，期而不育者一人。又逾年，生有尚，妊十二月。逾年，生淑顺。一岁，又生有功。

有功之生也，孺人比乳他子加健。然数颦蹙顾诸婢曰，“吾为多子苦!”老妪以杯水盛二螺进，曰：“饮此后妊不数矣。”孺人举之尽，喑不能言。

正德八年五月二十三日，孺人卒。诸儿见家人泣，则随之泣，然犹以为母寝也，伤哉！于是家人延画工画，出二子命之曰：“鼻以上画有光，鼻以下画大姊。”以二子肖母也。

孺人讳[5]桂。外曾祖讳明；外祖讳行，太学生；母何氏。世居吴家桥，去县城东南三十里；由千墩浦而南，直港并小桥以东，居人环聚，尽周氏也。外祖与其三兄皆以赀雄，敦尚简实；与人姁姁[6]说村中语，见子弟甥侄无不爱。

孺人之吴家桥，则治木棉；入城，则缉纑①[7]，灯火荧荧，每至夜分。外祖不二日使人问遗[8]。孺人不忧米盐，乃劳苦若不谋夕[9]。冬月炉火炭屑，

① “缉”是接麻，“纑”是布缕，两字联起来就是“接绩”。

使婢子为团，累累暴阶下。室靡弃物；家无闲人。儿女大者攀衣，小者乳抱，手中纫缀不辍[10]。户内洒然。遇僮奴有恩；虽至棰楚[11]，皆不忍有后言。吴家桥岁致鱼蟹饼饵，率人人得食。家中人闻吴家桥人至，皆喜。有光七岁，与从兄有嘉入学；每阴风细雨，从兄辄留；有光意恋恋，不得留也。孺人中夜觉寝，促有光暗诵《孝经》。即熟读，无一字龃龉[12]，乃喜。

孺人卒，母何孺人亦卒。周氏家有羊狗之痾[13]，舅母卒，四姨归顾氏，又卒，死三十人而定；惟外祖与二舅存。

孺人死十一年，大姊归王三接，孺人所许聘者也。十二年，有光补学官弟子[14]。十六年而有妇，孺人所聘者也。期而抱女。抚爱之，益念孺人，中夜与其妇泣。追惟[15]一二，仿佛如昨，余则茫然矣。世乃有无母之人，天乎痛哉！

作者简介

归有光（1507—1571 年），字熙甫，号震川。昆山（今江苏省昆山县）人。嘉靖十九年（1540 年）中举人，之后参加会试落第，遂徙居嘉定安亭江上，读书谈道，学徒常数百人，世称“震川先生”。嘉靖四十四年（1565 年），年近六十岁的归有光得中进士。及第后历官长兴知县、顺德通判、南京太仆寺丞等职。善古文，学宗司马迁《史记》，得其神理，后人称赞其散文为“明文第一”。著有《震川文集》《三吴水利录》等。

延伸阅读

［1］先妣：亡母。

［2］孺人：明代七品官的母亲或妻子的封号。

［3］来归：女子嫁到夫家。

［4］期（jī）：一周年。

［5］讳：古人称不敢直接叫的尊长之名为“讳”。

［6］姁姁（xǔ）：和顺的样子。

［7］缉纑（lú）：把麻搓成线，准备织布。纑，麻缕。

［8］问遗：问候并赠送物品。

［9］若不谋夕：好像早上无法谋划晚间的生计；母亲仿佛过苦日子一样勤劳持家。

［10］纫缀不辍：缝补不停止。

［11］棰（chuí）楚：杖打。

［12］龃（jǔ）龉（yǔ）：牙齿上下不相合，此指生疏不流畅。

［13］羊狗之痾（kē）：“痾”同“疴”。由家畜传染的疾病。

［14］学官弟子：进学，俗称考取秀才。嘉靖四年（1525 年），归有光以第一名补苏州府学生员，时年十九岁。

［15］追惟：追思。

二十四　祭亡妻黄仲玉

蔡元培

呜呼仲玉，竟舍我而先逝耶！自汝与我结婚以来，才二十年，累汝以儿女，累汝以家计，累汝以国内国外之奔走，累汝以贫困，累汝以忧患，使汝善画、善书、善为美术之天才竟不能无限发展，而且积劳成疾，以不得尽汝之天年。呜呼，我之负汝何如耶！

我与汝结婚以后，屡与汝别：留青岛三阅月，留北京译学馆半年，留德意志四年，革命以后，留南京及北京九阅月，前年留杭县四阅月，加以其他短期之旅行，二十年中与汝欢聚者不过十二三年耳。呜呼，孰意汝舍我如此其速耶！

凡我与汝别，汝往往大病；然不久即愈。我此次往湖南而汝病；我归汝病剧。及汝病渐痊，医生谓不日可以康复，我始敢放胆而为此长期之旅行。岂意我别汝而汝病转剧，以至于死，而我竟不得与汝一诀耶！

我将往湖南，汝恐我不及再回北京，先为我料理行装，一切完备。我今所服用者，何一非汝所采购，汝所整理。处处触目伤心，我其何以堪耶！

汝孝于亲，睦于弟妹，慈于子女。我不知汝临终时一念及汝死后老父老母之悲切、弟妹之伤悼、稚女幼儿之哀痛，汝心其何以堪耶！

汝时时在纷华靡丽之场，内之若上海及北京，外之若柏林及巴黎。我间欲为汝购置稍稍入时之衣饰，偕往普通娱乐之场所，而汝辄不愿。对于北京妇女以酒食赌博相征逐，或假公益之名以骛声气而因缘为利者，尤慎避之，不敢与往来。常克勤克俭以养我之廉，以端正子女之习惯。呜呼，我之感汝何如，而竟不得一当以报汝耶！

汝爱我以德，无微不至。对于我之饮食、起居、疾痛、疴痒，时时悬念，所不待言。对于我所信仰之主义、我所信任之朋友，或所见不与我同，常加规劝。我或不能领受，以至与汝争论。我事后辄非常悔恨，以为何不稍稍忍耐，以免伤汝之心。呜呼，而今而后，再欲闻汝之规劝而不可得矣！我惟有时时铭记汝往日之言以自检耳！

汝病剧时，劝我按预约之期以行，而我不肯。汝自料不免于死，常祈速死，以免误我之行期。我当时认为此不过病中愤感之谈；及汝小愈，则亦置之。呜呼，岂意汝以小愈促我行，而竟不免死于我行以后耶！

我自行后，念汝病，时时不宁。去年十一月二十八日，在舶中发一无线电于蒋君，询汝近状，冀得一全愈之消息以告慰。而复电仅言小愈。我意非全愈则必加剧；小愈必加剧之讳言，聊以宽我耳。我于是益益不宁。于十二月十三日又发一电，询汝近状。而久不得复。于是益益不宁。到里昂[①]后，即发一电于李君，询汝近状。又久不得复。直至我已由里昂而巴黎，而瑞士，始由里昂转到谭蒋二君之电，始知汝竟于我到巴黎之次日已舍我而长逝矣！呜呼，我之旅行为对于社会应尽之义务，本不能以私废公，然迟速之间未尝无商量之余地。尔时李夫人曾劝我展缓行期，我竟误信医生之言而决行，致不得调护汝以蕲免于死，呜呼，我负汝如此，我虽追悔，其尚可及耶！

---

① 里昂（Lyon），是法国的都会。

我得电时，距汝死已八日矣。我既无法速归，归亦已无济于事。我不能不按我预定计划，尽应尽之义务而后归。呜呼，汝如有知，能不责我负心耶？

汝所爱者，老父老母也：我祝二老永永健康，以副汝之爱。汝所爱者，我也：我当善自保养，尽力于社会，以副汝之爱。汝所爱者，威廉也，柏龄也：[①] 现在托庇于汝之爱妹，爱护周至必不让于汝；我回国以后，必躬自抚养，使得受完全教育，为世界上有价值之人物，有所贡献于世界，以为汝母教之纪念，以副汝之爱。呜呼，我所以慰汝者如此而已！汝如有知，其能满意否耶？

汝自幼受妇德之教育，居恒慕古烈妇人之所为。自与我结婚以后，见我多病而常冒危险，常与我约，我死则汝必以身殉。我谆谆劝汝，万不可如此；宜善抚子女，以尽汝为母之天职。呜呼，孰意我尚未死而汝竟先我而死耶！我守我劝汝之言，不敢以身殉汝；然我早衰而多感，我有生之年亦复易尽，死而有知，我与汝聚首之日不远矣。

呜呼，死者果有知耶？我平日决不敢信。死者果无知耶？我今日为汝而决不敢信。我今日惟有认汝为有知，而与汝作此最后之通讯，以稍稍纾我之悲悔耳！呜呼，仲玉！

中华民国十年，一月，九日，汝夫蔡元培。

---

① 威廉，蔡先生女；柏龄，蔡先生子。

作者简介

见第 2 页。

延伸阅读

1900 年夏，蔡元培的原配夫人王昭病逝，那时蔡元培才 32 岁。友朋多劝他续娶，蔡元培提出五条件：（一）天足者，（二）识字者，（三）男子不得娶妾，（四）夫妇意见不合时，可以解约，（五）夫死后，妻可以再嫁。1902 年 1 月 1 日，蔡元培与黄仲玉举行婚礼。黄仲玉出身书香门第，不但没有缠足，而且识字，又精通书画、孝敬父母，完全符合蔡元培的择偶标准，婚后她独自一人承担家庭的重担，支持蔡元培赴欧洲留学，才使得蔡元培能够在欧洲留学期间潜心治学、辛勤笔耕。无论是蔡元培革命失败，夫妻流亡至法国，漂流在外，还是躲避在西部乡间小镇，黄仲玉一直追随左右，任劳任怨，终至积劳成疾，于 1921 年 1 月 1 日在北京法国医院去世，年仅 45 岁。蔡元培悲痛万分，写下《祭亡妻黄仲玉》这篇感人至深的悼文，文章字字血泪、情真意切。

二十五　卖火柴的女儿

［丹麦］安兑尔然（Hans C. Andersen）　著

周作人　译

天气很冷；天下雪，又快要黑了，已经是晚上，——是一年最末的晚上。在这寒冷阴暗中间，一个可怜的女儿，光着头，赤着脚，在街上走。伊从自己家里出来的时候，原是穿着鞋；但这有什么用呢？那是很大的鞋，伊的母亲一直穿到现在，鞋就有那么大。这小女儿见路上两辆马车飞奔过来，慌忙跑到对面时，鞋都失掉了。一只是再也寻不着；一个孩子抓起那一只，也拿了逃走了。他说：将来他自己有了小孩，可以当作摇篮用的。所以现在女儿只赤着脚走；那脚已经冻得全然发红发青了。在旧围巾里面，伊兜着许多火柴，手里也拿着一把。整日没有一个人买过伊一点东西，也没有人给伊一个钱。

冻饿得索索的抖着，向前奔走，可怜的女儿！正是一幅穷苦生活的图画。雪片落在美丽的长发——披到两肩的好卷螺发上，但伊并不想到它。街上窗棂里都明晃晃的点着灯火，发出烧鹅的香味；因为今日正是大年夜了。咦！伊所想的正在这个！

两所房子前后接着，其间有一个拐角，伊便在那里屈身坐下。伊将脚缩紧，但是觉得愈冷了；又不敢回家，因为伊没有卖掉一把火柴，也没有一个钱拿回家去，伊定要受父亲的一顿打；而且家里也冷，因为他们家里只有一个屋顶，大的裂缝虽然用了稻草破布已经塞好，风却仍然呼呼地吹进来。

伊的小手几乎冻僵了。倘从柴束里抽出一支火柴，墙上擦着，温温手，该有好处。伊便抽出一支。霎的一声，火柴便爆发烧着了。这是一个温暖光明的火。伊两手笼在上面，正像一支小蜡烛；而且也是一个神异的小火光！女儿此时觉得仿佛坐在一个大火炉的面前，带着明亮的铜炉脚和铜盖。这火烧得何等好！而且何等安适！但小火光熄了，火炉也不见了，只有烧剩的火柴头留在手中。

第二支又在墙上擦着。火一发，火光落在墙上，墙便仿佛变了透明，同薄幕一样，伊能见屋里的事情。桌上铺着一块雪白的布，上面放着光亮的晚饭器具，烧鹅肚里满装着苹果干枣，蓬蓬地发出热气。还有更好看的，那鹅跳下盘，在地板上摇摇摆摆的，胸前插着一把刀、一把叉，向女儿走来。那时火柴熄了，只有厚实、潮湿、冰冷的墙仍在伊的面前。

伊又烧起一支火柴。这回伊坐在一株美丽的圣诞节树下；这树比去年伊在那富商家隔着玻璃窗望见的那一株更加高大，更装饰得好看。一千多支的蜡烛点在绿树枝中间；许多彩色图画，同店头所有的一样，都向上看这烛光。女儿伸出两手向它们，火柴就熄了。圣诞烛渐渐地升高。伊现在再看，却是天上的星——一颗星往下落，曳了一道火光。女儿心里想道："现在有一个人将死了。"因为伊的祖母——世上唯一爱伊的人，如今已经死了——常常告诉伊说：凡是一颗星落下，就有一个灵魂升天去了。

伊又在墙上划一支火柴。火发了光，在这亮光里，立着伊的祖母——清净光明，和善可爱。女儿叫道："祖母，你带我同去！我晓得：火柴熄时，你就要去了。你也要同温暖的炉火、好的烧鹅、美丽的圣诞树一样，就要不见了。"伊忙将整把的火柴擦着，想留住伊的祖母。火柴烧得很猛，比日中还光明，祖母的相貌也很大，很美丽，不同平常一样。伊将女儿抱在手里，两个人在光明喜乐中，离开地面，飞得很高，到那没有寒饿忧愁的地方去了——他们是同神在一处了。

但次日清早，女儿仍旧坐在拐角上，靠着墙，两颊绯红，口边带笑容——在旧年末夜冻死了。新年的太阳起来，照在一个小死尸上！这孩子坐在那里，冷而且硬；手里拿着火柴，其中一把已经烧过了。旁人说："伊想自己取暖。"但没有人知道伊看见怎样美景，也不知道伊在怎样的灵光中同伊的祖母去享新年的欢乐去了。

作者略述

安兑尔然（Hans Christian Andersen，1805—1875 年）作诗、曲、小说、哲学论文甚多，独以童话著名，所作计百五十篇。又有《无画画帖》一卷，论者推为杰作。安兑尔然天禀殊异，老而不失童心，故富于神思。其造童话，即以小儿之目观察庶类，而以诗人之笔写之，故美妙天成，殆臻神品。词句简易，如小儿语，而情思斐亹，喜乐哀愁皆能动人，状物写神亦入妙境。

延伸阅读

周作人翻译的丹麦作家安徒生的童话《卖火柴的女儿》，刊登在《新青年》第6卷第1号（1919年1月15日），童话主要讲了一位极为贫穷的卖火柴的小姑娘在富人合家欢乐、举杯共庆的大年夜冻死在街头的故事。

小姑娘在寒冷的大年夜的街上卖火柴，一根火柴也没卖出去。她很害怕回家，因为爸爸会打她，就抽出一根火柴来为自己取暖。她点燃第一根火柴，感觉就像坐在一个大火炉面前，火柴很快就灭了，她又烧起一支。每当她烧起一根火柴，在她面前就会出现一种幻境：美丽的圣诞节树、蜡烛点在绿树枝中间闪烁、灵魂已经升天的和善可爱的祖母……祖母将她抱在怀里，飞到那“没有寒饿忧愁的地方去了”。

二十六　插秧女

陈文述

朝见插秧女，暮见插秧女。
雨淋不知寒；日炙不知暑。
两足如凫鹭[1]，终日在烟渚。
种秧一亩宽，插秧十亩许。
水浅愁秧枯；水深怕秧腐。
高田已打麦，下田还种黍[2]。
四月又五月，更盼分龙雨。①
襁褓置道旁，有儿不暇乳。
始信盘中飧，② 粒粒皆辛苦。

① 俗以阴历五月中的雨为分龙雨。传说五月分龙后，天上的龙就各有分域，下雨和天晴，各处就不一致了。

② 盘，即碗。飧，是夜饭，但此处泛指饭食。

作者略述

陈文述（1771—1843 年），清钱塘（今浙江杭州）人，字退盦，号云伯。嘉庆举人，官全椒知县。诗工“西昆体”，博雅壮丽，篇章甚富。有《碧城仙馆诗钞》《诗髓》《颐道堂集》等

延伸阅读

我国的南方地区，人们的主粮是稻米。插秧，是种植稻谷的关键环节之一。男人耕田、挑谷，完成种植水稻中的重体力活，而插秧、割稻、除草，这些看上去似乎不需要多大力气的事，便由女人承担，插秧女，成为农村妇女的职业称号。插秧是个辛苦活儿，泥一身，衣裤湿，腿发麻，腰背疼。插秧女亦是家庭主妇，柴米油盐、理财当家都是她们的日常。“插秧”又与“麦收”“种黍”重迭在一起，插秧女把婴幼儿带到田头，但忙得连喂乳的时间都没有。

［1］凫鹥：泛指水鸟。

［2］黍：黍子，一年生草本植物。碾成米叫黄米，性黏，可酿酒。

二十七　寒晓的琴歌

叶绍钧

西北风吹来非常紧急，我的皮肤当着，也不感觉什么，因为麻木了。光秃的杨枝如狂地舞动，似乎可以听得它们的憔悴衰飒的哀声。白蒙蒙的晓雾笼罩着它们的顶部，只见很模糊的稀疏而槎枒的枝痕，仿佛用淡墨描的。

太阳还没升得高呢。斜射的淡薄的光线凝滞而无力，穿不透浓雾，单把东面的雾略微增一些光亮。

这里是好大的一片旷野。四围尽是杨树，但现在都沉没在浓雾里。我不停地向前走，只有逐渐近我身旁的一两棵可以看见。在我的右面是一座营垒，约略可以看见雉堞式的围墙。营里早已没有兵卒住了。离巢的乌鸦，不知它们为什么不飞到浓雾以外去扑一扑翅翮，却栖止在营墙上乱叫。这等声音在西北风里扩散开来，就含有凄苦的况味。

这是十二月里的朝晨，我竟没遇见一个行人。寂寞和惆怅的心使我忘了自己，直到脚下践着了小桥的石级，才知走完了那一片旷野了。我无心地傍着桥阑下望，那河水流动得好急！一条波纹涌着一条波纹，显出高低不平的无数阶级。那后生的波纹特别有一线的白痕作标记，流到桥下，便同化于深蓝色的水波；那一线白痕又去作更后生的波纹的标记了。

“何来胡琴的声音？”我这么想。这是不会拉的人拉的；弦音尖燥而艰涩，旋律的进行屡屡间断，而且时常发出散音。我不待思索，脑子里立刻有个念头回答自己的疑问："这条小桥边原有几家歌女——我平常经过时见她们门上的题名，所以知道——她们夜间应人家的征召，当然没有练习的工夫，此刻是清晨，征召她们的人睡了，她们才得在那里预备她们的功课。"

我望这几家沿河的楼窗，都是紧紧地关着，窗上的明瓦零落了，有的糊着新闻纸，已经破碎，经了风只是往里吹；更看不见别的了。但是我的想象力可以看见她们的屋内。那发出胡琴声音的一所屋里，有一个女孩子执着生疏而可怕的胡琴在那里练习。她或者因为没有好好儿睡眠，困乏极了，或者因为手指寒冻，不能灵动自如，又或者因为对于教者的威权恐惧而希望避免，使她的琴音更为恶劣，几乎不成音调。咿咿埃埃的声音连续送到我的耳里，我如听疲者的呵欠，冻者的抖颤，弱者的心跳。而我心底的眼睛里更见她朦胧欲睡的倦态，索瑟不堪的蜷缩，和惊惶无奈的神情——一幅难以描绘的图画。

和着琴音有低微的歌声了。何尝是歌声！这是个细小、怯弱、干枯、颤动的叫声。但我可以确定这是从一个十二三岁的女孩子的喉间发出的。从她的声音里叫出一切弱者柔软的灵魂，一切被侮辱者心底的悲哀。然则这正是个很好的歌，不过不是供人家取乐、听着开开心的罢了。

可惜这时候人们都睡着，这个歌声只我一个人听见。倘若在广大的都城里，聚集了成千成万的听众，叫她当众唱出这很好的歌，当可增进人们彼此之间的了解。但是我更有所忧虑，果真叫她当众唱出，她怎敢这样真实地唱呢！

我听了一会，一种奇异的感觉来袭我心，也辨不出是什么滋味。不要听罢！回首望刚才经过的旷野，依旧给沉默的滞重的浓雾笼罩着。

作者简介

叶绍钧（1894—1988年），字圣陶，苏州人。我国现代著名作家、教育家、编辑出版家和社会活动家，长篇小说有《倪焕之》，短篇小说有《隔膜》《火灾》《线下》《城中》《未厌集》等，散文有《未厌居习作》，童话有《稻草人》《古代英雄的石像》等。早期小说多写儿童与家庭，逐渐描写扩大至于社会与时代。短篇多谈教育，是我国现代文学史上最著名的教育小说家。

延伸阅读

《寒晓的琴歌》写于1921年3月31日，刊登于同年4月14日《京报·青年之友》。当时叶圣陶在苏州吴县角直镇吴县第五高等小学执教，小镇上有座供有钱人消遣的“落子馆”，歌女们晚上接客，朝晨起来吊嗓子，生活极其辛酸。

二十八　核舟

魏学洢

明人王叔远能以径寸之木为宫室、器皿、人物以至鸟、兽、木石，罔不因势象形，各具情态。尝镌核舟一，盖大苏[①]泛赤壁[②]云。

舟首尾长八分有奇，高可二黍许。中轩敞者为舱，箬篷覆之。旁开小窗，左右各四。启窗以观，雕阑相望。闭之，则右刻“山高月小，水落石出”[③]，左刻“清风徐来，水波不兴”[④]，石青糁之。

船头坐三人：中峨冠而多髯者为东坡[⑤]，佛印[⑥]居右，鲁直[⑦]居左。苏黄共阅一手卷，东坡右手执卷端，左手抚鲁直背，鲁直左手执卷末，右手指卷如有所语；东坡现右足，鲁直现左足；身各微侧；其两膝相比者隐卷底衣褶中。佛印绝类弥勒[⑧]，袒胸露乳，矫首昂视，神情与苏黄不属；卧右膝，诎右臂支船，而竖其左膝；左臂挂念珠——珠可历历数也。

---

① 苏轼是苏洵的大儿子，和他的弟弟苏辙都有文名。当时人称苏轼为大苏，苏辙为小苏。
② 赤壁有三，皆在湖北境；其一在黄冈县城外，系苏轼所游。
③ 苏轼《后赤壁赋》中语。
④ 苏轼《后赤壁赋》中语。
⑤ 苏轼别号东坡居士，后人就单称他东坡。
⑥ 佛印是宋时金山寺的和尚，名了元，和苏轼友善。
⑦ 鲁直系黄庭坚的号。他亦和苏轼友善。
⑧ 弥勒，佛名。现在寺院大门口供的佛就是他。

舟尾横卧一楫。楫左右舟子各一人。居右者椎髻[1]仰面，左手依一横木，右手攀右趾，若啸呼状。居左者右手执蒲葵扇，左手抚炉——炉上有壶——其人视端容寂，若听茶声然。

船背稍夷，题名其上，文曰："天启[2]壬戌秋日虞山[3]王毅叔远甫刻"，细若蚊足，钩画了了，其色墨；又用篆章一，文曰"初平山人"，其色丹。

通计一舟：为人五，为窗八，为箬篷、为楫、为炉、为壶、为手卷、为念珠，各一，对联题名并篆文为字共三十有四，而计其长曾不盈寸，盖简桃核修狭者为之。嘻，技亦灵怪也哉！

作者略述

魏学洢（约 1596—约 1625 年），明嘉善（今浙江省嘉善县）人，字子敬。为诸生，好学工文。（1625 年）父大中（因弹劾魏忠贤）为魏忠贤党所陷，被逮。学洢微服入都，刺探起居，设法赎父。未成而大中毙，扶榇归，晨夕号泣以死。（不久，魏大中被追谥为忠节，魏学洢也被下诏旌表为孝子。）

① 最简便的髻，样子如椎一般。

② 天启，明熹宗年号。壬戌为天启二年，当公元一六二二年。

③ 虞山在江苏苏常道常熟县。

延伸阅读

我国的工艺美术，源远流长，有历代相传的优良传统，有大批绝技惊人的能工巧匠，有无数堪称瑰宝的精湛产品。本文记述了一只用桃核雕刻成的小船，运用说明和描绘相结合的笔法，生动地介绍了明末雕刻艺人王叔远高超的雕刻技艺和独特的才华，热情赞扬了我国古代民间艺人的艺术成就。

原文由七个自然段组成，第一至第六自然段记叙核舟，为文章的第一部分；第七自然段是文章的第二部分，写的是由核舟生发出来的感慨，盛赞核舟制作者王叔远的绝技。可在课文中这一自然段只保留了“嘻，技亦灵怪也哉！”一句，与第六自然段相联接，其余的文字都删去了。现将原文中的第七自然段抄录于下：

> 魏子详瞩既毕，诧曰：嘻，技亦灵怪矣哉！《庄》《列》所载，称惊犹鬼神者良多，然谁有游削于不寸之质，而须麋了然者？假有人焉，举我言以复于我，亦必疑其诳。今乃亲睹之。由斯以观，棘刺之端未必不可为母猴也。嘻，技亦灵怪矣哉！

“棘刺之端未必不可为母猴也”：是一个典故，称“棘猴”或“棘刺造猴”。源于《韩非子》：有人报告燕王自己能在“棘刺之端为母猴”，于是受到了优厚的待遇，却推三托四迟迟不动手，后来燕王要他先拿出工具来看，他拿不出，骗局就被揭穿了。“灵怪”：奇妙。

二十九　核工记

宋起凤

季弟[1]获桃坠一枚，长五分许[2]，横广[3]四分。全核向背[4]皆山，山坳[5]插一城，雉①[6]历历[7]可数。城巅[8]具[9]层楼[10]。楼门洞敞[11]，中有人，类[12]司更[13]卒[14]，执桴鼓[15]，若寒冻不胜者。

枕[16]山麓一寺，老松隐蔽三章[17]。松下凿双户，可开阖[18]。户内一僧，侧首倾听。户虚掩，如应门[19]，洞开，如延纳[20]状，左右度[21]之无不宜。松外东来一衲②，负卷帙[22]踉跄[23]行，若为佛事[24]夜归者。对林一小陀③，似闻足音仆仆[25]前。

核侧出浮屠④七级，距滩半黍[26]。近滩维[27]一舟。篷窗短舷间，有客凭几假寐，形若渐寤然[28]。舟尾一小童，拥炉嘘火，盖供客茗饮也。舣舟[29]处，当寺阴[30]，高阜[31]钟阁踞[32]焉。叩钟者貌爽爽[33]自得，睡足徐兴[34]乃尔[35]。山顶月晦半规[36]，杂疏星数点。下则波纹涨起，作潮来候[37]。取诗“姑苏城外寒山寺，夜半钟声到客船”⑤之句。

---

① 雉是城堞。

② 衲是和尚。

③ 小陀是小和尚。

④ 浮屠是塔。

⑤ 这是唐朝张继的诗。姑苏即苏州，寒山寺离苏州城约十里。

计[38]人凡[39]七：僧四，客一，童一，卒一。宫室器具凡九：城一，楼一，招提①一，浮屠一，舟一，阁一，炉灶一，钟、鼓各一。景凡七：山、水、林木、滩石，四，星、月、灯火，三。而人事[40]如传更、报晓、候门、夜归、隐几、煎茶，统为六，各殊致殊意[41]；且并其愁苦、寒惧、凝思诸态，俱一一肖之。

作者略述

宋起凤（生卒年月不详），清初（河北）沧州人，号紫庭［顺治八年（1651年）副贡生。后任乐阳县令，清顺治十一年（1654年）任灵丘知县，康熙元年（1662年），宋起凤擢升广东罗定州知州］，著有《大茂山房合稿》。

延伸阅读

这是一篇记述散文，描述的对象是一枚小小的桃坠，一件精巧的工艺品，一个令人神往的微雕世界，使读者顿生神游之感。文章最后结尾写道："语云：'纳须弥于芥子。'殆谓是欤！"这句话在课文中删去了。译成白话为：佛语说："容纳高山（大千世界）于芥菜子。"大概说的就是这吧！

① 招提是寺院。

［1］季弟：最小的弟弟。

［2］许：左右。

［3］广：宽。

［4］向背：正面和背面。

［5］坳（ào）：山间平地。

［6］雉（zhì）：城墙垛子。

［7］历历：分明的样子。

［8］巅：顶端。

［9］具：有。

［10］层楼：高楼。

［11］洞敞：大开。

［12］类：像。

［13］司更：司，管理。更，打更。

［14］卒：士兵。

［15］桴（fú）鼓：警鼓。

［16］枕：临，靠近。

［17］章：棵。

［18］阖：合。

［19］应门：应声开门。

［20］延纳：接纳的样子。

［21］度：揣测。

［22］卷帙（zhì）：书卷，这里指佛经。

［23］踉跄（liàng qiàng）：走路匆忙不稳的样子。

［24］佛事：僧尼拜忏的事情，如诵经、祈祷等。

［25］仆仆：奔走劳顿的样子。

［26］半黍：半分长。

［27］维：系。

［28］寤（wù）然：睡醒的样子。

［29］舣（yǐ）舟：船靠岸。

［30］阴：背面。

［31］阜（fù）：土山。

［32］踞：蹲。

［33］爽爽：愉悦的样子。

［34］徐兴：睡足以后慢慢起身之状。兴，起身。

［35］乃尔：如此这般。

［36］月晦（huì）半规：月亮昏暗呈半圆形。

［37］候：征兆。

［38］计：统计。

［39］凡：共。

［40］人事：人之所为，人的活动。

［41］各殊致殊意：情态各不相同。

三十　斗鸡

周去非

芥肩[1]金距[2]之技，见于传，而未之睹也。余还自西广①，道番禺②，乃得见之。番禺人酷好斗鸡，诸番人尤甚。鸡之产番禺者，特鸷劲善斗。其人饲养，亦甚有法。斗打之际，各有术数，注以黄金，观如堵墙也。

凡鸡：毛欲疏而短，头欲竖而小，足欲直而大，身欲疏而长，目欲深而皮厚；徐步眈视，毅不妄动，望之如木鸡。如此者，每斗必胜。

人之养鸡也，结草为墩，使立其上，则足常定而不倾；置米高于其头，使耸膺高啄，则头常竖而嘴利；割截冠緌，使敌鸡无所施其嘴；剪刷尾羽，使临斗易以盘旋。常以翎毛搅入鸡喉，以去其涎，而掬米饲之，或以水噀两腋，调饲一一有法。至其斗也，必令死斗；胜负一分，死生即异；盖斗负则丧气终身，不复能斗，即为鼎实矣。然常胜之鸡，亦必早衰，以其每斗屡滨死也。

斗鸡之法，约为三间：始斗少顷，此鸡失利，其主抱鸡少休，去涎饮水，以养其气，是为一间。再斗而彼鸡失利，彼主亦抱鸡少休，如前养气而复斗，又为一间。最后一间，两主皆不得与，二鸡之胜负生死决矣。鸡始斗，奋击

---

① 西广即广西，因广西从前为广南西道，故亦称西广。

② 番禺县为广东省会，属粤海道。

用距，少倦则盘旋相啄。一啄得所，嘴牢不舍，副之以距；能多如是者必胜，其主见，喜于色。

番人之斗鸡，乃尤甚焉。所谓芥肩金距，真用之。其芥肩也，末芥子，糁于鸡之肩腋。两鸡半斗而倦，盘旋伺便，互刺头腋下，翻身相啄，以有芥子能眯敌鸡之目，故用以取胜。其金距也，薄刃如爪，凿枘于鸡距；奋击之始，一挥距或至断头。盖金距取胜于其始，芥肩取胜于其终。季孙于此，能无怒耶①？小人好胜，为此凶毒，使微物不得生，自三代已然[3]。

作者略述

周去非（1134—1189年），宋永嘉（今浙江温州）人（南宋地理学家）。隆兴（元年）（1163年）进士，通判绍兴（绍兴府通判）。后移桂林。作《岭外代答》，于法制财计，足补中书所未备。（《岭外代答》十卷，分地理、土风、物产、边帅、法制、财计等20门，共294条，记载当时岭南即今两广的山川、古迹、物产资源，以及少数民族的社会经济、生活习俗等情况，兼及南海诸国和大秦、木兰皮国等。为研究当地史地的重要文献。）

① 春秋时，鲁季孙氏与郈氏斗鸡。郈氏用芥肩之法，季孙则用金距，却失败了。于是大怒，同郈氏争斗起来。

延伸阅读

我国古代就有将禽、兽、虫、鱼等动物放在一起进行搏斗取乐的游戏，即所谓的“斗戏”。民间经常用做“斗戏”动物有牛、马、犬、蟋蟀、蝉、鸡、鹅、雁、鹌鹑，甚至还有老鼠、金鱼等等。它虽始于民间，但是一旦进入宫廷，被帝王或者王公大臣们所喜欢与提倡，反过来立即会变成一种全民的时尚，甚至还能够引起政治的腐败，导致帝王骄奢淫逸，官员横征暴敛。蒲松龄有名的短篇小说《促织》，就将这一现象揭露得非常深刻。

［1］芥肩：“芥”，芥末；“肩”，肩腋；用芥末掺于鸡之肩腋，两鸡相啄，以有芥末能刺眯敌鸡的眼睛，故能取胜。

［2］金距：“距”，雄鸡爪子后面突出像脚趾的部分。“金距”，装在斗鸡距上的金属假距，奋力一击，可致敌鸡头断。

［3］自三代已然：“三代”，夏商周三代；“已然”，就已经是这样的了。

三十一　养蜂

刘　基

灵邱①丈人[1]喜养蜂；岁收蜜数百斛[2]，蜡称之[3]；于是其富比封君②。丈人卒，其子继之。未期月，蜂有举族去者，弗恤也。岁余，去且半。又岁余，尽去。其家遂贫。

陶朱公③之齐，过而问焉，曰："是何昔日之熇熇[4]而今日之凉凉也?"其邻之叟对曰："以蜂。"问其故。曰："昔者丈人之养蜂也，园有庐，庐有守；刳木[5]以为蜂之宫，不罅[6]，不漏。其置也，疏密有行，新旧有次；五五为伍，一人司之[7]。视其生息；调其暄寒；时其墐发④。蕃[8]则纵之析之，寡则与之裒[9]之，不使有二王也。去其蛛、蟊⑤、蚍蜉⑥；弥[10]其土蜂⑦、蝇豹。⑧夏不烈日；冬不凝澌[11]。飘风吹而不摇；淋雨沃而不溃。其取蜜也，分其羸而已矣，不竭其力也[12]。于是故者安，新者息[13]，丈人不出户而收

① 灵邱今山东省高堂县西南。周时为齐国地。

② 封君是指受封邑的列侯。汉书"秦汉之制，列侯封君食租税"。

③ 陶朱公是范蠡的别号，春秋时楚国人。

④ "墐"是涂塞，"发"是开放。"时其墐发"，是依了天时的寒暖去开关蜂房的门户。

⑤ "蟊"与"蝥"同，即斑蝥，能食昆虫。

⑥ 蚍蜉是大蚁，亦能害蜂。

⑦ 土蜂是大的蜂，也能害蜂。

⑧ 蝇豹即蝇虎，也能食昆虫。

其利。

“今其子则不然。园庐不葺，污秽不治，燥湿不调，启闭无节，居处鼿卼出入障碍[14]，而蜂不乐其居矣。及其久也，蛅蟖①网其房而不知，蛇、蚁钻其室而不禁；鷃②乌掠之于白日，狐狸窃之于昏夜，莫之察也。取蜜而已。又焉得不凉凉也哉!”

作者略述

刘基（1311—1375年），明青田（今属浙江）人，字伯温。元末尝官高安丞，后弃官归。太祖（朱元璋）定括苍，聘至金陵。遂佐定天下，制诸典制。为人性刚嫉恶，与物多忤，后遭构陷，忧愤以卒。基博通经史，尤精象纬之学，著书甚富（著有《诚意伯文集》等）。

延伸阅读

[1] 丈人：老人。

[2] 斛（hú）：量器名。方形，口小，底大。古时以十斗为斛，后来又以五斗为斛。

[3] 蜡称之：蜂蜡也相当多。

[4] 熇熇（hè）：热气腾腾。

[5] 刳（kū）木：把木头剖开并挖空。

---

① 蛅蟖是蛾蝶类的幼虫，俗名毛虫，能吐黏丝作网。

② 鷃即鴳鷃，状似黄雀，灰色有斑，嘴像利锥一般。

［6］罅：缝隙。

［7］五五为伍，一人司之：二十五箱为一排，一个人掌管着它们。

［8］蕃：繁多。

［9］裒（póu）：聚集。

［10］弥：消灭。

［11］凝澌（sī）：结冰。

［12］分其羸而已矣，不竭其力也：取蜂蜜时分割出多余的就可以了，不能全部割光而使蜜蜂力尽。

［13］故者安，新者息：老蜂安宁，新蜂得到生息。

［14］居处臲（niè）卼（wù），出入障碍：居处动摇不安定，出入有障碍。

课文删去了原文结尾："陶朱公曰：'噫！二三子识之，为国有民者可以鉴矣。'"陶朱公感叹地说："唉！（这样简单的道理）二三岁的小孩也能知道它，治理国家统治百姓的人可以此作为借鉴。"

三十二　文化运动不要忘了美育

蔡元培

现在文化运动已经由欧美各国传到中国了。解放啊，创造啊，新思潮啊，新生活啊，在各种周报、日报上已经数见不鲜了。但文化不是简单，是复杂的。运动不是空谈，是要实行的。要透澈复杂的真相，应研究科学。要鼓励实行的兴会，应利用美术。科学的教育，在中国可算有萌芽了。美术的教育，除了小学校中机械性的音乐图画以外，简截可说是没有。

不是用美术的教育提起一种超越利害的兴趣，融合一种划分人我的僻见，保持一种永久和平的心境，单单凭那个性的冲动，环境的刺激，投入文化运动的潮流，恐不免有下列三种的流弊：（一）看得很明白，责备他人也很周密；但是到了自己实行的机会，给小小的利害绊住，不能不牺牲主义。（二）借了很好的主义作护身符，放纵卑劣的欲望；到劣迹败露了，叫反对党把他的污点影射到神圣主义上，增了发展的阻力。（三）想用简单的方法，短少的时间，达到他的极端的主义；经了几次挫折，就觉得没有希望，发生厌世观，甚且自杀。这三种流弊不是渐渐发见了么！一般自号觉醒的人还能不注意么？

文化进步的国民，既然实施科学教育，尤要普及美术教育。专门练习的，既有美术学校、音乐学校、美术工艺学校、优伶学校等；大学校又设有文学、美学、美术史、乐理等讲座与研究所。普及社会的，有公开的美术馆或博物院，中间陈列品或由私人捐赠，或用公款购置，都是非常珍贵的。有临时的展览会。有音乐会。有国立或公立的剧院，或演歌舞剧，或演科白剧[①]，都是由著名的文学家、音乐家编制的。演剧的人多是受过专门教育、有理想、有责任心的。市中大道不但分行植树，并且间以花畦，逐次移植应时的花。几条大道的交叉点，必设广场，有大树，有喷泉，有花坛，有雕刻品。小的市镇总有一个公园。大都会的公园不止一处，又保存自然的林木，加以点缀，作为最自由的公园。一切公私的建筑，陈列器具，书肆与画肆的印刷品，各方面的广告，都是从美术家的意匠构成。所以不论哪一种人，都时时刻刻有接触美术的机会。我们现在除文字界稍微有点新机外，别的还有什么？书画是我们的国粹，都是模仿古人的。古人的书、画是有钱的收藏了，作为奢侈品，不是给人人共见的。建筑、雕刻没有人研究。在嚣杂的剧院中，演那简单的音乐、卑鄙的戏曲。在市街上散步，止见飞扬尘土，横冲直撞的车马，商铺门上贴着无聊的春联，地摊上出售那恶俗的花纸。在这种环境中讨生活，如何能引起活泼高尚的感情呢？所以我很望致力文化运动诸君不要忘了美育！

① 科白剧是只有表情和说白，没有唱句的戏。科是动作的意思。

作者简介

见第 2 页。

延伸阅读

蔡元培担任民国元年教育总长后，于 1912 年 2 月 8、9、10 日，在《民立报》发表《对于新教育之意见》一文，他把美育规定为教育方针的内容之一。他说："美感者，合美丽与尊严而言之，介乎现象世界与实体世界之间，而为津梁。……在现象世界，凡人皆有爱恶惊惧喜怒悲乐之情，随离合生死祸福利害之现象而流传。至美术则即以此等现象为资料，而能使对之者，自美感以外，一无杂念。……是则对于现象世界，无厌弃而亦无执著者也。人既脱离一切现象世界相对之感情，而为浑然之美感，则即所谓与造物为友，而已接触于实体世界之观念矣。故教育家欲由现象世界而引以到达于实体世界之观念，不可不用美感之教育。"1912 年 9 月，北京教育部公布《教育宗旨》是："注重道德教育，以实利教育、军国民教育辅之，更以美感教育完成其道德。"1917 年 4 月 8 日，蔡元培应北京神州学会的邀请，在虎坊桥湖广会馆作了题为《以美育代宗教说》的演说，正式提出了"以美育代宗教说"的口号。《文化运动不要忘了美育》，载《晨报副镌》1919 年 12 月 1 日。在这篇文章中，蔡元培再次论及"普及美术教育""引起活泼高尚的感情"的意义，希望"致力文化运动诸君，不要忘了美育"。

三十三　荆元[1]

吴敬梓

话说万历[2]二十三年，那南京[3]的名士都已渐渐销磨尽了。

哪知市井中间，又出了几个奇人。……一个是做裁缝的。这人姓荆，名元，五十多岁，在三山街开着一个裁缝铺。每日替人家做了生活，余下工夫就弹琴写字，也极喜欢作诗。

朋友们和他相与的问他道："你既要做雅人，为甚么还要做你这贵行？何不同些学校里人相与相与？"

他道："我也不是要做雅人；也只为性情相近，故此时常学学。至于我们这个贱行，是祖父遗留下来的，难道读书识字，做了裁缝就玷污了不成？况且那些学校中的朋友，他们另有一番见识，怎肯和我们相与？而今每日寻得六七分银子，吃饱了饭，要弹琴，要写字，诸事都由得我；又不贪图人的富贵，又不伺候人的颜色；天不收，地不管：倒不快活？"

朋友们听了他这一番话，也就不和他亲热。

一日，荆元吃过了饭，思量没事，一径踱到清凉山[4]来。这清凉山是城西

---

① 节录《儒林外史》。

② 万历，明神宗年号，当公元一五七三年至一六一九年。

③ 南京，今江苏江宁县。

④ 清凉山在江宁县城内的西面，山上有清凉寺，故名。

极幽静的所在。他有一个老朋友，姓于，住在山背后。

那于老者也不读书，也不做生意，养了五个儿子，最长的四十多岁，小儿子也有二十多岁。老者督率着五个儿子灌园。那园却有二三十亩大，中间空隙之地种了许多花卉，堆着几块石头。老者就在那旁边盖了几间茅草房，手植的几树梧桐，长到三四十围大。老者看看儿子灌了园，也就到茅斋生起火来，煨好了茶，吃着，看那园中的新绿。

这日，荆元步了进来，于老者迎着道："好些时不见老哥来，生意忙的紧?"荆元道："正是。今日才打发清楚些，特来看看老爹。"于老者道："恰好烹了一壶现成茶，请用一杯。"斟了送过来。

荆元接了，坐着吃，道："这茶色、香、味都好。老爹，却是哪里取来的这样好水?"于老者道："我们城西不比你城南，到处井泉都是吃得的。"荆元道："古人动说'桃源避世'，我想起来，哪里要甚么'桃源'，只如老爹这样清闲自在，住在这样城市山林的所在，就是现在的活神仙了!"

于老者道："只是我老拙一样事也不会做。怎的如老哥会弹一曲琴，也觉得消遣些。近来想是一发弹的好了？可好几时请教一回?"荆元道："这也容易。老爹不厌污耳，明日携琴来请教。"说了一会，辞别回来。

次日，荆元自己抱了琴，来到园里；于老者已焚下一炉好香，在那里等候。彼此见了，又说了几句话。于老者替荆元把琴安放在石凳上。荆元席地坐下。于老者也坐在旁边。荆元慢慢地和了弦，弹起来，铿铿锵锵，声振林木；[①] 那些鸟雀闻之，都栖息枝间窃听。弹了一会，忽作变徵[②]之音，凄清宛转。于老者听到深微之处，不觉凄然泪下。自此，他两人常常往来。当下也

---

① 《列子》上说秦青"抚节悲歌，声振林木，响遏行云"。其实是形容他歌声的高亢。

② 徵读 zhǐ，古代所称五声之一。变徵是徵的变声。

就别过了。

作者简介

吴敬梓（1701—1754 年），清安徽全椒县人，字敏轩，一字文木。出生华膴，不治生产，旋即穷困。后贫甚，至数日不能一饱。时清廷开博学鸿词科，安徽巡抚荐之，令应试，不肯赴。卒于扬州。所著诗文集俱未付刊，惟《儒林外史》流传极广。此书主旨，在批评科举制度，谓读书人心向此途，于文行出处，便尔忽略。而超脱之识见，高明之技术，足以曲达此旨。

延伸阅读

《儒林外史》第五十五回《添四客述往思来　弹一曲高山流水》，写“市井中的四奇人”：靠写字卖字为生，刚直不阿，蔑视权贵的季遐年；靠卖贮放火纸的竹筒，却最喜下围棋，并以此为生活中的最大乐趣的王太；原先家里很富，家道中落后却能安于贫贱，酷爱作诗作画，开茶馆的盖宽；极喜作诗，但不愿与学校的人交往，弹得一手好琴，却只愿弹给他唯一的知音（灌园叟于老）听的裁缝荆元。这四位市井奇人，他们不稀罕功名富贵，所以不仰仗他人鼻息，凭一技之长生活，所以有独立的人格；他们不想做“雅人”，只是在余暇充分发挥自己的才能，因而能真。这篇《荆元》，就是“四奇人”中最后出场的荆元。作者在这一形象的塑造中寓意最深、感慨亦多。在荆元的铮铮琴声中流露出作者自己的深沉感情，“荆元慢慢地和了弦，弹起来，铿铿锵锵，声振林木；那些鸟雀闻之，都栖息枝间窃听。弹了一会，忽作变徵之音，凄清宛转”。作者也必然同于老者一样“听到深微之处，不觉凄然泪下”。小说至此，也从对贤人激情洋溢的颂歌一转而变为凄凉哀婉的悲歌。

三十四　深秋永定门[①]城上晚景

傅斯年

我同两个朋友
一齐上了永定门西城头。
这城墙外面紧贴着一湾碧青的流水；
多少棵树，装点成多少顷的田畴。
里面弥漫的芦苇，
镶出几重曲折的小路，几堆土陇，几处僧舍，——
陶然亭，龙泉寺，鹦鹉邱。[②]
城下枕着水沟，
里外通流。

最可爱，这田间：
看不到村落，也不见炊烟；
只有两三房屋，半藏半露，影捉捉在树里边。

---

① 永定门是北京外城的南门，南下洼的尽头。南下洼里都是芦田。

② 陶然亭，龙泉寺，鹦鹉邱，都在南下洼。陶然亭亦一僧寺。鹦鹉邱是一个小墩，有人在那边葬了一头鹦鹉，并且立上一碑，故名。

虽然是一片平衍，
树上却显出无穷的景色，
树里也含着不尽的境界，
丛错，深秀，回环。
那树边，地边，天边，
如云，如水，如烟，
望不断——一线。
忽地里扑喇喇一响，
一个野鸭飞去水塘，
仿佛像大车音波，漫漫的工——东——当。
又有种说不出的声息，若续若不响。

转眼西看，
日已临山[①]。
起初时离山尚差一竿；
渐渐的去山不远；
一会儿山顶上只剩火球一线；
忽然间全不见。
这时节反射的红光上翻。
山那边，冈峦也是云霞，云霞也是冈峦；
层层叠叠一片，

---

① 作者原注："西山去此有三十余里，故日甫下山，天已昏黑"。

费尽了千里眼。
山这边，红烟含着青烟，
青烟含着红烟，
一齐的微微动转，
似明似暗：
山色似见似不见，——
描不出的层次和新鲜。
只可惜这舍不得的秋郊晚景，昏昏沉沉的暗淡，
眼光的圈匆匆缩短。
树烟和山烟，远景带近景，一块儿化做浓团。

回身北望，
满眼的渺茫：
白苇渐渐成黄苇；青塘渐渐变黑塘。
任凭他一草一木，都带着萎黄——颓唐——模糊模样。
远远几处红楼顶，几缕天灶烟，正是吵闹场，繁华地方；
更显得这里孤伶凄怆。
荒旷气象；
城外比不上他苍凉。

作者简介

傅斯年（1896—1950 年），字孟真，山东聊城人，著名历史学家和社会批评家。1916 年入北京大学国文门。1918 年参加创办《新潮》月刊。1919 年参加五四运动，任学生游行队伍总指挥，年底赴英国爱丁堡大学学习，后转入伦敦大学。1923 年入柏林大学哲学院，学习比较语言学。1926 年回国，次年任中山大学教授、代理文学院院长。1928 年参加筹建中央研究院历史语言研究所，并任所长 23 年。1936 年后，任中央研究院总干事、国民参政会参政员、北京大学代理校长（1945—1946 年）、国民政府立法委员。1948 年当选为中央研究院院士。1949 年任台湾大学校长。主要著作有《东北史纲》（第一卷）、《性命古训辨证》、《民族与古代中国史》及《傅孟真先生集》。

延伸阅读

《深秋永定门城上晚景》，刊《新潮》第 1 卷 2 号，1919 年 2 月 1 日出版。“五四”诗界革命打破了旧的桎梏，提倡“自由地歌唱”“有什么话就说什么话，话怎么说就怎么说”。作为写景诗，《深秋永定门城上晚景》的最大特色是表现得复杂与细密。诗人登上城头，举目眺望，首先映入眼帘的是流水、田畴、僧舍、寺庙、村落、冈峦、红烟……但凡目光之所及，诗人几乎都一一描摹下来。随着诗人的视线和感觉的流动，远景、近景、“音波”、“云霞”、明暗、“繁华”、“荒旷气象”等等景物的色彩乃至情感，构成了一幅宏大的多层次的立体的风景画。全诗呈现出散文般的自然与朴素，显示了初期白话抒情诗的清新意味。

三十五　莫尔斯传

电报发明家莫尔斯①是美国人，生于一七九一年四月二十七日；父是有名的牧师，母也出于望族，所以自小就受到良教育。他四岁入私塾，七岁入高等小学，十四岁中学毕业，十六岁入大学。一日，物理学教师试验电学，令同学携手排立，一人手触通电之竿，其余各人都觉得全身震动；又关闭了窗户，使室内黑暗，通电流于铁链之上，立刻光芒四射。莫尔斯当时就大为感发，以为电的力量有这么大，传导又这么快，假使能够利用它，当可有益于社会。

但这时莫尔斯正致力于图画，自大学毕业后，从学于著名的画家。不数年，创一“美术学会。”美国的巨家富室，得到了他的作品都很宝贵。莫尔斯还不自满足，到意大利去研究美术三年，艺术更大加精进。后来又到伦敦和巴黎那里去，参观各处的美术陈列所。这样考察了多年，才回到美国来。

莫尔斯自欧洲到美国的时候，同船的人畅谈科学。谈到电气，甲说：“电流能立时通过极长的铁丝。”乙说：“从前富兰克林②曾经用数英里长的铁丝，

---

① 莫尔斯（Morse）名萨慕尔芬赍白利斯（Samuel Finley Breese），美国麻沙朱色得士（Massachusetts）州人。

② 富兰克林（Benjamin Franklin）美国波士顿（Boston）人。《少年丛书》有《富兰克林传》可参考。

一端着电，他端发出火花，不能辨别时间的先后。”他听了这些话，就触发他早年对于电学的理想，他说：“我们可以利用电流的能力，传达消息。”旁人都目笑他的立论空虚；他只有默默不言，自信理想的确当。自此以后，他往往独至甲板上，手执杂记簿及铅笔，籁籁作记。记中最重要的是：“曲一软铁条成马蹄形，绕了电丝，就有磁性，可以吸收他铁块；电流中止，铁块必落下。如果电流时放时止，那铁块就能上下动作。……”这电报机构造的原理，莫尔斯曾告诉船上诸客，大家虽然佩服他的思虑周密，却不敢信他可以实现。一天，他郑重地告诉船主说：“你将来听到发明电报的消息，须知这船就是电报的产生地。”船主笑着不答，以为这不过是梦想罢了。

莫尔斯抵家以后，友人都来请求画件；但他要专心制作电报机，多数谢绝。当时有一个开设铜铁厂的小主人，知道他有伟大的计划，情愿和他合伙创办，于是得设二十英里的电线；试验结果，成效大著。一八四〇年，美国政府颁布他所请的电报机专利证书。莫尔斯从此组织较大的公司，始则陆上设线，继则海底设线，渐渐推广到欧洲。但其间成功和失败，不知经了多少次数。又有一般人，羡慕他的成功，就冒称电报是他们发明的，也组织团体和他竞争。莫尔斯不得已，提起诉讼，保障权利。经审判官详细考查，才判决他是第一个电报发明家。

统观莫尔斯一生：有志于画，确能做到画家；有志于发明电报，果然做得成功。俗语说“有志者事竟成”，真是不错。他自欧洲回美的时候，画的声名已经很盛名了，未尝不可以立身，却因为船中的一席谈，忽然立下发明电报、造福世界的志愿；抛弃了目前的名利，从事于人人怀疑的事业，尽管挫折，尽管奋斗，到底达到了目的，这是很可以做我们的模范呀！

作者简介

作者不详。

延伸阅读

塞缪尔·莫尔斯（Samuel Finley Breese Morse，1791—1872 年），是一名享有盛誉的美国画家、电报之父，1791 年 4 月 27 日出生在美国马萨诸塞州的查尔斯顿。莫尔斯最初的职业是画家。1836 年他发明了莫尔斯电码，是一种时通时断的信号代码，通过不同的排列顺序来表达不同的英文字母、数字和标点符号。电报就是运用“莫尔斯电码”码来传递信号的。1840 年，美国政府给他颁布了电报机专利证书。1844 年，莫尔斯拍发了人类历史上的第一份电报。莫尔斯电码在海事通讯中被作为国际标准，一直使用到 1999 年。电报的发明，拉开了电信时代的序幕，开创了人类利用电来传递信息的历史。

三十六　登泰山记

姚　鼐

泰山①之阳，汶水②西流；其阴，济水③东流。阳谷[1]皆入汶；阴谷皆入济。当其南北分者[2]，古长城④也。最高日观峰⑤，在长城南十五里。

余以乾隆⑥三十九年十二月，自京师乘[3]风雪，历齐河⑦、长清⑧，穿泰山西北谷，越长城之限，至于泰安⑨。是月丁未[4]，与知府朱孝纯子颖[5]由南麓登。四十五里，道皆砌石为磴；其级七千有余。泰山正南面有三谷；中谷绕泰安城下，郦道元⑩所谓环水[6]也。余始循以入[7]；道少半，越中岭[8]，复循西谷，遂至其巅。古时登山，循东谷入；道有天门东谷者，古

① 泰山在山东省济南道泰安县北，周一百六十里。一称东岳，又叫岱宗，是五岳之一。

② 汶水即运河上源。在山东济南道莱芜县东北原山发源，西南流，至济宁道汶上县入运河，号分水口。

③ 济水亦名沇水，从河南省济源县西王屋山发源，东南流，入黄河。它本来是独流入海的巨川，古列四渎之一。现在下游被黄河、大清河、小清河所占，只剩上源一些痕迹了。

④ 古长城即齐长城，战国时齐国防燕所筑。

⑤ 日观峰为泰山诸奇峰之一。

⑥ 乾隆，清高宗年号。当公元一七三六年至一七九五年。

⑦ 齐河县属山东济南道。

⑧ 长清县属山东济南道。

⑨ 泰安县旧为泰安府，今属济南道。

⑩ 郦道元字善长，后魏范阳人，著《水经注》四十卷行世。

谓之天门溪水，余所不至也。今所经中岭及山巅，崖限当道者[9]，世皆谓之天门[10]云。

道中迷雾冰滑，磴几不可登。及既上，苍山负雪，明烛天南[11]。望晚日照城郭，汶水、徂徕①如画，而半山居雾若带然。

戊申晦[12]，五鼓，与子颍坐日观亭，待日出。大风扬积雪击面。亭东自足下皆云漫。稍见云中白若摴蒱[13]数十立者，山也。极天云一线异色，须臾成五彩，日上正赤如丹，下有红光动摇承之，或曰，此东海[14]也。回视日观以西峰，或得日或否[15]，绛皓驳色[16]，而皆若偻[17]。

亭西有岱祠②，又有碧霞元君[18]祠。皇帝行宫[19]在碧霞元君祠东。是日观道中石刻，自唐显庆③以来，其远古刻尽漫失[20]；僻不当道者皆不及往。

山多石，少土。石苍黑色，多平方，少圜。少杂树，多松；生石罅[21]，皆平顶。冰雪无瀑水[22]，无鸟兽音迹。至日观数里内无树，而雪与人膝齐。

桐城④姚鼐⑤记。

---

① 徂徕，山名，在泰安县东南四十里。

② 岱祠即岳庙，祀东岳神。

③ 显庆，唐高宗年号，当公元六五六年至六六〇年。

④ 桐城，县名，属安徽安庆道。

⑤ 姚鼐，字姬传，是清代最有名的古文家。著有《惜抱轩集》。

作者略述

姚鼐（1731—1815 年）清桐城人，字姬传，一字梦谷（室名惜抱轩，故世称惜抱先生）。（清）乾隆进士，散馆主事，迁郎中告归。主讲钟山书院。性恬淡，不慕荣利。其论学主集义理、考证、词章之长，不拘汉宋门户。桐城自方苞、刘大櫆倡为古文，而鼐继之，选《古文辞类纂》以明义法，世因目为桐城派。（著）有《惜抱轩全集》。

延伸阅读

泰山为五岳之首，是著名的登览胜地。作者把泰山雪后初晴的瑰丽景色和日出的壮观场面，描绘得真实动人，赞叹祖国河山壮美的情感溢于言表。

文章开篇介绍泰山位于汶、济二水之间（汶水之北，济水之南），并指明水的流向。又巧妙地利用介绍山谷而引出齐国修筑的古长城，从古长城又引出“最高日观峰”的所在位置，使读者对泰山的地理环境和雄伟气魄有一个清晰的印象。

第二、第三两个自然段，写登山时间、路径，好像一个导游人，引导读者一道攀登，读来便觉得亲切有味。写途中的景象突出一个险字；登上山顶后，又别是一番景象。

第四个自然段是全文的主要部分，描述在日观亭观日出的情景。作者详细地写出了日出的全过程，从颜色和气象两个方面，对泰山日出的壮美景象作了神采飞扬的形象描绘。

第五个自然段写山上的建筑和古迹，使读者从不同角度看出泰山的整体风貌。

文章结尾综述山上的山石树木及冬日景象。

以上各段，层层写来，有主有次，有宏廓的全景，也有精微细部。文辞雅淡清丽，结构简洁明晰，读者从字里行间能领略到泰山所独有的神采情韵。

［1］阳谷：指山南面谷中的水。谷，两山之间的流水道，现通称山涧。

［2］当其南北分者：在那（阳谷和阴谷）南北分界处的。

［3］乘：趁，这里有“冒着”的意思。

［4］丁未：丁未日（十二月二十八日）。

［5］朱孝纯子颖：朱孝纯，字子颖。当时是泰安府的知府。

［6］环水：即中溪，俗称梳洗河，流出泰山，傍泰安城东面南流。

［7］循以入：顺着（中谷）进去。

［8］中岭：即黄岘岭，又名中溪山，中溪发源于此。

［9］崖限当道者：挡在路上的像门槛一样的山崖。

［10］天门：泰山峰名。《山东通志》：“泰山周回一百六十里，屈曲盘道百余，经南天门，东西三天门，至绝顶，高四十余里。”

［11］苍山负雪，明烛天南：青山上覆盖着白雪，（雪）光照亮了南面的天空。

［12］戊申晦：戊申这一天是月底。晦：农历每月最后一天。

［13］摴蒱（chū pú）：又作“樗蒲”，古代的一种赌博游戏，这里指博戏用的“五木”（这种木制掷具系五枚一组，又叫五木之戏）。五木两头尖，中间广平，立起来很像山峰。

［14］东海：泛指东面的海。这里是想象，实际上在泰山顶上看不见东海。

［15］或得日或否：有的被日光照着，有的没有照着。

［16］绛皓驳色：或红或白，颜色错杂。绛，大红。皓：白色。驳：杂。

［17］若偻：像脊背弯曲的样子。引申为鞠躬、致敬的样子。日观峰西面诸峰都比日观峰低，所以这样说。偻，驼背。

［18］碧霞元君：传说是东岳大帝的女儿。

［19］行宫：皇帝出外巡行时居住的住所。这里指乾隆登泰山时住过的宫室。

［20］漫失：模糊或缺失。漫：磨灭。

［21］石罅：石缝。

［22］瀑水：瀑布。

三十七 记大同武州[①]石窟寺

陈垣

距京绥路[②]大同站[③]西二十里，左云县[④]云冈堡有石窟寺，为拓跋氏[⑤]遗构，盖千四百七十年于兹矣。以比伊阙石窟[⑥]尚早五十年。凿山为岩；因岩镌佛。岩高者二百余尺，可受三千许人。佛高者六七十尺，雕饰奇伟，冠於一世。山堂水殿，烟寺相望，《水经注》所称赏也。栉比相连，三十余里，《续高僧传》[⑦] 所夸许也。徒以远处塞外，好游之士鲜探其奇。迄今京绥路通，旦夕可至。同人乃以戊午重九前三日约往游焉。循武州川[⑧]溯流而上，经观音堂，入武州塞口，则见石壁峭立，绵亘无际。壁多摩崖之碑，文体湮没，犹存廓形。路侧有双钩佛字，高逾寻丈，殆所谓佛字湾者也。至左云县界，则石洞千孔，如来满山，鬼斧神工，震骇耳目。渐近云冈堡，则见绿瓦层楼，

---

① 武州在山西左云县南，汉时设武州县，今已废。

② 京绥路完全自筑，由北京至绥远特别区的归绥县，全路长凡一〇一一里。穿过直隶山西两省，跨连京兆等四省区。

③ 大同站即大同县车站，大同旧为山西府治，今为雁门道尹驻所。

④ 左云县旧属山西朔平府，今亦属雁门道。

⑤ 拓跋氏，北魏的国姓，系出鲜卑，后改元氏。

⑥ 伊阙石窟在河南省河洛道洛阳县南。

⑦ 《续高僧传》，唐代释道宣所作，计四十卷。

⑧ 武州川一名十里河，又称廖家河，源出左云县西南，东北流，经城北，折东流入桑干河。

依山结构，高出林际，俯瞰晴川者，石佛寺也，（据《魏书》① “佛”应作“窟”。）寺仅三楹[1]，堂奥浅隘[2]。寺僧引入后洞，黑暗异常。佛图四周钜细不一，灯光隐约不可辨认，因致疑雕工精美何取乎黑暗至此。既而登楼一览，始知洞上有洞，本可透光，其所以黑暗者，寺掩之也。寺修于清顺治②八年，总督佟养量③，建筑不得法，故光线不足。像有剥蚀，敷以土垩[3]，尽失原形；金碧辉煌，徒取炫目，泯绝古意。其实寺东西诸窟，有窟无寺，栉比数里者，皆为石窟寺。后人修其一寺，名曰石佛，陋也。其未经修饰诸窟，虽甚剥落，然远望缥缈，容态转真。窟别异形，无有复制。至于裸体神女，振翮[4]凌空，宝相庄严，拈花微笑，则极画像之奇观，尽人工之能事矣。惜乎古洞荒凉，荆榛满目，村民占居十之七八，衽席炊爨[5]，悉在佛前，断瓦颓垣，横阻当路；或土埋佛身，已过半膝，或偷凿全体，新留斧痕。过此不图，日即湮灭，是则有司之责也。最可异者，同人遍历二十余窟，无一碑碣足供考证，即游客题名亦绝无仅有。寺西有“佛籁阁”匾，寺东有“碧霞洞”“云深处”“朱廷翰”等石刻，皆漫漶[6]单简，不足为典要。以故龙门造像④宇内知名，武州石窟言者盖寡。同人因为题名而返。余归而神往者久之。……

① 《魏书》当称《后魏书》，一一四卷，北齐魏收撰。今收入二十四史中。

② 顺治，清世祖年号，当公元一六四四年至一六六一年。

③ 佟养量，清奉天人，顺治六年任宣大总督，曾疏罢升科，为当地人所感念。

④ 龙门造像即伊阙石窟的古石佛像。

作者简介

陈垣（1880—1971 年），字援庵，又字圆庵，汉族，广东广州府新会县人，中国杰出的历史学家、宗教史学家、教育家。陈垣在元史、历史文献学、宗教史等领域皆有精深研究，先后创建广州光华医学专门学校、北京孤儿工读园、北京平民中学。曾任国立北京大学、北平师范大学、辅仁大学的教授、导师。1926 至 1952 年，任辅仁大学校长。1952 至 1971 年，任北京师范大学校长。1949 年以前，他还担任过京师图书馆馆长、故宫博物院图书馆馆长。1949 年后，任中国科学院历史研究所第二所所长。主要的著述有《元西域人华化考》《校勘学释例》《史讳举例》及《通鉴胡注表微》等，另有《陈垣学术论文集》行世。陈垣与陈寅恪并称为“史学二陈”，二陈又与吕思勉、钱穆并称为“史学四大家”。

延伸阅读

武州山，就是今天的武周山。石窟寺，就是今天的云冈石窟。大同云冈石窟自北魏开凿以来，已历时一千五百余载，与敦煌莫高窟、洛阳龙门石窟和天水麦积山石窟被称为中国四大石窟艺术宝库。1961 年被国务院公布为全国首批重点文物保护单位，2001 年被联合国教科文组织列入世界遗产名录。它位于大同市西郊 17 公里处的武周山南麓，石窟依山开凿，东西绵延 1 公里。存有主要洞窟 45 个，石雕造像 59000 余躯，最小的只有两厘米，最大的超过 17 米，也被称为“东方的伟大奇迹”。

云冈石窟在近代重新为世人所重视，是从日本学者伊东忠太 1902 年考察云冈开始的，而在国内对云冈石窟做详细考证的第一人当是陈垣。1918 年 10 月，陈垣作《记大同武州山石窟寺》一文，次年春发表于《东方杂志》第十六卷第二、三号。1922 年，山西出版了名为《山西大同武州山石窟寺记》的小册子，内收陈垣的这篇力作，及伊东忠太的《支那山西云冈石窟寺》，附《云冈唱和集》一卷。现将课文后删略的一小节补抄于下：

余归而神往者久之，乃摭拾群籍，著为斯篇，亦以补金石之缺略，俾后至者有所考证云尔。同游六人，叶恭绰誉虎，俞人凤翙梧，郑洪年韶觉，翟兆麟瑞符，邵善阊文彪。俞、翟、邵三君，皆京绥路工程师也。一九一八年十月新会陈垣记。

［1］楹（yíng）：量词。房屋一间为一楹。

［2］堂奥浅隘：内室狭窄。堂奥，内室或厅堂。浅隘，狭窄。

［3］土垩（è）：白土。

［4］翮（hé）：鸟翼。

［5］衽（rèn）席炊爨（cuàn）：铺床睡觉与烧火煮饭。

［6］漫漶（huàn）：文字、图画等因磨损或浸水受潮而模糊不清。

三十八　荒岛游历记[①]

……武安领着众人登了岸，急跑到法人洞口，把那木石除了，进去一看，觉洞内一切都如往日，并无异状。众人喜极，忙将铺盖拿来，安排妥当；又将胥罗船所用的餐台放在中央。雅涅领着年轻的，把那锅釜、器皿小件的都运将进来。莫科又在洞外石壁之下，叠石作灶，架上一个铁锅，调了好些羹汤。当中途停筏之时，杜番往往提了小枪登岸，猎取许多小鸟；至此，拿了几串出来，交过伊播孙土耳，吩咐他用心烧好。

到七点钟时候，各人齐集洞内，把那胥罗船所有的椅凳环着餐台安排停妥，然后依次坐下。桌上有气蓬蓬的热汤、熏牛肉、烧雀子，又有些干酪及车厘酒。各人鼓舌，饱餐一顿。数日积劳，到此不觉倦甚；正商量分头就寝，因为俄敦发议，众人又奔向那山毛榉树下，凭吊了同病相怜的旧主坡阴一番。到九点钟，始共归洞。令杜番韦格两人执兵守卫。众童子安心睡了一夜。早起，复从事起货入洞；又将筏拆解，收藏妥当，以备他日之用。如是忙了几日，至十三日，欲把铁灶运进洞里，置诸右方。巴士他见洞壁不甚坚牢，试为凿之，竟得穿了一穴，以通烟突。于是他们不出洞口一步，便足了炊事。

---

① 节录《新民丛报·十五小豪杰》。

自是杜番、韦格、乙菩、格罗士四人，每日携一鸟枪，游弋近处，所获甚伙，常与众人分甘同味。

一日，沿湖而行，约离法人洞[①]迈[②]许，见北方有一茂林。潜入窥探，忽见有几个深阱散在各处，分明是用人工掘成的；上面纵纵横横，盖着许多树枝。试为俯视，觉下面还有甚么动物的遗骨缤纷狼藉；这定是坡阴当日掩取动物的遗迹了。四人周历既遍，正欲行时，韦格道："我有一法，何不将那陷坑依旧盖好，或者有些动物自来送死，亦未可知。"各人说是，忙取浮泥铺填停妥，方才归去。路上又寻出三叶及水芹两种植物，俱是美味适口，又宜于卫生的。天气虽然渐寒，幸喜那湖及河还未冰结，年轻的就每天在那水边钓得好些鲜味。十七日，武安思量道："在这左右石壁之上，倘能找出一个石窝，藏些东西，岂不甚妙！"遂率着几个同伴，出了洞外，分头探索。正行到杜番们前日发见陷坑的近处，忽闻前头有物嗥叫，声音甚怪。武安不敢怠慢，急去踪寻；杜番等随后便至。觉那声音是从一个陷坑里出来的，就近一看，见从前所盖的浮泥及那树枝都散落摧折，知是有甚么动物投入其中，无可疑了。但是不知它是甚么狠恶的禽兽，不敢逼近坑口，呼道："苻亨！这里！苻亨！"就见那猎犬飞的一样跑来，到坑口略瞰一瞰，便纵身一跃，跳下去了。……武安杜番跟着，也到坑口一望，立刻举首对着众人道："诸君来！"当初各人怕有甚么危险，退了几步立着；至此，始敢走近前来。乙菩道："豹？"格罗士道："豺狼么？"杜番道："不然，是一个两足的动物。"再往下瞧着，道："是鸵鸟。"——这是亚美利加鸵鸟中之一种，头酷肖鹅，全身灰色，味甚肥

① 据本书，这个洞曾经被一个法国人名坡阴的住过，所以他们称为法人洞。

② 迈为 Mile 的音译，或译迈尔，或意译哩，为英美长度的名称，合中国二里又一四二丈九尺一寸。

美。——沙毗道："我们生擒它。那巨鸟陷在坑里，不能逃脱；地方又窄，虽有翼，无从高飞。"沙毗话犹未了，身已在坑里了。见那鸵鸟并不拿嘴来啄，忙伸手扼住它咽喉，不多时，气力都衰了。在上头瞧着的人忙把几条手巾投下，就紧紧的缚住了它的两足，好容易牵了上来。格罗士道："我们怎样处置它好？"沙毗道："不用说了，拿它洞里去，驯养它，供我们一个骑坐就是了。"说着便走。……俄敦远远望见他们欢天喜地地牵了一个庞然大物回来，心中想着道："这样增了一个人口，为本洞生计界的情形打算，未知得失怎样？"方才思疑了一会儿，忽然记起那个新来的客岂不是吃些野草树叶就够过活的么，才安了心，任从他们摆布去。

在洞外寻了几天，还找不着一个可以收藏物件的山岩；他们就死了心，决议在这洞里穿凿穿凿罢了。喜的这石壁不甚坚硬，从前巴士他曾经在那铁灶上头通了一个烟突，自此更把洞口开拓，将胥罗船所用的门板嵌上；又在那左右凿了两个通天的窗。虽然费了许多的心力，却幸都成了功；所以他们就想另凿一个洞起来，也断非妄想的。选了五月二十七日动工；到时有举锸的，有拿铲的，个个争强，人人奋勇。武安道："牵一条直线从这里凿去，一定可到湖边那石壁之下。若遇着风吹得厉害不能打开正门的时候，我们就可从横门出去，这岂不妙！"

自洞内到那湖边，直径约有四五丈似的。童子们先开了一条窄窄的隧道，然后把上下左右逐渐扩张。果然不出所料，这地方的石壁也是脆软得很，有几处还要用些木板撑住，才能免得颓将下来。为着这样，他们的工程就容易做了。俄敦领着那几个手空的童子，把从前解筏时所留下的材木，拣了几条合作支柱用的；又伏进隧道，将土块、石屑都运出洞外去。日日大家为着这件事情忙煞。

到三十日下午，眼见的那隧道已穿了五六尺长。是日，武安如常扒进里头，拼命开凿，忽听见那边离着自己不远似有些古怪声音，不禁吃了一惊。再侧耳细听，果然像有怪物在那里呻吟。武安急着，匍匐却行，见了俄敦、巴士他，便把这般这般告诉了他们一番。俄敦道："莫不是你的幻听吗？"武安道："你试往一听。"停了一刻，俄敦自隧中出来，说道："武安说的不借，果然有甚么东西在那里低声发哮。"巴士他亦不信心，进去一息，便出来道："是了。但不知是甚么东西。"三个急唤杜番、韦格、乙菩、雅涅那几个有年纪的再进去听听。这时候，声已寂然，他们一无所闻，都说是他们三个心虚听错的，难道为这一件疑似的事情就把那工程罢手不成！武安只得再进去作工，到晚上九点钟时候，唉哟！这回比不得从前，那声音越发大了。恰好苻亨进来，这个声浪一敲他的耳膜，他便飞也似的走出隧来，面色有些作怪，不住地在洞内乱跑。是晚，各人心上都挂着这件事，虽然睡了，倒惊醒了几回。次早起来，巴士他同那杜番两个先跑进隧中一听，却不见有甚么消息。苻亨也如常走动，不似昨日那么狂怒。两人商量定了，就跑出洞外，寻了一条路，披荆斩棘，攀上那石壁，在法人洞的绝顶张望四围。好好觅了半天，仍不见有甚么罅隙。罢了，罢了，急走下来，报告各人知道，依旧动手作工。是日绝不闻有甚么，唯是锄壁之时，觉得有些反响，像是里头空虚的一样。——看官，若是里头果有一洞，与他们所凿的隧道相接近，便省他们许多工程了；但不知有这样天幸没有？

是日毕工，方欲开饭，从来那苻亨一定是在主人们左右陪伴吃饭的，今夕怎么不见了。齐声呼了苻亨几声，绝无影响。俄敦快出洞外，高声呼了一遍，仍是寂然。自是杜番向那湖边，韦格向那河岸，各人分头找去，几乎把洞的前后左右都翻过了，依然不见。拿表一瞧，见那短针已指着九点，又不可冒险远到那茂林沼泽之中，迫得各人无精没采，愀然归洞。正在相对太息、并无一人发言的时候，忽而狂叫怒号，怪声大作。武安道："声正从这里来。"说着，钻身进隧道去。年长的一齐蹶起，拿了护身东西，以备不虞；年幼的吓得面如土色，急将被窝盖着头，动也不敢动。不多时，武安出来，说："石壁那边一定别有洞天了。"俄敦接口道："然则，一定有几个动物在那里。"杜番道："我也这么想着；且等明早，我们细寻他的洞口罢。"话犹未了，忽闻可怖的怒吼之声、咆哮之声，呜呜然，隆隆然，不断不绝，险些儿把那石壁都震塌了。韦格道："莫是苻亨同甚么动物格斗？"武安再入隧道一听，却无影儿消息。是晚，各人不敢交睫，眼光光地守到天亮。杜番率了一队，仔细在湖边石壁一上一下搜了好些时候，并不见有甚么洞口。武安、巴士他照常用功凿那石壁；凿至正午，更深了二尺许。吃中饭毕，再把锄进去，渐觉得与那边的空洞更过近了。急令年幼的跑出洞外，以避不测之事。杜番、韦格、乙菩等有年纪的，各人手执武器，刻刻留神，以便与隧中诸童子缓急相应。自鸣钟刚打了两点，忽闻武安大喊起来。你道他是做甚么呢？原来他举锄一下，不觉石壁掘穿，就望见里面真有一个大洞。退身出来，正欲告诉外边各人，忽听得扑地一声，那隧道之中跑了一只东西出来，惊得众人魂不附体。众人定睛看了，才知道就是那只苻亨。一直跑到盂边，吸了几口清水，方摇头摆尾，徐徐行近俄敦之处。众人见它形状无异常时，知道无甚可畏的，武安在前，俄敦、杜番、韦格、巴士他及莫科等跟着，拿了灯笼，走进隧道里。见那石壁穿了，开出一个大穴，便由此转过，略瞧一瞧，仍是一个大洞，其高大宽广大约与法人洞差不多。一望，似无路可与外边相通；但若果然如此，那苻亨从那里进去呢？韦格忽然跌了一跤，大呼道："有东西！"快举灯笼一照，原来是只豺狼的死尸。武安道："这不是苻亨咬死的么？我们从前的疑团，至今方才明白了，只是这个野兽从哪里进来的？”童子们全想不出来。武安留众人在洞内守着，独自一个出了法人洞。跑到湖边，循着那石壁，且行且呼，觉有一处把各人答应的声音传漏出来，因细心查勘，见石壁之下，几与地平，那里有一个低陷的穴口。不错了，不错了，苻亨同那野兽俱由这里进去。是的，再将它凿宽些，童子们就可以有出来湖边的门口了。

各人见得了这个新洞，不胜喜欢；自此更为出力，急把隧道扩张扩张，居然成了一条通路，这两个洞就联络上了。他们商量数次，才定议将新洞作书房、寝室，将旧洞作厨房、食堂、仓库。忙把铺盖移往新洞，安排妥当；再把桌子、椅子及胥罗船所用的大火炉都将进来。这样陈设，觉得也很整洁。于是将那穴口嵌上两块胥罗船所用的门板，又在那左右开了两个透明天窗。这种工夫，不消说，又是费巴士他的心力弄来的了。时北风渐紧，虽未至十分严寒，料着户外工作不久便有为难了。为此，众童子不肯怠慢，夜以继日的，忙了两个礼拜，方才把那洞内的事情整理完了。……

作者简介

儒勒·凡尔纳，见第 25 页。

延伸阅读

《荒岛游历记》选自《十五小豪杰》第七回《移漂民快撑寒木筏　怪弱弟初审闷葫芦》和第八回《勇学童地辟豺狼窟　荣纪念名从父母邦》。小豪杰们乘坐的游船漂到海岛后，在海岛上发现了“法人洞”，他们在洞里安了家，又在离法人洞不远处见到一处茂林和鸵鸟，他们就把鸵鸟带回洞里养训，让它成为小豪杰们的“骑坐”。紧接着，小豪杰们又在洞里挖隧道，直通到湖边，令他们不胜欣喜的是挖到湖边后发现了一个新洞，就将“新洞作书房、寝室，将旧洞作厨房、食堂、仓库”，赶在严寒来临之前把生活安排得井井有条。

三十九　夜渡两关记

程敏政

予谒告①南归，以成化②戊戌冬十月十六日过大枪岭③，抵大柳树驿④。时日过午矣，不欲但已；问驿吏，吏给[1]言须晚尚可及滁州⑤也。

上马行三十里，稍稍闻从者言：前有清流关⑥，颇险恶，多虎；心识之。抵关，已昏黑，退无所止。即遣人驱山下邮卒，挟铜钲[2]束燎以行。山口两峰夹峙，高数百寻，仰视不极。石栈岖崟[3]，悉下马累肩而上。仍相约有警即前后呼噪为应。适有大星，光煜煜自东西流。寒风暴起，束燎皆灭。四山草木，萧飒有声。由是人人自危，相呼噪不已。铜钲哄发，山谷响动。行六七里，及山顶，忽见月出如烂银盘，照耀无际，始举手相庆。然下山犹心悸不能定者久之。予计：此关乃赵点检⑦破南唐，⑧ 擒其二将处。[4]兹游虽险而

① 谒告是请假的意思。

② 成化，明宪宗年号，当公元一四六五年至一四八七年。

③ 大枪岭在今滁县西六十里。

④ 大柳树驿在今滁县西北六十里。

⑤ 滁州今名滁县，属安徽淮泗道。

⑥ 清流关在今滁县西北二十五里。

⑦ 赵点检即宋太祖，时为后周臣。

⑧ 南唐，五代时十国之一，有今江苏安徽之淮南，福建江西及广西北部。都南京。

奇，当为平生绝冠。夜二鼓，抵滁阳。[1]

十七日午，过全椒[2]，趋和州[3]，自幸脱险即夷，无复置虑。行四十里，渡后河，见面山隐隐。问从者，云："当陟此，乃至和州香林院。"已而日冉冉过峰后，马入山嘴，峦岫回合，桑田秩秩凡数村，俨若武陵[4]仇池[5]，方以为喜。既暮，入益深，山益多，草木塞道，杳不知其所穷，始大骇汗。过野庙，遇老叟，问此为何山。曰："古昭关[6]也。去香林院尚三十里余，宜急行。前山有火起者，乃烈原以驱虎也。"时铜钲束燎皆不及备。傍山涉涧，怪石如林，马为之辟易[7]。众以为伏虎，却顾反走，颠仆枕藉，呼声甚微；虽强之大噪，不能也。良久乃起。循岭以行，谛视崖堑，深不可测，涧水潺潺，与风疾徐。仰见星斗满天，自分不可免，且念伍员[8]昔尝厄于此关，岂恶地固应尔耶？尽二鼓，抵香林。灯下恍然自失，如更生者。

---

① 滁阳，驿名，在今县城南门外。

② 全椒，今县名，属安徽淮泗道。

③ 和州，今为和县，属安徽安庆道。

④ 武陵在今湖南常德县。

⑤ 仇池在今甘肃成县西。武陵仇池皆多山。

⑥ 昭关在今安徽含山县北。春秋时吴楚之界，因山为关，乃往来之冲。

⑦ 辟易是受惊退避的意思。

⑧ 伍员是春秋时楚国人，号子胥。他的父兄都给楚平王杀了，他单身逃往吴国，从昭关经过，一路乞食过去。

作者略述

程敏政（1446—1499 年），明河间（今属河北沧州）人，其先（祖上）休宁（徽州府休宁县）人，字克勤。成化（1466 年）进士，官至礼部右侍郎。学问该（赅）博，为一时冠。著述甚富（著有《皇明文衡》《咏史诗》《宋遗民录》《程氏统宗谱》《程敏政贻范集》《篁墩稿》等）。

延伸阅读

本文在结构上，作者独具匠心，写得首尾呼应，于变幻中见严密。文章一开篇，就交代了夜渡两关（清流关、昭关）的缘起以及具体时间。接着写夜渡清流关，因先有心理准备，虽“人人自危,”却不至于十分狼狈。而且出人意表地写出化险为夷的结局：“及山顶，忽见月出如烂银盘，照耀无际，始举手相庆”，领略月色之美。夜渡昭关，由于思想松懈，毫无准备，结果狼狈不堪：“傍山涉涧，怪石如林，马为之避易。众以为伏虎，却顾反走，颠仆枕藉，呼声甚微；虽强之大噪，不能也。”两次渡关，写得各具情采，毫不雷同，足见构思精妙。两次渡关都点到“虎”，虽说都是虚写，但由于夜渡昭关无心理准备，畏虎之情就格外强烈。课文删去了最后一段：

> 噫！予以离亲之久，诸所弗计，冒险夜行，渡二关，犯虎穴，虽濒危而幸免焉，其亦可谓不审也已！谨志之以为后戒。

这最后一段，作者先以“离亲之久，诸所弗计”，点明两次历险的原因，与开始的“谒告南归”紧密呼应。进而总结遇险的教训：“虽濒危而幸免焉，其亦可谓不审也已!”以“谨志之以为后戒”，点出作记的用意。

［1］绐：欺骗。

［2］铜钲（zhēng）：古代乐器。又名“丁宁”。形似钟而狭长，有长柄可执，击之而鸣，是行军乐器。

［3］岖崟（yín）：险峻。

［4］此关乃赵点检破南唐，擒其二将处：用赵匡胤擒南唐大将姚凤、皇甫晖的故事，点明此处乃兵家争战之地，地势虽险而奇，此游冠绝平生。

四十　腊日[1]游孤山①访惠勤惠思②二僧

苏　轼

天欲雪，云满湖；楼台明灭[2]山有无。水清石出鱼可数；林深无人鸟相呼[3]。

腊日不归对妻孥，名[4]寻道人[5]实自娱。道人之居在何许？宝云山③前路盘纡。

孤山孤绝谁肯庐？道人有道山不孤！纸窗竹屋深自暖；拥褐坐睡依团蒲④。

天寒路远愁仆夫，整驾催归及未晡⑤。出山回望云木合，但见野鹘盘浮图⑥。

兹游淡薄欢有余，到家恍如梦蘧蘧[6]。作诗火急追亡逋[7]，清景一失后难摹！

---

① 孤山在浙江杭县的西湖，独立一峰，故名。

② 惠勤惠思是宋代的高僧，士大夫很多和他们往还。

③ 宝云山在孤山之北。

④ 团蒲即蒲团。

⑤ 晡是申时。

⑥ 浮图即浮屠，注见前。

作者略述

苏轼（1037—1101年）宋眉山（今四川眉山县）人，字子瞻（自号东坡居士）。嘉祐进士。神宗时与王安石议论不合，贬黄州。哲宗时召还。累官翰林学士、兵部尚书。轼工文章，长于诗，书画亦有名（与父亲苏洵、弟弟苏辙并称“三苏”，为“唐宋八大家”之一）。有《东坡居士全集》。

延伸阅读

［1］腊日：农历十二月八日，即“腊八节”，又称为“法宝节”“佛成道节”“成道会”等。

［2］明灭：依稀模糊，似有若无，忽隐忽现。形容楼台山峦。

［3］鸟相呼：一作“鸟自呼”，言鸟相和而鸣，如自呼名字。

［4］名：名义上。

［5］道人：有道之人，此指和尚。

［6］蘧蘧（qú qú）：惊醒的样子。

［7］亡逋（bū）：逃亡者。这里指作诗的灵感，灵感往往一闪即逝。

四十一　木兰诗①

唧唧[1]复唧唧，木兰当户[2]织；不闻机杼声[3]，惟闻女叹息。

问女何所思？问女何所忆？女亦无所思，女亦无所忆。昨夜见军帖[4]，可汗②大点兵；军书十二卷[5]，卷卷有爷[6]名。阿爷无大儿，木兰无长兄；愿为市鞍马[7]，从此替爷征。

东市买骏马，西市买鞍鞯[8]，南市买辔头[9]，北市买长鞭。旦辞爷娘去，暮宿黄河边，不闻爷娘唤女声，但闻黄河流水鸣溅溅[10]。旦辞黄河去，暮至黑水③头，不闻爷娘唤女声，但闻燕山④胡骑[11]声啾啾[12]。

万里赴戎机[13]，关山度若飞[14]。朔气传金柝[15]；寒光照铁衣[16]。将军百战死，壮士十年归。

归来见天子[17]，天子坐明堂⑤，策勋十二转[18]，赏赐百千强[19]。可汗问所欲，木兰不用尚书郎[20]；愿借明驼⑥千里足，送儿还故乡。

---

① 这是没有作者名氏的，传说是北朝民间流传的叙事诗。中间“万里赴戎机”几句似乎出于文人的润饰。

② 可汗，读如“kè hán”，犹言单于，西域国主的称谓。

③ 黑水今属内蒙古鄂托克旗。

④ 燕山即燕然山，今属蒙古国。

⑤ 明堂，天子发布政事的地方。

⑥ 明驼是受过军事训练的骆驼，夜里也会走长路。

爷娘闻女来，出郭[21]相扶将。阿姊闻妹来，当户理红妆。小弟闻姊来，磨刀霍霍向猪羊。开我东阁门，坐我西阁床。脱我战时袍，著我旧时裳。当窗理云鬓，对镜贴花黄①。出门看火伴，火伴皆惊惶：同行十二年，不知木兰是女郎。

雄兔脚扑朔，雌兔眼迷离[22]，两兔傍地走，安能辨我是雄雌。

作者简介

佚名。现代学者大多认为《木兰诗》产生于北魏，创作于民间，有文人加工的痕迹。

延伸阅读

《木兰诗》记述了木兰女扮男装，代父从军，在战场上建立功勋，回朝后不愿做官。这篇富有浪漫色彩的奇事奇诗，冲击了封建社会重男轻女的偏见，也激励人们的爱国情操。

[1] 唧唧（jī jī）：纺织机的声音

[2] 当户（dāng hù）：对着门。

[3] 机杼（zhù）声：织布机发出的声音。机，指织布机。杼，织布梭（suō）子。

[4] 军帖（tiě）：征兵的文书。

[5] 军书十二卷：征兵的名册；十二卷，表示很多，不是确指。下文的“十二

① 当时妇女的妆饰，额上涂黄色，面上贴花子。

转”“十二年”，用法与此相同。

［6］爷：和下文的“阿爷”一样，都指父亲。

［7］愿为市鞍（ān）马：为，为此；市，买；鞍马，泛指马和马具。

［8］鞯（jiān）：马鞍下的垫子。

［9］辔（pèi）头：驾驭牲口用的嚼子、笼头和缰绳。

［10］溅溅（jiān jiān）：水流激射的声音。

［11］胡骑：胡人的战马。胡，古代对北方少数民族的称呼。

［12］啾啾（jiū jiū）：马叫的声音。

［13］万里赴戎机：不远万里，奔赴战场。戎机，指战争。

［14］关山度若飞：像飞一样地跨过一道道的关，越过一座座的山。度，越过。

［15］朔（shuò）气传金柝（tuò）：北方的寒气传送着打更的声音。朔，北方。金柝，即刁斗。古代军中用的一种铁锅，白天用来做饭，晚上用来报更。

［16］铁衣：铠甲。

［17］天子：即前面所说的“可汗”。

［18］策勋十二转（zhuǎn）：策勋，记功；转，勋级每升一级叫一转，十二转为最高的勋级。十二转：不是确数，形容功劳极高。

［19］赏赐百千强（qiáng）：赏赐很多的财物。强，有余。

［20］尚书郎：尚书省的官。尚书省是古代朝廷中管理国家政事的机关。

［21］郭：外城。

［22］雄兔脚扑朔，雌兔眼迷离：据说，提着兔子的耳朵悬在半空时，雄兔两只前脚时时动弹，雌兔两只眼睛时常眯着，所以容易辨认。“扑朔”，爬搔；“迷离”，眯着眼。

四十二　最后一课

［法国］都德（Alphonse Daudet）　著

胡　适　译

这天早晨我上学去，时候已很迟了，心中很怕先生要骂；况且昨天汉麦先生说过，今天他要考我们的动静词文法，我却一个字都记不得了。我想到这里格外害怕，心想还是逃学去玩一天罢。你看天气如此清明温暖，那边竹篱上两个小鸟儿唱得怪好听，野外田里普鲁士的兵士正在操演。① 我看了，几乎把动静词的文法都丢在脑后了。幸亏我胆子还小，不敢真个逃学，赶紧跑上学去。

我走到市政厅前，看见那边围了一大群的人在那里读墙上的告示。我心里暗想，这两年我们的坏消息，败仗哪，赔款哪，都在这里传来。今天又不知有什么坏新闻了。我也无心去打听，一口气跑到汉麦先生的学堂。

平日学堂刚上课的时候总有很大的声音，开抽屉、关抽屉的声音，先生铁戒尺的声音，种种响声街上也常听得见。我本意还想趁这一阵乱响的里面混了进去，不料今天我走到的时候，里面静悄悄地一点声音都没有。我朝窗口一瞧，只见同班的学生都坐好了，汉麦先生拿着他那块铁戒尺踱来踱去。

---

① 公元一八七〇年七月，普、法两国战争。普军打败了法军，进陷巴黎。一八七一年九月，两国订立条约，法国割阿色司（Alsace）娜恋（Lorraine）两州，偿金五十亿法郎（Franc）给普国，战事才罢。此篇所写，正在割地之后，所以有普国兵士在那里操演。

我没法，只好硬着头皮推门进去，脸上怪难为情的。幸亏先生还没有说什么。他瞧见我，但说，“孩子快坐好！我们已开讲了，不等你了。”我一跳跳上了我的坐位，心还是拍拍的跳。

坐定了，定睛一看，才看出先生今天穿了一件很好看的暗绿袍子，挺硬的衬衫，小小的丝帽，这种衣服除了行礼给奖的日子他从不轻易穿起的。更可怪的，今天这全学堂都是肃静无哗的。最可怪的是，后边那几排空椅子上也坐满了人，这边是前任的县官和邮政局长，那边赫叟那老头子，还有几位我却不认得了。这些人为什么来呢？赫叟那老头子带了一本初级文法书摆在膝头上，他那副阔边眼镜也放在书上，两眼睁睁地望着先生。我看这些人脸上都很愁的。心中正在惊疑，只见先生上了座位，恭恭敬敬地开口道，“我的孩子们，这是我最末了的一课书了！昨天柏林有令下来说，阿色司和娜恋两省现在既已割归普国，从此以后，这两省的学堂只许教授德国文字，不许再教法文了。你们的德文先生明天就到，今天是你们最末了一天的法文功课了！”

我听了先生这句话，就像受了电打一般。我这时才明白，刚才市政厅墙上的告示原来是这么一回事。这就是我最末了一天的法文功课了！我的法文才该打呢，我还没学作法文呢，我难道就不能再学法文了？唉，我这两年为什么不肯好好的读书？为什么却去捉鸽子、打木球呢？我从前最讨厌的文法书、历史书，今天都变了我的好朋友了。还有那汉麦先生也要走了，我真有点舍不得他。他从前那副铁板板的面孔，厚沉沉的戒尺，我都忘记了，只是可怜他。原来他因为这是末了一天的功课，才穿上那身礼服。原来后面空椅上那些人也是舍不得他的。我想他们心中也在懊悔，从前不曾好好学些法文，不曾多读些法文的书。咳，可怜得很！

我正在痴想，忽听先生叫我的名字，问我动静词的变法。我站起来，第一个字就回错了。我那时正羞愧无地，两手撑住桌子，低了头不敢抬起来。只听先生说道，“孩子，我也不怪你，你自己总够受了！天天你们自己骗自己说，这算什么，读书的时候多着呢，明天再用功还怕来不及吗？如今呢？你们自己想想着，你总算是一个法国人，连法国的语言文字都不知道！”……先生说到这里索性演说起来了。他说“我们法国的文字怎么好，说是天下最美、最明白、最合论理的文字”。他说“我们应该保存法文，千万不要忘记了”。他说“现在我们总算是为人奴隶了，如果我们不忘我们祖国的言语文字，我们还有翻身的日子”……

先生说完了，翻开书讲今天的文法课。说也奇怪，我今天忽变聪明了，先生讲的我句句都懂得。先生也用心细讲，就像他恨不得把一生的学问今天都传给我们。文法讲完了，接着就是习字。今天习字的本子也换了，先生自己写的好字，写着“法兰西”“阿色司”“法兰西”“阿色司”四个大字，放在桌上，就像一面小小的国旗。同班的人个个都用心写字，一点声息都没有，但听得笔尖在纸上飕飕地响。我一面写字，一面偷偷地抬头瞧瞧先生，只见他端坐在上面动也不动一动；两眼瞧瞧屋子这边，又瞧瞧那边。我心中怪难过，暗想先生在此住了四十年了，他的园子就在学堂门外，这些台子凳子都是四十年的旧物，他手里种的胡桃树也长大了，窗子上的朱藤也爬上屋顶了，如今他这一把年纪明天就要离此地了！我仿佛听见楼上有人走动，想是先生的老妹子在那边收拾箱笼。我心中真替他难受。先生却能硬着心肠把一天功课一一作去，写完了字，又教了一课历史；历史完了，便是那班幼稚生的拼音。坐在后的赫叟那老头儿带上了眼镜，也跟着他们拼那 Ba，Be，Bi，Bo，Bu；我听他的声音都哽咽住了，很像哭声。我听了又好笑，又要替他哭。这一回事，这末了一天的功课，我一辈子也不会忘记的。

忽然礼拜堂的钟敲了十二声，远远地听得喇叭声，普鲁士的兵操演回来，踏踏踏踏地走过我们的学堂。汉麦先生立起身来，面色都变了，开口道：“我的朋友们！我……我……”先生的喉咙哽住了，不能再说下去。他走下座，取了一条粉笔，在黑板上用力写了三个大字——“法兰西万岁”。他回过头来摆一摆手，好像说，散学了，你们去罢！

作者略述

都德（Alphonse Daudet，1840—1897年）法国小说家，属于印象的自然派。自然派以如实描写人生为鹄的，谓作家观察人生，当具绝对之客观眼光；印象派则主依主观所得之印象而描写之。都德盖善用此法者也。所作有Sapho（《萨芙》）等篇，极有名。

延伸阅读

都德的《最后一课》是短篇小说中的精品，自1873年发表以来，曾被译成世界各国文字，并常被选为中小学的语文教材，流传广泛，脍炙人口。1912年9月，胡适翻译了这篇小说，取题名为《割地》（后改为《最后一课》）。胡适当时才22岁，是留美学生，这是他翻译的第一篇译作，发表在1915年3月出版的《留美学生季报》春季第一号。小说以普鲁士战胜法国后强行兼并阿色司（阿尔萨斯）和娜恋（洛林）两省的事件为背景，通过一个小学生在上最后一堂法文课时的所见所闻与内心感受，深刻地表现法国人民深厚的爱国主义感情。这样一篇小说，在开始逐渐沦为半殖民地社会的近代中国，是很易引起共鸣的。

四十三　水 手

刘延陵

一

月在天上，
船在海上，
他两只手捧住面孔，
躲在摆舵的黑暗地方。

二

他怕见月儿眨眼，
海儿微笑，
引他看水天接处的故乡。
但他却终归想到
石榴花开得鲜明的井旁，
那人儿正架竹子，
晒她的青布衣裳。

作者简介

刘延陵（1894—1988 年），祖籍安徽旌德，生于江苏泰兴，字苏观，是中国第一代的白话诗人，文学研究会会员。1912 年秋从南通师范学校毕业后考入上海复旦公学（1917 年改为复旦大学），毕业后先后在如皋师范和杭州浙江第一师范执教。1921 年在上海吴淞中国公学执教期间与叶圣陶、朱自清创办了中国新诗史上第一本新诗刊物《诗》月刊（1922 年 1 月创刊），是第一个介绍法国象征派的新诗及其理论至中国的拓荒者。1922 年后，刘延陵先后在杭州浙江第一师范、宁波省立四中、金华中学、上海暨南大学国文系执教。1937 年到马来西亚主编《马华日报》，后又转槟城主编《光华日报》，并在义安院和南洋大学担任教职和编辑。

延伸阅读

这首诗写一个漂洋过海的水手思念故乡的心情。第一节开头两行写环境：“月在天上，船在海上”，海天相接，茫茫苍苍。天上有月亮，当然是夜里。水手一个人躲在舵楼的阴影里思念故乡。诗中说的“摆舵的地方”就是船尾的舵楼，那不是一艘轮船，而是一艘老式的帆船。这首诗刊登在 1922 年 1 月 15 日出版的《诗》月刊第 1 卷第 1 号，那时候在我国的海面上，轮船还比较罕见。水手为什么要“两只手捧住面孔”，躲在黑暗的角落里呢？原来怕瞧见映在海面上的月亮。可是，对故乡的思念却怎么也阻挡不住。他想到，不，应该说他看到了家门口的那口井，看到了石榴花开得正盛，看到了他思念的“人儿”正在“晒她的青布衣裳”。

四十四　鸭的喜剧

鲁　迅

俄国的盲诗人爱罗先珂君带了他那六弦琴到北京之后不多久，便向我诉苦说："寂寞呀，寂寞呀，在沙漠上似的寂寞呀！"

这应该是真实的。但在我却未曾感得；我住得久了，"入芝兰之室，久而不闻其香"[1]，只以为很是嚷嚷罢了。然而我之所谓嚷嚷，或者也就是他之所谓寂寞罢。

我可是觉得在北京仿佛没有春和秋。老于北京的人说，地气北转了，这里在先是没有这么和暖。只是我总以为没有春和秋；冬末和夏初衔接起来，夏才去，冬又开始了。

一日，就是这冬末夏初的时候，而且是夜间，我偶而得了闲暇，去访问爱罗先珂君。他一向寓在仲密君[2]的家里；这时一家的人都睡了觉了，天下很安静。他独自靠在自己的卧榻上，很高的眉棱在金黄色的长发之间微蹙了，是在想他旧游之地的爪哇①，爪哇地方的夏夜。

"这样的夜间，"他说，"在爪哇是遍地是音乐。房里、草间、树上都有昆虫吟叫，各种声音成为合奏，很神奇。其间时时夹着蛇鸣：嘶嘶！可是也

① 爪哇（Java）在南洋，属荷兰。

与虫声相和协……”他沉思了，似乎要追想起那时的情景来。

我开不得口。这样奇妙的音乐，我在北京确乎未曾听到过，所以即使如何爱国，也辩护不得，因为他虽然目无所见，耳朵是没有聋的。

“北京却连蛙鸣也没有……”他又叹息了说。

“蛙鸣是有的！”这叹息却使我勇猛起来了，于是抗议说，“到夏天大雨之后，你便能听到许多虾蟆叫，那是都在沟里面的，因为北京到处都有沟。”

“哦……”

过了几天，我的话居然证实了，因为爱罗先珂君已经买到了几十个蝌蚪子。他买来便放在他窗外院子里的小池里。那池的长有三尺，宽有二尺，是仲密所掘，以种荷花的荷池。从这荷池里，虽然从来没有见过养出半朵荷花来，然而养虾蟆却实在是一个极合式的所在。

蝌蚪成群的在水里面游泳；爱罗先珂君也常常踱来访它们。有时候，在旁的孩子告诉他说，“爱罗希珂[①]先生，它们生了脚了。”他便高兴的微笑道，“哦！”

然而养成池沼的音乐家却只是爱罗先珂君的一件事。他是向来主张自食其力的，说女人可以畜牧，男人就应该种田。所以遇到很熟的友人，他便要劝诱他就在院子里种白菜；也屡次对仲密夫人劝告，劝伊养蜂，养鸡，养猪，养牛，养骆驼。后来仲密家里果然有了许多小鸡，满院飞跑，啄完了铺地锦的嫩叶，大约也许就是这劝告的结果了。

从此卖小鸡的乡下人也时常来，来一回便买几只，因为小鸡是容易积食，发痧，很难得长寿的，而且有一匹还成了爱罗先珂君在北京所作唯一的小说

① 因为孩子叫不清楚，所以叫成了爱罗希珂。

《小鸡的悲剧》[3]里的主人公。有一天的上午，那乡下人竟意外的带了小鸭来了，咻咻的叫着；但是仲密夫人说不要。爱罗先珂君也跑出来，他们就放一个在他两手里，而小鸭便在他两手里咻咻的叫。他以为这也很可爱，于是又不能不买了，一共买了四个，每个八十文。

小鸭也诚然是可爱，遍身松花黄毛茸茸的，放在地上，便蹒跚的走，互相招呼，总是在一处。大家都说好，明天去买泥鳅来喂他们罢。爱罗先珂君说："这钱也可以归我出的。"

他于是教书去了；大家也走散。不一会，仲密夫人拿碎米来喂他们时，在远处已听得泼水的声响，跑到一看，原来那四个小鸭都在荷池里洗澡了，而且还翻筋斗，吃东西呢。等到拦它们上了岸，全池已经是浑水；过了半天，澄清了，只见泥里露出几条细藕来，而且再也寻不出一个已经生了脚的蝌蚪了。

"伊罗希珂①先，没有了，虾蟆的儿子！"傍晚时候，孩子们一见他回来，最小的一个便赶紧说。

"唔，虾蟆？"

仲密夫人也出来了，报告了小鸭吃完蝌蚪的故事。

"唉，唉！……"他说。

待到小鸭褪了黄毛，爱罗先珂君却忽而渴念着他的"俄罗斯母亲"[4]了，便匆匆的向赤塔②去。

待到四处蛙鸣的时候，小鸭也已经长成，两个白的，两个花的，而且不复咻咻的叫，都是"鸭鸭"的叫了。荷花池也早已容不下他们了；幸而仲密

① 这也因叫得不清楚的缘故。

② 赤塔（Chita）俄地，在恰克图东北，当西伯利亚铁道分岔处。

住家的地势是很低的，夏雨一降，院子里满积了水，它们便欣欣然游水、钻水、拍翅子、“鸭鸭”的叫。

现在又从夏末交了冬初，而爱罗先珂君还是一无消息，不知道在哪里了。

只有四个鸭，却还在沙漠上“鸭鸭”的叫。

作者简介

鲁迅（1881—1936年），浙江绍兴人，本名周樟寿，后改名周树人，初字豫山，后改字豫才，曾留学日本仙台医科专门学校（肄业）。“鲁迅”是他1918年发表《狂人日记》时所用的笔名，也是他影响最为广泛的笔名。他是著名文学家、思想家，新文化的先驱，中国现代文学的奠基人，在文学创作、文学批评、思想研究、文学史研究、翻译、美术理论引进、基础科学介绍和古籍校勘与研究等多个领域具有重大贡献。小说集有《呐喊》《彷徨》《故事新编》；散文集有《朝花夕拾》；文学论著有《中国小说史略》；散文诗集有《野草》；杂文集有《坟》《热风》《华盖集》《华盖集续编》《南腔北调集》《三闲集》《二心集》《而已集》《花边文学》《伪自由书》《准风月谈》《且介亭杂文集》《且介亭杂文二集》《且介亭杂文末编》等。他对于五四运动以后的中国社会思想文化发展具有重大影响，蜚声世界文坛。毛泽东曾评价：“鲁迅的方向，就是中华民族新文化的方向。”

延伸阅读

《鸭的喜剧》是一篇带有纪实性色彩的小说，文章最初发表于1922年12月上海

《妇女杂志》第8卷第12期。作者塑造的主人公爱罗先珂对世界充满爱心，那是一种对一切事物的博爱，他爱一切生物，爱充满活力的生命，爱欢乐的世界，但世界并不尽如人意的。作者通过鸭的喜剧——也就是蝌蚪的悲剧，提示了生存竞争、弱肉强食的生命现象所折射出的社会现实，委婉地表达了人间不可能无所不爱，唯有反抗强暴，才能保护弱者的思想。本文虽然题目为“喜剧”，却自始至终隐含着悲剧色彩。

［1］入芝兰之室，久而不闻其香：语见《孔子家语·六本》。

［2］仲密：鲁迅二弟周作人（1885—1967年）的笔名。

［3］《小鸡的悲剧》：爱罗先珂的童话。鲁迅于1922年7月译出，发表于同年9月上海《妇女杂志》第8卷第9期，后收入《爱罗先珂童话集》。

［4］俄罗斯母亲：俄罗斯人民对祖国的爱称。

初中国语课

第三册

叶圣陶 顾颉刚　主编
商金林 李淑英　校注

开明出版社

图书在版编目（CIP）数据

初中国语课. 第三册 / 叶圣陶，顾颉刚主编. -- 北京：开明出版社，2024. 9

ISBN 978-7-5131-8907-1

Ⅰ. ①初… Ⅱ. ①叶… ②顾… Ⅲ. ①中学语文课-初中-教材 Ⅳ. ①G634. 301

中国国家版本馆 CIP 数据核字（2024）第 060613 号

出 版 人：陈滨滨
责任编辑：卓 玥 程 刚

初中国语课（全六册）
CHUZHONGGUOYUKE（QUANLIUCE）

作　　者：叶圣陶　顾颉刚　主编
　　　　　商金林　李淑英　校注
出　　版：开明出版社
　　　　　（北京海淀区西三环北路 25 号　邮编 100089）
印　　刷：三河市荣展印务有限公司
开　　本：710mm×1000mm 1/16
成品尺寸：170mm×240mm
印　　张：76. 25
字　　数：926 千字
版　　次：2024 年 9 月第 1 版
印　　次：2024 年 9 月第 1 次印刷
定　　价：268. 00 元（全六册）

印刷、装订质量问题，出版社负责调换。联系电话：（010）88817647

校注说明

这部《新学制初级中学国语教科书》是1923年出版的，难度较大，我们在审订时作了必要的校注，现说明如下：

1. 课文原有的注均为“①②③……”的页下注，一律保留，有误错的予以订正；校注时增补的注均为加“[1][2][3]……”的尾注；

2. 原有的“作者略述”一律照录，需要补充的加“（ ）”标出；“作（译）者略述”空缺的，由校注者补写，改称为“作（译）者简介”，以示区别；

3. 课文中缺漏的文字和标点，均加“[ ]”标出；

4. 为了方便读者的学习和阅读，增设“延伸阅读”一项，对课文作相应的提示或介绍。

商金林　李淑英

2024年6月20日

目 录

一　最苦与最乐

梁启超

人生什么事最苦呢？贫吗？不是。失意吗？不是。老吗？死吗？都不是。我说人生最苦的事莫苦于身上背着一种未来的责任。

人若能知足，虽贫不苦；若能安分（不多作分外希望），虽失意不苦；老、病、死乃人生难免的事，达观的人看得很平常，也不算什么苦。独是凡人生在世间一天，便有一天应该做的事，该做的事没有做完，便像是有几千斤重担子压在肩头，再苦是没有的了。为什么呢？因为受那良心责备不过，要逃躲也没处逃躲呀。

答应人办一件事没有办，欠了人的钱没有还，受了人的恩惠没有报答，得罪了人没有赔礼，这就连这个人的面也几乎不敢见他；纵然不见他的面，睡里梦里都像有他的影子来缠着我。为什么呢？因为觉得对不住他呀，因为自己对于他的责任还没有解除呀。不独是对于一个人如此，就是对于家庭，对于社会，对于国家，乃至对于自己，都是如此。凡属我受过他好处的人，我对于他便有了责任。凡属我应该做的事，而且力量能够做得到的，我对于这件事便有了责任。凡属我自己打主意要做一件事，便是现在的自己和将来的自己立了一种契约，便是自己对于自己加一层责任。有了这责任，那良心便时时刻刻监督在后头。一日应尽的责任没有尽，到夜里头便是过的苦痛日子。一生应尽的责任没有尽，便死也是带着苦痛往坟墓里去。这种苦痛却比不得普通的贫、病、老、死，可以达观排解得来。所以我说人生没有苦痛便罢，若有苦痛，当然没有比这个加重的了。

翻过来看，什么事最快乐呢？自然责任完了，算是人生第一件乐事。古语说得好，“如释重负”；俗语亦说是：“心上一块石头落了地”。人到这个时候，那种轻松愉快，直是不可以言语形容。责任越重大，负责的日子越久长，到责任完了时，海阔天空，心安理得，那快乐还要加几倍哩。大抵天下事从苦中得来的乐才算真乐。人生须知道有负责任的苦处，才能知道有尽责任的乐处。这种苦乐循环，便是这有活力的人间一种趣味。却是不尽责任，受良心责备，这些苦都是自己找来的。一翻过来，处处尽责任，便处处快乐；时时尽责任，便时时快乐。快乐之权操之在己。孔子所以说：“无入而不自得”①[1]，正是这种作用。

然则为什么孟子又说“君子有终身之忧”②[2]呢？因为越是圣贤豪杰，他负的责任便越是重大；而且他常要把这种种责任来揽在身上，肩头的担子从没有放下的时节。曾子还说哩：“任重而道远……死而后已，不亦远乎？”③[3]那仁人志士的忧民、忧国，那诸圣诸佛的悲天、悯人，虽说他是一辈子感受苦痛，也都可以。但是他日日在那里尽责任，便日日在那里得苦中真乐，所以他到底还是乐不是苦呀！

有人说，“既然这苦是从负责任而生的，我若是将责任卸却，岂不是就永远没有苦了吗？”这却不然，责任是要解除了才没有，并不是卸了就没有。人

① 见《中庸》。
② 见《孟子·离娄篇》。
③ 见《论语·泰伯》篇。

生若能永远像两三岁小孩，本来没有责任，那就本来没有苦。到了长成，那责任自然压在你头上，如何能躲？不过有大小的分别罢了。尽得大的责任，就得大快乐；尽得小的责任，就得小快乐。你若是要躲，倒是自投苦海，永远不能解除了。

作者简介

梁启超（1873—1929 年），中国近代思想家、政治家、教育家、史学家、文学家。字卓如，号任公，别署饮冰室主人、中国之新民。广东新会人，清光绪举人。青年时期与师康有为及其友谭嗣同一起，倡导变法维新，与康有为并称“康梁”，是戊戌变法（百日维新）领袖之一，事败后出逃日本，主办《清议报》和《新民丛报》，以国民启蒙、国民自新、国民变革为基本目标，倡导文体改良的“诗界革命”和“小说界革命”。辛亥革命后一度担任司法总长、币制局总裁。袁世凯称帝，梁启超口诛笔伐。后出国游欧洲，回国后专事从事讲学，任清华大学等校教授。著有《欧游心影录》《清代学术概论》《中国近三百年学术史》等，合编为《饮冰室合集》。

延伸阅读

《最苦与最乐》，是一篇议论文，从最苦和最乐两方面来谈人生的责任，说明人生在世，必须要对家庭、社会、国家以及自己尽到应尽的责任，人应尽的责任没有尽，是人生最苦的事；尽了应尽的责任，是人生第一件乐事。尽得大的责任，就得大快乐；尽得小的责任，就得小快乐 。

［1］无入而不自得：见《礼记·中庸》。意思是，君子无论处在什么境遇都能安然自得。

［2］君子有终身之忧：见《孟子·离娄篇》。意思是，君子有终身的忧虑。

［3］任重而道远……死而后已，不亦远乎：见《论语·泰伯篇》。意思是，仁人志士肩负重大的使命（或责任），要跋涉遥远的路途……直到死才停止，这不也是很遥远吗？

二　孟子舜发于畎亩[1]章

孟子曰："舜发于畎亩之中。① 傅说举于版筑之间。②胶鬲举于鱼盐之中。③管夷吾举于士。④ 孙叔敖举于海。⑤ 百里奚举于市。⑥

"故天将降大任于是人也，必先苦其心志，劳其筋骨，饿其体肤，空乏其身，行拂乱其所为，所以动心忍性，曾⑦益其所不能。

"人恒过，然后能改。困于心，衡于虑，而后作。征于色，发于声，而后喻。入则无法家拂士⑧，出则无敌国外患者，国恒亡。

"然后知生于忧患而死于安乐也。"

---

① 舜起初是一个农人，耕于历山。

② 傅说是殷高宗的贤相，起初是泥水匠。

③ 胶鬲也是殷时的贤人，本来是贩卖鱼盐的。周文王遇见他，便把他举荐出来。

④ 管夷吾即管仲，春秋时人，起初助公子纠。公子纠失败后，他被囚于狱。齐桓公把他放了，便相桓公成霸业。这里所说"士"是指狱官。

⑤ 孙叔敖，春秋时人，起初耕于海滨。楚庄王用他为令尹，极有政绩。

⑥ 百里奚是春秋时春穆公的贤相。他起初在虞国，好久不见知遇。便到秦国，自卖于人为奴。后来秦穆公把他赎了出来。

⑦ 这里"曾"字与"增"同义。

⑧ "拂"字与"弼"字通，拂士就是辅弼的贤士。

作者简介

孟子（约前372—前289年），名轲，战国时期邹国（今山东邹县）人。孟子继承并发扬了孔子的思想，成为仅次于孔子的一代儒家宗师，对后世中国文化的影响全面而巨大，有“亚圣”之称，与孔子合称为“孔孟”，是我国古代著名思想家、教育家，战国时期儒家代表人物。孟子及其门人著有《孟子》一书。

延伸阅读

《孟子舜发于畎亩章》，选自《孟子·告子下》。这篇课文，选编者有的取题名为《舜发于畎亩之中》，有的取题名为《生于忧患，死于安乐》。

［1］畎（quǎn）亩：田间；田地。

三　对于工学互助团[①]的大希望

蔡元培

……西人有句格言："人不是为食而生，是为生而食的。"我仿他的语调造一句："人不是为生而工，是为工而生的。"有一种作工的人，自己说是"谋生"，仿佛是为生而工的凭据。但这是经济界病的现状，决非全部的人生观[②]。要是人仅仅为生而工，那末石器时代[③]的工作很可以谋生，何必进而作铜器，作铁器呢？游猎的民族至今尚存，何必进而为农业工业呢？就说是实业的工作都是有益于生存的，何必又进而为纯粹的科学、哲学与美术呢？且如古语："一年之计树谷，十年之计树木，百年之计树人。"人到能作工的时候，断没有再活百年的，为什么要作"百年之计"呢？文学家美术家的著作，往往受同时人的揶揄非笑，直到死后几十年几百年才受人崇拜。他们为什么要作这种工呢？试验药品，试验飞艇、飞机，探南、北极，到荒僻地方采集博物标本，到野蛮社会考察野蛮民族状况，往往失了性命。科学家的新

---

① 民国八九年间，少年中国学会会员和北京许多学者发起一个工读互助团。蔡先生以为学字函义较广，故本篇题目中，他用了学字。该团曾办过洗衣作和食堂。后来因为经济和别的关系，不久就解散了。

② 人生观是了解吾人为什么而生活，吾人应当怎样生活的一种观念。

③ 石器时代是世界有史以前的时代，在距今二十余万年前。又分新旧两期。旧石器时代的人能用石头制成兵器之类，但略具形状，不加琢磨。到新石器时代，则石制的东西都琢磨得极工致了。这两期的人知识幼稚，尚不知道利用金属。

发明，哲学家的新主义，受旧社会反对，也往往失了生命。他们为什么要冒险作工呢？所以知道工是人生的天责，出于自然的冲动，决非是为生活的欲望强迫而成的。

人类以外的动物都能作工；昆虫中蜂、蚁的工作是程度最高的。但它们一代传一代总是这样，是全靠本能[①]的缘故。又如鹦鹉、鹳鸽也能仿效人言；但它们听一句说一句，不能变化。这还是本能的作用。

人的作工是一时有一时的变化，一代有一代的进步。因为人能学，所以学是工的预备。但是学与工有直接的，有间接的，有间接而又间接的。譬如学洗衣，学编织，学烹饪，学刷印，学制造小工艺，学贩卖报纸及坐柜（这都是工读互助团先拟试作的工），是直接的。因这种工作上材料的关系，想研究矿物学与生物学；因动作的关系，想研究力学；因热度、色彩与化合、化分的关系，想研究热学、光学、化学；因计算的关系，想研究数学、经济学；因视觉、味觉的关系，想研究心理学；因美观的关系，想研究美学；因交际的关系，想研究社会学：这是间接的。又如为满足求真的志趣与预备高深的工作，想研究纯粹的科学、哲学；为满足审美的兴味与调剂机械性工作的厌倦，想研究文学及图书、雕刻、音乐等美术：这是间接而又间接的。在工学互助团中，除每日工作四时外，均可求学，是很方便的。

小工业的时代各作各的工，成绩总是有限；后来分工细了，工业大大的进步；这是互助的效果。从前劳工与资本家反对，劳工总是失败；后来同业的劳工联合起来，一国中各业的劳工联合起来，各国各业的劳工联合起来，资本家不能不让步了：这也是互助的效果。但是资本家与劳工还是对待，还

---

① 吾人本来具有的不藉意识作用的性能，心理学中叫作本能。

是互竞，所以工业上还免不了苦况。也有人说，贫富不平等的原因，就在教育不平等。一部分的人可以受高等教育，在学术上有点儿贡献，但不是独学便能成功，是靠多少师友的助力。况且学术为公，政治上虽然有国界，学术研究没有国界，所以能达到现在的程度：这是互助的效果。但是研究学术的人究竟还是少数；有许多人进了小学不能进中学，进了中学不能进大学：少了许多人研究，学术的发展，自然也受了限制了。要是经济的组织大大改变，全世界做成一个互助团体，全世界的人没有不是劳工，那工作的时间一定都可以减少，那求学的机会一定都可以平等，岂不是现在世界最难解决的问题一切解决，成了最幸福的世界么？

凡事空话总不如实行，大的要从小的做起。要我们空谈世界主义①，一点没有实行的预备，柏拉图的《共和国》② 已经发表了三千年，不是至今还没有实现么？现在少年中国学会的工学互助团是从小团体脚踏实地的做起。要是感动了全国各团体，都照这样做起来，全中国的最重大问题也可解决。要是与世界各团体连合起来，统统一致了；那就世界最重大问题也统统解决了。这岂不是最大的希望么？

作者简介

蔡元培（1868—1940 年），字鹤卿，又字仲申，号孑民，浙江绍兴人，近代杰出的教育家、思想家和民主革命家，为中国近代教育、文化、科学事业的发展

---

① 世界主义是以全世界的和平、发达为标准，而不是偏于一族或一国的。

② 柏拉图（Plato）是希腊的哲学家，苏革拉的学生。《共和国》（*Republic*）是他的重要著作，发抒他的对于政治的理想。

作出了卓越的贡献。1907 年赴德国留学，在莱比锡大学研究教育及心理学。辛亥年回国。1912 年 1 月，中华民国在南京肇建，任改元后首任教育总长。1916—1927 年任北京大学校长，倡导“兼容并包、思想自由”，开创了北大“学术自由”之风，为中国现代大学的形成奠定了基础。1920—1930 年，兼任中法大学校长。1927 年任大学院长。1928—1940 年任中央研究院院长。1940 年 3 月 5 日在香港病逝，毛泽东的唁电说：“孑民先生，学界泰斗，人世楷模”。北大新潮社为编《蔡孑民先生言行录》，载其言行极详。遗著辑有《蔡元培全集》。

延伸阅读

《对于工学互助团的大希望》选自蔡元培的《工学互助团的大希望》。《工学互助团的大希望》刊登在《少年中国》第 1 卷第 7 期，1920 年 1 月 15 日出版。蔡元培在这篇文章中强调人“是为工而生的”，“工是人生的天责”，“人的作工是一时有一时的变化，一代有一代的进步。因为人能学，所以学是工的预备，但是学与工有直接的，有间接的，有间接而又间接的”。他希望通过“求学”，让“同业的劳工联合起来，一国中各业的劳工联合起来，各国各业的劳工联合起来”，“全世界做成一个互助的团体，全世界的人没有不是劳工”，那么世界就成了“最幸福的世界”。蔡元培“最大的希望”，是“要与世界各团体联合起来，统统一致”。“五四”高潮时代的蔡元培内心充满着以“全世界的和平、发达为标准”的“世界主义”理想。

四 流星

［德国］力器德（P. F. Richter） 著

刘 复 译

一夕，人静矣，纽约[①]某小屋中乃有一老者倚窗外眺，举其沉默悲惨之眼仰视蔚蓝之天。见满天星斗，色泽皎洁，自东徂西，运行无阻，有如碧波缥缈之湖中，缀以白色之水百合花。老者复俯视大地，地故僻野，荒冢累累，因思“彼冢中之朽骨悉为过去之人，当其未过去时，为善为恶各自不同，今则不问善恶，悉闭锢于此天然界之土狱中。我命殊蹇，独立无援。然以吾视彼，彼殊不如我；盖吾虽无援，犹不若彼之甚也。特恐数年而后，吾亦不免步彼后尘，或且反不如彼耳！”思之慨然。

老者年事可六十。此六十年中所言、所事，不问巨细，可以“罪恶”二字括之。今年老矣，心身交困，静思往事，不堪回首；叹息而外尢声音，饮泣而外无动作。人谓老而贫病交迫，乃一生之大不幸。不知贫病仅肉体之痛苦耳，使有精神上之痛苦在，其不幸且万倍。

老者当成童之际，其父曾紧握其手以最诚至挚之声告之曰，“儿乎，世事浩如烟海；然简言之，两途而已。循其一以行，可抵乐土。土美，泉甘，风和，日暖，稻花香中杂以鸟语嘤嘤，如天使之清歌。其一则为深杳不测之幽

① 纽约（New York）是北美合众国东部的大都会。

洞，草木不生，流毒汁以为水，藏毒蛇以噬人。兹二途者，孰吉孰凶，何去何从，吾儿善自择之可耳。”

至是，老者仰天长叹曰，“噫，少年之时光乎，再来！再来！噫！父乎！父乎！当父以两途之说语我也，我实处于两途之歧点。今则深坠于幽洞之极底，虽欲返至歧点而另入善途，不可得矣。呜呼！此歧点者，入世之总门也。以吾父在天之灵，其能挈我出此不测之幽洞，而复导我至门畔耶？噫，噫，少年！噫，噫，吾父！”

时万籁都寂，时乎不来，阿父亦渺。

老者复仰视天空，见一轮皓月，运行如矢。喟然叹曰，“一生几见月当头！此运行如矢之皓月，即余少年时代所毁灭之光阴也。”旋见一流星，光芒夺目，乃不刹那已窜入碧空深处，不可复睹。则曰，“嗟夫，此流星者，其为余一生之写照耶！忆年少之时，伴侣至多。彼等咸能以道德自范，以勤劳自励。迄今同一纽约也，彼等安然处之；同一风烛残年也，彼等怡然度之。将来同一脱离人界也，彼等欢笑赴之。我则何如！”

已而礼拜寺之洪钟锵然高鸣，声声入耳。老者曰，“此钟声者，殆所以唤醒余一生已死之灵魂，而促余回思往事者耶？呜呼，往事茫茫，不堪回首！忆及儿时，父母爱我，以我为可儿也；师长教我，以我为可儿也；牧师为我祝福，以我为可儿也。呜呼，呜呼，可儿安在哉！呜呼，苍苍者天也，我父之灵魂实处其上。今我自问，自顶至踵，几无分寸之肌肤不有罪恶包裹之。我又何敢以罪恶之眼仰视彼苍，以撄吾父之怒，而贻吾父以大戚耶！”

时月光黯淡，老者泪簌簌沿颊下，下止于灰色之须端，莹然若枯草中之露珠。

“时乎，时乎，少年之时乎，再来！再来！”此老者唯一之叹声也。乃未几而少年之时光果再来矣。盖前文所述，都非事实，乃一梦耳。此梦中之老者春秋正富，是日，其父以两途之说见勖，及夜，遂有此悲惨之恶梦。然亦幸而有此，否则少年之时光一去不来，徒呼负负无益也。

作者略述

力器德（P. F. Richter，1763—1825 年），德国小说家，为浪漫派文学之先驱。其作品多言神怪之事，异域之俗，至为绚丽动人；然乏深湛之内容，或讥其华而不实。顾以其及于后代之影响而言，力器德亦一伟大作家也。

延伸阅读

本篇原载《新民德》第 2 卷第 1 号（1917 年 10 月 10 日）。刘复（1891—1934 年），字半侬，后改字半农，江苏江阴县人，《新青年》重要撰稿人之一，北京大学预科教授。1920 年赴欧留学，同年 9 月作新诗《教我如何不想她》，后被赵元任谱曲传唱，流传至今。1925 年获得法国国家文学博士学位，论文《汉语字声实验录》获法国康士坦丁·伏尔内语言学专奖。1925 年秋回国后复任北京大学教授，并兼任北京大学研究所国学门导师和国立北平大学女子文理学院院长。1926 年出版诗集《扬鞭集》《瓦釜集》。1927 年出版摄影漫谈《半农谈影》，是中国第一部系统的摄影美学专著。1934 年 6 月前往内蒙古等地实地调查北平、绥远沿线方言音调和声调，在考察途中遭昆虫叮咬染上回归热，7 月在北京病逝。刘复长于音韵学，著有《四声实验录》《中国文法通论》等。另著有杂文集《半农杂文》《半农杂文二集》《赛金花本事》（与人合著），译有《法国短篇小说集》《茶花女》等。

五　佛兰克林自传

［美国］佛兰克林（Benjamin Franklin）　著

刘文典　译

……予自孩提时即好读。钱到手尽以购书。爱读《天路历程》[1]，为予初得之书，班扬氏之著作也；书已敝，分装为数小册。其后卖此以购布尔顿氏之《历史丛书》[2]；此书为坊间小本，价甚廉，凡四五十册。予父略有藏书，大都神学[3]之著作，予皆尝读之；然既决计不为僧侣，[4] 而当此勤求知识有如饥渴之年，竟无适当之书可读，思之每引为大憾也。有卜奴达齐氏《英雄传》[5] 一册，予读之多通，及今思之，此光阴良非虚掷。又有戴福氏之《规画论》[6]，马塞博士之《为善论》[7]，均感予至深，他日之事业多受其影响也。

予虽已有一兄（名詹姆士）操印刷业，予父以予有好书癖，决意命予亦业此。千七百十七年，予兄詹姆士自英格兰携印刷机及活字归；开业于波士

---

① 天路历程（Pilgrim's Progress）是英国宗教家班扬（Bunyan）的著作，讲一个信徒欲至天国，中途经历种种探试、种种挫折，他信心极坚，终于被他达到了目的地。

② 布尔顿氏的《历史丛书》（Burton's *Historical Collections*）刊行于伦敦，时在十七世纪。

③ 神学（Theology）是研究基督教教理的一种学问。

④ 佛兰克林的父亲有十个儿子，他起初想使佛兰克林为僧侣，奉事上帝。

⑤ 卜奴达齐氏《英雄传》（*Plutarch's Lives*）是希腊史家卜奴达齐所作英雄列传。

⑥ 戴福氏的《规画论》（De Foe's *Essay on Projects*）。

⑦ 马赛博士的《为善论》（Dr. Mather's *Essays to Do Good*）。

顿[1]。予爱此远过于制烛业，然欲为舟子之念犹未或忘。[2] 予父防予逃之海上，急欲托予于兄。予初抗父命，终乃勉从其意，签名契约，时年仅十二也。据此约予当服役至二十一岁，惟最终一年可得赁金如工人。未几予业大进，兄倚如左右手。斯时予遂能得良书，盖与书肆生徒相识，可时时借阅。读毕即还，不敢损污。往往夕借一书，夜坐读之，至于深宵，次晨早还之，惧或失之也。

其后有马秀亚丹[3]君者，贤智之商人也，藏书甚富，时往来予之印刷肆。予邀其眷顾，招予至其斋中，惠然假予以所欲读之书。予此际颇知好诗歌，尝作短诗数章。予兄以为可观，甚奖进予，使作咏时事诗二章。一曰《灯塔之惨剧》，叙船长王锡类与其二女遇风坏舟事；一为《舟子之歌》，咏海盗黑髯公之就擒。此二诗固《下里巴人》[4] 之音；印既成，兄使予走城市卖之。第一章以其事方新，人争购读，声名大振。此颇使予自豪；然予父笑之，且谓诗人大抵皆乞丐，大挫予气。予乃免为俚鄙之诗人矣。然散文于予生之用至宏，予之立身，斯为全要；以当日之地位，果以何术得成此薄技，将为公等道之。

时予得见残本《斯贝台陀杂志》[5] 一册。此为第三卷，予于此杂志未之前见。购归反覆讽诵，大好之。深爱其文，思模拟之。乃取其章句中所含趣

---

① 波士顿（Boston），美国东北面摩沙朱色得士州的首城，是个大都会。

② 佛兰克林十岁时，帮助父亲制烛，这时候他的父亲藉此以支家计。但他并不欢喜这个，他决心要做浮海的事业。

③ 马秀亚丹原文是 Matthew Adams。

④ 《下里巴人》是古时候俚俗的歌谣，见《楚辞·宋玉对楚王问》篇，此处用以喻诗品的不甚高雅。

⑤ 《斯贝台陀杂志》（*Spectator*）于一七一一年三月一日在英国发行，主撰者是文学家阿狄生（Joseph Addison）。

意，以简单之辞书之别纸，置之数日，乃掩卷不观，取前所书短句试以所能运用之字敷衍之，务求尽达其旨，与原文等。然后取原文比较观之，得见疵谬，即加改正。然予识字甚少，且不善遣辞，自思将作韵文必先能此；盖作诗歌当多识同义而异形之字以为辞藻，同义异音之字以叶声韵，势不得不勤为搜讨，识之于心，且求善用之也。故予取书中故实演以韵文，俟稍历时日，其原文已忘，复取此韵文演为散文。予时又取别纸所书简短之辞而散乱之，数星期后，乃尽心排列之，求其通顺。然后敷衍辞句，连缀篇章，以为全文。此予学文章章法之方也。然后以予所作比之原文，见有瑕玷，即加改削。惟予幸时能见原文章法、辞句之小疵而改正之；沾沾自喜，益自奋励，思将来或能成英文作家，此盖予中心所切望者也，予学文、读书之时为夜间事毕、清晨事前、或星期日，予居父膝下时，星期日常命予必往教堂之祈祷大会，予则务避不往，独居印刷室以读书，然予虽无暇遵行父命，至今犹觉其当遵也。

方予专心修辞时，得见《英文法》一册（忆为葛林武德氏书[①]），其卷末载有短文二首，一为修辞学论略，一为名学论略，后者之末附有苏革拉氏论法之问答；未几，予得读宰罗逢氏之《苏革拉言行录》[②]，其中载有此论法之例题不少，见其于己最安全而能窘人，遂大好之，练习不辍。术渐精，能使知识高于己者辟易退让，不知其极，陷之于困难，弗能自脱。以予之无俚，所持论又至浅薄，然竟往往博奇捷也。

予用此法者数年，然后亦渐弃之，惟措辞谦逊之习惯尚存；有所争辩，

---

① 葛林武德（James Greenwood）当西历一七一一年刊行文法书于伦敦。

② 宰罗逢（Zenophon）是希腊的名将，苏革拉的弟子。他所编的《苏革拉言行录》，英名为 *Memorable Things of Socrates*。

不用“确然”“无疑”或其他稍涉独断之辞，宁谓“予思其如是如是”“觉其如是如是”或“以是因缘，予见其如是”“予料其如是”“使予非谬，此殆如是”而已。予信此习惯于予之诲人及时时劝人从己所倡之法皆所利甚多。谈论之要在于教人、求教、悦人、劝人，愿明达之士慎勿以独断自是之风招恐树敌，转减却劝人为善之效，使天赋吾人以为授受知识、乐利之资者失其功用也。苟欲教人而以自是独断之风出之，则易招反对，其能虚怀听纳者盖寡。苟欲受教于人，而又固执己见，则谦抑君子不好争辩，将望而去之，任汝过误，不复容喙矣。盖以此道行之，必难望听者之乐从也。……

作者略述

佛兰克林（Benjamin Franklin，1706—1790 年），美国之文学家及政治家。少时曾为印刷工人，后游英查考印刷事业归，与人合办印刷店，由是渐为时人所重。一七四六年发明传电原理，得名誉学位；后为国会议员、外交官、美国宪法起草委员，与华盛顿同为美国开国名人。所著文学作品有《自传》一卷，为美国文学史上之杰作。

延伸阅读

本篇最初发表于《青年杂志》第 1 卷第 5 号（1916 年 1 月），译者刘文典（署名刘叔雅）为现代著名翻译家，曾任《新青年》英文编辑，先后翻译过赫胥黎（英）、叔本华（德）、佛兰克林（英）、海克尔（德）等人的著作，表现了鼓励青年、启迪民智的“五四”新文化精神。他在《佛兰克林自传》译文前言中说：“佛兰克林为十八世纪第一伟人，于文学、科学、政治皆冠绝一世。其自强不息勇猛精进之气，犹足为青年之典型。斯篇乃其七十九岁所作自传，吾青年昆弟读之，倘兴高山仰止之思，群效法其为人，则中国无疆之休而不佞所馨香祷祝者也。”这应该正是编者将其选入初中国文教科书的原因。

译者简介

刘文典（1889—1958 年），现代杰出的文史大师，校勘学大师与研究庄子的专家。原名文聪，字叔雅。安徽合肥人，原籍安徽怀宁。历任北京大学教授、国立安徽大学校长、清华大学国文系主任。1938 年至昆明，先后在西南联大、云南大学任教。终生从事古籍校勘及古代文学研究和教学。著有《淮南鸿烈集解》《庄子补正》《三余札记》等。译作有《近世思想中之科学精神》《叔本华自我意识说》《佛兰克林自传》《美国人之自由精神》。

六　山居杂诗

周作人

一

一丛繁茂的藤萝，
绿沉沉的压在弯曲的老树的枯枝上，
又伸着两三枝粗藤，
大蛇一般的缠到柏树上去；
在古老深碧的细碎的柏叶中间，
长出许多新绿的大叶来了。

二

六株盆栽的石榴，
围绕着一大缸的玉簪花，
开着许多火焰似的花朵。
浇花的和尚被捉去了，
花还是火焰似的开着。

三

我不认识核桃，
错看它作梅子，
卖汽水的少年
又说它是白果。
白果也罢，梅子也罢，
每天早晨走去看它，
见它一天一天的肥大起来，
总是一样的喜悦。

四

今天是旧年的端午，
山门外的肉店里
清早里便将一只猪卖完了；
门口还站了许多人，
等着买正在屠杀的猪肉。
这猪还是刚才贩去的，
我正听它从门外叫着过去。
我叫人卖了一串粽子和几个杏儿，
独自过我的山中的佳节；
粽子里的红枣多于江米，
但是杏儿却很新鲜，

要比故乡的黄梅[1]更好吃了。

五

不知什么形色的小虫，
在槐树枝上吱吱的叫着。
听了这迫切尖细的虫声，
引起我一种仿佛枯焦气味的感觉。
我虽然不能懂得它歌里的意思，
但我知道它正唱着迫切的恋之歌，
这却也便是它的迫切的死之歌了。

六

一片槐树的碧绿的叶，
现出一切的世界的神秘；
空中飞过的一个白翅膀的百蛉子[2]，
又牵动了我的惊异。
我仿佛会悟了这神秘的奥义，
却也实在未曾了知。
但我已经很是满足，
因为我得见了这个神秘了。

---

① 作者自注：乡俗于端午日吃“五黄”，其一是黄梅。
② 百蛉子是一种很小的飞虫，同蚊子一样常要刺人，北方都有。

作者简介

周作人（1885—1967 年），现代散文家、诗人。文学翻译家。原名櫆寿，字星杓，入南京水师学堂时改名周作人，笔名有仲密、启明、岂明、知堂、遐寿等。浙江绍兴人。鲁迅（周树人）二弟。早年留学日本。回国后在绍兴任中学英文教员。1917 年任北京大学文科教授，于新旧文学，均有深造。“五四”时期任新潮社主任编辑，参加《新青年》的编辑工作，参与发起成立文学研究会，发表了《人的文学》《平民文学》《思想革命》等重要理论文章，并从事散文、新诗创作和译介外国文学作品。他的理论主张和创作实践在社会上产生了很大影响，成为新文化运动的重要代表人物之一。

延伸阅读

1921 年 6 月周作人在北京西山养病时曾写过一组《山居杂诗》，这里选用的是其中的六首，分别写了藤萝、石榴、核桃、粽子、小虫、百蛉子，在《晨报副刊》《民国日报·觉悟》及《新青年》上刊载，后收入新诗集《过去的生命》，上海北新书局 1929 年出版。周作人认为新诗采用自由体便于自由地抒写真情实感。他的这些强调解放诗体的论说，对于新诗大众化产生了积极的影响，但同时也存在着诗文不分的欠缺，感情颇多，深度不够。

七 四时田园杂兴（六十首之八）

范成大

种园得果仅偿劳，不奈儿童鸟雀搔，
已插棘针樊[1]笋径，更铺鱼网盖樱桃。

桑下春蔬绿满畦，菘心青嫩芥苔①肥。
溪头洗择店头卖，日暮裹盐沽酒归。

（以上春日）

蝴蝶双双入菜花，日长无客到田家。
鸡飞过篱犬吠窦，知有行商来卖茶。

雨后山家起较迟，天窗晓色半熹微。
老翁欹枕听莺啭，童子开门放燕飞。

（以上晚春）

① 这当是指芥菜叶。芥菜的叶多贴着地面，菜茎挺长，叶叠叠如层台。

昼出耕田夜绩麻[2]，村庄儿女各当家。
儿童未解供耕织，也傍桑阴学种瓜。

（以上夏日）

橘蠹[3]如蚕入化机，枝间垂茧似蓑衣。
忽然蜕作多花蝶，翅粉才干便学飞。

静看檐蛛结网低，无端妨碍小虫飞。
蜻蜓倒挂蜂儿窘，催唤山童为解围。

（以上秋日）

作者略述

范成大（1126—1193 年），（南）宋吴县（现在的江苏苏州）人，字致能，号石湖居士，绍兴进士。隆兴中使金，秉节尽忠。累官参知政事。其诗清婉，极能描写自然界之美。

延伸阅读

范成大在石湖的时候，把在农村中所见所闻和所感想到的，写成田园杂兴诗绝句六十首，分“春日”“晚春”“夏日”“秋日”“冬日”五组，每组十二首。因为分别描写春、夏、秋、冬四个季节中农村的各种情景，抒发各种感想，所以称作《四时田园杂兴》。

［1］樊：用为动词，插棘为篱。

［2］绩麻：把麻搓成细条。

［3］橘蠹（dù）：柑橘树上的虫子。

八　小石潭记

柳宗元

从小丘西行百二十步，隔篁竹[1]，闻水声，如鸣佩环[2]。心乐之。伐竹取道，下见小潭，水尤清冽[3]。全石[4]以为底；近岸卷[5]石底以出，为[6]坻[7]，为屿[8]，为嵁[9]，为岩。青树、翠蔓[10]，蒙络摇缀[11]，参差披拂[12]。

潭中鱼可百许头，皆若空游[13]无所依。日光下澈，影布石上，佁然[14]不动。俶尔[15]远逝[16]，往来翕忽[17]，似与游者相乐。

潭西南而望[18]，斗折蛇行[19]，明灭可见。其岸势犬牙差互[20]，不可知其源。

坐潭上，四面竹树环合，寂寥无人，凄神、寒骨，悄怆[21]幽邃[22]。以其境过清[23]，不可久居，乃记之而去。

同游者：吴武陵[24]，龚古，余弟宗玄。隶而从者[25]，崔氏二小生，曰恕己，曰奉壹。

作者略述

柳宗元（773—819年），唐河东人，字子厚。少精敏绝伦，为文卓伟精致，一时辈行推仰。第进士，中博学鸿词，拜监察御史。坐王叔文党贬永州司马，徙柳州刺史，为文益进。韩愈谓雄深雅健，似司马子长云。有《柳先生文集外集》。

延伸阅读

《小石潭记》，又名《至小丘西小石潭记》，是《永州八记》的一篇。这篇游记生动地描写出了小石潭环境景物的幽美和静穆，抒发了作者贬官失意后的孤凄之情。语言简练生动，景物刻画细腻逼真，全篇充满了诗情画意，成为被历代传诵的散文名篇。

［1］篁（huáng）竹：从生的竹子。

［2］佩环：古人系在腰带上的玉制装饰品。

［3］冽（liè）：冷。

［4］全石：整块石头。

［5］卷：翻卷起来。

［6］为：成为。

［7］坻（chí）：水中高地。

［8］屿：小岛。

［9］嵁（kān）：不平的岩石。

［10］蔓：藤蔓。

［11］蒙络摇缀：茎枝交结摇动。

［12］披拂：飘动。

［13］空游：空中游动。

［14］佁（yǐ）然：呆呆的样子。

［15］俶（chù）尔：忽然。

［16］远逝：向远方游去。

［17］翕（xī）忽：迅疾。

［18］西南而望：向西南望去。

［19］斗折：像北斗星一样曲折。蛇行：像蛇游动。

［20］犬牙差互：像犬牙互相交错。

［21］悄怆（chuàng）：静悄得使人感到忧伤。

［22］邃：深。

［23］过清：过于凄清。

［24］吴武陵：信州（今江西上饶市）人，唐元和初年中进士，因“得罪”而贬永州。

［25］隶：附属。从：随从。

九　笑

谢婉莹

雨声渐渐地住了，窗帘后隐隐地透过清光来。推开窗户一看，呀！凉云散了，树叶上的残滴映着月光，好似萤火千点闪闪烁烁地动着。真没想到苦雨孤灯之后，会有这么一幅清美的图画！

凭窗站了一会儿，微微地觉得凉意侵人，转过身来。忽然眼花缭乱，屋子里别的东西都隐在光云里；一片幽辉只浸着墙上画中的安琪儿[①]。这白衣的安琪儿抱着花儿，扬着翅儿，向着我微微地笑。

“这笑容仿佛在哪儿看见过似的，什么时候我曾……！”我不知不觉地便坐在窗台下想，默默地想。

严闭的心幕慢慢地拉开了，涌出五年前的一个印象——一条很长的古道。驴脚下的泥兀自滑滑的。田沟里的水潺潺地流着。近村的绿树都笼在湿烟里。弓儿似的新月挂在树梢。一边走着，似乎道旁有一个孩子，抱着一堆灿白的东西。驴儿过去了，无意中回头一看，他抱着花儿，赤着脚儿，向着我微微地笑。

“这笑容又仿佛是哪儿看见过似的！”我仍是想，默默地想。

① 安琪儿是 Angel 的音译，是生着翅膀的天使。

又出现一重心幕来，也慢慢地拉开了，涌出十年前的一个印象——茅檐下的雨水一滴一滴地落到衣上来。土阶边的水泡儿泛来泛去地乱转，门前的麦垄和葡萄架子都濯得新黄嫩绿的，非常鲜丽。一会儿，好容易雨晴了，连忙走下坡去。迎头看见月儿从海面上来了，猛然记得有件东西忘下了，站住了，回过头来。这茅屋里的老妇人倚着门儿，抱着花儿，向着我微微地笑。

这同样微妙的神情好似游丝一般，飘漾漾地合了拢来，绾在一起。

这时心下光明澄静，如登仙界，如归故乡，眼前浮现的三个笑容，一时融化在爱的调和里，看不分明了。

作者简介

谢婉莹（1900—1999 年），笔名冰心，取自“一片冰心在玉壶”，祖籍福建长乐，生于福州。童年在山东烟台度过。1913 年全家迁至北京。1919 年 8 月在《晨报》上发表了第一篇散文《二十一日听审的感想》和第一篇小说《两个家庭》。1920 年开始，受泰戈尔《飞鸟集》的影响，写出了短诗集《繁星》《春水》，风格含蓄温婉隽美，为文坛瞩目。1921 年加入文学研究会，作品多围绕着母爱、童心和自然美描述“爱的哲学”，代表作有《超人》《烦闷》等。1923 年出国留学前后，陆续发表总名为《寄小读者》的通讯散文，成为中国儿童文学的奠基之作。1926 年得文学硕士学位后回国，先后任教于燕京大学、清华大学和北平女子文理学院。1946 年在日本被东京大学聘为第一位外籍女教授，讲授“中国新文学”课程，1951 年回国。自 1954 年始，多次当选全国人大代表，曾任中国文联副主席。

延伸阅读

《笑》写于1920年，最初发表于1921年1月《小说月报》第12卷第1号，后收入小说、散文集《超人》，为上海商务印书馆发行的文学研究会丛书，1923年5月初版。

十 《欧游心影录》楔子

梁启超

民国八年双十节之次日，我们从意大利①经过瑞士②，回到巴黎附近白鲁威的寓庐。回想自六月六日离开法国以来，足足四个多月坐了几千里的铁路，游了二十几个名城，除伦敦外，却没有一处住过一来复[1]以上，真是走马看花，疲于奔命。如今却有点动极思静了。

白鲁威离巴黎二十分钟火车，是巴黎人避暑之地。我们的寓庐，小小几间朴实楼房，倒有个很大的院落，杂花、丰树，楚楚可人。当夏令时，想是风味极佳，可惜我都不曾享受；到得我来时，那天地肃杀之气已是到处弥满。院子里那些秋海棠、野菊，不用说早已萎黄凋谢。连那十几株百年合抱的大苦栗树，也抵不过霜威、风力，一片片的黄叶，蝉联飘堕，层层堆叠，差不多把我们院子变成黄沙荒碛。还有些树上的叶，虽然还赖在那里挣它残命，却都带一种沉忧凄凉之色，向风中战抖抖地作响，诉说它魂惊望绝。到后来索性连枝带梗滚掉下来，像也知道该让出自己所占的位置，教后来的好别谋再造。

---

① 意大利（Italy），国名，在欧洲南部突出地中海的半岛上。

② 瑞士（Switzerland），国名，在意大利西北。国中多山地，山头积雪四时不绝。到处山水风景都很好，人称为世界的乐土。

欧北气候，本来森郁，加以今年早寒，当旧历重阳前后，已有穷冬闭藏景象，总是阴霾霾的欲雨不雨。闲日还要涌起蒙蒙黄雾，那太阳有时从层云叠雾中瑟瑟缩缩闪出些光线来，像要告诉世人说它还在那里。但我们正要想去亲炙它一番，它却已躲得无踪无影了。

我们住的这避暑别墅，本来就不是预备御冬之用，一切构造，都不合现在的时宜。所以住在里头的人，对于气候的激变感受不便，自然是更多且更早了。

欧战[2]以来，此地黑煤的稀罕，就像黄金一样，便有钱也买不着。我们靠着取暖的两种宝贝，就是那半干不湿的木柴，和那煤气厂里蒸取过煤气的煤渣。那湿柴煨也再煨不燃，吱吱地响，像背地埋怨说道："你要我中用，还该先下一番工夫。这样生吞活剥起来，可是不行的。"那煤渣在那里无精打采的干炙，却一阵一阵地爆出碎屑来，像是恶狠狠地说道："我的精髓早已榨干了，你还要相煎太急吗？"

我们想着现在刚是故国秋高气爽的时候，已经一寒至此；将来还有三四个月的严冬，不知如何过活。因此连衣服也不敢多添，好预备他日不时之用。只得靠些室内室外运动，鼓起本身原有的热力，来抵抗外界的冱寒[3]。

我们同住的三五个人，就把白鲁威当作一个深山道院，巴黎是绝迹不去的，客人是一个不见的。镇日[4]坐在一间开方丈把的屋子里头，傍着一个不生不灭的火炉，围着一张亦圆亦方的桌子，各人埋头埋脑做各自的功课。这便是我们这一冬的单调生活趣味，和上半年恰恰成个反比例[5]了。我的功课中有一件，便是整理这部游记。

作者简介

见第 3 页。

延伸阅读

此文是梁启超所作的《欧游心影录》的引论。“楔子”本是旧小说开端引头的说话，用以点明、补充正文，或者是为正文做铺垫，设置悬念，吸引读者。

[1] 一来复：一星期，俗称一礼拜。

[2] 欧战：指 1914 年至 1918 年的欧洲大战。

[3] 沍（hù）寒：寒气凝结，极为寒冷。

[4] 镇日：犹言“一天到晚”。

[5] 反比例：意为“相反”。

十一　书过善人事

薛福成

嘉庆十九年①，淮南州县旱饥。含山②滨江之乡有铜城闸镇者，岁比有秋。邻县饥民扶老襁幼，就食者数千人。乡人大惊，为阖户罢市，自门隙瞯[1]之。众无所得食，益汹汹。

处士③过实圃先生恐有变，亟出慰之曰，“诸君饥求食，当谋所以食尔；请与诸父老议之。”明日，集里中好善者，富出财，贫输力。自倡巨赀[2]，绸缪经纪。张席隙地以居之。老、羸、妇、孺，计口赋食。佣其壮者于四乡农户，俾自食其力。寒有襦，病有药，殁有棺，孕且育者厚赒[3]之。给以旷壤，课莳[4]蔬菜，储水具，警火灾。其冬，山乡得雨，遣丁壮以所得佣值归而种麦。麦熟，乃各挈妇、子归。欢声出衢巷，呼曰，“善人！善人!”由是四方至者皆知有过善人云。

余同年友竹潭孝廉④，先生孙也。光绪五年⑤正月，竹潭手一册，请余书

① 嘉庆，清仁宗年号，十九年当西历一八一四年。

② 含山县现属安徽安庆道。

③ 处士是不曾出仕的人。

④ 汉武帝时令郡国岁举孝廉各一人。此制后代或因或废，也有偶一举行的。到明、清两朝称举人为孝廉，乃是世俗借古名以相尊重的意思。

⑤ 光绪，清德宗年号，五年当西历一八七九年。

其事。且述先生训曰："吾家仅万金产，以赈饥耗其半。次年，岁大穰，粜谷倍蓰[5]利，遂复其初。人何惮而不为善哉！"

余谓此先生勉子孙为善之言耳。若预存获报之心，则计较得失，必不能破产以求仁。即勉之，而报非可必得，将遂不振人之急乎？彼其时但以活人为心耳，虽尽耗其产何虑？

……方饥民索食汹汹，人以引避为智，相率闭拒，则彼计无复之，势将剽敚①。一乡被其患，而过氏无独全之理。先生挺然以一身肩其任，弭变之智与恤难之仁兼至，究亦无损于其家。故知存计较得失之心者，公与私两失；去计较得失之心者，公与私两得。通是义也，虽任天下事可也。

先生讳华，字曙初，号实圃。他行多可述者，非大谊所存，故不著。

作者略述

薛福成，清无锡人，字叔耘，一字庸庵。讲求经世之学，为古文辞有义法。光绪间以副贡参曾国藩李鸿章幕府。后出使英、法、意、比诸国。尝争于英廷，创设南洋各岛领事。有《庸庵全集》。

延伸阅读

《书过善人事》写绅士过实圃先生担心发生变乱做的善事。其孙孝廉复述过先生的遗训说："我们家只有万两银子的家产，因为救济饥民用去了一半。第二年，年成

① 剽是劫掠。敚，强取的意思，是现在通用的"夺"字的本字。"夺"字古时作失去东西的意思讲，后来假借作强取讲，敚字就不大通用了。

丰收，粜粮食获得了几倍的利，于是恢复了当初的家产。人担心什么而不行善事呢!”这应该是过先生用来勉励子孙行善的话。课本删去了文章第五自然段开头的一小节的文字，抄录于下：“惟然，故仁术无不周，而泽之被人者弘。卒受天佑，其产可复，而其后必昌，报施之理然也。嗟夫!”

［1］瞷（jiàn）：窥探。

［2］赀（zī）：财货。

［3］赒（zhōu）：接济。

［4］莳（shì）：栽种。

［5］蓰（xǐ）：五倍。

十二　一个乡民的死

周作人

我住着的房屋后面，广阔的院子中间，有一座罗汉堂。它的左边略低的地方是寺里的厨房。因为此外还有好几个别的厨房，所以特别称作大厨房。从这里穿过，出了板门，便可以走出山上。浅的溪坑底里的一点泉水沿着寺流下来，经过板门的前面。溪上架着一座板桥。桥边有两三棵大树，成了凉棚，便是正午也很凉快，马夫和乡民们常常坐在这树下的石头上谈天休息着。我也朝晚常去散步。适值小学校的暑假，丰一到山里来住了两礼拜，我们大抵同去，到溪坑底里去捡圆的小石头，或者立在桥上，看着溪水的流动。马夫的许多驴马中间，也有带着小驴的母驴，丰一最爱去看那小小的可爱而且又有点呆相的很长的脸。

大厨房里一总有多少人，我不甚了然。只是从那里出入的时候，在有一匹马转磨的房间的一角里，坐在大木箱的旁边，用脚踏着一枝棒，使箱内扑扑作响的一个男人，却常常见到。丰一教我道，那是寺里养那两匹马的人，现在是在那里把马所磨的麦的皮和粉分作两处呢。他大约时常独自去看寺里的马，所以和那男人很熟习，有时候还叫他，问他各种小孩子气的话。

这是旧历的中元[①]那一天。给我做饭的人走来对我这样说，“大厨房里有一个病人很沉重了。一个月以前还没有什么，时时看见他出去买东西。旧历六月底说有点不好，到十多里外的青龙桥[②]地方，找中医去看病。但是没有效验，这两三天倒在床上，已经起不来了。今天在寺里作工的木匠把旧板拼合起来，给他做棺材。这病好像是肺病。在他床边的一座现已不用了的旧灶里，吐了许多的痰，满灶都是苍蝇。”他说了又劝告我，往山下去须得走过那间房的旁边，所以现在不如暂时不去的好。

我听了略有点不舒服。便到大殿前面去散步，觉得并没有想上山去的意思，至今也还没有去过。

这天晚上，寺里有焰口[③]施食。方丈和别的两个和尚念咒，方丈的徒弟敲钟鼓。我也想去一看，但又觉得麻烦，终于中止了，早早地上床睡了。半夜里忽然醒过来，听见什么地方有铙钹的声音，心里想道，现在正是送鬼，那么施食也将完了罢，以后随即睡着了。

早饭吃了之后，做饭的人又来通知，那个人终于在清早死掉了。他又附加一句道，“他好像是等着棺材的做成呢。”

“怎样的一个人呢？或者我曾经见过也未可知，但是现在不能知道了。”

他是个独身，似乎没有什么亲戚。由寺里给他收拾了，便在上午在山门外马路旁的田里葬了完事。“在各种的店里，留下了好些的欠账。面店里便有一元余，油酱店一处大约将近四元。店里的人听见他死了，立刻从账簿上把这一页撕下烧了，而且又拿了纸钱来，烧给死人。木匠的头儿买了五角钱的

① 中元是旧历的七月十五日。

② 青龙桥，镇名，在北京西北。在居庸关外八达岭下也有一个青龙桥镇，与此同名，并非一处。

③ 释氏称饿鬼为焰口，取饿火中烧而出于口的意思。现称施食于饿鬼的佛事为焰口。

纸钱烧了。住在山门外低的小屋里的老婆子们，也有拿了一点点的纸钱来吊他的。”我听了这活，像平常一样的、说这是迷信、笑着将他抹杀的勇气，也没有了。

作者简介

见第 22 页。

延伸阅读

1921 年 8 月 30 日，周作人用日文作《西山小品》（《一个乡民的死》《卖汽水的人》），载日文杂志《生长的星之群》第 1 卷第 9 号，后译为国语，载 1922 年 2 月 10 日《小说月报》第 13 卷第 2 号，署名周作人。后收入《过去的生命》，上海北新书局 1929 年 11 月出版。

“乡民”是一个被寺庙收留的汉子，孑然一身，在寺庙的厨房里帮忙，因患肺病而死。寺庙做工的木匠用旧板给他拼做了棺材，将他葬了。“乡民”一生穷困，死后还欠着别人的钱。然而，就在这样的凄惨的故事中却让读者看到底层人的温暖的人性：赊账给他的面店、油酱店里的人听说他死了，立刻将欠账单撕下烧了，还给他烧了纸钱；木匠的头儿、山门外的老婆子们也拿了纸钱来祭奠他。作者用冷峻的笔记录下底层百姓的辛酸，也写出了底层人身上表现出的悲悯情怀。

十三　卖汽水的人

周作人

我的间壁有一个卖汽水的人。在般若堂院子里左边的一角，有两间房屋，一间作为我的厨房，里边的一间便是那卖汽水的人住着。

一到夏天，来游西山的人很多，汽水的生意很好。从汽水厂用一块钱一打去贩来，很贵的卖给客人；倘若有点认识，或是善于还价的人，一瓶两角钱也就够了，否则要卖三四角不等。礼拜日游客多的时候，可以卖到十五六元，一天里差不多有十元的利益。这个卖汽水的掌柜本来是一个开着煤铺的泥水匠，有一天到寺里来作工，忽然想到在这里来卖汽水，生意一定不错，于是开张起来。自己因为店务及工作很忙碌，所以用了一个伙计替他看守，他不过偶然过来巡阅一回罢了。伙计本是没有工钱的，火食和必要的零用，由掌柜供给。

我到此地来了以后，伙计也换了好几个了，近来在这里的是一个姓秦的二十岁上下的少年，体格很好，微黑的圆脸，略略觉得有点狡狯，但也有天真烂漫的地方。

卖汽水的地方是在塔下，普通称作塔院。寺的后边的广场当中，筑起一座几十丈高的方台，上面又竖着五枝石塔，所谓塔院便是这高台的上边。从我的住房到塔院底下，也须走过五六十级的台阶，但是分作四五段，所以还可以上去；至于塔院的台阶总有二百多级，而且很峻急，看了也要目眩，心想这一定是不行罢，没有一回想到要上去过。塔院下面有许多大树，很是凉快，时常同了丰一到那里看石碑，随便散步。

有一天，正在碑亭外走着，秦也从底下上来了。一双长圆形的柳条篮套在左腕上，右手拿着一串连着枝叶的樱桃似的果实。见了丰一，他突然伸出那只手，大声说道，“这个送你。”丰一跳着走去，也大声问道，“这是什么？”

“郁李。”

“哪里拿来的？”

“你不用管。你拿去好了。”他说着，在狡狯的脸上现出亲和的微笑，将果实交给丰一了。他嘴里动着，好像正吃着这果实。我们拣了一颗红的吃了，有李子的气味，却是很酸。丰一还想问他什么话，秦已经跳到台阶底下，说着“一、二、三”，便两三级当作一步，走了上去，不久就进了塔院第一个的石的穹门，随即不见了。

这已经是半月以前的事情了。丰一因为学校将要开学，也回到家里去了。

昨天的上午，掌柜的侄子飘然地来了。他突然对秦说，要收店了，叫他明天早上回去。这事情太鹘突，大家都觉得奇怪，后来仔细一打听，才知道因为掌柜知道了秦的作弊，派他的侄子来查办的。三四角钱卖掉的汽水，都登了两角的账，余下的都没收了，存放在一个和尚那里，这件事情不知道有谁用了电话告诉了掌柜了。侄子来了之后，不知道又在哪里打听了许多话，说秦买怎样的好东西吃，半个月里吸了几盒的香烟，于是证据确凿，终于决定把他赶走了。

秦自然不愿意出去，非常的颓唐，说了许多辩解，但是没有效。到了今天早上，平常起得很早的秦还是睡着，侄子把他叫醒，他说是头痛，不肯起来。然而这也是无益的了，不到三十分钟的工夫，秦悄然地出了般若堂去了。

我正在有那大的黑铜的弥勒菩萨坐着的门外散步。秦从我的前面走过，肩上搭着被囊，一边的手里提了盛着一点点的日用品的那一只柳条篮。从对面来的一个寺里的佃户见了他问道，“哪里去呢?”

“回北京去!”他用了高兴的声音回答，故意地想隐藏过他的忧郁的心情。

我觉得非常的寂寥。那时在塔院下所见的浮着亲和的微笑的狡狯似的面貌，不觉又清清楚楚地再现在我的心眼的前面了。我立住了，暂时望着他彳亍地走下那长的石阶去的寂寞的后影。

作者简介

见第 22 页。

延伸阅读

本篇为《西山小品》中的一篇。文后署“8 月 30 日在（北京）西山碧云寺”。周作人 1921 年 12 月 15 日写的《附记》中说：

这两篇小品是今年秋天在西山时所作，寄给几个日本的朋友所办的杂志《生长的星之群》，登在一卷九号上，现在又译成中国语，发表一回。虽然是我自己的著作，但是此刻重写，实在只是译的气氛，不是作的气氛，中间隔了一段时光，本人的心情已经前后不同，再也不能唤回那时的情调了。所以我一句一句地写，只是从别一张纸上誊录过来，并不是从心中沸涌而出，而且选字造句等等翻译上的困难也一样地围困着我。这一层虽然不能当作文章拙劣的辩解，或者却可以当作它的说明。

十四　茅屋为秋风所破歌

杜　甫

八月秋高风怒号，卷我屋上三重茅。茅飞渡江洒江郊，高者挂罥[1]长林梢，下者飘转沉塘坳[2]。

南村群童欺我老无力，忍能对面为盗贼，公然抱茅入竹去，唇焦口燥呼不得，归来倚杖自叹息。

俄顷[3]风定[4]云墨色[5]，秋天漠漠[6]向昏黑。布衾[7]多年冷似铁，娇儿恶卧[8]踏里裂。床头屋漏无干处，雨脚如麻未断绝。自经丧乱少睡眠，长夜沾湿何由彻！[9]

安得[10]广厦千万间，大庇天下寒士[11]俱[12]欢颜，风雨不动安如山？呜呼！何时眼前突兀[13]见此屋，吾庐独破受冻死亦足！[14]

作者略述

杜甫（712—770年），唐襄阳人，字子美（别号少陵，河南巩县人）。玄宗时以献赋得待制集贤院。肃宗时为右拾遗，后为工部员外郎。甫情感丰富，有诗人之天才。适值乱离时代，遭历不同平常。故所为诗方面至多，且自实生活倾注而出，感人极为深切。有《杜工部集》，注释者甚多。

延伸阅读

这首诗是杜甫在成都时期写的。他辛辛苦苦盖起一座草堂，但突然而来的大风，把草堂的茅顶刮去了，接着又下起大雨来。正是屋漏偏逢连夜雨，弄得一家全部浸在水里，没处安身。杜甫由此联想到千千万万挨冻受寒的贫苦人家，他感到只要广大的穷人都能够生活得很好，自己即使冻死也心满意足了。诗人心系天下，抒发了一种伟大的忘我精神。

杜甫是我国古代伟大的现实主义诗人，和李白并称李杜，代表着唐代诗歌的两座高峰。杜甫少年时书非常刻苦，有宏大的政治理想，曾经到河南、山东、江苏、浙江一带游历。中年以后，来到京城长安，希望能够抒展自己的政治抱负，但未能如愿。安史之乱起，他曾做过左拾遗的官，有很多时间在兵荒马乱之间流亡。公元759年到达四川，在成都定居过一段时期。今天成都还有他所住的草堂遗址。他在四川时担任过工部员外郎的挂名差使，因此人们也称他作杜工部。公元768年离开四川，在湖南、湖北一带漂泊，最后死在路上。

［1］挂罥（juàn）：缠挂。

［2］塘坳：池塘；低洼积水的地方。有的版本中为“塘凹”。

［3］俄顷：一会儿。

［4］风定：风不吹动了。

［5］云墨色：天上的云乌黑得像墨的颜色一样。

［6］漠漠：灰蒙蒙。这两句写风停了，但雨接着来了。

［7］布衾（qīn）：布被。这句说盖了许多年的旧布被不能御寒，又硬又冷，好像铁一样。

［8］恶卧：睡相很坏，两脚乱蹬，把旧被头踢破裂了。

［9］自经丧乱少睡眠，长夜沾湿何由彻：自从经历“安史之乱”，就经常睡眠不足。家中到处漏雨，怎能忍受到天亮呢？

［10］安得：哪里能得到。

［11］寒士：贫寒的人们。

［12］俱：都。

［13］突兀：高耸的样子。

［14］吾庐独破受冻死亦足：即便我的草房独个儿破漏，我自己被冻死，心里也感到很满足了。

十五　决斗

［俄国］泰来夏甫（Nikolai Dmitrievitch Teleshov）　著

胡　适　译

一日早晨，乌拉得米克拉都诺夫同一军官决斗。

克拉都诺夫也是一位少年军官，身长，面秀，年方二十二岁，卷发可爱，身穿军服，脚踏骑马长靴，却没有戴帽子，也没穿外套。他直立在那雪遮没的草地之上，圆睁着两眼，望着他的敌手。两人相距不过三十步。他的敌手正在举起手枪，对准了克拉都诺夫。

克拉都诺夫把双手抱胸，手中也拿着手枪，正等候他的敌手先放。他脸上虽没有平常的光彩，却没有一毫畏惧之色。

他自己的危险，敌人的决心，两边副手[①]的担心，和死期的接近，这种种严肃的思想把这一分钟都变化成了一片惨怛肃杀的气象。

他们来这里解决一件关于名誉的问题，人人都觉得这个问题关系很大。他们越不懂得他们自己干的甚事，便越觉得这时候的庄严可怕。

轰然一响，手枪放了，人人打了一个寒噤。克拉都诺夫两手一松，两膝一弯，倒在雪地上。弹子打在头脑里，血流不住；他脸上、发上、雪地上都是血迹。两边的副手跑向前把他扶起。同来的医生验过了，说是死了。

---

① 译者原注："凡决斗皆有副手，皆以本人之好友为之。"

这件关于名誉的问题算解决了。

如今剩下两事：第一须报告本营军人；第二须报知死者的母亲。他的母亲所生只有一子，如今死了，更无他人可靠。他们没有决斗之先，谁也没想到这老母亲。如今她儿子死了，他们才都想起她老人家怎样可爱，怎样可怜。他们都说这事不可陡然叫他老母知道，只可慢慢地把死信透露与她。他们议定了，公举一位最精细的伊凡古奴本科去办这件最不好办的事。

裴拉吉亚夫人①才起床不久，正在预备早茶。看见伊凡古奴本科走进来，忙起身迎他，口里嚷道："伊凡君来得凑巧，正好喝一杯茶。你一定是来看乌拉得米的。"

伊凡勉强答应道："不是的，我打这里走过。……"

夫人赶着说道："你可别见怪，这孩子还在好睡哩。昨夜上我听见他在房里踱来踱去，一夜不曾睡，故尔我告诉下人不要惊醒他。横竖今天是假期，他无事，正好多睡一会儿……但是你可有要紧公事要找他么？"

伊凡道："没有的，我走过这里，踱进来望一望。……"

夫人道："你果要见他，我立刻叫人唤醒他。"

伊凡道："不必，不必，你老人家别忙。"

老夫人看他支支吾吾的神情，估量他有要紧事要见她儿子，故此不容他分说，自己走出去了。

伊凡踱来踱去，抓头绞手，不知道如何开口。时候到了，但是他的胆子都无了，心中只顾怪他自己不该管这闲事。

这时候老夫人回来了，口里嚷道："你们这些少年人真正靠不住！我在这

① 就是克拉都诺夫的母亲。

里轻轻地弄杯子、盆子，不敢做一些儿响声，怕惊扰了我的孩子，谁知道他却早悄悄地出去了！……你为甚么不坐一会儿？请用一杯茶罢。你许久没来看我们了。”

老夫人说到这里，心中快活，忍不住微笑；接着说道，“近来我们这里的好消息多得很哩，乌拉德米想早叫你知道了。我这孩子怪爽直的，总不会瞒人。昨晚上我心中暗想道，‘呵哈，这孩子一晚上踱来踱去不睡觉，他一定又在那里想丽娜佳了。’他总是如此，每回他在房里走来走去，明天一定去到……唉，伊凡君，我现在只巴望上帝给我这一点快乐。我这一把年纪了，还想别的么？我只有一宗希望、一宗快乐！……我每想乌拉德米和丽娜佳完婚之后，我简直不用再祷告上帝了。[①] 到了那一天，我不知才怎样快活哩！……我有了这孩子，便不想别的。我别无他求，只求他的快乐。”老夫人越说越动了感情，说到后来，快活极了，眼泪也滚下来了。她一面揩眼泪，一面说道，“伊凡君，你记得么？他们两口儿起初因为钱的缘故很不如意，——你们少年士官，没有存款，是不许娶妻子的。现在可好了，我已弄到了应需的五千个卢布[②]。他俩儿如今随便哪一天都可结婚了。……是的，丽娜佳写了一封怪可爱的信给我，……我的心中好不快活！”

老夫人一面说话，一面摸出一封信，指给伊凡看了，仍旧放在袋里。口中嚷道，“丽娜佳好一个女孩子，那么可爱！”

伊凡听老夫人说话，坐在那里，真个如坐针毡。好几次他心想打断老夫人的话头，告诉她不要做梦了，如今什么事都完了，她的乌拉德米已死了，她的种种快活的希望，不消一点钟，都要风流云散了。……但是他没有这硬

---

① 她此外别无所求，故不用再祷告。

② 卢布（Rouble）俄国币名。

心肠，所以他只坐着听，却不敢开口。他看了老夫人慈祥和气的面貌，他心中好不难过，喉咙也梗住了。

老夫人忽然问道，“你今天为什么脸上这样不高兴？你满脸都怪愁苦的。”

伊凡心想要说，“是呀，要是我和你说了，你的脸上也要和我的一样了。”但是伊凡总说不出口；也不回说，扭过头去，把手尽捋他的胡子。

老夫人心中高兴，也不注意伊凡的举动，接着说道，“我这里有一个信给你。丽娜佳信中提起你，还叫乌拉德米同你去看她。你自己知道丽娜佳怎样看得起你……我不可不把这信给你看。你看，这女孩子这么可爱！”

老夫人从袋里取出一封薄薄的密密书写的信笺，打开了，递给伊凡。伊凡脸色更不好看了，把手推开这信笺。老夫人也不在意，自己高声读道，“书上裴拉吉亚老夫人：我不知道什么时候才可不称你为‘裴拉吉亚老夫人’，直称你作‘我的最亲爱的妈妈’。我很盼望这个时候不久就到，因为我早就要唤你作‘妈妈’了。……”

老夫人停住了，两眼汪汪地噙着眼泪，抬起头来对伊凡道，“伊凡君，你看……”

老夫人忽然看见伊凡手捋胡子，眼中也噙着眼泪。老夫人便立起身来，把手颤颤地摸伊凡的头发，又把嘴亲他的额角，低声说道，“伊凡君，多谢多谢！[①] 我常说你和乌拉德米不像是朋友，竟像两弟兄，……你不要见怪。……感谢上帝，我心中真快活。”

老夫人一头说，眼泪不住地滚下来。伊凡心中更难受，只好拿住了老夫人冰冷骨硬的手，把嘴去亲它。伊凡几乎要哭出声来，又不敢开口。如今老

① 译者原注：“老夫人盖以为伊凡之泪，乃由听书中之言而发。”

夫人把他做自己儿子一般看待，显出这一种做娘的亲爱。伊凡心中天良发现，心想倒不如他自己被人枪死在雪地里，也胜似到这里来听她老人家夸奖他和她儿子的交情。再过半点钟，她老人家总得知道底细，那时候伊凡还算做人么？他又想，他自己亲眼看见人家把手枪对准了乌拉德米却为什么不劝阻呢？他还算是朋友哩还算是“弟兄”哩！好一个“弟兄”可不是他替他们量好相隔的距离，又替他们装好枪弹么！……伊凡想到此地，心中好不惭愧，简直不把自己当作人看待了。却待要开口，又一个字都说不出；真是无可奈何。忽然又想起事不宜迟，报死信的不久就要到了。但是他又想，难道这几十分钟的空快活都不许她老人家享受么！……他就要开口，又怎么说法呢？怎么好叫她老人家预备听她儿子的死信呢？伊凡越想越糊涂了。

他心中早已把种种的决斗，种种的口舌，种种的“英雄义气”，种种的“关于名誉的问题”，一概都骂够了。没奈何，打定主意，立起身来，要不说实话，还是走罢。

伊凡伸出手来，拉了老夫人的手，弯下身子，将嘴去亲手。其实他弯下身去，不过要遮住他脸上一脸的热泪。他放了手，拔脚就跑，走出来取了他的外套，飞跑出门，头也不回地去了。

老夫人摸不着头脑，眼看伊凡跑了，口里咕噜道，“哼，他也爱上了什么女孩儿了。……少年人怪可怜。……没有尝着快乐，倒先受烦恼。……”

老夫人话说过了，就把伊凡也忘记了；她老人家仍旧做她的好梦，梦那些天大的快乐。

作者略述

泰来夏甫（Teleshov，1867— ），尝肄业于莫斯科工业学校。十七岁时，即以文学见称。其所著作，大抵师事俄国当代文豪契诃夫云。

延伸阅读

《决斗》刊《新青年》第2卷第1号，1916年9月1日发行，收入《短篇小说》第一集，1919年10月由上海亚东图书馆出版。《短篇小说》第一集收胡适翻译的法、英、俄、瑞典和意大利五国的短篇小说共十篇，后面附录《论短篇小说》一篇。胡适在《译者自序》中说："近一两年来，国内渐渐有人能赏识短篇小说的好处，渐渐有人能自己著作颇有文学价值的短篇小说，那些'某生，某处人，美丰姿，……'的小说渐渐不大看见了。这是文学界极可乐观的一种现象。我是极想提倡短篇小说的一人，可惜我不能创作，只能介绍几篇名著给后来的新文人作参考的资料，惭愧惭愧。"

《决斗》开篇的引言中写道：

泰来夏甫（Nikolai Dmitrievitch Teleshov）生于一八六七年，尝肄业于莫斯科工业学校。至一八八四年，是时仅十七岁耳，即以文学见称。其所著作大抵事俄国当代文豪契诃夫（Chekhov），今其年未满五十，而名满东欧，为新文豪之一云。此篇乃由英文转译者。全篇写一件极野蛮的风俗，而以慈母妪煦之语气出之，遂觉一片哭声，透纸背而出，传神之笔也。民国五年译者记于美国旅次。

十六　祭十二郎文

韩　愈

年、月、日，[1]季父愈闻汝丧之七日，乃能衔哀致诚，使建中远具时羞[2]之奠，告汝十二郎之灵：

呜呼！吾少孤[3]；及长，不省所怙[4]，惟兄嫂[5]是依。中年，兄[6]殁南方，吾与汝俱幼，从嫂归葬河阳①。既又与汝就食江南[7]。零丁孤苦，未尝一日相离也。

吾上有三兄[8]，皆不幸早世。承先人后者，在孙惟汝，在子惟吾。两世一身，形单影只。嫂尝抚汝、指吾而言曰："韩氏两世，惟此而已！"汝时尤小，当不复记忆。吾时虽能记忆，亦未知其言之悲也！

吾年十九，始来京城[9]。其后四年，而归视汝。又四年，吾往河阳省坟墓；遇汝从嫂丧来葬。又二年，吾佐董丞相[10]于汴州②；汝来省吾。止一岁，请归取其孥。明年，丞相薨，吾去汴州；汝不果来。是年，吾佐戎徐州③[11]。使取汝者始行，吾又罢去[12]；汝又不果来。吾念汝从于东，东亦客也，不可以久；图久远者莫如西归，将成家而致汝：呜呼，孰谓汝遽去吾而殁乎！

---

① 河阳，古地名，在今河南省孟县。

② 汴州即今河南开封县。

③ 徐州即今江苏铜山县。

吾与汝俱少年，以为虽暂相别，终当久与相处，故舍汝而旅食京师，以求斗斛之禄。诚知其如此，虽万乘之公相，吾不以一日辍汝而就也！

去年，孟东野①往，吾书与汝曰："吾年未四十，而视茫茫，而发苍苍，而齿牙动摇。念诸父与诸兄皆康强而早世，如今之衰者，其能久存乎！吾不可去，汝不肯来，恐旦暮死，而汝抱无涯之戚也。"孰谓少者殁而长者存，强者夭而病者全乎！

呜呼！其信然耶？其梦耶？其传之非其真耶？信也，吾兄之盛德而夭其嗣乎？汝之纯明而不克蒙其泽乎？少者、强者而夭殁，长者、衰者而存全乎？未可以为信也！梦也，传之非其真也，东野之书，耿兰[13]之报，何为而在吾侧也？呜呼，其信然矣！吾兄之盛德而夭其嗣矣！汝之纯明宜业其家者不克蒙其泽矣！所谓天者诚难测而神者诚难明矣！所谓理者不可推而寿者不可知矣！

虽然，吾自今年来，苍苍者或化而为白矣，动摇者或脱而落矣，毛血日益衰，志气日益微，几何不从汝而死也！死而有知，其几何离；其无知，悲不几时，而不悲者无穷期矣！

汝之子始十岁，吾之子始五岁。少而强者不可保如此，孩提者又可冀其成立耶？呜呼，哀哉！呜呼，哀哉！

汝去年书云："比得软脚病②，往往而剧。"吾曰："是疾也，江南之人，常常有之。"未始以为忧也。呜呼，其竟以此而殒其生乎？抑别有疾而至斯乎？

---

① 孟东野名郊，唐武康人。所作诗托兴深微，而结体古奥，有诗集十卷行世。

② 软脚病，即脚气病，患者两脚浮肿。有流行性，学校、军队、工场，传染尤速。医治不当，每易致死。

汝之书，六月十七日也。东野云，汝殁以六月二日。耿兰之报无月日。盖东野之使者不知问家人以月日；如耿兰之报，不知当言月日；东野与吾书，乃问使者，使者妄称以应之耳。其然乎？其不然乎？

今吾使建中祭汝，吊汝之孤与汝之乳母。彼有食可守以待终丧，则待终丧而取以来；如不能守以终丧，则遂取以来。其余奴婢，并令守汝丧。吾力能改葬，终葬汝于先人之兆①，然后惟其所愿。

呜呼，汝病吾不知时，汝殁吾不知日，生不能相养以共居，殁不能抚汝以尽哀，敛不凭其棺，窆不临其穴，吾行负神明而使汝夭，不孝不慈而不得与汝相养以生、相守以死，一在天之涯，一在地之角，生而影不与吾形相依，死而魂不与吾梦相接，吾实为之，其又何尤！彼苍者天，曷其有极！自今以往，吾其无意于人世矣！当求数顷之田于伊颍②之上，以待余年；教吾子与汝子，幸其成；长吾女与汝女，待其嫁；如此而已！

呜呼，言有穷而情不可终，汝其知也耶？其不知也耶？呜呼哀哉！尚飨！

---

① 兆是填茔。

② 伊水即伊川，颍水即颍河，同出嵩山。伊东北入洛水，归于黄河；颍东南入淮。韩愈的故乡，恰当伊颍分流的界上。

作者略述

韩愈（768—824年），唐邓州河阳（今河南孟县）人，字退之。（自谓郡望昌黎，世称韩昌黎。）操行坚正。由进士累官吏部侍郎。德宗时上疏极论宫市，宪宗时谏迎佛骨，皆坐贬。其文源于六经百家，后世宗之。（有《昌黎先生集》）

延伸阅读

韩愈有两个哥哥，一个叫韩会，一个叫韩介。十二郎，名老成，是韩介的长子，后过继给韩会。韩愈三岁丧父后，韩会夫妇抚养他，因而与老成自幼相处，虽系叔侄，却情同手足。韩愈十九岁离家赴长安。苦读十年，虽考中了进士，但并未谋到一官半职，只好怀着满腔郁愤回洛阳，后辗转做过汴州观察推官和徐州节度推官。唐德宗贞元十七年（801年），韩愈又到长安，任四门博士。贞元十九年（803年），韩愈三十六岁时升为监察御史。十几年的奔波漂泊，与老成很少在一起。正当他做官开始显达，有可能叔侄相聚之时，突然得到老成病死的噩耗，使他悲痛欲绝，于是写出了这篇饱含感情、凄楚动人的祭文。作者通过对家庭、身世及周围许多往事的回忆，诚挚地倾诉了对亡侄无限哀痛之情，同时，也慨叹着自己的坎坷经历。被誉为“祭文中千年绝调”。

［1］年、月、日：似应为贞元十九年（803年）五月二十六日。

［2］时羞：应时之食物。

［3］吾少孤：韩愈三岁丧父。

［4］不省所怙：《诗经·蓼莪》有“无父何怙，无母何恃”。

［5］兄嫂：韩愈长兄会，长嫂郑夫人。即十二郎父母。

［6］兄：韩会。

［7］既又与汝就食江南：指徙家于宣州（今安徽宣城县）。

［8］三兄：韩会、韩介及一位死时年幼未命名的哥哥。

［9］吾年十九，始来京城：贞元二年（786 年）韩愈自宣州游京师。

［10］董丞相：董晋。

［11］吾佐戎徐州：任徐州节度推官。

［12］吾又罢去：贞元十六年（800 年），韩愈西归洛阳。

［13］耿兰：家人名。

十七　雨后

郭沫若

雨后的宇宙，
好像泪洗过的良心，
寂然幽静。

海上泛着银波，
天空还晕着烟云，
松原的青森！

平平的岸上，
渔舟一列地骈陈，
无人踪印。

有两三灯火，
在远远的岛上闪明——
初出的明星？

作者简介

郭沫若（1892—1978 年），原名郭开贞，四川乐山人，作家、历史学家和古文字学家。1913 年末赴日留学。1918 年入九州帝国大学医科。1919 年五四运动以后投身于反帝反封建的革命文化活动，1921 年与成仿吾、郁达夫等人发起成立著名文学团体“创造社”。1926 年参加北伐，任革命军政治部秘书长和政治部副主任。1927 年 3 月底，写了《请看今日之蒋介石》一文，号召民众迅速起来打倒蒋介石。1928 年 2 月，迫于蒋介石的严令通缉，离开上海，开始了在日本后十年的旅居生活。1937 年全面抗战爆发后，只身返回祖国，投入抗日救亡运动。新中国成立后担任政务院副总理兼文化教育工作委员会主任，中国科学院院长，中国科学技术大学校长等许多重要职务。代表作有诗集《女神》《星空》，历史剧《屈原》《虎符》《棠棣之花》等。

延伸阅读

《雨后》后注“1921 年 10 月 20 日”，是郭沫若在日本写的一首以描写海滨雨后黄昏自然景物为主的“物境”诗，抒发向往“寂然幽静”的自然的情怀，收入诗歌、戏曲、散文集《星空》，上海泰东图书局 1923 年 10 月出版发行，为创造社丛书之一。

十八　古乐府两首

敕勒歌[①]

敕勒川，阴山[②]下，
天似穹庐，笼盖四野。
天苍苍，野茫茫，
风吹草低见牛羊。

陇头歌[③]

陇头流水，流离山下。
念吾一身，飘然旷野。

---

① 敕勒是突厥的一部，隋唐时的回纥，便从此出。东魏高欢攻周玉壁，军中传言欢中了弩。他便特地见宾客，使部下斛律金作这“敕勒歌”。

② 阴山在河套北，亘乌喇特归化城之境，蜿蜒而东。

③ 陇山亦名陇坻，跨陕西甘肃之境。《三秦记》说：“上有清水四注下，所谓陇头水也。”汉横吹曲有《陇头水》，就本于是。《陇头歌》亦是那地方的一种歌曲。

朝发欣城[①]，暮宿陇头。
寒不能语，舌卷入喉。

陇头流水，鸣声幽咽。
遥望秦川[②]，心肠断绝。

延伸阅读

《敕勒歌》是我国南北朝时期一首著名的民歌。这首诗描绘了苍莽辽阔的北方草原，歌唱了大草原的丰美。浓郁的诗意，如画的境界，令人赏心悦目。七行诗中，句式略有参差，三言、四言、七言，错杂相间，形成明快、雄健、跳荡的节奏。音韵悠扬、粗犷，韵味深长。

《陇头歌》实际上是三首诗，均为北朝民歌，反映了北方人民服兵役的艰苦生活和思恋故乡的感情，格调苍凉而悲壮。第一首是漂泊者之歌。以陇头流水起兴，“流离”二字语带双关，使主观情感和眼前景物得到统一。第二首写羁旅行役之苦，突出了一个“寒”字，生动地写出了其中的种种苦况。第三首是征人的感伤之作，连年征戍在外，生死难料，对于归家和亲人团聚已感到绝望，陇头的流水声，正道出了抒情主人公生还之梦破灭后心中莫大的痛苦。歌辞中虽然没有正面的景色描写，但通过诗中阔大的意象，隐约透出北方人民粗犷、悲壮的风格。

---

① 欣城，古地名，不详其何在。

② 秦川，水名，现在叫牛头河。出甘肃清水县东北，西南流，纳后川河，又西南至天水县，注入渭河。

十九　游黄山[①]记

袁　枚

癸卯[1]四月二日，余游白岳②毕，遂浴黄山之汤泉。泉甘且冽，在悬崖之下。夕宿慈光寺。

次早，僧告曰："从此山径仄险[2]，虽兜笼③不能容。公步行良苦。幸有土人[3]惯负客者号'海马'，可用也。"引五六壮佼者来，俱手数丈布。余自笑，羸老[4]乃复作襁褓儿耶？初犹自强[5]，至惫甚，乃缚跨其背。于是且步且负各半。行至云巢，路绝矣；蹑木梯而上。万峰刺天，慈光寺已落釜底。是夕至文殊院，宿焉。

天雨，寒甚，端午[6]犹披重裘[7]，拥火。云[8]走入夺舍，顷刻混沌，两人坐，辨声而已。散后[9]，步至立雪台。有古松根生于东，身仆于西，头向于南，穿入石中，裂出石外。石似活，似中空，故能伏匿其中而与之相化[10]；又似畏天不敢上，长大十围，高无二尺也。他松类是者多不可胜记。晚，云气更清，诸峰如儿孙俯伏。黄山有前后海之名，左右视两海并见。

次日，从台[11]左折而下。过百步云梯，路又绝矣。忽见一石如大鳌[12]

① 黄山在安徽歙县西北。

② 白岳在安徽休宁县西四十里。

③ 兜笼是竹制的类似肩舆的东西，游山客坐在里面，由夫役背着登山。

张其口。不得已走入鱼口中，穿腹，出背，别是一天。登丹台，上光明顶，与莲花、天都二峰为三鼎足，高相峙。天风撼人不可立。幸松针铺地二尺厚，甚软，可坐。晚至狮林寺宿焉。趁日未落，登始信峰。峰有三，远望两峰夹峙，逼视之，尚有一峰隐身落后。峰高且险，下临无底之溪。余立其巅，垂趾二分在外。僧惧，挽之。余笑谓"坠亦无妨"。问："何也？"曰："溪无底则人坠当亦无底，飘飘然知泊何所？纵有底亦须许久方到，尽可须臾求活。惜未挈长绳、缒精铁量之果若干尺耳。"僧大笑。

次日，登大小清凉台。台下峰如笔，如矢，如笋，如竹林，如刀、戟，如船上桅，又如天帝戏[13]将武库兵仗布散地上。食顷[14]，有白练绕树。僧喜告曰，"此云铺海也!"初蒙蒙[15]然，镕银散绵，良久浑成一片，青山群露角尖，类大盘凝脂中有笋脯矗现状。俄而离散，则万峰簇簇[16]，仍还原形。余坐松顶苦日炙，忽有片云起为荫遮。方知云有高下，迥非一族。薄暮，往西海门观落日。草高于人，路又绝矣。唤数十夫芟夷之而后行。东峰屏列，西峰插地怒起，中间鹘突数十峰，类天台①琼台。红日将坠，一峰以首承之，似吞似捧。余不能冠，被风掀落；不能袜，被水沃透；不敢杖，动陷软沙；不敢仰，虑石崩压。左顾，右睨，前探，后瞩，恨不能化千亿身逐峰皆到。当"海马"负时，捷若猱猿冲突急走。千万山亦学人奔，状如潮涌；俯视深坑、怪峰在脚底相待，倘一失足，不堪置想。然事已至此，惴栗无益；若禁缓之，自觉无勇；不得已托孤、寄命，凭渠所往，觉此身便已羽化。淮南子有胆为云之说②信然。

---

① 天台山在浙江天台县北。

② 《淮南子》是汉淮南王刘安的宾客合撰的。有内外篇，今所传二十一篇，是它的内篇。大部是道家的话。"胆为云"这一句在它的《精神训》里边。

初九日，从天柱峰后转下，过白沙矼，至云谷，家人以肩舆相迎。计步行五十余里；入山凡七日。

作者略述

袁枚（1716—1797年），清钱塘（今杭州）人，字子才，号简斋（别号随园老人）。少时负才名，乾隆初，试鸿博，报罢。旋成进士，改庶吉士，出知溧水、江浦、沭阳、江宁等县，并著能声。年甫四十，即告归，筑园于江宁小仓山下，曰随园，以吟咏著作为乐。世称随园先生。为诗主性灵，务从其才力所至。有《小仓山房集》《随园诗话》《随园随笔》等。

延伸阅读

《游黄山记》是一篇记述游黄山经过的美文。文章写山路险仄屦绝，让人惊心动魄，可也就在这奇险中体味到登山的乐趣。文章还描绘了黄山松树、云海、落日以及万峰耸立的奇景，想象丰富，比拟生动，引人入胜，为黄山游记中的杰作。

［1］癸卯：乾隆四十八年（1783年）。

［2］仄险：崎岖而狭窄。

［3］土人：当地人。

［4］羸（léi）老：衰弱的老人。

［5］自强：自己逞强。

［6］端午：正午。

［7］重裘：厚毛皮衣。

［8］云：云气。

［9］散后：云气散后。

［10］相化：合为一体。

［11］台：立雪台。

［12］鳌：古代中国神话传说中的动物。

［13］戏：开玩笑。

［14］食顷：一顿饭的工夫。

［15］蒙蒙：迷茫不清的样子。

［16］簇簇：丛列成行的样子。

二十　左忠毅公①逸事

方苞

先君子[1]尝言乡先辈左忠毅公视学京畿，一日风雪严寒，从数骑[2]出微行[3]，入古寺。庑[4]下一生伏案卧，文方成草。公阅毕，即解貂覆生，为掩户。叩之寺僧，则史公可法[5]也。及试，吏呼名至史公，公瞿然[6]注视；呈卷即面署第一[7]。召入使拜夫人，曰："吾诸儿碌碌，他日继吾志事，惟此生耳。"

及左公下厂狱②，史朝夕狱门外；逆阉[8]防伺甚严，虽家仆不得近。久之闻左公被炮烙，旦夕且死，持五十金涕泣谋于禁卒。卒感焉；一日，使史更敝衣、草屦，背筐，手长镵[9]，为除不洁者，引入，微指左公处。则席地倚墙而坐，面额焦烂不可辨，左膝以下筋骨尽脱矣。史前跪抱公膝而呜咽。公辨其声，而目不可开，乃奋臂以指拨眦，目光如炬。怒曰："庸奴！此何地也，而汝来前！国家之事糜烂至此，老夫已矣，汝复轻身而昧大义，天下事谁可支拄者！不速去？无俟奸人构陷！吾今即扑杀汝！"因摸地上刑械作投击势。史噤不敢发声，趋而出。后常流涕述其事以语人，曰："吾师肺肝皆铁石

① 左明，桐城人，名光斗，字遗直，官至御史。当时魏忠贤势很盛，左公同几个气节之士建议排除阉奴，便被魏所害。后来魏伏诛，谥他为忠毅。

② 东厂是明代掌权的内监的办事公署，专司缉案，故有监狱。这时候正是魏忠贤提督东厂。

所铸造也！”

崇祯①末，流贼张献忠②出没蕲、黄、潜、桐③间，史公以凤庐道④奉檄守御。每有警，辄数月不就寝，使将士更休，而自坐幄幕外；择健卒十人，令二人蹲踞而背倚之，漏鼓移[10]则番代[11]。每寒夜起立，振衣裳，甲上冰霜迸落，铿然有声。或劝以少休，公曰，“吾上恐负朝廷，下恐愧吾师也。”

史公治兵，往来桐城，必躬造[12]左公第，候太公、太母起居，拜夫人于堂上。

余宗老[13]涂山[14]，左公甥也，与先君子善，谓狱中语，乃亲得之于史公云。

作者略述

方苞（1668—1749年），清桐城人，寄籍上元，字凤九，号灵皋，又号望溪。康熙进士，累官礼部侍郎，以事落职者再。论学以宋儒为宗。文学韩、欧，严于义法，为桐城派之初祖。有《望溪集》。

---

① 崇祯，明怀宗年号，当西历一六二八年至一六四三年。

② 张献忠先寇山、陕、河南等地，后来从湖南入蜀，自号大西国王。清既得国，就把他灭掉。

③ 蕲是今蕲春县，黄是今黄冈县，都属湖北江汉道。潜是今潜山县，桐是今桐城县，都属安徽安庆道。

④ 凤庐道，明代官名。他巡视的地面，是凤阳庐州两府。

延伸阅读

本篇记叙明末东林党人左光斗的思想人格。全文分五段。第一段写左光斗因赏识史可法的才华而提拔他的经过，侧重表现左光斗的“忠”。第二段写左光斗被诬下厂狱后舍生重义，刚强不屈的可贵品质，侧重写左光斗的“毅”，并通过“毅”，进一步突出他的“忠”。第三段写史可法在军中勤于职守，是受左言传身教的结果。第四段写史可法尊师如父，对老师永世不忘的深情。第五段补叙逸事由来，强调逸事的真实性，与主题互为呼应。

左忠毅公：左光斗（1575—1625 年），字遗直，号浮丘，明末桐城人，万历年进士。官至左佥都御史，为人正直，不畏权贵。因弹劾阉党魏忠贤，被陷下狱，惨死狱中。后南明弘光帝（朱由崧）因为他忠贞刚毅的品行，追谥“忠毅”。

［1］先君子：作者对其已过世的父亲方仲舒的称呼。

［2］从数骑：几个骑马的随从跟着。

［3］微行：穿着平民衣服出行。

［4］庑：廊屋。

［5］史可法：字宪之，祥符（今河南省开封市）人。崇祯进士，南明时任兵部尚书、大学士，清军入关时镇守扬州，公元 1645 年 4 月 25 日城破，殉难。

［6］瞿然：惊视的样子。

［7］面署第一：当面批为第一名。

［8］逆阉：叛逆的太监，这里指魏忠贤。

［9］长镵（chán）：一种长柄的掘土工具。

［10］漏鼓移：指过了一段时间。漏，古时用滴水计时的器具。鼓，打更的鼓。

［11］番代：轮流代替。

［12］躬造：亲临。

［13］宗老：同一宗族的老前辈。

［14］涂山：方苞族祖父的号，名文。

二十一　狱中杂记

方　苞

［康熙五十一年三月，］余在刑部狱[1]，① 见死而由窦[2]出者日三四人。有洪洞②令杜君者，作[3]而言曰："此疫作[4]也。今天时顺正[5]，死者尚希。往岁多至日十数人。"余叩所以[6]。杜君曰："是疾易传染，遘者[7]虽戚属不敢同卧起。而狱中为老监者四，监五室。禁卒居中央，牖其前[8]以通明，屋极[9]有窗以达气。旁四室则无之，而系囚常二百余。每薄暮下管键，矢溺[10]皆闭其中，与饮食之气相薄[11]；又隆冬，贫者藉地而卧。春气动，鲜不疫矣。狱中成法，质明③启钥。方夜中，生人与死者并踵顶而卧[12]，无可旋避[13]，此所以染者众也。又可怪者：大盗、积贼[14]、杀人重囚，气杰旺，染此者十不一二，或随有瘳[15]。其骈死[16]，皆轻系及牵连佐证法所不及者。"余曰："京师有京兆狱[17]，有五城御史司坊④[18]，何［故］刑部系囚之多至此?"杜君曰："迩年[19]狱讼情稍重，京兆、五城即不敢专决。又九门提督⑤

---

① 清康熙时，有一个叫作方孝标的，著书多诋毁朝廷的话。刊行之后，把木板藏在方苞家里。后来被御史揭发，便成了大狱，株连至数百人。方苞起先定的绞罪，后从轻改编旗下。这里说"在刑部狱"，就因这件事。

② 洪洞县今属山西河东道。

③ 质明就是天明时。

④ 司坊为五城巡坊御史的羁押所。

⑤ 九门提督即步军统领，掌管京师门钥，维持地方治安。

所访缉纠诘，皆归刑部。而十四司正副郎①好事者及书吏、狱官、禁卒皆利系者之多，少有连必多方钩致[20]。苟入狱，不问罪之有无，必械手足[21]，置老监，俾[22]困苦不可忍。然后导以取保出居于外，量其家之所有以为剂，而官与吏剖分焉。中家以上，皆竭资取保。其次求脱械居监外板屋，费亦数十金。惟极贫无依，则械系不稍宽，为标准以警其余。或同系，情罪重者，［反］出在外，而轻者、无罪者罹其积毒[23]；忧愤，寝食违节[24]，及病，又无医药，故往往至死。”同系朱翁、余生及在狱同官僧某遘疫死，皆不应重罚。又某氏以不孝讼其子；左右邻械系入老监，号呼达旦。余感焉；以杜君言泛讯之，众言同，于是乎书。

凡死刑狱上，行刑者先俟于门外，使其党入索财物，名曰“斯罗”[25]。富者就其戚属，贫则面语之。其极刑，曰：“顺我，即先刺心；否则四肢解尽，心犹不死。”其绞缢，曰：“顺我，始缢即气绝；否则三缢加别械，然后得死。”惟大辟②无可要；然犹质其首。用此富者赂数十百金，贫亦罄衣装；绝无有者则治之如所言。主缚者亦然。不如所欲，缚时即先折筋骨。每岁大决[26]，勾③者[27]十三四，留者十六七，皆缚至西市[28]待命。其伤于缚者，即幸留，病数月乃瘳，或竟成痼疾[29]。

余尝就老胥[30]而问焉：彼于刑者、缚者非相仇也，期有得耳；果无有，终亦稍宽之，非仁术乎？曰：“是立法以警其余，且惩后也；不如此则人有幸心。”主梏扑者[31]亦然。余同逮以木讯④者三人：一人予三十金，骨微伤，病

---

① 十四司正副郎，便是刑部十四司的郎中、员外郎。

② 大辟是死刑；这里指斩首说。

③ 备制，凡是监候的罪犯，秋审时开单请旨。单上名字若经朱笔勾出，便照原定罪名处决，叫作勾决。

④ 木讯即用三木夹拶，严训重囚始用此。清末停止刑训，官吏乃不敢公然施毒。

间月[32]；一人倍之，伤肤，兼旬[33]愈；一人六倍，即夕行步如平常。或叩之曰：“罪人有无不均，既各有得，何必更以多寡为差?”曰：“无差，谁为多与者?”孟子曰：“术不可不慎。”① 信夫！

部中老胥，家藏伪章，文书下行直省，多潜易之，增减要语，奉行者莫辨也。其上闻及移关诸部，犹未敢然。功令：大盗未杀人及他犯同谋多人者，止主谋一二人立决，余经秋审皆减等发配。狱词上，中有立决者，行刑人先候于门外。命下，遂缚以出，不羁晷刻[34]。有某姓兄弟，以把持公仓，法应立决。狱具矣，胥某谓曰：“予我千金，吾生若。”叩其术。曰：“是无难，别具本章，狱词无易，但取案末独身无亲戚者二人易汝名，俟封奏时潜易之而已。”其同事者曰：“是可欺死者而不能欺主谳者[35]。倘复请之，吾辈无生理矣。”胥某笑曰：“复请之，吾辈无生理，而主谳者亦各罢去。彼不能以二人之命易其官，则吾辈终无死道也。”竟行之，案末二人立决。主者口呿舌挢[36]，终不敢诘。余在狱，犹见某姓。狱中人群指曰：“是以某某易其首者。”胥某一夕暴卒，人皆以为冥谪[37]云。

凡杀人狱词无谋故者，经秋审入矜疑[38]，② 即免死。吏因以巧法。有郭四者，凡四杀人，复以矜疑减等，随遇赦。将出，日与其徒置酒酣歌达曙。或叩以往事，一一详述，且意色扬扬，若自矜诩[39]。噫！渫[40]恶吏忍于鬻狱[41]，无责也。而道之不明，良吏亦多以脱人于死为功，而不求其情。其枉民也，亦甚矣哉！

奸民久于狱，与胥卒表里，颇有奇羡[42]。山阴③李姓，以杀人系狱，每

---

① 见《孟子·公孙丑·矢人岂不仁于函人哉》章。

② 凡命案不得实情或情有可原的，便入矜疑。

③ 山阴，县名，今浙江会稽道绍兴县。

岁致数百金。康熙[①]四十八年，以赦出。居数月，漠然无所事。其乡人有杀人者，因代承之。盖以律非故杀，必久系，终无死法也。五十一年，复援赦减等谪戍。叹曰："吾不得复入此矣！"故例，谪戍者移顺天府[②]羁候，时方冬停遣。李具状求在狱，候春发遣，至再三，不得所请，怅然而已。

作者简介

见第 67 页。

延伸阅读

清代政治人物方孝标（1617—?），清顺治六年（1649 年）进士。早年在云南追随吴三桂，后任内弘文院侍读学士，人称方学士。方孝标撰写《滇黔纪闻》，尊崇前明年号。"桐城派"奠基人、文学家戴名世（1653—1713 年），著《南山集》时加以引用。《南山集》中《与余生书》提出写历史时，应给明末几个皇帝南明福王、唐王、桂王立"本纪"，把他们的十八年政权视为正统。这无异于否定了清朝入关后在中国十八年的正统，这是清王朝所不能容忍的。事被御史赵申乔揭发，戴名世被处死，其全家及族人牵累定死罪者甚多。因方孝标已死，被戮尸锉骨。方孝标之子谪戍黑龙江。方苞也因《南山集》序文上列有名字，并收藏了该书的木板，被捕入狱。先在江宁县狱，后解京城，下刑部狱。

本文是作者于康熙五十一年（1712 年）三月，在刑部狱中写成。文章记述了作

---

① 康熙，清圣祖年号，四十八年当西历一七〇九年。

② 此处顺天府即指京兆狱。

者亲自看到和听到的刑部监狱中的种种黑暗现实，从一个侧面揭示了清代司法制度的反动腐朽。《狱中杂记》是清桐城派散文名作之一。

［1］刑部狱：清政府刑部所设的监狱。刑部，明清两朝设六部，刑部掌刑律狱讼。

［2］窦（dòu）：孔穴，这里指监狱墙上打开的小洞。

［3］作：神情激动。

［4］疫作：瘟疫流行。

［5］天时顺正：气候正常。

［6］叩所以：询问原因。

［7］遘（gòu）者：得这种传染病的人。遘，遇、遭受，指染病。

［8］牖（yǒu）其前：在前方开一个窗洞。牖，窗。

［9］屋极：屋顶。

［10］矢溺：大小便。矢，同“屎”。溺，同“尿”。

［11］相薄（bó）：相混杂，相侵袭。薄，迫近。

［12］并踵顶而卧：并排睡一起。踵，脚后跟。顶，头顶。

［13］旋避：回避。

［14］积贼：惯偷。积，久、习。

［15］或随有瘳（chōu）：有的人染上病也随即就痊愈了。瘳，病愈。

［16］骈死：并列而死。骈，并。

［17］京兆狱：京城的监狱，即当时顺天府监狱。京兆，指清朝包括国都在内的顺天府。

［18］五城御史司坊：即五城御史衙门的监狱。清朝时京城设巡查御史，分管东、西、南、北、中五个地区，所以叫五城御史。

［19］迩年：近年。

［20］钩致：钩取，即逮捕。

［21］械手足：手脚戴上刑具。

［22］俾：使。

［23］罹（lí）其积毒：遭受其毒害。

［24］寝食违节：睡觉吃饭都不正常。

［25］斯罗：也作“撕罗”“撕掳”，排解、打理的意思。

［26］大决：即秋决。封建时代规定秋天处决犯人。

［27］勾者：每年八月，由刑部会同九卿审判死刑犯人，呈交皇帝御决。皇帝用朱笔勾上的，立即处死；未勾上的为留者，暂缓执行。

［28］西市：清代京城行刑的地方，在今北京市菜市口。

［29］痼（gù）疾：积久不易治的疾病。

［30］老胥：多年的老役吏。胥，掌管文案的小吏。

［31］主梏扑者：专管上刑具、打板子的人。

［32］间月：一个多月。间，隔。

［33］兼旬：两旬，二十天。

［34］不羁晷（guǐ）刻：不留片刻。晷刻，指很短的时间。

［35］主谳（yàn）者：负责审判的官员。谳，审判定罪。

［36］口呿（qū）舌挢（jiǎo）：张口结舌。呿，张口不能说话。舌挢，翘起舌头。形容惊讶的样子。

［37］冥谪：受到阴曹地府的惩罚。

［38］矜疑：指其情可悯，其事可疑的案件。矜，怜悯、惋惜。刑部秋审时，把各种死刑案件分为情实、缓决、可矜、可疑四类，后两类可减等处理或宽免。

［39］矜诩（xǔ）：炫耀。

［40］渫（xiè）：污浊。

［41］鬻狱：出卖狱讼。

［42］奇（jī）羡：赢余。指积存的财物。

二十二　阿菊

叶绍钧

一天早上，阿菊被他的父亲送进一个光明、空阔、透气的地方，他仿佛从一个世界投入别一个世界里。他的家里只有一张桌子和两条破坏的长凳，已使他的小身躯回旋不得；半截的板门撑起，微弱的光线从街上透进来——因为对面是典当库房的高墙——使他从不曾看清他母亲的面庞；门外墙角是行人的小便处，时常有人在那里图一己的苟且的便当，使他习惯了不良空气的呼吸。现在这个境界在哪里呢？他真投入了别一个世界了！

阿菊的父亲是给人家做零雇的仆役的。人家有喜事、丧事，雇他去上宾客们的菜，伺候宾客们的茶水、烟火；此外他还当码头上起货落货的脚夫。人家干喜庆、哀吊的事，酒是一种普遍而无限量施与的东西，所以他尽有尽量一醉的机会；否则也要靠着酱园里的酒缸盖上，喝上两三个铜子麦烧，每喝一口总是时距很长，分量很少，像是舍不得喝的样子，直到酱园收夜市，店门快关了，才无可奈何地喝干了酒，一摇一摆地归家去。那时阿菊早睡得很熟了。

阿菊的母亲是搓草绳的。她的眼皮翻了出来，常常分泌眼泪，眼球全网着红丝——这个是他们家里的传染病，阿菊父子也是这样，不过较轻些。她从起身到睡眠总坐在一条破长凳上，两手像机器似地工作。除了她的两手，她的身躯动也不动，眼睛瞬也不瞬；她不像有思想，不像有忧乐，似乎她的入世只为着那几捆草绳而来的。当阿菊初生时，他尖着小嘴衔着她的乳，小手没意识地抓着，可爱的光辉的小眼睛向她的面庞端相着；对于那些，她似乎全无知觉，只照常搓她的草绳。他吸了一会乳，便被弃在一个几乎站不住的草窠里。他咿呀欲达意罢，号哭欲起来罢，她总不去理会他，竟同没什么在旁边一样；柔和的催眠声，亲密的抚慰语，在她的声带和脑子里是没有种子的。他到了四岁，还是吸她淡薄的乳汁，因为这么可以省却两小碗粥；还是躺在那个破草窠里，仰看黑暗的尘垢的屋板，因为此外更没别的可以容他的地方。

阿菊今年八岁了。除了一间屋子和门前的一段街道，他没有境遇；除了行人的歌声，小贩的叫卖声，母亲的咳嗽声，和自己的学语声、啼哭声，他没有听闻；除了母亲，他没有伴侣——父亲只伴他睡眠；他只有个很狭窄的世界。今天他才从这很窄狭的世界投入别一个宽阔的世界里。

他被一位女教师抚着肩，慈爱地轻婉地问道："你知道你自己的名字么?"他从没经过被询问，这是骤然闯进他生命里的不速之客，竟使他全然无法应付。他红丝网满的眼睛瞪住了，本来滑润的泪泉里不绝地涌出眼泪来。那位女教师也不再问，但携着他的手走到运动场里。他的小手感觉着温的柔的爱的接触，是他从没尝过的，引起了他的怅惘、恐怖、疑虑，使他的脚步格外地迟缓、滞顿，似乎他在那里揣想道，"人和人的爱情这么浓郁么?"

运动场里没有一件静止的凝滞的东西：十几株绿树经了风微微地舞着，无数雀儿很天真地在树上飞跃歌唱；秋千往还着，浪木震荡着，皮球腾跳着，铁环旋转着，做那些东西的动原的小儿们更没一个不活泼快乐，正在创造他们新的生命。阿菊随着那位女教师走，他那看惯了黑暗的眼睛经辉耀的光明射映着，几乎张不开来。他勉强定眼看去，见那些和己一样而从没亲近过的孩子们。他自知将要加入他们的群里，心里便突突地跳得快起来，脚下没有劲了，就站住在场角一株碧桃树下。女教师含笑问道："你不要同他们一起玩耍么?"他并不回答；他那平淡的紧张的小面庞只现出一种对于他的新境遇觉得生疏淡漠的神情。他的视官不能应接这许多活动不息的物象，他的听官不能应接这许多繁复愉快的音波，他的主宰此刻退居于绝无能力的地位了。女教师见他不答也不动，便轻轻地抚他的背说道："你就站在这里看他们玩耍罢。"她姗姗地走入场中，给她的小友做伴侣去了。

一个小皮球流星似的飞到他的头上来，打着头顶又弹了出去，才把他迷惘的主宰唤配，使他回复他微弱的能力。于是他觉得那温的柔的爱的接触没有了；四顾自己的周围，那携着自己的手的人在哪里呢？打在头顶的又是什么东西？母亲的手掌么？没有这么轻。桌子的角么？没有这么软。这件东西真奇怪可怕！他那怯弱的心里想，这里不是安稳的地方，是神秘的地方；心里想着，两脚尽往后退，直到背心靠住了墙才止。他回转身来，抚摩那淡青色的墙壁，额角也抵住在上边，像要将小身躯钻进去。然而墙壁是砖砌的，哪解得爱护他，哪里肯放开它坚硬的冰冷的怀抱容纳他，使他避免惊恐，安定心魂呢？

阿菊坐在课室里了。全室二十几个孩子，都不过五六岁左右，今天他加入他们的群里，仿佛平坂浅冈的丛山间插一座瑰伟的雄峰。他以前只有他家里的破草窠、破长凳是他的坐位，如今他有了新的座位，依然照他旧的姿势坐着，在一室里就呈个特异的色彩。他的上半身全拥在桌子上，胸膛磕着桌沿，使他的呼吸增加速度；两脚蜷了起来，尘泥满封的鞋子压在他并坐的孩子的花衫上边。那位女教师见他这样，先坐给他看，给他一一说明，更指着全室的孩子教他学无论哪一个都好。他看了别人的榜样，勉强将两脚垂下，踏着了地，但不到一分钟又不知不觉地蜷了起来。他的胸膛也很不自然地离开了桌沿；一会儿身躯侧向右面，靠着了并坐的孩子。那个孩子嚷道："你不要来挤我!"他才醒悟，恐惧，现出怅惘的愕顾。一阵率性的附和的喧笑声发出来，各人的耳鼓都感到剧烈的震动。这个在他的经验里直是个可怕的怪物，他的上半身不由得又全拥在桌子上。

女教师拿出许多耍孩儿来，全室孩子的注意力便一齐集注在教师的桌子上。那些耍孩儿或是裸体，或穿红色的马甲遮着胸腹，嫩红的小臂和小腿却全然赤露；将他们睡倒了，一放手便跟着站起来，左右摇动了几回，照旧站得挺直。真是可爱的东西！在阿菊看了更是大扩眼界。他那简单的粗莽的欲望指挥着他的手前伸，想去取得他们，可是伸到了充分地直还搭不到教师的桌子，同时那怯懦的心又牵着他的手似乎不好意思地缩了下去。女教师已暗地窥见了他，便笑着对他道："你可将这几个可爱的小朋友数一数。"他迟疑了好一会，经过了两三回催促，才含糊地仅可听闻地数道，"一，二，三，六，五，八，四，……"女教师微微摇着头，转问靠近她桌子的一个女孩子。那女孩子扳着小指，发出尖脆的声音数了，竟没弄错数序。几个孩子跟着她的尾声喊道，"她数得对!"女教师温颜附和道："果然她数得对！我给你们各人一个去玩罢。"

阿菊取耍孩儿在手，这是他希望而又不敢希望的，几乎不自信是真实的事。他只对着耍孩儿呆看，是他唯一的玩弄的方法。

"你们可知那些可爱的小朋友们住在哪里?"女教师真诚地发问。

"他们住在屋子里，"群儿作谐和的语调回答。

"屋子里怎么进去?"

“有门的。”

“门比他们的身躯高呢，低呢，阔呢，狭呢?”她非常悦乐，笑容含优美的画意，语调即自然的音乐

“阔！高!”有几个说，“自然比他们阔，高!”在那些声音里，露出一个单调的无力的“低”字的音来，这是阿菊回答的。

“门怎么开法?”

“执这个东西”，群儿齐指室门的拉手。

“请你开给我们看”，她指一个梳着双辫的女孩子说。

那女孩子很喜欢受这使命，她走到门首，执着拉手往身边拉。但是全无影响。

一部分孩子见他们的同伴不成功，都自告奋勇道，“我能开，这么一旋就开了。”

女教师便指一个男孩去。他执着拉手一旋，再往身边拉，门果真开了。她和群儿都拍手庆贺他的成功。她更发清朗的语音向群儿道，“我们开门必要先这么一旋。”说罢，教大家依次去试。

这事轮到阿菊，就觉得是一种最艰难的功课。他拉了一会拉手，不成，又狠命地把它旋转，也不成，便用力向外推，然而何曾推开了半缝。他窘极了，脸皮红到发际，眼泪含在眶里，呼吸也喘起来了，不由得弃开了拉手在门上乱敲。但是外面哪里有应门的人等着呢?

他们环成一个圆圈站在乐舞室里了。那位女教师揿着钢琴，先奏了一曲，便向群儿说，“我们要唱那个《蝴蝶之歌》哩。”他们笑颜齐开了，双臂都平举着，有几个已作蝶翅蹁跹的姿势。琴声再作，那妙美的愉悦的人心之花的

宇宙之魂的歌声也随之而发：

飞！飞！飞！飞到花园里。
这里的景致真美丽。
有红花铺的床供我们睡眠；
有绿草织的毯供我们游戏。
飞呀！飞呀！我们飞得高，飞得高！
飞呀！飞呀！我们飞得低，飞得低！
我们飞作一团，不要分离。
你看花在笑我们了，笑得脸儿更红了。
哈！哈！哈！
花呀，你来和我们一起儿飞！
来呀，和我们一起儿飞！

阿菊立在群儿的圈子里，听不出他们唱些什么，但觉自顶至踵受着感动，一种微妙醉心的感动。他的呼吸和琴声应和着，引起一种不可描写的快慰，适意，超过他从前唯一的悦乐——衔着他母亲的乳睡眠。于是他的手舞动起来，嘴里也高高低低唱起来；这种舞动呈个触目的拙劣的姿势，没有别的孩子那么纯熟灵活；歌呢，既没词句，又没节奏，自然在大众的歌声里被挤了出来。然而这个与他何涉呢？他总以为是舞了，唱了。刚才的窘急、惶恐、怯懦……他完全和他们疏远了。只可惜他领略歌和舞这么晚！况且他能将以后的全生活沉浸在那些里边么！

阿菊第一天进学校的故事，要算他生活史里最重要的一页了。然而他放学归家，回入他旧的狭窄的世界里的时候，他母亲和平日一样，只顾搓她的草绳，并不看他一眼，问他一声。他自去蹲在黑暗的墙角边，玩弄他在学校里偷摘的一根绿草。论不定因这绿草引起了他纷乱的模糊的如梦的记忆，使那些窘急、惶恐、怯懦、感动、快慰、适意……立刻一齐重新闯进他的生命里。晚上他的父亲喝了人家的残酒归来，摸到板铺的卧榻倒身便睡；他早上曾送他的儿子进学校，进别一个世界，是忘记得干干净净了。

作者简介

叶绍钧（1894—1988 年），字圣陶，苏州人。我国现代著名作家、教育家、编辑出版家和社会活动家，短篇小说有《隔膜》《火灾》《线下》《城中》《未厌集》等，长篇小说有《倪焕之》，散文有《未厌居习作》，童话有《稻草人》《古代英雄的石像》等。早期小说多写儿童与家庭，逐渐描写扩大至于社会与时代。短篇多谈教育，是我国现代文学史上最著名的教育小说家。

延伸阅读

《阿菊》中的“低能儿”阿菊八岁入学时，还不知道自己叫什么名字，因为从来没人问过他的名字；不知道人和人之间有亲情。他不敢去运动场观看小朋友们做游戏，皮球打在头上不知道是什么打的，感到真怪、可怕、神秘。同班的二十多位同学“都不过五六岁”，他“仿佛平坂浅冈的丛山间插一座瑰伟的雄峰”，他不会坐，因为在家总是蜷着脚，十以内的数不会数，不知道门比人高，因为他家的门比人矮，不会开门，不会唱歌。阿菊的父亲是给人家操办喜事丧事的仆役；母亲终年搓草绳。又矮又小的房子被当铺高墙挡着，终年见不到阳光，暗得连母亲的面庞也看不清。阿菊就生长在这样一个黑暗的角落里。母亲犹如一架搓绳的机器，除了给阿菊吸一些淡薄的奶汁以外，视若无睹。父亲只知道喝酒，连话都没有同阿菊说过。父母贫穷和愚昧造成了阿菊的低能。作者在倾诉下层人民受压迫的悲惨境遇的同时，提出了一个值得深思的社会问题：下层劳动人民的子女，由于缺少家庭教育已经成了“低能儿”，应当尽快地把他们从窄狭的世界里解放出来，进学校接受教育，投入另一个宽阔的世界里。

二十三　禁食节

［新犹太］潘莱士（Leon Perez）　著

沈雁冰　译

这是个冬天的晚上！雪拉靠近煤油灯坐着，正在缝补一双旧袜。她工作不能快，因为她的手指冻得半僵了；她的嘴唇也冻成青紫色；她时时放下活计，在房里来回走着，想走热她的一双冰脚。

床里的稻草褥上，睡着四个小孩子——床的两端各露出一对小脑袋——盖着些旧衣服。

有时这一个孩子身子一抖，有时那一个孩子一跳，抬出一个小头来，悲哀啁啾的声调叫着"饿呀！"

"静静儿睡罢，心肝，静静儿睡罢！"雪拉安慰似的说，"爸爸立刻就要回来，带些精美柔软的面包给你们。我想叫醒你们来吃就是了。"

"还有点儿热的东西罢？"孩子们啜泣似地问，"今天我们还不曾有过热的东西呢！"

"热的东西也有。"①

但是她不能相信自己说的是什么话。

她抬眼向屋中四下里一看——无论如何，或者也还剩着一件什么东西她

① 译者注：此是雪拉的话。

可以拿去典当罢……没有东西呢！只剩得空虚萧条的四堵墙壁了。一个破碎的火炉——一切都是黏湿而且冷冰冰的……炉架上放着一盏旧而毁伤的哈奴加灯。屋顶的横梁上，有一支钉，还挂着一些灯上遗下来的碎片。两个空床没有枕头——此外就没有东西了，再也没有了！

过了些时，孩子们也都睡着。

雪拉看着他们时心也痛了。

忽然她的一双哭红了的眼移射到门口。她正听得有脚步声儿，沉重的脚步声儿，落在那到下层室的扶梯上……洋铁桶碰在墙壁上锵锵的声响，忽而在左，忽而在右的，也听得见了。

一线有望的光明现在又浮出在她那满罩浓霜的脸上。

她把两脚自相磨擦了两三次，便踉踉跄跄立起来，走到门口。

她开了门，就从外面进来了一个面色灰败、肩膀广阔的犹太人，挑着个空洋铁桶儿。

“如何?”她轻声地说。

他放下两个洋铁桶，除下扁担，然后回答，声音更低些：“没有东西——什么东西都没有！没有一个人肯付钱。明天罢！他们都这样。人人总说：明天罢！后天——月头（初一）给你罢!”

“孩子们已然一天工夫不曾吃过一口的东西!”雪拉说时，一字一字地顿出来。“正没有法子，他们现在是睡着——只能叫他们睡。唉哟，我的苦孩子!”

她再也忍不住了，就低声哭泣起来了。

“你哭什么啦?”她丈夫问。

“哎，门达尔呀，孩子们饿极了!”她用力——然而无效的——要压她的眼泪到肚里去。

“我们将来怎么过活呢?”她忍着哭低声说，“光景只是一天坏似一天罢哩!”

“一天坏似一天么？不，雪拉！来，我真替你羞！我们今天此刻比去年此刻已经好得多了。去年我们没有食物，也没有遮盖的房子。那时，孩子们整天滚在水沟里，夜了就睡在龌龊的小巷里。现在，虽然他们还不过睡在稻草上，却已有了一个屋顶遮了他们的头。”

雪拉抽咽的声音愈来愈响了。

她现在想起了她那被夺去的孩子了，去年在街头被夺去的那一个。受了寒，病越来越沉重，到底死了——死了，好像是死在荒林里一般——一些帮助也求不到——也没有一块地埋他——也没有一句祷告为他的灵魂祝福——他死了，只像熄去一枝蜡烛罢了!

他想要安慰她。

“不要哭了，雪拉，不要这样哭！不要得罪了上帝!”

“唉，门达尔，只要他（上帝）会来救我们，就好了!”

“雪拉，为你自己身子的缘故，也不要这样伤心呀！你瞧你已瘦成个什么样子！你不知道么，自从我们结婚以来，于今正是十年！哦，哦，谁还会想到十年前你是镇上唯一的美人呢!”

“而且你呢，门达尔！你不记得么？你是被人称作‘勇夫门达尔’的，可是现在你是断作两段了，你有病了——你尚以为我不知道呀——呵哟，我的上帝!”

她竟放声哭了，孩子们都在床上吓得跳醒过来，又哀号着“面包，饿呀!”

门达尔突然喊道：“哪里会来这种话！今天谁还想吃东西么!”

孩子们都吃惊，坐起来了。

“今天是禁食节呢!”门达尔接着说，脸儿一板正经的。

过了好几分钟，孩子们才听真这句话。

他们都问："这是哪一种的禁食节呀?"说时快要哭出来了。

便是门达尔的眼也低垂下看着地板，他告诉他们，今天早上他读圣经时，那本《喷达都西》[1] 从书桌上坠下地去。"因为这样，"他接着说，"就宣布今天是禁食节了，哪怕是吃奶的婴儿也要照办。"

孩子们都静静地不出一声，于是他又往下说："今儿这禁食节也和'阿东纳蒙日'[2] 的那个禁食节一样，要从隔夜就开始的。"

四个孩子都从床里乱爬出来。赤着脚，只穿着一点儿破碎的衬衫，便在房内各处跳跃，大喊："我们禁食罢，禁食，禁食，禁食!"

门达尔把肩膀遮住了灯光，免得他们看见了娘的泪珠正在直淌。

"哦，这就够了，孩子们，这就够了！禁食节也不是应该跳舞的。到了祝福的时辰，我们方才可以跳舞，叫上帝快活!"

孩子们都回到床里。

他们的肚子饿现在忘却了!

他们中间一个小女孩开口唱起来：

> 我们的上帝呀，我们的主呀……
>
> 在高山上……

门达尔浑身抖了。

"唱歌么，也是不应该的"，他说，声音里带着哽咽。

---

① 译者注：此是指《旧约圣书》初五卷的专名。

② 译者注：阿东纳蒙意为赎罪，即赎罪日。

孩子们就静下去，而且睡着了，跳和唱也使他们疲惫了。只有年纪最大的一个孩子又睁开眼问他父亲：

“爸爸，什么时候我可以行坚信礼呢?”

“还不曾到时候，却也不远了——再过四年。你一定还要长得高大而且健壮。”

“那么到了那时你也给我买一对祷告披巾么?”

“自然要买的!”

“再有一个小袋来装我的祷告书么?”

“唔，一定有的!”

“再有一本小小的金头的《西得书》① 么?”

“有的，靠上帝的福！你必须向上帝祷告恳求，齐塞尔呀!”

“那么我就遵守一切的禁食节了!”

“是的，是的，一切的禁食节!”低声儿加说一句，“世界的主呀，只不要再有像这一个的禁食节——不要像今天的一个了!”

作者略述

潘莱士（Isaac Lob Peretz，1851— ）为新犹太著名文家，其短篇小说至精奇。犹太人恒受他族压迫，感情所激，自然产生同情于弱者之文学。其人对于将来，信仰极坚，虽处困厄，而意志曾不少怠。潘莱士之著作，满含此种精神，盖民众之心声也。

---

① 译者注：《西得书》是犹太人在家举行“逾越节”时用的。

延伸阅读

沈雁冰（1896—1981年），本名德鸿，字雁冰，笔名有茅盾、玄珠、方璧、沈余等，是中国新文学史上杰出的小说家、散文家、翻译家、文论家、诗人、出版家、书法家和思想家、革命家，是中国现代社会革命和新文化运动的创始人和先驱者之一。创作了《子夜》《蚀》《春蚕》《林家铺子》《清明前后》以及《鲁迅论》《冰心论》《徐志摩论》等举世公认的优秀作品和文论。

短篇小说《禁食节》，犹太潘莱士（今译裴莱兹）著，译文原刊《小说月报》第12卷第7号（1921年7月10日），后收入翻译小说集《雪人》，开明书店1928年出版。小说写了犹太人门达尔夫妇受尽了贫困的折磨，夫妇俩和四个孩子饥肠辘辘。孩子们哀号着“面包，饿呀！”父亲出于无奈，只好欺骗他们是过“禁食节”，“谁还想吃东西么！”“哪怕是吃奶的婴儿也要照办。”

二十四　安乐王子

［英国］王尔德（Oscar Wilde）　著

周作人　译

城中有柱石峙立，安乐王子之像在焉。像身裹以金叶，碧玉为目，剑柄上饰琼瑶，烂有光辉，见者叹赏。有市会议士曰："美哉，如占风之鸡旗[①]也！"言时颇欲以风雅自见，继复惧人诮其虚华，则曰，"独惜其无用耳。"其人盖信更事者也。

有小儿啼欲得月，其母语之曰："若胡弗效安乐王子者！安乐王子未尝啼泣有所求也。"

骚人过此，则视像而言曰："世间犹有安乐之人，吾心怡悦矣。"

贫儿自圣寺出，绛衣素帔，群言曰，"彼貌如天使也。"数学师曰："汝安知者！汝辈未尝见天使也。"儿对曰："然。第有之，尝见诸梦中耳。"师则蹙额疾视，盖不悦小儿梦也。

一夜，有小燕翻飞入城。四十日前，其伴已往埃及[②]，彼爱一苇，独留不去。一日春时，方逐黄色巨蛾，飞经水次，与苇邂逅，爱其纤腰，止与问讯。便曰："吾爱君可乎？"苇无语，惟一折腰。燕随绕苇而飞，以翼击水，涟起

---

① 鸡旗（Weathercock）：是一种装在屋顶看风向同风速的标，作鸡形的。

② 埃及（Egypt）：国名，在非洲东北部。欧洲大战以前，名义上为土耳其的属国。战后和会，正式认为英国的保护国。最近已宣告为独立国。

作银色，以相温存，尽此长夏。

他燕啁哳相语曰："是良可笑，女绝无资，且亲属众也。"燕言殊当，川中固皆苇也。未几秋至，众各飞去。

燕失伴，渐觉孤寂，且倦于爱，曰："女不能言，且吾惧彼佻巧，恒与风酬对也。"是诚然，每当风起，苇辄宛转顶礼。燕又曰，"女或宜家，第吾喜行旅，则吾妻亦必喜此乃可耳。"遂问之曰，"汝能偕吾行乎？"苇摇首，殊爱其故园也。燕曰，"汝负我矣。今吾行趣埃及古塔，别矣。"遂飞而去。

燕飞终日，薄暮抵城。念曰，"今将安托，意城中或可居也。"已而见柱上金人，乃曰，"吾当居此。地爽明，颢气[①]亦清也。"遂集安乐王子足下，悠然四顾，微语曰，"今日居金屋中矣。"随谋就眠，方曲首匿翼间，忽有雨水一滴落其背。燕惊曰，"异哉，空中了无云物，星光璨然，雨乃遽降，北欧天气殊恶也。彼苇喜雨，第此正其私意耳。"言次，雨又降，燕曰，"金人在上而不能避雨，是何用者？吾当别求烟突之顶栖之。"遂决意他去，顾未及展翼而雨复下。燕仰视，乃有所见，见安乐王子方泣，涕泪交颐，月光被面，色益美好。燕心怜之，问曰："君何人耶？"曰："吾安乐王子也。"燕曰："然胡为泣？已濡我矣。"王子曰："当吾生时犹具人心，乃不知泪为何物。以吾居商苏西宫[②]中，忧怨无由得入。昼游苑中，夕就广殿，歌舞相乐，苑外围以崇墉，吾但见是中之美，更无暇问此外何有矣。诸臣字吾曰安乐王子。使人世欢娱，足称安乐者，则吾信安乐矣。吾墨墨[③]以生，亦墨墨以死。逮死后，众置我高居是间，吾遂得见人世忧患。虽吾心为铅，不能无动，舍涕泣

① 颢气是天边的气，但此处与空气一样意义。

② 商苏西宫（Palace of Sans Souci）犹言"无忧之宫"。

③ 墨墨是无声无臭，生活很平凡的意思。

外无他道矣。”燕闻之自念曰，“嘻，彼身非纯金者欤？”第不敢朗语，指斥他人，特窃自异已耳。

王子又曰：“远去此地，有一委巷，中见敝庐，窗户方启。吾见妇人据案而坐，颜色憔悴，手赤且甲错，多为针伤，盖缝妇也。方为宫中女官作锦袍，刺爱华①于上，以备大宴时之用。屋角榻上，幼儿方卧，病热苦渴，求橘食之。顾母无有，惟饮以川水，故儿啼泣。燕子，燕子，汝能为我将剑上琼瑶往赠之乎？吾足著坛上，不能移也。”燕曰：“第有人待我于埃及。吾友方翱翔尼罗②川上，与荷花共语耳。未几，当归宿古帝垅③中，帝则亦在，棺椁皆施丹雘，身缠黄绢，薰以异香，颈间悬玉，色作惨绿，而帝手乃如枯叶也。”王子曰：“燕子，燕子，汝能留此一宵为吾作使者乎？儿渴甚而母亲尤悲也。”燕曰：“吾殊不爱小儿。去岁夏日，尝游水次，遇二顽童，为磨工子，恒以石投我。顾未尝一中，燕皆善飞，石胡能及，矧吾家本以疾飞名世者。然儿之为此，则终不敬也。”顾王子色甚悲，燕为之动，遂曰：“此间寒甚，第吾当留此一宵，为君使者。”王子曰：“吾敬谢燕子。”

燕取琼瑶，衔之咮间，越屋而去。过圣寺塔旁，见有白石雕琢为天使状。又过王宫，则闻歌舞之音，有女郎偕其欢子，出立回廊之下。男子曰：“异哉星光！异哉爱情之力！”女应之曰：“宫中大宴时至，意衣可成矣。吾已命绣爱华于上，特恨缝妇慵耳。”已而度川，见舟上桅灯点点。复过葛多，有犹太老人互相商兑，又以铜称平准金钱。久之已达敝庐，止而瞰之。儿卧榻上，辗转弗宁，母倦极已寐。燕入室，置玉于针玦之次，又绕榻而飞，以翼扇病

① 爱华（Passion-flowers）就是中国的玉蕊华。

② 尼罗河（Nile）是纵贯埃及，流入地中海（Mediterranean Sea）的大河。

③ 埃及古帝的尸体，因为涂了防腐药品，历数千年不坏，至今还有存在坟墓里边的。所以下面这样说。坟墓上建筑金字塔（Pyramid），是埃及著名的古迹。

儿额。儿曰："吾觉竟体清凉，疾当已矣。"遂沉睡。燕反白王子，且曰："事良诡奇，今日冰寒而吾觉春温，何也?"王子曰："以汝方成一善事故耳。"燕乃覃思，未几即眠，盖凡有思索，恒令入睡也。

侵晨，燕飞就水畔沐浴，有鸟学教师方过桥上，见之曰，"物色奇哉！冬日见燕也。"遂作宏文一篇，载之日报，人皆传诵，以其文鸿博，多函奥谊为众所弗解者也。

燕曰，"吾今夜往埃及矣。"念此乃大悦，随遍访碑碣，又坐圣寺塔顶者久之。瓦雀见燕，便啾啾相语曰，"何来此珍客也?"而燕则遨游乐甚。

月上，燕返就王子，语之曰："君无事于埃及乎？吾今行矣。"王子曰："燕子，燕子，汝不能更住一宵乎?"燕曰："第埃及有人待我。明日吾友当诣第二瀑布①之次，有水马蹲踞芦中，大神曼浓②据华石之坐，终夜视星，逮启明一曜，悦而大呼，后复永寂。及日卓午，有黄狮子至川畔饮水，目色如碧，吼声陡作，高于瀑布之音矣。"王子曰："燕子，燕子，远去此地，高楼之中，有一少年。几上纸笔乱杂，侧置瓦缶，绀色槁华一束在焉。黄发卷曲，唇绛如榴华，目巨而幽秘，方为梨园主者作传奇，顾天寒不复能书，炉中无火，且久馁垂晕矣。"燕心甚慈，闻之曰："吾当更住一宵，将复赍琼瑶以赠之欤?"王子曰："惜吾无复有琼瑶矣。今兹所余，惟吾双目，两皆碧玉，一千年前得自印度③者。可取其一，持赠少年，俾得货诸玉人，以易薪米，竟此传奇也。"燕曰："王子，吾不能为是也。"乃泣。王子曰："燕子，燕子，汝第如吾命而行耳。"燕乃取王子一目，飞就少年楼上。见屋脊有穴，因得潜

① 第二瀑布（Second Cataract）是尼罗河自下游上溯的第二个浅滩。

② 译者自注："希腊神话曙光之子，死于多罗之战者。又埃及尼罗川畔，有巨人像二，一为曼浓，每当日光照及，中发大声，如弹箜篌，希腊巴沙尼亚著书云。"

③ 印度（India）在亚洲南部，山地产石炭，金，宝石等。

入，回翔室中。少年方以两手支头，不闻燕子羽声，及后举首，始见碧玉委槁华间，惊起呼曰："吾初为人所赏矣！是必知音所寄，吾今可竟此曲矣。"乃大悦。

次日，燕至海滨，止大舟樯上，视人以辘轳挽巨匣出，每出一匣，邪许[①]之声即起。燕曰，"吾行往埃及矣。"顾人咸弗之理。逮月上，返语安乐王子曰："吾今来语君珍重矣。"王子曰："燕子，燕子，汝不能更住一宵乎？"燕曰："今为冬日，未几冰雪且至矣。日出埃及，照棕榈绿叶之上，其光温煦。鳄鱼卧泥涂中，悠然四顾。吾友已构巢波尔贝克庙[②]中。红白二色神鸽，集而凝睇，或相呼唤，各求其偶。吾今当别王子，惟永不相忘，及春归来，当献美玉，绛者色逾蕣[③]华，碧者色如海水也。"王子曰："吾见道上有一女儿，携燧求售，已忽坠入沟中，燧皆败矣。若薄暮不将钱归，父必见挞，女乃啼泣，其足无袜履，露顶而立。今可取吾目贻之，俾免于挞也。"燕曰："吾当少留，惟不能更取君目，尔者君且瞽矣。"王子曰："燕子，燕子，汝第如吾命而行耳。"燕乃取玉，瞥然疾下，过女儿之侧，以玉寘掌中。女视之曰："可爱哉此琉璃也！"遂笑而归家。

燕归语王子曰："君今已瞽，吾愿永为君伴矣。"王子曰："燕子幸毋尔，汝今可往埃及耳。"燕曰："吾愿永为君伴矣。"随眠王子足次。

次日，燕集王子肩上，为语异域故事。"有鹤绛色，矗立尼罗水裔，捕金

---

① 邪许音"yé hǔ"是众工人一同用力时发的呼声。

② 波尔贝克（Ballbec）为叙利亚（Syria）的古城，昔时备极伟宏之观，现已荒废。波尔贝克庙即该地之大庙。

③ 蕣也叫木槿，是落叶小灌木，高七八尺。叶卵形，三裂，互生。夏秋间开花，五瓣短柄，像蜀葵，红紫白各色都有，朝开而暮落。

鱼食之。斯芬克思[1]与世同寿，住瀚海[2]中，知宇宙之秘。商人扶橐驼而步，手持琥珀珠串。月山之王色黑如旃檀，礼一水精。巨蛇深碧，睡棕榈树间，有长老二十众，进蜜饵饲之。僬侥[3]之民，以木叶为舟，泛湖水中，恒与蝶战。”王子曰：“燕子告我事诚奇矣，顾最奇者则人世艰辛也。世无玄秘更深于忧患者矣。汝可飞行城中，告我所见。”燕子乃去，见华屋之中，众方行乐，丐者坐于门外。又入幽巷，有小儿寒饿，色皆惨白，引首外望。桥下有二儿，相抱而卧，借以取温，皆曰，“吾侪饥甚矣。”守者则叱之曰，“汝毋得卧此！”儿乃起，旁皇雨中。燕归，以告王子。王子曰：“吾身遍被纯金，可叶叶取之，以与穷人。彼生人恒以为金能造福也。”燕如言，取金叶与之。王子色渐黯淡，而贫儿貌皆润泽，嬉笑游道上，曰，“吾侪今得食矣。”

未几雪至，继以坚冰，道路皆冻，皓然作银色。人家檐下冰箸下垂，如水精匕首。行人咸御重裘，儿童戴绛巾，群走冰上。燕渐寒不可支，惟爱王子甚，卒不忍去。仅飞就店头，乘饼师他顾，啄饼屑食之，又拍翼以自暖。

已而燕知将死，奋力一飞，更上王子肩头曰：“王子珍重！今垂别，能许我一吻王子手耶？”王子曰：“燕子今归埃及，吾甚悦也。汝滞此已久矣，第今当吻吾口，吾爱汝至也。”燕曰：“吾行非趣埃及，特往死之家耳！彼死非眠之弟乎？”乃吻王子，随坠，死于足下。

时有异声发于像中，若物破裂，金人铅心碎为二矣。夜来冰寒殊冽也！

---

① 斯芬克思（Sphinx）译者原注：“此言扼者，狮身女面，以隐语难行客，不能答则杀之，见希腊神话。”

② 瀚海是沙漠，也作翰海，又称戈壁。

③ 原文是（Pygmies）是一种很小的人，现在借了中国传说的僬侥来议他。中国古代传说，有一个僬侥国，其人长一尺五寸，也有说长三尺的。

侵晨，市长偕议员行过像下，止而仰视，嘍嘈[①]曰，“噫，安乐王子今日貌何委琐耶!”议员恒顺市长意，应声曰，“貌何委琐耶!”皆趋前观之。市长曰，“剑上琼瑶已失，二目亦去，且更无金色，直不殊一乞儿矣。”议员皆曰，“不殊一乞儿矣。”市长曰，“足下且有死鸟。吾意当发告谕，禁鸟雀毋得死此。”书记即抽笔志之。

众曳王子像仆之。大学美术教师曰，“彼既不美，即亦无用矣。”众支炉熔像。市长集人议所以处之，曰，“吾侪当别铸金人，其像应属我也。”议员皆曰，“应属我。”继乃相斗。吾前闻之，斗犹未止也。

冶工之长曰，“异哉！铅心在炉，久不熔化，会当弃之耳。”乃投诸尘屯之上，而死燕亦在焉。

天帝命其使者曰，“试为我携城中二宝来。”使者取心及死燕进。帝曰，“善，燕子当令作歌园中，安乐王子居金城，为吾诵[②]也。”

作者略述

王尔德（Oscar Wilde，1854—1900 年），素持唯美主义，主张人生之艺术化，尝自制奇服服之，持向日葵之花，游行于市。所著喜剧多种，多绝妙语，为世所赏。又有童话集二，一曰《柘榴之家》，一曰《安乐王子》，共九篇，亦甚美妙，含讽刺。

---

① 嘍是大笑，嘈是大呼。

② 诵，是赞颂的意思。

延伸阅读

1909年鲁迅与周作人在东京出版了合译的《域外小说集》（第一册），其中有周作人翻译的淮尔特（王尔德）的《安乐王子》（即著名童话《快乐王子》）。《安乐王子》的思想特征是“特有人道主义倾向”。周作人1916年写的《外国之童话》中盛赞王尔德童话“极优美”。1922年还专门写过《王尔德童话》一文，认为“他的童话是诗人的，而非是儿童的文学”。又说童话中具有“丰丽的辞藻和精炼的机智”，“我们读王尔德的童话，赏识他种种好处”，《安乐王子》和《渔夫与其魂》里的“叙述异景总要算是最美之一了”，极爱王尔德的唯美。

二十五　卖炭翁

白居易

卖炭翁，伐薪烧炭南山中，满面尘灰烟火色，两鬓苍苍十指黑。卖炭得钱何所营？身上衣裳口中食。可怜身上衣正单，心忧炭贱愿天寒。

夜来城外一尺雪，晓驾炭车辗冰辙。牛困人饥日已高，市南门外泥中歇。

翩翩两骑来是谁？黄衣使者白衫儿①，手把文书口称敕②，回车叱牛牵向北。

一车炭，千余斤，宫使驱将惜不得。半匹红纱一丈绫，系向牛头充炭直。

作者简介

白居易（772—846年），字乐天，号香山居士，又号醉吟先生，祖籍太原，生于河南新郑。是唐代伟大的现实主义诗人，与元稹共同倡导新乐府运动，世称“元白”，与刘禹锡并称“刘白”。

白居易的诗歌题材广泛，形式多样，语言平易通俗，有“诗魔”和“诗王”之称。官至翰林学士、左赞善大夫。公元846年，白居易在洛阳逝世。有《白氏

① 这是当时宫使的装束。

② 汉唐以来，天子颁布给臣民之书叫作“诏敕”，亦单称“敕”。

长庆集》传世，代表诗作有《长恨歌》《卖炭翁》《琵琶行》等。

延伸阅读

《卖炭翁》是白居易《新乐府》组诗中的第三十二首，自注云："苦宫市也。""宫市"的"宫"指皇宫，"市"是买的意思。皇宫所需的物品，本来由官吏采买。中唐时期，宦官专权，横行无忌，名为"宫市"，实际是一种公开的掠夺，其受害者当然不止一个卖炭翁。诗人以个别表现一般，通过卖炭翁的遭遇，深刻地揭露了"宫市"的本质，对统治者掠夺人民的罪行给予有力的鞭挞。

开头四句，写卖炭翁的炭来之不易。"伐薪""烧炭"，概括了复杂的工序和漫长的劳动过程。"满面尘灰烟火色，两鬓苍苍十指黑"，活画出卖炭翁的肖像。"卖炭得钱何所营？身上衣裳口中食"，卖炭翁以"伐薪""烧炭"为生，全指望千辛万苦烧成的木炭能卖个好价钱。"可怜身上衣正单，心忧炭贱愿天寒"是脍炙人口的名句，读来催人泪下。这场大雪总算盼到了。"夜来城外一尺雪"，按说也就不再"心忧炭贱"了。卖炭翁"晓驾炭车辗冰辙"的时候心里充满希望。没想到市场特别冷清，卖炭翁"牛困人饥"，在"市南门外泥中歇"的时候，遇上了"手把文书口称敕"的"宫使"，威逼卖炭翁"回车叱牛牵向北"，把炭送进皇宫。"一车炭，千余斤"只换来"半匹红纱一丈绫"。卖炭翁卖炭买衣买食的希望全部化为泡影。

二十六　孟子谓戴不胜章

孟子谓戴不胜[1]曰："子欲子之王之善欤？我明告子。有楚大夫于此，欲其子之齐语也，则使齐人傅诸，使楚人傅诸？"

曰："使齐人傅之。"

曰："一齐人傅之，众楚人咻[2]之，虽日挞而求其齐也，不可得矣。引而置之庄岳①之间，数年，虽日挞而求其楚，亦不可得矣。

"子谓薛居州[3]，善士也，使之居于王所[4]。在于王所者，长、幼、卑、尊，皆薛居州也，王谁与为不善？在于王所者，长、幼、卑、尊，皆非薛居州也，王谁与为善？一薛居州，独[5]如宋王何！"

作者简介

见第6页。

① 庄岳是当时齐国热闹的街市。

延伸阅读

本文着重阐释环境对一个人的影响是很大的。近朱者赤，近墨者黑。人周边的生活环境决定了一个人的行为方式、思维方式以及他的善恶观。

[1] 戴不胜：赵岐注云“宋臣”，无确据。

[2] 咻：喧哗。

[3] 薛居州：人名。

[4] 所：处所，地方。

[5] 独：王引之《经传释词》云“独犹将也”，一作单独解。

二十七　淳于髡①

淳于髡，齐人也，博闻强记，学无所主。其谏说，慕[1]晏婴②之为人也，然而承意观色为务[2]。

客有见髡于梁惠王；惠王屏[3]左右独坐而再见之[4]，终无言也。惠王怪之；以让[5]客曰："子之称淳于先生，管③、晏不及，及见寡人，寡人未有得也。岂寡人不足为言邪[6]——何故哉?"

客以谓髡。髡曰："固也，吾前见王，王志在驱逐；后复见王，王志在音声[7]：吾是以默然。"

客具以报王，王大骇曰："嗟乎，淳于先生诚圣人也！前淳于先生之来，人有献善马者，寡人未及视，会先生至。后先生之来，人有献讴者，未及试，亦会先生来。寡人虽屏人，然私心[8]在彼：有之。"

后淳于髡见，壹语[9]连三日三夜无倦。惠王欲以卿相位待之，髡因谢[10]去。于是送以安车[11]驾驷[12]，束帛[13]加璧，黄金百镒[14]。终身不仕。

---

① 附载《史记·孟子荀卿列传》中。

② 晏婴，春秋时齐国人，相齐景公，以勤俭修德著名于世。

③ 管是管仲。

作者简介

司马迁（前145—前87年），字子长，夏阳（今陕西韩城）人，西汉时期的史学家、文学家、思想家，被后世尊称为“太史公”。司马迁幼年在家忙农事，十岁就读长安，二十岁开始漫游，足迹几遍全国。后任郎中官，随武帝巡行各地，曾奉使安抚西南夷，参与塞河工作与封禅典礼。前108年，即其父司马谈去世的第三年，他继承父志，做太史令，博览皇家图书典籍，历时五年，至武帝太初元年（前104年）开始写作《史记》。天汉二年（前99年）因李陵事件被捕入狱，翌年被处宫刑。出狱后，发愤著书，于公元前91年完成《史记》的著作。

延伸阅读

《孟子荀卿列传》，出自西汉史学家司马迁《史记》，是孟子和荀卿的合传，所记载的内容却包括了战国时期阴阳、道、法、名、墨各家的代表人物十二人，是一篇研究我国古代思想史的重要文献。

淳于髡，齐国黄县（今山东省龙口市）人，复姓“淳于”。战国时期齐国政治家、思想家，齐之赘婿，齐威王拜其为政卿大夫。淳于髡博学多才、善于辩论，曾经辅佐过魏惠王、陈轸等人，是战国时期最高学府稷下学宫中最具有影响的学者之一。

［1］慕：效慕，学习。

［2］承意观色为务：善于察言观色，揣摩人主的心意。

［3］屏：使退避。

［4］再见之：两次接见他。

［5］让：责备。

［6］不足为言邪：不配跟他谈话吗?

［7］“志在驱逐”句：志，心思。驱逐，策马奔驰。音声，音乐声色。

［8］私心：内心、心思。

［9］壹语：专注交谈。

［10］谢：辞谢，辞别。

［11］安车：古代一种可以坐乘的小车。

［12］驾驷：一辆车套着的四匹马。

［13］束帛：古代帛五匹为一束。

［14］镒：古代重量单位，二十两为一镒，一说二十四两为一镒。

二十八　直辞[1]女童

王闿运

直辞女童，满洲人。其父为京营①四品官，则未知其为参领欤，佐领欤。②

咸丰九年③冬，选良家女入宫，引见内殿，上亲临视。女童以父官品，例在籍中，[2]晨入。天寒，上久不出。诸女立阶下，冰冻缩蹙，莫能自主。女童家贫，衣薄，不堪其寒，屡欲先出。主者大瞋怪，固留止之。稍相争论，女童大言曰："吾闻朝廷立事，各有其时。今四方兵寇，④ 京饷不给；城中人衣食日困，恃粥而活；吾等家无见[3]粮，父子不相保：未闻选用将相，召见贤士；今日选妃，明日挑女！吾闻古有无道主，今其是耶？"

于是，上在屏后微闻之；出则诏问"谁言者？"诸女恐怖失色，莫能对。女童前跪，称"奴⑤适有言。"上问曰："汝何所云？"女童前对："奴等当引见，驾[4]久不出，诚不胜寒，欲出不得；而总管⑥以朝廷禁令相责，奴诚死

① 清代制度，凡满洲人，都隶兵籍，在外省则结营驻防，在京中则结营拱卫。
② 参领、佐领都是旗营中的将校。
③ 咸丰，清文宗年号，九年当西历一八五九年。
④ 这时候太平天国之乱未平，而英、法两国又正进攻津、沽。
⑤ 清代制，满洲人见帝，自称为奴才。
⑥ 清代设内务府总管大臣，管理王室一切杂务。又太监亦有总管的名称。

罪，忘其躯命，具言‘朝廷立事，各有其时。今四方兵寇，京饷不给；城中人衣食日困，恃粥而活；奴等家无见粮，父子不相保：未闻选用将相，召见贤士；今日选妃，明日挑女！’窃闻古有无道主，窃以论皇上。愿伏其罪！”于是，上默然良久，曰：“汝不愿选者，今可出矣！”女童叩头退立，上遂罢选。

当女童前后言时，在旁者莫不惶亟[5]：流汗、咋舌[6]，不敢卒听。及得温旨遣出，或犹战悚不能正步。以此女童名闻京师。君子以为能直辞。诗曰：“匪饥匪渴，德音来括。”①[7]此之谓也。

女童既出，上他日以事降其父一阶，欲令后选时女可不预[8]也。君子以为女童以一言而悟主，成文宗[9]之宽明，显名于后世。诗曰：“静女其娈，贻我彤管。”②[10]女童可以炜[11]彤管矣！

作者略述

王闿运（1833—1916年），湖南湘潭县人，字壬秋（号湘绮，人称湘绮先生），咸丰癸丑举人。尝参曾国藩戎幕。后为成都尊经书院、长沙校经书院、衡州船山书院院长。入民国，为国史馆总裁（馆长）。方发凡起例，遽卒，年八十八。著有《尚书》《礼经》《小戴记》《春秋》《公羊》《论语》诸笺，《春秋例表》《湘军志》等。治经主《春秋》微言，门人如廖平、戴光等皆守其学。康有为之变法思想即为廖平之经学所启发而实由王闿运间接倡之。（王闿运是近代学者、文学家。诗文形式上模拟汉魏六朝，为晚清拟古派所推崇。有《湘绮楼全书》。）

---

① 见《诗·小雅·车辖》篇。
② 见《诗·邶风·静女》篇。

延伸阅读

一位初出深闺的女孩敢于当面违抗皇命、痛斥皇帝“无道”的行径，真是直言极谏。“女童”前后两次答话，义正词严，不慌不惧，视死如归，连荒淫皇帝也只得听从。文章说皇帝“宽明”是曲笔，说女童直言极谏才是由衷赞美。

［1］直辞：正直的言论。

［2］女童以父官品，例在籍中：清制，四品以上官员，其女必须按规定的年龄送入宫中以待选用。

［3］见：同“现”，现成的，现有的。

［4］驾：对人行动的尊称。此称皇帝。

［5］惶亟：恐惧着急。

［6］咋舌：咬住舌头，形容极畏缩、害怕。

［7］匪饥匪渴，德音来括：出自《诗经·小雅·车辖》。诗写燕尔新婚，旧说却认为是“思得贤女以配君子（周幽王）”之意。德音，指贤女的美好言辞。括，会合。

［8］预：通“与”，参与。

［9］文宗：即咸丰皇帝。

［10］静女其娈，贻我彤管：出自《诗经·邶风·静女》。娈，美好。贻，赠送。彤管，赤管笔。古代女史以彤管记事，规劝主上过失。此处引用彤管的典故，是赞扬女童敢谏，以言辞规主。

［11］炜：光耀。

二十九　费宫人传

陆次云

费宫人，年十六，未详其何地人，德容庄丽。怀宗①语周后，命侍公主，主绝[1]怜之。

宫人见上忧流寇②昌炽，未尝不窃抱杞人忧③也。王承恩者，怀宗之近侍也，宫人私向之问寇警。承恩曰："若居深禁，何用知此！"宫人曰："惟居深禁，不可不知而预为计也！"承恩奇之。

寇愈炽，怀宗忧愈深，宫人问承恩者愈数。承恩曰："若何不询诸他人，而惟予数数也？"宫人曰："人皆泄泄④，孰是以君国为意者！吾见公忠诚，故相问耳。"承恩益奇之，曰："若云'预为计'，计安出？"宫人曰："设不幸，计惟有死；要不可徒死耳！"承恩曰："古人云：'使生者死，死者复生，

---

① 怀宗，明末代帝，名由检。

② 明末流寇，以张献忠、李自成为魁首。李所到的地方更广，大肆杀掠，他的手下人推他为闯王。后在西安称王，自号大顺；再向东攻击，到处打破，便进了京城。

③ 杞人忧是不必忧虑的忧虑。这个故事见于《列子·天瑞》篇，说"杞国有人，忧天崩坠，身亡所寄……"

④ 泄泄是怠缓舒适、没有心志的意思。

生者不食其言，可谓信矣。'① 若能之乎？" 宫人曰："请验之异日！"

有魏宫人者，年差长[2]于费，亦端丽，素与费善，闻其言，曰："卿计甚难。吾不能为难者，当其时惟一死以伸吾志耳！"承恩并奇之。

甲申②三月十九日，李自成破都城。王承恩走报帝，帝与后泣别；宫中之人皆环泣。后自缢；袁贵妃亦自缢。帝拔剑刃嫔妃数人；召公主至，曰："尔年十五矣，何不幸生我家！"左袖掩面，右手挥刃，断左臂未死，手栗而止；随与承恩至南宫，登万岁山③之寿皇亭自缢。帝居中而承恩右，承恩且从容拜命而相随于鼎湖④也。

时尚衣监⑤何新者，趋入宫见帝，不得；见公主仆地，他宫人悉散走，费宫人哭侍其侧；相与救之而苏。公主曰："父皇赐我死，我何敢偷生！且贼至必索宫眷，我终难匿也！"宫人曰："请以主服赐婢，婢当谎贼以脱主。顾安所往乎？"何新曰："国丈第[3]可也。"主授衣与婢，而泣与之别。新仓皇负主出。

李自成射承天门⑥，将入宫，魏宫人大呼曰："贼人入内，我辈必受辱，有志者早为计！"奋身跃入御河。须臾，从之者盈三百；翠[4]积脂凝，河水为之不流，而香且数日也。

---

① 此春秋时晋荀息对献公的话，见《公羊传》僖公十一年。献公将死，问荀息"士何如则可谓之信矣？"荀息回答道："使死者反生，生者不愧乎其言，则可谓信矣。"这里取这句话的意思而略变它的词句。

② 甲申是怀宗十七年，也就是清顺治元年，当西历一六四四年。

③ 万岁山在北京神武门外宫城的背后，亦称煤山，因为是煤堆成的土堆，并不是真的山。

④ 古代传说：黄帝铸鼎于荆山下，铸成后，乘龙飞升而去。人们就叫这个地方为鼎湖。后来就把这两字代言帝王死亡的意思。

⑤ 尚衣监是掌管皇帝的衣物的太监。

⑥ 承天门是明时的宫门。

费宫人目送其死而还，服主服，匿眢井①中。贼钩而出，见李自成；曰："我长公主也，若不得无礼！"自成见其丰艳，心欲纳之；而每升御座，辄神摇目眩，见白衣人长数丈者在前立，又恍如帝之辟易[5]于其左右也，心畏之而不敢；以赐其爱将罗姓者。罗于闯冲陷攻取，居首功，故自成赐之以酬勋。罗甚喜。宫人曰："闯命[6]吾不敢违矣！然我，帝子也。尔能设祭祭先帝，而祔②从难太监王承恩于其侧，从容尽礼，则从子矣！"罗更喜甚，从其请。宫人泣拜先帝毕，并拜承恩曰："王公！王公！尔能死而复生以验吾言乎？吾将践平生言矣！"

诸贼大张乐，为罗贺，罗痛饮大醉。入内，宫人亦具酒，为同牢卺酌③[7]，又以大觥[8]连饮罗。罗曰："吾得子，欲草一疏谢闯王，而愧无人。"宫人曰："是何难！我能之。君盍寝，俟我撰就语君也。"罗愈喜；陶然就卧，鼾如雷。

宫人屏去侍女，挑灯独坐。闻中外之籁俱静，于是以纤指挟匕首，睨罗贼之喉力刺之。罗颈裂，负痛跃起；屡仆屡跃而始僵。贼众惊辟；排闼[9]救之，已无及。时华烛尚明，众见宫人盛妆端坐而无语，审视之，则已刭粉项而悠然逝矣。闻于自成，自成骇叹而礼葬之。遂以为公主已死而不复索。

作者略述

陆次云（生卒年不详，约康熙初前后在世），清钱塘人，字云士。康熙时召试鸿博，未遇。官江阴知县，有惠政。工诗，富于著述（代表诗作《志感》《登岱》等）。

---

① 眢井就废井。
② 附祭叫作祔。
③ 这是夫妇成婚之礼，古时成婚，"同牢而食，合卺而饮"。

延伸阅读

传主费宫人刚十六岁，然其气节之昭彰，毫不逊色于任何英豪。崇祯皇帝自缢后，费宫人毅然设法保护被崇祯帝砍伤的长平公主。她将自己的衣服与公主相易，藏在废井中，不幸仍被李自成的军士搜捕到。军士以衣认人，放过了长平公主，而将费宫人送到李自成跟前。费宫人俨然一副公主气派，气宇轩昂地说她是“长公主”，要李自成“不得无礼”！李自成见她长相美丽，原想收为己有，后来赐给了爱将罗某。“设祭祭先帝”之夜，费宫人趁罗某酒醉，用尽力气将预先准备的匕首直插罗某咽喉，罗某挣扎了几下就死了，手下人大惊，推门进来抢救，为时已晚。此时华灯仍高照，众人见费宫人盛妆端坐，不发一言，上前细看，已经刎颈自尽。这事传到李自成那里，李自成惊叹，把她以礼安葬。于是，众人都以为公主已死，不再追索，公主得以逃过此劫。

[1] 绝：极。

[2] 差长：稍长。

[3] 国丈第：周后父亲的官邸。

[4] 翠：鸟羽，用于妆饰。

[5] 辟易：退避。

[6] 闯命：闯王李自成之命。

[7] 同牢：古代婚礼中，新婚夫妇同吃一牲的仪式。卺酌：古时婚礼新婚夫妇饮合卺酒的仪式。

[8] 觥：酒器。

[9] 排闼：撞开门。

三十　费宫人刺虎歌

袁　枚

九殿冬冬鸣战鼓，万朵花迎一只虎①。

女儿中有有心人，诡说“侬家是公主”。

公主姿容世寡双，色能伏虎虎心降，笑捋虎须向虎语，“洞房请解军中装”。

一杯劝一杯，沉沉虎竟醉。“刃此小於菟②，下报先皇帝。”红烛千条彻帐光，白虹一道冲天气。

“妾手纤纤软玉枝，事成不成未可知。妾心耿耿精金炼，刺虎还如刺绣时。”

一刀初刺虎犹纵，三刀四刀虎不动。带血抽刀啼向天，可惜大才还小用！

吁嗟乎！城可倾，山可平，总是区区一点诚。君不见滔天狂寇是谁斩，霹雳不能美人敢！

---

① 一只虎是罗姓的绰号。

② 於菟读如“wū tú”，古时楚国的方言，称虎为於菟，实在就是虎字的缓读。

作者简介

见第 64 页。

延伸阅读

费宫人殉国的事迹不仅得到官方的承认，在民间也有“刺虎”的传说，广为传颂。“刺虎”一词最早见于袁枚的《费宫人刺虎歌》，作者宣称被费宫人刺死的并不是罗某，而是“一只虎”，是李自成手下的李过。李过又名李锦，作战勇猛，在军中有“一只虎”的别称，借抬高被刺者的地位来提高费宫人殉国的历史意义，称颂其不畏强暴的精神。

三十一　漳①南侠士[1]传

崔　述

漳之南，有村曰紫庄，庄有侠士曰李越寻，少读书，为魏②诸生；及壮，苦家贫，弃举子业，以侠闻州里间。常著短衣仅及髂[2]，佩两刀以游，人莫敢忤。

紫庄有寡妇，抚一子，不肯嫁。其叔利内黄③人侯六金，窃鬻之。及舆来逆，乃令潜居侧古祠中，而已给寡妇出。既出，则数十人突从祠中起。寡妇惊欲入，门已闭。祠中人遂前擒妇，纳舆中。其子闻，奔救，不及；度不可奈何，遂往至越寻所，跪且泣。

越寻以妇已往，而六素有勇名，恐仓卒不可得妇，初难之。其子固不肯起，泣愈哀。越寻意不忍，因慨然曰："是诚在我！当即往！不得妇，吾不生还矣！"遂出召其徒，曰："吾素以侠闻村中；今人夺吾村妇而不能救，非侠也！鸣于官，皆竖子[3]，知纳贿耳，不足了人事！且事隔省，关移[4]动累月，彼见逼急，且成婚矣，奚归为！不如生劫之，即不可得妇，因缚六归，终当

① 漳河有二源，俱出山西，至河南涉县东南的合漳村，才合并为一。又东南流，经直隶大名县南，入卫河。

② 魏县旧属大名府，清乾隆二十三年裁废，分隶元城、大名二县。民国初，元城也并入大名了。

③ 内黄县旧亦属大名府，清雍正三年改属河南彰德府。今隶河南河北道，仍与大名接境。

全妇耳。”众应曰：“诺。”遂以二十七人往。

侯氏居甘固，去紫庄且二十里，比至，日已暮。越寻挟所佩刀，排闼直入堂上。时贺客且满，酒数行，突见越寻佩刀入，皆大惊；欲共击之，而方燕乐，出不意，腰下无寸刃。越寻张目叱之，皆退走，相践踏；觅兵梃，仓卒不可得。越寻因疾入，趋新妇室。而六已潜匿妇草屋中，欲呼众共迎拒越寻。未及发，越寻已至户，遂以左手把其腕，而右手拔腰下佩刀劫之，厉声叱曰：“尔不闻紫庄有李越寻耶！胡敢入吾村夺妇！今妇何在？”六曰：“已逸矣。”越寻怒，叱其徒缚六，反接之。

缚始定，而村中少年闻侯氏有暴客，争持兵刃，前格越寻。越寻使二十七人圜立，各持械外向；而己居中，以所佩刀置六项上，大呼曰：“越寻此来非欲生还者也！敢死者前！”因举刀拟六，众惴栗汗出，不敢近。

越寻复问六妇所在，六固不肯吐实。越寻怒，曳六出。未及门，闻妇哭声；越寻呼众索之，遂得妇草屋中。于是越寻使二十七人前行卫妇归，而己持刀驱六随其后。莫敢追者。至半道，乃纵六归，谓之曰：“紫庄李越寻非畏死者也！如能相报，诘朝当待汝！”六唯唯不敢对。

夜将分，越寻始至紫庄，乃以妇畀其子，而散遣其徒归。而其叔先闻子往告越寻，度必祸己，遂潜遁不复归。

作者略述

崔述（1740—1816 年），清大名人，字武承，号东壁。乾隆举人，官罗源知县。其为学比核证据，务求真实，不肯墨守旧说，合于今世所谓科学方法。著书三十余种；其《考信录》一书，尤为生平心力所专注，于上古史迹多所发明。

延伸阅读

本文盛赞李越寻迅鸷劲悍的天性，与古代侠士无异。又说“余惜其材而悲其无以自己于世，因为之作传云”。

［1］侠士：指行侠仗义之士。

［2］髂（qià）：腰部下面腹部两侧的骨，左右各一，与耻骨、坐骨相连而成髋骨。

［3］竖子：骂人语，意为卑贱之人。

［4］关移：同级官署之间的交涉。

三十二　书叶机

龚自珍

鄞①人叶机者，可谓异材[1]者也。

嘉庆六年，举行辛酉科乡试②。机以廪贡生③治试具，凡竹篮、泥炉、油纸之属悉备。忽得巡抚檄[2]曰：贡生某毋与试。机大诧。

初，蔡牵、朱渍两盗为海巨痡[3]，所至劫掠户口以百数，岁必再三至[4]。海滨诸将怵息[5]，俟其去，或扬帆施枪炮空中送之。寇反追，衄[6]不以闻。故为患且十年。巡抚者[7]，仪征阮公④也，素闻机名，知沿海人信官不如信机；又知海寇畏乡勇胜畏官兵，又知乡勇非机不能将[8]。

八月，寇定海⑤，将犯鄞。机得檄，号于众曰："我一贫贡生，吮墨、执三寸管，将试于有司；售则试京师⑥，不售则归耳。今中丞过听[9]，檄我将

---

① 鄞县旧为宁波府首县，今属浙江会稽道。

② 从前科举的制度，每三年，各省集士子于省城，简放考官考试他们，叫作乡试。这一年的干支是辛酉，便称辛酉科乡试。

③ 科举时代，生员受廪禄的，叫作廪生。及食廪期满预备被荐出仕的，叫作廪贡生。

④ 阮公名元，字伯元，号芸台，历官中外，到一处地方，总以提倡学术自任。仪征今属江苏淮扬道。

⑤ 定海亦属浙江会稽道，在鄞县的东面海中，即舟山。

⑥ 科举时代乡试中试称举人，便进京会试。

乡里与海寇战，毋乃哈乎?① 虽然，不可已。愿诸君助我。"

众曰，"盍[10]请银于文官?""不可。""盍假炮于武官?""不可!""事亟矣，何以助君?"

叶君乃揎臂大呼，且誓曰："用官库中一枚钱、借官营中一秤火药而成功者，非男子也!"飞书[11]募健足，至行省，假[12]所知豪士万金，假县中豪士万金。遂浓墨署一纸[13]曰："少年失乡曲欢致冻饿者，有拳力绝人者，渔于海者，父、子、兄、弟有曾戕于寇者，与无此数端而愿从我者，皆画诺!"夜半，赍纸者反，城中、村中画诺[14]者三千人。天明，簿旗帜若干，火器若干，粮若干。机曰："乌用众? 以九舟出，余听命。"

是日也，潮大至，神风[15]发于海上。一枪之发抵巨炮，一橹之势抵艅艎②。杀贼四百余人。

九月，又败之于岸[16]。十月，又逐之于海中[17]。明年正月，又逐之于岛[18]。浙半壁平。

出军时，樯中有红心蓝边旗，机之旗也。自署曰"代山"，其村名也。朱湏舰中或争轧诅神[19]，必曰"遇代山旗"。

阮公闻于朝[20]，奉旨以知县用。今为江南知县，为龚自珍道其事。

---

① 哈是讥笑的意思；这里仿佛说"这件事可不是笑话么?"

② 艅艎，古时舟名，这里借来指大船。

作者略述

龚自珍（1792—1841 年），（清末思想家、文学家）浙江仁和人，号定庵。道光进士，官礼部主事。学问淹贯，才气过人。其文沉博奥衍，自成一家。同、光之际，风行一时。所著书刊有《定庵文集》，未刊者甚多。

延伸阅读

《书叶机》中的“书”是“写”，也可以解读为是“赞”。叶机是浙江鄞县一位贫穷的贡生，就在他准备好参加乡试的时候，海盗又来抢劫。叶机放弃乡试的机会，征召乡勇与海盗交战，未“用官库中一枚钱”、未“借官营中一秤火药”，凭勇敢全歼海盗，使浙江半壁山河安定下来，叶机本人也得到朝廷的重用。

[1] 异材：才干卓然。

[2] 檄：檄文。

[3] 巨痡：巨患。

[4] 三至：多次。

[5] 怵息：害怕，不敢出声。

[6] 衄（nǜ）：挫败。

[7] 巡抚者：这位发檄文的巡抚。

[8] 乡勇非机不能将：乡勇们不是叶机就没法统领。

[9] 中丞过听：中丞大人听说我的事。

[10] 盍：何不。

[11] 飞书：疾速送信。

［12］假：借。

［13］一纸：一张文告。

［14］画诺：签字画押。

［15］神风：大风。

［16］败之于岸：在岸上打败海盗。

［17］逐之于海中：在海中追杀海盗。

［18］逐之于岛：追杀海盗到海岛上。

［19］争轧诅神：诅咒对方时。

［20］阮公闻于朝：巡抚阮公将叶机事迹报上朝廷。

三十三　建筑

蔡元培

人之生也，不能无衣、食与宫室。而此三者常于实用以外，又参以美术之意味。如食物本以适口腹也，而装置又求其悦目；衣服本以御寒暑也，而花样常见其翻新；宫室本以庇风雨也，而建筑之术尤于美学上有独立之价值焉。

建筑者，集众材而成者也。凡材品质之精粗，形式之曲直，皆有影响于吾人之感情。及其集多数之材，而成为有机体之组织，则尤有以代表一种之人生观。而容体、气韵与吾人息息相通焉。

吾国建筑之中，具美术性质者，略有七种。一曰宫殿。古代帝王之居处与陵寝及其他佛寺、道观等是也。率皆四阿[①]而重檐，上有飞甍[②]，下有崇阶，朱门、碧瓦，所以表尊严富丽之观者也。二曰别墅。萧斋、邃馆、曲榭、回廊，间之以亭、台，映之以泉、石，宁朴毋华，宁疏毋密，大抵极清幽潇洒之致焉。三曰桥。叠石为穹窿式，与罗马[③]建筑相类。惟罗马人广行此式，而我国则自桥以外罕用之。四曰城。叠砖石为之，环以雉堞，隆以谯门[④]，所

---

① 阿是殿柱。

② 甍是梁。

③ 罗马（Rome），欧洲古国名。地在现在的意大利（Italy）。

④ 谯门是城门上面有望远的高楼的。

以环卫都邑也。而坚整之概有可观者，以万里长城为最著。五曰华表。树于陵墓之前，间用六面形，而圆者特多，冠以柱头，承以文础，颇似希腊神祠之列柱；而两相对立，则又若埃及之方尖塔然。六曰坊。所以旌表名誉，树于康衢或陵墓之前，颇似欧洲之凯旋门，惟彼用穹形，而我用平构，斯其异点也。七曰塔。本诸印度，而参以我国固有之风味，有七级、九级、十三级之别，恒附于佛寺，于欧洲教堂之塔相类。惟常于佛殿以外，呈独立之观，与彼方之组入会堂结构者不同。

要之，我国建筑既不如埃及式之阔大，亦不类峨特①式之高骞。而秩序谨严，配置精巧，为吾族数千年来守礼法、尚实际之精神所表示焉。

作者简介

见第 9—10 页。

延伸阅读

1916 年春，蔡元培在巴黎筹组华法教育会，广设华工学校，推广对在法华工的教育，先招收教师 24 人，开设师资班。是年 4 月 3 日开学，由蔡元培考验新生，并为该班编写德育、智育讲义，名曰《华工学校讲义》，亲自讲授，以便于这些师资转授华工。同年 8 月起，《华工学校讲义》分篇在《旅欧杂志》连续发表。1919 年 8 月，在巴黎印成专书。《华工学校讲义》内含德育三十篇（《合群》《舍己为群》《注意公众卫生》《爱护公共之建筑及器物》《尽力于公益》《己所不欲，勿施于人》《责

① 峨特（Gorth）本是日耳曼族中一支的名称，西罗马亡后，他们便建立为王国。

己重而责人轻》《勿畏强而侮弱》《爱护弱者》《爱物》《戒失信》《戒狎侮》《戒谤毁》《戒骂詈》《文明与奢侈》《理信与迷信》《循理与畏威》《坚忍与顽固》《自由与放纵》《镇定与冷淡》《热心与野心》《英锐与浮躁》《果敢与卤莽》《精细与多疑》《尚洁与太洁》《互助与倚赖》《爱情与淫欲》《方正与拘泥》《谨慎与畏葸》《有恒与保守》)、智育十篇（《文字》《图画》《音乐》《戏剧》《诗歌》《历史》《地理》《建筑》《雕刻》《装饰》）。

三十四　雕刻

蔡元培

音乐、建筑皆足以表示人生观；而表示之最直接者为雕刻。雕刻者，以木、石、金、土之属[1]刻之、范之[2]，为种种人物之形象者也。其所取材，率在历史之事实、现今之风俗，即有推本神话、教宗者，亦犹是人生观之代表云尔。

雕刻之术大别为二类。一浅雕、凸雕之属，像不离璞[3]，仅以圻堮[4]起伏之文写示之者也。如山东嘉祥之汉武梁祠画像，及山西大同之北魏造像等属之。一[5]具体之造像雕刻之工面面俱到者也。如商武乙为偶人以像天神，秦始皇铸金人十二，及后世一切神祠、佛寺之像皆属之。

雕刻之精者：一曰匀称，各部分之长、短、肥、瘠互相比例，不违天然之状态也。二曰致密，琢磨之工无懈可击也。三曰浑成，无斧凿痕也。四曰生动，仪态万方，合于力学之公例，神情活现，合于心理学之公例也。

我国之以雕刻名者，为晋之戴逵[6]。尝刻一佛像，自隐帐中，听人臧否，随而改之。如是者十年，厥工方就。然其像不传[7]。其后以塑像名者，唐有杨惠之，元有刘元。西方则古代希腊之雕刻优美绝伦；而十五世纪以来，意、法、德、英诸国亦复名家辈出。吾人试一游巴黎之鲁佛尔[8]及卢克逊堡博物院，则希腊及法国之雕刻术可略见一斑矣。

相传越王勾践尝以金铸范蠡之像，是为我国铸造肖像之始。然后世鲜用之。西方则自罗马时竞尚雕铸肖像，至今未沫。或以石，或以铜，无不面目逼真焉。

我国尚仪式，而西人尚自然，故我国造像，自如来袒胸、观音赤足，仍印度旧式外，鲜不具冠服者。西方则自希腊以来，喜为裸像；其为骨骼之修广[9]，筋肉之张弛，悉以解剖术为准。作者固不能不先有所研究，观者亦得为练达身体之一助焉。

作者简介

见第9—10页。

延伸阅读

本文为蔡元培先生所写的“智育十篇”之一，对“雕刻”进行了概述性的介绍。

［1］属：类。

［2］范之：塑形。

［3］璞：简单朴实。

［4］圻（qí）堮（è）：凹凸。

［5］一：另一类。

［6］戴逵：326—396年，字安道，谯郡铚县（今安徽省濉溪县临涣镇）人。东

晋时期隐士、美术家、雕塑家。

［7］不传：失传。

［8］鲁佛尔：卢浮宫。

［9］修广：长短粗细。

三十五　李龙眠①画罗汉记

黄淳耀

李龙眠画罗汉渡江，凡十有八人。一角漫灭[1]，存十五人有半，及童子三人。

凡未渡者五人。一人值[2]坏纸，仅见腰足。一人戴笠、携杖，衣袂翩然，若将渡而无意者。一人凝立远望，开口自语。一人跽[3]左足，蹲右足，以手捧膝，作缠结状；双履脱置足旁；回顾微哂[4]。一人坐岸上，以手踞[5]地，伸足入水，如测浅深者。方渡者九人。一人以手揭衣，一人左手策杖[6]，目皆下视，口呿[7]不合。一人脱衣，双手捧之而承以首[8]。一人前其杖，回首视捧衣者。两童子首发鬅鬙[9]，共舁一人以渡；所舁[10]者，长眉覆颊，面怪伟，如秋潭老蛟。一人仰面视长眉者。一人貌亦老苍，伛偻[11]策杖，去岸无几，若幸其将至者。一人附童子背；童子瞪目、闭口，以手反负之，若重不能胜者。一人貌老过于伛偻者，右足登岸，左足在水，若起未能，而已渡者一人捉其右臂，作势起之；老者努其喙[12]，缬纹[13]皆见。又一人已渡者，双足尚跣[14]，出其履将纳之；而仰视石壁，以一指探鼻孔，轩渠②自得。

---

① 李龙眠，宋诗人，名公麟，字伯时。老年住在龙眠山庄，别号龙眠山人。

② 轩渠是很自然悦乐的笑。

按罗汉于佛氏为得道之称，后世所传高僧，犹云“锡飞、杯渡”，① 今为渡江艰辛乃尔，殊可怪也。推画者之意，岂以佛氏之作、止、语、默[15]皆与人同，而世之学佛者徒求卓诡变幻可喜可愕之迹，故为此图以警发[16]之欤？昔人谓太清楼②所藏吕真人③画像俨若孔老，与他画师作轻扬[17]状者不同，当即此意。

作者略述

黄淳耀（1605—1645 年），明嘉定人，字蕴生，号陶庵。少有志于砥砺学行，晚而充养和粹，造诣益深。诗文卓然名家。明亡，嘉定城破，偕弟自缢而死。

延伸阅读

本文意在说明佛陀的举止言语，都和常人相同，以此来提醒世上学佛之人，不要只想去“徒求卓诡变幻可喜可愕之迹”，应怀有一颗平常心。

［1］漫灭：损坏模糊。

［2］值：遇到。

［3］跽：两膝跪着，上身挺直。

① 这都是佛教里的传说，说有一个高僧能跨着锡杖而飞，又有一个高僧能乘着木杯渡河。

② 太清楼是宋朝宫禁中收藏图画的地方。

③ 吕真人是唐时人，名岩，字洞宾。世俗传说，他在终南山得道成仙，遂为道家所崇奉。

［4］哂：微笑。

［5］踞：倚。

［6］策杖：扶着拐杖。

［7］呿（qū）：张口貌。

［8］承以首：顶在头上。

［9］鬅（péng）鬙（sēng）：头发散乱。

［10］舁（yú）：抬。

［11］伛偻：驼背。

［12］喙：嘴。

［13］缬（xié）纹：皱纹。

［14］跣：光脚。

［15］作、止、语、默：活动、休止、说话、沉默。

［16］警发：警示、启发。

［17］轻扬：超脱尘世的样子。

三十六　古诗

十五从军征，八十始[1]得归。道逢[2]乡里人，“家中有阿[3]谁?”

“遥望是君[4]家，松柏冢[5]累累[6]。兔从狗窦[7]入，雉[8]从梁上飞。中庭[9]生旅①谷，井上生旅葵[10]。”

舂[11]谷持作饭，采葵持作羹[12]。羹饭一时[13]熟，不知贻[14]阿谁！出门东向望，泪落沾[15]我衣。

作者简介

［汉］佚名。

延伸阅读

古诗《十五从军征》出自《乐府诗集·横吹曲辞·梁鼓角横吹曲》。这首汉代乐府民歌，暴露封建社会不合理的兵役制度，反映了劳动人民在当时黑暗的兵役制度下的不平和痛苦。作品真实、深刻，令人感愤，催人泣下。

① 旅是不由人力播种，偶有种子遗留，便自然在那里萌生的意思。

[1] 始：才。

[2] 道逢：在路上遇到。

[3] 阿：语气词。

[4] 君：你，表示尊敬的称呼。

[5] 冢：坟墓。

[6] 累累：形容丘坟一个连一个。

[7] 狗窦：狗出入的墙洞。

[8] 雉：野鸡。

[9] 中庭：屋前的院子。

[10] 旅葵：即野葵。

[11] 舂：把谷物放在石臼或乳钵里捣，使破碎或去皮壳。

[12] 羹：用蒸、煮等方法烹制的糊状或带浓汁的食品。

[13] 一时：一会儿就。

[14] 贻：送，赠送。

[15] 沾：渗入。

三十七　二渔夫

［法国］莫泊三（Maupassant）　著

胡　适　译

巴黎围城中早已绝粮了，连林中的飞鸟、沟里的老鼠也渐渐地稀少了。城中的人到了这步田地，只好有什么便吃什么，还有些人竟什么都没得吃呢。

正月间（一八七一年）有一天天气很好，街上来了一人，叫作麻利沙。这人平日以造钟表为业，如今兵乱时代，生意也没有了，这一天走出来散步，两手放在裤袋里，肚子里空空的。正走得没趣的时候，忽然抬头，遇着一个钓鱼的老朋友，名叫苏活的。

当没有开战之先，麻利沙每到礼拜日早晨，便去钓鱼，手里拿着鱼竿，背上带着一只白铁小匣子，趁火车到阁龙，慢慢地走到马浪岛。到了那里，便坐下钓鱼。有时一直钓到天黑，才回巴黎去。他来的时候，每回在这里遇着这位又矮又胖、在诺丹街上开一个小店的苏活先生。

这两个人都是钓鱼迷，常常同坐在一块地方，手里拿着钓竿，两脚挂在水上；不多几时，两人竟成了最相好的朋友了。

有时他们俩儿来到这里，终日都不说话，有时两人坐下细谈；但是他俩儿同心同调，不用开口，也能相知了。

有时春天到了早上十点钟的时候，日光照在水上面发生一种薄雾，日光照在两人背上又暖又温和。麻利沙往往回过头来对苏活说，“这里真好呵！”

苏活回答道，“再好也没有了。”这寥寥几句话，尽够了，不用多说了。……

这一天这两个钓鱼朋友在路上相遇，握着手不肯放，觉得在这个时候相遇，情形大变了，心中怪难受的。

苏活叹一口气，低低说道：“这种日子很难过呵！”麻利沙摇摇头说：“可不是么，更加上这种怪闷人的天气！今天是今年第一个晴天呢。”

这一天的天气却真好，天上一片云也没有，万里青天，真正可爱。这两个朋友一头走，一头想。忽然麻利沙说道：“如今鱼是钓不成了！我们从前那种快乐也没有了！”苏活说：“只不知道几时我们方可再去钓鱼呢！”

说到这里，两人走进一家小酒店，喝了一钟烧酒解闷。喝了出来，还同着散步。

忽然麻利沙停住脚，问他的朋友道：“我们再喝些烧酒罢？”苏活说：“随你的意。”于是两人找了一家酒店，再喝了些烧酒。

喝了出门，两人的脚步便有些不稳了。原来他俩儿肚子都是空空的，酒入饿肚，更易发作；到了外面，被冷风一吹，醉得更厉害了。走了一会，苏活忽然停住脚，问他朋友道：“我们再去，你说好么？”麻利沙问道：“哪里去？”苏活说：“钓鱼去。”问道：“哪里去钓呢？”苏活道：“到我们的老地方去。法国的守兵屯在阁龙的附近，带兵的杜木能中尉是我的熟人，他定许我们出去的。”麻利沙听了大喜，说道：“妙极了，我一定来的。”

两人约好了，各回家去，取了鱼竿、钓丝；不到一点钟，他俩儿同行出城。不多一会，到了杜中尉驻兵的所在。中尉听了两人的要求，笑着允许了。两人得了出入的暗号，辞了中尉，再向前行。

不多时他两人离法国守兵的汛地已远了。他们穿过阁龙，走近瑟恩河边许多葡萄园子的外边。那时已是十一点钟了。前面便是阿阳泰村，望去好像久没有生气了；再前面便是矮曼冈和散鸾冈两座高冈。下望全境，底下一片平原，全都空无一物，但只见铅色的泥土和精秃的樱桃树罢了。

苏活手指高冈说道："那上面便是普鲁士兵了。"两人对着这种荒废的乡村，心中颇不好过，他们虽不曾见过普鲁士的兵，但这几个月以来，巴黎的人心中谁没有个普鲁士兵到处杀戮抢掠的影子呢！这两个朋友走到这里，心里颇觉又恨又害怕这般不曾见过的普国兵。麻沙利开口道："我们倘碰着些普鲁士兵，如何是好？"苏活笑答道："我们送他们几条鱼就是了。"嘴里虽如此说，他俩儿却到底不敢冒险前去，因为这里四面寂静，无一毫声响，很可使人疑惧。后来还是苏活说道："来罢，我们既到这里总须上去，不过大家小心就是了。"

两人躲在葡萄园里，弯着腰，在葡萄藤下低着行去。过了葡萄园，还须过一片空地，方到河岸。两人飞跑过了这块空地，到了岸边，见芦柴很长，便躲在里面。麻利沙把耳朵伏在地上，细听左近有无脚步声响。听了一会，听不出什么，料想这里是没人的了；两人把心放下，便动手钓鱼。

前面便是马浪岛，把他们遮住，使对岸的人看不见他们的所在；岛上一个饭店门也闭着，很像几年没人来过的样子。

苏活先钓得鱼，麻利沙随后也钓着了。两个钓鱼朋友接着钓上了许多鱼，高兴得了不得。他们带了一副密网，把钓着的鱼都装在网里。他两人许久不到这里了，如今重享此乐，好不快活。那太阳的光线正照在两人背脊上，两人都出了神只顾钓鱼，别的什么事都不管了。

忽然轰的一声，地震山摇，原来敌军又开炮了。麻利沙回头一看，望见左边岸上一阵白烟，从秣勒宁山上冲出来。一霎时，第二阵又响了。过了几秒钟，又是一炮。从此以后，那山上接连发炮，炮烟慢慢地飞入空中，浮在山顶上，像云一般。

苏活把两肩一耸，对他朋友说："他们又动手了！"麻利沙气忿忿地答道："人杀人杀到这样，岂不是疯子么！"苏活道："这些人真是禽兽不如了！"麻利沙刚钓上一条小鱼，一面取鱼，一面说道："一天有政府，一天终有这些事，想起来真可恨！"苏活道："要是民主政府，决不致向普国宣战[①]了。"麻利沙接着说道："君主的政府便有国外的战争，民主的政府便有国内的战争，[②] 终免不掉的。"两人越说越有味了，遂细细地议论起政府来了。谈了一会，两人都承认人生无论如何终不能自由。那时袜勒宁山上的大炮不住地响，也不知扫荡了多少法国的房屋，也不知打死了多少的生命，也不知打破了多少人的希望、梦想，也不知毁坏了多少人的快乐、幸福，也不知打碎了多少爷、娘、妻、女的心肝！

苏活叹口气道："人生不过如此！"

麻利沙答道："不如说死也不过如此！"

两人话尚未了，忽听得背后有脚步声响，急忙回看，只见身后来了四个高大、有胡子的兵，衣服都像巴黎的马夫一般，头上各戴平顶小帽。四个人把四杆枪对住了这两个渔人。两人吓了一跳，手里一松，两条鱼竿都掉下水去了。不到几秒钟，两个人都被捆起，装上一只小船，载过河送到马浪岛上。

岛上那间饭店，初看似久没人到的，其实里面藏着二十多个普鲁士兵。有一个满脸胡子的大汉子，坐在一张椅上，嘴里衔一条长柄的烟袋，说着很好的法国话，对他俩儿道："你两位今天钓鱼的运气不坏么？"那时一个兵把

---

① 译者注："普法之战"始于法帝拿破仑及西丹之败，帝国破坏，巴黎市民宣告民主政府，自为城守。

② 译者按：此时在美国"南北战争"之后五年，此语盖指此也。

他两人所钓得的一网鱼放在那兵官的脚下。那兵官看了微笑道："倒也不坏。但是我们且谈别的事。你二人莫要害怕，且听我说。依我看来，你二人是两个奸细，派来打探我的行动消息的。如今被我捉到，不用说得，该用枪打死的。你们假装钓鱼，想蒙哄我，好刁滑！如今撞到我手里，莫想逃生，这是战时的常事，免不得的。"

那兵官说到这里，忽然换了口锋，说道："但是你们既经过守兵的汛地来到这里一定有一句暗号方可回得城去。你们把那句暗号告诉了我罢，我便放你们回去。"

这两个钓鱼朋友面如土色，站在一块不做一声。那兵官接着说道："你们告诉了我，谁也不会知道。你们平平安安回家去，谁疑心你们泄漏了消息呢？你要是不肯说时，我立刻枪毙你！你们自己打算罢。"

两个渔人也不动手，也不开口。

那兵官把手指着河水说道："你们想想看，五分钟之内我要把你们葬到河底下去了。五分钟！我想你们总有些亲人罢？"

那时袜勒宁山上的大炮正响得厉害，两个渔人站在那里总不开口。

那兵官回过头来，用德国话发一个号令；他自己把椅子一拉，退后了几步。当时走上十二个兵，拿着枪，离两个囚犯二十步，站住。

那兵官喝道："我限你们一分钟，决不宽限！"说了，他自己站起来，走到两个渔人身旁，把麻利沙拉到一旁，低声说道："你告诉我那暗号罢！你的朋友不会知道的，你说了，我假装怪你不肯说。"

麻利沙只不开口。

那兵官又把苏活拉到一旁，同样地劝他。

苏活也不开口。

两个人又送回原处。那兵官下一号令，那十二个兵举起枪来。

麻利沙的眼睛忽然看见地上那一网的鱼在日光里面，那些鱼个个都像银做的，麻利沙心里一软，眼泪盛满眶子，他勉强开口道："苏活哥，再会了!"苏活也答道："麻利沙哥，再会了!"

两人握握手，浑身索索地抖个不住。那兵官喝道："开枪!"

十二枪齐放。

苏活立刻向前倒下死了。麻利沙身体稍高，斜倒下来，横压在他朋友的身上，面孔朝天，胸口的血直流出来。

那普鲁士兵官又下号令，教那些兵到外面搬些大石块进来，捆在两个死朋友的身上；捆好了，抬去河边。

那时袜勒宁山上的大炮还正在轰轰地响。

两个兵抬着一个死尸，用力一丢，抛在水中。两个死尸各打一个回旋，滚到河底去了。河水被死尸打起些白浪，不到多时，也平静了；但只见几带鲜血翻到水面上来，更只见风送微波，时打河岸。

那普鲁士兵官始终不动声色，见事完了，笑着说道："如今该轮到那些鱼了。"说着，走进屋去；看见那一大网的鲜鱼，他提起网来，仔细看了一会，高声叫道："维亨!"一个穿白围裙的兵应声走上来；那兵官把那两个死朋友的鱼交给他，说道："维亨，趁这些鱼没有死，赶快拿去，替我煎好，这碟鱼滋味定不坏的。"

说了他还去吹他的烟袋。

作者略述

莫泊三（Guy de Maupassant，1850—1893年）著小说甚富，亦以诗鸣。所著短篇小说尤见称于世。其所为文，纯然为自然主义一派。论者谓自然主义至莫泊三而极盛。盛极之后，难乎为继，莫泊三死而自然主义遂衰歇。（莫泊三，今译为莫泊桑）

延伸阅读

胡适（1891—1962年），曾用名嗣穈，字希疆，学名洪骍，后改名适，字适之。思想家、文学家、哲学家。安徽绩溪人，以倡导白话文、领导新文化运动闻名于世。幼年就读于家乡私塾，1910年考取清华庚子赔款留美官费生，进康奈耳大学农学院读书，1912年放弃农科，改习文科。1915年9月入哥伦比亚大学，师从哲学家约翰·杜威。1917年夏回国，受聘为北京大学教授。1918年加入《新青年》编辑部，大力提倡白话文，宣扬个性解放、思想自由，与陈独秀同为新文化运动领袖。他的文章从创作理论的角度阐述新旧文学的区别，提倡新文学创作，翻译法国都德、莫泊桑，挪威易卜生的部分作品，又率先从事白话文学的创作。他于1917年发表的白话诗是现代文学史上第一批新诗。主要著作有《中国哲学史大纲》《尝试集》《中国白话文学史》和《胡适文存》（四集）等。

胡适的《二渔夫》译于1917年1月，刊《新青年》第3卷第1号，1917年3月1日出版，收入《短篇小说》第一集，1919年10月由上海亚东图书馆出版。《短篇小说》第一集收胡适翻译的法、英、俄、瑞典和意大利五国的短篇小说共十篇，另有附录《论短篇小说》。胡适在《译者自序》中说："近一两年来，国内渐渐有人能赏识短篇小说的好处，渐渐有人能自己著作颇有文学价值的短篇小说，那些‘某生，某处人，美丰姿，……’的小说渐渐不大看见了。这是文学界极可乐观的一种现象。我是极想提倡短篇小说的一人，可惜我不能创作，只能介绍几篇名著给后来的新文人作参考的资料，惭愧惭愧。”《二渔夫》前面有胡适的手记：“六年正月，病中不能出门，译此自遣。适识。”小说以当时的普法战争为背景，描写了法国人民对敌人的仇恨以及他们坚贞不屈的爱国精神，同时对敌人残酷嗜杀的罪行，也作了深刻的揭露。这一年，胡适27岁，在哥伦比亚大学哲学系研究部攻读博士课程。

三十八　什么叫作短篇小说

胡　适

……西方的“短篇小说”在文学上有一定的范围，有特别的性质，不是单靠篇幅不长便可称为“短篇小说”的。

我如今且下一个“短篇小说”的界说：

> 短篇小说是用最经济的文学手段，描写事实中最精彩的一段或一方面，而能使人充分满意的文章。

这条界说中有两个条件最宜特别注意。今且把这两个条件分说如下：

（一）“事实中最精彩的一段或一方面”

譬如把大树的树身锯断，懂植物学的人看了树身的“横截面”，数了树的“年轮”，便可知道这树的年纪。一人的生活，一国的历史，一个社会的变迁，都有一个“纵剖面”和无数“横截面”。纵面看去，须从头看到尾，才可看见全部。横面截开一段，若截在要紧的所在，便可把这个“横截面”代表这个人，或这一国，或这一个社会。这种可以代表全部的部分便是我所谓“最精彩”的部分。又譬如西洋照相术未发明之前，有一种“侧面剪影”，用纸剪下人的侧面，便可知道是某人。这种可以代表全形的一面便是我所谓“最精彩”的方面。若不是“最精彩”的所在，决不能用一段代表全体，决不能用一面代表全形。

（二）“最经济的文学手段”

形容“经济”两个字最好是借用宋玉的话：“增之一分则太长，减之一分则太短；着粉则太白，施朱则太赤。”① 须要不可增减，不可涂饰，处处恰到好处，方可当“经济”二字。因此，凡可以拉长演作章回小说的短篇，不是真正“短篇小说”；凡叙事不能畅尽，写情不能饱满的短篇，也不是真正“短篇小说”。

能合我所下的界说的便是理想上完全的“短篇小说”。世间所称“短篇小说”，虽未能处处都与这界说相合，但是那些可传世不朽的“短篇小说”，决没有不具上文所说两个条件的。

如今且举几个例。西历一八七〇年，法兰西和普鲁士开战，后来法国大败，巴黎被攻破，出了极大的赔款，还割了两省地，才能讲和。这一次战争，在历史上，就叫“普法之战”，是一件极大的事。若是历史家记载这事，必定要上溯两国开衅的远因，中记战争的详情，下寻战与和的影响：这样记去，可满几十本大册子。这种大事到了“短篇小说家”的手里，便用最经济的手腕去写这件大事的最精彩的一段或一面。我且不举别人，单举都德和莫泊三两个人为例。都德所作“普法之战”的小说有许多种。我曾译出一种叫作《最后一课》。全篇用法国割给普国两省中一省的一个小学生的口气，写割地

① 《登徒子好色赋》中语。

之后，普国政府下令，不许再教法文、法语。所写的乃是一个小学教师教法文的“最后一课”。一切割地的惨状，都从这个小学生眼中看出、口中写出。还有一种叫作《柏林之围》①，写的是法皇拿破仑第三出兵攻普鲁士时，有一个曾在拿破仑第一麾下的老兵官，以为这一次法兵一定要大胜了，所以特地搬到巴黎，住在凯旋门边，准备着看法兵凯旋的大典。后来这老兵官病了，他的孙女儿天天假造法兵得胜的新闻去哄他。那时普国的兵已打破巴黎。普兵进城之日，他老人家听见军乐声，还以为是法兵打破了柏林奏凯班师呢！这是借一个法国极强时代的老兵官来反照当日法国大败的大耻，两两相形，真可动人。

莫泊三所作“普法之战”的小说也有多种。我曾译他的“二渔夫”，写巴黎被围的情形，却从两个酒鬼身上着想。还有许多篇，或写一个妓女被普国兵士掳去的情形，或写法国内地村乡里面的光棍，乘着国乱，设立军政分府，作威作福的怪状……都可使人因此推想那时法国兵败以后的种种状态。这都是我所说的“用最经济的手腕，描写事实中最精彩的片段，而能使人充分满意”的短篇小说。

作者简介

见第 139 页。

---

① 此篇胡适也曾翻译过来，载在他的翻译小说的集子《短篇小说》中。

延伸阅读

课文节录自胡适1918年3月15日在北京大学国文研究所小说科的讲演稿《论短篇小说》，讲演稿刊《新青年》第4卷第5号，1918年5月15日出版。这篇讲演稿对短篇小说下了一个定义。他说："短篇小说是用最经济的文学手段，描写事实中最精彩的一段或一方面，而能使人充分满意的文章。"并说"世界文学的趋势，都是由长趋短，由繁多趋简要"。因为"世界的生活竞争一天忙似一天，时间越宝贵了，文学也不能不讲求'经济'；若不经济，只配给那些吃了饭没事做的老爷太太们看，不配给那些在社会上做事的人看了"。同时"文学自身的进步，与文学的'经济'有密切关系。……文学越进步，自然越讲求'经济'的方法"。这些阐释对我国现代小说的兴起产生了催生的作用。

三十九　钵山余霞阁记

梅曾亮

江宁[1]城山得其半。便于人而适于野者，惟西城钵山[2]，吾友陶子静偕群弟读书所也。因山之高下为屋而阁于其巅，曰“余霞”[3]，因所见而名之也。

俯视[4]花木，皆环拱升降。草径曲折可念。行人若飞鸟度柯叶上。西面城[5]，淮水①萦之。江自西而东，青黄分明，界画天地。又若大圆镜平置林表，莫愁湖②也。其东南[6]万屋沉沉，炊烟如人立，各有所企；微风绕之，左引右挹，绵绵缗缗[7]。上浮市声，近寂而远闻。

甲戌春，子静觞同人于其上。众景毕见，高言愈张。子静曰：“文章之事，如山出云、江河之下水，非凿石而引之，决版而导之者也。故善为者有所待。”曾亮曰：“文在天地，如云物烟景焉，一俯仰之间而遁乎万里之外。故善为文者无失其机。”管君异之曰：“陶子之论高矣。后说者，如斯阁亦有当焉。”遂书为之记。

---

① 这里的淮水乃是秦淮。源出溧水县。西北流，贯穿江宁城。再西北流，入长江。

② 莫愁湖在江宁城西。

作者简介

梅曾亮（1786—1856 年）清代散文家，字伯言，江苏上元（今南京）人。道光二年（1822 年）进士。少喜骈文，与同邑管同交好，后转攻古文。桐城派后期重要作家姚鼐主讲钟山书院，二人俱出其门。管同早卒，曾亮居京师二十余年，承姚鼐余势，文名颇盛，治古文者多从之问义法，有继主文坛之势，代表作有《柏枧山房文集》《柏枧山房诗集》。

延伸阅读

作者借景来讲述文学创作的感受和见解，这在游记类文章中还不多见。陶子静强调文章要有感而发："文章这件事情，好像山上的云自然地冉冉升起，又如江河中的水汩汩地自然流着，不是凿开山石就可以引出云来，决开河堤就可以引出水来的。所以会做文章的人，一定要有所待。"梅曾亮则说"文章在天地间，也好比云烟景物一般，一会儿的工夫已消失在万里以外。所以善于做文章的人，一定不会失掉时机。"强调创作灵感稍纵即逝，写文章决不能错过时机。

［1］江宁：即今之南京市。

［2］钵山：在南京城西，因山势似钵而得名钵山。

［3］余霞：建在钵山岭上的余霞阁。

［4］俯视：从山顶看山下。

［5］西面城：向西看，凭高远眺。

［6］其东南：东南面。

［7］左引右挹，绵绵缗缗：形容炊烟左右飘荡、绵绵不绝的状态。

四十　游黄龙山[1]记

袁　枚

壬寅[2]四月，余游天台、雁宕①[3]毕，游处州②之黄龙山。山皆磥磥[4]大圆石，坻伏郁堙[5]，各相跆藉[6]，类东鲁峄山③，与台、宕绝异。

人疑造物矜奇乃尔[7]。予晓之曰："此岂造物者之有意为哉！使有意为之，必不能成如是形；就成如是形，亦不能有此奇变。惟其气化推迁，偶然而生，适然而成[8]，正恐造物者有意不为之而反有所不能。

"何也？余幼时嬉戏，好置水盂熔锡投之[9]；沸然有声。俄而立者，蹲者，卧者，叠为架倚者，巨而宏者，碎且杂者，欹侧而斜椭者，若相斗又相悦者，盖无弗备焉。其状则为狮，为象，为龙，为马，为鸡、虫、杂物，为华岳、嵩、岱④诸名胜，亦无不备焉。是岂余之有意为哉！其倾之于水也，余之所知也；其成如是形也，非余之所知也。问之锡，锡不知。问之水，水亦不知。

① 雁宕山在浙江乐清县东九十里。

② 处州，明清时府名。现在浙江瓯海道的丽水县，便是它的旧治。

③ 峄山在山东邹县东南。

④ 华岳在陕西华阴县，古称西岳。嵩山在河南登封县，古称中岳。岱就是泰山，古称东岳。

“山之道，何独不然：当玄黄未判①时，元气茫茫，山、水、土、沙熔为一片，石如柔乳，羼和其间。一旦天浮、地沉、沙飞、水归、风从而扬揉[10]之，星横于天，石横于地；诡状、殊形，或开辟[11]即露，或俟后人搜爬始露。历年愈久，蕴蓄愈厚，山形愈奇。今人见山顶有船，有匣，有屋，有朽櫓[12]：此岂真有人焉飞上置之哉！所以然者，职此之由[13]。惜人形体小，年寿促，后天地生，先天地亡，不能坐而待之，了然视之耳。然其理不过如是。”

或曰：“是山说也，非山记也，于黄龙何与？”

曰：“举一隅可知三隅[14]，并可知千百万隅。余因游黄龙而憬然有悟，故揭所见以书之。且游台、宕俱有诗，游黄龙无诗；记之所以代游黄龙之诗也。”

作者简介

见第 64 页。

延伸阅读

《游黄龙山记》虽是游记，但更像是一篇哲理小品。全文不写游山的过程，只写游山时产生的联想，并由幼时“熔锡置盂”的嬉戏对山的成因作了十分有趣的探索，这种“不写之写”的写法，让读者对黄龙山的奇异多姿就有了难以磨灭的印象。

---

① 古人说“天玄而地黄”，故玄黄就是指天地。此处“玄黄未判”是说大地未曾形成的时候。

［1］黄龙山：位于浙江省缙云县城北 8 公里，三面陡绝，一面出入，林木茂盛，古代为屯兵处。山上多异石，有名者如“飞来舟”“猴子捧桃”等。相传有黄龙潜伏山中，因此得名。

［2］壬寅：乾隆四十七年（1782 年）。

［3］天台：天台山，在今浙江省天台县北，为仙霞岭的东支。山多奇峰怪松，尤以石梁瀑布驰名。雁宕：雁荡山。有两、北雁荡，此指北雁荡，在今浙江乐清县东。山多怪峰异石，有龙湫瀑布，悬岩数百仞，为东南奇胜。

［4］磥（lěi）磥：石头众多的样子。

［5］坻伏郁堙：潜藏滞塞。

［6］跆藉：践踏。

［7］造物矜奇乃尔：造物者为夸耀其神奇力量而故意做出的安排。

［8］适然而成：恰巧形成。

［9］置水盂熔锡投之：把烧熔的锡倒进盆中。

［10］扬揉：聚集。

［11］开辟：开天辟地。指天地之初开。

［12］朽槥（huì）：腐烂的棺木。

［13］职此之由：原因在此。

［14］举一隅可知三隅：语本《论语·述而》：“举一隅不以三隅反，则不复也。”言屋有四隅，举其一不知其三，则不必再教导。后因以举一知三、举一反三指连类相推。

初中国语课

第四册

叶圣陶 顾颉刚 主编
商金林 李淑英 校注

开明出版社

图书在版编目（CIP）数据

初中国语课. 第四册 / 叶圣陶，顾颉刚主编. -- 北京：开明出版社，2024. 9

ISBN 978-7-5131-8907-1

Ⅰ. ①初… Ⅱ. ①叶… ②顾… Ⅲ. ①中学语文课-初中-教材 Ⅳ. ①G634. 301

中国国家版本馆 CIP 数据核字（2024）第 060618 号

出 版 人：陈滨滨
责任编辑：卓 玥 程 刚

初中国语课（全六册）
CHUZHONGGUOYUKE（QUANLIUCE）

作　　者：叶圣陶　顾颉刚　主编
　　　　　商金林　李淑英　校注
出　　版：开明出版社
　　　　　（北京海淀区西三环北路 25 号　邮编 100089）
印　　刷：三河市荣展印务有限公司
开　　本：710mm×1000mm　1/16
成品尺寸：170mm×240mm
印　　张：76. 25
字　　数：926 千字
版　　次：2024 年 9 月第 1 版
印　　次：2024 年 9 月第 1 次印刷
定　　价：268. 00 元（全六册）

校注说明

这部《新学制初级中学国语教科书》是1923年出版的，难度较大，我们在审订时作了必要的校注，现说明如下：

1. 课文原有的注均为“①②③……”的页下注，一律保留，有误错的予以订正；校注时增补的注均为加“[1][2][3]……”的尾注；

2. 原有的“作者略述”一律照录，需要补充的加“（　）”标出；“作（译）者略述”空缺的，由校注者补写，改称为“作（译）者简介”，以示区别；

3. 课文中缺漏的文字和标点，均加“[　]”标出；

4. 为了方便读者的学习和阅读，增设“延伸阅读”一项，对课文作相应的提示或介绍。

商金林　李淑英

2024年6月20日

目录

一　孟子鱼我所欲也章

孟子曰：鱼我所欲[1]也，熊掌亦我所欲也；二者不可得兼[2]，舍鱼而取熊掌者也。生亦我所欲也，义亦我所欲也；二者不可得兼，舍生而取义者也。

生亦我所欲，所欲有甚[3]于[4]生者，故不为苟得[5]也。死亦我所恶，所恶有甚于死者，故患[6]有所不辟也。

如使人之所欲莫甚于生，则凡可以得生者，何不用也？使人之所恶莫甚于死者，则凡可以辟[7]患者，何不为也？

由是则生，而有不用也。由是则可以辟患，而有不为也。

是故，所欲有甚于生者，所恶有甚于死者，非独贤者有是心也，人皆有之；贤者能勿丧耳。

一箪[8]食，一豆[9]羹，得之则生，弗得则死。嘑尔而与之[10]；行道之人[11]弗受。蹴[12]尔而与之，乞人不屑也。

万钟①则不辨礼义而受之；万钟于我何加[13]焉？为宫室之美、妻妾之奉、所识穷乏者[14]得我[15]与[16]？

乡[17]为身死而不受，今为宫室之美为之；乡为身死而不受，今为妻妾

① 古时六斛四斗叫作钟。万钟极言禄人之多。

之奉为之；乡为身死而不受，今为所识穷乏者得我而为之：是亦不可以已[18]乎？此之谓失其本心[19]！

作者简介

孟子（约前372—前289年），名轲，战国时期邹国（今山东邹县）人。孟子继承并发扬了孔子的思想，成为仅次于孔子的一代儒家宗师，对后世中国文化的影响全面而巨大，有“亚圣”之称，与孔子合称为“孔孟”，是我国古代著名思想家、教育家，战国时期儒家代表人物。孟子及其门人著有《孟子》一书。

延伸阅读

本篇选自《孟子·告子上》，是《孟子》中的名篇。本章以鱼与熊掌为喻，引出生与义的取舍命题，提倡“舍生而取义”，探讨怎样的生命才是有意义的，这也是成语“舍生取义”的由来。

[1] 欲：喜爱。

[2] 得兼：两种东西都得到。

[3] 甚：胜于。

[4] 于：比。

[5] 苟得：苟且取得，这里是“苟且偷生”的意思。

[6] 患：祸患，灾难。

[7] 辟（bì）：通“避”，躲避。

[8] 箪（dān）：盛饭用的竹器。

［9］豆：古代食器，有木制、陶制等，形似高脚盘。

［10］嘑尔而与之：呼喝着给他（吃喝）。

［11］行道之人：（饥饿的）过路的行人。

［12］蹴：用脚踢。

［13］何加：有什么益处。

［14］穷乏者：穷人。

［15］得我：感激我。得，同“德”，感激。

［16］与：同“欤”，语气助词。

［17］乡（xiàng）：通“向”，往昔。

［18］已：停止。

［19］本心：指本性，这里指人的羞恶之心。

二　书鲁亮侪

袁　枚

己未[1]冬，余谒孙文定公①于保定制府②。坐甫定，阍[2]启[3]清河道③鲁之裕白[4]事。余避东厢，窥伟丈夫年七十许，高眶，大颡，白须彪彪然；口析水利数万言。心异之，不能忘。

后二十年，鲁公卒已久，予奠于白下④沈氏，纵论至于鲁。坐客葛闻桥[5]先生曰：

鲁字亮侪，奇男子也。田文镜[6]督河南，严，提、镇、司、道⑤以下受署惟谨，无游目视者[7]。鲁效力麾下。

一日，命摘中牟⑥李令印[8]，即摄[9]中牟。鲁为微行，大布之衣，草冠，骑驴入境。父老数百扶而道苦之，再拜问讯，曰："闻有鲁公来代吾令，客在开封知否？"鲁谩[10]曰："若问云何？"曰："吾令贤，不忍其去故也。"又数里，见儒衣冠者簇簇然[11]谋曰："好官去可惜！伺鲁公来，盍诉之。"或摇手

---

① 孙文定公名嘉淦，字锡公，清康熙时进士，他在官善于决断疑狱，极有声誉。

② 制台是总督之敬称，故制府就是总督衙门，清直隶总督驻保定，即今清苑县。

③ 清时，清河道是管辖正定、保定二府，易、冀、定、赵、深五州，又兼管河务的官员。

④ 白下就是江宁。

⑤ 提是提督，清代于每省设提督，为军事上最高级的官。镇是镇守一地的总兵官，次于提督一级。司是布政、按察两司。道是道员，次于两司，负各种不同的专职。

⑥ 中牟县今属河南开封道。

曰："咄！田督有令，虽十鲁公奚能为[12]！且鲁方取其官而代之，宁肯舍己从人耶？"鲁心敬之而无言。

至县，见李貌温温[13]奇雅。揖鲁入曰："印待公久矣。"鲁拱手曰："观公状貌、被服，非豪纵者，且贤称噪于士民，甫下车而库亏[14]，何耶？"李曰："某滇南万里外人也，别母游京师；十年，得中牟，借俸迎母。母至被劾[15]，命也！"言未毕，泣。鲁曰："吾暍[16]甚，具汤浴我。"径诣别室，且浴且思，意不能无动。良久，击盆水誓曰："依凡而行[17]者，非夫也！"具衣冠辞李。李大惊曰："公何之？"曰："之省。"与之印，不受；强之曰："毋累公。"鲁掷印铿然，厉声曰："君非知鲁亮侪者！"竟怒马驰去；合邑士民焚香送之。

至省，先谒两司[18]告之故。皆曰："汝病丧心耶？以若所为，他督抚[19]犹不可，况田公耶？"明早诣辕[20]，则两司先在。名纸未投，合辕传呼鲁令入。田公南面坐，面铁色，盛气迎之，旁列司、道下文武十余人，睨鲁曰："汝不理县事而来，何也？"曰："有所启[21]。"曰："印何在？"曰："在中牟。"曰："交何人？"曰："李令。"田公干笑，左右顾曰："天下摘印者宁有是耶？"皆曰："无之。"两司起立谢曰："某等教饬亡素[22]，至有狂悖之员。请公并劾鲁，付某等严讯朋党情弊，以惩余官。"鲁免冠前叩首，大言曰："固[23]也。待裕言之。裕一寒士，以求官故，来河南。得官中牟，喜甚，恨不连夜排衙①视事。不意入境时，李令之民心如是，士心如是，见其人，知亏帑[24]故又如是。若明公已知其然而令裕往，裕沽名誉，空手归，裕之罪也。若明公未知其然而令裕往，裕归陈明，请公意旨，庶不负大君子爱才之心与

① 官吏陈设仪仗，令僚属谒见，叫作排衙。

圣上以孝治天下之意。公若以为无可哀怜，则再往取印未迟。不然，公辕外官数十，皆求印不得者也。裕何人，敢逆公意耶?”田公默然。两司目之退。鲁不谢，走出至屋溜[25]外；田公变色下阶，呼曰：“来!”鲁入跪。又招曰：“前!”取所戴珊瑚冠[26]覆鲁头，叹曰：“奇男子！此冠宜汝戴也。微汝[27]，吾几误劾贤员。但疏去矣，奈何!”鲁曰：“几日?”曰：“五日，快马不能追也。”鲁曰：“公有恩，裕能追之。裕少时能日行三百里；公果欲追疏，请赐契箭①一枝以为信。”公许之，遂行。五日而疏还，中牟令竟无恙。

以此鲁名闻天下。

先是亮侪父某为广东提督，与三藩②要盟[28]。亮侪年七岁，为质子于吴[29]。吴王坐朝，亮侪黄夹衫，戴貂蝉[30]，侍侧；年少豪甚，读书毕，日与吴王帐下健儿学嬴越勾卒[31]掷涂赌跳[32]之法，故武艺尤绝人云。

作者简介

袁枚（1716—1797年），清钱塘（今杭州）人，字子才，号简斋（别号随园老人）。少时负才名，乾隆初，试鸿博，报罢。旋成进士，改庶吉士，出知溧水、江浦、沭阳、江宁等县，并著能声。年甫四十，即告归，筑园于江宁小仓山下，曰随园，以吟咏著作为乐。世称随园先生。为诗主性灵，务从其才力所至。有《小仓山房集》《随园诗话》《随园随笔》等。

---

① 契箭就是令箭，是发令的凭信。

② 清初封明之降将吴三桂、耿精忠、尚可喜为王，称为三藩。

延伸阅读

本篇选自《小仓山房诗文集》。鲁亮侪，名之裕，字亮侪，清麻城（今湖北麻城）人，康熙年间举人，官至直隶（今河北省）清河道，署（代理）布政使。此文约作于乾隆二十四年（1759 年）后。当时鲁去世已久，其生平事迹仍广为流传。亮侪一生富于著述，在官多政绩。本文刻画了一位正直、仗义、勇于为民请命的“奇男子”形象。

［1］己未：清乾隆四年（1739 年）。时袁枚年二十四岁，已中进士。

［2］阍：看门人。

［3］启：陈述。

［4］白：报告。

［5］葛闻桥：名祖亮，江宁（今南京市）人，乾隆进士，官礼部主事。

［6］田文镜：清汉军正黄旗人（汉人编入清兵籍），雍正年间任河南、山东总督，惩贪除暴，为政苛刻，卒谥端肃。

［7］无游目视者：没有人眼睛敢东张西望。

［8］摘印：罢官。

［9］摄：代理。

［10］谩：故意。

［11］簇簇然：一堆堆貌。

［12］奚能为：能做什么。奚，何。

［13］温温：谦和貌。

［14］甫下车而库亏：上任就亏空了国库。

［15］被劾：被弹劾去官。

［16］暍（yē）：受热。

［17］依凡而行：按照常规行事。

［18］两司：布政司和按察司。

［19］督抚：总督、巡抚。巡抚掌全省民政、军政；总督为朝廷派驻外省的最高长官，位在巡抚之上。

［20］辕：辕门。古代帝王巡狩田猎止宿时，围车作屏障，以车为门，称辕门。后因称衙署之外门为辕门，其行馆称行辕。

［21］有所启：有事要报告。

［22］教饬亡素：平时没有教诫。

［23］固：固然。

［24］亏帑（tǎng）：挪用国库钱财。

［25］屋溜（liù）：屋檐。溜，檐沟。

［26］珊瑚冠：清朝二品官员的朝冠。

［27］微汝：无你。微，此处作“无”解。

［28］要盟：以势力胁迫为盟誓。

［29］质子：人质。吴：指吴三桂。

［30］貂蝉：冠饰。

［31］嬴越勾卒：古代秦越两国战时一种阵形。嬴，秦国国君姓嬴。勾卒，军阵名。

［32］掷涂赌跳：抛掷泥块，比跳高，此泛指武技。

三　杨村捕盗记

崔　述

内黄[1]故多盗。盗皆以吏胥[2]为窟宅，炀于官①，弹压于乡里，然后得横行无所忌。

有刑房[3]吏陈某者，居杨村[4]，以卖棉花为名，窟群盗。乾隆乙酉，盗五人将劫于御河之阳[5]，过楚王镇[6]，食于县隶司声家；声送之渡水。入大名[7]境陈生家，杀生，卷衣出；复至声家，至亭午②然后去。

陈生子术、雷以状白县；县出批严缉。术复广求所识，访之十余月，而贼不得。陈生故所善刘五者，居近于杨村，侦知内有州房吏之族陈二，今在杨村花房，密以告术。时县中捕役四人在术家，术遂约与同往掩捕之。役欲入城白官，专批往索贼；术不可，曰："今出伊不意，庶贼可得；若待白官始往，贼闻风窜矣，乌能得！"役不得已，从之。

术、雷复邀其族人陈生霆及卖药人四郎同往，使刘五为导，推车载钱，伪为贩棉花者，憩车杨村外。霆虽文诸生[8]，然素娴武技。乃使霆与五先入，以视棉花为名，默识二状貌。霆议价定，请出召商侣共视之。既出，五以二衣冠状告霆，即径去。时日已将暮，霆乃与其众推车至门，留一役守之；而

---

① 炀是遮蔽于火前，这里是说蒙蔽官长。

② 亭是至的意思，亭午是日至于午——日中——的时候。

己先，三役随其后。未毕入，而二已觉，奔而出。县役与二摩肩行，不识二，行且过，霆惶遽恐失贼，自后大呼追之。时术与二顺逆奔，方交臂，闻呼，即以手抱持二。二出刀格之，疾跃出门。而四郎适手药劗[9]，奔入，二跃急，不及避，著于额而仆。方转侧欲起，雷连斫其顶；术亦出，又连斫之：始伏不动。

初，霆之呼而追也，刑房吏已鸣铳聚村人；至是，械而集者且百。役向众自白："我大名县役，奉官命捕贼，非私斗。"众不听，斫击如雨。霆等且斗且逃；夜暗迷罔不辨径，众遂擒二役，送内黄，诬为劫棉花贼。役以捕贼故自申理。县官索其批，顾四役共一批，批已为逃者持去；官遂不听役言，搒掠[10]之。役备受梏械[11]，卒不承。

逃役既归，以实禀于大名县，大名遂行关索陈二。刑房吏为之营救至四五，终不发。然二亦以伤重故不能逃。时知大名县事者为秦公学溥，素有风厉名；乃札内黄县，具言其详；且云："若必不肯发，将申于直隶制宪[12]，事且大，勿悔也!"内黄不得已，使二往。霆、雷虑贼党羽多，于路复篡去，乃卫之行；因以刀胁之，二具吐实，供同盗人姓名及典衣处。雷即驰赴典所，脱所著衣为质，请其衣持至县。由是二不刑而服，二役亦得释。

大名既得二招，即更关四盗及刑房吏。四盗皆陆续就获。惟刑房吏素为县官所信爱，事发，以重赂啖县仆，卒不至。

呜呼，兄弟同心，报仇杀贼，此可以风世之亲所疎[13]而疎所亲者矣！独是盗贼横行，乡里屏息，其故皆由于吏胥，而为州县者尚曲庇之，何也？闻刑房吏既擒二役时，将沉之水，其党以余人未获难之，乃送之官；又切齿刘五，且尽杀其家，五乘夜率妻子遁去，数年不敢归。吏之横一至于此，然则百姓含冤，无所告诉者，不可胜言矣！彼吏胥盗贼同类相庇，固无足怪，吾独不知为民上者何以恬然听其所为而不之问乎？余故备记其事，以为世鉴焉。

作者简介

崔述（1740—1816年），清大名人，字武承，号东壁。乾隆举人，官罗源知县。其为学比核证据，务求真实，不肯墨守旧说，合于今世所谓科学方法。著书三十余种；其《考信录》一书，尤为生平心力所专注，于上古史迹多所发明。

延伸阅读

《杨村捕盗记》生动详细地记述了“杨村捕盗”的过程，把当时官匪勾结、民不聊生的社会面貌展示得淋漓尽致。文章末尾，作者发出了“吏之横一至于此，然则百姓含冤，无所告诉者，不可胜言矣！彼吏胥盗贼同类相庇，固无足怪，吾独不知为民上者何以恬然听其所为而不之问乎？”的疑问，表现出极强的批判精神。崔述73岁写的《〈杨村捕盗记〉跋》中提及：“二十余年前订集时已将此篇删去，今偶一阅之，以其有关于地方之利弊，因复存之。”

［1］内黄：即今内黄县，位于河南省北部，现隶属河南省安阳市。

［2］吏胥：官署中掌管文牍的职员。

［3］刑房：掌管刑法的官员。

［4］杨村：内黄县中的村名。

［5］御河之阳：今卫运河，为隋炀帝所凿，故称御河。阳，河北岸称阳。

［6］楚王镇：地名。

［7］大名：即今大名县，位于河北省东南部，现隶属于邯郸市，地处冀、鲁、

豫三省交界处。

[8] 诸生：入学的生员。

[9] 药劄（zhá）：斫断药的器具。

[10] 搒（péng）掠（lüè）：笞击，拷打。

[11] 梏械：用刑具拷掠。

[12] 制宪：总督的尊称。

[13] 疎（shū）：同“疏”，本意为疏导，开通。

四　史记项羽本纪鸿门之宴①

……沛公[1]旦日从百余骑来见项王。至鸿门[2]，谢曰："臣与将军戮力而攻秦，将军战河北，臣战河南；然不自意能先入关破秦，得复见将军于此。今者有小人之言，令将军与臣有郤。"项王曰："此沛公左司马曹无伤言之。不然，籍②何以至此？"

项王即日因留沛公与饮。项王、项伯③东向坐，亚父[3]南向坐——亚父者，范增[4]也——沛公北向坐，张良[5]西向侍。范增数目[6]项王，举所佩玉玦[7]以示之者三。项王默然不应。范增起出，召项庄④谓曰："君王为人不忍。若[8]入前为寿。寿毕，请以剑舞，因击沛公于坐杀之。不者[9]，若属[10]皆且为所虏！"庄则入为寿。寿毕，曰："君王与沛公饮，军中无以为乐，请以剑舞。"项王曰："诺。"项庄拔剑起舞。项伯亦拔剑起舞，常以身翼蔽沛公，庄不得击。

---

① 这时候沛公先进了关，攻破咸阳。项羽后到。两人尚不曾会见时，沛公的左司马曹无伤扬言于项羽那方面，说沛公将自立为王，独占关中的珍宝。项羽大怒，便准备攻沛公。沛公方面得了信息，便托项伯转达不敢自立为王的意思。沛公又亲自去谢项羽，所以有鸿门之会这件事情。鸿门在今陕西临潼县东。

② 籍，项羽之名，羽是他的字。

③ 项伯是项羽的季父，早先与张良有旧交，因而也与沛公善。

④ 项庄是项羽的从弟。

于是张良至车门，见樊哙[11]。樊哙曰："今日之事何如?"良曰："甚急!今者项庄拔剑舞，其意常在沛公也。"哙曰："此迫矣，臣请入，与之同命。"哙即带剑拥盾入军门。交戟之卫士欲止不内。樊哙侧其盾以撞，卫士仆地。哙遂入，披帷西向立，瞋目视项王，头发上指，目眦尽裂。项王按剑而跽[12]曰："客何为者?"张良曰："沛公之参乘①樊哙者也。"项王曰："壮士，赐之卮[13]酒。"则与斗卮酒。哙拜谢起立而饮之。项王曰："赐之彘肩[14]。"则与一生彘肩。樊哙覆其盾于地，加彘肩上，拔剑切而啖[15]之。项王曰："壮士能复饮乎?"樊哙曰："臣死且不避，卮酒安足辞!夫秦王有虎狼之心，杀人如不能举，刑人如恐不胜[16]，天下皆叛之。怀王②与诸将约曰，先破秦入咸阳者王之。今沛公先破秦，入咸阳，毫毛不敢有所近，封闭宫室，还军霸上③，以待大王来。故遣将守关者，备他盗出入与非常也。劳苦而功高如此，未有封侯之赏；而听细说[17]，欲诛有功之人：此亡秦之续耳，窃[18]为大王不取也。"项王未有以应，曰："坐!"樊哙从良坐。

坐须臾，沛公起如厕[19]，因招樊哙出。沛公已出，项王使都尉陈平[20]召沛公。沛公曰："今者出，未辞也，为之奈何!"樊哙曰："大行不顾细谨，大礼不辞小让[21]。如今人方为刀、俎[22]，我为鱼、肉[23]，何辞为?"于是遂去，乃令张良留谢。良问曰："大王来何操[24]?"曰："我持白璧一双，欲献项王，玉斗[25]一双，欲与亚父。会[26]其怒，不敢献。公为我献之。"张良曰："谨诺。"当是时，项王军在鸿门下，沛公军在霸上，相去四十里。沛公则置[27]车骑，脱身独骑，与樊哙、夏侯婴、靳强、纪信等四人持剑、盾步

---

① 参乘是古时乘车在车右的人，为主者的护卫。

② 秦末各处兵起。项羽的季父项梁立楚怀王的孙叫作心的为王，以便号召，也称楚怀王。

③ 霸上在今陕西长安县东。

走[28]，从郦山①下，道芷阳，间行[29]。沛公谓张良曰："从此道至吾军不过二十里耳。度[30]我至军中，公乃入。"沛公已去，间至军中[31]。

张良入谢曰："沛公不胜杯杓[32]，不能辞；谨使臣良奉白璧一双，再拜献大王足下，玉斗一双，再拜奉大将军足下。"项王曰："沛公安在?"良曰："闻大王有意督过[33]之，脱身独去，已至军矣。"项王受璧，置之坐上。亚父受玉斗，置之地，拔剑撞而破之。曰："唉，竖子[34]不足与谋！夺项王天下者必沛公也。吾属今为之虏矣！"

沛公至军，立诛杀曹无伤。……

作者简介

司马迁（前145—前87年），字子长，夏阳（今陕西韩城）人，西汉时期的史学家、文学家、思想家，被后世尊称为"太史公"。司马迁幼年在家忙农事，十岁就读长安，二十岁开始漫游，足迹几遍全国。后任郎中官，随武帝巡行各地，曾奉使安抚西南夷，参与塞河工作与封禅典礼。前108年，即其父司马谈去世的第三年，他继承父志，做太史令，博览皇家图书典籍，历时五年，至武帝太初元年（前104年）开始写作《史记》。天汉二年（前99年）因李陵事件被捕入狱，翌年被处宫刑。出狱后，发愤著书，于公元前91年完成《史记》的著作。

① 郦山在陕西临潼县东南。

延伸阅读

本篇为《史记·项羽本纪》的节选，“鸿门宴”是中国历史上一次著名的政治宴会，是楚汉斗争的开端，本篇描写刘邦和项羽两大阵营斗智斗勇，可谓惊心动魄，跌宕起伏，刘邦和项羽的性格刻画得极其生动精彩，为脍炙人口的名篇。

［1］沛公：刘邦起兵于沛（今江苏沛县），称沛公。

［2］鸿门：古地名，在今陕西临潼东十七里鸿门堡村。

［3］亚父：尊称之辞；亚，次；受尊敬仅次于父。

［4］范增：项羽的主要谋士。

［5］张良：字子房，刘邦的谋臣，后封为留侯。

［6］数目：屡次以目示意。

［7］玉玦：半环形的佩玉。范增举玉块是暗示项羽，要他下决心除掉刘邦。

［8］若：你。

［9］不者：不然的话。不，同“否”。

［10］若属：你们。

［11］樊哙：沛人，屠夫出身。和刘邦在沛县起义反秦，屡立战功。后封舞阳侯，汉惠帝六年（前 189 年）病卒。

［12］按剑而跽（jì）：是警惕、戒备之意。跽，双膝着地，上身挺直。

［13］卮（zhī）：一种古代酒器。

［14］彘肩：猪腿。

［15］啖：吃。

［16］杀人如不能举，刑人如恐不胜：杀人唯恐不多，用刑唯恐不重。

［17］听细说：听信小人之言。

［18］窃：自谦之辞，指自己。

［19］起如厕：起身到厕所去。

［20］陈平：农村平民出身，家贫，有机智，先从项羽，后归刘邦，常出奇计，后任丞相。

［21］大行不顾细谨，大礼不辞小让：办大事的人不可拘泥小节，行大礼的人不必计较琐细的礼貌。意谓不能因小失大。

［22］刀、俎：刀，宰割的工具。俎，切肉的砧板。

［23］鱼、肉：指被宰割者。

［24］来何操：即操何来，带了什么礼物来。操，拿。

［25］玉斗：玉制的酒器。

［26］会：恰逢。

［27］置：留下，抛弃。

［28］夏侯婴：沛人，从刘邦起义后封汝阴侯。靳强：祖籍西河，后迁曲沃，从刘邦击项羽有功，后封汾阳侯。纪信：刘邦的得力部将，被项羽烧死。步走：快步急趋。

［29］道芷阳，间行：取道芷阳从小路走。芷阳，汉改为霸陵，在今陕西省西安市东。

［30］度：估量。

［31］间至军中：从小路回到军中。

［32］不胜杯杓：不能多饮。

［33］督过：责罪。

［34］竖子：骂人的话，犹奴才、小子，这里表面骂项庄，暗指项羽。

五　说居庸关①

龚自珍

居庸关者，古之谭[1]守者之言也。龚子曰：疑若可守然。

何以疑若可守然？

曰：出昌平州[2]，山东西远相望，俄而相辏相赴，以至相蹙[3]。居庸置其间，如因两山以为之门。故曰，疑若可守然。

关凡四重。南口[4]者，下关也，为之城；城南门至北门一里。出北门十五里，曰中关，又为之城；城南门至北门一里。出北门又十五里，曰上关，又为之城；城南门至北门一里。出北门又十五里，曰八达岭，又为之城；城南门至北门一里。盖自南口之南门，至于八达岭之北门，凡四十九里。关之首尾具制如是。故曰，疑若可守然。

下关最下，中关高倍之，上关高倍之。八达岭之俯南口也，如窥井形然。故曰，疑若可守然。

自入南口，城甃有天竺字②、蒙古字。上关之北门，大书曰："居庸关，景泰③二年修"。八达岭之北门，大书曰："北门锁钥，景泰三年建"。

---

① 居庸关在直隶昌平县西北。

② 天竺就是印度，天竺字就是梵文。

③ 景泰，明代宗年号，二年当公元一四五一年。

自入南口，流水啮吾马啼。涉之玑然[5]鸣，弄之则忽涌忽洑而尽态，迹之则至乎八达岭而穷。八达岭者，古隰余水①之源也。

自入南口，木多文杏、苹婆②、棠梨[6]，皆怒华。

自入南口，或容十骑，或容两骑，或容一骑。蒙古自北来，鞭橐驼[7]，与余摩肩行。时时橐驼冲余骑颠。余亦挝蒙古帽，堕于橐驼前。蒙古大笑。余乃私叹曰：若蒙古，古者建置居庸关之所以然，非以若耶？余江左[8]士也，③使余生赵宋世，目尚不得睹燕、赵，安得与反毳者相挝戏乎万山间？生我圣清中外一家之世，岂不傲古人哉？蒙古来者，是岁，克西克腾、苏尼特④皆入京诣理藩院⑤交马云。

自入南口，多雾，若小雨。过中关，见税亭焉。问其吏曰："今法网宽大，税有漏乎？"曰："大筐小筐，大偷橐驼小偷羊。"余叹曰："信若是，是有间道矣。"

自入南口，四山之陂陀之隙有护边墙数十处，问之民，皆言是明时修。微税吏言，吾固知有间道出没于此护边墙之间。承平之世，漏税而已。设生昔之世，与凡守关以为险之世，而不大骇北兵自天而降者哉！

降自八达岭，地遂平。又五里，曰岔道。

---

① 隰余水流入白河。

② 苹婆即苹果。

③ 作者是浙江仁和人。

④ 克西克腾、苏尼特皆蒙旗名。

⑤ 清朝置理藩院，掌蒙古及番部封授朝觐贡献黜陟、征发种种事务。

作者略述

龚自珍（1792—1841 年），（清末思想家、文学家）浙江仁和人，号定庵。道光进士，官礼部主事。学问淹贯，才气过人。其文沉博奥衍，自成一家。同、光之际，风行一时。所著书刊有《定庵文集》，未刊者甚多。

延伸阅读

本文选自《龚自珍全集》，吴昌绶《定庵先生年谱》云："友人王元凤以陈州知府获谴，戍军台，托弱小于先生所。先生乞假五日，送之居庸关，逾八达岭而返。时方修《蒙古图志》，属元凤为图所阙部落山形，以门禁严，不果。先生居京师久，尝东游至永平境，此行又北至宣化境，因作纪游合一卷（原注：已佚），犹恨未至卢龙关、独石口，尽窥东北两边形势也。"交代了本文的写作背景：龚自珍在道光十六年（1836 年）改任宗人府主事时，因友人王元凤被诬贬至张家口，他请假送至八达岭后作此文。居庸关建于明朝，地形险要，为长城要塞之一，是清廷北方重要边塞。本文标题为"说"，可以看出非一般的游记，更重要的目的是论述清廷边防。文中描写了居庸关的地理形势、关城设防及道中所见所感，指出居庸关虽险，但仍有"北兵自天而降"的隐忧。表达了作者在国家内忧外患之时的现实关怀。作者另有《说昌平州》《说张家口》，三篇构成姊妹篇。

［1］谭：同"谈"。

［2］昌平州：明正德元年（1506 年）升昌平县为州，辖境相当今北京市昌平、密云、顺义、怀柔等地。

［3］蹙（cù）：紧迫。

［4］南口：为关沟之南入口，故称。故城在今昌平县南口镇偏北京张公路靠山一侧。

［5］玜（cōng）然：佩玉般的声音。

［6］棠梨：又名白棠、甘棠、杜梨，俗称野梨。

［7］橐（tuó）驼：指骆驼。

［8］江左：江南。

六　浙西三瀑布记

袁　枚

甚矣，造物之才也！同一自高而下之水，而浙西三瀑三异，卒无复笔。

壬寅岁[1]，余游天台石梁，四面崒者雁扆①[2]，重者甗隒②[3]，皆环梁遮迣[4]。梁长二丈，宽三尺许，若鳌脊跨山腰，其下嵌空。水来自华顶[5]，平叠四层，至此会合，如万马结队穿梁狂奔。凡水被石挠必怒，怒必叫号；以崩落千尺之势，为群磦砢[6]所挡扼③，自然拗怒郁勃[7]，喧声雷震，人相对不闻言语。余坐石梁，恍若身骑瀑布上。走山脚仰观，则飞沫溅顶目光炫乱，坐立俱不能牢，疑此身将与水俱去矣。瀑上寺曰上方广，下寺曰下方广。以爱瀑故，遂两宿焉。

后十日，至雁荡之大龙湫。未到三里外，一匹练从天下，恰无声响。及前谛视[8]，则二十丈以上是瀑；二十丈以下非瀑也，尽化为烟、为雾、为轻绡、为玉尘、为珠屑、为琉璃丝、为杨白花，既坠矣，又似上升，既疏矣，又似密织。风来摇之，飘散无著；日光照之，五色昳丽[9]。或远立而濡[10]其首，或逼视而衣无沾。其故由于落处太高，崖腹中洼，绝无凭借，不得不随风作幻。

---

① 说文："雁扆，山颠也。"这里是用以形容山的高危。

② 甗是穿底的瓦器，隒是山崖。甗隒是高低凹凸的意思。

③ 挡扼是阻遏。

又少所抵触，不能助威扬声。较石梁绝不相似；大抵石梁武，龙湫文；石梁喧，龙湫静；石梁急，龙湫缓；石梁冲荡无前，龙湫如往而复；此其所以异也。初观石梁时，以为瀑状不过尔尔，龙湫可以不到；及至此而后知耳目所未及者，不可以臆测也。

后半月，过青田①之石门洞；疑造物虽巧，不能再作狡狯[11]矣。乃其瀑在石洞中，如巨蚌张口，可吞数百人。受瀑处池宽亩余，深百丈；疑蛟龙欲起；激荡之声如考[12]钟鼓于瓮内。此又石梁、龙湫所无也。……

作者简介

见第 6 页。

延伸阅读

本文选自《小仓山房文集》（卷二十九），浙西三瀑布，指的是浙江天台山石梁、雁荡山龙湫、青田石门山的瀑布。浙西，实际位于今浙东和浙东南，因古人以左为西，作者从南京南下，三瀑布均在左方，故曰“西”。本文重点描写了三处瀑布的不同，尤其详细比较了天台山石梁和雁荡山龙湫瀑布的差异，“石梁瀑布威武，龙湫瀑布文雅；石梁瀑布喧闹，龙湫瀑布静谧；石梁瀑布湍急，龙湫瀑布平缓；石梁瀑布冲荡向前，龙湫瀑布回环往复。”文中大量运用妙喻，极写造物之神奇。

选文删掉了原文的最后一段：“昔人又言曰：‘读《易》者如无《诗》，读《诗》者如无《书》，读《诗》《易》《书》者如无《礼记》《春秋》。’余观于浙西之三瀑也信。”

---

① 青田山在浙江青田县治西北。

［1］壬寅岁：乾隆四十七年（1782 年）。

［2］崒（zú）者厜（zuī）㕒（wēi）：形容山势险峻。

［3］重者甗（yǎn）隒（yǎn）：形容山势层叠的样子。

［4］迣（zhì）：挡，遮挡。

［5］华顶：华顶山，为天台山最高峰。

［6］磥（lěi）砢（luǒ）：众多堆积在一起的石头。

［7］拗怒郁勃：形容水势受阻急转，奔腾急泻。

［8］谛视：仔细观看。

［9］昳丽：颜色艳丽。

［10］濡：沾湿。

［11］狡狯：诡诈。

［12］考：敲击。

七　渼陂①[1]　行

杜　甫

岑参②兄弟皆好奇，携我远来游渼陂。天地黤惨[2]忽异色；波涛万顷堆琉璃。③ 琉璃汗漫[3]泛舟入，事殊兴极忧思集[4]；鼍[5]作鲸吞不复知；恶风白浪何嗟及?

主人锦帆相为开；舟子喜甚无氛埃。凫鹥④[6]散乱棹讴发，丝管啁啾[7]空翠[8]来。

沉竿续蔓⑤深莫测；菱叶荷花净如拭。宛[9]在水中渤澥⑥[10]清；下归无极[11]终南⑦黑。半陂已南纯浸山，动影袅窕[12]冲融[13]间。船舷暝戛⑧云际寺;⑨ 水面月出蓝田关⑩。[14]

---

① 渼陂在陕西关中道鄠县西五里，水源出于终南山的诸谷。

② 岑参，唐南阳人。肃宗时，杜甫荐为左补阙。

③ 黤惨是昏黑；琉璃是形容水波的清澈。

④ 凫即野鸦，鹥即鸥鸟。

⑤ 蔓，或作缦，丝弦也。言水深时，竿弦不能测到它的底。

⑥ 渤澥即渤海，此处借用。

⑦ 终南即南山，亦名秦岭，自甘肃通过陕西，至河南陕县以南诸山皆是。

⑧ 戛，是船舷经过的声音。

⑨ 云际寺即大定寺，在鄠县东南六十里的云际山。

⑩ 蓝田关在陕西关中道蓝田县的东南。

此时骊龙亦吐珠，冯夷①击鼓群龙趋，湘妃②汉女③出歌舞，金支翠旗④光有无。[15]咫尺但愁雷雨至；苍茫不晓神灵意。

少壮几时奈老何！向来哀乐何其多？

作者略述

杜甫（712—770年），唐襄阳人，字子美（别号少陵，河南巩县人）。玄宗时以献赋得待制集贤院。肃宗时为右拾遗，后为工部员外郎。甫情感丰富，有诗人之天才。适值乱离时代，遭历不同平常。故所为诗方面至多，且自实生活倾注而出，感人极为深切。有《杜工部集》，注释者甚多。

延伸阅读

本诗大致作于天宝十三年（754年），写杜甫陪同岑参兄弟游渼陂的所见所感，将渼陂从白天到晚上的壮丽景观淋漓尽致地呈现出来，最后抒发了哀乐无常的人生感慨。渼陂是终南山谷中的一个湖泊，在当时为游览胜地，明清时已成一条细流，如今已经遗迹不再。程千帆、沈祖棻《古诗今选》中作注点评说：“这是一篇纪游诗，先写气候恶劣，冒险游赏；次写气候转好，直到夜间才尽兴而归。末抒天有不测风云和年华容易消逝的感慨，反映了作者长期旅居长安，功名蹭蹬的情绪。通篇

---

① 冯夷是（黄河）水神。

② “湘妃”是舜的二妃，传说她们是湘水之神，所以唤作“湘妃”；也是水神。

③ “汉女”是汉水上的游女。《诗经·周南》上说“汉有游女，不可求思”，后人就算这个游女是汉水之神。

④ 金支翠旗是形容湘妃汉女的仪仗的美。支，枝通。

出以浪漫主义的夸张手法，和李白的作风相近，在杜集中是别调。”极为精到。

［1］渼陂（měi bēi）：湖名，在长安西南终南山麓。

［2］黤（yǎn）惨：昏暗的样子。

［3］汗漫：无边无际的样子。

［4］事殊兴极忧思集：指事情很特殊（大风中泛舟），兴致极好，但也引出了忧愁。

［5］鼍（tuó）：鳄鱼的一种。

［6］凫（fú）鹥（yī）：凫，野鸭子。鹥，海鸥。

［7］啁（zhōu）啾（jiū）：拟声词，常指鸟的叫声，此处指弦管的声音。

［8］空翠：天空的蔚蓝色。

［9］宛：宛然，好像。

［10］渤澥（xiè）：海湾，借指渼陂。

［11］无极：无底，指泛舟渼陂，仿佛在海湾清澈的中流，俯视深不可测的渼陂，只见终南山黑色的倒影。

［12］袅窕：窈窕，美好的样子，形容山。

［13］冲融：深广貌，形容水。

［14］“船舷暝戛云际寺”二句：暝，暗；戛，摩擦。云际寺，指户县东南云际山上的大定寺。蓝田关，在渼陂东南的蓝田县，即秦时的峣关。云际寺和蓝田关距渼陂大约六七十里。

［15］“此时骊龙亦吐珠”四句：为诗人面对云影月光、水声山色及船中女乐而想象出来的神奇世界。山上树木为月光笼罩，如同金枝翠旗，而女乐的吹弹歌唱，如同冯夷击鼓，群龙喜波，湘妃汉女载歌载舞。骊龙，黑龙，传说它颔下有宝珠。冯夷，水神名。湘妃，指舜的两位妃子娥皇和女英。汉女，汉水女神。金支，金枝。翠旗，以翠鸟羽毛为饰的旗。

八　西湖词二首

柳梢青

曾　觌[1]

湖岸千峰。嵌岩隐映，绿竹青松。古寺东西，楼台上下，烟雾冥蒙[2]。
波光万顷溶溶，人面与荷花共红。拨棹[3]归欤？一天明月，十里香风。

点绛唇

释正岩

来往烟波，此生自号西湖长。轻风小桨，荡出芦花港。
得意高歌，夜静声偏朗。无人赏，自家拍掌，唱得千山响。

作者略述

曾觌（1109—1180年），宋汴（今河南开封）人，字纯甫。孝宗时以潜邸旧人权知阁门事，后除开府仪同三司，用事二十年，权震中外，至于潜逐大臣，士夫重足。帝知其奸，渐疏之，觌忧恚以死，（词多应制之作，语言婉丽，风格柔媚）有《海野词》（一卷，《全宋词》录其词104首）。

释正岩（1597—1670年），清初叶人，字豁堂（号菽庵，又号藕渔，又作耦余，晚称南屏隐叟）。本仁和（今江苏南京）徐氏子，名继思；感时为僧（出家灵隐寺）。主常熟虞山三峰方丈。（诗画俱优）工画山水；有《同凡集》（词存集中。赵尊岳裁其词，题为《豁堂老人诗余》，辑入《明词汇刊》，存词十八首）。

延伸阅读

两首词都是吟咏西湖之作，《柳梢青》写夏日西湖。前半部分写湖岸美景，从“湖岸千峰”写到湖边楼台房舍，后半部分写游湖之乐。“波光万顷溶溶，人面与荷花共红”与苏轼的“水光潋滟晴方好”和杨万里的“映日荷花别样红”有异曲同工之妙。“一天明月，十里香风”既有时空的交错，也有视觉、嗅觉的交融，如此收束，境界全出。《点绛唇》写夜深人静之际，荡舟湖中，引吭高歌，虽“无人赏”，却自有一种孤傲和狂态。

［1］觌：音 dí。

［2］冥蒙：幽暗不明貌。

［3］棹（zhào）：船桨。

九　家庭新论序

蔡元培

我确信将来的社会一定是很自由、很平等，一切人与人的关系都有极正当、极经济的方法，不要再有现在家庭等等烦琐的组织。但是这种理想不是到宣传成熟、大家都有决心，是断不能实现的。若是想在现在的社会里面去小试一回，必定失败。因为人类的互相关联，非常复杂，非常切近；一个小团体，受外界千百倍重大的压迫与诱惑，没有几个人能把理想去抵抗他的。所以从前有些社会主义家，画了一块地去试验，都失败。现在俄国多数派①把它全国来试验，也不能全照他们的理想办理。

万物进化都由积渐而来；大的如星体的凝成，小的如细胞的分产都是一点一点地在实质上改变起来，到一个时候，那形式也就改观了。所以过渡时代自有一种渐进的办法。沈衡山先生所著的《家庭新论》，就是较为妥善的办法了。

照生物学上看起来，男女爱情本为生产儿女而起。照人类学上看起来，家庭组织也是为保护儿女而起。《易·序卦传》说："有男女然后有夫妇，有夫妇然后有父子"，是很对的。家庭成立以后，有种种的变迁。我们旧家庭用

① 俄国多数派（Bolsheviki）于一九一七年十一月革命，组织政府，主张农工业劳动者专政。几年以来，纷更很多，也没有大好成绩。

家长作主体，尚孝、弟，敬祖先，是偏重既往的。西洋一部分家庭，用夫妇作主体，专从一夫一妇幸福上注意，是偏重现在的。今沈先生所主张，是以儿童为主体，这不但合于生物学原理，而且偏重将来，合于人类进化的趋势。

沈先生又把各种家事具体地叙出改良计画，要造成一个“学校化”的家庭。我虽然是向来不认家庭教育是可能的一个人，看了这种计画，以为苟能实行，未尝不可相对地认家庭教育有可能性。

沈先生也承认贫富差别，有许多无财产的儿童，不能不行私有财产的限制。又承认遗传性的公例，不能不采用优生学①。我以为照现在社会状况，中产以下家庭儿女太多，也确是教育不能普及的一个大原因；所以美国山格夫人新近在中国提出的“生育制裁”问题，② 恐也有采用的价值；不知道沈先生的意思怎么样？

作者简介

蔡元培（1868—1940 年），字鹤卿，又字仲申，号孑民，浙江绍兴人，近代杰出的教育家、思想家和民主革命家，为中国近代教育、文化、科学事业的发展作出了卓越的贡献。1907 年赴德国留学，在莱比锡大学研究教育及心理学。辛亥年回国。1912 年 1 月，中华民国在南京肇建，任改元后首任教育总长。1916—1927 年任北京大学校长，倡导“兼容并包、思想自由”，开创了北大“学术自

① 优生学（Eugenics）所研究，要用科学的方法，审慎男女的婚配，希望人种永远在进于优良的途中。

② 山格夫人（Mrs. Margaret Sanger）于一九二一年四月到中国来，宣传她的生育制裁主义。她主张为家庭的经济和教育方面，为母亲的康健和幸福方面，为社会的安全和人种的优良方面，应当用合宜的方法制裁无限制的生育。

由”之风，为中国现代大学的形成奠定了基础。1920—1930 年，兼任中法大学校长。1927 年任大学院长。1928—1940 年任中央研究院院长。1940 年 3 月 5 日在香港病逝，毛泽东的唁电说：“孑民先生，学界泰斗，人世楷模”。北大新潮社为编《蔡孑民先生言行录》，载其言行极详。遗著辑有《蔡元培全集》。

延伸阅读

1921 年，沈钧儒写出长文《家庭新论》，连载于《中华新报》。1923 年，该文由商务印书馆编辑成书出版。蔡元培、张季鸾、朱希祖、林志钧等闻人分别作序。文中提出“儿童中心主义”的主张，蔡元培特别欣赏，认为“今沈先生所主张，是以儿童为主体，这不但合于生物学原理，而且偏重将来，合于人类进步的趋势”。

沈钧儒（1875—1963 年），字秉甫，号衡山，浙江嘉兴人，清光绪甲辰（1904）进士。1905 年留学日本。回国后参加辛亥革命和反对北洋军阀的斗争。1912 年加入中国同盟会。五四运动期间，撰文提倡新道德、新文化。曾任国会议员、上海法科大学教务长。1936 年，他与宋庆龄等发起并组织了全国各界救国联合会，积极开展抗日救亡运动，触怒当局而遭入狱，为著名的救国会“七君子”领头人。之后，他为反对内战争取和平，建立和扩大爱国统一战线作出了很大贡献，是中国民主同盟会的创始人之一。新中国成立后，历任最高人民法院院长、全国政协副主席、全国人大常委会副委员长和民盟中央主席等职，被誉为“爱国知识分子的光辉榜样”。

十　勤工俭学传书后[①]

吴敬恒

自禽兽进化而为人，人之所以尤进于禽兽者何在乎？即以其前之两足发展为两手，所作之工愈多，其生事愈备，凡可以善生类之群、补自然之缺者愈周也。

故吾人放目四瞩，绕于吾人之外者，云、日也，山、水也，草、木也，皆天然物也。除此以外，街、衢、堂、室、床、榻、盘、盂，一切为游观之物，为饮食之物，桀黠之人举以炫富贵、傲壮丽、殉之而丧其道义者，无非人为品而已。此等人为之品，无非成之以两手而已。虽有今日机器之奥妙，疑若能自动作，然无人手焉拨动其机栝于始，机器亦块然废物而已。

然则有手焉，始有人为之品；有人为之品，即所以善生类之群，补自然之缺：是名进化。若多此人为之品，只供一部分之人从而丧其道义，借以炫富贵、傲壮丽、表异于其同类，是因多此人为之品，生类中反增不道德，人类发展其前之两足而为两手，在宇宙中为退化矣，有是理耶？

于此而得两义。一义，凡具两手而为人，能以其两手作工，助增人为之品，使生类之群益善、自然之缺可补者，此可名之曰“进化之动物”。

① 勤工俭学会由蔡元培、李煜瀛、吴敬恒诸人发起，《勤工俭学传》是会中的刊物。

又一义，废置其手而不用，反盗他人之所作以炫其富贵、傲其壮丽，是其有意贻累生类之群、无力能补自然之缺为显然者，此可名之曰“退化之动物”。

吾固以为知此两义者，今日之人类多于古人。惟歧其论旨、匿其真理，用以惑乱于世者，后人亦多于古人。此必非后世善亦进，恶亦进，宇宙之进化与退化终相抵触也。

此因古代人智幼稚，则研理者寡。有聪明睿智较优于人者，质直而以易知之真理表示于众，众亦鲜能以疑似之曲义辨焉。

后世则人智愈进，研理者愈多。研理而不能不误，此研究繁赜之理者所不能不显之状态。所以理则愈研究愈趋繁赜，虽能得真理之人固愈确而亦愈多，然因繁赜而惝恍，遂致自误，此愿者歧其论旨，其人亦未少矣。久或竟借繁赜为欺炫，用以误人，此黠者匿其真理，其人诚亦多矣。

此正若开辩论之会，方来客未多，坐中寥寥数十人，皆谨愿者，偶有一二长老抒其单简之真理，众亦称善。迨忽焉而方闻多学之士增以百数，虽谈真理者词意非单简、人数非寡少，然逞诡辩以相抗者数亦相当，众之称善，于两者反淆杂，而是非以乱。

必待会之终结，谈真理之群舌皆疲矣，逞诡辩之党词亦穷矣，众人之头脑亦以清晰，真理遂奏最后之胜利也。

迨后有所谓圣贤若尧、舜、周、孔之类者渐多，则似方闻多学之士徐徐而集之时。

今则正真理与诡辩激斗方烈之时。吾不敢为曲说，恐犹未入最烈之时代。若其终结，自犹去之远矣。

最古之世，能为网罟者圣人，为琴、瑟者又圣人，为杵、臼、耒、耜者又圣人，为宫室、衣服、舟、车、棺、椁者自更圣人。圣人皆工人也。此中国黄帝以前之状态，人亦无异说。

忽尧、舜出而立伦理，是隐隐以为工头与工人之父兄可心坐食。经周、孔而逮孟、荀，所谓治人、治于人之伪义愈以确立。

虽至今日，帝王已群目为民贼，官吏已自谦为公仆，治人之恶党其势稍衰；然因有分工之真理，遂更增劳心、劳力之诡辩，间接为帝王、官吏保全未僵之余势，直接为富翁、资本家扬其代兴之恶潮。

其为说也，胶黏而不清，以遂其弊混。治人与治于人，一说也。劳心与劳力，一说也。学与工，又一说也。彼此本绝不相蒙者，诡辩之徒则牵合而为义，一若学止劳心，劳心者即治人者；工止劳力，劳力者即治于人者。

殊不知无论学与工皆不能不心力并用。学则有研理，亦有实习。工则欲善事，亦必运思。劳心、劳力何可以为工、学之分？工、学彼此联属，习科学者绘图，习工事者运斤。学止为工之预备，工止为学之实施；学者当工，工者亦宜学。何与于治人、治于人之分？

将如诡辩者之旨，则必另有治人之学，通之止凭谬想，名曰劳心；玩愿者于股掌，遂自居于治人之列。此则吾敢断言之曰：治人之学非学，乃贼民之技术，欲使一部分人蠹食于人类之中，自忘其为有手动物而已。

否则人与人相交际之学能使各人自学之而自治之，何事而生治人一阶级？非所谓代斫而伤其手，劳而无功，久而为害者乎？

此其义古人早有明之者。尧、舜以前，圣人皆工人，举世无异说。迨尧、舜立伦理，有协和天下之志，实乃生为梗人类之渐。故当时即有壤父①讥之曰："日出而作，日入而息；凿井而饮，耕田而食：帝力何有于我哉？"寥寥

① 相传壤父是尧时人，姓名不传，因为他击壤而唱"日出而作"这几句便称为壤父。

数语，四千年以来大道不明，止以为高隐之谈。其实深符今日社会新学理之“各尽所能，各取所需”。其意简单了当，若曰：“人人能举其工，不违乎作息，则生事皆备，生类之群可善，自然之缺可补，不必更有治人一阶级而天下始和。”（当时以此为讽者不止壤父一人，而许由、巢父①之徒皆是。足见尧、舜之所为，悟其非者其始实多，其后积非胜是，莫名壤父等之妙，遂漫以高士称之耳。）

壤父所以止举凿井、耕田两事者，乃简单以举例，不及备称耳。非如后世偏重农事（农自亦一工），隐逸之士止以躬耕为高尚，对于织屦、卖浆，稍若卑陋。盖即以尧、舜自身为证，舜固耕历山者，然又曾渔雷泽，陶河滨。彼固立治人之伪义，而自身实仍为工人，犹未离于黄帝以前圣人皆工人之旧也。

今欲不违乎吾人两手发展之原理，即更宣畅人人作工之旨，使生类之群、自然之缺，有所备而可善、可补，如是而已。

惟时代愈进，人类所需乎善群、补缺之品物，决非如网罟、耒、耜、耕、凿、陶、渔之简单。故工矣，又必更求日精其工之学，一也。

不幸而过去之时代，人类生有治人一阶级，民贼铲除非易。彼等之口实，皆托言吾民之食于工者程度幼稚，无可自治；则吾人自由为夺。故工矣，不能不兼求自治之学，又一也。

合此旨者，勤工俭学会其一也。故于其发刊《勤工俭学传》之末，辄赘此义，以之商榷于会中诸君子。

---

① 相传许由和巢父都是尧时人，尧把天下让给他们，他们都不肯受。

作者简介

吴稚晖（1865—1953 年），清末民初革命家、教育家、无政府主义者。初名眺，后改名敬恒，江苏武进人。曾与蔡元培等人发起成立爱国学社，任学监并兼任国文教员，后鼓吹反清，并加入中国同盟会。后接受俄国克鲁泡特金的“互助论”，宣传无政府主义，为国民党元老，著有《吴稚晖先生文存》。

延伸阅读

《勤工俭学传》为勤工俭学会主编的杂志。勤工俭学会是李广安、张秀波、齐云卿等于 1915 年 6 月在法国巴黎发起成立的教育团体，以“勤于工作，俭以求学，以进劳动者之智识”为宗旨，每月编印《勤工俭学传》，后又编印《华工杂志》半月刊，对华工传授知识，进行启蒙教育。蔡元培曾为《勤工俭学传》作序，深刻地阐述和宣讲工与学、勤与俭的关系及其意义。吴稚晖的这篇《〈勤工俭学传〉书后》附于《勤工俭学传》发表，旨在厘清“学”与“工”、“劳心”与“劳力”的关系，阐明“工”的意义。

十一　诗魏风伐檀①

坎坎[1]伐檀[2]兮，置之河之干[3]兮。河水清且涟[4]猗！② 不稼[5]、不穑[6]，胡[7]取禾[8]三百廛[9]兮？不狩[10]、不猎[11]，胡瞻尔庭有县[12]貆③[13]兮？彼君子兮不素④餐[14]兮！

坎坎伐辐[15]兮，置之河之侧兮。河水清且直[16]猗！不稼、不穑，胡取禾三百亿兮？不狩、不猎，胡瞻尔庭有县特⑤兮？彼君子兮不素食兮！

坎坎伐轮兮，置之河之漘⑥[17]兮。河水清且沦[18]猗！不稼、不穑，胡取禾三百囷[19]兮？不狩、不猎，胡瞻尔庭有县鹑[20]兮？彼君子兮不素飧[21]兮！

---

① 这当是工人的歌谣，所以前面说自己的工作，后面说对于雇主（有产阶级）的感念。

② 猗是叹美词。

③ 貆与獾同，有狗獾、猪獾两种。穴居，能穿地道。

④ 素是徒然的意思。

⑤ 古时称生了三年的兽为特，又牡牛也称特。

⑥ 漘是水涯。

延伸阅读

《伐檀》选自《诗经·魏风》，为伐木工控诉贵族统治者的歌谣。伐木工们辛辛苦苦伐木，“不稼不穑”“不狩不猎”的贵族们却不劳而获，巧取豪夺，坐享其成。全诗三章重叠，一咏三叹，情感不断强化，极具感染力。《伐檀》是《诗经》中著名的具有现实批判性的篇章。

［1］坎坎：伐木的声音。

［2］檀：黄檀木。

［3］干：岸边。

［4］涟：水波。

［5］稼：耕种。

［6］穑：收割。

［7］胡：为什么。

［8］禾：粟稻等粮食作物的总称。

［9］三百廛（chán）：廛，同“缠”，古代的度量单位，三百廛就是三百束。三百，极言多，并非实数。

［10］狩：冬猎。

［11］猎：追捕鸟兽。

［12］县：同“悬”。

［13］貆（huán）：古同獾。

［14］素餐：白吃饭。

［15］辐：车轮中的直条。

［16］直：《诗集传》注“直，波文之直也”。

［17］漘（chún）：水边。

［18］沦：《诗集传》注“小风水成文，转如轮也”。

［19］囷（qūn）：圆形的粮仓。

［20］鹑：鹌鹑。

［21］飧（sūn）：熟食，此泛指吃饭。

十二　孟子陈仲子[1]章

匡章[2]曰："陈仲子岂不诚廉士哉！居於陵①，三日不食，耳无闻，目无见也。井上有李螬②食实者过半矣。匍匐[3]往将[4]食之。三咽，然后耳有闻，目有见。"

孟子曰："于齐国之士，吾必以仲子为巨擘③焉。虽然，仲子恶能廉。充仲子之操，则蚓而后可④者也。夫蚓，上食槁壤[5]，下饮黄泉[6]。仲子所居之室，伯夷⑤之所筑与，抑亦盗跖⑥之所筑与，所食之粟，伯夷之所树与，抑亦盗跖之所树与：是未可知也。"

曰："是何伤哉？彼身织屦，妻辟[7]纑[8]，以易之也。"

曰："仲子，齐之世家也，兄戴[9]，盖[10]禄万钟。以兄之禄为不义之禄而不食也，以兄之室为不义之室而不居也。辟[11]兄、离母，处于於陵。他日

---

① 於陵，战国时齐国的地方，在今山东长山县西。

② 螬是金龟子的幼虫。

③ 巨擘是大指，这里表特异于众的意思。

④ "蚓而后可"就是说"要像蚯蚓这样才行"。

⑤ 伯夷，殷孤竹君的长子。武王灭纣有天下，伯夷耻食周粟，饥饿以死。这里用他来代廉洁的人。

⑥ 盗跖，春秋时柳下惠的兄弟，暴横无道。这里用他来代贪恶的人。

归，则有馈其兄生鹅者。已频蹙[12]曰：“恶用是鶃鶃①[13]者为哉!”他日，其母杀是鹅也，与之食之。其兄自外至，曰：“是鶃鶃之肉也!”出而哇[14]之。以母则不食，以妻则食之；以兄之室则弗居，以於陵则居之：是尚为能充其类也乎？若仲子者，蚓而后充其操者也。”

作者简介

见第 2 页。

延伸阅读

本篇选自《孟子·滕文公下》，讲述古代隐士陈仲子的故事。陈仲子又叫陈仲或田仲，他耻于吃不义之禄，避兄离母，隐居於陵，最后被饿死，《荀子》和《战国策》里都曾经提及他的事迹。本篇通篇以蚯蚓作比，说明人不能脱离人群和社会而生活，进而批评陈仲子的道德理想是脱离实际的空想。

[1] 陈仲子：齐国隐士。

[2] 匡章：齐人。高诱注：“匡章，孟子弟子也。”

[3] 匍匐：爬。

[4] 将：拿过来。

[5] 槁壤：干土。

[6] 黄泉：地下之泉。

① 鶃鶃是鹅鸣声。

［7］辟（bì）：绩麻。

［8］纑（lú）：练麻。

［9］戴：仲子兄名。

［10］盖（gě）：地名。

［11］辟：同“避”。

［12］频顣：不乐貌。频，同“颦”。

［13］鶂（yì）鶂：鹅叫声。

［14］哇：吐。

十三　文明之消化

蔡元培

凡生物之异于无生物者，其例证颇多，而最著之端则为消化作用。消化者，吸收外界适当之食料而制炼之，使类化[①]为本身之分子，以助其发达。此自微生物以至人类所同具之作用也。

人类之消化作用不惟在物质界，亦在精神界。一人然，民族亦然。希腊民族吸收埃及、腓尼基[②]诸古国之文明而消化之，是以有希腊之文明；高尔[③]、日耳曼诸族吸收希腊、罗马及阿拉伯[④]之文明而消化之，是以有今日欧洲诸国之文明。吾国古代文明，有源出巴比仑[⑤]之说，迄今尚未证实；汉以后，天方大秦[⑥]之文明稍稍输入矣，而影响不著；其最著者为印度之文明。汉季，接触之时代也；自晋至唐，吸收之时代也；宋，消化之时代也。吾族之

---

① 融合新的质料于旧质料之中，叫作类化。

② 腓尼基（Phoenicia）是个古国，在西亚细亚之叙利亚西境。当西元前十四世纪至九世纪时，它的文化极盛。到公元一五一六年，它属于土耳其。

③ 高尔（Gaul）种族名，本居欧洲的中部，很强盛。到公元前二世纪渐为罗马所征服。

④ 阿拉伯（Arabia）是古代的名邦，一称天方。回教便在那边兴起的。八九十世纪时，文化颇盛。

⑤ 巴比伦（Babylonia）在西亚细亚幼发拉底河（Euphrates）畔。公元前二〇〇〇年光景，已很兴盛。公元前五三八年，为波斯（Persia）所灭。

⑥ 我国古时称罗马帝国为大秦。

哲学、文学及美术得此而放一异彩。自元以来，与欧洲文明相接触逾六百年矣，而未尝大有所吸收，如球茎之植物，冬蛰之动物，恃素所贮蓄者以自赡。日趣羸弱，亦固其所。至于今日，始有吸收欧洲文明之机会；而当其冲者，实为我寓欧之同人。①

吸收者，消化之预备。必择其可以消化者而始吸收之。食肉者弃其骨，食果者弃其核，未有浑沦而吞之者也。印度文明之输入也，其滋养果实为哲理，而埋蕴于宗教臭味之中。吸收者浑沦而吞之，致酿成消化不良之疾。钩稽哲理，如有宋诸儒，既不免拘牵门户之成见；而普通社会为宗教臭味所熏习，迷信滋彰，至今为梗。欧洲文明，以学术为中坚，本视印度为复杂；而附属品之不可消化者，亦随而多歧。政潮之排荡，金力之劫持，宗教之拘忌，率皆为思想自由之障碍。使皆浑沦而吞之，则他日消化不良之弊，将视印度文明为尤甚。审慎于吸收之始，毋为消化时代之障碍，此吾侪所当注意者也。

且既有吸收，即有消化，初不必别有所期待。例如晋、唐之间，虽为吸收印度文明时代，而其时《庄》《易》之演讲，建筑、图书之革新，固已显其消化之能力，否则其吸收作用，必不能如是之博大也。今之于欧洲文明何独不然。向使吾侪见彼此习俗之殊别，而不能推见其共通之公理，震新旧思想之冲突，而不能预为根本之调和，则臭味差池。即使强饮强食，其亦将出而哇之耳。当吸收之始，即参以消化之作用，俾得减吸收时代之阻力，此亦吾人不可不注意者也。

---

① 蔡先生此文作于旅居欧洲时，刊载于《旅欧杂志》。

作者简介

见第 31 页。

延伸阅读

本文首刊 1916 年 8 月 15 日《旅欧杂志》创刊号，后又发表于《东方杂志》1917 年 2 月 15 日第 14 卷第 2 号。作者以中外历史上吸收、消化他国文明促进自身发展为依据，指出吸收他国文明的重要性，并强调吸收“必择其可以消化者而始吸收之”，阐明了作者在借鉴欧洲文明的态度，与“兼收并蓄”的思想一脉相承。

十四　说文

茅星来

诗与文之日就衰且薄也，盖自有专攻为诗与文者始矣。

古之时无有以诗文为教与学者也。汉时如下帷讲诵，① 设绛帐为诸生说经，② 要不过读书是务。读书之功既至，则随其材质之高下浅深，而皆必有所独得。得之于心，斯应之于手。于是乎信口吟咏而自然合节焉，率臆抒写而自然成章焉。其有不能，不强使为。苟其闻见广博，学问渊深，虽无著述，要不害其为通儒也。盖自幼以诗文为教与学者，未尝有也。此在魏、晋后学者犹然。故其时凡所著述，留传至今者，犹往往以质实胜，而非后世所可及也。

自唐以来，国家以诗文取士，而学者始专务记览、为词章，以售[1]有司[2]。父兄以是为教，子弟以是为学。凡其所以口不绝吟、手不停披、而矻矻[3]以穷年者，无非欲以供吾赋诗作文之用而已。然则苟有可以不必读书而工为诗与文者焉，则彼且诩诩[4]然自以为得计，而争趋之恐不及矣。夫以王勃、李贺③辈之天才颖异，应口成文，识者犹以为非远大之器，况乎持不逮之资，而强追力取，侥幸一第以为荣，此宋人闵其苗之不长而助之之术也，盖

① 这是汉代董仲舒的故事。他下帷读书，弟子以次相授，有不得见他的面的。

② 这是汉代马融的故事。他于高堂设绛纱帐，前面为诸生说经，后面列女乐。

③ 王勃字子安，李贺字长吉，都是唐代的文家而早死的。

不待其子之趋视，而已知其无不槁[5]矣。① 然而天下但见其长之速也，而于是乎竞相慕效，不务实学，惟猎浮华，以苟简为便利之门，以揣摩为必得之道，《白帖》②《徐记》③，纷纷交作。后之人踵而甚焉，不可纪极。所以痼蔽学者之心胸，涂塞斯人之耳目，所为教与学者如此。

至于上之人之取之也，辨高下于一日之短长，定优劣于一夫之弃取，剽窃字句以相夸耀，不核底蕴以验生平，得之者自负为秘巧，失之者辄笑为无能。而天下之人靡然从风，竭其心思材力，以追逐时好，曲避忌讳，崎岖于曲径之中，而卒莫得其所归也。是故讲求所以为诗与文之法者至唐而加详，而要之诗与文之日就衰且薄也，亦实自唐而积渐使然也。

夫沟洫[6]畎浍[7]，为备旱潦[8]也，纵横深广皆有寸尺，其法度可谓精密。然自商鞅开阡陌，其迹荡焉无存，亦不闻因此遂岁有旱潦患，使民不得耕耨也。然则虽古圣王良法，而苟非出于天地自然之势，其事且不可以久。何则？以其有所为而为也。有所为而为者，非所谓原泉混混不舍者也。夫为作诗与文而始务读书，何以异于是？岂若江、淮、河、汉之不可得而变也？善乎胡宏氏④之言曰："学欲博不欲杂，守欲约不欲陋。"噫！为欲供赋诗作文之用而著书，其书未有不杂且陋者也；为欲供赋诗作文之用而读书，其读未有不杂且陋者也。天理人欲之辨辨之于此，此岂独关读书与夫赋诗作文之得失而已。然则世之有志于学者，亦惟去其有所为之意而后可与语于古。……

---

① 孟子曾说，"宋人有闵其苗之不长而揠之者，芒芒然归谓其人曰：今日病矣，予助苗长矣。其子趋而往视之，苗则槁矣。"见《公孙丑篇》。

② 《白帖》是唐白居易所撰，亦称《六帖》。中间杂采成语、故实，备词藻之用。这种书叫作类书。

③ 《徐记》是唐徐坚所撰的《初学记》。纂经史文章之要，以类相从。也是一种类书。

④ 胡宏，宋人，字仁仲。他是大学者胡安国的儿子，人称他能传其父之学。

作者略述

茅星来（1678—1748 年），清归安（今属浙江湖州）人，字岂宿，号钝叟，又号具茨山人。（少志于学，研经史）工文辞，才气勃发而有义据（后专攻理学，有《近思录集注》《钝叟文钞》）。

延伸阅读

本篇为茅星来赠送同乡士人王立夫而作，表达了作者对古代诗文发展的看法。作者认为，诗和文自唐朝以后一天天地衰落浅薄了，远不及古代的诗文。原因在于出现了为写诗文而读书的人。自唐朝以来，国家以诗文取士，读书人为科考而读诗文写诗文，以考取科名为能事。在这种风气影响下，无论读的书还是著的书都变得“杂且陋”，间接批评了科考的弊端。

[1] 售：卖。

[2] 有司：官吏。

[3] 矻（kū）矻：辛勤劳作的样子。

[4] 诩诩：自得貌。

[5] 槁：枯萎。《孟子・公孙丑上》：“宋人有闵其苗之不长而揠之者，芒芒然归，谓其人曰：‘今日病矣，予助苗长矣。’其子趋而往视之，苗则槁矣。”

[6] 沟洫：田间通水之道。

[7] 畎（quǎn）浍（kuài）：田间水沟。

[8] 潦（lǎo）：雨水大貌。

十五　一件美术品

［俄国］契诃夫（Chekhov）著

胡　适　译

亚历山大史茂洛夫是他母亲的独子。这一天，他手里拿着一件用报纸包着的东西，他脸上笑嘻嘻的，直进葛雪柯医生的待诊室。

葛医生喊道："好孩子，你好么？有什么好事说给我听？"

那少年人有许多话一时说不出来，答道："先生，我母亲叫我致意问候你。你知道她所生只有我一个孩子。你救活了我的性命，你的医道真——我们真不知道怎样感谢你！"

葛医生高兴得很，说道："好孩子，你不要这样说。那是我应该做的事。做医生的都应该这样做。"

那少年道："我母亲只生我一个儿子。我们是穷苦人家，没有什么东西可以重重地报答你的恩德。我们心里终过意不去。我的母亲——先生，她所生只我一子——我的母亲有一件最心爱的小铜像，请你赏收了，总算我们一点小意思。这是一件古铜的雕刻，是一件美术品。"

葛医生正要开口说"我的好孩子……"

那少年一面打开纸包，一面说："先生，你千万不要推辞。你要不肯收，我母亲和我便都不快活了，这是一件小宝贝——一件难得的古董——我的父亲是一个收卖古董的，他死后我们母子接着做这生意。这件古董是我们留在家里做我父亲的一种纪念品的。”

那一重重的纸包已解开了，那少年恭恭敬敬把他的礼物摆在桌上，原来是一支雕刻很精致的古铜插烛台。雕刻的是两个裸体的美人，那种娇柔妩媚的神气，别说我不敢描写，简直是描写不出。那两个美人笑容里很带着一点荡意，好像她们若没有掮住烛台的职务，真要跳下地来大大地玩一回了。

葛医生把这礼物细细看了一会，搔着自己头发，微微咳嗽，说道：“一件好东西，这是不用说的。但是——你知道——我怎样好说呢！这是不很方便的。裸体的女人！——这是不合礼法的。”

那少年问道：“为——为什么？”

葛医生道：“老实说罢，你想我怎样好把这种东西摆在我的桌上呢？这可不把我一家都引坏了么？”

那少年很不高兴，说道：“先生，这真是我想不到的。你的美术思想也算怪了！你看，是一件美术品！这多好看！工夫何等精致！对着它真可教人心里快活，真可教人掉下眼泪来。你看这多活动！你看这空气！——这神气！”

葛医生打断他的话，说道：“我很懂得这个，我的孩子。但是你知道我是有家眷的人，家里有小孩子。还有一个丈母。这里常有女太太们来看病。”

那少年道：“你要用平常的人的眼光看上去，那自然不同了。但是我请你不要学那平常的人。你要是不肯收，我母亲和我心里都很难受。我母亲只有我一个儿子。你救了我的命。我们求你赏收了这件我们最心爱的东西。可惜一对烛台只有这一支了，还有那一支竟找不到。”

葛医生没有法子，只好说道：“多谢你，好孩子，请你替我多谢你的母亲。我同你没有道理可辩。不过你也应该想想我家里的小孩子和女太太们。但是我同你辩论是没有用的。”

那少年见他有意肯收了，高兴得很，说道："先生，是的，你同我辩论是没有用的。我替你摆在这里和你这个东洋瓷瓶平排。可惜还有那一支找不到了。可惜!"

送礼的少年走了后，葛医生对着这件不欢迎的礼物，手抓头发，心里盘算道，"这件东西可真不坏，这是不消说得的。把它丢出去，未免可惜了。但是我家里是留不得的。这事倒有点难办。还是送给谁呢?"

他想了一会，想着了乌柯夫大律师。这位大律师是葛医生的老同学，现在声名一天大似一天，近来又替葛医生赢了一件小小的诉讼案。

葛医生心里想，"得了！他看老朋友的面上，不要我的律师费，我正该送他一件礼物。况且他又是一个没有家眷的人，很爱这些玩意儿。"

葛医生主意打定，把那古铜烛台包好，上了马车，到乌柯夫大律师家里来。

刚巧他的朋友在家，葛医生高兴得很，说道："你瞧，老朋友。上回承你的情，不肯收我的费，我今天特地带了一件小小的礼物来谢你，你务必赏收了。你瞧，这东西多好!"

那位大律师瞧见烛台，高兴极了，喊道："再好也没有了！真好功夫！这样精致！你从什么地方找着这件小宝贝?"他说到这里，忽然回过头来对他朋友说道，"但是，你知道我这里不能摆这样一件东西。我不能收下。"

葛医生睁着眼睛问道："为什么?"

大律师说："你知道我母亲常来这里，还有许多请我办案的人来。我留这东西，还有脸见我的人么？还是请你带了回去。"

葛医生失望得很，大声喊道："决不。你千万不要推辞。你看这件东西的雕刻工夫！你瞧，这神气。我不许你推辞。你要不肯收，就是瞧不起我了。"

葛医生说完了话，忙着跑出大门。他坐在马车里，搓着手，心里很高兴——总算完了一件心事。

乌柯夫大律师嘴里咕噜道，“怎么好?”他细看这礼物，心里盘算如何办法。“这东西真好！但是我可不能收下，丢了它又太可惜，还是做个人情，送给别人罢。但是送给谁呢?……有了，一点也不错，拿它去送给那位喜剧名家夏虚京。他是一个古董收藏家。今天晚上又是他五十岁的生日。”

这天晚上，那支古铜烛台包得好好的，由一个送信的送到夏虚京的上装室里。这一晚，他这房间里来了一大群男人，都是来看这件礼物的。大家喝彩叫好，一房间里都是声浪，就像一群马叫。戏园的女戏子听见了，也来敲门。夏虚京隔着门叫道：“我的好姑娘，你不能进来，我的衣服还没有穿好。”

散戏的时候，夏虚京耸着两只肩膀说道，“这件宝贝东西，我怎么办呢?我要带回家去，我的女房东是不答应的。还有女戏子常常来看我。这又不是一张照片可以藏在抽屉里。”

他背后替他理头发的人听他自言自语，也替他打算，忍不住问道：“你为什么不卖了它呢?我家隔壁的一个老妇人专做古董的生意，她一定肯出很好的价钱问你买这个。这个老妇人姓史茂洛夫，这城里人都认得她。”

夏虚京就依了他的主意。

过了两天，葛医生正在他的书房里，嘴里衔着烟斗，心里想着一件医学的问题，忽然房门开了，前天送礼物的少年亚历山大史茂洛夫走了进来。那少年满脸都是喜色，高兴得很，得意得很，手里拿着一件东西，用报纸包裹着。

他忙着说道：“先生，你想我怎样快活?运气真好！巧得很，我母亲居然买到你那对烛台的那一支了。你这一对现在全了。母亲高兴得了不得。她所生只有我一个儿子，你救了我的命。”

他快活得手都颤了，满心的感激，他把包裹解开，把那支古铜烛台摆在葛医生的面前。

葛医生张开口，要想说句话，但是说不出——他没有说什么。

作者略述

契诃夫（A. Chekhov，1861—1906 年），为一医师，多阅世故，又得科学思想之益，理解力极明敏。著戏剧数种及短篇小说百余篇，写当时人心颓丧之状，艺术精美，味极旨永。（短篇小说有《一个小公务员之死》《变色龙》《万卡》《苦恼》《套中人》等，戏剧有《樱桃园》）

延伸阅读

胡适的译文发表于《新中国》1919 年第 1 卷第 1 期，篇首介绍词中写道：“Anton Chekov（契诃夫）生于一八六〇年，死于一九〇四年。他是一个穷人家的儿子，曾学医学，但不曾挂牌行医。他的天才极高，有人说他‘浑身都是一个美术家。’他的著作很多，最擅长的是戏剧和短篇小说。他的戏剧有《鸿鹄之歌》《求婚》《伊凡诺夫》《海鸥》《三姊妹》《樱桃园》等等。他所作的短篇小说有三百多篇，人称他作‘俄罗斯的穆白桑’。这一篇是从英文重译的。”本篇讲述了一件雕塑作品的奇特经历，结尾出人意料，体现了契诃夫作为短篇小说大师艺术的精湛。

十六 鸡腿蘑菇蕈[1]记

崔 述

蘑菇蕈，魏之土产也。其茎长大肥泽而冠小者尤良，名曰鸡腿蘑菇，烹以为羹，鲜美异常品。惟漳之两岸有之。

他县晋绅之士，耳其名，常苦不能得；偶有得之者，如获拱璧[2]。每岁春秋时，有远方贾人来就市之：摘其冠而食之；独取其茎，载之以如江南。人争贸之，获利常数倍。虽宣化①所产，号为口蘑者，犹莫能比焉。

然是物在魏人殊不贵重。余幼时，见城中人尚有食之者；县既废，旧族皆零落，遂不复知此味，视之与藜藿[3]等。或鬻[4]之于市，竟日不售。尔后遂无鬻者。贾人之市之也，先以钱假负贩者，货纸、线、烟草，担荷之入村墟中；有妇人童子于田间拾得鸡腿蘑菇者，则与之交易所有：小者仅易纸一叶，或线一二缕，乃不值一钱。

呜呼！物之美能见贵于数百千里之外，而居其乡乃无售者；即售亦，不值一钱：何哉？

今以他县之贵且重语于魏之人，魏之人必不信；即以魏之轻且贱语于他县之士大夫，他县之士大夫亦必不信也。彼安知己之所谓珍奇有如是之见轻

① 宣化，清时府名。今为直隶口北道宣化县。

贱于人者哉；必以为过言也已耳。设使他县之士久居于魏之村市间，亲见其轻且贱，其惋惜而不平，咨嗟而太息，扶持保护而力争之，必也。然世之人徇耳者多，信心者少。今魏俗既轻且贱之矣，吾乌知他县之士至此，不始而贵重之，久而饫闻魏人之言，亦从而疑之乎？魏人有游江南者，归谓余曰："鸡腿蘑菇渡江而后味美。"此无他，彼见江南之贵之也，故从而为之辞。然则易地以观，亦如是而已矣。吾又乌知江南之人至此，见魏之贱之也，不亦从而为之辞，谓"是物之在其乡，本亦有不美者"乎？

谚曰："人离乡贱，物离乡贵。"余之意独以为不然。魏之粉皮鬻于外县而价反廉；外县之至魏者亦然：是何故哉？盖凡物之不足珍者，其乡人阿而好之；非其乡人，必不阿而好之也：夫是故离乡而遂贱。物之异常品者，流俗之人不能识也，而又以习见之故轻之，以其不适于己而訾之；即有一二知好之者，而不能胜夫轻之訾之者之众：夫是故离乡而后贵。

故曰：无恩无怨，公论乃见。虽人，亦若是而已矣！夫人岂与物有殊理也哉！

作者简介

见第 11 页。

延伸阅读

本文选自崔述的《无闻集》，文中记述魏地出产的鸡腿蘑菇，鲜美异常。他县得之"如获拱璧"，而在魏地则视如"藜藿"。文末发出"夫人岂与物有殊理也哉"的感慨，借物抒怀。

［1］蕈（xùn）：生长在树林里或草地上的一类真菌，有的可吃，有的有毒。

［2］拱璧：比喻非常珍贵的宝物。

［3］藜（lí）藿（huò）：一般百姓所吃的野菜。

［4］鬻（yù）：卖。

十七　新乐府二首

白居易

缭绫[1]

缭绫缭绫何所似？不似罗绡[2]与纨绮[3]；应似天台山[4]上明月前，四十五尺[5]瀑布泉。中有文章又奇绝，地铺白烟花簇雪。织者何人衣者谁？越溪寒女汉宫姬。①

去年中使宣口敕，天上取样人间织。织为云外秋雁行，染作江南春水色。广裁衫袖长制裙，金斗熨波刀剪纹，异彩奇文相隐映，转侧看花花不定。

昭阳②舞人恩正深，春衣一对直千金。汗沾粉污不再着，曳土踏泥无惜心。

缭绫织成费功绩，莫比寻常缯[6]与帛。丝细缲多女手疼，札札千声不盈尺。昭阳殿里歌舞人，若见织时应也惜。

杜陵③叟

杜陵叟，杜陵居，岁种薄田一顷余。三月无雨旱风起，麦苗不秀[1]多黄

① 这句并非切指，只是泛言织它的是江南的贫女，穿它的是宫中的嫔妃。

② 昭阳是汉宫中的殿。这里借用。

③ 杜陵在今陕西长安县东南，唐时是京畿之地。

死。九月降霜秋早寒，禾穗未熟皆青干。长吏明知不申破，急敛暴征求考课[2]。典桑卖地纳官租，明年衣食将何如！剥我身上帛，夺我口中粟，虐人害物即豺狼，何必钩爪锯牙食人肉！

不知何人奏皇帝，帝心恻隐知人弊，白麻纸上书德音[3]，京畿[4]尽放今年税。昨日里胥[5]方到门，手持敕牒[6]榜乡村。十家租税九家毕，虚受吾君蠲免[7]恩。

作者简介

白居易（772—846 年），字乐天，号香山居士，又号醉吟先生，祖籍太原，生于河南新郑。是唐代伟大的现实主义诗人，与元稹共同倡导新乐府运动，世称“元白”，与刘禹锡并称“刘白”。

白居易的诗歌题材广泛，形式多样，语言平易通俗，有“诗魔”和“诗王”之称。官至翰林学士、左赞善大夫。公元 846 年，白居易在洛阳逝世。有《白氏长庆集》传世，代表诗作有《长恨歌》《卖炭翁》《琵琶行》等。

延伸阅读

这两首诗都选自白居易的《新乐府》组诗，《缭绫》为《新乐府》组诗第三十一首，原题注为：“念女工之劳也”。缭绫是一种精美的丝织品，特别费工，诗中备言越地织缭绫女工的艰辛生活，“丝细缲多女手疼，札札千声不盈尺。昭阳殿里歌舞人，若见织时应也惜。”

［1］缭（liáo）绫（líng）：一种精致的丝织品。质地细致，纹彩华丽，产于越地，唐代作为贡品。

［2］罗绡：轻软有稀孔的生丝或以生丝织成的薄绸子。

［3］纨（wán）绮（qǐ）：精美的丝织品。

［4］天台山：在浙江天台县北，有瀑布高悬。

［5］四十五尺：一匹缭绫的长度。

［6］缯（zēng）：古代对丝织品的总称。

《杜陵叟》原题注为："伤农夫之困也"。元和三年（808 年）冬至元和四年春，长安附近遭受严重旱灾，白居易上疏请求减收租税，唐宪宗准其奏请，但不过只是笼络人心的骗局，《杜陵叟》即写于此背景。诗歌反映了杜陵底层百姓在天灾人祸面前的悲惨生活，皇帝的免税诏书也变成了虚情假意，"十家租税九家毕，虚受吾君蠲免恩。"

［1］不秀：没有扬花。禾穗扬花叫秀。

［2］求考课：争取好成绩。古时考核官员，给予奖励或处罚，叫考课。唐代由吏部考功司掌管。

［3］德音：皇帝的诏令，又叫纶言或纶命。多半是免租、赦罪之类的"恩诏"。唐朝制度，重要的纶命用白麻纸写，一般的用黄麻纸写。

［4］京畿（jī）：京城附近的地方。

［5］里胥：里正。唐代一百户为里，设里正。

［6］敕牒：皇帝下的命令。

［7］蠲（juān）免：免除。

十八　铁圈

［俄国］梭罗古勃（Sologub）　著

周作人　译

一

一个女人，清早晨在一条市外的冷街上散步；一个四岁的孩子同伊一路走。伊很年青活泼，喜孜孜地微笑；伊常常极慈爱地看伊儿子，那孩子的红面颊上，也仿佛映出幸福的光。他正在那里抛一个圈，一个大而且新，明晃晃的黄圈子。他跟这圈乱闯；喜欢得了不得，大声说笑；撒开他的小肥腿，膝弯卜全是露着；挥他抛圈的棒。他本不必将棒举向头上这样高：但这有什么要紧呢？

真好快活！他从前未曾有过一个圈；这圈又跑得怎么活泼呵！

从前一切都未有过；在他看了，一切全是新的——早晨的街道，快活的太阳，市内远远的嚣尘，在孩子看了，一切都新，都快活、洁净。

二

一个穿破衣的老人，两手又粗又硬，站在十字街口。他将身体贴着墙壁，让女人和孩子过去。老人用没有光泽的眼望着孩子，很粗蠢地微笑。混乱迟钝的思想在他秃头里挣扎出来。他对自己说，“一个小绅士！正是一个小东西。喜欢得快要炸了。看他怎样开步走呵!”

他心里不甚明白。这件事似乎有点奇怪:

这里是一个孩子——一个小东西，只配拔住头发拖来拖去的。游嬉是坏事。孩子又是专做坏事的人，大家都晓得的。

那里是一个母亲——伊并不发话也不吵闹，也不骂他。伊很活泼、愉快。很容易看出他们是惯在温和、安乐中过活的人。

但在老人自己一面，他做孩子时过的是狗的生活。便是到了现在，虽然可以不再挨打，也有食料吃饱了，但并无什么好的景况。他记起少年的时候——饿呵，冻呵，打呵。他未曾有过一个圈玩耍，也没有好人家孩子所要的种种玩物。这样子，他在穷愁苦难中间过了一生。他记不出一件喜欢的事。

他张着没牙齿的嘴对孩子笑;心里很羡慕他。他又回想道，“真无聊的游嬉!”

但他心里很是妒他、羡他。

他去作工——去到工厂;在这厂里他从小做起，一直到老了。他终日想那孩子。这是一个极深、极固执的思想。他竟不能忘却那孩子。他心里看见他跪着，笑着，顿脚，抛圈。怎么的肥小腿，直露到膝弯!……

在工厂里机轮喧闹的中间，他整日里仿佛见那小孩拿着铁圈。夜间又在睡梦里看见他。

三

次日早上，老人的幻想依旧跟着他走。

机器咶咶的响;工作很是单调，又是机械般的自动的事。他的两手急忙忙的，做习惯了的工作;没牙齿的嘴上现出微笑，心里怀着愉快的空想。空气里面夹着许多尘埃，愈显得浓厚；承尘底下，许多皮带从无数轮子上转来转去，嗤嗤的响。略远的地方被散出的蒸汽遮住，全不能见。只见一两个人忽隐忽现，像鬼怪一般；人的声音，因为机器的不断的响声，也一毫不能听到。

老人的空想也正是热闹——他这时候变了一个小孩；他的母亲是一个上流妇人；他有他的圈和小棒。他正在那里游嬉，用小棒赶那圈。他穿了一件白衣服；他的小腿很肥，一直露到膝弯上。

几日过去了。工作也逐渐进行，他的空想还是如此。

四

一日晚上，他从工厂回家，在路上见了一个木桶的圈，这是一个粗恶污秽的圈。老人见了，喜得遍身发抖，没有光泽的眼里流出泪来。有一种突然发生的不可抗的欲望，将他制住。

他很小心地向四面一望；于是蹲下去，伸出发抖的手将它拾起，又惭愧似的微笑，拿了它回家。

没有一个人留心他，也没有人问他。这与人有什么相干？一个穿破衣的老人，拿着一个破旧无用的圈——有谁来留心呢。

他偷偷地拿着走，怕人看了见笑。为什么拾了来，又为什么拿着走，连他自己也说不出。单是这很像那孩子的圈罢了。将它放在随便什么地方，也没有什么妨碍。

他能看这圈，也能用手抚摩这圈。还更能引起他的幻想；工厂里的呼啸喧扰声音便觉渐渐微弱，散出的蒸汽也渐渐淡了。……

这圈在老人的歪斜不正的房子里的床下放了几日。他时时拿了出来，看他一回；这污秽灰色的圈，很能安慰老人的心；他见了圈，便使他更加想念那幸福的孩子。

五

一日是清朗和暖的早晨，鸟在市内虚损的树上叫得比平时尤其高兴。老人一早起身，拿了圈，走出市外。

他在林中，从老树和荆棘堆里直向前走，一面咳嗽。这树上都包满了黑色干枯的开裂的树皮，老人看了，觉得很不测，又像是板着脸不说话。林中的气味也很奇，昆虫都很怪异，羊齿植物似乎非常高大。这里并无尘埃喧闹，只有温和细密的朝雾，散布在树木后面。老人的脚在枯叶上滑过；有时遇着爬在地上的老树根，几乎绊倒。

老人折下一支枯枝，将圈挂在枝上。

他走到一片空地，充满着日光与寂静。无数露珠在新刈草地的绿叶上闪闪有光。

忽然老人将圈溜下树枝。他用枝打，使圈在草地上旋转。老人大笑，颜色很是喜悦；他跟着圈跑，正同那孩子一样。他踢脚，用棒打那圈子；又将棒在他头上高高举起，也同孩子一样。

他觉得自己还是幼小，被人所爱，又很幸福。他又觉得他的母亲正看守着他，微笑着，紧跟着他走。仿佛初次出外的孩子，他觉得与鲜明的草和闲寂的青苔接触，十分舒畅快乐。

他的灰色羊须同他苍白的脸色恰相调和，抖个不住；他的咳嗽同笑混作一堆，奇怪的嗄声从他没牙齿的口中发出。

六

此后老人，一天比一天，更爱他早上带着圈在林中游嬉的时光了。

他有时想到，怕被人发见，被人见笑——想到这里，引起一种深切的惭愧心来。这惭愧很像恐怖；他便渐渐麻木，他的膝髁几乎发软。他慌忙向四面探望。

不——四面没有一个人看得见，也没有一个人听得到。

他尽意地游嬉够了，便回到市里，很温和愉悦地微笑。

七

没有一个人发见了他。也没有非常的事出现。老人平平安安地游嬉了几日；一日露水很多的早上，他便受了凉。他卧倒在床上；不久死了。虽然死在工厂病院里，死在不知不识的不相关切的人的中间，他很平静地微笑。

他的空想使他心里很得安慰。他也曾做过孩子，也曾笑着在阴暗的树木中间，在绿草上跳跃——他的亲爱的母亲将眼紧跟着他。

作者略述

梭罗古勃（F. Sologub，真名 Feodor Teternikov，1863—1927 年）之经历不可考。或请作自叙传，答曰：“吾生别无可记，且吾亦无暇为此不急之务。”人或就其著作研究之，仅知曾为学校教师而已。（梭罗古勃，现通译索洛古勃，诗人，作家，剧作家，翻译家，1918 年被选为文学活动家苏维埃联盟主席，1924 年担任列宁格勒作家协会翻译家分会名誉主席。）

延伸阅读

《铁圈》发表于《新青年》第6卷第1期，文末详细介绍了作者Sologub及这篇《铁圈》的情况：

Sologub本名Feodor Teternikov（1863— ）。本志四卷三号已经载过他的一篇《童子Lin之奇迹》，但他杰作是长篇小说《小鬼》与短篇《迷藏》等。这一篇《铁圈》虽然并非他的一等著作，但很可看出他的根本思想，所以颇有研究的价值。

Sologub是厌世家，又是死之赞美者（Peisithanatos）。他在《小鬼》中，表明人生的恶浊无意义；要脱离这苦，但有死这一条路，如《迷藏》中的小女儿Leletshka，又或如《未生者之接吻》中的胎儿，便最好了。其次要算发狂，他称为祝福的狂气。此外还有两种法门，可免人生的苦恼：第一是美，第二是空想。但无论怎样的天真的美，一与人世接触，也被污染毁坏；所以诗人的空想，便是唯一的避世的所在。英人Cournos说，“空想是美的媒介；能令人在悲哀中求得悦乐。有空想的人，真是幸福。他在这日光所照鄙俗可厌的人世之外，别有一个世界：怪异荒唐，同童话的世界一般，也便是夜的世界。”

Sologub的意见大略与意大利诗人Leopardi相似，“以为人生只有苦趣；灵智之士，苦亦益大。盖人生慰藉，实为空虚。人有希望空想幻觉，乃得安住。如幻灭时，止见实在，即是悲苦。欲脱此苦，唯梦或死。”这篇小说里的老人，便只因能有了空想幻觉，所以虽然过了一世“狗的生活”，也能很温和愉快地微笑；死在不相关切的人的中间，也能很平静地微笑。所以他可算一个“真是幸福”的人。因为他能在这不幸的真实世界之外，别有一个空虚的世界，可以容得他安住。

但我的意见不能全与著者相同，以为人的世界，究竟实在这真实的世界一面，须能与《小鬼》奋斗，才算是唯一的办法。所以我们从别一方面，看这抛圈的老

人的生活，与《卖火柴的女儿》比较观察，也是一件颇有意义的事。（七年十二月三十日）

“从别一方面，看这抛圈的老人的生活，与《卖火柴的女儿》比较观察，也是一件颇有意义的事”，也正是这篇小说被编入教材的理由。

十九 金石录后序

李清照

右《金石录》三十卷者何？赵侯德父①[1]所著书也；取上自三代[2]，下迄五季[3]，钟、鼎、甗[4]、鬲[5]、盘、匜[6]、尊、敦之款识[7]，丰碑、大碣[8]、显人[9]、晦士[10]之事迹，凡见于金石刻者二千卷，皆是正讹谬[11]，去取褒贬，上足以合圣人之道、下足以订史氏[12]之失者皆载之，可谓多矣。

呜呼！自王播［涯］、元载②之祸[13]，书、画与胡椒无异，长舆、元凯之病[14]，钱癖与《传》癖何殊，③ 名虽不同，其惑一也。

余建中辛巳④[15]，始归赵氏，时先君[16]作礼部员外郎，丞相[17]时作吏部侍郎。侯年二十一，在太学[18]作学生。赵李族寒素贫俭，每朔望谒告[19]出，质[20]衣取半千钱，步入相国寺[21]，市[22]碑文、果实归，相对展玩咀嚼，自谓葛天氏之民也。⑤ 后二年，出仕宦，便有饭蔬、衣練[23]，穷遐方、绝域[24]，尽天下古文、奇字[25]之志。日就月将[26]，渐益堆积。丞相[27]居政

---

① 德父名明诚，是作者的丈夫。

② 王播是唐时人，为官专事掊敛。元载是唐代宗时的奸臣。

③ 长舆是晋和峤的字。富拟王者，而性很吝啬，时人说他有钱癖。元凯是晋杜预的字。他曾作《春秋左传集解》，自己说有《左传》癖。

④ 建中，宋徽宗年号，辛巳当公元一一〇一年。

⑤ 传说葛天氏是上古之帝，无为而治。这里说“自谓葛天氏之民”，是陶然自乐，物我两忘的意思。

府，亲旧或在馆阁[28]，多有亡诗[29]、逸史[30]，鲁壁[31]、汲冢①所未见之书。遂尽力传写；浸觉有味，不能自已。后或见古今名人书、画，三代奇器，亦复脱衣市易。尝记崇宁②间，有人持徐熙③《牡丹图》求钱二十万。当时虽贵家子弟，求二十万钱，岂易得耶？留信宿[32]，计无所出而还之，夫妇相向惋怅者数日。

后屏居乡里[33]十年，仰取俯拾，衣食有余；连守两郡[34]，竭其俸入以事铅椠[35]。每获一书，即同共校勘，整集签题。得书、画、彝、鼎，亦摩玩舒卷，指摘疵病，夜尽一烛为率。故能纸札精致，字画完整，冠诸收书家。余性偶强记，每饭罢，坐归来堂烹茶，指堆积书史，言某事在某书某卷第几叶第几行，以中否角胜负，为饮茶先后。中即举杯大笑，至茶倾覆怀中，反不得饮而起。甘心老是乡矣！故虽处忧患困穷，而志不屈。收书既成，归来堂[36]起书库大橱，簿甲乙[37]，置书册。如要讲读，即请钥上簿，关出卷帙。或少损污，必惩责楷完涂改：不复向时之坦夷也。是欲求适意而反取憀栗。余性不耐，始谋食去重肉[38]，衣去重采[39]，首无明珠、翡翠之饰，室无涂金、刺绣之具，遇书史百家字不刓阙[40]、本不讹谬者，辄市之，储作副本。自来家传《周易》《左氏传》，故两家者流文字最备。于是几案罗列枕藉，意会心谋，目往神授，乐在声、色、狗、马之上。

至靖康丙午岁④，侯守淄川⑤，闻金人犯京师，四顾茫然，盈箱溢箧，且

---

① 汉鲁恭王拆毁孔子旧宅，从壁中得古文《尚书》及《礼记》《论语》《孝经》，凡数十篇。又晋太康二年（公元二八一年），汲郡（今河南汲县）人盗发古魏王冢，得竹书数十车。

② 崇宁也是宋徽宗年号，当公元一一〇二年至一一〇六年。

③ 徐熙，南唐时画家，画花果最佳。

④ 靖康，宋钦宗年号，丙午当公元一一二六年。

⑤ 淄川今为山东济南道淄川县。

恋恋，且怅怅，知其必不为己物矣。建炎丁未①春三月，奔太夫人丧南来，既长物不能尽载，乃先去书之重大印本者，又去画之多幅者，又去古器之无款识者，后又去书之监本②者，画之平常者，器之重大者，凡屡减去，尚载书十五车。至东海[41]，连舻渡淮，又渡江，至建康③[42]。青州④故第，尚锁书册什物，用屋十余间，期明年春再具舟载之。十二月，金人陷青州，凡所谓十余屋者，已皆为煨烬矣。建炎戊申[43]秋九月，侯起复，知建康府。己酉春[44]三月罢，具舟上芜湖⑤，入姑孰⑥，将卜居赣水[45]上。夏五月至池阳⑦，被旨知湖州⑧，过阙上殿[46]；遂驻家池阳，独赴召。

六月十三日，始负担舍舟，坐岸上，葛衣岸巾[47]，精神如虎，目光烂烂射人，望舟中告别。余意甚恶，呼曰："如传闻城中缓急[48]，奈何?"戟手[49]遥应曰："从众。必不得已，先去辎重，次衣被，次书册卷轴，次古器；独所谓宗器[50]者，可自负抱，与身俱存亡，勿忘之!"遂驰马去。涂中奔驰，冒大暑感疾，至行在[51]，病痁⑨。七月末，书报卧病。余惊怛，念侯性素急，奈何病痁，或热必服寒药，疾可忧。遂解舟下，一日夜行三百里。比至，果大服柴胡、黄芩药，疟且痢，病危在膏肓。余悲泣仓皇，不忍问后事。八月

① 建炎，宋高宗年号，丁未当公元一一二七年。
② 监本是国子监所刻的书本。
③ 建康就是现在的江宁。
④ 青州，古时所称九州之一。今山东胶东道及济南道东境都是青州地。这里即指淄川。
⑤ 芜湖今为安徽芜湖县。
⑥ 姑孰即今安徽当涂县。
⑦ 池阳即池州，今安徽贵池县。
⑧ 湖州今为浙江吴兴县。
⑨ 痁就是疟疾。

十八日，遂不起，取笔作诗，绝笔而终，殊无分香卖屦①之意[52]。葬毕，余无所之。朝廷已分遣六宫[53]，又传江当禁渡。时犹有书二万卷，金石刻二千卷，器皿、茵褥可符百客，他长物称是。余又大病，仅存喘息。事势日迫。念侯有妹婿任兵部侍郎，从卫在洪州②，遂遣二故吏先部送行李往投之。冬十二月，金人陷洪州，遂尽委弃。所谓连舻渡江之书，又散为云烟矣！独余少轻小卷轴、书帖，写本李、杜、韩、柳集，世说③，盐铁论④，汉、唐石刻副本数十轴，三代鼎、鼐十数事，南唐写本书数箧，偶病中把玩，搬在卧内者，岿然独存。

上江既不可往，又虏势叵测，有弟迒，任敕局删定官，遂往依之。到台⑤，台守已遁。之剡⑥，出睦⑦，又弃衣被。走黄岩⑧，雇舟入海，奔行朝。时驻跸[54]章安⑨，从御舟海道之温⑩，又之越[55]。庚戌[56]十二月，放散百官，遂之衢⑪。绍兴辛亥⑫春三月，复赴越。壬子[57]，又赴杭。先侯疾亟时，有张飞卿[58]学士携玉壶过视侯，便携去，其实珉也。不知何人传道，遂妄言

---

① 魏太祖将死，遗命道，“余香可分与诸夫人，诸舍中无所为，学作履组卖也。”这里是借用。

② 洪州今为江西南昌县。

③ 《世说》，南朝宋刘义庆撰。所纪全是从后汉到东晋时的轶事琐语。

④ 《盐铁论》，汉桓宽撰。汉昭帝时，诏举贤良文学之士，问以民间疾苦。大家都请罢盐铁榷酤。桓宽把诸人的话集成《盐铁论》一书。

⑤ 台是台州，今为浙江临海县。

⑥ 剡是嵊县，今属浙江会稽道。

⑦ 睦是睦州，今为浙江建德县。

⑧ 黄岩今属浙江会稽道。

⑨ 章安也是今浙江临海县古名。

⑩ 温是温州，今为浙江永嘉县。

⑪ 衢是衢州，今为浙江衢县。

⑫ 绍兴，宋高宗年号，辛亥当公元一一三一年。

有颁金[59]之语，或传亦有密论列者[60]。余大惶怖，不敢言，亦不敢遂已，尽将家中所有铜器等物，欲赴外廷[61]投进。到越，已移幸四明①。不敢留家中，并写本书寄剡。后官军收叛卒，取去，闻尽入故李将军家。所谓岿然独存者，无虑十去五六矣！惟有书、画、砚、墨可五七簏，更不忍置他所，常在卧榻下，手自开阖。

在会稽②，卜居土民钟氏舍。忽一夕，穴壁负五簏去。余恼痛不得活，重立赏收赎。后二日，邻人钟复皓出十八轴求赏，故知其盗不远矣。万计求之，其余遂牢不可出。今知尽为吴说运使[62]贱价得之。所谓岿然独存者，乃十去其七八！所有一二残零不成部帙书册，三数种平平书帖，犹复爱惜如护头目，何愚也耶！

今日忽开此书，如见故人。因忆侯在东莱③静治堂，装卷初就，芸签、缥带[63]，束十卷作一帙。每日晚吏散，辄校勘二卷，跋题一卷。此二千卷，有题跋者五百二卷耳。今手泽如新，而墓木已拱[64]，悲夫！

昔萧绎江陵陷没，不惜国亡，而毁裂书、画④[65]，杨广江都倾覆，不悲身死，而复取图书⑤[66]：岂人性之所著，生死不能忘欤？或者天意以余菲薄，不足以享此尤物[67]耶？抑亦死者有知，犹斤斤爱惜，不肯留人间耶？何得之艰而失之易也？呜呼！余自少陆机作赋[68]之二年，至过蘧瑗知非[69]之两岁，⑥ 三十四年之间，忧患得失，何其多也？然有有必有无，有聚必有散，乃

---

① 四明是浙江鄞县。

② 会稽今属浙江绍兴县。

③ 东莱，汉时郡名，此地即指淄川。

④ 萧绎是梁元帝，即位于江陵。后城为魏人所破，他焚毁古今图书十四万卷。

⑤ 杨广就是隋炀帝。他攻陈时，收取江南图书。

⑥ 晋陆机二十岁便能作赋。春秋时卫人蘧瑗五十岁而知四十九年之非。此地借用两人故事，来代“从十八岁到五十二岁”这句话。

理之常。人亡弓，人得之，①[70]又胡足道。所以区区记其终始者，亦欲为后世好古博雅者之戒云。

绍兴二年玄黓岁②[71]壮月③朔甲寅，易安室题。

作者略述

李清照（1084—约1155年），宋济南人，号易安居士，湖州守赵明诚之妻。工诗文，尤以词擅名，卓然为宋代大家，有《漱玉词》。[李清照十八岁时与太学生赵明诚结婚。早期生活优裕，常有诗词唱和，共同收藏研究金石书画。靖康之难后，与夫南渡。宋建炎三年（1129年）赵明诚因病去世。此后，李清照漂泊江南，景况苦。故后期作品多身世之感、故国之思，约1155年离世。有《词论》一篇，主张词“别是一家”之说。今人辑有《李清照集》。]

延伸阅读

本文是李清照为其丈夫赵明诚的《金石录》一书写的序文，文章前半部分写搜集、整理、校阅金石书画的甘苦；后半部分写金兵入侵、宋室南渡过程中，收集的金石书画相继散失的悲痛。文中所记载的南渡初年动荡离乱的现实，让读者如亲临其境般体验那段历史，文章真切地表现了心爱的文物一一散失之痛和个人丧夫离乡的身世飘零之苦，具有极强的艺术感染力。

---

① 《孔子家语》载楚共王失了一张弓，他不叫人去搜寻，说“楚人亡弓，楚人得之，又何求也?”孔子嫌他这话狭小，说“人遗之，人得之，何必楚也?”

② 玄黓岁是壬年，绍兴二年为壬子。

③ 壮月是阴历的八月。

《金石录》是一部学术著作，收录自上古至五代的钟鼎彝器铭文款识与碑铭墓志等金石文字，并加考订，编排成帙，具有重要的史学价值。

［1］赵侯德父：赵明诚，字德甫，宋密州诸城（今山东省诸城市）人，徽宗朝宰相赵挺之之季子，李清照之夫。侯，古代五等封爵之一，后常用来称呼州郡长官。赵明诚曾为莱州、淄州、建康、湖州太守，故称为侯。

［2］三代：夏、商、周。

［3］五季：即后梁、后唐、后晋、后汉、后周五代。

［4］甗（yǎn）：中国先秦时期的蒸食用具。

［5］鬲（lì）：古代炊具，样子像鼎，足部中空。

［6］匜（yí）：古代一种盛水洗手的用具。

［7］款识：古代金石上铸刻的文字。《汉书·郊祀志》颜师古注："款，刻也。识，记也。"

［8］丰碑、大碣：高大的石碑。

［9］显人：有声望的人

［10］晦士：犹隐士，韬晦之士。

［11］正讹谬：校正错字讹句。

［12］史氏：此处泛指史官。

［13］王播、元载之祸：王播，清代何焯改为王涯。王涯，字广津，唐文宗时宰相，喜收藏书画，甘露之变时被宦官所杀。他人破墙而入其家自取金玉珍宝，而弃书画于道路。元载，字公辅，唐代宗时宰相，因贪赃而被赐自尽，其家财被抄，仅胡椒便有八百石。二人事迹俱见《新唐书》本传。

［14］长舆、元凯之病：和峤，字长舆，晋朝人，家产至富，性极吝啬，杜预说他有"钱癖"。杜预，字元凯，与峤同时。博学，雅好《左传》，著有《春秋经传集

解》。一次晋武帝问杜预："卿有何癖？"他回答道："臣有《左传》癖。"二人《晋书》有传。

［15］建中辛巳：宋徽宗建中靖国元年（1101年）。此年李清照与赵明诚结婚。

［16］先君：指已逝世的父亲李格非，时为礼部员外郎。

［17］丞相：指赵挺之。时为礼部侍郎，崇宁四年（1105年），官至尚书右仆射，即宰相。

［18］太学：封建时代传授儒家经典的最高学府。

［19］朔望：农历每月初一为朔，十五为望。谒告：请假。这里指朔望日的例行休假。

［20］质：典当。

［21］相国寺：北宋汴京最大的庙宇，原名建国寺，北齐天保六年（555年）建。唐睿宗旧封相王，重建后改名相国寺，宋再加扩建，称"大相国寺"。每月朔望及初三、初八日开放。据《东京梦华录》卷三说："殿后资圣门前，皆书籍、玩好、图画之类。"

［22］市：购买。

［23］饭蔬、衣練（shū）：饭蔬，以蔬菜为饭，此指素食。《论语·述而》："饭蔬食饮水。"衣練，穿粗布衣服。練，苎麻类织物。

［24］穷遐方、绝域：游遍极远的地方。遐方，远方。绝域，极远的地域。

［25］古文、奇字：此指上古文字，如甲骨文、钟鼎文之类。

［26］日就月将：犹日积月累。《诗·周颂·敬之》："日就月将，学有缉熙于光明。"孔颖达疏："日就，谓学之使每日有成就；月将，谓至于一月则有可行。言当习之以积渐也。"

［27］丞相：指赵挺之。

［28］馆阁：宋代掌管修史、藏书的机关，原为昭文馆、史馆、集贤院及秘阁。

［29］亡诗：指今本《诗经》三百零五篇以外的诗。

［30］逸史：正史以外的史书。

［31］鲁壁：孔安国《古文尚书序》载“鲁恭王好治宫室，坏孔子旧宅以广其居，于壁中得先人所藏古文虞、夏、商、周之书，及《传》《论语》《孝经》，皆蝌蚪文字”。旧址在今山东曲阜市。

［32］信宿：连宿两夜。

［33］屏居乡里：隐居家乡。徽宗大观元年（1107 年），赵挺之罢相，不久病逝。次年，赵明诚与李清照回青州故第。按赵挺之虽为密州诸城人，然据《宋宰辅编年录》，后来实移家青州。

［34］连守两郡：赵明诚于宣和三年（1121 年）出守莱州，靖康元年（1126 年）移守淄州，故云。

［35］铅椠（qiàn）：古代文具。铅为铅条，可书写；椠为木板，可书文字。

［36］归来堂：在青州赵氏故第内，因屏居乡里，故取陶渊明《归去来辞》之义名其堂。

［37］簿甲乙：分类编号。

［38］食去重肉：不同时吃两样荤菜。重，重复。

［39］衣去重采：不同时穿两件绣花衣裳。

［40］刓（wán）阙（quē）：残缺不全。

［41］东海：宋代海州，今江苏连云港市。

［42］建康：今南京市。

［43］建炎戊申：建炎二年（1128 年）。

［44］己酉春：建炎三年（1129 年）春天。

［45］赣水：今江西省赣江，联系下文来看，当指洪州（今南昌市）。

［46］过阙上殿：指入朝见皇帝。

［47］岸巾：古人头巾均覆额，把头巾掀起露出前额，叫作岸巾或岸帻。

［48］缓急：紧急。指敌军侵犯事。

［49］戟手：以食指与中指分开成戟形，指点对方。

［50］宗器：宗庙祭器及礼乐之器。

［51］行在：皇帝出行所在之地，此指建康。

［52］分香卖屦：曹操《遗令》载“余香可分与诸夫人，不命祭。诸舍中无所为，学作组屦卖也”。屦，麻、葛等制成的单底鞋。此句谓没有遗嘱。

［53］六宫：皇帝后宫之总称。建炎三年（1129 年）七月，因避金人南下，隆裕太后孟氏逃往洪州，分遣六宫即其时。

［54］驻跸：皇帝途中驻扎。跸，原意指皇帝出行时的清道。

［55］越：越州。今浙江绍兴市。

［56］庚戌：建炎四年（1130 年）。

［57］壬子：绍兴二年（1132 年）。

［58］张飞卿：阳瞿人，喜书画。

［59］颁金：把玉壶送给金人，意即通敌。颁，分赐。

［60］密论列：宋代言官上书检举弹劾称“论列”。此指告密。

［61］外庭：朝廷不在京城，称外廷。

［62］吴说：人名，字傅朋，钱塘（今杭州）人，当时著名书画家，曾任福建路转运判官。运使，转运使的简称。

［63］芸签、缥带：芸签，书签的雅称，古人藏书多用芸香驱蠹虫，故名。缥带，淡青色的带子，用以束书。

［64］墓木已拱：墓前树木可以两手合抱，喻人死已久。《左传·僖公三十二年》：“尔何知？中寿，尔墓之木拱矣。”按此时距赵明诚之死（1129 年），已有三年。

［65］“昔萧绎”二句：梁元帝萧绎建都江陵，承圣三年（554年），魏兵攻陷江陵，萧绎命舍人焚古今图书十四万卷。据《资治通鉴》载：“故问何意焚书，帝曰：读书万卷，犹有今日，故焚之。”

［66］杨广：即隋炀帝，大业十四年（618年）在江都（今江苏扬州市）被宇文化及所杀。据《大业拾遗记》载，唐高祖武德四年平定东都洛阳后，将观文殿所藏新书八千卷载回长安。上官魏梦见炀帝，大喊道：“何因辄将我书向京师？”船行黄河，值风覆没，一卷未剩。上官魏又梦见炀帝，喜曰：“我已得书！”以上二句所言本此。

［67］尤物：珍奇的物品。此指珍贵的文物。

［68］陆机作赋：陆机，西晋华亭（今上海松江）人，文学家。杜甫《醉歌行》：“陆机二十作《文赋》。”李清照以十八岁嫁赵明诚，故云“少陆机作赋之二年”。

［69］蘧（qú）瑗（yuàn）知非：蘧瑗，字伯玉，春秋时卫国大夫。《淮南子·原道训》：“故蘧伯玉年五十而有四十九年之非。”此句说她作序之年已五十二岁。

［70］人亡弓，人得之：《孔子家语》卷二，“楚王出游，亡弓。左右请求之。王曰：止！楚人失弓，楚人得之，又何求之？孔子闻之，惜乎其不大也！不曰‘人遗弓人得之而已’，何必楚也。”

［71］玄黓（yì）岁：《尔雅·释天》，“太岁在壬曰玄黓”。绍兴二年，岁在壬子，故云。按此处记题序年份似有脱误。清照五十二岁当为绍兴五年（1135年）。又按，一说下文“甲寅”当指绍兴四年甲寅（1134年）。

二十　祭妹文①

袁　枚

乾隆丁亥冬，葬三妹素文于上元②之羊山[1]，而奠[2]以文。曰：

呜呼！汝[3]生于浙而葬于斯[4]，离吾乡[5]七百里矣。当是时虽觭梦③幻想，宁知[6]此为归骨所[7]耶！汝以一念之贞[8]，遇人仳离④，[9]致孤危[10]托落[11]，虽命之所存，天实为之，然而累汝至此者，未尝非予之过也。予初从先生授经[12]，汝差肩而坐[13]，爱听古人节义事[14]。一旦长成，遽[15]躬[16]蹈[17]之。呜呼！使[18]汝不识诗书，或未必艰贞若是[19]。

余捉蟋蟀，汝奋臂出其间[20]。岁寒虫[21]僵[22]，同临其穴[23]。今予殓[24]汝、葬汝，而当日之情形憬然赴目[25]。予九岁憩[26]书斋，汝梳双髻，披单缣[27]来，温[28]《缁衣》⑤一章[29]。适先生奓户[30]入，闻两童子音琅琅然[31]，不觉莞尔[32]，连呼则则[33]。此七月望日[34]事也；汝在九原[35]，当分明记之。予弱冠[36]粤行[37]，汝掎[38]裳悲恸[39]。逾[40]三年，予披宫锦[41]

① 袁之妹早岁与高氏订婚。高氏子恶极无赖，其家人请毁约，袁妹不肯。嫁后备受挫折，经她的父亲诉之于官，才与高氏断绝关系，而回居于家。

② 清代上元县与江宁县同为江苏江宁府治。现在并入江宁县。

③ 觭梦两字见于《周礼》。有人说觭当读如奇，觭梦是奇异的梦。

④ 仳离是乖离的意思。

⑤ 《缁衣》，《诗经·郑风》篇名。

还家。汝从东厢[42]扶案[43]出；一家瞠视而笑[44]。不记语从何起，大概说长安①登科，函使报信迟早云尔[45]。凡此琐琐[46]，虽为陈迹，然我一日未死，则一日不能忘。旧事填膺[47]，思之凄梗[48]，如影历历[49]，逼取便逝[50]。悔当时不将婴娩②[51]情状，罗缕记存[52]。然而汝已不在人间，则虽年光倒流，儿时可再[53]，而亦无与为证印[54]者矣。

汝之义绝[55]高氏而归也，堂上阿奶[56]，仗汝扶持，家中文墨[57]，眣[58]汝办治。尝[59]谓女流中最少明经义[60]、谙雅故[61]者，汝嫂非不婉嫕[62]，而于此微缺然。故自汝归后，虽为汝悲，实为予喜。予又长[63]汝四岁，或人间长者先亡，可将身后[64]托汝。而不谓汝之先予以去[65]也。前年予病，汝终宵[66]刺探[67]，减一分则喜，增一分则忧。后虽小差[68]，犹尚殗殜③[69]无所娱遣[70]。汝来床前为说稗官野史[71]可喜可愕[72]之事，聊资一欢[73]。呜呼，今之后吾将再病，教从何处呼汝耶！

汝之疾也，予信医言无害，远吊扬州[74]。汝又虑戚吾心[75]，阻人走报[76]。及至绵惙[77]已极，阿奶问望兄归否，强[78]应曰，诺[79]。已予先一日梦汝来诀[80]，心知不祥，飞舟渡江。果[81]予以未时[82]还家，而汝以辰时[83]气绝，四支[84]犹温，一目未瞑[85]，盖[86]犹忍死待予也；呜呼痛哉！早知诀汝，则予岂肯远游，即游亦尚有几许[87]心中言要汝知闻[88]，共汝筹画[89]也；而今已矣[90]！除吾死外，当无见期：吾又不知何日死，可以见汝；而死后之有知、无知与得见、不得见，又卒难明[91]也。然则抱此无涯之憾，天乎人乎[92]，而竟已乎！

---

① 这里长安是指京师。

② 人初生叫作婴娩，这里指幼稚时代。

③ 殗殜是病者半卧半起的意思。

汝之诗，吾已付梓[93]；汝之女，吾已代嫁[94]；汝之生平，吾已作传[95]；惟汝之窀穸[96]，尚未谋耳。先茔[97]在杭，江广河深[98]，势难归葬，故请母命而宁汝于斯，便祭扫也。其旁葬汝女阿印[99]。其下两冢[100]，一为阿爷[101]侍者[102]朱氏，一为阿兄[103]侍者陶氏[104]。羊山旷渺[105]，南望[106]原隰[107]，西望栖霞①[108]；风雨晨昏[109]，羁魂[110]有伴，当不孤寂。

所怜者，吾自戊寅年读汝哭侄诗后，至今无男[111]。两女[112]牙牙[113]，生汝死后，才周晬[114]耳。予虽亲在未敢言老[115]，而齿危[116]发秃，暗里自知，知在人间尚复几日！阿品远官河南，亦无子女[117]。九族无可继者[118]。汝死我葬，我死谁埋？汝倘有灵，可能[119]告我？

呜呼！生前既不可想，身后又不可知，哭汝既不闻汝言，奠汝又不见汝食。纸灰[120]飞扬，朔风野大[121]，阿兄归矣，犹屡屡回头望汝也。呜呼哀哉！呜呼哀哉！

作者简介

见第 6 页。

延伸阅读

《祭妹文》为袁枚祭奠三妹素文之作，素文自幼与袁枚感情深笃，但遇人不淑，婚姻不幸，与夫离婚回归娘家后心如死灰，“长斋，衣不纯采，不髲剃，不闻乐。有病不治，遇风辰花朝，辄背人而泣”，最终四十岁早亡，袁枚无比悲痛。时隔八年之

① 栖霞，山名，在江宁城东北。

后，在安葬三妹于南京羊山之际，写下这篇声泪俱下的祭文，祭奠三妹亡灵。除《祭妹文》外，袁枚另有《哭三妹五十韵》诗与传记《女弟素文传》，悲悼三妹素文。

祭妹文总结了素文的一生，三妹的音容笑貌跃然纸上，且以第二人称角度抒写，笔端怀有深情，符合袁枚“独抒性灵”的一贯主张。《祭妹文》为祭文体中脍炙人口之作，被论者评为与韩愈《祭十二郎文》、欧阳修《泷冈阡表》“鼎足而三”者（见王文濡《清文评注读本·哀祭类》）。

［1］羊山：在南京市东。

［2］奠：祭献。

［3］汝（rǔ）：你。

［4］斯：此，这里。指羊山。

［5］吾乡：袁枚的故乡，在浙江钱塘（今杭州市）。

［6］宁知：怎么知道。

［7］归骨所：指葬地。

［8］一念之贞：一时信念中的贞节观。贞，封建礼教对女子的一种要求。忠诚地附属于丈夫（包括仅在名义上确定关系而实际上未结婚的丈夫），不管其情况如何，都要从一而终，这种信念和行为称之为“贞”。

［9］遇人仳（pǐ）离：意指遇到了不好的男人而终被离弃。遇人，是“遇人不淑”的略文。淑，善。仳离，分离。特指妇女被丈夫遗弃。

［10］孤危：孤单困苦。

［11］托落：即落拓，失意无聊。

［12］授经：这里同“受经”，指读儒家的“四书五经”。封建社会里，儿童时就开始受这种教育。授，古亦同“受”。

［13］差（cī）肩而坐：谓兄妹并肩坐在一起。二人年龄有大小，所以肩膀高低不一。语出《管子·轻重甲》：“管子差肩而问。”

［14］节义事：指封建社会里妇女单方面、无条件地忠于丈夫的事例。

［15］遽（jù）：立即。

［16］躬（gōng）：身体。引申为“亲自”。

［17］蹈（dǎo）：实行。这句说：一到长大成人，你马上亲身实践了它。

［18］使：如果。

［19］艰贞：遭逢艰难而守正不移。若是：如此。

［20］出其间：出现在捉蟋蟀的地方。

［21］虫：指前文中的蟋蟀。

［22］僵：指死亡。

［23］同临其穴（xué）：一同来到掩埋死蟋蟀的土坑边。

［24］殓（liàn）：收殓。葬前给尸体穿衣、下棺。

［25］憬然赴目：清醒地来到眼前。憬然，醒悟的样子。

［26］憩（qì）：休息。

［27］单缣（jiān）：这里指用缣制成的单层衣衫。缣，双丝织成的细绢。

［28］温：温习。

［29］《缁衣》：《诗经·郑风》篇名。一章：《诗经》中诗凡一段称之为一章。

［30］奓（zhà）户：开门。

［31］琅（láng）琅然：形容响亮的读书声。

［32］莞（wǎn）尔：微笑貌。语出《论语·阳货》：“夫子莞尔而笑。”

［33］则则：犹“啧啧”，赞叹声。

［34］望日：阴历每月十五，日月相对，月亮圆满，所以称为“望日”。

［35］九原：春秋时晋国卿大夫的墓地。语出《礼记·檀弓下》：“赵文子与叔

誉观乎九原。”后泛指墓地。

［36］弱冠（guàn）：出《礼记·曲礼上》，“二十曰弱冠。”意思是男子到了二十岁举行冠礼（正式承认他是个成年人）。后因以“弱冠”表示男子进入成年期的年龄。

［37］粤（yuè）行：到广东去。粤，广东省的简称。袁枚二十一岁时经广东到了广西他叔父袁鸿那里。袁鸿是广西巡抚金铁的幕客。金铁器重袁枚的才华，举荐他到北京考博学鸿词科。

［38］掎（jǐ）：拉住。

［39］恸：痛哭。

［40］逾：越，经过。

［41］披宫锦：指乾隆四年（1739 年）袁枚考中进士，选授翰林院庶吉士，请假南归省亲的事。宫锦，宫廷作坊特制的丝织品。这里指用这种锦制成的宫袍。因唐代李白曾待诏翰林，着宫锦袍，后世遂用以称翰林的朝服。

［42］厢：边屋。

［43］案：狭长的桌子。

［44］瞠（chēng）视而笑：瞪眼看着笑，形容惊喜激动的情状。

［45］函使：递送信件的人。唐时新进士及第，以泥金书帖，报登科之喜。此指传报录取消息的人，俗称“报子”。云尔：如此罢了。

［46］凡此琐琐：所有这些细小琐碎的事。

［47］填膺（yīng）：充满胸怀。

［48］凄梗：悲伤凄切，心头像堵塞了一样。

［49］历历：清晰得一一可数的样子。

［50］逼取便逝：真要接近它，把握它，它就消失了。

［51］嫛婗（yī ní）：婴儿。这里引申为儿时。

［52］罗缕（lǚ）纪存：排成一条一条，记录下来保存着。

［53］可再：可以再有第二次。

［54］证印：证明。

［55］义绝：断绝情谊。这里指离婚。

［56］阿奶：指袁枚的母亲章氏。

［57］文墨：有关文字方面的事务。

［58］眹（shùn）：用眼色示意。这里作“期望”解。

［59］尝：曾经。

［60］明经义：明白儒家经典的含义。

［61］谙（ān）雅故：了解古书古事，知道前言往行的意思。雅故，语出《汉书·叙传》：“函雅故，通古今。”谙，熟闻熟知。

［62］婉嫕（yì）：温柔和顺。出《晋书·武悼杨皇后传》：“婉嫕有妇德。”

［63］长（zhǎng）：年纪大。

［64］身后：死后的一应事务。

［65］先予以去：比我先离开人世。

［66］终宵：整夜。

［67］刺探：打听，探望。

［68］小差：病情稍有好转。差（chài），同“瘥”。

［69］殗殜（yè dié）病得不太厉害，但还没有痊愈。

［70］娱遣：消遣。

［71］稗（bài）官野史：指私人编定的笔记、小说之类的历史记载，与官方编号的“正史”相对而言。《汉书·艺文志》：“小说家者流，盖出于稗官。”稗是碎米。稗官，取琐碎之义，即小官。

［72］愕（è）：惊骇。

［73］聊资一欢：姑且作为一时的快乐。

［74］吊：凭吊，游览。这句意思说：对于你的病，我因相信了医师所说“不要紧”的话，方才远游扬州。

［75］虑戚吾心：顾虑着怕我心里难过。戚，忧愁。

［76］阻人走报：阻止别人报急讯。走，跑。

［77］绵惙（chuò）：病势危险。

［78］强（qiǎng）：勉强。

［79］诺（nuò）：表示同意的答语，犹言“好”。

［80］诀：诀别。袁枚有哭妹诗：“魂孤通梦速，江阔送终迟。”自注：“得信前一夕，梦与妹如平生欢。”

［81］果：果真。

［82］未时：相当于下午一至三时。

［83］辰时：相当于上午七时至九时。

［84］支：同“肢”。

［85］一目未瞑（míng）：一只眼睛没有闭紧。

［86］盖：发语词，表原因。

［87］几许：多少。

［88］知闻：听取，知道。

［89］共汝筹画：和你一起商量，安排。

［90］已矣：完了。

［91］又卒难明：最终又难以明白。卒，终于。

［92］天乎人乎：表示极端悲痛。

［93］付梓（zǐ）：付印。梓，树名。这里指印刷书籍用的雕版。素文的遗稿，附印在袁枚的《小仓山房全集》中，题为《素文女子遗稿》。袁枚为了它写了跋文。

［94］代嫁：指代妹妹做主把外甥女嫁出去。

［95］传（zhuàn）：即《女弟素文传》。

［96］窀穸（zhūn xī）：墓穴。

［97］先茔（yíng）：祖先的墓地。

［98］江广河深：言地理阻隔，交通不便。

［99］阿印：《女弟素文传》载“女阿印，病瘖，一切人事器物不能音，而能书”。其哭妹诗说：“有女空生口，无言但点颐。”

［100］冢（zhǒng）：坟墓。

［101］阿爷：袁枚的父亲袁滨，曾在各地为幕僚，于袁枚三十三岁时去世。

［102］侍者：这里指妾。

［103］阿兄：袁枚自称。

［104］陶氏：作者的妾。亳州人，工棋善绣。

［105］旷渺（miǎo）：空旷辽阔。

［106］望：对着。

［107］原隰（xí）：泛指原野。高而平的地叫原，低下而潮湿的地为隰。

［108］栖霞：山名。一名摄山。在南京市东。

［109］风雨：泛指各种气候。晨昏：指一天到晚。

［110］羁（jī）魂：飘荡在他乡的魂魄。

［111］男：儿子。

［112］两女：袁枚的两个女儿。也是钟氏所生。

［113］牙牙：小孩学话的声音。这里说两个女儿还很幼小。

［114］周晬（zuì）：周岁。

［115］亲在未敢言老：封建孝道规定，凡父母长辈在世，子女即使老了也不得说老。否则既是对长辈不尊敬，又容易使年迈的长辈惊怵于已近死亡。出《礼记·

坊记》："父母在，不称老。"袁枚这句话，是婉转地表示自己已经老了。按，袁枚这时六十一岁，母亲还健在。

［116］齿危：牙齿摇摇欲坠。

［117］阿品远官河南，亦无子女：袁枚的堂弟袁树，小名阿品，由进士任河南正阳县县令。当时也没有子女。据袁枚《先妣行状》所说，阿品有个儿子叫阿通，但那是袁枚写这篇《祭妹文》以后的事。

［118］九族：指高祖、曾祖、祖父、父亲、本身、儿子、孙子、曾孙和玄孙。这里指血缘关系较近的许多宗属。无可继者：没有可以传宗接代的人。按，专指男性。

［119］可能：犹言"能否"。

［120］纸灰：锡箔、纸钱等焚烧后的灰烬。

［121］朔风野大：旷野上，北风显得更大。

二十一　绝句四首

李　白

赠汪伦[1]

李白乘舟将欲行，忽闻岸上踏歌声。桃花潭水深千尺，不及汪伦送我情。

闻王昌龄左迁龙标遥有此寄[2]

扬州[3]花落子规啼，闻道龙标过五溪。[4] 我寄愁心与明月，随风直到夜郎[5]西。

黄鹤楼[6]送孟浩然之广陵[7]

故人西辞黄鹤楼，烟花三月下扬州。孤帆远影碧空尽，唯见长江天际流。

---

① 李白游桃花潭，村人汪伦常预备着美酒待他。桃花潭在今安徽泾县西南。

② 王昌龄起初为秘书郎，后因事贬为龙标尉。龙标今湖南黔阳县治。

③ 扬州，今江苏江都县。

④ 现在湖南的西部和贵州的东部，古称五溪地。

⑤ 夜郎，古国名，汉代灭掉它，地在今天贵州省西境。

⑥ 黄鹤楼址，在今湖北武昌区。

⑦ 广陵即扬州。

春夜洛城[①]闻笛

谁家玉笛暗飞声，散入春风满洛城。此夜曲中闻《折柳》[②]，何人不起故园情！

作者略述

李白（701—762年），唐蜀之昌明人，字太白（号青莲居士），玄宗时供奉翰林。其诗高旷绝俗，富于浪漫性。后世言唐代诗人，并称李、杜。有《李太白集》，作注者甚多。

延伸阅读

四首选诗均为李白七绝的代表作，前三首均为赠送友人之作。

《赠汪伦》为赠送友人汪伦所作，约天宝十四年（755年）春，李白游安徽泾县桃花潭，汪伦盛情款待。临别，诗人作此诗赠之。《唐诗选脉会通评林》评此诗："不雕不琢，天然成响，语从至情发出，故妙。"

《闻王昌龄左迁龙标遥有此寄》为李白听说好友王昌龄被贬龙标，为其所作。第一句点出暮春时节花谢花飞与子规悲啼的伤感之景，第二句点名友人"左迁"的伤感之事，三四句传达出对友人最深挚的同情与思念，"我寄愁心与明月"，情至深，境至妙。

---

① 洛城当是洛阳。

② 《折柳》就是《折杨柳》，汉横吹曲名。后人作此曲，多抒写兵戈离别的感慨。

《黄鹤楼送孟浩然之广陵》为赠送友人孟浩然而作。大约开元十六年（728 年），孟浩然从江夏（今武汉）乘船到广陵（今扬州）漫游，和李白在黄鹤楼相遇，李白作诗赠别。清吴烻《唐诗选胜直解》盛赞“孤帆远影碧空尽，唯见长江天际流”二句：“后二句写景，而送别之意已见言表。孤帆远影，以目送也；长江天际，以心送也。极浅极深，极淡极浓，真仙笔也。”

《春夜洛城闻笛》大约为开元二十三年（735 年）李白客居洛阳时所作，写闻笛声而引出思念故园之情，“何人不起故园情”将作者的个人情感上升为旅人的普遍情感，可见其思乡之烈。

二十二 训俭示康①

司马光

吾本寒家，世以清白相承。吾性不喜华靡，自为乳儿，长者加以金银华美之服，辄羞赧[1]弃去之。二十忝科名，闻喜宴独不戴花。② 同年曰："君赐不可违也。"乃簪一花。平生衣取蔽寒，食取充腹；亦不敢服垢敝以矫俗干名，但顺吾性而已。

众人皆以奢靡为荣，吾心独以俭素为美。人皆嗤吾固陋[2]，吾不以为病。应之曰：孔子称"与其不逊也宁固"③[3]，又曰"以约失之者鲜矣"④[4]，又曰"士志于道而耻恶衣恶食者，未足与议也"⑤[5]。古人以俭为美德，今人乃以俭相诟病，嘻，异哉！

近岁[6]风俗尤为侈靡，走卒类士服[7]，农夫蹑丝履[8]。吾记天圣⑥中，先公为郡牧[9]判官，客至未尝不置酒[10]，或三行，五行，多不过七行。酒酤于市，果止于梨、栗、枣、柿之类，肴止于脯醢、菜羹，器用瓷漆。当时士

---

① 康是司马光的儿子，字公休。
② 当时廷试及第的，赐戴花。
③ 见《论语·述而》。
④ 见《论语·里仁》。
⑤ 见《论语·里仁》。
⑥ 天圣，宋仁宗年号，当公元一〇二三年至一〇三二年。

大夫家皆然，人不相非也。会数而礼勤，物薄而情厚。近日士大夫家，酒非内法[11]，果、肴非远方珍异，食非多品，器皿非满案，不敢会宾友，常数日营聚，然后敢发书[12]。苟或[13]不然，人争非之，以为鄙吝。故不随俗靡者盖鲜矣。嗟乎，风俗颓敝如是，居位者虽不能禁，忍[14]助之乎！

又闻昔李文靖公①为相，治居第于封丘门内，厅事前仅容旋马。或言其太隘。公笑曰："居第当传子孙，此为宰相厅事诚隘，为太祝②奉礼[15]厅事已宽矣。"参政鲁公③为谏官，真宗遣使急召之，得于酒家。既入，问其所来，以实对。上曰："卿为清望官，奈何饮于酒肆。"对曰："臣家贫，客至无器皿、肴、果，故就酒家觞之[16]。"上以无隐[17]，益重之。张文节④为相，自奉养如为河阳掌书记时。所亲[18]或规之曰，"公今受俸不少，而自奉若此，公虽自信清约，外人颇有公孙布被之讥。⑤ 公宜少从众[19]。"公叹曰："吾今日之俸，虽举家锦衣玉食，何患不能。顾人之常情，由俭入奢易，由奢入俭难。吾今日之俸岂能常有？身岂能常存？一旦异于今日，家人习奢已久，不能顿俭，必致失所[20]。岂若吾居位、去位、身在、身亡常如一日乎[21]？"呜呼，大贤之深谋远虑，岂庸人所及哉！

御孙⑥曰："俭，德之共也；侈，恶之大也。"共，同也，言有德者皆由俭来也。夫俭则寡欲：君子寡欲则不役于物，可以直道而行；小人[22]寡欲则能谨身、节用[23]、远罪、丰家[24]。故曰，俭，德之共也。侈则多欲：君子多

---

① 李文靖公名沆，字太初。

② 太祝，《周礼》官名，掌祝祭。

③ 鲁名宗道，字贯之。持正不阿，屡折权贵，宋真宗极钦信他。

④ 张名知白，字用晦，宋仁宗时为相。

⑤ 公孙玄，汉人，武帝时为丞相。故为俭朴，只用布被，以取称誉。当时人颇有斥他的诈伪的，而武帝终以为贤。

⑥ 御孙，春秋时鲁大夫。鲁庄公二十四年，刻其桷，御孙因说这句话进谏。

欲则贪慕富贵，枉道[25]、速祸[26]；小人多欲则多求、妄用、败家、丧身；是以居官[27]必贿，居乡[28]必盗。故曰，侈，恶之大也。

昔正考父饘[29]粥以糊口，孟僖子知其后必有达人。① 季文子相三君，妾不衣帛，马不食粟，君子以为忠。② 管仲镂簋朱绂[30]，山节藻棁③[31]，孔子鄙其小器④[32]。公叔文子享[33]卫灵公，史鳍知其及祸[34]；及戍，果以富得罪出亡。⑤[35]何曾日食万钱，⑥ 至孙以骄溢倾家。石崇⑦以奢靡夸人[36]，卒以此死东市[37]。近世寇莱公⑧豪侈冠一时，然以功业大，人莫之非，子孙习其家风，今多穷困。

其余以俭立名、以侈自败者多矣，不可遍数，聊举数人以训汝。汝非徒[38]身当服行，当以训汝子孙，使知前辈之风俗云。

---

① 正考父，春秋时宋上卿，是孔子的祖先。孟僖子，春秋时鲁大夫。孟僖子将死，对人说从前正考父恭俭持身，将来当有达者。现在孔丘年少好礼，或许就是达者。见《左传》昭公七年。

② 季文子，春秋时鲁大夫三君指宣公、成公、襄公。见《左传》襄公五年。

③ 节就是栭，柱之上端方木用以承梁的。山节是把它刻成山形。棁是梁上短柱。藻棁是把它画上藻文。

④ 孔子有“管仲之器小哉”这句话，见《论语·八佾》。

⑤ 事见《左传》定公十三四年，戍是公叔文子的儿子。

⑥ 何曾字颖孝，魏晋时人，爵至侯公。日食万钱，还说没有下箸处。

⑦ 石崇字季伦，晋代人。居官，一方使客航海致富，与时人奢靡相尚。后被谮弃市。

⑧ 寇名准，字平仲。宋真宗时，他与契丹为澶渊之盟，有大功。后封莱国公。

作者略述

司马光（1019—1086年），宋夏县人（夏县涑水乡人，世称涑水先生），字君实（号迂叟）。七岁闻讲《左氏春秋》，即了其大旨。宝元初进士。神宗时为御史中丞，以议王安石新法不合，去居洛十五年，绝口不论时事。哲宗初复起。其大著作《资治通鉴》，为编年史之巨擘。

延伸阅读

本文选自《温国文正司马公文集》，为司马光告诫其子司马康而作，文章围绕“成由俭，败由奢”的古训，结合自身经历，列举大量事例，教诲儿子应该俭朴，抵制奢靡的时俗。“由俭入奢易，由奢入俭难”已成千古名句。

［1］羞赧：因害羞而脸红。

［2］嗤吾固陋：嘲笑我固执不大方。

［3］与其不逊也宁固：见《论语·述而》：“奢则不逊，俭则固，与其不逊也宁固。”奢侈就显得骄纵，节俭就显得固陋，与其骄纵无宁固陋。

［4］以约失之者鲜矣：见《论语·里仁》。因为俭约而犯过失的很少了。鲜，少。

［5］士至于道而耻恶衣恶食者，未足与议也：见《论语·里仁》。有志于探求真理而以吃得不好穿得不好为羞耻的读书人，是不值得跟他谈论的。恶，粗陋。

［6］近岁：近年，指宋神宗元丰年间（1078—1085）。

［7］走卒类士服：当差的大多穿世人的衣服。类，大都。

［8］农夫蹑丝履：农夫穿丝织品做的鞋。

［9］群牧：主管国家马匹的机构。

［10］置酒：备席。

［11］内法：内宫酿酒之法。

［12］发书：发出请柬。

［13］苟或：如果有人。

［14］忍：忍心。

［15］太祝奉礼：太常寺的两个官职，主管祭祀。常由功臣子孙担任。

［16］觞之：请人喝酒。

［17］无隐：坦言，不隐瞒。

［18］所亲：意为“所亲近的人”。

［19］从众：随从一般人的习惯做法。

［20］失所：无存身之地。

［21］常如一日乎：永久如同一天不变呢?

［22］小人：没有地位的人。

［23］谨身、节用：约束自己，节约用度。

［24］远、丰：形容词的使动用法，使……远、使……丰。

［25］枉道：不按正道行事。

［26］速祸：招致祸患。速，招。

［27］居官：做官时。

［28］居乡：不做官时。

［29］饘（zhān）：粥。

［30］镂簋朱绂：盛食物的器具上都精雕细刻着多种花纹。

［31］山节藻棁：山节，刻有山形的斗拱。藻棁，用美丽图案装饰的梁上短柱。棁，梁上的短柱。

［32］小器：不是一个大才。

［33］享：宴请。

［34］及祸：遭到祸患。

［35］以富得罪出亡：因家中豪富而获罪，以致逃亡在外。

［36］夸人：炫耀。

［37］东市：刑场。

［38］非徒：不仅。

二十三　责己重而责人轻

蔡元培

孔子曰：“躬自厚而薄责于人，则远怨矣。”① 韩退之又申明之曰：“古之君子，其责己也重以周，其责人也轻以约。重以周故不怠，轻以约故人乐为善。”② 其足以反证此义者，孟子言父子责善之非而述人子之言曰：“夫子教我以正，夫子未出于正也。”③ 原伯及先且居皆以效尤为罪咎。④ 椒举曰：“惟无瑕[1]者可以戮[2]人。⑤” 皆言责人而不责己之非也。

准[3]人我平等之义，似乎责己重者责人亦可以重，责人轻者责己亦可以轻。例如多闻见者笑人固陋，有能力者斥人无用，意以为我既能之，彼何以不能也。又如怙过饰非[4]者每喜以他人同类之过失以自解[5]，意以为人既为之，我何独不可为也。

不知人我固当平等，而既有主观、客观之别，则观察之明、晦显有差池，而责备之度亦不能不随之而进退。盖人之行为常含有多数之原因：如遗传之

① 见《论语·卫灵公篇》。

② 这几句见《原毁篇》。

③ 见《孟子·离娄篇》。

④ 原伯是周的大夫，他曾评论郑伯道，“郑伯效尤，其亦将有咎。”先且居，春秋时晋臣。晋襄公因卫国不曾来朝见，要想伐它。先且居道，“效尤，祸也。……”

⑤ 椒举，春秋时楚大夫。楚灵王执齐国的弑君之臣庆封，将杀他。椒举说这句话来谏阻，盖灵王之位也是由攘夺而来的。

品性，渐染之习惯，薰受之教育，拘牵之境遇，压迫之外缘，激刺之感情，皆有左右行为之势力。行之也为我，则一切原因皆反省而可得。即使当局易迷，而事后必能审定。即得其因，则迁善改过在在[6]可以致力：其为前定之品性、习惯及教育所驯致耶，将何以矫正之；其为境遇、外缘及感情所逼成耶，将何以调节之。既往不可追，我固自怨自艾；而苟有不得已之故，决不虑我之不肯自谅。其在将来，则操纵之权在我，我何馁焉？至于他人，则其驯致与迫成之因决非我所能深悉。使我任举推得之一因而严加责备，宁有当乎？况人人各自有其重责之机会，我又何必越俎而代之？

故责己重而责人轻，乃不失平等之真意。否则迹若平而转为不平之尤矣。

作者简介

见第 31 页。

延伸阅读

叶圣陶在《国文杂志》1942 年第 1 卷第 2 号发表《责己重而责人轻》（范文选读），解读蔡元培的这篇文章。叶圣陶介绍说：“蔡孑民（元培）先生死于二十九年三月五日，到现在两年多了，还没有人把他毕生的著作编成全集行世。他的集子只有一部《蔡孑民先生言行录》，还是九年的时候‘新潮社’编辑的，现在归开明书店出版发行。那部书中的附录，收入先生所编的《华工学校讲义》。那是给留法的华工读的，共四十篇，关于德育的三十篇，关于智育的十篇。这篇《责己重而责人轻》，就是德育三十篇中的一篇。各种初中国文教本，选用这篇的很多。现在我们也选作范文，请读者诸君精读。”叶圣陶解读说：“对于‘责己’‘责人’可有三种态度：一种是责人而不责己；一种是责己责人同其重轻；又一种是责己重而责人轻。作者主张取第三种。”文章否定了前两种态度，并论证了为何要责己重而责人轻，而且并不违背平等之义。

[1] 瑕：玉上的斑点，引申为人行为上的缺失。

[2] 戮：明正其罪而处罚。

[3] 准：按照，以某一原则某一道理为标准。

[4] 怙过饰非：不想纠正过失，只想遮掩过失。

[5] 自解：替自己解释。

[6] 在在：处处。

二十四　论语子路曾皙冉有公西华①侍坐章

子路、曾皙、冉有、公西华侍坐。子曰：“以吾一日长乎尔，毋吾以也。② 居[1]则曰，‘不吾知也。’如或知尔，则何以哉?”

子路率尔而对曰：“千乘之国[2]，摄③乎大国之间，加之以师旅[3]，因之以饥馑[4]，由也为之，比及三年，可使有勇，且知方[5]也。”

夫子哂之。“求，尔何如?”

对曰：“方六七十——如五六十，④ 求也为之，比及三年，可使足民。如其礼乐，以俟君子。”

“赤，尔何如?”

对曰：“非曰能之，愿学焉。宗庙[6]之事，如会同，端[7]、章甫[8]，愿为小相焉。⑤”

“点，尔何如?”

---

① 子路是仲由的字，曾皙名点，冉有名求，公西华名赤，四人都是孔子的弟子。

② 说不要因为我比你们长，就以为不容易回答。

③ 摄是迫处的意思。

④ 冉求说了愿得方六七十里的国度来试试，又觉得太大，故退言如方五六十里的国度。

⑤ 端是玄端之服。章甫，殷时冠名。他说愿穿了这种衣冠，当祭祀或会同的时候，做个相礼的人。

鼓瑟希，铿尔，舍瑟而作；对曰：“异乎三子者之撰。”①

子曰：“何伤乎，亦各言其志也。”

曰：“莫[9]春者，春服既成，冠[10]者五六人，童子六七人，浴乎沂②，风乎舞雩③，咏而归。”

夫子喟然叹曰：“吾与[11]点也！”

三子者出，曾皙后。曾皙曰：“夫三子者之言何如？”

子曰：“亦各言其志也已矣。”

曰：“夫子何哂由也？”

曰：“为国以礼[12]；其言不让，是故哂之。唯[13]求则非邦也与？④ 安见方六七十，如五六十，而非邦也者！唯赤则非邦也与？宗庙会同，非诸侯而何！赤也为之小，孰[14]能为之大？”

作者简介

孔子（前551—前479年），名丘，字仲尼，春秋鲁国陬邑（今山东曲阜）人。初尝从政，继而周游，终则设教、著述。孔子是儒家学派的创始人，是中国历史上影响极大的思想家和伟大的教育家。孔子政治思想的核心是“礼”与“仁”，主张恢复西周制度，首开私人讲学之风，相传有弟子三千，“身通六艺者

① 撰是说具陈的事情。

② 沂水出山东邹县西北，西流经曲阜，合洙水入于泗水。

③ 古时因求雨，用女巫舞着致祭，叫作舞雩。后来就叫这致祭的地方为舞雩，在沂水之上。风是乘凉。

④ 孔子又说求与赤的志愿也都在邦国之事，以明他只是笑由的不让，而不是笑他的志在治国。

七十有二人”。

延伸阅读

《论语》是孔子及其门人的言行记录。《汉书·艺文志》说：“《论语》者，孔子应答弟子时人及弟子相与言而接闻于夫子之语也。当时弟子各有所记。夫子既卒，门人相与辑而论纂，故谓之《论语》。”一般认为，此书大约在战国初年由孔子的弟子后学编纂而成。

本篇选自《论语·先进》，记叙了孔子弟子子路、曾皙、冉有、公孙华四人陪孔子闲坐时各自谈论政治理想和抱负的情景，孔子对弟子们各有评价，既表现了作为教育家的孔子因材施教、循循善诱的特点，也表现了作为思想家的孔子的主张：积极入世，以礼治国；道不行于世时，则安贫自守。对话中也侧面反映了孔子在政治上不得志。本篇通过简短的对话描写人物，写出了人物各自的风采：子路的坦率自负，冉有、公西华的谦逊，曾皙的洒脱，皆跃然纸上。语言优美隽永，充满情趣，富于诗意。特别是“莫春者，春服既成，冠者五六人，童子六七人，浴乎沂，风乎舞雩，咏而归”，宛如一幅春光烂漫、生意盎然的游春图，让人神往。

[1] 居：平日。

[2] 千乘之国：古时一车四马为一乘。诸侯大国地方百里，出车千乘，称为千乘之国。

[3] 师旅：军队。

[4] 饥馑：饥荒。

[5] 知方：知道方向，懂得道理。

[6] 宗庙：古代帝王、诸侯、卿、大夫、士祭祀祖先的处所。宗庙之事，指

祭祀。

［7］端：玄端，古代礼服。

［8］章甫：礼帽。

［9］莫：通“暮”。

［10］冠：古代贵族子弟年二十为成年，行冠礼。

［11］与（yǔ）：同意。

［12］为国以礼：治理国家要讲礼。

［13］唯：句首语气词。

［14］孰：谁。

二十五　孟子伯夷伊尹柳下惠孔子章

孟子曰：伯夷[1]目不视恶色，耳不听恶声。非其君不事，非其民不使。治[2]则进，乱则退。横政[3]之所出，横民[4]之所止，不忍居也。思与乡人处，如以朝衣朝冠坐于涂炭也。当纣之时，居北海之滨，以待天下之清也。① 故闻伯夷之风者，顽[5]夫廉，懦夫有立志[6]。

伊尹[7]曰："何事非君，何使非民！[8]治亦进，乱亦进。"曰："天之生斯民也，使先知觉[9]后知，使先觉觉后觉。予，天民之先觉者也，予将以此道觉此民也。思天下之民，匹夫、匹妇，有不与被尧、舜之泽者，若己推而内[10]之沟中。"其自任以天下之重也。

柳下惠[11]不羞污君[12]，不辞小官。进不隐贤，必以其道。遗佚而不怨，厄穷[13]而不悯[14]。与乡人处，由由然[15]不忍去也。尔为尔，我为我，虽袒裼[16]裸裎[17]于我侧，尔焉能浼[18]我哉！故闻柳下惠之风者，鄙夫[19]宽，薄[20]夫敦[21]。

孔子之去齐，接淅[22]而行。② 去鲁，曰："迟迟[23]吾行也，去父母国之

---

① 伯夷让国于弟而逃走，是共传的史实。孟子却想象伯夷的人格极高尚，以为他看见纣王的无道，早有不忍居此之念，后来因让国逃走，只是借个名目罢了。所以说他逃居北海，以待天下之清。

② 淅是淘米。"接淅而行"是拿了正在淘的米就走。

道也。”可以速而速，可以久而久，可以处[24]而处，可以仕而仕，孔子也。

孟子曰：伯夷，圣之清[25]者也。伊尹，圣之任[26]者也。柳下惠，圣之和[27]者也。孔子，圣之时[28]者也。孔子之谓集大成。集大成也者，金声而玉振之也。① 金声也者，始条理也；玉振之也者，终条理也。始条理者，智之事也；终条理者，圣之事也。智，譬则巧也；圣，譬则力也。由射于百步之外也，其至，尔力也，其中，非尔力也。

作者简介

见第 2 页。

延伸阅读

本篇选自《孟子·万章下》，孟子在本章评价了古代四大贤人伯夷、伊尹、柳下惠与孔子。伯夷为商守节，“治则进，乱则退”。伊尹作为商朝贤相，“治亦进，乱亦进”。柳下惠不以事奉污下的君主为耻，自己按着正道去做。被摒弃时不抱怨，穷困时不忧伤。孔子的态度是：可以速去就速去，可以久留就久留；可以隐居就隐居，可以出仕就出仕。孟子认为，伯夷是圣人中最清高的，伊尹是圣人中最负责任的，柳下惠是圣人中最随和的，孔子是圣人中最合时宜的。

① 此地用奏乐来比喻孔子的人格圆满无缺。古人说金音始洪终细，玉音首尾如一。奏乐起来，先奏金音。当它细杀时，则用玉音来振扬它。于是乐音完纯无缺了。

［1］伯夷：商末孤竹国国君长子。

［2］治：天下太平。

［3］横政：暴政。

［4］横民：不守法度的百姓。

［5］顽：贪婪。

［6］立志：独立不屈的意志。

［7］伊尹：商汤时贤臣。

［8］何事非君，何使非民：哪个君主不可以侍奉，哪个百姓不可以使唤。

［9］觉：启发，使人觉悟。

［10］内：通“纳”，放入，使进入。

［11］柳下惠：展氏，名获，字子禽，一字季禽。曾担任鲁国大夫，后归隐。

［12］不羞污君：不以侍奉坏的国君为耻。

［13］厄穷：困厄穷困。

［14］悯：忧愁。

［15］由由然：愉悦的样子。

［16］袒裼（xī）：脱去上衣，裸露肢体。

［17］裸裎（chéng）：赤身裸体。

［18］浼（měi）：沾染，沾污。

［19］鄙夫：庸俗浅陋的人。

［20］薄：刻薄。

［21］敦：敦厚。

［22］淅：淘洗过的米。

［23］迟迟：慢慢。

［24］处：居家。

［25］清：清高。

［26］任：负责任。

［27］和：随和。

［28］时：识时务。

二十六　宋玉对楚王问

楚襄王[1]问宋玉曰："先生其有遗行①与，何士民众庶不誉之甚也?"

宋玉对曰："唯，然，有之。愿大王宽其罪，使得毕其辞。

客有歌于郢②中者，其始曰《下里巴人》[2]，国中属而和者数千人；其为《阳阿薤露》[3]，国中属而和者数百人；其为《阳春白雪》[4]，国中属而和者不过数十人；引商刻羽[5]，杂以流徵，③ 国中属而和者不过数人而已。是其曲弥高，其和弥寡。

故鸟有凤而鱼有鲲：凤皇上击九千里，绝云霓，负苍天，足乱浮云，翱翔乎杳冥之上。夫蕃篱之鷃岂能与之料天地之高哉！鲲鱼朝发昆仑之墟，暴鬐[6]于碣石④，暮宿于孟诸⑤。夫尺泽之鲵岂能与之量江海之大哉！

故非独鸟有凤而鱼有鲲也，士亦有之。夫圣人瑰意琦行[7]，超然独处。世俗之民又安知臣之所为哉！"

---

① 遗行是错失的行为。

② 郢是当时楚国的都城，在今湖北江陵县东北。

③ 宫、商、角、徵、羽、变徵、变宫，是古时所谓七音。引是发端。刻是按定。流是转变。

④ 碣石，山名，见于《禹贡》。自古说者不一，竟不能确指在何地。有一部分人说在今直隶昌黎境，该地近海，或者可信。

⑤ 孟诸是一片湖泽，在今河南商邱县东北。

延伸阅读

本文选自《楚辞》，宋玉是战国后期楚国著名的辞赋家，是屈原的学生，后人常以“屈宋”并称。其代表作有《神女赋》《登徒子好色赋》《高唐赋》《风赋》《九辩》等。

本篇采用问答的形式展开，且多用比喻、夸张的手法，具有典型的赋体特征。宋玉以凤凰、鲲自比，解释自己高洁的品性为何难以为俗人理解。阳春白雪、下里巴人、曲高和寡等成语均出自于此文。

［1］楚襄王：即楚顷襄王，名横，楚怀王之子。

［2］《下里巴人》：曲名，是俚俗的小曲。

［3］《阳阿薤露》：曲名，雅俗共赏的曲子。

［4］《阳春白雪》：曲名，高雅的曲子。

［5］引商刻羽：协于音律。古人以宫、商、角、徵、羽为五音。引，升高。刻，削减。

［6］鬐（qí）：通“鳍”。

［7］瑰意琦行：卓异的思想，不凡的行为。

二十七　史记魏公子列传

魏公子无忌者，魏昭王[1]少子，而魏安釐王[2]异母弟也。昭王薨，安釐王即位，封公子为信陵君。① 公子为人，仁而下士：士无贤不肖，皆谦而礼交之，不敢以其富贵骄士。士以此方数千里争往归之。当是时，诸侯以公子贤，多客，不敢加兵谋魏十余年。

魏有隐士曰侯嬴，年七十，家贫，为大梁夷门②监者。公子闻之，往请，欲厚遗[3]之；不肯受，曰："臣修身洁行数十年，终不以监门困故而受公子财！"公子于是乃置酒，大会宾客；坐定，公子从车骑虚左[4]，自迎夷门侯生。侯生摄[5]敝[6]衣冠，直上载公子上坐不让，欲以观公子；公子执辔[7]愈恭。侯生又谓公子曰："臣有客在市屠中，愿枉车骑过之。"公子引车入市，侯生下见其客朱亥，俾倪③，故久立与其客语，微察公子；公子颜色愈和。当是时，魏将相、宗室宾客满堂，待公子举酒；市人皆观公子执辔；从骑皆窃骂侯生。侯生视公子色终不变，乃谢客就车。至家，公子引侯生坐上坐，遍赞④宾客；宾客皆惊。酒酣，公子起为寿[8]侯生前。侯生因谓公子曰："今日

---

① 这一年当公元前二七六年。

② 大梁是魏国的都城，就是今河南开封县。夷门是大梁的东门。

③ 俾倪与睥睨同，侧目斜视的样子。

④ 赞是指着侯生介绍于宾客的意思。

嬴之为公子亦足矣！嬴乃夷门抱关[9]者也，而公子亲枉车骑，自迎嬴；于众人广坐之中不宜有所过，今公子故过之。然嬴欲就公子之名，故久立公子车骑市中、过客以观公子，公子愈恭，市人皆以嬴为小人而以公子为长者[10]、能下士也。”于是罢酒，侯生遂为上客。

侯生谓公子曰：“臣所过屠者朱亥，此子贤者；世莫能知，故隐屠间耳。”公子往数请之。朱亥故不复谢。公子怪之。

魏安釐王二十年，秦昭王已破赵长平军，① 又进兵围邯郸②。公子姊为赵惠文王[11]弟平原君[12]夫人，数遗魏王及公子书，请救于魏。魏王使将军晋鄙将十万众救赵。秦王使使者告魏王曰：“吾攻赵，旦暮[13]且下；而诸侯敢救者，已拔赵，必移兵先击之！”魏王恐，使人止晋鄙留军壁邺③；名为救赵，实持两端以观望。

平原君使者冠盖相属于魏，让魏公子曰：“胜④所以自附为婚姻者，以公子之高义，为能急人之困。今邯郸旦暮降秦，而魏救不至，安在公子能急人之困也？且公子纵轻胜，弃之降秦，独不怜公子姊邪？”公子患之，数请魏王，及宾客辩士说王万端[14]，魏王畏秦，终不听公子。

公子自度[15]终不能得之于王，计不独生而令赵亡，乃请宾客约车骑百余乘，欲以客往赴秦军，与赵俱死。行过夷门，见侯生，具告所以欲死秦军状，辞决[16]而行。侯生曰：“公子勉之矣！老臣不能从。”公子行数里，心不快，曰：“吾所以待侯生者备矣，天下莫不闻。今吾且死，而侯生曾无一言半辞送我，我岂有所失哉？”复引车还问侯生。侯生笑曰：“臣固知公子之还也。”

---

① 长平在今天山西高平县西北。这次战争，秦将是白起，相传坑死赵卒至四十万。

② 邯郸是赵国的都城，今为邯郸县，属直隶大名道。

③ 邺在今河南临漳县境。

④ 胜是平原君的名。

曰："公子喜士，名闻天下；今有难，无他端，而欲赴秦军，譬若以肉投馁[17]虎，何功之有哉！尚安事客！然公子遇臣厚，公子往而臣不送，以是知公子恨之复返也。"

公子再拜，因问。侯生乃屏人间语曰："嬴闻晋鄙之兵符常在王卧内；而如姬最幸，出入王卧内，力能窃之。嬴闻如姬父为人所杀，如姬资之三年，自王以下欲求报其父仇，莫能得。如姬为公子泣，公子使客斩其仇头，敬进如姬。如姬之欲为公子死，无所辞；顾未有路耳。公子诚一开口请如姬，如姬必许诺，则得虎符，夺晋鄙军，北救赵而西却秦，此五霸之伐也！"公子从其计，请如姬；如姬果盗晋鄙兵符与公子。

公子行。侯生曰："将在外，主令有所不受，以便国家。公子即合符，而晋鄙不授公子兵而复请之，事必危矣。臣客屠者朱亥可与俱。此人力士：晋鄙听，大善；不听，可使击之。"于是公子泣。侯生曰："公子畏死耶？何泣也？"公子曰："晋鄙嚄唶[18]宿将[19]，往恐不听，必当杀之，是以泣耳；岂畏死哉！"于是公子请朱亥。朱亥笑曰："臣乃市井鼓刀屠者，而公子亲数存之；所以不报谢者，以为小礼无所用。今公子有急，此乃臣效命之秋[20]也。"遂与公子俱。

公子过谢侯生，侯生曰："臣宜从，老不能。请数公子行日以至晋鄙军之日，北乡自刭以送公子！"

公子遂行。至邺，矫[21]魏王令代晋鄙。晋鄙合符，疑之，举手视公子曰："今吾拥十万之众屯于境上，国之重任；今单车来代之，何如哉？"欲无听。朱亥袖四十斤铁椎椎杀晋鄙。公子遂将晋鄙军。勒[22]兵，下令军中曰："父子俱在军中，父归；兄弟俱在军中，兄归；独子无兄弟，归养。"得选兵八万人。进兵击秦军，秦军解去。遂救邯郸，存赵。

赵王及平原君自迎公子于界。平原君负韊①矢[23]，为公子先引[24]。赵王再拜曰："自古贤人未有及公子者也！"当此之时，平原君不敢自比于人。

公子与侯生决，至军，侯生果北乡自刭。

作者简介

见第 15 页。

延伸阅读

本篇为《史记·魏公子列传》节选，"太史公"说："天下的公子中也的确有很多好客喜士的，但只有信陵君能结交那些隐没在社会各个角落的人物，他不以结交下层贱民为耻，是很有道义的。"（公子为人，仁而下士，士无贤不肖，皆谦而礼交之，不敢以其富贵骄士）司马迁盛赞魏公子无忌礼贤下士的真诚态度，他以礼相待的下层人士在关键时刻为魏公子出谋划策，本篇中的侯嬴、朱亥在"窃符救赵"的事件中发挥了重要作用。

[1] 魏昭王，魏国国君，名遬，公元前 295—前 277 年在位。

[2] 魏安釐王：魏国国君，魏昭王之子，名圉，公元前 276—前 243 年在位。

[3] 遗：赠送。

[4] 虚左：空着左边的位置。古代乘车以左为尊。

[5] 摄：整理。

① 韊是藏弩的袋。

［6］敝：破旧。

［7］辔（pèi）：缰绳。

［8］为寿：为长者祝福。

［9］抱关：守门。

［10］长者：宽宏厚道之人。

［11］赵惠文王：赵国国君，名何，公元前298—前266年在位。

［12］平原君：战国四公子之一，赵国人，名赵胜，时为相。

［13］旦暮：早晚。极言时间短。

［14］万端：种种理由。

［15］度：估计，考虑。

［16］辞决：告辞、诀别。决，通“诀”。

［17］馁（něi）：饥饿。

［18］嚄（huò）唶（zè）：原意为大笑、大呼，此处为威武、雄壮之意。

［19］宿将：有经验、有资格的老将。

［20］秋：时刻、时机。

［21］矫：假传。

［22］勒：统率，约束。

［23］韊（lán）矢：箭筒。韊，皮制筒，用来藏箭矢。

［24］先引：在前面引路。负韊矢先引，是一种极隆重的礼节，表示对对方非常尊敬，自己甘居奴仆之位。

二十八　国策鲁仲连义不帝秦

秦围赵之邯郸，魏安釐王使将军晋鄙救赵；畏秦，止于荡阴①，不进。魏王使客将军[1]辛垣衍间入[2]邯郸，因平原君[3]谓赵王曰："秦所以急围赵者，前与齐湣王争强为帝[4]，今齐湣王已益弱，方今唯秦雄天下，此必非贪邯郸，其意欲求为帝。赵诚发使尊秦昭王为帝，秦必喜，罢兵去。"平原君犹豫，未有所决。

此时鲁仲连[5]适游赵，会秦围赵，闻魏将欲令赵尊秦为帝，乃见平原君曰："事将奈何矣?"平原君曰："胜也何敢言事！百万之众折于外[6]；今又内围邯郸而不能去。魏王使将军辛垣衍令赵帝秦，今其人在是。胜也何敢言事！"

鲁连曰："始吾以君为天下之贤公子也，吾乃今然后知君非天下之贤公子也！梁[7]客辛垣衍安在？吾请为君责而归之。"平原君曰："胜请召而见之于先生。"平原君遂见辛垣衍曰："东国②有鲁连先生其人在此，胜请为绍介而见之于先生。"辛垣衍曰："吾闻鲁连先生，齐国之高士也。衍，人臣也，使

① 荡阴是今河南汤阴县。《魏公子传》说晋鄙驻兵于邺，这里却说荡阴，实因两地邻近，所以纪述互异。

② 齐国在当时所谓天下之东，故称东国。

事有职，吾不愿见鲁连先生也。”平原君曰：“胜已泄之矣。”辛垣衍许诺。

鲁连见辛垣衍而无言。辛垣衍曰：“吾视居此围城之中者，皆有求于平原君者也。今吾视先生之玉貌，非有求于平原君者，曷[8]为久居此围城之中而不去也？”鲁连曰：“彼秦者弃礼义而上首功之国也，权使其士，虏使其民，彼则肆然而为帝；过而遂正[9]于天下，则连有赴东海而死矣，吾不忍为之民也！所为见将军者，欲以助赵也。”

辛垣衍曰：“先生助之奈何？”鲁连曰：“吾将使梁及燕助之；齐楚则固助之矣。”辛垣衍曰：“燕则吾请以从矣；若乃梁，则吾乃梁人也，先生恶能使梁助之耶？”鲁连曰：“梁未睹秦称帝之害故也。使梁睹秦称帝之害，则必助赵矣。”

辛垣衍曰：“秦称帝之害将奈何？”鲁仲连曰：“昔齐威王尝为仁义矣，率天下诸侯而朝周——周贫且微，诸侯莫朝，而齐独朝之。居岁余，周烈王崩；诸侯皆吊，齐后往。周怒，赴[10]于齐曰：‘天崩地坼[11]，天子下席。东藩之臣田婴齐后至，则斫[12]之。’威王勃然怒曰：‘叱嗟[13]，而[14]母婢也！’卒为天下笑。故生则朝周，死则叱之，诚不能忍其求也。彼天子固然，其无足怪。”

辛垣衍曰：“先生独不见夫仆乎？十人而从一人者，宁力不胜、智不若耶！畏之也。”鲁仲连曰：“梁之比于秦，若仆耶？”辛垣衍曰：“然。”鲁仲连曰：“然，吾将使秦王烹醢[15]梁王！”

辛垣衍快然不悦曰：“嘻，亦太甚矣，先生之言也！先生又恶能使秦王烹醢梁王！”鲁仲连曰：“固也，待吾言之。昔者鬼侯、鄂侯、文王，纣之三公也。鬼侯有子而好，故入之于纣。纣以为恶，醢鬼侯。鄂侯争之急，辨之疾，故脯鄂侯。文王闻之，喟然[16]而叹，故拘之于牖里①之车百日而欲之死。曷为与人俱称帝王，卒就脯醢之地也?”

“齐闵王②将之鲁，夷维子执策[17]而从，谓鲁人曰：‘子将何以待吾君?’鲁人曰：‘吾将以十太牢[18]待子之君。’维子曰：‘子安取礼而来待吾君？彼吾君者天子也，天子巡狩，诸侯辟舍，纳筦键[19]，摄衽[20]抱几，视膳[21]于堂下；天子已食，退而听朝也。’鲁人投其钥，不果纳；不得入于鲁。将之薛，假涂[22]于邹。当是时，邹君死，闵王欲入吊，夷维子谓邹之孤曰：‘天子吊，主人必将倍殡柩[23]，设北面于南方，然后天子南面吊也。’邹之群臣曰：‘必若此，吾将伏剑而死!’故不敢入于邹。邹鲁之臣，生则不得事养，死则不得饭含[24]，然且欲行天子之礼于邹鲁之臣，不果纳。今秦万乘之国，梁亦万乘之国，俱据万乘之国，交有称王之名，睹其一战而胜，欲从而帝之，是使三晋[25]之大臣不如邹鲁之仆妾也!”

“且秦无已而帝，则且变易诸侯之大臣。彼将夺其所谓不肖而予其所谓贤；夺其所憎而与其所爱。彼又将使其子女谗妾为诸侯妃姬，处梁之宫。梁王安得晏然而已乎？而将军又何以得故宠乎?”

于是辛垣衍起，再拜谢曰：“始以先生为庸人，吾乃今日而知先生为天下之士也！吾请去，不敢复言帝秦!”

秦将闻之，为却军五十里。适会魏公子无忌夺晋鄙军以救赵，击秦，秦军引[26]而去。

于是平原君欲封鲁仲连。鲁仲连辞让者三，终不肯受。平原君乃置酒；酒酣，起前，以千金为鲁仲连寿。鲁连笑曰：“所贵于天下之士者，为人排

---

① 牖里即羑里地，今河南汤阴县。

② 闵王即缗王，音近通假。

患、释难、解纷乱而无所取也。即有所取者，是商贾之人也——仲连不忍为也！”遂辞平原君而去，终身不复见。

延伸阅读

本篇选自《战国策·赵策三》，鲁仲连为战国末年齐国稷下学派后期代表人物，著名的思想家、辩论家。秦继长平之战胜利后，包围了赵国都城邯郸。魏、楚计划救援，可又担心得罪强秦。魏王派出辛垣衍劝说赵尊秦为帝。在这种情况下，齐国高士鲁仲连挺身而出，与辛垣衍就“抗秦”与“帝秦”展开了激烈论辩。本文描写鲁仲连在秦师围赵的关键时刻，义不帝秦；邯郸解围后，平原君欲封鲁仲连，他“辞让者三，终不肯受”；平原君“以千金为鲁连寿”，鲁仲连又笑而谢之，成功塑造了功成身退、飘然远引的高士形象。清人吴楚材、吴调侯评论说：“人知连之高义，不知连之远识也。至于辞封爵、挥千金、超然远引、终身不见，正如祥麟威凤，可以偶觌，而不可常亲也。自是战国第一人。”

［1］客将军：辛垣衍本非魏人而在魏做将军，故称客将军。

［2］间入：从小路潜入。

［3］平原君：赵孝成王之叔，名胜，当时为赵相。

［4］与齐滑王争强为帝：这里说的是秦昭王曾与齐滑王相约同时称帝，秦昭王为西帝，齐滑王为东帝，但齐滑王后来取消帝号，秦昭王便也随之取消。

［5］鲁仲连：又名鲁连，齐国隐士。因齐国在赵国东面，故下文自称“东国鲁连先生”。

［6］百万之众折于外：指秦赵长平之战，赵军大败。

［7］梁：即魏国。魏惠王迁都大梁，故魏国又称梁。

［8］曷：为何。

［9］正：同“政”，统治。

［10］赴：同“讣”，报丧。

［11］坼：裂开。

［12］斫：斩。

［13］叱嗟：怒斥声。

［14］而：同“尔”，你。

［15］烹醢（hǎi）：古代酷刑，烹，将人煮死，醢，剁成肉酱。

［16］喟然：叹息的样子。

［17］策：马鞭。

［18］太牢：牛羊猪各一称太牢。十太牢代表最高礼仪。

［19］筦键：指钥匙和锁。筦，同“管”，钥匙。

［20］摄衽：掖起衣襟。

［21］视膳：伺候别人吃饭。

［22］涂：同“途”，道路。

［23］倍殡柩：把灵柩换成相反的方向。倍，通“背”。

［24］饭含：古代殡礼，在死人嘴里放粟米称饭，放玉称含。

［25］三晋：韩、赵、魏三国，春秋时由晋国分裂而成。

［26］引：撤退。

二十九　史记廉颇蔺相如列传

廉颇者，赵之良将也。赵惠文王十六年①，廉颇为赵将伐齐，大破之，取阳晋②；拜为上卿：以勇气闻于诸侯。

蔺相如者，赵人也，为赵宦者令缪贤[1]舍人[2]。赵惠文王时得楚和氏璧；秦昭王闻之，使人遗[3]赵王书，愿以十五城请易璧。赵王与大将军廉颇诸大臣谋：欲予秦，秦城恐不可得，徒见欺；欲勿予，即患秦兵之来。计未定，求人可使报秦者未得。宦者令缪贤曰：“臣舍人蔺相如可使。”王问何以知之，对曰：“臣尝有罪，窃计欲亡走燕，臣舍人相如止臣‘君何以知燕王？’臣语曰：‘臣尝从大王与燕王会境上，燕王私握臣手曰：“愿结友”，以此知之。故欲往。’相如谓臣曰：‘夫赵强而燕弱，而君幸于赵王，故燕王欲结于君。今君乃亡赵走燕，燕畏赵，其势必不敢留君，而束君归赵矣。君不如肉袒[4]、伏斧质[5]请罪，则幸得脱矣。’臣从其计，大王亦幸赦臣。臣窃以为其人勇士，有智谋，宜可使。”

于是王召见，问蔺相如曰：“秦王以十五城请易寡人之璧，可予不[6]？”相如曰：“秦强而赵弱，不可不许。”王曰：“取吾璧，不予我城，奈何？”相

① 赵惠文王十六年当公元前二八三年。

② 阳晋是今山东郓城县地。

如曰："秦以城求璧而赵不许，曲在赵。赵予璧而秦不予赵城，曲在秦。均之二策，宁许以负秦曲。"王曰："谁可使者？"相如曰："王必无人，臣愿奉璧往使，城入赵而璧留秦。城不入，臣请完璧归赵。"赵王于是遂遣相如奉璧西入秦。

秦王坐章台①，见相如。相如奉璧奏秦王；秦王大喜，传以示美人[7]及左右；左右皆呼万岁。相如视秦王无意偿赵城，乃前曰："璧有瑕[8]，请指示王。"王授璧；相如因持璧却立，倚柱，怒发上冲冠，谓秦王曰："大王欲得璧，使人发书至赵王。赵王悉召群臣议，皆曰：'秦贪，负其强，以空言求璧，偿城恐不可得'，议不欲予秦璧。臣以为布衣之交尚不相欺，况大国乎！且以一璧之故，逆强秦之欢，不可。于是赵王乃斋戒[9]五日，使臣奉璧拜书于庭。何者？严大国之威以修敬也。今臣至，大王见臣列观[10]，礼节甚倨[11]，得璧传之美人以戏弄臣；臣观大王无意偿赵王城邑，故臣复取璧。大王必欲急臣，臣头今与璧俱碎于柱矣！"相如持其璧睨[12]柱，欲以击柱。秦王恐其破璧，乃辞谢固请，召有司案图[13]，指从此以往十五都予赵。相如度[14]秦王特以诈佯为予赵城，实不可得，乃谓秦王曰："和氏璧，天下所共传宝也；赵王恐，不敢不献。赵王送璧时斋戒五日。今大王亦宜斋戒五日，设九宾②于廷，臣乃敢上璧。"秦王度之，终不可强夺，遂许斋五日，舍相如广成传[15]。

相如度秦王虽斋，决负约不偿城，乃使其从者衣褐[16]怀其璧，从径道亡[17]，归璧于赵。秦王斋五日后，乃设九宾礼于廷，引赵使者蔺相如。相如至，谓秦王曰："秦自缪公以来二十余君，未尝有坚明约束者也；臣诚恐见欺

---

① 章台，秦宫中的台。

② 从前解释九宾的很多，一说是陈设车辂文物于庭，为延纳宾客之礼，似乎近是。

于王而负赵，故令人持璧归，间至赵矣。且秦强而赵弱，大王遣一介之使至赵，赵立奉璧来；今以秦之强而先割十五都予赵，赵岂敢留璧而得罪于大王乎？臣知欺大王之罪当诛，臣请就汤镬[18]。唯大王与群臣孰计议之！”秦王与群臣相视而嘻。左右或欲引相如去。秦王因曰：“今杀相如，终不能得璧也，而绝秦赵之欢；不如因而厚遇之，使归赵，赵王岂以一璧之故欺秦耶！”卒廷见相如，毕礼而归之。

相如既归，赵王以为贤大夫，使不辱于诸侯，拜相如为上大夫。秦亦不以城予赵，赵亦终不予秦璧。

其后秦伐赵，拔石城①。明年，复攻赵，杀二万人。秦王使使者告赵王，欲与王为好会于西河②外渑池③。赵王畏秦，欲毋行。廉颇、蔺相如计曰：“王不行，示赵弱且怯也。”赵王遂行；相如从。廉颇送至境，与王诀曰：“王行度道里会遇之礼毕，还不过三十日；三十日不还，则请立太子为王，以绝秦望。”王许之。

遂与秦王会渑池。秦王饮酒酣，曰：“寡人窃闻赵王好音，请奏瑟！”赵王鼓瑟。秦御史前书曰：“某年月日，秦王与赵王会饮，令赵王鼓瑟。”蔺相如前曰：“赵王窃闻秦王善为秦声，请奏盆缶[19]秦王，以相娱乐。”秦王怒不许。于是相如前进缶，因跪请秦王。秦王不肯击缶。相如曰：“五步之内，相如请得以颈血溅大王矣！”左右欲刃相如；相如张目叱之，左右皆靡。于是秦王不怿[20]，为一击缶。相如顾召赵御史书曰：“某年月日，秦王为赵王击缶。”秦之群臣曰：“请以赵十五城为秦王寿！”蔺相如亦曰：“请以秦之咸阳

① 石城今为河南林县西南八十五里地。

② 西河即今陕西大荔县地。以在黄河西，故古有此名。

③ 渑池今为县，属河南河洛道。

为赵王寿!”秦王竟酒，终不能加胜于赵；赵亦盛设兵以待秦，秦不敢动。

既罢归国，以相如功大，拜为上卿，位在廉颇之右。廉颇曰：“我为赵将，有攻城野战之大功，而蔺相如徒以口舌为劳，而位居我上；且相如素贱人，吾羞，不忍为之下。”宣言曰：“我见相如必辱之!”相如闻，不肯与会。相如每朝时，常称病，不欲与廉颇争列。已而相如出，望见廉颇，相如引车避匿。于是舍人相与谏曰：“臣所以去亲戚而事君者，徒慕君之高义也。今君与廉颇同列，廉君宣恶言而君畏匿之，恐惧殊甚，且庸人尚羞之，况于将相乎！臣等不肖，请辞去。”蔺相如固止之，曰：“公之视廉将军孰与秦王?”曰：“不若也。”相如曰：“夫以秦王之威而相如廷叱之，辱其群臣，相如虽驽，独畏廉将军哉！顾吾念之，强秦之所以不敢加兵于赵者，徒以吾两人在也。今两虎共斗，其势不俱生。吾所以为此者，以先国家之急而后私仇也。”廉颇闻之，肉袒负荆，因宾客至蔺相如门谢罪，曰：“鄙贱之人不知将军宽之至此也!”卒相与欢，为刎颈之交。

作者简介

见第 15 页。

延伸阅读

本篇为《史记·廉颇蔺相如列传》节选，记述了战国时期赵国的著名将相廉颇和蔺相如的故事，通过“完璧归赵”“渑池之会”“负荆请罪”三个故事，写出了蔺相如智勇双全、不畏强秦的胆识和谋略、“先国家之急而后私仇”的气度，以及廉颇知错能改的可贵品质。

[1] 宦者令缪（miào）贤：宦者令，宦官头目。缪贤，宦者令的姓名。

[2] 舍人：没有职事的门客。

[3] 遗（wèi）：送给。

[4] 肉袒（tǎn）：解衣露膊。

[5] 质：承接刀刃的垫板。

[6] 不：同“否”。

[7] 美人：指宫中妃嫔。

[8] 瑕（xiá）：玉上的斑点。

[9] 斋戒：古代在祭祀前洁身独处，不吃荤食。

[10] 列观（guàn）：普通的台观，指章台。

[11] 倨（jù）：傲慢。

[12] 睨：斜视。

[13] 案图：察看地图。

[14] 度（duó）：猜测。

[15] 传（zhuàn）：宾馆。

[16] 褐（hè）：粗布。衣褐：穿粗布衣服，打扮成老百姓的样子。

[17] 亡：逃走。

[18] 镬（huò）：锅子。

[19] 盆缶（fǒu）：盛酒浆的瓦器，秦地也用作乐器。

[20] 不怿（yì）：不快。

三十　争论

崔　述

廉颇[1]为赵将，有大功，拜为上卿。蔺相如为赵奉璧于秦，完璧而归，又相赵王会秦王于渑池，亦拜为上卿，位廉颇右。颇羞为之下，曰："我见相如必辱之!"相如称病不与争；望见颇，引车避匿。颇闻之，肉袒负荆，至相如门谢罪；卒相与欢。世皆多相如之有让。余独以为相如固贤，亦幸而遇廉颇之贤，故得成其让也。何者？天下之事，两争然后相争，亦两让然后相让。使相如避而颇不悔，以为畏己而愈肆焉，即已辱之，犹以为未足，相如其奈之何？由是言之，成相如之让者，颇也。

宋殷景仁[2]为领军将军，① 荐刘湛于文帝，召为太子詹事②，并被任遇。湛以景仁位在己上，乃因彭城王义康[3]以倾之。景仁惧，称疾不出，以避湛者数年。湛犹不肯已，使盗谋杀之。文帝乃与景仁密谋诛湛，然后景仁得免。若此者，岂景仁之不让哉！湛非有颇之功，又因景仁以进，固不当倾景仁；景仁之避湛，其事更难于相如：然卒不能减其怒，必死景仁而后甘心者，何也？人心无尽，固非让之所能化也。

嗟夫，士大夫诵读诗书，谈说礼义，让之犹不足止其争，况于里巷不学

① 领军将军是掌禁卫军的官。

② 太子詹事是总理太子东宫内外庶务的官。

之人、市井无赖之辈、尚力而不尚德者乎！虽有好让之人与之处，亦不能保无相争之事。乃世之士见其如此，不复问其曲直，辄从而两罪之，呜呼，过矣！古之时，人心淳朴，风俗敦厚，犹有化于让者；后世不可得矣。有让之者，则以为畏己而愈陵之。让之既久，则又以为事固当然而安之。一日少拂其意，则其怒反更甚。且让固有不能率以为常者。人之贪心，遏之则渐止，纵之则益甚。今日欲得其牛，与之，至明日而又欲得其车；又与之，又明日而又欲得其宅。故以让奉贪，常不足之势也。争而不已，势必至于让者不能复让而亦与争，贪者智尽力穷而无所得，然后其争始息。故两争者，必至之势也。

周太王[4]之居邠①，狄人侵之，事之以皮币、犬马、珠玉，皆不得免焉，乃属其耆老而告之曰："狄人之所欲者吾土地也"，卒弃其国，逃之岐山而后已。② 秦以山西鏖六国，六国争割地以事之，今岁割三城，明岁又割五城；地不尽，秦兵终不止，卒灭六国，并天下而后已。太王之与六国，不可谓不让矣。周秦以上已非让所能化，况后世乎！故曰："以让奉贪，常不足之势也。"

宋之与金也，初割三镇③，继割两河④，继而又割京东、京西、陕西诸路，求和之使旁午于道，畏避不已，至于航海。自古以来有天下者，未有如宋之让者也。然而金师南牧未尝为之中止。必待韩、岳、吴、刘⑤屡挫其锋，然后金人始许画淮以和。由是观之，苟力之所能争，虽百让之不止：国家之大，闾里之微，其理一而已矣。故曰："两争者，必至之势也。"

---

① 邠即今陕西邠县地。

② 这段本于孟子的话，见《孟子·梁惠王篇》。岐山今陕西岐山县。

③ 三镇是太原、中山、河间，在今直隶、山西境。

④ 两河是河北、河东，亦是今天直隶、山西地。

⑤ 韩世忠、岳飞、吴玠、吴璘、刘锜都是南宋的名将。

圣人知其然，故不责人之争，而但论其曲直，曲则罪之，直则原之，故人竞为直而莫肯为曲。人皆不肯为曲，则天下无争矣。然则圣人之不禁争，乃所以禁争也。后世之论者则不然：但见其后之争，遂不复问其前之让，而曲者直者至是均不免于訾议。曲者以利，犹获助于小人；直者以义，并见弃于君子。人知让之之后之终不免于争，而又不能以其直见谅于人也，故竞为其曲而莫肯为直。与其让而不终，无宁争之于始。俗之益争，夫亦好为高论者之有以驱之也！且论者于南宋之事则以其让为罪，于闾里之间则又以其不让为罪；天下传自祖宗，田宅亦受之先世，势同而论异，事异而罚同：呜呼，人欲求免于后世之君子，难矣哉！

朱仁轨[①]云："终身让畔，不失一段。"斯言也，听之甚美。然以余所见乡党之间，则大不然。最甚有杨氏者，田百亩，今仅余四十亩矣，然犹供百亩之税，遂为子孙百世之害。不知古今之殊俗耶？抑四方风气之不同耶？至于不肖之宗族，尤不可以常理论。惟力足以拒之，斯已耳；否则必无立锥之地，而后不生其心。然亦其初即然，乃免于争；若争端已起而后然，则虽垂橐而人犹不信，悬磬而忿犹不消。故有田宅已捐，自食其力，幸未至于冻馁，而争犹不止者。况其让犹未至于是者耶！

曰：然则让不能以化人乎？曰：其人而贤如廉颇也，则能；即不然，而吾力能制其命而姑让之，彼自知其力之不敌也，亦或有知感者：不可以是概之人人也。是故，以让自勉则可，以让责人则断不可。夫责人则亦惟论其曲直而已矣！惜乎世之君子未尝久处闾阎、亲历险阻，而于人情多不谙也！

---

① 朱仁轨，唐人，字德容。下面所引，是他训诲子弟的话。

作者简介

见第 11 页。

延伸阅读

本文选自崔述《无闻集》。《无闻集》收录《争论》与《讼论》二篇，讨论了礼让与争讼的问题，颠覆了鄙视争讼风气的传统认知。《争论》从廉颇、蔺相如的故事说起，认为蔺相如的忍让能产生效果主要是因为廉颇的德行高，否则忍让不仅是无用甚至是有害的，然后列举一味忍让带来恶果的例子，论证不能一味地推崇“让”否定“争”，认为“以让自勉则可，以让责人则断不可”。

［1］廉颇：事见《史记·廉颇蔺相如列传》。

［2］殷景仁：南朝宋人，为宋武帝太尉参军，曾任黄门侍郎，《宋书》有《殷景仁传》。

［3］义康：刘义康，南朝宋文帝之弟，封彭城王，权倾天下。

［4］周太王：周武王之曾祖古公亶父。

三十一　上下古今谈序

吴敬恒

忆戊戌变法[①]之际，朝旨欲即寺观为学校，当时之舆论不相入。曾见一卖菜男子，攘臂怒目，抗论于市人曰："寺观为从古所有，乌可议废者!"呜呼，"从古所有"，岂独寺观！攘臂怒目，为"从古所有"争者，岂独卖菜男子！故笃旧而诚一者，非必有所缘，坐解"从古所有"误耳。否则，卖菜男子于寺观为风马牛[②]，攘其臂，怒其目，胡为其不惮烦？

其实大宇[③]之内，时时相似而不同，必无"从古所有"之一物。古之为义，对今而立。弹指之顷，以正弹指时为今，则未弹指时为古。惟其如此，故吾人论古之心量，为广、为狭，可以远不相伦。

假若卖菜男子，亦如老学究，能稍通史事，纵彼别有所蔽，并可为寺观左袒[④]，然必不肯言"从古所有"。极"从古所有"之弊害，莫可得而尽言。

① 清朝德宗从太后归政之后，锐意图强，任用新学之士，革除许多旧法。这年是戊戌年，当公元一八九八年。后来有些亲贵在太后跟前说了些坏话，便再拥太后临朝。于是新党杨锐等六人被杀，一切新政都停罢。

② "风马牛"见于《左传》。注谓"风，放也。马牛，牝牡相诱也。言两地远隔，牝牡不能相诱也。"现在指不相干的两件事情叫作风马牛。

③ 上下四方叫作宇。大宇便是天地之间。

④ 汉朝吕后的许多同姓擅权，将作乱。太尉周勃行令军中道，"为刘氏者左袒。"从此左袒两字就表示助人的意思。

我生五十载，正所谓一弹指之顷。顾在前二十年，吾耳、吾目惊怛咨訏以为创有者，窃窥今日青年之态度，淡然漠然，早视为“从古所有”，习焉相忘。有不然者，止少数沃闻父兄之提命[1]，及多读断烂国闻记载者耳。夫曰“从古所有”，若寺观类者，轻重尚少；设或推诸庶事，以强者冯陵之权利许为“从古所有”，或以弱者奴隶之义务亦安为“从古所有”，则优劣之天演[2]忽焉而行乎其间，由微之著，为存、为亡，祸福大矣！

虽然，二十年之短时，或有或非有，尚不能无所提命、无所记载，则求卖菜男子能得老学究之智识，一部《十七史》① 虽繁，不能不从头说起。因是，去岁销夏，即思以无足重轻之文章，成一中国六千年史谈之小说。既而乃悟老学究，诚较通达，必可不言寺观为“从古所有”，然彼仍不能与知于寺观与学校之得失，适与卖菜男子表里相左袒者，其蔽即蔽于以六千年所有，亦称为“从古所有”而已。故欲与今之青年上下于古今，将进之以六千年之近古者，必且先进之以六千年以前之远古。天人之际，凿而可沟者，无论为宇宙，为星辰，为日月，皆一一穷其构造，著其系统，是即所以说明六千年之由来，先使知六合[3]内外事事物物，无所谓“从古所有”。此《无量数世界变相》四卷，所由先史谈而脱稿。且万物交于吾前，又有所谓“向来如此”之一说。此即吾人嘘濡于大气，俯仰于云物，莫不以为两间[4]之现象无非“向来如此”——“向来如此”者，其义犹夫“从古所有”——而不知风云雷雨等等亦即无量数变相中之一境。故从其类而演述之，并以明其何以如此；亦不欲使人习于“向来如此”之故见，适以坚其“从古所有”之信仰

① 宋以前的学者，所诵习只有《史记》《汉书》《三国》四史。到宋仁宗英宗时，次第把禁中所藏的历代史书付刻，又增补中间的缺失至《五代史》为止。合《史记》等成十七史。这里说《十七史》，只是随举一个习用的名词罢了。

而已。

四卷既就，且取“与吾党青年上下于古今”之义，名之曰《上下古今谈》。以此四卷之演述无量数世界变相者为前编。他日《六千年中国史谈》续演毕，即以为后编。

作者简介

见第 37 页。

延伸阅读

本文为吴稚晖为其所著科普小说《上下古今谈》所写的序文。《上下古今谈》写于 1911 年 8 月，由上海文明书局出版。该书 4 卷 20 回，讨论包含天文、物理、化学、地理、地质、气象、生物等科学知识。因其旨在描写宇宙间的自然现象，故又名《无量数世界变相》。自序中说：“故欲与今之青年上下于古今，将进之以六千年之近古者，必且先进之以六千年以前之远古。天人之际，凿而可沟者，无论为宇宙，为星辰，为日月，皆一一穷其构造，着其系统，是即说明六千年之由来，先使知六合内外事事物物，无所谓‘从古所有’。”因名为“上下古今谈”。

［1］提命：耳提面命，指亲自教诲。

［2］天演：生物界有无形的竞争，优胜劣败，以形成天然之进化，故谓“天演”。达尔文与赫胥黎皆倡导此说。

［3］六合：天地四方，谓之六合。

［4］两间：天与地之间。

三十二　天演论导言一

［英国］赫胥黎（Thomas Henry Huxley）著

严　复　译

赫胥黎独处一室之中，在英伦之南，背山而面野，槛外诸境历历如在几下。乃悬想二千年前，当罗马大将恺彻[①]未到时，此间有何景物。计惟有天造草昧，人功未施，其借征人境者，不过几处荒坟，散见坡陀起伏间；而灌木丛林，蒙茸山麓，未经删治如今日者，则无疑也。怒生之草，交加之藤，势如争长相雄，各据一抔壤土；夏与畏日争，冬与严霜争；四时之内，飘风怒号，或西发西洋，或东起北海，旁午[②]交扇，无时而息；上有鸟兽之践啄，下有蚁蝝之啮伤：憔悴孤虚，旋生旋灭，菀枯顷刻，莫可究详。是离离者亦各尽天能，以自存种族而已。数亩之内，战事炽然。强者后亡，弱者先绝。年年岁岁，偏有留遗。未知始自何年，更不知止于何代。苟人事不施于其间，则莽莽榛榛，长此互相吞并、混逐蔓延而已。而诘之者谁耶？

英之南野，黄芩[③]之种为多。此自未有纪载以前，革衣石斧之民所采撷

---

① 恺彻（Caius Julius Caesar），公元前一〇〇年生，前四四年没。他握罗马的大权，励内治，奋武功，声威极盛。

② 旁午是纵横交错的意思。

③ 黄芩是多年生草。茎高二尺余。叶为箭镞形，略如柳。夏天开花成穗，有紫白等色。根长四五寸，色深黄。

践踏者，兹之所见其苗裔耳。邃古之前，坤枢未转，[①] 英伦诸岛乃属冰天雪海之区。此物能寒，法当较今尤茂。此区区一小草耳，若迹其祖始，远及洪荒；则三古以还年代方之，犹瀼渴之水比诸大江，不啻小支而已。

故事有决无可疑者，则“天道变化，不主故常”是已。特自皇古迄今，为变盖渐，浅人不察，遂有天地不变之言。实则今兹所见，乃自不可穷诘之变动而来。京垓年岁之中，每每员舆正不知几移几换而成此最后之奇。且继今以往，陵谷变迁，又属可知之事——此地学不刊之说也。假其惊怖斯言，则索证正不在远。试向立足处所掘地深逾寻丈，将逢蜃灰。以是蜃灰，知其地之古必为海。盖蜃灰为物，乃羸蚌脱壳积叠而成，若用显镜察之，其掩旋尚多完具者。使是地不前为海，此恒河沙数羸蚌者胡从来乎？沧海飏尘，[②] 非诞说矣。且地学之家历验各种僵石[③]，知动植庶品率皆递有变迁。特为变至微，其迁极渐，即假吾人彭、聃[④]之寿，而亦由暂观久，潜移弗知。是犹蟪蛄不识春秋，朝菌不知晦朔，遽以不变名之，真瞽说也。故知“不变”一言，决非天运。而悠久成物之理，转在变动不居之中。是当前之所见，经廿年、卅年而革焉可也，更二万年、三万年而革亦可也；特据前事推将来，为变方长，未知所极而已。

虽然，天运变矣，而有不变者行乎其中。不变惟何？是名“天演”。

---

① 远古以来，地质屡有变迁。此处是说地面不曾变到现在这样子以前。

② 此说见于葛洪《神仙传》。麻姑讲起“已见东海三为桑田，向到蓬莱，又水浅于往日……岂将复为陵陆乎”。王远欢道，“圣人皆言海中行复飏尘也。”这原是道家的臆说，而恰与事实暗合的。

③ 僵石亦称化石，是极古的动植物，原形仍存而质地已化而为石的。

④ 古代传说，彭祖、老聃都是活到数百岁的长寿者。

以天演为体而其用有二：曰“物竞”，曰“天择”。此万物莫不然，而于有生之类为尤著。物竞者，物争自存也；以一物以与物物争，或存或亡，而其效则归于天择。天择者，物争焉而独存，则其存也必有其所以存，必其所得于天之分、自致一己之能、与其所遭值之时与地，及凡周身以外之物力，有其相谋相剂者焉，夫而后独免于亡而足以自立也；而自其效观之，若是物特为天之所厚而择焉以存也者：夫是之谓天择。天择者择于自然，虽择而莫之择；犹物竞之无所争，而实天下之至争也。斯宾塞尔[①]曰，“天择者，存其最宜者也。”夫物既争存矣，而天又从其争之后而择之。一争一择，而变化之事出矣。

作者简介

赫胥黎（Thomas Henry Huxley，1825—1895 年），为十九世纪的自然科学家，英国人，他的著作《天演论》是对生物学家达尔文的进化学说的阐扬。

译者严复，字又陵，一字几道，福建侯官县人，曾在英国学海军，回国后虽然没有在海军界建功，但对译述事业尽力很多，所译作有《天演论》《原富》《群己权界论》《穆勒名学》《群学肄言》等。

---

① 斯宾塞尔（Herbert Spencer）英国哲学家，也是笃信天演之说的。生于西历一八二〇年，没于一九〇四年。

延伸阅读

本文是严复翻译的《天演论》的导言。《天演论》对于当时思想界的影响极大。“物竞天择”“优胜劣败”“弱肉强食”等流行用语均出自《天演论》。《天演论》现译《进化论》，赫胥黎将达尔文的生物进化论延伸到社会学领域。对中国传统的“天不变道亦不变”“天运循环”以及“今不如古”等观念以极大的打击，影响了晚清以来的革命思想。

三十三　世界之霉

［波兰］普路斯（Boleslaw Prus）　著

周作人　译

有一天，我同一个植物学家在普拉微。我们在西比拉公园，坐在板凳上，正当大岩石的底下，石上满生着苔类或霉，关于这种生物，我那博学的同僚曾经专门研究多年了。

我便问他，观察这些不规则的斑点——苍黑的、灰色的、绿的、黄的或桂黄的，有什么趣味呢？

他不相信似的望着我，但随后知道这站在他面前的人并不是专门家，他就说明给我听——

“这些你所见的斑点，并非无生命的污物，却实在是生物的团体。虽然肉眼不能看见，他们生产，移动——不过我们看他不出——举行结婚，生殖子孙，终于死亡。

还有可以注意的，他们也组织类似的社会，这便是你所看见的各色斑点。他们为后代子孙设立基础，分布，在新领土殖民，而且互相战争。

这灰色的斑点，同手掌这样大小，在两年以前不过是一个四格罗什的银钱模样罢了。那苍黑的小小的斑点，一年前并不存在，是近来才从占据岩顶的那大块的斑点分来的。

这两块斑点，黄的与桂黄的，他们正在开战呢。黄的从前是很大的，但是他那邻人渐渐地将他赶走，将他的地面占去了。你又看那绿的——看那苍黑的邻人怎样的正在侵略他。在那绿色基地上面，你不见有些少苍黑的点和线和小岛么？……”

我说道：“这颇有点像人间的情形呢。”

植物学家答说：“不，这不尽然。在他们社会里，缺少言语，艺术，科学，意识，感情——总而言之，就是他们缺少精神与心，这是我们人类所独有的。他们做这些事，是盲目的，机械的；没有同情，也没有反感。”

几年之后，一天的晚上，我又在这岩石的旁边，在月光底下，观察这几年来的变化，在各种的霉的形状大小上面，有怎样的不同。

忽然有人推我，这正是那个植物学家。我请他坐，他却仍旧站在我面前，仿佛将月遮蔽了，又喃喃地低声说了几句话。

那西比拉公园，那板凳和岩石都不见了。我觉得周围都是微弱的光辉与无限的空虚。我回头侧向，见有一个似乎学校地球仪的东西，正同我们刚才站在近旁的那块岩石一样大小。

那圆球慢慢地回转，逐渐显示出新的地域，或是亚细亚大陆和小小的欧罗巴半岛，或是亚非利加，南北亚美利加……

我更用心地看去，见在这住人的大陆上，有许多斑点，苍黑的，灰色的，绿的，黄的或桂黄的，正同那石上的一样。他们都由许多不大能够看出的小点聚集而成，仿佛是不活动的，但实在是慢慢地在那里动。每个单点向前滑走，在一时间内不过二分弧度；而且并非直线的，只是绕着自己的运动的中心，颤巍巍地盘旋上去。

那些小点联合了，分散了，隐灭了，又走出在球的顶上了。但各个小点的形态，并不值得什么注意，只是那全个斑点的运动很有重要的特色。他们缩小了，或者长大了，在新的地面出现，互相侵入，或被逐出在原来占据的地位之外了。

这球只是旋转着，我觉得他已经旋了千万转了。

我问那站在我旁边的那植物学家说："人类的历史也应当是这样么?"

他点头，表示承认的意思。

我道："也罢——但哪里是艺术、科学……?"

他阴郁地微笑。

"哪里是意识、爱、憎与各种欲求呢？……"

他低声笑道，"哈，哈，哈!"

"总之，哪里是人类的精神与心呢？……"

"哈，哈，哈!"

他的举动使我发了怒，我追问道，"你是谁!"

一刹那间，我看出又在园里，在岩石的近旁；石上许多不成形的斑点，正浴在月光里。

我的同僚不见了，但我因他的嘲弄与阴郁的态度，已经认识他是谁了。

作者略述

普路斯（Boleslaw Prus，真名为 Aleksander Glowacki）为现代波兰有名之小说家。人称为乐天之艺术家，伟大的造型的才人，实际主义的门徒，精密的科学的老手，有强盛男性的情感的文人。

延伸阅读

这篇译作最初发表于《新青年》第8卷第6号（1921年4月1日）。周作人1920年12月1日写的《译文附记》中说："普路斯（Boleslaw Prus）本名格罗伐支奇（Alexander Glowacki），是现代波兰有名的小说家。据诃勒温斯奇的《波兰文学史略》说，'普路斯是一个乐天的艺术家，伟大的造形的才人，实证主义的门徒——但这派的束缚过于狭窄的时候，他也摆脱了——精密的科学的老手，有强盛男性的情感的文人。他所作的《哨兵》（Placowka）和《回波》（Powracajaca Fala），都是感情的综合；同样的综合法也见于《泥人儿》（Lalka），《法老》（Faraon）诸书。《法老》是叙述少年君主想在古来承认的秩序之下，应用他那高上的正义理想之无效的努力；这部书已经遍译成欧洲各国的文字，在这书里普路斯可以说是达到他完全的内面的和谐了。'凯拉绥克在《斯拉夫文学史》卷二说，'在普路斯看来，人生是一个谜，他所想解决的；但在显克微支却以为是色彩，人格和活动所合成的合奏。从现代的批评说来，显克微支是个性派，普路斯是综合派了。'这一篇据格拉波夫斯奇世界语译本，从《万国文选》里译出。"

三十四　饮马长城窟行①

王　翰

长安少年无远图，一生惟羡执金吾②。麒麟殿③前拜天子，走马为君西击胡④。胡沙猎猎吹人面，汉虏相逢不相见。遥闻鼙鼓动地来，传道单于夜犹战。此时顾恩宁顾身，为君一行摧万人。壮士挥戈回白日，⑤ 单于溅血污朱轮。

归来饮马长城窟，长安道傍多白骨。问之耆老何代人？云是秦王筑城卒。黄昏塞北无人烟，鬼哭啾啾声沸天：无罪见诛功不赏；孤魂流落此城边！

当昔秦王按剑起，诸侯膝行不敢视。富国强兵二十年，筑怨声冤九千里。秦王筑城何太愚，天实亡秦非北胡。[1]一朝祸起萧墙[2]内，渭水咸阳⑥不复都[3]！

作者略述

王翰（生卒年不详），唐晋阳（今山西太原）人，字子羽。少豪健恃才。登

---

① 《饮马长城窟行》，古乐府瑟调曲名。自来作这个曲的歌词的，大多说的征戍之苦。

② 执金吾，汉代官名，犹现在的京师警察厅长。

③ 麒麟殿，汉未央宫内殿名。

④ 胡即匈奴。

⑤ 传说鲁阳公与韩构难战得酣了，天暮，鲁阳公把戈一挥，太阳就回了转来。见《淮南子》，实是神话。

⑥ 秦都于咸阳，在渭水之旁。

进士第。喜蒱酒。累官驾部员外郎。家畜声伎，口使颐令，自视王侯，人皆恶之。出为汝州长史，后徙仙州别驾，得与才人豪侠喜乐游畋。坐贬道州司马，卒（《全唐诗》存其诗一卷，诗多壮丽之词）。

延伸阅读

古乐府曲名《饮马长城窟行》，又称《饮马行》。《玉台新咏》认为《饮马长城窟行》由东汉蔡邕制曲。曹魏以降，曹丕、陈琳、傅玄等文人多有拟作。《乐府诗集》卷三十八引《广题》注曰："长城南有溪坂，上有土窟，窟中泉流，汉时将士征塞北，皆饮马此水也。""饮马长城窟"的命名，即缘于此。

王翰的这首《饮马长城窟行》，以"长城"为线索，前半段写一位壮士主动请缨赴塞外边关抗击胡人并立下战功，富有气势并充满豪侠精神。后半段写战士归来饮马长城窟，从叙事转为咏史，评议秦王筑长城的功过，"归来饮马长城窟，长安道傍多白骨"，极力渲染凄凉气氛，揭示筑城卒士的悲惨命运。最后一段发表议论，总结秦亡原因，"秦王筑城何太愚，天实亡秦非北胡。一朝祸起萧墙内，渭水咸阳不复都！"铿锵有力。

［1］天实亡秦非北胡：实在是老天要秦灭亡而并不是北方的匈奴。据史载，公元前215年，秦始皇听信方士卢生的话，派他去求羡门，高誓等仙人，卢生从海上回来，谎称他得到了《灵图书》，上云："亡秦者胡也"，促使秦始皇派遣蒙恬带领三十万大军驱匈奴、筑长城。

［2］萧墙：萧，通"肃"。古代宫室内作为屏障的矮墙，指内部。《论语·季氏》："吾恐季孙之忧，不在颛臾，而在萧墙之内也。"

［3］不复都：不再为都城。

三十五　文明的曙光

[南非洲] 须林娜女士（Olive Schreiner）　著

胡愈之　译

那时我还是一个没到九岁的小孩子，一天早晨，我在我家所住的那个山峰上出去散步。太阳还没有起来，山上的草浓浓地被着露水。我转背望去，在我后面的长而多草的山坡上，看得出我自己的脚印。我再走去，到了一处，有一条小溪流着，向悬崖冲下，注入下面的深谷。溪的两岸，土壤很是松软。有一处岸旁泥土，冲成一个广约数英尺的小小岛屿；溪水从四面流过。岛上长着野薄荷，一枝开着黄花的野草，和许多柔软的草本。我在岸旁一棵矮小的橄榄树——在这里附近只有这一棵树——底下坐着。岛上植物都被夜来的露水遮得乌压压的，这时候太阳还没有起来哩。

我因为晚上不能安睡，所以这样的清早便起来了。我的心坎里烦闷得很；我那颗心儿很苦痛，像有一柄小尖刀在那里宰割似的。我似乎觉得全个世界都有些不对。凡是多感的小孩子，在日常生活中，时常会起不了解或不安、不平的一种感慨；但是我那时所感慨的，却不单是这个，我觉得全个宇宙都压迫在我的身上哩。

在我生长的地方，战争是一件极寻常的事。我在幼年便听得战斗、流血、奔逃等事，都是目睹其事或身历其境的人告诉我的。在那边，黑人时常被白人残害屠杀；他们的土地被白人夺了去，用精良的武器守卫着；便在我家的近邻，这等事情也时常有的。我也知道白人和黑人怎样地互相厮杀，要是弱的不肯降服，强的便怎样地把弱的绞死。而且我也亲眼见过白人怎样地役使黑奴，甚至于全不措意他们的幸福。有过三次，我看见一头牛拉着笨重的车辆，竭力挣扎着爬上山顶去，它的口鼻里都是血和白沫；不久，我便见它在皮鞭下倒毙了。在下面狭谷中的从林里，我又见过许多长尾的小猢狲，被人家用枪击死——不是为什么，只是为娱乐罢了。还有树林里的山鸡、斑鸠等等，在我看来，是何等的美丽，却也不免和猢狲遭同样的结果。有几次，我又看见许多犯人在这条路上作工，他们腰旁、足旁的镣铐叮当地响着。他们野蛮一般的容貌，何等的可怕；人见了只有憎恶、恐怖，再没有爱他们的了。我所以清早便起来，带了些烟叶掷在路旁，希望他们拾了去。我时常要想和他们说“有些人爱你们哩”，但是荷枪的兵士却时常监督着他们。有一次，我又看见了一群家狗围攻着一只陌生的野狗，那只野狗却并不怀着恶意的。我虽然尽力想去救它，但终于眼见它被它们咬得粉碎了。人为什么要这样地互相压迫呢？强的为什么定要残害弱的呢？我们为什么喜欢干怨恨残杀的事情呢？这是什么由来？世界到底是怎样的世界？唉！我为什么要生在这样的世界里呢？

我的心坎中那柄小尖刀似乎刺得更深了。

于是我坐着瞧那又小、又湿的暗黑的小岛。太阳出起来了，光线射过长而多草的山陂，照彻那水中央的小小岛屿；叶呀，花呀，草呀，都放出灿烂的金色；上面的露珠闪烁着像金刚石一般；四周的溪水流着，放出万道金光。我见了这种美景，煞是悦目，心里便不由得起了一种奇异的感觉。这种感觉几乎不是文学家所能描写出来的。我好像看见一个世界，在这世界里，人和动物无怨戾，亦无残杀；强的扶助弱的；人类都互相了解，互相宽恕；只是合力互助，谁也不想去害谁。这一种幻境，竟像是相去不还，好像就在我的近旁，我自己也在其中。这时候，我坐在那边，心里忽起一种不可名状的愉快，这种愉快——除了一次之外——我生平却从未经验过哩。

于是我坐在那边，太阳渐渐地升高了，我的背上曝得热烘烘的，晨光已照遍了各处。那幻境渐渐地隐去了，我于是起首沉思，起首问我自己：那种光荣的日子如何能实现哩？现在的世界，动物和动物都相互掠夺；人类呢，是最强有力的动物，便也掠夺得更为厉害。像这样的世界，是能久长的吗？于是我的心重复返到晚上的那种暗黑的思想里去。眼前的世界里，小小的“蚁狮”（一种食蚁的动物）在沙中掘了穴洞，在里面藏着身子，预备那小蚂蚁落下，好果他的腹；还有虎、豹等闪着黄色的眼睛，在树林里伺候着，等那些鹿儿、羊儿到泉边来喝水；至于几千百万的人们呢，用尽了他们的智慧，他们的奇异的手，专去杀害别人。这样的世界还会有希望吗？世界是这样的世界！我又是什么？一个微小可怜的弱虫，比微尘中的微尘还小，几乎是件不可分辨若有若无的东西！我有什么用处？便是举起我的手，大声疾呼，又有什么相干？大世界不是仍然在那里进行吗？

难道老是这样，任凭是什么时候，什么地方，都不会改变的吗？我的心上的琴弦越发紧张起来了。一个微小可怜的无望的弱虫！我怎能阻止一个人去残杀动物，我又怎能阻止一个武装的人去杀人呵？假如我的心血已烧得沸腾了，难道我对于伤害我或伤害别人的人也决不会发生怨愤和仇恨的吗？要世界存在就应该是这样的，那也没有法！但是生了我作什么的呵？有了宇宙又作什么的呵？

于是我坐在那边又起了一种感想，那种感想后来在我的一生是时时触动我的心绪的。大旨是这样——你既不能任着你的意志，改变外部的广大的世界，你也许不能打断一条马鞭；你不能阻止一个武装的人去杀人，你也许不能打开犯人手上的镣铐；你甚至不能把你自己的心灵改换一下，使不要怨恨愤怒；大世界照常地进行，你不能奈何他；但是却有一件事——只一件事是你能做的：在宇宙间无限细小的一点，是你的意志所占领的位置，在那边你便是上帝，可以尽你尽力做去，没有人可以阻挡得你。你自己的心可以剿灭一切的仇恨；当你起一种欲望，要想加害于伤害你或伤害别人的人时，也惟有你的心可以剿灭这一种欲望。不要以为这个心太懦弱、太没用，当苦痛和罪恶来时，你的心只要说："我在这里，可是很小、很细、很微弱。但是凡我所能做的，我要尽力给你做去。你所能做的惟有这个！这样做去罢！这个决不是毫无效益的！"于是我心中又起一种感觉，这种感觉是不能以言语形容的，但大旨是这样——你也是大宇宙的一分子，你所尽力寻求的，别的也在那里寻求；在宇宙中没一件事是完全孤零的，你不过是在向着某事活动罢了。

那日早晨，我从草坡上回到家里的时候，我虽然又回复了旧生活，但是心里却不觉其烦闷了。我已不愿死，也不愿没有宇宙了。我的生活已有了一个目的；虽然我未必能达到这个目的，但是总有一个时候，总有一处地方，那目的是存着。我是并不孤零哩！

自从那一日之后，到现在已有几十年了。但是这常是我生活中最重要、最难忘的一件事。便是最黑暗的时候，那光明是永不会绝灭的。

在过去的长久的年月中，我变为成人；凡小孩子所不知的事物，我已见过许多了。

在我的生身之乡，我亲眼见了大战争的恐怖。家屋被焚烧着，化成了灰烬。几千几百的妇女和小孩都被屠戮。有许多我所认识的人，因为反对外人输入本地，遭人家缚在椅上枪毙了。在世界的各大都市，我到处看见在上阶级怎样的压抑在下阶级。许多的男人们、女人们吸着他们的属下的汗血，他们自己并没增加了精神的美和愉快，倒反害了充血病；而那些被吸食的人们，因此弄得消瘦穷苦得不堪。在我自己的灵魂里，我觉得有一种性情，竭力排斥我自己所寻求的那种理想，这是小孩子所不曾觉到的。我曾经从世界的可怖的各方面细心考察过，公共生活呀，政治呀，外交呀，国际关系呀，在可恐的放大镜之下，人类灵魂便现出贪婪、野心、凶残、诈伪的种种恶相。这一种放大的情形，好不狰狞可怖，几乎使人要嚷出来："为什么不找出一块海绵来，把地球上的人类抹一个干净呢？地球已给人类沾污了呵！"所以我相信在个人和较大的社会组织里，把人类天性中的初民的利己本能尽力排除，这是人类的生死关头；我们应该尽个人的力量干去，到死方休；更应该竭人种全体的力量干去，继续不息。我不能做以虚为实的事，我不能闭着眼睛说：世间凶残暴戾以及心灵的、肉体的痛苦都是没有的。我曾经亲眼看见了许多断绝人类希望的事实；可是便在最黑暗的当儿，那天早晨得到的那种意识，却仍旧不弃我而去，因此使我得到了一线的光明。正像一个人溺在海里，幸而一手抓住了一块岩石，所以浪花虽然从他的头上冲过，他却很是镇定哩。

但是在过去的许多年中，人事已经过不少的变迁了。那在幼年时，不过当作一种幻想的，当作一刹那的暧昧之光的，甚至于不能用言语形容的东西，在长时期的生活经验中，却变成了一种希望，这种希望我以为是很合于理的，在人类性情、人类生活进化之后，是必须采用的。

在地球上，总有这时候、总有这地方罢！

作者简介

须林娜（Olive Schreiner，1859—1921 年）为有名之女权论者，小说家。其文体极简直，又多用比喻。所作根据于现实，却不即此为止，更以理想，寻求圆满之解决。

延伸阅读

本文为南非女作家须林娜的遗作，胡愈之将其译为中文并写了论文《文明的曙光——南非女作家须林娜的遗著》，刊《东方杂志》第 18 卷第 10 号（1922 年 10 月）。胡愈之在文章中说：在这篇文章的序文里，须林娜说是“是对于平和与战争的一段迷妄的意见”“一个人类大同的信仰者的个人的自白”，申明自己是“良心的非战者”，相信非战是人类本性中应有之事。又说“《梦》的著者，新理想主义的女流作家，女权运动的先驱，平和的安琪儿，现在是已不在人世了，但是她的精神——人道的精神——可没有死。我们在下面把须林娜的最后著作（除序文外）全译出来，也是希望她的精神不死，人类文明的一线曙光，也因此不死”。

三十六　复仇

［法国］巴比塞（Henri Barbusse）　著

沈雁冰　译

马戏场的更衣室中，一堆可怜的光辉的装饰物品中间——那是些夸口的招牌和布景用的废物——躺着那个弄狮子的小女人，冷而静。他们把伊卧在幔上，算是卧在旗上；我一个人独自守着，还穿了弄狮子的服装。

我的悲痛是徒然的了。伊是死了，我的伙伴，我的妻，我的乖乖，伊曾为我想出这许多好的字眼，美的外观。我在这悲痛的时间中一刻一刻过去，跳闪的烛光照着伊，觉得伊的小小面庞，一刻比一刻不动了。

这是伊在地上的末一夜。这个多余的一夜，虽然伊是已经死了，但伊到底在着，在我的身旁。这个多余的一夜，虽然伊是已经死了，但伊仍然对我微微儿笑。伊的沉静脸庞已经显出真相和真正的脾气，却因此更见得是对我微微儿笑。这个多余的一夜我还可以用手抚触伊；但是一到明天，伊将埋在地下，以后是要暗暗地一致地变走形相了。

于是我的一切悲悼，一切无用的努力，都反反复复发现在一个无补于事的祈祷，这是一个神经昏乱的呼求，我颤着声音发出："唉，没有这悲剧发生呀！唉，没有伊到狮笼里这回事呀！唉，天呀，没有——"

我的思想便可怕地、战栗地落到那个杀死的伊的凶手的身上——那个——那个大狮子。

我现在原也不知为了什么这东西会如此骤然的变了性——这巨魔蹲在笼角忽然被神秘的激怒所驱使，扑到伊的身上，立刻杀死了伊。

但现在伊仍是这样的微笑，这样的温媚。伊的微笑和柔媚牵住了我的心，使我守在那里，不敢向别的东西一看，只看着伊，我们见面的时间已是这样的少了呢。那些心痛的回忆又都上心来，伊轻脆的喉音，婀娜飘浮的步武，纤小的手，一一回忆过来；使我重复悲痛烦闷了。

狮子！——狮子！这是到了夜半的时候，我对于这个大的该死的狮子起了不可挽救的剧烈的忿怒。我从心底里起了个可怕的念头——去报仇，去杀了它！

我踉跄地立起身，要去杀它。

我沿了一条路走，绕着那个天幕的斜帆布边儿走，到了狮子住的笼边，我一手是个灯笼，一手是枝手枪。

我现在记不清详细情节了。只记得末了是这大东西全身挨着笼上的铁栏移动。因为它的清梦被打扰了，它立起身来摇摇摆摆有寻仇的意思而且可怕；它的钢爪撕抓笼内的地板，从喉底发出一声粗暴的吼声。

只记得如狂的怒直升到我头上。我伸出臂膊——一，二……连放了六枪。

这个妖怪尽力一跳，好可怕，像一所房子被地雷炸轰，飞入空中。它奋力摇摆，很凄惨的。像在暴风之中，那个笼全体震动——竟可以说地也震动了。

接着，那东西嘘出一声微弱而悲哀的叫声，我知道这是内部受了剧痛所发的声音。它微吼一声，身体便沉下，我听得它舐创口的声音。

枪弹一定打碎了它的心。因为一刹那间血已浸满笼内，滴到外边。我浑身冷得和冰一样，而且也出神了；我不能再动手。

但是忽地里，我又不自觉地万分懊悔起来。我走进笼，走近狮子旁边，我听得我的嘴唇乞它饶恕。它此时不舐创口了，有一忽儿不动；于是轻轻伸直身躯靠着我，露出那个大创口，血正如泉一般涌出。

于是我们就这样停立着，我们两个不知做什么，它的大身体继续淌血，铺满四面，并且发出微弱的呻吟，是闭闷而断续的呻吟，像是专为要我听而发的。唉，太弱的呻吟，像是静静儿对我说的呻吟呀！毛茸茸黑沉沉的大头，慢慢俯向地去了，我还可见大头上的绿眼光闪闪像灯一样。

我慢慢弯下身体，细细看，我看着这样一个伟大强武而美丽的创造品，心里起了一种奇异的感。

我寻它眼光中的微光，数它身上的斑纹，那是聚合排好，一条一条刻在这块毛皮的厚天鹅绒上的。我细看其余一切的奇怪关节，那是合成这个非常奇伟雄壮的东西的。我伸手抚摩它的大头——也许已是无救而知识不清的头了，但终是一样的一个头。

我愈看愈爱。我眼光射住它，像射进一口井内。我和别人看宝贝一般地看它。我崇拜它那样的无心的骄傲，它的火和可怕的求生之欲，它奄奄待毙的胁迫，它筋肉结的慢慢紧张，它吃饱后的快乐，以及它的沙漠产的黄褐色的和海气、天光、沙田、夜、星亲热的皮毛。

我敲它有爪的、太柔和地搁在地上的脚；我的手指夹在半伸的钢爪间。它的钢爪！它扑杀伊——伊，是用这付爪！它血污了温软柔嫩的肉，用这些隐伏的犯罪的爪。

犯罪么？不是——无心罢了！只有一个是犯罪——是我自己罢！

我这时紧靠着这个心跳将断、可是愈加洪大的巨物；我两臂紧抱这将死去的巨物；我紧靠他，我抖战起来，他降下他的巨头在我的胸前。

于是，像睡梦者初醒，像瞎眼的复明，我见“真理”变了形式了。于今我方了解更可怕、更可乐、前此不能理会得的事儿了——这是生命和活动的不可计数的价值，一切曾被我的薄弱判断力认为污垢、腐败、轻贱的物的不可计数的价值。

我已经加这粗心在那一个粗心之上——那是躺在彼处的小安琪儿所做的，现在它是像一个被钉在十字架的耶稣神像。

一切事比以前的更坏。杀害伊的，和杀害狮子的，二者没有相同之处，简直没有。我用异常的努力想调和这两件惨剧，想连合在一起，想以这件抵消那件，但仅能把这两件增加起来，使我觉得事情是更糟更坏罢了。我不能呀，我不能！

人在复仇之后每至发狂。为什么呀？因为在后的杀害不能抵消去以前的杀害。为什么呀？我不知道；但知复仇不是人做的事。

虽然我对于伊有无穷的哀悼，但当它（狮子）死后，我在狂热的恶梦中，不自禁反覆喃喃自语道，它到天堂去了。

从此以后，我失魂似的度过许多年。我虽堕落到那步田地，我却保有无比的悔恨在我心里。有一些深刻的事情给我懂得了，给我见过了。我便是曾杀了一个人——不，不是一个人——是的，竟是一个人！——的人，竟认得生命是如此之可贵，无论在哪里，我这意思竟不会失去；我伏在田里像一个惊鸟的草人的时候，我见打鸟人、捉蝴蝶的童子、捉鱼的老头儿等都不能明白这层意思如我明白的那样多，这批苦人儿，我可怜他们！

有时我的信仰转到另一方面，于是我恨不大喊反对复仇，我求你们大家都要打破这个圈套，复仇只是痛苦上又加痛苦。

我有机会认识这个深刻的事情，有权去定下如此深刻的决定，正是我身上极大的重任。人在一生不能常遇、也不能人人遇见这等机会，可以知道生物的可贵，对于凡能感知痛痒的生物，实在不容有什么歧视。

要看到这一层真理而保持显露它，原是不容易的。那是有预备的必要，而且该与事实并行的。在时间的初期，万事总是混乱的；“错误”累积得成了可怕的重，我们又太小了，以至我们的小思想常常退避，不敢向前了。

作者略述

巴比塞（Henri Barbusse，1873—1935 年）为法国现代“非战派”小说家最著名者之一；欧战前即已为小说，但无甚名誉；战时被征为步兵，开至前线，亲受战壕生活，归后乃作小说《炮火》（Le Feu），于是声名鹊起，各国竞译其书，一年间再版至百数十次。《炮火》描写现代文明世界之战争，至为惨酷，于帝国主义攻击尤力。其后（1919 年）又作《光明》（La Clarté），则描写彼所期望之理想世界，亦传诵一时，与《炮火》齐名（早年喜欢写作象征派诗歌，1895 年有诗集《泣妇》）。

延伸阅读

本文原载于《解放与改造》1920 年第 2 卷第 14 期，原题为《巴比塞的小说〈复仇〉》，沈雁冰还译过《巴比塞的小说〈名誉十字架〉》。《复仇》讲述主人公为妻复仇杀死了杀害妻子的狮子，然后自己陷于迷惑。“人在复仇之后每至发狂。为什么呀？因为在后的杀害不能抵消去以前的杀害。为什么呀？我不知道；但知复仇不是人做的事。”

三十七　马伶传

侯方域

马伶[1]者，金陵[2]梨园部[3]也。

金陵为明之留都①，社稷[4]、百官皆在，而又当太平盛时[5]，人易为乐，其士女之问[6]桃叶渡②、游雨花台③者，趾相错[7]也。梨园以技鸣者无论数十辈，而其最著者二：曰兴化部，曰华林部。

一日，新安④贾合两部为大会，遍征金陵之贵客、文人，与夫妖姬、静女，莫不毕集[8]。列兴化于东肆[9]，华林于西肆，皆奏《鸣凤》⑤，所谓椒山先生[10]者。迨[11]半奏[12]，引商刻羽[13]，抗坠疾徐[14]，并称善也。当两相国论河套⑥——而西肆之为严嵩[15]相国者曰李伶，东肆则马伶——坐客乃西顾[16]而叹，或大呼命酒[17]，或移坐更近之，首不复东[18]。未几[19]，更

---

① 留都就是陪都。明代开国，定都于金陵。到成祖永乐十九年迁都北京，便以金陵为陪都。

② 桃叶渡在江宁城内秦淮、青溪合流处。

③ 雨花台在江宁城南。

④ 新安，古时郡名，隋时治休宁，又移治歙，都是现在安徽的地方。

⑤ 《鸣凤记》是明王世贞所作传奇，演杨椒山的故事。杨名继盛，字仲芳，椒山是他的别号。明世宗时，严嵩专横用事。杨上疏严劾严嵩，获罪弃市。

⑥ 两相国是严嵩与夏言。夏因请复河套事，与严意不合，便被夺职。后来又被严所害，至于弃市。

进[20]，则东肆不复能终曲。询其故，盖马伶耻出李伶下，已易衣遁矣。

马伶者，金陵之善歌者也，既去，而兴化部又不肯辄以易之[21]，乃竟辍[22]其技不奏。而华林部独著。

去后且三年[23]，而马伶归，遍告其故侣[24]。请于新安贾曰："今日幸为开宴，招前日宾客，愿与华林部更奏[25]《鸣凤》，奉[26]一日欢。"既奏，已而[27]论河套，马伶复为严嵩相国以出。李伶忽失声，匍匐前称弟子。兴化部是日遂凌出华林部远甚。

其夜，华林部过马伶曰："子，天下之善技也，然无以易[28]李伶。李伶之为严相国至矣。子又安从授之[29]而掩其上[30]哉?"

马伶曰："固然，天下无以易李伶。李伶即又不肯授我。我闻今相国昆山[31]顾秉谦①者，严相国俦[32]也。我走[33]京师，求为其门卒[34]三年，日侍昆山②相国于朝房[35]。察其举止，聆其语言，久乃得之。此吾之所为师也。"

华林部相与罗拜[36]而去。

马伶名锦，字云将，其先西域人，当时犹称马回回云。

侯方域曰：异哉，马伶之自得师也。夫其以李伶为绝技，无所于求[37]，乃走事昆山[38]。见昆山犹之见分宜③也[39]。以分宜教分宜[40]，安得不工哉?呜乎，耻其技之不若而去数千里，为卒三年，倘三年犹不得，即犹不归尔。其志如此，技之工又须问耶!

---

① 顾秉谦，天启中官至礼部尚书。以谄附魏忠贤，得入参机务。

② 这里昆山两字以地名人，所以用单线标号。下同。

③ 分宜，地名，今属江西庐陵道。严嵩是分宜人。这里的用法与昆山同。

作者略述

侯方域（1618—1654 年），清商丘人，字朝宗。性豪迈，多大略。明末与桐城方以智、如皋冒襄、宜兴陈贞慧称四公子，以东都清议自持。福王时为阮大铖所构，走依高杰得免。入清，中顺治副榜。初放意声伎，已而悔之，发愤为诗古文，取法韩欧，才气横溢。有《壮悔堂文集》（正集十卷、遗稿一卷）、《四忆堂诗集》（六卷）。

延伸阅读

本篇写马伶在一次技艺较量失败后，“去数千里，为卒三年”，终于学成归来，一雪前耻的故事。马伶扮演《鸣凤记》中的奸相严嵩，但在一次技艺较量中输给了李伶。他远走京师做了当朝相国顾秉谦的门卒，通过观察模仿提高技艺，三年后的再次较量中以精湛演技使李伶完全折服。作者一方面赞颂了马伶刻苦磨炼、精益求精的从艺精神，另一方面则通过马伶观察、模仿顾秉谦却使扮演的严嵩形象获得成功的记述，暗示顾秉谦与严嵩是一类人，侧面讽刺和抨击现实，深谙史家“春秋笔法”。

［1］伶：古时称演戏、歌舞、作乐的人。

［2］金陵：南京市旧名。

［3］梨园部：戏班。《新唐书·礼乐志》记载，唐玄宗选坐部伎子弟三百，教于梨园，号梨园弟子。后世因称戏剧团体为梨园。部，行业的组织。

［4］社稷：古代帝王、诸侯所祭的土神和谷神。《白虎通义·社稷》：“王者所以有社稷何？为天下求福报功。人非土不立，非谷不食。土地广博，不可遍敬也；

五谷众多，不可一一祭也。故封土立社，示有土尊；稷，五谷之长，故立稷而祭之也。”后来遂用作国家之代称。这里仍用本来的含义。

［5］盛时：国家兴隆的时期。

［6］问：探访。

［7］趾相错：脚印相交错，形容游人之多。

［8］毕集：都来了。

［9］肆：店铺，这里指戏场。

［10］椒山先生：杨继盛，字仲芳，号椒山，容城（今属河北省）人，官至南京兵部右侍郎，因弹劾严嵩被害。

［11］迨（dài）：等到。

［12］半奏：演到中间。

［13］引商刻羽：演奏音乐。商、羽，古五音名。宋玉《对楚王问》：“引商刻羽，杂以流徵，国中属而和者，不过数人而已。是其曲弥高，其和弥寡。”

［14］抗坠疾徐：声音高低快慢。《礼记·乐记》：“歌者上如抗，下如队（坠）”。孙希旦集解引方氏悫说：“抗，言声之发扬；队，言声之重浊。”

［15］两相国论河套：指《鸣凤记》第六出《两相争朝》，情节是宰相夏言和严嵩争论收复河套事。河套：地名，黄河流经今内蒙古自治区西南部，形曲如套子，中间一带称作河套。在明代，河套为鞑靼（dá dá）族所聚居，经常内扰，杨继盛、夏言诸人主张收复，严嵩反对，所以发生廷争。严嵩：字惟中，分宜（今属江西）人，弘治年间中进士，得到明世宗信任。他弄权纳贿，结党营私，陷害忠良，是著名的奸臣。

［16］西顾：往西看，指为华林部李伶的演出所吸引。

［17］命酒：叫人拿酒来。

［18］首不复东：头不再往东看，意为不愿看兴化部马伶演出。

［19］未几：没有多久。

［20］更进：继续往下演出。

［21］辄以易之：随便换人。辄，犹“即”。《汉书·吾丘寿王传》：“盗贼不辄伏辜，免脱者众。”可引申为随便。

［22］辍（chuò）：停止。

［23］且三年：将近三年。

［24］故侣：旧日伴侣，指同班艺人。

［25］更奏：再次献演。

［26］奉：敬献。

［27］已而：不久。

［28］易：轻视。《左传·襄公四年》：“贵货易土。”引申为胜过。

［29］安从授之：从哪里学到。

［30］掩其上：盖过他。掩，盖过。《国语·晋语五》：“尔童子，而三掩人于朝。”

［31］昆山：县名，在江苏省。

［32］侪：同类人。

［33］走：跑到。

［34］门卒：门下的差役。

［35］朝房：百官上朝前休息的地方。

［36］罗拜：数人环列行礼。

［37］无所于求：没有办法得到。

［38］走事昆山：到顾秉谦处去做仆从。事，侍奉。昆山，古人习惯以籍贯指代人，这里即指顾秉谦。下句“分宜”，即指严嵩，严嵩为分宜（今江西分宜县）人。

［39］见昆山句：见到顾秉谦就好像见到了严嵩。

［40］以分宜教分宜：意即以生活中的严嵩为榜样来学演严嵩。

三十八　书王隐君

龚自珍

于外王父段先生①废簏中见一诗，不能忘。于西湖僧经箱中见书《心经》[1]，蠹且半，如遇簏中诗也，益不能忘。

春日出螺师门，与轿夫戚猫语。猫指荒冢外曰："此中有人家。段翁来杭州，必出城访其处；归不向人言。段不能步，我舁往；独我与吴轿夫知之。"

循冢得木桥，遇九十许人，短褐[2]暴日中。问路焉；告聋。予心动，揖而徐言先生真隐者。答曰："我无印章。"盖隐者与印章声相近。日晡[3]矣，猫促之，怅然归。

明年冬，何布衣来谈古刻。言"吾有宋拓李斯郎邪石。②[4]吾得心疾，医不救。城外一翁至，言能活之，两剂而愈。曰，'为此拓本来也'，入室径携去。"

他日见马太常③，述布衣言。太常俯而思，昂而掀髯曰："是矣，是矣。吾甥锁成，尝失步入一人家。从灶后湫户出，忽有院宇，满地皆松化石④。循

① 段名玉裁，字若膺，一字懋堂。精文字学，著有《说文解字注》。

② 郎邪刻石在郎邪台。台在今山东诸城县东南百六十里，三面环海。此刻石清咸同间尚存，近年忽然失去。

③ 太常是掌宗庙礼仪的官。

④ 松化石是石质有松纹的。

读书声，速入室。四壁古锦囊，囊中贮金石文字。案有《谢朓集》[1]。借之不可，曰：‘写一赠汝。’越月，往视其书，类虞世南[2]。曰：‘蓄书生乎？’曰：‘无之’，指墙下锄地者，‘是为我书’。出门遇梅一株，方作华。窃负松花石一甴[3]归。若两人所遇，其皆是与！”

余不识锁君，太常、布衣皆不言其姓，吴轿夫言仿佛姓王也。西湖僧之徒取《心经》来，言是王老者写。参互求之，姓王何疑焉。惜不得锄地能书者姓。

桥外大小两树依倚立，一杏，一乌桕。

作者略述

见第 20 页。

延伸阅读

本文记述一位王姓隐者的故事。传记从初次于外祖父的书箱中翻看到他的诗歌写起，到西湖僧的《心经》，再到轿夫戚猫的回忆，以及何布衣、马太常等诸人之言，再加以作者当日所见老人居处的印象，由不同侧面烘托出王隐君的形象，看似琐屑的片段凑成了一幅隐士生活的水墨画。

文中的王隐君于文学、佛理、书法、医学、考古均有较深的造诣，却与世无争、

---

① 谢朓字玄晖，南北朝南齐人。

② 虞世南是唐代书法大家。

③ 甴即块字。

淡泊名利。作者特意寻访，其自称耳聋，回避询问；治好何布衣的心疾，不求诊金而为拓本，其人兴趣雅致且行动随性潇洒；转赠马太常以文集，字体几乎与名家无异，却不愿吐露姓名。全篇通过他人的视角来刻画这位气节奇高、学识渊博的名士。文章以“桥外大小两树依倚立，一杏，一乌桕”一句作结，以环境衬人物，隐者境界全出。

［1］《心经》：佛经名，即《般若波罗蜜心经》。

［2］短褐：褐，毛布。短褐，穷人穿的短衣服。

［3］晡：申时，等于现在下午三点到五点。

［4］宋拓李斯郎邪石：意谓李斯所书琅琊台刻石的宋代拓本。郎邪，现统一改为“琅琊”。琅琊石为秦始皇统一六国后巡行时登琅琊台所立记功刻石，字体为小篆，相传为丞相李斯手书；残石现陈列于北京中国历史博物馆。秦始皇二十八年（前 219 年），作琅琊台，立石刻，颂秦德。

三十九　库多沙非利斯

［希腊］蔼夫达利阿谛思（Argyris Ephtaliotis）　著

周作人　译

“这里又是一个标本——库多沙非利斯！而且在他发生这件事，还不很久。你和他说，他只用那迷蒙如在梦里的眼睛向你看。你等他回答，他决不给你一句话。这是血统上的病。他的父亲也常是胡里胡涂的，但还不过到某一程度；在这可怜人是没有限量，一切都完了。至于他的独子，那美丽的小孩，是怎样的一件可怜的事，在他的母亲又是怎样的一个不幸呵！”

“你错了”，我对朋友说；有一天我们看见所说的人手里拿着筐子慢慢地在外边走过，我的朋友便对我说了上面的一段话。“在这一案里，倘若说是疯狂，这疯狂并非以父传子，却是以子传父的。那可怜的人最初觉得自己不大清楚的时候，走来亲自告诉我。这是一个悲惨的故事，但是你应该听听；或者还于你有益，因为你自己也是喜欢发怒的。

“库多沙非利斯结婚以来，于今五年了。你还记得在他结婚生活的第一年里，他怎样的高兴。这是在第二年，不幸到来了；他告诉我说。那个小孩子是他们两人的快乐。他的妻伐昔利那每早晨照例要收拾被褥，整理房间；那时伊便将小孩交给他父亲管理。他将小孩带到厨房里，有时给他唱歌，有时抚弄他。这完全变了家庭义务里的一部分了。他坐在小孩的旁边，喂他，和他说话。”一天早晨，库多沙非利斯不大舒服，而且恶运规定如此，小孩子也不舒服。小孩叫起来了。他叫了，他的父亲正走下楼梯来，一面安慰他，但是愈安慰他也叫得愈厉害。他正在出牙齿，使他不安，他却说不出这是什么，所以他只叫喊。沙非利斯走进厨房，预备好小孩的食物，轻轻地抱他起来。但是无用；小孩总不肯安静。当他开始啜他的咖啡，或者得了一点忍耐的时候，小孩又叫起来，比以前更响。沙非利斯发了野了。他放下茶杯，举起手来，重重地一下打在小孩的右耳上，这立即使那可怜的小家伙沉默了。他立刻看出他自己所做的结果来，但是太迟了。他抓起小孩亲吻，抚弄他，将他搂紧在胸前。小孩微微地颤抖，面色发青。沙非利斯忧急的几乎发狂，恐怕他的妻看出他所做的事。他用水洒这孩子上下的播弄，这样那样的提抱，将他弄得一半苏醒过来了，于是那可怜的小孩又叫喊起来。他叫了，但并不是先前一样的健康完满的声音；这是一种微弱的抽咽的低语。小孩自此以后便永远这样可怜的叫唤，他也这样的说，这样的笑，永久如此。那一个嘴巴将他打成白痴[①]了。

"他母亲不曾看出，我希望伊永远不要看出在那一天凶兆的早晨所遇见的事。有人说这是中了恶眼，有人说是什么，但是伊总没有知道真相。他们将小孩带到我这里，问我的意见。[②] 我问他们，他不曾跌倒磕了一下么，不曾受惊么？不，没有这样的事。我尽了我的力量，但这终于是不可治，而且也将永久如此，同这可怜的母亲的哀愁一样的不可治。

"至于沙非利斯呢，他受的怎样的苦闷呵！几个月之后，他来见我，自白了一切，想减轻他心的苦痛，因为他再也不能独自忍受这可怕的秘密了。他

① 白痴是一种重的精神病。它的原因有多种，或由产生时受外伤，或由传染病后发脑炎，或由父母饮酒过度及有微毒的遗传。它的病象是举动迟钝，或性情暴躁，最重的竟至略无意识。

② 本篇作者是个医生。

说，他有时简直变了疯人。他夜里醒着躺在床上，他想起有怎样的一个小天使在他家里，只因为那无罪的叫喊，却用了野蛮的一击，扑灭了他理性的光，他自己，小孩的父亲，平常爱他如眼里的瞳人一般，看了他正是得意，每天早晨喂养他、抚弄他，仿佛一只小鸟——现在他却自己走去，（他说）杀死了这小孩，杀害了三条性命，因为那一下嘴巴——他想到这里，再也不能卧在床上了。他便起来，对他的妻说今夜又失眠了，于是去到园里，鬼一般地上下行走。他的妻望着他，看他怎样的受苦；伊以为他的苦闷是因为小孩的不可解的疾病的缘故，伊便忘了小孩，又想念着那父亲的事。

“在白天里，沙非利斯陷在悲惨的绝望里，远离了一切的人们；他感到同一的苦闷与悲痛。他走着，也不自知往哪里去，有时醒悟，却已在别的村里了。“他于是赶快回来，在晚前到家，因为恐怕他的妻或要惊慌。”他走进屋去，再一看那小孩，他卧着、衰败、干缩、苍白，没有言语，也没有那低声的呻吟，没有食欲，没有生气，目光中只含着厄运。他看那母亲守护着他，哀愁而且怀慕地注视着他，唱着儿歌；在他进去的时候，伊更转过那泪眼来，向着伊的丈夫，不安、困惫，而且绝望！“人的心怎能忍受这一切呢？沙非利斯的心碎了；他同那小孩一样，成了一个白痴，干缩、衰败；他的良心敲在他的头上，比他给他儿子的那个不曾忘记的一击更其凶。现在那荒废的家里，更没有人住着，除了那真心的妻——伊看护着他，担负着他们一切的重荷！”

作者略述

藹夫达利阿谛思（Argyris Ephtaliotis）之事迹弗之知，自其著作中观之，则知为一医师，曾留学他国，现尚生存也。

延伸阅读

本文原载 1921 年 8 月 12 日至 13 日《晨报·副刊》。同年，周作人还翻译了藹氏的《初恋》《伊伯拉亨》《凡该利斯和他的新年饼》等小说。而早在 1909 年，周作人就曾翻译过藹氏的三篇小说《老泰诺思》《秘密之爱》和《同命》，收入《域外小说集》，可见藹氏小说一直为周作人所重视。周作人 1914 年在《叒社丛刊》上发表了《〈新希腊小说〉译记三则》，称其“简洁精深，鲜有伦比”。周作人称说“希腊人有一种特性，也是从先代遗留下来的，是热烈的求生的欲望。他不是只求苟延残喘的活命，乃是希求美的健全的充实的生活”。在《库多沙非利斯》这篇小说中，主人公沙非利斯身上就体现了这种“热烈”，作者将其内心的煎熬写得极其丰富精彩。

四十　祖母的心

叶绍钧

杜明辉夫妇医室的门前，忽然停着一乘蓝呢的小轿，白铜的蝴蝶纹的轿饰，一齐的乌丝的排须，后面插着緼红的名片，印着引人注意的三个大字“戈白萍”。这戈白萍是著名的儒医。这时候已经是傍晚了，倦懒了的阳光照在人家墙上的上半截和屋面上，已经没有使人昏昏的权力；换了单衣的行人们反觉得有些儿凉意。著名的医生们总在这个时候，乘着小轿，因为轿夫有精健的腿力，飞奔似的赶到病家。

戈白萍现在到了杜家了。欢喜留心闲事的行人就这么告诉他的同伴：“你看，他们男的做医生，女的做医生，人家都相信他们。现在他们自己打招牌了。他们家里人生了病，却请的有名的老法医生。不知人家以后还要相信他们不要！”同伴看着戈医生的小轿，点点头，鄙夷地笑了笑，表示完全同情于所听到的议论。

生病的是杜明辉的七岁的孩子定儿。当戈白萍没有来到之前，明辉夫妇俩先已诊察过，知是剧烈的热病。照治疗的方法，一面服药，一面须用冰囊铺陈体旁，却退热势。这“冰囊”两字便惊动了明辉的母亲，立刻含怒地阻止道：“胡说！你们要他的命么！”明辉说明：“这是妥善的方法，我们学医的时候，这么试验过好多次，现在给人家治病，也时时用这个方法，都十分稳当。哪有敢用冒险的方法乱治的！”

老太太固执地拒绝道：“我总不相信你们的方法！你们给人家治病，我只为你们担心，怕你们损伤了人家。从来没有听见过，一个孩子这么发热，好用冰囊医治的！”

明辉的感情有些激昂；看着躺在床上的定儿，面孔干燥而火红，无力的目光茫然直视，时时发一声短促的咳嗽，更起了怜惜的心思。因而恳切地答说：“他是我们的孩子。我们为孩子治病，肯有一点儿不当心么？母亲，你放心，让我们医治就是了！”

“他是我的孙儿，唯一的孙儿呢！”老太太也动了感情，灰白的疏发，凄然的目光，似乎表示她的暮年的黄金的希望将要丧失了。“因为你们说出这等奇怪的方法来，无论如何，不要你们医治。我自会请医生给他医的。任你们去胡乱地做，倘有点儿错失，不是要我的老命么？”

明辉没有话说，胸次有闷郁的感觉。他的夫人眼眶里有点儿潮润，但经忍耐的力量，没有滴下什么来。老太太自任为看护妇，根据着她的经验，给定儿盖得紧紧地；门窗早已关上了，还怕窗缝里门隙里有一片片的厉害的风吹进来，这最容易伤及病人，因将窗帘门帘都下了。病儿的短促的咳嗽，道是咳呛没有通畅，于是燃烧起樱桃和枣子的核来。病榻前浓烈地刺激的烟缭乱地涌塞，一切都如隐入幻境之中。果然，病儿的咳呛频数且延长了。老太太和伺候的佣妇，也彼此响应，咳几声干燥的嗽。

明辉夫人觉得熬不住了，特地向老太太申说道：“他的咳嗽，是气管里有毛病。现在只有想方法让他的气管滋润一点儿。燃烧的果核的烟最是刺激气管的东西，恐怕不大相宜吧？”

焦虑往往连带地引起愤慨，老太太回答说：“我们幼小时候就知道这个方法最有效验；你看，他的咳呛通畅得多了。你尽管放心，一切由我作主。我欢喜他的，决不会损害了他。”樱桃和枣子的核续续增添入火盆里，浓烟没有消散的道路，只觉室内的一切愈益微淡模糊了。定儿的咳呛愈益通畅，几乎没有间歇，中间杂着力竭的哽咽。

戈白萍来过之后，老太太因为他对于用冰囊却热的方法的反对，和对于燃烧果核的方法的赞同，更坚固了她的自信心。她深幸自己具有见地，没有任凭儿子媳妇去医治。

明辉夫妇俩既没有给助力的机会，只得离开了定儿的病室。隔了一会，进去看看，仅是看看罢了。所见的病象，引起心里诊断的思念；但是不能给他进一些药水或粉末，也不能给他一个可以舒服一些的处理法！惊恐和怜悯激刺的心情，感到异样的不安，只恨自己曾习过医理。又因独有他们两个闲着，全心更倾注于病儿，只是失了宝贝似的凄惘着。

戈白萍每天傍晚来诊脉开方。老太太微皱着眉心，蓬松着疏发，坐在病榻旁边。她的干枯的眼睛注视着孙儿，看他的每一回急促的呼吸，听他的每一声力竭的咳呛。药煎好了，她亲自喂他喝，微微颤动的手很表示她的衰老而惶急。病儿一呻吟，便悄然问道：“觉得怎样？舒服些么？”病儿不答，眼皮慢慢地合拢来；不一会，她又这样地问了。到了黄昏时候，伺候的佣妇和明辉夫妇轮流去睡觉，独有她就蜷卧在定儿的床边。但是哪里能得合眼呢？她的潜伏的精神使她经历孙儿这回疾病的全部经过，早已将睡梦驱逐得远远了。

这样经过了八昼夜，定儿居然退了热了。最欢慰的自然是老太太，既喜自己看护得周到，又喜请戈白萍来，究竟眼光不差，更喜当初拒绝了儿子媳妇的医治。倘若不这么办，现在的情形怎样，正未可知呢。明辉夫妇当然也非常欢慰，眼看一件宝贝掉在水里，自己没有动手去捞，幸而取了还来，又捧在手中了。至于技术被轻视的愤愤，随即消释无存；这原是干本以外的枝叶，自不足数。

以后的事情，便是给定儿充分的调养。老太太用了昏花的眼光，洗剔燕窝，煮给他吃。又每天给他吃两枚鸽子卵。这些都是珍贵的补品，多病的有钱人常常服食的。明辉夫妇闲时谈起这一层，明辉夫人说："鸽子卵确是很滋养的东西，倒也罢了。燕窝这东西，何等的腻胃，也在这病后胃力薄弱的当儿给他吃！"明辉摇首道："不要说了。老太太相信它是滋补的东西，病后该滋补，当然吃得。什么腻胃不腻胃，消化不消化，我们若向她陈说，她又认是一派胡言了。现在只有让他吃去。"

滋补品很多地容纳下肚，定儿只是没有旺健的气色。皮肤的底层似乎衬托着一层黄颜色。颧颊的地方，现出几条极细的紫色的脉络。上层眼皮有些异样，显出眼珠的深陷而失神。他不大高兴开口，奔驰和嬉笑更为难得。不论立在谁的身旁，就不自着力地靠着，悄悄地延过了好久的时间。病后食量的增旺，是众人的通例，他却没有遇到，每餐只吃一小碗的煮粥。

老太太绝不灰心，承认这是滋补未足之故，更忙着洗剔燕窝，烹煮鸽卵，称量丸药等事。八昼夜一眼不阖的看护，对于身体究竟是过度的使用，更兼她已是衰老了。给孙儿病后的调理，又都是琐屑烦心的事。因此，她很觉得腰背疼痛；每天到下午，便精神不佳。当她躺在床上将息的时候，因生理上的不适，便引起心理上的愤感；喃喃自语道："止有我，当心定儿的事。他病了，我给他日夜看护；他病好了，我弄滋补品给他吃：这等劳苦比老妈子还要加几倍。要是我没了，不知谁还管他的账！"可是，她刚才这么说着，到竖起身来，又全心倾注地干那调理定儿的事了。

这一天是初秋，早晨的时候，屋内充满一种凉爽之气。沿窗一排湘帘都卷起。正中一张桌子，定儿和他的姨表弟静儿靠着读书。老太太坐在一旁，督促他们做功课。这时候，定儿的容貌壮健得多了。他的两颐颇觉丰满；皮肤洁白而有活色；乌黑的眼珠放射晶莹的光；比照着静儿的滞钝的面目、细小的手足，更显得明鲜可爱。

两个孩子相差一岁，一律读的《国文教科书》第三册。老太太这么说："现在的学堂里，抬轿子的，做小买卖的，乃至什么人家的小孩都有。香花掉在茅厕里，得不到什么好处，只有满身染了污臭的气味。所以我的定儿决不给他进学堂。"去年的春间，就请了一位先生来家教读。静儿家顺便把静儿附了进来。这位先生有晏起的习惯，每天十一点钟时候才来。老太太觉得早上的时间可惜，便督促着他们温理旧书。直到仆人传说"先生来了"，才令佣妇送他们进书房，将督促的责任交卸与先生。这已是习常的惯例了。

《国文教科书》不比儿歌，没有流转和谐的声调，唱着只听一个个字音艰涩而滞重地流散开来。两个孩子因为这个不容易唱，不免常常住了口；指画书上的图画，折转书页的下角，或者注视着屋内的不论什么东西，就忘了正在做的功课。老太太用手指轻点桌面，警告他们；更以严正而引诱的态度说道："你们再读二十遍，就得去玩耍，待先生来了。乖的宝宝，只读二十遍。"

静儿听说，开口先读了。他用自己的小手指计数，读完一遍，便屈转一个；恐怕不自觉地伸了起来，错了数目，因将另一手揿住了屈转的手指。他的身躯向前后摇动；唱书的声调止是不匀和的一轻一重的声音轮流发出。

定儿起初也跟着诵读，读不到两遍，他的注意力给不知什么东西吸引了，便住了嘴，向前方呆看着。两人混杂的歌唱中，突然一人的声音中止了，这是很容易听出来的。老太太重申警告，"读呀，读满二十遍就完事了！看你静弟，他只不住嘴，要先你读完了。”定儿被唤醒的样子，端相书面，重又发出寂寞的声音。

这样的好几回，定儿还读不到十遍。这使老太太有些恼了；她的上下唇时时抿紧，可知里面已经有脱落的两排牙齿正在咬着；微皱的脸皮也有点紧张。她沉重地说：“你又不是耕田的顽牛，为什么也要加一鞭才肯走一步！”正在这当儿，静儿的手指告诉他二十遍书读完了；他就含着成功的骄傲告诉了老太太。

“他读完了！”老太太不复可耐，举手在定儿执着书角的小手上打了一下，同时爱惜的心主宰着她颤抖的手，使这一下似乎声势厉害而实则并不沉重。“你比他大，反而这么不爱读书，一句一催，仿佛你读了我有益处的样子！”她更引起了以外的感愤了；她说，“好的东西给你吃，好的玩意儿给你玩，我何等的欢喜你！惟有读书，不容你放松。这也是欢喜你呵！现在你不肯认真读，到大时自会懊悔，自会明白我是真个欢喜你。但是到了那时候，你懊恨，你明白，已经来不及了！除了我，还有谁来管你的读书！照他们的意思，不要这么迫着你，你将来还成个什么人！”她气极了，脸孔转为苍白的颜色，头颅微微摇动。

定儿难得遇到祖母的责打，手上并不见得痛，可是幼稚的失恋的悲哀使他呀地哭了。对于祖母的愤愤的话语，他没有听得——或者听得而不能理会。这时候静儿走开了，自去找看护他的佣妇。室内止有孤寂的哭声，延续不已。阳光已照在庭中西墙的上半截了。

明辉夫人在自己室内，听见老太太的愤语和定儿的哭声，便走了来。一边为定儿拭去额上的汗，一边催他止住哭声，赶快读书。她心里真有些恨，恨他不将二十遍书一气读完了；但也觉得他可怜，好似一头给猎人窘迫的小山羊。经过一会儿催劝，定儿才一个字一个字不连续地读出来，中间夹着逆了气的抽咽。明辉夫人的指头指着他所读的每一个字，完了一遍，重又指到课文的开端；这样才使他不致有闲歇。老太太默不作声，严肃的面容，从辨听孙儿断续的读书声里，似乎得到了对于刚才的感愤的慰安。

这一天午饭过后，明辉夫妇坐在休息室里；上半天诊察了二十几个登门就诊的病人，两人都有点疲倦了。明辉坐的是宽而矮的藤椅，他手里摇着折扇。明辉夫人坐的是合式而朴素的藤榻，地位在明辉的侧边。几上供着两盆建兰。窗纱和细帘将香气笼住了，鼻管时时感觉一阵的甜蜜。中午的暑气，则给窗纱细帘拒却在一室之外。

定儿掀帘进来了。他追赶一头刚长成的白猫，猫奔进室内，所以他追了进来。那猫很敏捷地避入藤榻之下，靠近墙壁伏着，便很闲适的样子，徐徐开阖它的眼睛。定儿抓它不到，顿着脚，扬着手，还口里喊着，“出来！出来！”那猫只是不动，微作呵呵的声音。

明辉夫人拉定儿到膝前，抚摩他的头发，温和地说：“不要追它吧。我给你说，给你说一句话，以后朝晨必须依着祖母的话认真读书。我将更喜欢你，倘若你听了我的话。”

定儿兴奋的容颜顿时收敛了，低头弄自己的手指，停一会，娇语道：“我要猫出来。”这时候那猫轻轻地从藤榻下走出来，一溜烟奔往室外。定儿瞥见，便挣脱了母亲的搂抱随即追了出去。

明辉夫人向明辉说：“我们虽不愿意这样嘱咐他，却又希望他十二分依从我们的嘱咐。今天早上，看他勉强唱着不懂意义的词句，声音竟同哀虫，真觉可怜。偏偏静儿这孩子脾气好，叫他读二十遍便是二十遍。他又比定儿年幼。相形之下，更见定儿不认真了。我总是这么梦想，有一天他得解放了，送进学校里去；这才使我心里舒服呢。”

明辉默然深思。不多一会，定儿又奔了进来，手执一朵莲花，脸上十分高兴；嘴里嚷道：“吴妈给我这朵荷花。你看，中心有小小的莲房，有许多的须。告诉我，为什么有许多的须？”

明辉夫人见他还没有进书房，催促道：“你乖的，赶紧进书房练习书法去。莲花叫吴妈藏着，待放了学再玩。”她非心愿地说这两句话，很露出做作的神态。

定儿的高兴被掩没了，转身，倒提着莲花，慢慢地掀帘出去。这时候明辉望着他寂寞的小的背形，凄然想道，“你若得早晚和猫儿莲花为伴侣，便是你的幸福了！”

作者简介

叶绍钧（1894—1988年），字圣陶，苏州人。我国现代著名作家、教育家、编辑出版家和社会活动家，短篇小说有《隔膜》《火灾》《线下》《城中》《未厌集》等，长篇小说有《倪焕之》，散文有《未厌居习作》，童话有《稻草人》《古代英雄的石像》等。早期小说多写儿童与家庭，逐渐描写扩大至于社会与时代。短篇多谈教育，是我国现代文学史上最著名的教育小说家。

延伸阅读

《祖母的心》刊《小说月报》1922年第13卷第7号（1922年7月10日）。祖母对七岁的定儿疼爱有加。定儿的父母亲都是西医，可定儿生病时，祖母坚持要为他请中医按“老法子”治疗，拒绝西医。定儿该上学了，祖母“就请了一位先生来家教读”，并亲自管教。在祖母面前，定儿“好似一头给猎人窘迫的小山羊”，而定儿的父母也只能忍气吞声。小说揭露了旧思想旧观念的根深蒂固，祖母的“爱”给定儿带来的只能是伤害。